U0921981

珍藏本
纪念版

汉译世界学术名著丛书

资本主义经济制度

——论企业签约与市场签约

〔美〕奥利弗·E.威廉姆森 著

段毅才 王伟 译

2017年·北京

Oliver E. Williamson

THE ECONOMIC INSTITUTIONS OF CAPITALISM

Firms, Markets, Relational Contracting

Published by arrangement with the original publisher,

Free Press, a Division of Simon & Schuster, Inc.

汉译世界学术名著丛书
（120 年纪念版·珍藏本）
出 版 说 明

2017 年 2 月 11 日，商务印书馆迎来 120 岁的生日。120 年前，商务印书馆前贤怀揣文化救国的理想，抱持"昌明教育，开启民智"的使命，立足本土，放眼寰宇，以出版为津梁，沟通中西，为中国、为世界提供最富智慧的思想文化成果。无论世事白云苍狗，潮流左右激荡，甚至战火硝烟弥漫，始终践行学术报国之志，无改初心。

迻译世界各国学术名著，即其一端。早在 20 世纪初年便出版《原富》《天演论》等影响至今的代表性著作，1950 年代后更致力于外国哲学和社会科学经典的译介，及至 1980 年代，辑为"汉译世界学术名著丛书"，汇涓为流，蔚为大观。丛书自 1981 年开始出版，历时三十余年，迄今已推出七百种，是我国现代出版史上规模最大、最为重要的学术翻译工程。

丛书所选之书，立场观点不囿于一派，学科领域不限于一门，皆为文明开启以来，各时代、各国家、各民族的思想与文化精粹，代表着人类已经到达过的精神境界。丛书系统译介世界学术经典，引领时代思想，为本土原创学术的发展提供丰富的文化滋养，为推动中国现代学术和现代化进程做出了突出的贡献。

为纪念商务印书馆成立120周年，我们整体推出“汉译世界学术名著丛书”120年纪念版的珍藏本，寄望既利于文化积累，又便于研读查考，同时向长期支持丛书出版的译者、编者和读者致以敬意。

两甲子后的今天，商务印书馆又站在了一个新的历史时间节点上。我们不仅要铭记先辈的身影和足迹，更须让我们的步伐充满新的时代精神。这是商务人代代相传的事业，更是与国家和民族的命运始终紧密相连的事业。我们责无旁贷，必须做好我们这代人的传承与创造，让我们的努力和成果不仅凝聚成民族文化的记忆，还能成为后来人可以接续的事业。唯此，才能不负前贤，无愧来者。

商务印书馆编辑部

2017年10月

译 者 序

能成为经济学大家的，头一条是能提出有生命力的经济学新概念，使人多长一只眼，看问题更全面或更接近本质。

本书作者 O. E. 威廉姆森是美国著名经济学家，1932 年生于美国，曾来中国进行学术交流。威廉姆森先生最先把新制度经济学定义为交易成本经济学，但他最著名的贡献是提出了“资产专用性”和“治理结构”的概念。他用资产专用性来解释交易成本的起源，再由交易成本而研究各类合同，从各类合同中发现相应的治理结构，由此考察各种经济制度，再从效率上对这些制度进行比较。

在本书中，作者就是用这种思路，具体考察了资本主义的各种主要经济制度，包括市场组织和对市场的限制、工作组织、工会、现代公司（包括联合企业与跨国公司）、公司治理结构、垄断与反垄断和政府监管等等。他把每一种经济制度都还原为一种特殊的合同，在合同签订之前是交易，合同签订之后是治理。因此全书以“合同”为研究对象。研究合同，目的是为了提高治理的效率和制度的效率，由制度的效率而至整个经济的效率。基于这种分析，作者得出两个论点。一是用简单的治理结构去解决复杂的交易问题会把事情搞乱；而用复杂的治理结构去解决简单的交易问题则成本太高（本书第 355 页）。二是交易的属性不同，治理结构即组织成本与组织的权能也应不同;因此,不同的交易就需要不同的治理结构与之相匹配(第 571 页)。这些论点都有助于人们从客观规律的层次上把握问题。

但即使是简单的合同,其实也很复杂。从书中可以看到,为了讲清楚一份合同,不仅要使用价格、法律条款等概念,甚至要使用“投机”、“名誉”这些身前身后的词语。为了签订一份合同,仅仅有“理性人”出场远远不够,还要拿出整个第二章,请专门的“合同人”登台亮相。按作者的说法,这种复杂程度,要比美国另一位著名经济学家德姆塞兹所举的产权的例子“远在几个数量级之上”(第 513 页)。产权理论尚且如此,更不要说那种把企业只看成一个生产函数的新古典经济学的漂亮模型了。

复杂的内容更逼近现实,给人的启发也就更具现实意义。比方说,企业中一个管文件的职员,可能不会引起老总的注意。但按照威廉姆森的说法,企业中的办文制度,那是高度专业化的工作,那位职员的人力资产是高度专业化的资产(第 357 页)。又比如,企业中的职工作为雇员是芸芸众生,但平心而论,他们的风险比老板还大(第 381 页),他们比股东考虑的要更为长远(第 440 页)。特别是作者说,无论资本主义的还是社会主义的经济制度,都同样存在一个如何寻找次优方案的问题,也都要受到是否讲真话的考验(第 577 页)。这话是很值得琢磨的。

对我国企业来说,“办社会”(即办医院、学校,甚至公安局、火葬场)的问题是个大包袱。但这并不是我国特色,国外一些油田、煤矿也遇到这个问题。怎样处理为好呢?关心者可以看看本书第 59—64 页在讲到“企业生活区”时所谈的几种思路。企业总是希望进行扩张的，但扩张到哪一点最为适当呢？作者提出的“效率边界”的概念（第 145—147 页以及第五章），相信会对人们有所启发。现在我国很多大的行业、企业都在搞改制和资产重组，那就必须搞清所有权在其中所起的作用，为此不妨读读第 319—353 页。公司治理问题也是个热门话题，股东、经营者、董事会以及债权人的关系如何处理，第十二章有专门介绍。至于特许经营权问题，目前我国已经发了两张经营移动通讯的牌照，不管将来是否再发，这些牌照都有一个怎么发、怎么监管的问题，作者在第十三章对此专门作了分析，并点评了美国特许经营权竞标的一个实例。另外一些问题，如经济学著作一般不屑一顾的财务审计和资产评估，作者也分别作了点到为止的介绍（参见第 237 页和第 530 页）。至于如何解决这些复杂问题，威廉姆森先生也没有灵丹妙药，但如果读者能从资产专用性、交易成本、治理结构等角度去考虑，应该是有新收获的。最后，作者提醒读者，要同时考虑节约生产成本，节约交易成本，实行强激励机制，并且要在这三者之间进行权衡（第 576 页）。

本书内容如此复杂，但写得有声有色。它不是记录经济史的一本流水账，也不是骨肉分离的管理大全，更不是排除行为特点而只靠一味推导得出的逻辑大厦，当然也不是屡见思想火花却无法一以贯之的论文集。作者在书中先是提出几条符合实际的假定，以求推导之严谨；再画它若干图示，给你一个形象思维；通过几种情况的比较，拿出一套公式；为了不使其干巴巴，又按图索骥地引出一大堆史例，以证其不虚。这些例证可能不如管理学家讲得生动，但高屋建瓴，一气呵成，并无骨肉分离之感。为了证明有关学术演进的过程，作者再旁征博引，经济学家、法学家、社会学家的观点被信手拈来，谁个最先提出，哪位继而发扬，无不一一排就座次，显示了作者深厚的功力。译者边译边学，竟不时浮想：只有实践经验的读者和只有书本知识的读者，初读此书都可能会感到比较困难。因此冒昧提出以下建议：如果读者是实践家，没有时间在理论上较真，那就不妨先挑与自己本职工作有关的章节去读；遇到有关名词，查查书后的主题索引就可以了。如果读者只学过一些经济理论而没有实践，那不妨从本书第六章读起，俟后再读前面几章。

译者初读此书，朦胧感到作者实际上是在研究人（第二章的题目就是“合同人”），研究人的行为（包括投机、激励、算计等等），研究人与人之间的关系（经济利益关系、名誉关系等等）。在改校样时再读，这种感受愈深。比如考察市场的治理（采购、订单、短期合同等），其实就是考察市场中交易双方的生产关系和交换关系，本书所论各种问题，无一不是为了揭示其中复杂的人际关系和利益关系，无论它们是正当的，还是投机的，博弈的。再看作者提出的“资产专用性”这个概念，其实意味深长。如果可以把资产专用性看成生产力的一种特殊形式，把治理关系和由此形成的制度看成具体的生产关系，就可以说，作者实际是在研究资本主义的生产方式。因此，可以把本书看成是资本主义生产方式的威氏“偏微分”版本。

威氏这部著作比较艰深。译者对国外理论所知甚少，英文也不甚通。承蒙商务印书馆朱泱先生推荐，侯玲女士信任，加之编辑与译者都有一个心愿，即应该把本书翻译得通俗易懂，更符合中文习惯，因此一拍即合。如此历经二载，译本始得付梓，就教于读者。我们在此对商务印书馆、朱泱先生、侯玲女士深表谢意。

至于译本中的错误，文责自负。我们也诚恳希望读者给予指正。另，威氏行文中常阙漏个别文字，译者便按自己的理解略加增补，使意思能够连贯，并注在大括号{ }中，这一点还请读者注意。

译者不避推销之嫌，聊表一孔之见，是为序。

2002年6月

谨以此书献给我师：

肯尼思·J. 阿罗

小艾尔弗雷德·D. 钱德勒

罗纳德·H. 科斯

赫伯特·A. 西蒙

目　　录

平 装 本 序 ix

交易成本经济学有助于增进人们对组织经济学日益浓厚的兴趣。与这一领域中的其他工作相比，交易成本经济学所研究的内容，直接指向法学、经济学与组织理论等各学科之间的结合部问题。15 年前提出交易成本经济学还只是一个尝试，如今这方面的研究已是按几何级数在增长。尽管有关的基本概念尚待进一步研究，某些例外现象有待调查，如何进一步将其应用于公共政策的问题还没有眉目，但无论从哪一方面看，都有理由相信，未来几年这三个方面都必将取得巨大进展。

研究交易成本经济学固然殚精竭虑，但这项工作本身则令人兴趣盎然。因为任何问题，不论是直接提出的还是间接提出的，就像可以调查的签约问题那样，都能纳入交易成本的概念之中。用这种方法不仅能把很多令人神往的问题串在一起，而且根据验证，能证明很多互不相关且令人困惑的现象其实有着非常相似的结构。劳动市场、资本市场、中间产品市场、公司治理及监管以及家庭组织，这些现象看上去风马牛不相及，其实都不过是同一门交易成本经济学之研究对象的不同变种而已。由此，对那些迄今被认 x
为早有定论的问题，就产生了不同的(有时是相反的，有时是互补的)结论。在这一过程中，经济学的研究范围也随之扩展，与法学、

社会学和政治学建立了千丝万缕且不断增多的联系。

这些研究工作有如“千山万壑赴荆门”，都在运用交易成本经济学的观点思考经济组织的各种问题。而一旦入“门”以后，偌大的组织世界便“自动”分野；这一方法的多种运用也自动形成。现在，那些富有经验、早就习惯于用非经济学方式思考组织问题的研究者发现，交易成本的特征已然显现，必须予以正视。而那些具有世界眼光、热衷于交易成本理论的青年学者，更是义无反顾地皈入此门。

《资本主义经济制度》一书最适合于哪门课程呢？“理想的”课程应该是“组织经济学”——人们对它的兴趣与日俱增的一个专业（正如事实所证明的那样，这门课程已经出现在很多一流大学和学院的课程表上）。而对于“产业组织”、“比较经济体制”以及介于此二者之间的“微观经济理论”课程来说，本书可作为其基本教材的补充教材。“组织理论”、“公司战略”、“市场营销”及“公司法”等课程也是如此。并且，交易成本经济学与政治制度研究和组织社会学之间日益增多的交流，表明本书对这些专业也有用处。

奥利弗·E.威廉姆森

前　　言 xi

本书所说的交易成本经济学，乃是再度引起人们关注的新制度经济学的一个组成部分。交易成本经济学之产生，源于 1930 年代在法学、经济学与组织理论中的重要发现。但要使它成为一门学科，却像要实现任何一种好主意那样，既不能操之过急，也绝不会轻而易举。尽管其冗长的名称令人心生疑窦，但人们却频频利用交易成本来解释问题。正是 1960 年代把“市场失灵”归咎于交易成本的信念，才使这一分析思路绵延至今。各家学派的相继问世及其共性逐渐被认同，其操作方法也随之逐渐定型。最近十年的一系列努力则证明，交易成本经济学已经有了更为宽广的用武之地。

这门学科的研究手段当然还是很初步的，还有待加工提炼。但交易成本理论毕竟已经被用来解释诸多的问题，因此其前景必将更为广阔。事实表明，很多问题都不过是这同一题目的变态而已。这一点正符合哈耶克的看法，即：“只要掌握了认识一个领域中某种抽象原则、并进而了解其相随属性的能力，即使是全然不同的因素，只要具有这些抽象的属性，也能运用同一思维方式。”

本文无意把各种经济组织拿来进行全面比较。相反，我只想 xii
把经济组织作为一个整体来考察，当然主要是戴着节省交易成本的“眼镜”来考察。用这种突出重点的方法才能揭示一个道理，即在何种程度上可以说，构造经济组织是为了节省交易成本。而适用于这一理论的现象竟如此广泛，乃至连我在内的那些深信该理论必将结出硕果的人都感到惊讶。

毋庸置疑，在考察相同经济现象时，把交易成本理论与其他方法结合起来使用，而不是排除这些方法，往往能得到最佳的效果。因此，在考察经济组织时，我不会建议大家贸然抛弃其他方法而使用这种陌生的方法。既然要进行综合分析，当然就需要考虑到一切有关因素。但对于能取得更大进展、也更为系统的那种方法，理所当然应该给予更多的考虑。

接着谈这种“钻牛角尖”的方法。我对此的最大歉意是：交易成本经济学还只处于其最初的发展阶段。要找出这种方法的潜在运用范围和重要性，惟一的方法是一往直前地运用其推理。当然也要注意，过分依赖这种突出重点的分析方法会引起法律上的顾虑。不过，即使有些过分，通常也都是一目了然的；因此，我希望读者——不管是心怀疑虑者抑或其他人——要放宽心怀，拿出气量，作出自己的判断。

交易成本经济学坚持一点：经济组织的核心问题在于节省成本；从这一点来看，它很像是一门正统理论。但新古典经济学中的生产成本与这里所说的以治理成本为主线之间却有着真正的区别。但无论是哪种形式的节约，总可为大多数经济学家所赞同，也与所有的人都有关系。

我们所说的这种方法认为：任何问题，无论是由签约问题而引起，还是可以看作签约的问题，都可以用交易成本的概念来检验。

最近关于"机制设计"的理论也同样会引导人们去研究合同问题。但其间还是有一种真正的区别。机制设计理论把注意力集中在合同的事前(或激励组合)方面,并假定人们遇到纠纷就习惯地提交给法庭,而法庭也确实能有效地(即不费成本地)作出裁决。相反,交易成本经济学则认为,对各种合同关系,主要是靠私人秩序所形成的各种制度来治理,而不是通过"法律至上论"(legal centralism)来解决。尽管事前激励组合的重要性人所共知,但人们主要关心的还是合同对事后各种制度的规定。

我用"有限理性"和"投机"这样两种行为假设来支持这种合同研究方法。这两种假设与"众所周知的人类本性"都不矛盾。毋庸讳言,由此得出的人类本性概念自然是赤裸裸的,带有相当片面的味道。这样的行为假设,对那些既强调要看人类行为主流,又想探究经济组织除节约以外还有哪些特点的人们来说,自然是颇为扫兴的。 xiii

有了这两种行为假设,以下有关经济组织问题的简略论点即告成立:从有限理性出发来设计合同结构和治理结构,就能实现节约的目标;同时还能保证交易不受投机的侵害。经济组织总要进行算计,这引起人们持续不断的担心,担心这种算计被推到极端,成为错误作为。把这一点交代清楚,我就可以说:无论哪种研究组织的理论,只要它自诩是为了解决经济现实问题,就必然要走到这两个相互配套的行为假设上来。

我最大的荣幸,是能把本书献给我师肯尼思·阿罗、艾尔弗雷德·钱德勒、罗纳德·科斯与赫伯特·西蒙。在大学,我有幸师从阿罗和西蒙,而受教于钱德勒和科斯则主要靠读其大作。他们每个人对我关于经济组织的理解都有深刻的影响。倘若撇开其中任何一位老师的影响，本书都将面目全非。但毋庸赘言，他们个人或全体都无须对本书的观点负责。

很多学者读过本书部分原稿且不吝赐教，使我获益匪浅。其中，在付梓之前读过本书书稿的学者有亨利·汉斯曼、保罗·约斯克、理查德·纳尔逊与罗伯塔·罗曼诺。我还要感谢对本书原稿部分章节或最初论文提出过宝贵意见的威廉·艾伦、青木正彦、埃林·安德森、班瑞·阿萨努玛、肯尼思·阿罗、威廉·巴克斯特、约拉姆·本-波拉斯、丹尼斯·卡尔顿、弗兰克·伊斯特布鲁克、唐纳德·埃利奥特、维克托·格德伯格、尼尔·格劳斯、桑福德·格罗斯曼、本格特·霍尔姆斯特朗、阿尔文·克莱沃瑞克、本杰明·克莱因、雷尼耶·克拉克曼、戴维·克雷普斯、阿瑟·莱夫、理查德·莱文、保罗·麦克阿沃、斯科特·马斯滕、埃伊坦·穆勒、道格拉斯·诺思、威廉·乌奇、托马斯·帕莱、罗伯特·波拉克、迈克尔·赖尔丹、马里奥·里索、戴维·萨平顿、约瑟夫·塞克斯、赫伯特·西蒙、切斯特·斯巴特、理查德·斯图亚特、戴维·蒂斯、莱斯特·泰尔瑟、彼得·泰明、戈登·温斯顿与西德尼·温特。过去十年中，我也从自己的学生，尤其是我在 1984 年春季所教的、选修组织经济学课程的学生们的反映与建议中有所收获。

直到最近，即《市场与等级制》一书尚在待印之中时（当时我刚
xiv 开始准备写作论述特许权竞标的第十三章），我才敢说能写出本书来。在此期间，我的研究得到了各方面的支持——包括国家科学基金和古根海姆研究基金的课题费，行为科学研究院高级研究中

心邀请我做一年客座研究员，以及斯隆基金会和日本经济研究基金会的课题费——我在此一并致谢。

本书很多章节都是以我过去发表的研究成果为基础写成的。这些文章与章节分别发表在耶鲁大学出版社1985年春季号第一期《法律、经济学与组织问题杂志》(本书第一章)；1984年3月《制度与理论经济学杂志》第140期(第一、二章)；1979年10月的《法律与经济学杂志》第22期(第三章)；1981年11月《美国社会学杂志》第87期(芝加哥大学1981年版，版权所有；芝加哥大学出版社)，以及1979年4月《宾夕法尼亚大学法学评论》第127期(第四章)；周世华(Joshua Ronen)编辑、列克星敦出版社1983年出版的《企业家精神》(第五章)；《世界经济档案》1984年12月(第六章)；1983年9月《美国经济评论》第73期(第七、八章)；1980年3月《经济行为与组织杂志》第1期(第九章)；弗兰克·斯蒂芬所编《企业、组织与法律》，1984年(第十章)；1981年12月《经济理论杂志》(第十一章)；1984年6月《耶鲁大学学报》第88期，第1183—1200页(经耶鲁大学期刊公司与弗雷德·B. 罗思曼公司授权重印)(第十二章)；1976年《经济学钟声杂志》春季号第7期(第十三章)以及1982年约翰·克雷文编辑的《产业组织、反垄断与公共政策》(第十四章)。对于出版者允准我重新运用这些材料并编入本书之美意，我在此一并致谢。

对分别负责本书初稿和修改稿打字的安·法乔罗小姐和谢尔比·索拉小姐以及热情支持她们工作的企业，我在此一并致谢。

若无爱妻多洛雷丝和孩子们的支持，本书尚不知何时可以问世。因此，尽管家人心有灵犀，我还是要再次致以深深的谢意。

奥利弗·E.威廉姆森

绪 论 1

对资本主义经济制度所达到的理解，向法学、经济学和组织理论等三个方面提出了深刻而持久的挑战。本研究致力于并试图把这三个方面统一起来。按照这一设想，本书所研究的交易成本经济学将起到正本清源的作用。

最初，人们用阶级利益、技术或垄断性权力来说明什么是资本主义经济制度；与此相反，交易成本理论认为，这些制度的主旨和效果在于节省交易成本。一二十年以前刚刚从法律和经济角度所提出的那些自信的解释，如今已需要修正，因为其中一些解释已被证明是完全错误的。

交易成本经济学这个概念表明，它研究经济组织用的是微观分析方法，其核心就是交易成本，研究构建某种组织时如何节省力量。交易之发生，源于某种产品或服务跨过技术上可分清的界面而被让渡出去，由此宣告一个行为阶段结束，另一个行为阶段开始。如果这个界面清晰，就会顺利成交，就像一台运转良好的机器那样。我们看一个机械系统能否正常运转，就要看它各个部分的情况：齿轮是否啮合？机件是否润滑？有无多余的 2
传动装置或耗能过大？经济学上所讲的摩擦就是交易成本：交换双方行为是否和谐？会不会经常因误解、冲突而推迟成交、合

作破裂并造成其他问题？谈到成本问题，人们往往只会从技术角度、从稳定的生产（或分配）状态来计算；而交易成本分析方法则不然，它撇开前者，考察在另一种治理结构下，为完成任务需要花费多少计划成本、调整成本和监督成本，再比较这两种成本之高低。

只要是复杂的组织，自然就有多种经济目标和非经济目标；对于形式多样、灵敏微妙而又不断演变的资本主义经济制度来说，就更是如此。我之强调交易成本，并不意味着把节省交易成本当作唯一目的；而只想说明，这一概念的重要性一直被忽略或低估了。有理由认为，人们已在努力纠正这种状况。为此，我首推交易成本而不论其他，无非是为了说明这一概念有助于深化我们的认识，并对这一概念独有的种种可证伪的含义作进一步的说明。

本书论述的主要是我十年来所研究的那些交易成本经济学问题，[①]但这些问题及其他有关情况则起源于 50 年前，特别是 1930 年代。当时的法学、经济学和组织理论，已经在经济组织的本质问题上取得了令人惊叹的成就，但主要的文献却基本上互不沟通，也未曾料到这三大理论会有统一的一天。交易成本经济学在此后 30 年中始终抬不起头来，固然是由于它遇到了新古典经济学这个如此强大的对手，但三大理论互不沟通也难辞其咎。

① 本书是《市场与等级制》（1975 年）一书的直接续文。读者要了解此前有关交易成本经济学问题的讨论，可参见该书第一章。

1. 1930年代以前的情况

1.1 经济学

1930年代以前，对经济组织问题研究做出重大贡献的是弗兰克·奈特的经典著作《风险、不确定性和利润》（1922年），当时他就朴素地预见到珀西·布里奇曼对社会科学家的那个忠告："要理解人的行为，主要问题在于懂得他们在怎样思考——他们在打什 3
么主意"（1955年，第450页）。奈特早就认识到研究"我们所了解的人的本性"这一问题的重要性（1965年，第270页），并且特别把与"败德风险"做斗争看作经济组织的一个特定条件（1965年，第260页）。[②]

然而，奈特对人类行为的这种洞察并没有得到重视；相反，人们关注的却是如何从技术上把他提出的风险和不确定性二者与康芒斯的观点区分开来。造成这一局面的部分原因在于以下事实，即奈特是在讨论保险问题时提到败德风险的，而保险却是一个有着完善的技术定义的概念；这样人们就忽略了败德风险对经济组织的研究所具有的更大的用场。假如奈特不用那种专业词汇，而用"投机"这样一个在社会组织和经济组织中都更常见、也更引人

② 有时，内部组织好像正是这种条件的产物，但不能把内部组织当作解决各种组织问题的万灵妙药。比如，在处理公司内部各种问题上，就不能靠它来"保护所有成员及支持者，以避免相互坑害"（奈特，1965年，第254页）。

瞩目的字眼，就有可能避免这种忽略。[③]

另一位对经济组织有着深邃见解，但除了少数制度经济学核心人物外，并不为人所知的经济学家是约翰·R.康芒斯。康芒斯提出的命题是，应当正确地把交易作为分析的基本单位（1934 年，第 4—8 页）。他对贸易问题所作的深入、细致的分析就表明了这一点。康芒斯还进一步指出，建立经济组织，绝不单纯是为了解决各种技术上的问题——如规模经济、范围经济以及其他物理的或技术方面的问题——建立经济组织的目的往往是为了协调交易双方的矛盾，以避免实际的或可能发生的各种冲突（康芒斯，1934 年，第 6 页）。因此，人们本应从康氏的论点中得出以下看法，即建立经济组织的目的在于利用专门设计的治理结构增进交易关系的持续性；使签约方不致因孤立无援，只得听任这种关系因签约的重压而破裂。但是相对于解决冲突主要还得靠对簿公堂的那种流行
4 观点，康氏的论点却无能为力。

罗纳德·科斯在其 1937 年的经典论文中，以制度比较的术语，明白无误地提出了经济组织的问题。当时人们还在普遍把市场当作实现合作的主要手段，科斯则坚信，企业也在执行极其相似的功能，因而可以取代市场。科斯并不认为企业的边界由生产技术决定；相反，他提出，企业和市场不过是经济组织的两种互相替

③ 即使像科斯这样完美地研究了经济组织问题的大家，也误解了奈特关于依靠市场获得信息的效率问题的论述而与之争辩。因此，尽管奈特已经含蓄地提到，仅仅为解决信息买卖问题就需要建立组织，科斯还是坚持认为："我们可以设想这样一种制度，其中所需的一切建议或知识都已具备"（1952 年，第 346 页）。从这句话可以看出，他根本没考虑过"花钱才能买到信息"这种投机所具有的严重危险。

代的手段(1952 年,第 333 页)。交易,无论是在企业内部通过等级制来组织,还是在企业之间通过市场自发地进行,都是一种决策变量。具体采取哪种方式,则要在比较两种交易成本的高低之后决定。

但那个关键的悖论仍没有解决。也就是说,除非能把影响交易成本的各种因素一一确定下来,否则还是说明不了为什么某一交易非得以这种方式来组织,而另一交易却必须由那种方式来组织的问题。交易成本这个概念长期缺乏可操作性,根子就在于这个词汇大而无当(阿尔奇安与德姆塞兹,1972 年,第 783 页)。④ 如果任何结果都能用交易成本理论来解释,那么这种做法实际上就是逐渐给交易成本安上了"一个不折不扣的坏名头"(菲舍尔,1977 年,第 322 页注 5)。因此,交易成本理论要想继续前进,就不可避免地要等到解决了可操作性问题之后才行。

1.2 法学

我引用的法律文献主要是合同法,尽管劳工法对此也有重大帮助。卡尔·卢埃林在 1931 年对"哪种价格合同?"所做的预见性

④ 张五常认为:"如果能区分不同的交易类型,明确在不同情况下它们会发生哪些变化,科斯的观点就不会显得大而无当了"(1983 年,第 4 页)。张的说法很对。但事实在于科斯并未开出进行这种区分的药方:而且在直接用交易成本来解释纵向一体化问题以前,人们对这种区分的必要性竟然熟视无睹(威廉姆森,1971 年)。当然,要使这一概念具有充分的可操作性,还需要更多的、持续的研究(威廉姆森,1971 年,1979 年 a;克莱因、克劳福德与阿尔奇安,1978 年;克莱因与莱弗勒,1981 年;马斯滕,1982 年;赖尔丹与威廉姆森,即将出版的著作)。

论述对此尤其有重要帮助。流行的合同法原理只强调法律原则，认为应该更加注重这些条文是为什么服务的。而卡尔·卢埃林则一反其道。他指出：应该少谈形式，多谈实质内容——因为死抠法律条文的做法有时确实很碍事。[⑤] 这样他就提出了把合同看作一种构架的概念。继而，卢埃林对“坚定原则”和“灵活原则”作了区分（1931 年，第 729 页），他认为：

> 5 “……合法合同的重要性在于，它为几乎所有的团体组织、为各类个人与组织之间发生的或持续的关系提供了一个框架……——这种框架调整起来非常方便，可以说它并没有对任何实际起作用的关系作出硬性规定，而只是对这些不同关系提出一个方向性的大纲；如果人们怀疑它，它就只是一个必要的指南；如果这种合同关系实际上已经终止，它就是一份绝交的哀的美敦书”（1931 年，第 736—737 页）。

把合同看作一种架构的理念，与康芒斯所赞许的重视过程的分析方法大体上是一致的。这种方法强调的是实际上起作用的那些原则，强调交换的连续性。这样，法律上和经济学上那种信手拈来的假定，即诉诸法律不过是为了使合同得以履行，就直接受到了挑战。卢埃林把合同在法律上的意义限定在这个范围，就为近人研究“私下解决”的著述首开了先河（加兰特，1981 年）。

---

⑤ 正如富勒与威廉·珀杜所说的那样，“如果要估算损害的大小，援引这项法律就只好依靠想象力了；这倒不是有意给人类事务定下某种框框，而是根据某种法理上的推定”（1938 年，第 52 页）。

1.3 组织理论

1930年代问世的还有切斯特·巴纳德的重要研究成果《经理的职能》。尽管研究组织的理论家满脑子都是如何去创造组织的“原则”——事实证明这往往是闭门造车(马奇与西蒙,1958年,第30—31页)——但巴纳德关心的却是组织的运转过程问题。他把正式的组织作为研究的重点,但并不排除对非正式组织的研究。巴纳德的组织理论以公司问题为核心,直截了当地提出了默契或个人知识的问题。

因此,尽管巴纳德赞赏社会学家广泛研究风俗习惯、政治结构、社会制度、态度与动机、习性和嗜好以及人类天性等问题的做法,但还是感慨他们没有对正式组织给予应有的重视(1938年,第ix页);他所谓的正式组织是指“人们有意识、有计划、有目的的合作形式”(1938年,第4页)。巴纳德希望更多地强调有目的的理性;而对于物理性、生物性以及社会性等因素对组织的限制作用,他认为注意到也就足够了(1938年,第12—45页)。这就是说,巴纳德已经预见到后来赫伯特·西蒙的“有限理性”的涵义。

判断合作系统是成功还是失败,要看其能否“有效地适应”以下条件:

> “一个组织能否存在下去,就看它面对各种变化不居的物 6
> 理的、生物性的、社会物质性的要素和力量的环境,能否不断地进行内部调整,以保持各种复杂角色之间的某种均衡。进行这种调整固然应该考虑那些外部条件的性质;但我们最感

兴趣的是，这一过程是如何完成的”（巴纳德，1938年，第6页）。

合作能否成功，取决于社会与激励组合这两个因素。因为“（合作带来的）社会利益是有限的……，合作系统的效率高低在一定程度上取决于分配的过程”（1938年，第58页）。况且，要研究正式的组织，首先需要确定非正式组织所起的作用——“正式组织的活力及存在条件取决于非正式组织的状况……；没有后者就谈不上前者”（巴纳德，1938年，第120页）。与正式组织所具有的条块分割的弊端相比，非正式组织的优点在于有利于人们进行交往，能加大组织的凝聚力，还具有保护个性完整和个人尊严的作用（1938年，第122页）。

最后，巴纳德写了一段极有先见之明的话，其中明确指出了迈克尔·波兰尼后来（1962年）在个人知识问题上提出的思想：

> “众所周知，搞实际工作的人，必须有实践知识，而不能只夸夸其谈——这就是诀窍。也可称为行为知识。必须根据具体情况来办事。管理方法比任何事物更需要这一点。”（1938年，第291页）

这样，巴纳德就在其对内部组织问题的出色研究中提出了以下论点：(1)组织形式——即正式组织，是至关重要的；(2)非正式组织是有益的，也更有人情味；(3)必须承认理性是有限的；(4)一个组织要有效率，关键是能适应形势的需要，不断调整自己的决策；(5)重要的是达成默契。这样，尽管巴纳德还不能从制度比较的角度来看问题——例如他就没有想到应该把企业与市场加以比较——但已经明白无误地道出了把企业看作一种治理结构的思想。

由此就出现了以下命题，而且按理说，也应该把这些命题算作1940年对经济组织的共同研究成果之一。这些命题是：(1)投机是人类无处不在而又难以把握的本性，因此就需要主动地去研究与此有关的经济组织问题(奈特)；(2)组织问题的基本分析单位是交易(康芒斯)；(3)研究经济组织的核心目的在于调和交换关系(康芒斯，巴纳德)；(4)与之相应的是从法律上对广义的合同进行研究，把组织与合同这二者结合起来研究既能使二者相得益彰，又有助于对经济组织的研究(卢埃林)；(5)对内部组织和市场组织的研究，不仅绝非风马牛不相及，反倒可以一并汇入共同的、简明的交易成本理论的框架中(科斯)。 7

2. 此后30年的情况

这30年从一开始就有一个很吉利的兆头，这是指它已经有了进一步发展的坚实基础。不过当时对经济组织的比较制度分析还不算普遍，人们的注意力还在其他方面。

在1940～1970年这30年中，在经济组织的研究领域中出现了一个断层。因为这期间盛行的观点认为，究竟是要企业组织还是要市场组织，要根据其技术特性而定。至于经济行为是通过企业还是通过市场来配置，则被视为不言而喻的问题；企业的特点就在于它只是一个生产函数；市场只负责提供信号；能否达成一项合同要看你有没有拍卖者那样的功夫；至于合同纠纷则根本不予考虑,因为自有法庭来裁决一切。至于借助组织形式的多样化来解决难以捉摸的节省成本的问题,在这种正统的框框下根本就不会产生——因为这一框架的确没有这份能力。因此在这段期间,政府对自己所不熟悉的或标新立异的企业行为,往往采取深刻猜忌甚至有意为难的政策。

1972 年,罗纳德·科斯在论产业组织状况的文章中,对他 1937 年那篇强调交易成本而不是生产成本的论文的遭遇感慨不已:虽然论文的观点被大量引用,却无人将其付诸实施(科斯,1972 年,第 63 页)。尽管如此,对那种言必称新古典价格理论的不满情绪毕竟已经形成。弗农·史密斯因此大胆断言,一种新的微观理论即将面世,它"将会并且应该以经济组织和经济制度的功能为研究对象,从而要求我们掌握信息经济学的知识,掌握处理交易技术的更复杂的方法"(1974 年,第 321 页)。⑥

在 1940～1970 年这一断层时期,尽管主流传统依旧,但确实并非人人都墨守成规。相反,在法学、经济学和组织理论中,反主流的重要观点正在不断涌现,这些观点都有利于交易成本经济学的确立。

8 2.1 经济学

弗里德里希·哈耶克对主流传统就不是照本宣科。他坚定地

---

⑥ 事实的确如此,当时人们正按照这一思路开拓新的研究领域。具体见本书第二章第 2.2 节。

认为:“社会经济问题,主要是一个在特定时间、特定地点,如何迅速适应环境变化的问题”(1945 年,第 524 页)。他注意到:“即使是无能的经理,要想把过高的工资成本消化掉,以提高获利水平,也并非难事;而且即使不改变原来的技术条件,也能以完全不同的成本进行生产。其实这些经验在企业管理中不过是老生常谈而已,但经济学家们的研究却表明,他们不见得同样熟悉这些经验”(哈耶克,1945 年,第 523 页)。

哈耶克进而建议:只盯住统计数字,其实无助于研究这种适应系统;重要的是要懂得有关行为癖好的知识——这种知识的特性就在于,它具有重大的经济价值,却不能靠统计数字而得出;它的价值就在于能给适应环境变化而采取的行动提供一个基础(哈耶克,1945 年,第 530 页)。但是,如果所涉及的经济性质太复杂,那人们自然就会理解这些知识的意味,那是想捂也捂不住的(哈耶克,1945 年,第 530 页)。

二次大战以后,市场失灵的教训进一步告诫经济学家,要注意信息的重要性,注意这些信息在经济代理人之间是如何分配的,注意在准确传递信息时会遇到的那些困难。[7] 这里特别应该提到的

⑦ 还应该提到阿门·阿尔奇安对产权经济学的重要贡献。现在人们不再抱住名义上的所有权作文章,而是去考察究竟是谁在实际控制着资源。经过这样一番反思,伯利和米恩斯提出了所有权与控制权分离的理论(阿尔奇安,1965 年)。为避免经营者专权所采取的方法——无论是借市场力量来净化公司的行为(米恩斯,1965 年),还是重新调整企业内部组织以求有效地监督资源的配置(阿尔奇安,1969 年),抑或其他方式——都是切实可行的。对非赢利性企业以及社会主义企业的研究,也很实用地包括在对产权问题的研究之中(富鲁伯顿与佩约维奇,1974 年)。张五常对产权问题的研究(1969 年,1983 年)则解释了这种传统能持续保持活力的原因。又见路易斯·德阿莱斯(1981 年)。

是科斯对社会成本问题的研究(1960 年);其中不仅用交易成本来说明市场失灵的原因,而且通过对各种经济制度的透彻比较,提出了经济组织的各种问题。这一理论的层层推进和不断精炼,在肯尼思·阿罗的研究中达到了顶峰。阿罗看到:"市场并不是绝对失灵;最好是看一下更宽的概念,即交易成本。在一般情况下,交易成本的存在会阻碍市场;而在一些特定情况下,会使市场根本不能形成。"(1969 年,第 48 页)——阿罗在这里所说的交易成本指的是"经济系统的运行成本"(1969 年,第 48 页)。

9 从阿罗对经济组织问题研究所做的一系列重要贡献中,都可以看出他是想从微观角度来解决问题。阿罗像哈耶克一样,也强调必须对均衡经济和非均衡经济作出区分:"传统经济理论强调一点,即价格系统足以充当信息的源泉。这一点对均衡经济是完全正确的。但是如果面对的是非均衡经济,就要从源头而不是依靠价格或数量来获得信息,而这样做也就必须付出额外的费用"(阿罗,1959 年,第 47 页)。此后在 1963 年,阿罗任管理科学院主席并发表的致词中称,企业和市场只是组织经济行为的两种互相替代的手段。他指出,任何一个组织都有自己的边界,一旦越过这个边界,就只剩下以价格为媒介的交易了。但是他也看到,组织内部的经济活动往往与以价格为媒介的交易非常相似(1971 年,第 232 页)。由此他提出了一个两者都适用的理论框架,用这个框架既能解释企业,也能解释市场。他进而认识到,组织内部的等级结构也是一个决策变量(1971 年,第 226—227 页)。要评价组织内部的效率,就不能不考虑这个变量。从阿罗对待信息经济学的态度中可以看出,他认为信息的矛盾就在于,"信息的基本矛盾"的根源在于投机——“对买者而言，在他获得有关信息以前，他并不知道这些信息的价值；但当他事实上得到这些信息以后，他又没有付出任何成本”（阿罗，1971 年，第 152 页）。[⑧] 最后，阿罗坚持认为，经济组织的问题只能放在更大的背景中来考虑，有了这种背景，就不妨明确认为交易双方都会诚实行事（1974 年）。由此可知，同样是签订合同，但在不同的文化背景下，其效率却会大不一样；其中原因就在于信任程度不同（阿罗，1969 年，第 62 页）。

2.2 法律与私下解决的演进

法律上也取得了令人瞩目的进展，这就要提到哈里·舒尔曼、阿希伯德·考克斯和克莱德·萨莫斯等人对集体谈判合同的特殊属性所作的评价。在决定应该如何贯彻瓦格纳法（Wagner Act）时，有必要评判一下私下解决到底比法庭裁决好在哪里。舒尔曼强调说，这项法律只能理解为一种“抽象的法律框架”，经营者和劳动者会按照这个框架具体达成某种私下解决（1955 年，第 1000 10
页）。如果通过法庭来解决各类纠纷，就得经过上诉与仲裁，而受法庭鼓励的做法却不一定有利于保持合作关系（舒尔曼，1955 年，第 1024 页）。考克斯也认为，应该把集体谈判达成的协议看成某种治理手段；而按照普通法的精神，它也是一种交换手段：“对非常时期而又迫切需要解决的问题来说，通过集体协议可以处理好大

---

⑧ 但是对投机来说只有两种可能。一是在这些信息被揭示以前，买者只能寄希望于卖者按实际价值要价；二是卖者只能寄希望于买者会按已经揭示的信息出足买价。如果双方都不信赖对方，就出现了阿罗所说的那种交换的困难。

批人群之间的复杂的多边关系”(1958年,第22页)。对不可预见的突发性事件,也可以在合同中写上一些概括的、可变通的条款,以便给交易双方提供一种专门的裁决机制。“在组建一个企业时,谁都无法把将来的所有细节都事先写得清楚;即使是经营者和劳动者双方已达成一致的问题,到时候也得商量着办”(考克斯,1958年,第23页)。

卢埃林早就注意到了技术过失和有意破坏之间的区别;萨莫斯进而发挥了这一观点,他把法律纠纷问题分成两类,一类需要严格照搬合同文字来解决(简称“依法办事”,black letter law);另一类可根据具体环境来灵活解释。“法律的抽象原则集中体现在重申条款(restatement)之中,也就是用悬而未决的交易来解释依法办事的各项原则;由此创造出一种幻觉,似乎无须考虑具体环境就可以直接援引合同中的原则,因此这一条一般来说也适用于一切合同性的交易”(萨莫斯,1969年,第566页)。但是这样来考虑问题,就不会、也不可能“提供一个框架,把适用于各类合同交易的规则和原则都统一起来”(萨莫斯,1969年,第566页)。要做到这一点,就需要拓宽合同的含义,就应该明确强调其法律目标,明确地突出有效的治理关系。萨莫斯据此做出推测:“对各类合同性的交易都能适用的一般原则可以说寥寥无几;而且这种放之四海而皆准的特点也根本不能被算作法律原则”(1969年,第527页)。

对法律做出其他重要贡献的,还有斯图亚特·麦克雷对合同问题所作的实证性研究。麦克雷发现,人们并不是按照合同中所规定的、有法律效力的方式来履行合同的,而是使用更加非正式

的、互相押赌的方式。他引用一位企业家的话来说明这一事实:“在拍板、争辩时要甩开律师和会计,因为他们根本不懂予取予与的经商之道”(1963 年,第 61 页)。从更广泛的意义上说,麦克雷对合同实践的研究支持了下述看法,即解决合同中的争端和不明确的地方,往往不是诉诸法庭,而是要靠私人解决达成一致——这与新古典经济学关于法律和经济学的那些假定完全相反。对交易成本以及比较制度的分析,在圭多·卡拉布雷西关于民事侵权行为的开拓性研究(1970 年)中得到了突出的体现。

11

2.3 组织理论

组织理论方面的重要论述包括:赫伯特·西蒙于 1947 年发表的《管理行为》,其中对巴纳德的观点作出了学术性解释;艾尔弗雷德·钱德勒的名著《战略与结构》(1962 年);以及迈克尔·波兰尼对《个人知识》(1962 年)的论述。西蒙把巴纳德的理性分析观点推向前进,并在这一过程中使用了更精确的语言。他认为,探讨组织的核心问题,就要溯本求源,把人类的理性目标与所扮角色在认知上的局限性这二者结合起来才行。它“不折不扣是一个这样的领域:人类是按**有目的**的理性行事的,但人类又只具有**有限的**理性;因此才为一种真正的组织和管理理论留下了用武之地”(1957 年,p. xxiv)。有目的的理性指的是在经济代理人和经济组织中可观察的目的性。也只有在有限理性的范围内,人们才会有兴趣进行经济上的选择,在各种不同的经济组织形式中进行选择。

西蒙则一再重申有关效率的标准问题(1957 年,第 14 页、39—41 页、172—197 页),但他也警告说,进行组织设计,要“具有与组织的更宽泛的目标有关的社会科学知识”(1957 年,第 246 页)。如果过于追求次要的目标,固然在追求局部目标上容易得到人们的认同,但将以牺牲整体目标为代价(西蒙,1957 年,第 252 页),而这正是人类“聪明反被聪明误”的行为特点。

钱德勒于 1962 年发表的著作初衷是研究企业史,而非组织理论。他对各种组织形式的起源、扩散、性质及重要性诸问题的史学描述,在很多方面都走到了当代经济学及组织理论的前面。钱德勒明确立论:组织形式对企业的发展具有重要的促进作用;在他之前,无论是经济学还是组织理论对这一点都付之阙如(甚至几乎未曾试图从这方面去考虑)。钱德勒的著作问世后,那种以为经济效率与内部组织基本无关的不正确观念便失去了立足之地。

迈克尔·波兰尼对个人知识问题的研究说明,要给企业的性质下个唯一的技术性定义,简直无异于画饼充饥:

“试图对已形成的产业组织方法进行科学的分析,已经处处导致了同样的结果。即使是研究现代产业,最基本的困难仍然是无法给出知识的定义。我曾亲自观察过匈牙利的例子,他们引进了新式吹灯泡的机器,但整整一年仍未能生产出一只没有瑕疵的灯泡;而同样的机器在德国却在成功地运转”(波兰尼,1962 年,第 52 页)。

12 波兰尼通过考察手工业的演进深入地研究了这个问题。他在考察中发现:“对已经过世的整整一代人来说,那些手艺都是家喻户晓的……要是在二百年前,让半文盲的意大利人安东尼奥·斯特拉德伐利*制作一把名牌小提琴，不过是小事一桩；可现在人们要把那种琴复制出来，就得动用显微镜、化学仪器以及数学、电子技术，这真令人可悲”(波兰尼，1962 年，第 53 页)。在语言的学习中，这种只可意会、不可言传的知识也具有同样的重要性：

> “语言的掌握是一门艺术，要靠心领神会，勤说常练；只有能进行口头交流，才能说明两个初学语言的人已经能成功地运用语言学的知识和技巧了；其中一个人要传出信息，另一人接收信息。靠着所学的知识，言者信心十足地遣词造句，听者则满有把握地心领神会，这样他们就依靠对方正确地使用和理解词汇而达到相互交流。只有当这种相互结合的授受假定被事实所证明时，才能形成真正的沟通”(1962 年，第 206 页)。

但是说到对经济组织问题的研究，目前要找到一种能统一各家学说的理论，还是可望而不可即的。新古典经济学关于企业和组织的理论，以及新古典的依法签订合同的传统，受到的都是这些非正统方式的对待，因此基本上并未被触及分毫。同时，为了便于利用非理性的、注重权力的方法对组织问题进行研究，在理论上又进一步避开了注重理性的研究方法(威廉姆森，1981 年 b，第 571—573 页)。结果，科斯在 1972 年对比较制度研究的状况作出的令人担忧的评价就都被证实了。

* 意大利人安东尼奥·斯特拉德伐利(1644～1737)，以制造名贵小提琴著称。——译者

3. 结语

本书接连罗列出一大批不成熟的交易成本经济学观点，并且用这些各持己见、但尚不能自圆其说的观点，来说明有关经济制度的一系列问题，并提出有关公共政策的一隅之见。

第一章提供给读者的，是用交易成本经济学来研究经济组织问题得出的基本轮廓。第二章则提出作为交易成本经济学基础的有关行为假定，以及区分各种交易的主要标志，并且要描述出关于人们研究合同这个大千世界所用的其他方法；其中要对我讲的那种“必要的细化”——通过这种细化，交易开始时所需的大量条件（或称事前的竞争）已经在履行合同及重新签约期间（或称事后的
13 竞争），被分解为一个一个的具体条件——及其在研究经济组织问题中处处可见的重要性，做出进一步的阐述。

交易成本经济学不把企业当作一种生产函数，而是认为，更实用的做法是把企业（至少从多个人的目标来说）作为一种治理结构来看待。因此第三章要提出对合同关系进行治理的比较制度方法。

第四、第五两章研究纵向一体化问题。第四章讲理论及政策，第五章分析案例。之所以研究纵向一体化问题，不仅因为它是交易成本本身存在的重要条件，也因为从交易成本角度来考虑一体化决策是一种值得提倡的做法。其他与交易成本没有明显关系的现象如就业关系、政府调控问题、签订某些不标准的合同的实践、公司内部的治理问题，甚至家庭这种组织等等，也都和纵向一体化

有关。

第六章则试图填补经济组织理论的一系列空白。它通过考察为什么大企业做不到,而一群小企业却能做到这一矛盾现象,进而研究组织内部的激励机制和官僚主义对组织的限制问题。

第七、八两章研究的是签订非标准合同会对履约产生怎样的影响。签订非标准合同——即客户和地区限制、搭配销售、集体订购及与此有关的种种限制——一直是大多数公共政策的难点。因为这类政策仰承新古典学派的观点,认为无论对企业还是对市场来说,交易都是按照某种自然(主要是技术)秩序的要求进行的。因此,改变这种自然秩序的任何企图都有反对竞争之嫌。交易成本理论则揭示出这种思维定势过于简单化了:因为有很多合同虽然算不得很标准,或者签约双方互相并不熟悉,但都能合法地实现节省交易成本的目的。事实上,交易双方往往会努力设计出能够提高交换效率的合同。由此形成的双方关系有点类似于商业上的互相抵押。

第九章研究的是工作组织。从一定意义上说,这一章也是对近来激进经济学对工作组织问题的指摘给出的一个说法。激进经济学认为等级制度只认权力,却不能保证一个组织实现其经济目的(马格林,1974 年;斯通,1974 年)。这种观点之所以有市场,主要是由于以下先入为主的成见:新古典经济学只讲生产函数而不知其他,对等级制更是三缄其口;只是假定等级制之存在——确乎无处不在——可用其他原因,主要是权力因素来解释。但是如果我们用交易成本的概念来理解,就会看到,等级制也能为提高组织的效率服务,还能对改善工作组织的状况提供各种预测。

第十章分析有效的劳动组织。前一章假定工人们的身份从性
质上说是一个变量；但本章则假定，在任何劳动组织中，普遍的规
14 矩都是工人服从经理的权威。令人感兴趣的主要问题是，根据各
人对工作的不同贡献，怎样才能一点一滴地完善治理结构的基础；
其中要谈到各种关于工会组织的作用的观点。

第十一章分析现代公司问题。首先要研究公司的组织形式是如何从传统公司（单一出资人）演变成现代公司（即多个出资人）的，并指出这种演变的重要意义。然后说明现代公司的多部门结构的继续扩张——发展出联合企业及跨国公司——一是为了对多条生产线进行管理，二是为了推进技术转移的进程。

第十二章分析公司的治理结构。我认为比较适当的做法，是把董事会看成为了解决股权分散问题而建立的治理结构，否则股东在公司的投资利益就无法得到保证。根据这个道理就可以说，董事会主要是全体股东手中的一种工具。

第十三章考察政府管制问题。其中对以下命题提出质疑，即，使用特许权招标的方式就可以取代政府对自然垄断行业之回报率的调控。从交易成本的角度看，这一命题是有一定适用条件的，不能套用到一切自然垄断行业。由此我主张，特许权招标这种方式只适用于某些行业。我在附录中将用一批案例研究结果来说明很多合同在处理具体问题时都不使用特许权招标的方式。

第十四章概括了交易成本经济学对垄断的各种批评意见。其中要谈到签订合同、进行企业兼并及采取战略行动时所产生的各种交易成本。以往反垄断理论对垄断问题的各种成见——即垄断在实质上会排除非技术形式的节约——已经纷纷受到挑战。这一

章还要对造成难以克服的、具有反社会作用的垄断化的环境作出说明。

第十五章是全书的总结。其中要对交易成本经济学赖以建立的行为假定、基本论点及其主要含义进行总结;并概括其中的研究程序。

15 第一章　交易成本经济学

企业、市场以及与此有关的各种签订合同的行为，都是重要的经济制度；也是一系列令人眼花缭乱的组织创新过程的产物。但是对资本主义经济制度的研究迄今仍未在社会科学研究进程中占有重要的一席之地。

对这一问题的忽视，原因固然在于这些制度本身过于复杂；但也正因其复杂，才往往成为人们关注的焦点，而不是令人望而却步。至少在一定程度上可以说，我们对组织问题的初步了解，是从承认，尽管不是心甘情愿地承认，关于组织的具体知识确实重要才开始的。那种把现代公司看作“黑箱”的普遍观点，正是非制度研究（或者说前微观分析）传统的典型写照。

但是，仅仅从微观角度去认识组织有哪些具体作用是不够的；所需要的是对组织的市场形式、等级制形式以及准市场形式等一一加以确定，并使这些形式分别与其经济成效挂钩，才能形成一个完整的体系。但由于对建立经济组织的主要目的还缺乏一致的认识（或者说存在着各种误解），使这项研究因此受阻而进展不大。

如果要解决这个问题，势必要专写一章经济思想史。但无论史学上最终如何解释这个问题，经济制度研究中出现了文艺复兴却是有目共睹的事实。因此，尽管制度经济学的研究在战后初期

曾一度跌到谷底，但迟至 1960 年代初，人们以事后诸葛之卓见，对 16
制度问题重新产生了研究兴趣，并再次确认了这些制度对经济所起的重要作用。[①] 自 1970 年代初开始，这一理论又增添了有关具体经营的内容。[②] 这条新的研究思路具有一个共同特点，那就是不再把企业看作一个生产函数，而代之以(或拓展为)企业是一种治理结构的概念。到 1975 年，归入新制度经济学麾下的各种研究已呈波澜壮阔之势。[③] 此后十年更是以几何级数的速度在发展。

交易成本经济学只是新制度经济学理论传统的一个组成部分。虽然交易成本经济学(以及更博大的新制度经济学)可以用来研究各类经济组织的问题，但本书研究的主要是资本主义的经济制度，特别是其企业、市场以及与之相关的签订合同的问题。只有这样才能囊括下列所有内容：从互不相关的市场交换到集权式的

① 早期的著作包括：罗纳德·科斯对社会成本的重新定义(1960 年)；阿门·阿尔奇安对产权问题的开创性研究(1961 年)；肯尼思·阿罗对经济信息财产这一棘手问题的研究；以及艾尔弗雷德·钱德勒对企业史的贡献。

② 其中包括笔者首次提出的、用交易成本理论来重新解释纵向一体化的问题(威廉姆森，1971 年)以及将这种方法普遍运用于市场和等级制研究的努力(威廉姆森，1973 年)；阿门·阿尔奇安与哈罗德·德姆塞兹用团队理论分析古典资本主义企业的方法(1972 年)及其产权理论的有关著作(1973 年)；兰斯·戴维斯和道格拉斯·诺思所写的面目全新的经济史(1971 年)；彼得·多尔林格与迈克尔·皮奥里在劳动力市场问题上的重要工作(1971 年)以及 J. 科尔内等人对非均衡经济学发起的挑战(1971 年)。

③ 其中一些内容以“走向新制度经济学”为题，已收进《市场与等级制》一书(1975 年)第一章。要具体了解这一进程，可参阅 1974 年在宾夕法尼亚大学举行的“组织内经济学研讨会”论文(这些论文已在 1975、1976 年的《经济学号角》杂志上发表)。1980 年创刊的《经济行为与组织》杂志上的多篇文章，贯穿的也是新制度经济学的精神。要了解关于这一问题的最新动态，可参见《制度经济学与理论经济学》杂志 1984 年 4 月号；以及路易斯·普特曼与维克托·戈德伯格编辑并即将出版的著作。

等级组织，以及介于这二者之间的、不可胜数的混合形式或中间形式。本书对经济组织“与时俱进”这一特点——无论是在市场内、外还是在等级制内、外——更是情有独钟。

人们已经普遍接受了新古典经济学对市场的下述看法：市场有着非凡的功能，仅靠各种价格就能把一切问题摆平；正如弗里德里希·哈耶克所说的那样：市场“奇妙无比”(1945 年，第 525 页)。然而在评价各种准市场组织以及非市场组织内部所进行的各种交易时，新古典经济学各派的观点却大相径庭。最宽容的是认为，不应该把政府那套管理体制以及私下解决带入这种交易之中；有些
17 学者则采取视而不见的态度；其他人更干脆，把凡是偏离市场秩序的现象统统归结为“市场失灵”。直到最近，对于企业中那些非标准的或自己不熟悉的做法，经济学主要还是用“垄断”一词来搪塞。[④] “如果经济学家发现了什么他不懂的事情——不管是这类还是那类的企业活动——那就一言以蔽之，统统称为垄断”(科斯，1972 年，第 67 页)。照此看来，其他社会科学家的那种观点，即认为与此相同的制度是违反社会意愿的制度，也就不足为奇了。1945～1970 年，反垄断措施得以强制执行，正是这种学术意向的反映。

有些时候，整个社会都会对某一问题持完全否定的态度。尽管如此，对资本主义经济制度的理解还是日趋细致、准确。随着这种理解的不断深入，很多令人迷惑的或离经叛道的做法，现在都从

④ 莱斯特·泰尔瑟的著作(1965 年)和李·普雷斯顿的著作(1965 年)对受限制的贸易活动的研究，是这种传统的一个重要的例外。

不同角度得到了合理的解释。本书则提出如下命题:资本主义的各种经济制度的主要目标和作用都在于节省交易成本。

当然,主要目标并不就是唯一的目标。一般来说,一种制度越是复杂,所要达到的目标也就越多。这一条在这里也完全适用。我之所以非同寻常地强调节省交易成本,是为了矫枉过正,为以往被否定或被忽视的条件正名。据我判断,如果不把节省交易成本置于重要的中心地位,就不可能对资本主义的各种经济制度作出准确的评价。[⑤] 因此就需要更加关注组织(而不是技术)的特点,更加关注效率(而不是垄断)这一目标。本书将不断以不同的形式重复这一论点。

我可以断言,在过去的150年中,作为资本主义经济制度发展标志的全方位的组织创新,为重新评价交易成本的作用提供了保证。这种评价主要是研究如何签订合同的问题,认为不论什么问题,只要能还原为合同问题,就应该看它是否有利于节省交易成本。这是任何一次交换都必备的特点。至于很多其他情况,从表面上看也许与合同无关,但一经深究就会发现,其实它们同样含有合同所具有的那些特点(卡特尔组织是个例外)。由此就会得出一个看法,即交易成本经济学确实大有用武之地。

与研究经济组织的其他方法相比较而言,交易成本经济学有

⑤　要对资本主义经济制度作出公正的评价,还有待于人们共同对经济组织的社会学问题进行更多的研究;而差堪告慰的是这项工作正在取得进展。关于这方面的最新进展,可参见下列人的著作:哈里森·怀特(1981年)、马萨·费尔德曼与詹姆斯·马奇(1981年)、阿瑟·斯丁库姆(1983年)、马克·格兰诺维特(即将出版)以及詹姆斯·科尔曼(1982年)。

18 以下特点:(1)更注重微观分析;(2)在作出行为假定时更为慎重;(3)首次提出资产专用性对经济的重要意义并用以解释实际问题;(4)更加依靠对制度的比较分析;(5)把工商企业看作一种治理结构,而不是一个生产函数;(6)特别强调私下解决(而不是法庭裁决)的作用,重点是研究合同签订**以后**的制度问题。用这种方法来研究经济组织的各种问题,就大大拓宽了这一学科的用途。由此可以看出,研究资本主义经济制度,就应该把交易作为基本分析单位,就应该承认经济组织在其中所起的重要作用。经济组织问题的比较研究强调的是以下基本观点:根据不同的治理结构(即治理能力及有关成本不同)来选择不同的(即具有不同属性的)交易方式,可以节省交易成本。⑥

由于所要研究的现象比较复杂,人们除了使用交易成本经济学这种方法以外,也还需要使用其他研究方法。但并不是每一种方法都同样有效,而且这些方法往往因相互冲突而不能互补。

本章第 1 节论述交易成本的性质。第 2 节研究合同示意图,其中会交代清楚,还有哪些方式能代替经济组织起作用,并且对利用这些方式要付出哪些交易成本作出分析。第 3 节分析各种行为假定和代替合同的那些方式之间的关系。第 4 节概括地介绍合同入门知识,这是本书反复强调的那些论点的基础。第 5 节考察在企业生活区的建设中会产生哪些问题。第 6 节概略地说明交易成本经济学的其他用途,然后进行总结。

---

⑥ 一般而言,研究经济组织的核心问题也正是看其能否节省交易成本——无论是不是资本主义经济制度,这一条都同样适用。

1. 交易成本

1.1　无摩擦性

肯尼思·阿罗给交易成本下的定义是“经济系统的运行成本”(1969 年,第 48 页)。这种成本不同于生产成本,生产成本属于新
古典经济学的分析范畴。而交易成本在经济中的作用相当于物理 19
学中的摩擦力。物理学利用无摩擦力的假定来确定各种复杂系统的属性,在诸多方面都很成功;这里毋须赘言。这种看法显然对社会科学颇有吸引力。因此,引用物理系统中不考虑摩擦的方法来说明(经济学中)那些“不切实际的”假定也具有解释力量,这种做法也就不足为奇了(弗里德曼,1953 年,第 16—19 页)。

物理实验手段以及摩擦无处不在这一事实,往往会迅速提醒物理学家,应该堂堂正正地把摩擦力计算进来。但经济学家在研究经济系统的运行成本时,却无从得到类似的提示。举例来说,在米尔顿·弗里德曼论经济学研究方法的那本名著中(1953 年),或者在其他人战后发表的关于实证经济学的著作中,根本就找不到交易成本的影子,更不要说把交易成本当作经济中的摩擦力了。[7]因此,尽管实证经济学原则上承认这种摩擦是一个重要因素,实际

⑦　赫伯特·西蒙对经济决策的分析,主要研究的是个人决策,而不是把它作为经济组织的制度性特征来对待(1959 年;1962 年)。

上却无只言片语的交代。[8]

否认交易成本的观点五花八门，远非“没有对非标准的经济组织作出解释”这一句话所能搪塞。在没能搞清交易成本的含义之前，人们不大看重那些非标准形式的组织——例如为了节省交易成本而采取客户和地区限制、搭配销售、集体订票、特许经营权、纵向一体化以及其他形式——是可以理解的。但大多数经济学家一碰到实践中那些非标准合同——包括负债收购、价格歧视或在行业中设置进入障碍等等，就统统归之为垄断（科斯，1972 年，第 67 页），那就说不过去了。唐纳德·特纳下面这段话就很有代表性，他说：“依我之见，从普通法系的习惯上看，客户和地区限制的做法只是不够热情罢了；而从反垄断的思路来看，则属于拒人门外。”[9]下面将要指出，对这一问题的研究以及政府所制定的工商企业政策，都受到了这种反垄断倾向的严重影响。在这种状况下，那种把企业只看作一种生产函数的流行观点自然也就成为主流观点了。

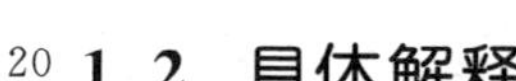

20 1.2 具体解释

交易成本经济学认为，经济组织的问题其实就是一个为了达

---

⑧ 当然，关于市场失灵的理论考虑了很多与此有关的问题。但绝少使用交易成本一词。如此说来，阿罗的下述看法的确有先见之明：“我承认，市场失灵不是单用一个外部性就能解释清的……[更何况]市场并不是绝对地失灵；更好的是放宽眼界看问题，那就是在一般情况下，交易成本的存在会阻碍市场；而在一些特定情况下，会使市场根本不能形成”（1969 年，第 48 页）。

⑨ 转引自斯坦利·罗宾逊的文章，见纽约州酒吧协会，反垄断研讨会，1968 年，第 29 页。

到某种特定目标而如何签订合同的问题。而签订合同当然可以用不同的方式。有些合同内容明确，有些则比较含蓄，其中各有各的道理。问题是它们的成本各有多大呢？

首先有必要区分合同签订之前的交易成本和签订合同之后的交易成本。前者是指草拟合同、就合同内容进行谈判以及确保合同得以履行所付出的成本；如果是一份复合合同，事先就需要做大量的工作，包括要估计到各种可能发生的情况，要规定签约双方各自作出哪些适当的让步以取得一致。或者也可以把合同文本写得粗一些，留有余地，遇到具体问题再由双方仔细敲定。这种做法不是事先规定好哪些问题应该如何来解决，那样做毕竟大而无当，也不切实际；因此，还是等发生具体问题时再想对策来得实际些。

要确保合同得以履行，可以采取几种方式。其中最容易想到的就是共同所有制。如果市场交易双方都想唯我独尊，不容商量，签约时就会遇到重重困难；为避免这种结果，双方也许会放弃市场交易的做法，而改用建立一个组织，在组织内部解决问题的办法。当然，这种做法又会带来它自己的问题（见第六章）。此外，企业内部事先规定的保证合同得以履行的那些措施，有时也会被看作对方能信守承诺的一种标志。这样，在遇到问题时，双方再次按“说话算数”的态度进行交易。以上这些正是研究“非标准”合同问题的核心所在。

大多数研究交换问题的理论都假定，对于各种合同纠纷，法律上已经规定了有效、适用的规则，法庭自会合理合法地作出明断，且成本较低。这些假定给律师和经济学家们大开了方便之门，使他们无须再为周详地考虑各种可能性而劳神。这些可能性指的是，各个交易者会“绕过或甩开”国家的治理结构，用私下解决的方式来处理各种纠纷。由此在经济学家和法学家之间就形成了一种分工，即经济学家关注的只是分工和交换能提高经济效益，法学家只负责推敲合同法的技术细节。

“法律中心论”的传统反映的是法学家的倾向。它认为“这些纠纷不应该就地解决；而应该‘提交’给一个专供发表各种意见的论坛，并且应该按照某一权威性机构及国家资助的专家所提出的补救措施来处理”（加兰特，1981 年，第 1 页）。但是，实践中的做法却与此相反。绝大部分纠纷，包括很多按现行法律规定本应提交法庭来裁决的纠纷，都是靠息事宁人、自认倒霉或其他类似方式来解决的（加兰特，1981 年，第 2 页）。

21 关于法律中心论的假定并不真实的判断，只需举一个简单交换模型的例子即可证明；因为简单交换模型无须法律的插手，就已经解释了大量问题，可以说硕果累累。我讲这些并不是非要争个水落石出，只是关心一个问题：在这种私下解决中，法律和经济学已经被挤到后面，只能作壁上观了。出现这种局面非常不幸，因为“在很多场合，有关纠纷各方本来可以想出更满意的解决办法；而那些法律专家只会凭着对这些纠纷的一知半解，生搬硬套一般的法律规定”（加兰特，1981 年，第 4 页）。[10]

这个问题就其实质来说，与卡尔·卢埃林 1931 年论合同的著

---

⑩ 马尔克·加兰特对此作了以下的详细解释：“正式规定所能涵盖的只是少数情况；与之相比，人的偏好及环境却千奇百态……在把各种纠纷往法律专业范畴上套时，很多内容会被舍弃。这就说明，让结果来适应权威原则的这种愿望是有很多限制条件的”（1981 年，第 4 页）。

作所讲的并无大的不同;如果说有区别,也只是从那时起,人们就彻底地回避这个问题了。[⑪] 鉴于法律中心论有其局限性,合同签订后会发生的问题可以忽略不计。不过,也正是因为这种局限性的干扰,法庭的裁决并不都能得到遵守,因此合同签订后所发生的成本*也就在所难免了。因此,交易成本经济学坚定地认为,与签订合同有关的各种成本都应该受到同样的重视。

签订合同后的事后成本有以下几种。(1)不适应成本,即当涉及到青木正彦所说的"合同变更曲线"(1983年)[⑫]即交易行为逐渐偏离了合作方向,造成交易双方互不适应的那种成本;(2)讨价还价成本,即如果交易双方想纠正事后不合作的现象,需要讨价还价所造成的成本;(3)启动及运转成本,即为了解决合同纠纷而建立治理结构(往往不是法庭)并保持其运转,也需要付出成本;(4)保证成本,即为了确保合同中各种承诺得以兑现所付出的那种成本。

因此,我们假定,要达成一项合同,须以 x 方案为前提;但因交易双方都有先见之明(或者说互相充分了解),他们发现其实本该实行的是 y 方案。但是要从 x 过渡到 y,也许已经很难了。一旦这种相互依存的利益关系被切断,就很容易引发双方强烈的、自私自利的讨价还价。最后双方就会分别使用城府很深的韬略。如果把问题交给另一个讲理的地方来解决会有所帮助,但那样做,交易双方

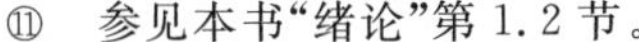

⑪　参见本书"绪论"第1.2节。

*　下文简称为"事后成本"。——译者

⑫　事后交易成本与迈克尔·詹森及威廉·麦克林所说的那种代理成本有关,但显然不是一回事。他们给代理成本所下的全面定义是:(1)委托人的监督性支出;(2)代理人的保证性支出(bonding expenditures);(3)剩余的损失——这最后一项代价极其高昂。

又需要去适应那种新的环境。如果双方都估计错了，他们都会感到难以完全适应这个新环境；因此他们又会从 y 方案，改用 y’方案。

以上这一切错综复杂的因素说明，签订合同所付出的**事前**成本和**事后**成本是互相依存的。即使在理论上能把它们区分开，实践中它们也一定会形影相随，而不是前后相继地到来。而且要计算这两
22 类成本往往也很困难。不过，由于只有通过制度的比较，也就是把一种合同与另一种合同进行比较，才能估计出它们各自的交易成本。因此，说到交易成本的计算问题，其困难也不像初看上去那么大；因为只要比较出哪个大、哪个小即可，不一定非要算出具体数值来。正如赫伯特·西蒙所说的那样，要比较两个独立的结构性方案，用一种相当简单的方法就足够了——“进行这种分析，往往用不着复杂的数学方法或求出其边际值来。一般来说，只要提纲挈领地简单加以说明即可，无须像边际分析所要求的那样，非得讲出在什么条件下这两种交易成本才能达到边际相等不可”(1978 年，第 6 页)。即使要分析实际例子中的交易成本，也几乎没有人想要直接算出其大小来。相反，研究实际例子的目的，只不过是想搞清楚，这些组织内部的关系(签订合同的实践及治理结构)与交易成本理论所预言的、交易中各种属性的要求是否一致而已。

1.3 在更大范围内研究交易成本问题

本书集中研究的是如何节省交易成本的问题，但要搞清这个问题，就应该扩大研究的范围，把交易成本看作这一范围的一个组成部分来研究。这个范围所涉及的各种有关因素——需要时我会

提到这些因素——如下：

1. 假定待出售商品或待提供服务的性质不变，只要把生产成本和交易成本放在一起考虑，就会遇到怎样节省成本的问题；由此必然需要对它们进行测度。

2. 从一般意义上说，生产或提供这些商品和服务的目的本身，就是一个决策变量，它能影响需求并影响生产成本和交易成本的大小；因此在计算成本时，应该把这种目的也计算在内。

3. 交易是在一定的社会环境——顾客的习惯及社会风俗等等——中进行的；因此，从一种文化背景下的交易转变到另一种文化背景下的交易，必须考虑这种文化背景的作用。[13]

4. 这种观点所依托的一般立论基础是竞争的效率：一是竞争方式本身或多或少要讲一些效率，二是通过竞争才能把资源转移到效率更高的部门。这种观点说起来振振有词，特别是从五年或十年后的长期结果上看，更显得在理。[14] 当研究进化选择过程的
理论得到更充分的发展后，更是支持了这种从直觉出发得出的观 23
点。而交易成本理论也因此而遭到了以正统观点为基础的进化论经济学家的全面批驳（纳尔逊与温特，1982 年，第 356—370 页），

---

⑬ 关于文化烙印的重要性，参见马克·格兰诺维特的著作（1983 年）及道格拉斯·诺思的著作（1981 年）。

⑭ 从直觉上看，这种观点与迈克尔·斯潘塞的观点非常相似；迈克尔在就此问题进行的推测中说过：在长期竞争中，进入障碍将会消失，市场将变得可以自由进入（1983 年，第 988 页）。尽管迈克尔认为这个"长期"可能不止五年甚至十年，但在我看来，某些利益的发展过程甚至需要半个世纪才能完成。至于这种发展的具体方式，我认为其中之一就是"渐进式"（weak-form）选择，而不是"突变式"（strong- form）选择；渐进与突变的区别就在于"所谓适者生存是相对而言的；而不能把这个原则绝对化，以为只有最适者才能生存"（西蒙，1983 年，第 69 页；着重号系西蒙原书所加）。

虽然在其他问题上,后者强有力地支持了交易成本理论(第34—38页)。

5.不管私人成本、私人收益与社会成本、社会收益之间存在哪些区别,如果要解决它们之间的矛盾,还是应该把社会成本、社会收益放在第一位。

2.合同示意图

与交易成本经济学关系最密切的专业化领域是产业组织。因此,本节将对研究产业组织问题的一系列前沿理论以及交易成本经济学与这些理论的关系进行考察。

研究产业组织问题,为的是对合同所服务的目的进行考察;交易双方签订合同是为了达到什么目的?研究产业组织也和研究其他问题一样,首先需要搞清楚,建立产业组织是为了进行垄断,还是为了追求效率。图1-1所示的合同图首先就这一点进行了区分。

2.1 垄断式合同

从图1-1可知,达成合约有各种方法,这些方法又可以归为两大类,一类是垄断式合同;另一类是效率式合同。这两类合同都涉及同样使人感到困惑的问题:用更复杂的合同(包括经济组织这种非市场形式的合同)来取代古典形态的市场交换——即以同一价格把产品卖给所有的顾客,而不存在任何限制——究竟要达到什么目的?垄断式合同之所以背离古典模式,是为了形成垄断;至

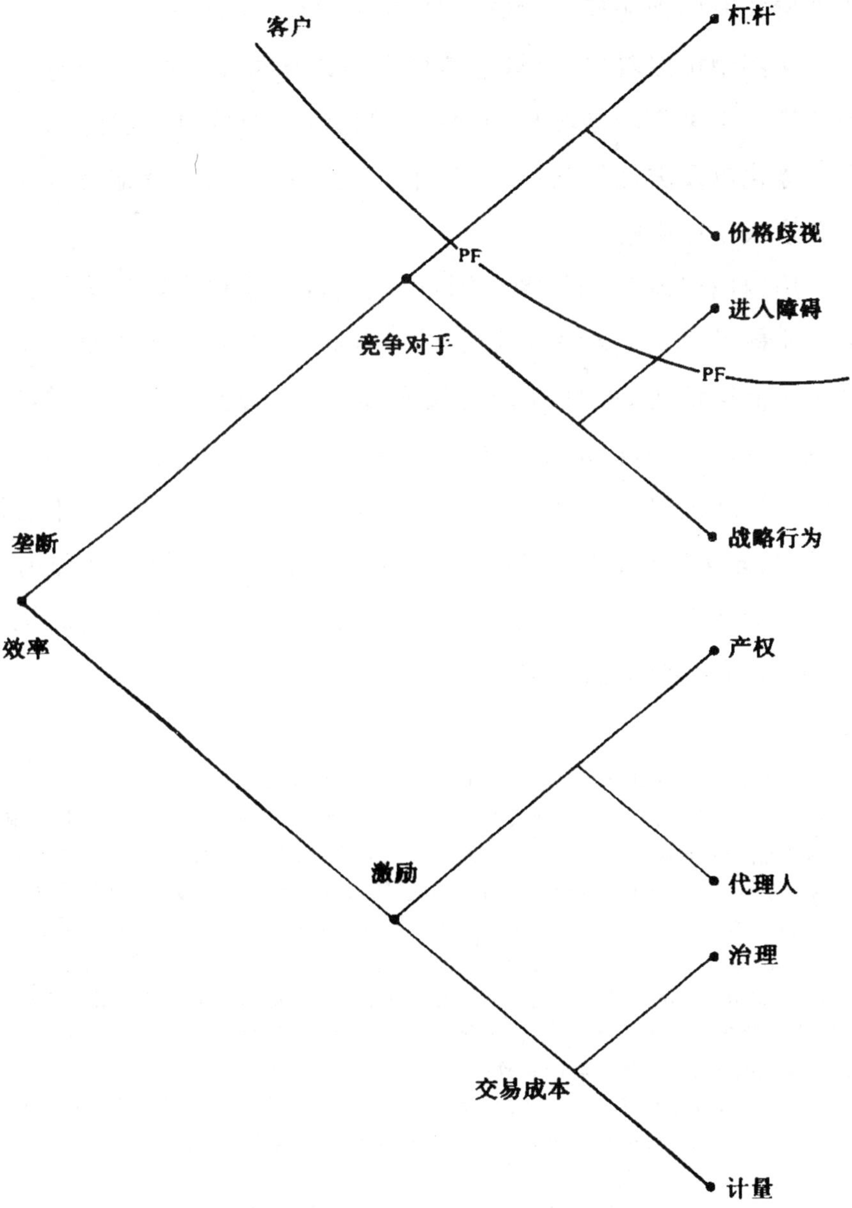

客户
杠杆
价格歧视
PF
竞争对手
进入障碍
PF
垄断
战略行为
效率
产权
激励
代理人
治理
交易成本
计量

24

图 1 - 1　合同示意图

于效率式合同则相反，它背离古典模式是为了节约成本。

从图中可以看出，签订垄断型合同共有四种方式，可以分为两
25 组。第一组考察的是客户和地区限制、转手加价、排他性交易、纵向一体化以及类似的其他方式；第二组则考察上述措施对竞争对手会造成哪些影响。

用“杠杆”理论来解释合同，以及用价格歧视来解释为什么要签订非标准合同，这两种说法都只看到顾客这一个方面。理查德·波斯纳认为，杠杆理论与反垄断经济学理论中（较早的）的“哈佛学派”有关，而价格歧视则与该理论的“芝加哥学派”有关。所谓杠杆理论，是指初始垄断权力形成以后，借助签订非标准合同而扩大、充实这种权力。尽管大多数经济学家不相信杠杆理论，[15]但它却受到很多律师的欣赏，而且在法学观念[16]和法庭判决记录中[17]到处可以看到它的影响。

⑮ 杠杆理论的用途主要是解释下游市场中互补品的销售问题。芝加哥学派认为，在这种环境中，搭配销售的做法并不能扩大垄断权力；因此，所谓杠杆，只是为施行有效的价格歧视政策所付出的一种努力而已：“如果不采取价格歧视政策，即使对互补品进行垄断，垄断者也得不到垄断利润”（波斯纳，1976 年，第 173 页）。这种看法已被广泛接受。蒂莫西·布雷南与谢尔登·金迈尔据此验证了一些特殊的、但令人感兴趣的案例，结果表明：不仅下游市场，而且上游市场也采取搭配销售的策略。他们的验证表明，如果“由于经济规模太小或需求不足……除非厂家把第一类商品也卖给垄断者；否则，仅靠销售第二类商品，厂家就无利可图”（1983 年，第 21 页）；这就说明在第二类商品市场中，实行搭配销售就能有效地进行垄断。

⑯ 例如，可参见劳伦斯·A. 沙利文在孟山都公司诉斯普雷—莱特服务公司(Spray-Rite Service Corporation)一案中，提供给法官作参考的、为被告所作辩护词的摘要。

⑰ 在 Jefferson Parison Hosp. Dist No. 2 诉 Hyde 案（44CCH S. Ct. Bull. ,P. ）中，尽管多数人已形成了正确的共识，但由于同意援引杠杆理论，还是把问题搞得模糊不清。

用价格歧视来解释非标准合同的理论认为，初始垄断权并不会变大。因此，价格歧视不过是使潜在的垄断权力得以实现，即变成实际垄断权力的一种手段而已。对非标准合同的这种解释，是由阿龙·狄莱克特与爱德华·利瓦伊在分析搭配销售(1956 年)以及乔治·斯蒂格勒在研究要求搭配采购问题时(1963 年)分别提出来的。搭配销售和要求搭配采购都是销售者为达到一定目的所采取的手段，他可以凭借这些手段，根据消费者的不同情况，为自己顺便要卖的产品规定不同的价值，由此把消费者剩余变成自己的金钱。

至于另外两种垄断方式，是考察实践中人们是如何利用非标准合同方式对付竞争对手的。采用这两种方式的目的就是为了利用现有大企业的实力，对已有的或可能建立的小企业形成优势，以直接扩大自己的垄断权力。主要由乔·贝恩(1956 年)提出的进入障碍理论长期以来就固守这一论点。这一理论的早期观点受到了以芝加哥学派为主的严厉批评。他们指出，早期观点有两个主要问题。其一是太僵化；其二是，没有搞清楚要把这一理论讲透到 26
底需要明确哪些基本前提。近来出现的战略行为理论解决了进入障碍理论的很多问题。[18] 该理论直接使用投资与信息不对称这一命题，承认即时属性(intertemporal attributes)的作用，并指出了名誉效应的各种特点。这样，就有可能把签订非标准合同作为手段，来“提高竞争对手的成本”，因此这种手段也就极有可能令人感兴趣(萨洛普与谢夫曼，1983 年)。

---

⑱　参见第十四章。

除了最近关于战略行为的理论以外，所有通过合同达到垄断的方法都可列入新古典经济学阵营，即认为企业只不过等同于一个生产函数。正是这种按照工业技术所能达到的范围来给企业划定“自然边界”的理论，才使人们认为，依靠非标准合同来扩大企业势力范围的任何行为，都被视为意图垄断，且能形成垄断。[19] 二次大战以后，人们普遍用这种“应用价格理论”来解释产业组织问题。正如科斯所说，讲授产业组织问题的一流教科书——一是乔·贝恩(1956 年)，再一个是乔治·斯蒂格勒(1968 年)——都引经据典般地使用这种理论。我在本章 1.1 节提到，之所以会有那种对强制实行反垄断法漠然置之的态度，也是基于这种理论。与此相反，大多数研究战略行为的理论则更重视企业治理结构所起的作用(见第十四章)。为了突出说明两类垄断的区别，我在图 1-1 中以 PF 曲线为分野：曲线上方代表过去提出的生产函数理论，下方代表最近出现的、通过签订合同实现战略行为的理论。

2.2 效率式合同

我称之为新制度经济学的大部分内容，都可纳入效率式合同这一概念之中。利用效率式合同这一概念，可以区分以下两种理论：一是强调激励组合的理论，二是以强调节省交易成本为特征的

---

[19] 当然，在一般情况下可以认为，实行价格歧视的政策是有效率的；但条件是不存在交易成本，也不考虑收入的分配效应。然而，交易成本为零的情况非常罕见。因此，在如何看待价格歧视政策时，个人的态度和全社会的态度可能完全相反(威廉姆森，1975 年，第 11—13 页)。

理论。激励组合理论重点研究的是合同签订以前的问题。因此，
采用新的产权形式以及签订内容复杂的合同被解释为致力于解决
因产权形式太简单、签约方式太陈旧所造成的缺乏激励机制的问
题。关于产权理论的文献，特别要提到以下学者的著作：罗纳德·
科斯（1960 年）、阿门·阿尔奇安（1961 年；1965 年）、哈罗德·德
姆塞兹（1967 年；1969 年）。[20] 而列昂尼德·赫尔维茨（1972 年；
1973 年）、迈克尔·斯潘塞与理查德·泽克豪泽（1971 年）、斯蒂 27
芬·罗斯（1973 年）、迈克尔·斯潘塞与威廉·麦克林（1976 年）以
及詹姆斯·米尔利斯（James Mirrlees，1976 年）等学者的著述则
创立了代理人理论。[21]

这种产权理论强调**所有权的作用至关重要**，它认为资产所有权包括三项权利：资产的使用权，获得资产收益的权利，改变资产形式以及（或）实体状态的权利（富鲁伯顿与佩约维奇，1974 年，第 4 页）。为使这些权利正常发挥作用，通常还要假定（一般是隐含的、有时则明确说出），资产如何使用要根据其所有者的意图而定。但这要符合以下两个条件：（1）合法的产权结构受到尊重；（2）代理人不得自作主张，必须奉命行事。[22]

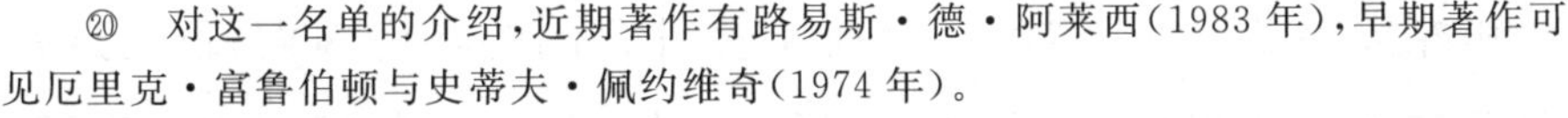

[20] 对这一名单的介绍，近期著作有路易斯·德·阿莱西（1983 年），早期著作可见厄里克·富鲁伯顿与史蒂夫·佩约维奇（1974 年）。

[21] 近期介绍可见斯坦利·贝曼（1982 年）。

[22] 近年来，桑福德·格罗斯曼与奥利费·哈特在研究纵向一体化问题时，对这两个命题作了说明。他们认为，资产所有权就是控制、（索取）剩余{收益}的权利："如果[合同中]不作特别规定，则每项资产都应该有一个所有者，这个所有者也就应该有权控制这项资产"（1984 年，第 7 页）。他们进而强调：实物资产的所有者"可以命令雇员"在他的指导下使用这些资产（1984 年）。由此，就把造成市场组织不同于纵向一体化{组织}的原因完全归结为资产所有权上的差别。

垄断式合同这个概念已经说明了以追求垄断为目的并能实现垄断的非标准化交换行为;尽管如此,上述产权理论还要进一步追问:如果产权分配有误,是否会造成资源配置不当?但是,要重新解释产权的内涵——这也许颇费口舌(或者不能用平常那种解释方法)——其实也就是要说明,到底什么是非标准化合同。换言之,之所以用复杂合同来取代一系列单个合同,其道理在于:谁能运用这些剩余提供最大的产出,就把控制剩余的权利交给谁。

代理人理论,特别是早期的代理人理论,强调的是委托人在签订合同以前就完全了解代理人在履行合同时会给委托人出哪些难题。因此,尽管所有权与控制权的分离会削弱利润激励机制,但这一点在两权分离时已被充分估计到,并将完全反映在新股票的价格之中(詹森与麦克林,1976 年)。从这一点来看,将来不管发生什么情况都不足为奇;而且可以把所有与签约有关的行为,统统纳入到事前合同的激励之中。

迈克尔·詹森对这一问题作过全面的、具有广泛影响的评论(1983 年)。事实正如他指出的那样,代理人理论在以下两个方面得到了发展。其中之一他称为实证性的代理人理论。其中,“诸如
28 资本集约度、资产专用程度、各种信息成本、各类资本市场以及内部和外部的劳动市场等等,都属于签订合同的环境因素;正是这些因素与各种监督成本、保证合同得以履行的成本之间的相互作用,决定了按哪种形式来签订合同”(詹森,1983 年,第 334—335 页)。这种实证性理论反复强调一点,即只有自然选择过程才是可靠、有效的过程(法玛,1980 年;詹森,1983 年,第 331 页;法玛与詹森,1983 年,第 301、327 页)——这种观点把阿门·阿尔奇安对经济

学的发展所作的经典性的，但又非常微妙、非常谨慎的论述奉为最高权威。

詹森把第二类代理人理论称为"委托—代理"理论(1983 年，第 334 页)。这种理论的数学味道较浓，并且特别强调事前的即合同签订以前的激励组合机制的重要性。近来这种理论已被称为"机制设计法"(mechanical design approach)。这一研究所遵循的思路，与研究合同的早期理论中的"待定索取权"(contingent claims)非常近似；[23]但它承认，私有信息的问题会使签订合同变得更为复杂，因此现在这种研究又超过了早期那种理论。如果私有信息得不到充分、透彻的揭示，那么，激励组合机制的问题就会复杂化(关于合同的待定索取权理论却不这样认为)。但是在其他方面，机制设计理论与合同研究中的待定索取权理论则非常相近：对于签订合同时所遇到的各种问题。这两种理论都主张用全面的事前讨价还价的方式来解决；[24]而且两种假设都认为法院的裁决是

㉓　梅尔夫因・金对阿罗—德布鲁模型的特点作过如下描述：

……各种商品的区别，不仅在于其材质不同，形状大小以及生产周期不同，而且其未来的"归宿(state of the world)"也各不相同。只有……找出构成经济活动的所有各种不确定性，并一一赋予其相应的价值，才能把这个"归宿"确定下来。但这些归宿又相互排斥，其总体就构成了一个包揽无遗的世界……。据此来给商品下定义，就得说：商品是什么，要看发生的是什么情况才能确定；所谓市场体系，就是由这些性质待定的各个商品市场组成的整体(1977 年，第 128 页)。

㉔　机制设计理论假定，对于合同草案中那些没有具体规定的复杂问题，签约双方事先都有充分的了解。我在第二章中将指出，合同双方的理性能力是不受限制的(参见本格特・霍尔斯特朗，1984 年)。机制设计理论与产权理论相反，认为："既然在每一种自然性状上，都能把签约一方对其他人的责任规定得清清楚楚，因此，根本就不存在谁拥有哪些资产，因此谁应该得到哪些剩余索取权的问题"(格罗斯曼与哈特，1984 年，第 7 页)。因此，复合合同其实与剩余索取权无关，需要做的只是从一开始就把有关责任明确规定下来——即对已经了解的私有信息作出适当的规定。

有效的。[25] 当然，这两种理论的出发点都是为了追求效率，而不是垄断。

交易成本理论还有一种理由并不充分的假定，即人们之所以签订非标准合同，目的也是为了追求效率；但其重点是研究合同履
29 行阶段中的问题。如图 1 - 1 所示，交易成本方法可以分为两部分，一是治理结构问题，二是具体测度问题（the measurement branch）。本书重点是研究前者。但这两者同等重要，事实上也是互相依赖的。

交易成本经济学像产权理论一样，也承认所有权的作用非常重要；但它进一步认识到，绝不可忽视签订合同以前激励组合机制所起的作用。但是，尽管产权理论和机制设计方法都沿用法律中心论的传统，交易成本经济学却对法院的裁决是否与效率要求相符提出了质疑，并因此将关注的重点转向私下解决。它的质疑是：人们是不是应该根据不同的条件，根据由此所作的不同决策以及待解决的纠纷所具有的不同特点，来建立不同的制度呢？根据这种质疑，交易成本经济学又给所有权理论和激励组合机制理论增加了新的内容，认为合同签订以后的制度即**事后支持制度才是更为重要的**。

詹姆斯·布坎南认为："经济学已经越来越像一门'合同学'，而不是'选择学'了；就凭这一条，经济学的主体也就不再是追求利益最大化的当事人，而是那些局外的仲裁人了，因为只有他们才能协调各种权利之间的利害冲突"（1975 年，第 229 页）。强调治理结构

---

[25] 参见贝曼（詹森，1982 年，第 168 页）。

重要性的人承认，引导合同向哪些方向发展是一门科学，但这需要仲裁人和制度设计专家的共同努力。签订一项合同，不仅仅是为了解决其执行过程中发生的纠纷，而且还要事先看到可能发生的冲突，并设计出相应的治理结构，以求防患未然或减轻其严重后果。

交易成本经济学认为，人们不可能在合同签订以前的阶段，就事先估计到所有有关的讨价还价行为。恰恰相反，讨价还价是无处不在的——从这个意义上说，对私下解决以及对全部合同进行研究，具有重要的经济意义。因此，既要考虑到代理人行为属性的特点，相应地还要考虑造成有限理性和投机行为的那些条件。而决定这些条件的正是交易（特别是涉及资产专用性的交易）的多重属性。

交易成本经济学所讲的计量问题，主要是针对提供产品或服务上的业绩模糊或属性不清问题而言的。这可以用阿尔奇安—德姆塞兹（1972 年）所研究的（团队组织形式的）技术不可分性（technological nonseparabilities）为例。威廉·乌奇则步其后尘，用这一观点来研究工作组织的问题（1980 年 b）；约拉姆·巴泽尔又据此研究了市场组织的问题（1982 年）。最近还有一个令人感兴趣的研究例证，即罗伊·肯尼与本杰明·克莱因在其研究中所称的那种“钻牛角尖”（oversearching）问题。他们认为，斯蒂格勒以为采用搭配采购这种方式的目的是为了实行垄断（价格歧视），其实是毫无道理的；与此相反，他们认为使用搭配采购这种方式，恰恰是为了节省测度成本。

如上所述，本书分析的主要是交易成本经济学的治理结构理论。至于交易成本的测度问题——当然也要涉及，但这只是因为治理结构与成本测度相互依赖而已。

30 3. 合同的世界

对于形形色色的“合同”组成的大千世界，人们用过各种不同的词汇来描述它，诸如(1)计划，(2)承诺，(3)竞争，(4)治理(或私下解决)。但哪些描述更为准确，就要看签订合同、进行交换所依据的是哪些行为假定；并且还取决于合同所涉及的产品或服务具有什么样的经济属性。

本书第二章将充分论述以下问题：对经济组织进行研究能否取得成效主要取决于两个关键的行为假定，一是代理人对参与这种交换持何种认同态度；二是他们会在多大程度上追求个人利益。交易成本经济学之所以把代理人假定为只具有有限的理性，盖因其所作所为纯系“**理性不足却故意为之**”(西蒙，1961 年，第 xxiv 页)；并且，热衷于投机也是依靠狡计以谋取私利的前提条件。交易成本经济学进而断言，交易之所以称为交易，最关键的条件就在于资产具有专用性。只有在支撑交换的是双方各自投入的干系重大的专用资产的条件下，交换双方才能有效地进行互利的贸易。正是为了提高交易双方的相互适应能力，促进持久的合作，才使得对双方利益交叉问题所进行的协调工作成为经济价值的真正源泉。

但是，面对不确定性问题，人们对经济组织中其他问题的兴趣都会退避三舍。因此我们不妨假定，不确定性问题的影响已经大到不容忽视的程度；并且需要把各种合同中的有限理性、投机思想以及资产专用性等三个条件上的差别考虑进来；然后再作一个特别的假定，即规定出两个值，其中一个为正数、一个为零；然后根据

上述每一个条件所起的作用，分别赋予其中一个值：如果这个条件很重要，就记作（＋）；如果它不起作用，就记作（0）。这样我们就可以分析以下三种情况了：其中，每一种情况都缺少一个因素，{不是缺少有限理性这个因素，就是缺少投机思想或资产专用性这个因素}；最后还有第四种情况，即三个因素都具备。下面我将把这四种情况进行比较，并分析一下与之相吻合的那些合同模型；具体见表 1－1。

表 1—1　签约过程的各种属性 31

行为假设			
有限理性	投机	资产专用性	隐含的签约过程
0	＋	＋	有计划的
＋	0	＋	言而有信的
＋	＋	0	竞争的
＋	＋	＋	需治理的

在第一种情况下，交易双方都有投机行为，双方的资产也都是专用资产，但经济代理人的认同能力不受限制；这大体上就是机制设计理论所描述的那些内容（赫尔维茨，1972 年，1973 年；迈耶森，1979 年；哈里斯与汤森，1981 年）。如果考虑到投机思想的要求，就应该把尊重私有信息的内容写到合同中去，但这样又带来了“激励组合机制”这个复杂的问题；并且，合同中所有的问题都得拖到事后讨价还价阶段才能解决。如果理性不受限制，那么要签订一个合同，从一开始就要进行全面的讨价还价；只有这样，才能在合同中充分写清楚：对于合同签订以后随时可能发生（并且是双方都能发现）的那些偶然情况，应该怎样适当处理。但是按照这样的规定，合同能否如约履行的问题就根本不会发生（或者，即使合同不

完善也不怕，因为据说法庭能按照效率标准解决所有的纠纷[贝曼，1982年，第168页])。在这样一个理性无所不在的世界中，所谓合同，也就成了计划的天下。

现在再来考虑第二种情况，即代理人的理性是有限的，用于交易的是专用资产；但假定不存在诱发投机思想的条件，而这就意味着代理人能严格自律、言而有信。由于代理人只具有有限理性，因此合同中必然会留下漏洞；即使如此，如果交易双方都能像合同总则中要求的那样“信守诺言”，即各自只需在签约前做出履约的保证(以追求共同利益最大化)，并且在合同到期、需要续签合同以前，只收取公平合理的回报，那么双边关系也不会弄僵；因此也就无需采取什么韬略了。这样一来，只要最初的谈判不破裂，合同双方就能获得其财产权利中包含的一切利益。由于双方都没有投机思想，再加上前面所说的严格自律、言而有信的做法，就保证了合同的有效履行。从这个意义上说，合同的问题又被缩小为一个仅仅是承诺，即言而有信的问题了。

再设想第三种情况。其中，代理人只有有限的理性，也热衷于搞投机，但资产不是专用性资产。在这种条件下，合同双方不可能有长期的互惠利益。这就是说，只有分散的、逐个签订的市场合同才真正管用；当然这种市场也就是可以充分展开竞争的市场；[26]其

---

[26] 这里有必要指出，在资产专用性问题上，交易成本经济学与“竞争力理论”(鲍莫尔，潘泽与威利格，1982年)的观点不同。尽管这两种理论都认为，资产的专用性对经济组织具有重要意义，但它们却把望远镜拿倒了。也就是说，竞争力理论把资产专用性问题看得很轻，认为企业可以很容易地使用“打一枪换一个地方”的做法。交易成本经济学则相反，它强调的是资产专用性所规定的那些条件；并认为企业使用专用的固定资产是一种普遍现象，因此往往无法使用“打一枪换一个地方”的做法。

中处处都会遇到为争夺自然垄断特许权而展开的竞争。至于欺骗 32
以及极其恶劣的欺骗行为，自有法庭裁决予以震慑。[27] 按照这种情况，我们又可以把合同描绘成一个物竞天择的世界。

如果理性是有限的，又存在投机思想，而资产又具有专用性，那么从以上三种情况推导出的结论就统统无效了。计划当然不可能十全十美（因为理性有限），承诺也不可能不折不扣地遵守（由于投机思想），这时就要看签约双方是否同样聪明了（原因在于资产是专用的）。这时的世界就成为治理结构的世界。既然法庭裁决是否有效已经成了问题，那么合同能否得到有效的履行，也就全靠私下解决能建立的是哪种制度了。而这正是交易成本经济学所关心的那个世界。在这种情况下之所以迫切需要建立组织，原因就在于：**把各种交易组织起来，才能经济合理地运用有限的理性，同时又能保护他们免受投机行为之苦**。这样一个命题，比起那个“最大限度地获取利润！”的急功近利的口号来，使我们能够从一个新的角度，以更广阔的视野来看待各种经济问题。

4. 签订简单合同的步骤

假定可以用两种不同的方法提供某种产品或服务。其中一种方法使用通用技术，另一种用的是专用技术。后者需要进行更大的投资，去购买专用固定资产，以便更有效地满足稳定不变的需求。

---

[27] 说到法庭裁决确实管用，是假定人们能按照有限理性行事，根本没有必要去采取投机手段；但这毕竟只是一种假定。

我用 k 表示购买专用资产的投资量，对于使用通用技术设备进行的交易，其用于交易的专用资产投资量为零，即 $k=0$。如果交易使用的是专用技术，则结果与之相反，即存在 $k>0$ 的条件。在其中，原来的资产已经根据交易双方的特殊需要而改为专用资产。如果在合同到期以前这种交易就宣告结束，则必然要牺牲生产性价值。这种情况可以用双边垄断来表示，我将在第二章中对这种交易进行详尽的分析。

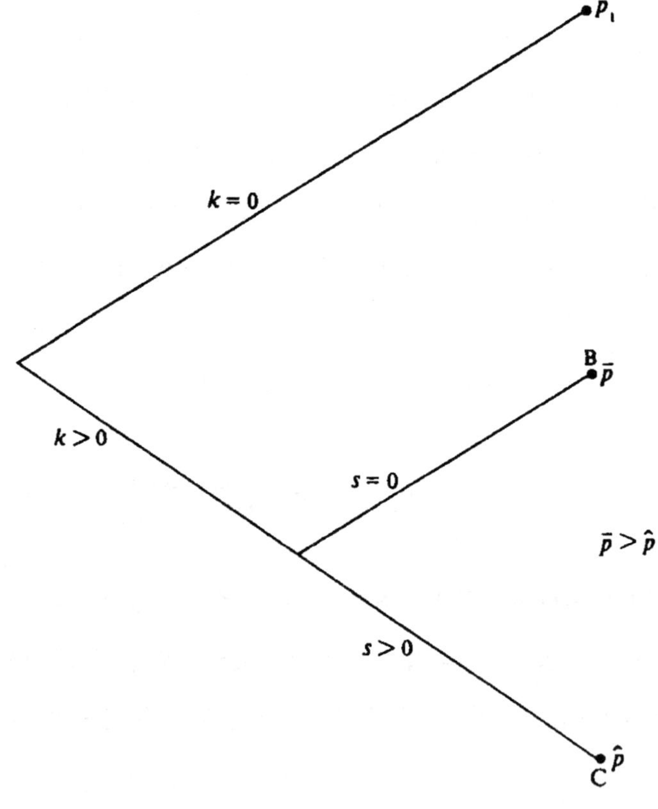

图 1－2　签订简单合同的示意图

古典的、简单的市场合同所描述的情况——“靠面面俱到的协议而棱角分明地进入，为无可掩饰的表现而干脆利索地撤出”（麦克尼尔，1974 年，第 738 页）——对于 $k=0$ 那种交易已经足够了；但如果交易中巨额专用资产面临风险，市场治理关系就会因孤立无援而陷入困境。这就促使交易双方设计出一种安全措施，以保护此后交易中的投资的安全。这种安全措施的作用程度可用 s 来表示。如果 $s=0$，则表示不采取这种安全措施；如果决定要采取安全措施，则用 $s>0$ 表示。

上述三种合同的结果见图 1－2。图中 A、B、C 三点各代表一种价格，这样我们就能把各种价格加以比较。假定供给方有以下特点：(1)不愿冒风险；(2)在各种技术条件下都可提供产品；(3)只要能使他预期收支平衡，谁提供这种安全措施都无所谓。这样，分支 A 表示的就是在通用技术（即 $k=0$）条件下的供给量，其预期收支平衡价格应为 p_1；分支 B 所代表的那一类合同用于专用资产交易（即 $k>0$），也无需安全措施（即 $s=0$）；预期收支平衡价格就是 $\bar{p}$。分支 C 所代表的合同也用于专用资产交易；但由于买方在这类合同中提供了安全措施（即 $s>0$），因此预期收支平衡价格 $\hat{p}$ 将低于 $\bar{p}$。

一般情况下，在以上这三种形式中，总会有一两种形式需要采取我所说的安全措施。其中第一种措施就是调整激励机制，即为了防止提前终止合同，一般都规定了解雇金或罚金的标准；第二种 34
措施是建立并使用某种专门的治理结构，以应付并解决有关的纠纷。从分支 C 所对应的治理结构来看，其特点就是通过调解仲裁来解决各种纠纷，而不是诉诸法庭。第三种措施是依靠贸易规则，

鼓励并判断双方持续合作的意向。把一买一卖的单方贸易扩展为互相买卖的双边贸易——例如双边互惠方式就是这样一种解决双边贸易不平衡问题的措施。

上述简单合同的内容有非常广泛的用途，可适用于各种不同的签约问题；后面我还要对此进行扩充。因为它突出了技术（k）、合同治理结构或安全措施（s）和价格（p）等三种因素的相互作用和相互决定的关系，所以可以用它来分析各种制度。本书以后的章节会不断提到这个简单合同的内容。实践证明，经济生活中如此之多的合同，不管其如何发展变化，都离不开以上这些基本内容。正如哈耶克所说的那样："事物的各种属性自有其排列规律；一旦发现这种抽象的规律，那么，只要其他所有因素也都具有同样的属性，就可以按照同样的道理来加以把握"（1967 年，第 50 页）。[28]

总之，上述内容说明，在图 1－2 中，A、B、C 三个分支体现出以下特点：

(1)以通用资产（即 $k = 0$）为实际内容的交易，都落在分支 A 上；对这种交易，无须建立保护性的治理结构。它面对的是一个竞争性的世界，只要在市场上分别签订合同即可。

(2)如果是涉及重大专用资产投资的交易（即 $k > 0$），交易双方必须进行互惠贸易，交易才有效率。

㉘ 我已经清楚地意识到，利用合同分析法来研究我本人于 1971 年提出的纵向一体化问题，应该还能解释其他很多问题（包括建立劳动市场的组织并予以调节的问题）。但我当时确实没有考虑到，只要重新研究一下关于合同的那些概念，仅从非标准式合同以及公司治理结构这两个问题出发，也能得到同样的结论。

(3)无需安全措施的交易(即 $s = 0$)都处于分支 B 上,其中,能使预期收支达到平衡的供给价格就比较高(即 $\bar{p} > \hat{p}$)。这种交易所赖以进行的合同会是一种很不稳定的合同。因此它们很可能会退回到分支 A 上(分支 A 表示,即使使用的是专用技术,也可以用通用技术[即 $k = 0$]来代替);或者,这些交易会转移到分支 C 上(办法是制定安全措施,用来鼓励继续使用 $k > 0$ 的那种技术)。

(4)属于分支 C 的那些交易,都需有安全措施(即 $s > 0$),方可保护私人财产免遭侵犯。 35

(5)由于价格与治理结构二者的相互作用,合同各方就不要再企盼鱼(价格低廉)与熊掌(无须安全措施)二者得兼的那种好事了。从更普遍的意义上来看这个问题就会懂得,研究**与签约有关的全部问题**才是更重要的。因为无论事前约定的条款,还是此后履行合同的方式,都会随着投资的不同特点,以及由此形成的不同的治理结构——交易将按照这种治理结构来进行——的变化而改变。

5. 企业生活区的经济组织

提到企业生活区,总使人想起早期那段滥用劳动力的苦难历程。那的确是一段不足为外人道的故事。

企业生活区的故事只能说是个例外,而绝不可能成为一种普遍的规律。但这里有一个问题却不能不问:在那种显而易见的恶劣条件下,为什么{当时}每个人还同意去工作呢?进一步还可以追问:有没有可能签订其他一些稍好一点的合同呢?对一些极端的情况加以研究,往往能更好地说明问题的实质(《企业生活区的缩影》,1962 年,第 5 页)。从这个意义上说,考察企业生活区所面临的那些组织上的问题,也许会给我们一些启迪。

问题包括两个方面。一是从"合同的全部内容"上看,研究经济组织的问题到底有哪些用处;二是这种研究存在哪些局限性。

5.1 合同分析

假定:(1)边远地区拥有矿产资源且具有开采价值;(2)采矿需投入巨额固定资产,且该资产此后难以再用于其他方面;(3)所需劳动力为不具有企业专用技术的熟练劳动力,但招聘这些外来劳动力需付出搬迁成本;(4)该地区气候恶劣,必须为劳动力提供可长期使用的住房以御风雨;(5)矿工社区范围狭小,只能开设一家,而不值得开设两家百货商店;(6)距矿区最近的城市也在 40 英里以外。

{根据上述情况,}我想重点讨论两个问题:一是工人或矿业企
36 业是否应该在矿区拥有自己的房产?二是应以何种方式拥有并经营这个百货商店?为了更清楚地说明其中的特点,我把问题分为两种情况来讨论。

a. 安土重迁的社会

这是汽车时代到来以前的日子。矿业企业登出高工资的招工广告。由于矿区地处偏远,工人们不仅要考虑工资水平,还要考虑矿区的住房条件和经济基础设施条件。

如果企业打算自己建宿舍,它就得在以下几种办法中做出选择:(1)把宿舍卖给工人;(2)让工人短期租住企业宿舍;(3)把宿舍长期租给工人,但对提前退房的工人予以重罚;(4)规定企业必须长期出租宿舍,但工人可以提前退房;(5)或者,企业要求工人自己盖房。

由于市场不活跃,所以工人自己盖的房子事实上就成了对企业的一种专用投资。由于合同中没有规定安全措施——包括收购条款(意指一旦工人被解雇或提前辞职,企业要保证买下工人的房子)、长期雇佣保证、一次性解聘费以及抚恤金等等——因此,除非给工人发一张签过字的{支票作为}补助或津贴,否则工人们是不会投资盖房的。这就相当于图 1-1 中分支 B、而不是分支 C 的结果(也就是说,结果为 $\overline{w}>\hat{w}$)。

但是,众所周知,从分支 B 得到的结果并不符合效率标准。因为谈判的结果是工资水平涨到 $\overline{w}$,企业的边际成本将被抬高;企业由于达不到一定的效率,将辞退工人。这种危机还将危及工人们选中的住房方案;因此,从最初谈判之日起(或者是在谈判过程中逐步认识到),劳资双方都会认为,对矿业企业来说,还是以集中的方式{即由企业一方}专门拨款建宿舍为好。这样一来,就是企业拥有职工宿舍的所有权,并按照符合效率标准的租期把宿舍租给工人。第四种办法——宿舍租期要长,即限制了房东,但方便工人续租——就具有了明显的吸引力。[29]

再来看百货商店的问题。首先考虑以下选择方案:(1)该百货

[29] 至于本文所列的第一、二、三种方法,是不是比第四种方法的缺陷还大,这个问题留给读者去思考。假定房屋使用者会在适当程度上关心房屋的使用情况,那就应该把以下内容写进租约:为了双方的利益,不得滥用房屋;这样做才有利于达成租赁协议。关于这一问题的讨论,请参见阿尔奇安(1984 年,第 40 页)。

37 店为矿业企业所有，并且(a)以垄断方式经营，(b)只要求合理的赢利水平，或者(c)不得违背市场规则(market basket)行事；(2)谁出价最高，就让谁在一定年限内承包该商店，但承包上缴额(a)归矿业公司财务部，(b)或者在第一批进矿的工人之间分配，(c)或者以某种基金的形式投入货币市场，承包到期后按顾客在此承包期内购物额的比例，对顾客分红；(3)该商店由职工集体所有并按合作社方式进行管理。以上选择方案固然都不是十全十美，但第二、第三两个方案更值得讨论。[30] 总之，不管最后采取哪种方案，最主要的问题在于：如果能像我们假设的那样，把这些最主要的特点——即百货店的所有权与治理结构的比较得当的设置——都写入合同之中，那么，这些条件就必然影响到工人所能接受的工资水平，而不再是与百货店的所有权问题及经营方式无关的事了。

b. 流动性很强的社会

随着汽车、活动房子、家用冰箱以及邮购商店等等的问世，就在很大程度上解决了安土重迁时代给签订合同造成的那些困难。过去投资建房要受特定地理位置的限制，如今有了活动房子，这一限制就减弱了很多。过去只有一家百货店卖货，现在城市间交通很方便，就可以到外地去采购，此外还可以邮购。市场在发展，技术在变革，{新的手段}正在向合同的各个领域蔓延。这样，在合同方案的选择问题上，原来由分支 B 或分支 C 独占的地盘，现在已经有可能用分支 A 的方式来处理了。

当然，对于那地处边远的矿工社区来说，还有其他一些问题需

[30] 这个问题还是留给读者自己讨论。

要解决；这就需要对各种制度进行仔细的比较分析。但有一点可以肯定，那就是车轮滚滚，竞争遍地，使资产得以流动起来，从而打破了以往时代对合同签约造成的种种限制。

5.2　必要的余地

如果能从整体上并且是可靠地把握住签订合同的问题，那么，不论人口在哪种条件下迁移，都会出现工资、房屋所有权以及公司百货店的经营方式等种种问题的有效配置组合。那么，人们对前汽车时代企业生活区如何组织的问题的抱怨又该如何解释呢？

原因主要有二。一是研究企业生活区问题的学者并没有对有 38
关制度做过比较分析。对制度进行比较，并不是列举出都有哪些合同形式可供选择，再评价一番孰优孰劣就够的，因为人们只能在这一范围内选择企业生活区的组织形式；而是应该把企业生活区和非企业生活区加以比较才行。这样一比，就比出企业生活区所面临的困难了。有困难无可大惊小怪。不过，如果把这些困难单独抽出来比较，就根本无助于我们理解企业生活区所应该解决的那些组织问题。

二是很难指望人们会不折不扣地履行合同，特别是劳动力市场上的合同更是如此。如果真能规规矩矩地按照签订合同的原则来组织企业生活区，那人们对它自然无话可说。但是，有哪个公司的百货商店是按照合作社的形式组织起来的呢？劳动力市场组织中的“老大难”问题就在于，工人及其家属乐观得过了头。因为他们加入这种组织，靠的不过是模棱两可的诚信保证、没有法律效率的承诺以及他们对自己美好生活的一种向往而已。他们甚至没有经过“大概齐的”讨价还价，即使有，也是一种“马后炮”。这样，他们只有在失望之余，才会冷静地看待就业中存在的危险；其实这是在签订任何就业协议之前早该做的一步。像他们这样出了问题才觉得“需要”亡羊补牢，就很容易被看成虚张声势了。利用集体组织这种形式，对解决问题也许会有所裨益，但集体又有集体自身的矛盾。要解决这一问题，可能还得靠“止血”，而不是靠“输血”。

我用上述两个原因来解释为什么建设企业生活区并不是一种好办法。但正如本书开宗明义指出的那样，本书并不想拿出一个放之四海而皆准的良策；而只是坚持一个假定，即合同双方既精明又讲实际（hard-headed），对于合同中的各种问题，他们即使不知其所以然，凭本能也能想出各种解决的门道来。这种本能固然给人以睿智，但绝非没有代价。其代价就是时有疏漏或断章取义。但我相信，只要是签订商业性合同（包括实行纵向一体化以及建立内部治理结构），即使发生这种成本也在意料之中，并不会比我们在研究劳动力市场组织时所能看到的那种成本还高。因此无论这种分析还有哪些不足之处，我还是把分析的重点放在被人们忽略的交易成本问题上，目的就是为了纠正这种偏颇。我完全同意以下说法，即如果能选准几个分析角度，就会看到，其实更容易理解的应该是复合式合同。

6. 用途

关于交易成本经济学的用途，以后的章节将会更详细地讨论；

这里只作简要的描述，以便推出以下命题：以交易成本经济学作为分析工具，可以很方便地研究微观经济学应用理论感兴趣的那些 39
主要问题。

6.1 对市场的纵向限制

尽管人们一度认为，曾普遍实行的客户和地区限制，以及有关的各种非标准合同的做法是反对竞争的；但交易成本经济学还是坚持与之相反的一个假定，即采取这些措施恰恰是为了保护这些交易。在第 4 节分析合同内容时我已说明了一点：凡是专用资产会遇到风险（即 $k>0$）的企业，都具有建立保护性治理结构（即 $s>0$）的动机，因此都会处于分支点 C 的位置上。实践中很多非标准化的做法，比如对顾客实行区别对待以及地区限制等等，都是为这一目的服务的。

由此我们假定，某家企业开发出一种独特的产品或服务，并通过其特许经销人把它提供给顾客。再进一步假定，推销这种产品或服务的那种激励机制具有外部性：某些经销人可能想“免费搭车”，借其他经销人的促销工作而使自己凭空得利；或者，某些经销商把劣质产品卖给流动人口，由此来降低其经销成本，而把恶名留给这种体制。这就激励这家企业即授权人把手伸得更长，从最初只提供特许经营权，扩大到对供给的条件作出限定。

这种交易可能很透明，但不会总是如此。让我们想一想在施温公司（Schwinn）案中，{联邦}政府在最高法院所表明的那种态度：“有些制造商向独立经销商批发产品时，会对后者提出种种限制条件；而另一些制造商据说则相对地与人为善。对这两类制造商实行区别对待的原则，不过反映了一个事实，即尽管统一批发可以节省成本，因此有时对经济发展有利，但是，不论是要求经销商不能提高转售价格，还是规定在一定时期内实行地区差价，或者干脆取消前面提到的那些限制，我们都看不出其中到底有哪些利益差别。”[31]当年风靡一时的观点强调的是技术特点，而又不考虑在合同中写明安全措施能得到哪些好处；与这种观点相比，政府上述那种态度显然是倾向于在组织内部、而不是通过市场方式来解决这些问题。[32] 用图 1－2 展示的合同签约内容来表示就是，政府实
40 际上认为，所有的交易都属于分支 A 这种类型——也就是说，各种施加限制的做法都不利于开展竞争。

6.2 价格歧视

人们一直这样来解释罗宾森—帕特曼法的立法宗旨，即：“把大经销商压价出售的能力限制在以下程度内：一是**大批量的**生产、分配或销售使经销商的成本不断下降；二是经销商凭借自己良好的商誉，抵抗其竞争对手的低价竞争。”[33]但这种解释还是把交易假定为 A 种方式的交易。然而，如果卖者按 $k>0$ 那种合同方式

㉛ 摘自 United States at 58，United States V. Arnold，Schwinn & Co.，388，U. S. 365(1967)。

㉜ 莱斯特・泰尔瑟在《互相辱骂的交易双方》(1965 年)一书中提出的那些批评已经广为人知，但可惜人们对此不屑一顾。

㉝ *FTC v Norton Salt Co.*，334 U. S. 37(1948). 着重号是原文件加的。

行事，并且要出售两种产品；其中一种是销售合同中写明保护措施的产品，另一种则没有保护措施；在这种情况下他想按同一价格出售这两种产品就不现实了。相反，对于他不提供保护措施的那种产品，处于B种合同方式的买者将不得不付出一定的差价（$\bar{p} > \hat{p}$）。

6.3　政府管制与放松管制

相对于市场范围，如果规模经济很大，实行垄断就是有效率的。但是，正如弗里德曼所感慨的那样："不幸的是，根本没什么好办法来解决技术上的垄断问题。只有三种不怎么样的办法：一是不受政府管制的私人垄断，二是受到管制的私人垄断，三是政府亲自操作；因此只能是'三害相权取其轻'"（1962年，第128页）。

弗里德曼把不受政府管制的私人垄断称为一害，是因为他以为，所有权一旦被私人垄断，就意味着要实行垄断价格。但是，正如此后德姆塞兹（1968年b）、斯蒂格勒（1968年）和波斯纳（1972年）指出的那样，对于想把自己的产品卖到最高价格的企业，只要通过事前招标竞争，给这些企业通过竞标得到的特许垄断权规定明确的回报水平，就可以避免其制定垄断价格。德姆塞兹提出：撇开自然垄断理论中的"不相干的复杂因素"——如机器设备的耐久性和不确定性等——只要事前就对特许权进行招标，就能解决这一问题（1968年b，第57页）。斯蒂格勒则强调："顾客可以利用国家来举办拍卖会，以便把｛电力公司的｝卖电权拍卖出去……这种拍卖……包括（特许权竞标），目的就是为了降低价格"（1968年，第 19 页)。波斯纳同意这一见解，并进一步提出：如果对经营闭路电视并取得回报来说，实行特许经营权招标，是一种符合效率标准的方式。

交易成本经济学承认这一理论有道理；但又坚持认为，无论是
41 签订合同之前还是以后，都应该进行检查。只有这前、后两个阶段的竞争都符合效率标准，特许权竞标理论才能成立。对于竞标来说，最重要的问题在于，对即将成为特许权的那些产品或服务到底具有哪些属性，应该作出正确的估价。特别是，如果所提供的这些产品或服务的供给条件不确定，且涉及巨额专用资产投资，那么特许权竞标的效率如何，就大成问题了。的确，如果在上述条件都不确定的条件下还要实行特许权竞标，那么首先就需要不断地精心调整管理手段；{尽管它们}与那些调节投资回报率的管理手段只是名义不同，并无实质区别。因此，基本问题在于：仅仅是改个名字，不具有制度比较上的重要性。

但这并不是说，即使能降低成本，也根本不可能对{企业}所供给的产品或服务实行特许权竞标的办法；也不是说，即使特许权竞标方式能够带来净收益，也无法取代现有的政府调控或公有制。地方性航空公司以及地方邮政就是其中两例。在这两种竞标中，中标者即使{以后}被他人取代，其资产价值也不会受到严重影响。因为基础设施(即机场、邮局、仓库等等)还是归政府所有，其他资产(飞机、邮车等等的交易)则可以形成活跃的二级市场。因此，特许权竞标方式并非一无是处。相反，所有这些合同的内容——对自然垄断的特许权竞标只是其中之一——都需要从微观分析的角度进行考察，并且从比较制度的角度进行评价。

7. 几点结论

作为交易成本经济学之基础并为该理论进一步发展了的命题如下：

(1)以交易作为分析的基本单位；

(2)任何问题都可以直接或间接地作为合同问题来看待，这对于了解是否能节约交易成本很有用处；

(3)通过不同的途径，把各种(属性不同的)交易还原为各不相同的治理结构(即决定着合同关系是否完整的那种组织结构)，就形成了交易成本经济(transaction cost economies)。与此相应：

a. 对选定的交易都涉及哪些属性，应分别予以定义。

b. 不同治理结构需要不同的激励属性和适应属性，应分别交代清楚。

(4)虽然交易成本经济学有时也使用边际分析方法，但其研究
的主要内容，还是对各种制度进行逐个比较，并作出评价。在这个 42
由各种制度组成的链条中，一端是古典型市场合同，另一端是集权式的、等级式的组织；介于两端之间的则是企业与市场相混合的各种形式。

(5)只要对经济组织问题进行认真的研究，最终势必把以下三种概念综合起来：一是有限理性，二是投机思想，三是资产专用性的条件。

但要注意，从(5)来看，教科书中所讨论的有关合同问题的四个概念都可以归结到以上三种概念的某一两个概念之中。因此，可以把合同看作一种事前的综合计划，也可以看作一种守信用的承诺；这两种看法都是对人类本质所作的大胆假定——但一个（即计划）是不考虑人的理性有限这一特点，另一个（即承诺）则假定人们不会产生投机思想。但是，无论是把合同看作一种竞争现象，还是当作一种治理结构，都没有对人类的行为提出严格的要求。两者都承认，人的“理性有限”；或者直接规定出理性的边界在哪里，投机思想的危害有多大。

因此，正是{满足}资产专用性这一概念所需要的那些条件，才把竞争型合同与治理型合同区分开来。当资产专用性程度很低时，以竞争式合同的效果为好。这是一个很具实用性的条件，与此相应，竞争模式也就获得了广阔的用途。但并非所有投资都能很方便地改变其用途。因此，超出竞争模式最适应的环境来运用这一模式，有时就会导致错误。

由于市场竞争模式已经发展到非常精致的程度，因此，人们直到最近才开始认真考虑一个问题，即在签订涉及那些投资难以改变用途的合同时，会遇到哪些难以克服的困难。这种认识之所以来得这么晚，主要原因在于，以前人们对这些资源以及专用资产在经济上的重要性一直估计不足。而新制度经济学在其研究进程中，则始终把拓展经济组织理论以容纳资产专用性问题作为自己最主要的任务。本书提出运用私下解决的方式来研究经济组织的问题，其中最主要的特点是把合同看作一种治理方式。

第二章　合同人 43

对于复杂系统，可以从几种观点来着手研究。其中比较有成效的概念包括经济人、工作人（working man）、政治人（political man）（罗尔斯，1983 年，第 13 页），甚至还有等级人（hierarchical man）。本书既以经济组织为研究对象，使用的概念就应当是合同人。

第一章已经指出，人们研究合同问题使用过各种不同的方法。这些方法的区别在于：(1)关于合同人的行为假定不同；(2)交易中的各种属性对经济的影响程度不同；(3)解决各种经济纠纷时对法庭的依赖程度不同。本章对前两种区别要详加分析。至于私下解决与法律中心论二者孰优的问题，将在第三章详细讨论。

交易成本经济学也以行为假定作为基本前提，这个问题在本章第 1 节讨论。第 2 节考察衡量交易特点的那些主要原则。第 3 节讨论交易的“根本性转变（fundamental transformation）”，因为就是这种转变造成了签订双边合同的那些一般条件。虽然本章并没有提出什么重要的结论，但资产专用性以及交易的基本形式这两个概念却为以后各章铺平了道路。因此，即使是不重视行为假定的人，也应该用这两个概念来考虑问题。

1. 行为假定

44

很多经济学家都认为，对人的行为作出一些假定[①]不过是举手之劳。这反映出人们的一种普遍观念，即这些假定是否真实并不重要，只有当理论结出硕果时才能证明其正确(弗里德曼，1953年)。[②] 但正如前文所指出的，布里奇曼极力主张，要想理解人类的行为，就必须对研究思想是如何支配行动的那些成果给以更加自觉的关注(1955年，第450页)。艾尔德尔·詹金斯是同意这种说法的。他发现，“人类的各种制度(包括法律)的主要问题和基本目的，都可从人类生活的一般条件中找到根源”；他还相信，要想穷究底蕴，就不能不研究人类的思想进程和社会进程(1980年，第5页)。科斯也指出，“现代制度经济学的研究应该还人类以本来面目，即人们只能在现实体制所规定的条件下行事。只有这样，现代制度经济学才能称之为‘现代制度经济学’”(1984年，第231页)。

交易成本经济学借助有限理性和投机这两个概念，把握住了人类的本质特征。[③] 前一个概念讲的是领悟能力(cognitive com-

① 俗话说“情人眼里出西施”。对行为作出假定也有这种味道。不能耐下心来考虑这个问题的读者也许想越过本节，直接去读第2节。但坦白地讲，在研究经济组织问题时，各种研究方法的很多差别都源于其行为假定上的不同(具体见第3节)。

② 对这种“拿腔作调(official methodology)”的批判近来已经众所周知，可参见唐纳德·麦克洛斯基(1983年)。关于近人对这一批判的认同态度，可参见贝曼(1982年，第177页)。

③ 起初笔者也想在本书中介绍一下这种具有重大价值的讨论，并分析其对经济

petence)，后一个则用机敏(subtle)取代了对自身利益赤裸裸的追求。

1.1　理性

理性问题应该包括三个层次。一是强理性，即预期收益最大化；二是弱理性，即有组织的理性；三是中等理性，介于以上二者之间。④

a. 收益最大化问题 45

新古典经济学坚持以收益最大化为方向。如果能算清所有的有关成本，坚持这个方向当然无可非议。⑤然而，收益最大化的传统思想不仅不鼓励人们进行这种计算，反而借贬低制度的作用来偏袒以下观念：企业不过是一个生产函数而已；消费者则是一个效用函数；至于各种组织的行为应该如何配置的问题，可以看作既定不变的；而追求最优化才是人之常情(德阿莱斯，1983年)。阿

组织所产生的影响。但这种努力没有成功。我认为这实在令人遗憾，因此希望将来能有机会作出补救。文中偶尔提到的(主要是与劳资关系和非正式组织问题有关的)人的尊严问题的方方面面，需要加以更全面、更系统的研究，这一点更无须赘言。至于有时因乐观而可能对经济组织断章取义的问题，请参见第一章第 5.2 节。这个问题也需要仔细讨论。

④　读者需要注意的是，除了这三个层次外，理性问题可能还要包括非理性(non-rationality)和无理性(irrationality)。此处之所以不考虑这两个问题，正如第一章所指出的那样，要研究经济组织的问题，最好还是集中分析这些组织所追求的是什么目标。

⑤　但是，并不是所有怀疑收益最大化观点的意见都能同意这一点。尽管如此，我还是接受了以下说法：本书重点讨论的绝大部分问题还可以从更规范的角度进行研究。但是，要把有关成本都考虑进来，这些研究往往就会半途而废；并且(或者)也缺乏可操作性。即使如此，这种研究还是在不断地规范化，也有希望取得进展。

罗—德布鲁提出的那种待定索取权合同，就是最大化原则的极其自负的形式。由于假定随时可以进行这类综合交易，于是，连偶尔研究一下应该怎样签订合同的问题似乎也都没有必要了。这个世界也就被说成是一个虽然庞大但非常简单的世界；在其中，所有讨价还价问题、技术问题、禀赋问题，以及对待风险的态度和洞察力等等，都可以一举而定了（米德，1971 年，第 166 页）。

b. 有限理性

有限理性就是关于领悟能力的一个假定；有了这一条，交易成本经济学才能成立。这就是所谓中等理性；按照这种理论，各种经济角色的心态就被视为“理性有限却刻意为之”（西蒙，1961 年，第 xxiv 页）。读者请注意，我这里把“刻意的”理性和“有限的”理性相提并论；而经济学家和其他社会科学家都反对这样做，尽管理由各不相同。经济学家之所以反对，是因为理性有其局限性，却被错误地解释成没有理性或不讲理性。我们说“理性有限”，本意在于“维护理性的尊严”（阿罗，1974 年，第 16 页），对这种解释，经济学家自然不便贸然反对。至于其他社会科学家之所以持反对态度，是因为一提到“刻意为之”，就认为是对经济学家那种言必称收益最大化的信条作了太多的让步。有限理性的说法之所以会招致这两类学者的反对，关键即如上述。

46 交易成本经济学承认理性是有限的，并认为应该重视{有限与刻意}这两种含义。只要承认“刻意为之”这一条，就会同意应该厉行节约；而如果承认人的领悟能力有限，就会促使人们转而研究制度问题。

如果承认理性是有限的，那么，再想签订面面俱到的合同，借组织的力量来解决问题，就是一种不切实际的想法了（拉纳，1968年）。如果思想也算一种稀缺资源（西蒙，1968年），人们肯定就会动脑筋想办法，厉行节约。因此，只有承认理性是有限的，才会更深入地研究市场和非市场这两种组织形式。但是，既然人的能力有限，合同双方又如何组织起来，并利用有限的能力来追求最佳利益呢？再有一点：一旦承认理性有其局限性，我们就会发现，我们原以为可以从经济上合理地加以解决的问题，其实不是很少，而是太多了。

从有限理性出发以求节约成本，可以有两种做法。一是注重决策程序，二是设计好治理结构。利用启发式方法来解决问题——包括一般性的问题（西蒙，1978年）以及各种具体问题，如解魔方问题（海默，1983年）——都属于决策程序的范围。然而，交易成本经济学主要关心的是根据不同情况，利用不同的治理结构，解决不同的交易问题，是否就真能节约成本。理性有限是一个无法回避的现实，因此就需要正视为此所付出的各种成本，包括计划成本、适应成本，以及对交易实施监督所付出的成本。那么，对于各类交易来说，哪些治理结构更为有效呢？这不能一概而论，而要具体问题具体分析。一般来说，需要更多的领悟能力才能把握的那种治理结构，相对来说也就不大容易受欢迎。⑥

⑥　或许有人认为：所谓有限理性，意思是说信息是有成本的，只不过表达得比较晦涩而已。如果认可了这一点，那么，所有与有限理性有关的问题就都可以用收益最大化来解释了。我对这种看法想说一句话：正如西蒙看到的那样，这样一来，偌大的一块公地，就都被最优化分析和满意度分析这两条瓜分掉了（1978年，第8页，注释6）。虽然你可以根据“抠门（parsimony）”这一特点提出以下推理，即“毋宁认为，只要这些假定中有一个成立，就完全有理由认为，人们会极有理性地行事”（西蒙，1978年，第8

c. 有机的理性

前文所说的那种弱理性也就是程序理性或有机理性(organic rationality),是现代进化论方法(阿尔奇安,1950 年;理查德·纳
47 尔逊与西德尼·温特,1982 年)以及奥地利经济学派(门格尔,1963 年;哈耶克,1967 年;克兹纳,1973 年)所主张的那种理性。不过,他们的侧重点不同。纳尔逊与温特考虑的主要是企业内部与企业之间的进化过程;奥地利学派考虑的则是具有最一般特点的过程——如货币制度、市场制度、产权制度及法律制度等等。正如路易斯·施奈德指出的那样,这些制度"是计划不出来的。这些制度的总体蓝图不是哪个人灵机一动就能想出来的。[也确实]有这样一种形势:要得到某一具体结果,摸着石头过河……要比洞察一切并精心策划来得'更有效'"(1963 年,第 16 页)。在奥地利学派看来,虽然节省交易成本无疑是导致制度变革的一个重要原因,而且把这两种方法结合起来也非常有用,但在目前,有机理性所研究的内容与交易成本经济学的内容却相差甚远。不过平心而论,

---

页);但这样一来,也就不难理解为什么别人会作出不同的决定了。这就是说,只会钻新古典经济学的牛角尖,并不是毫无代价的乐事。

但理查德·纳尔逊与西德尼·温特却认为:这样也还是解决不了那种最基本的紧张关系:

"摆在决策者面前的有两种情况,其间存在一个基本的区别。一种情况是某一问题以前不大可能发生;因此决策者吃不准现在会不会发生。另一种情况是决策者做梦也想不到的问题,现在一旦发生了,决策者不知道它是福是祸……{由此可见,即使是}最复杂的收益最大化模型,也从来没有认真考虑过有限理性的问题。因此我们只能做个类比,暂且把有限信息模型当作有限领悟能力条件下的决策模型"(1982 年,第 66—67 页)。

和我相比,在理查德·纳尔逊与西德尼·温特参与创立的进化论经济学(evolutionary economics)中,就不大以刻意为之的理性作依据,而是更多地强调有限理性。

这两种理论其实是互补的,一种理论的成果能促进另一种理论的发展(兰格洛依斯,1982 年,第 50 页)。

1.2 追求私利

追求私利有程度深浅之分。程度最强烈的、也是交易成本经济学所注重的,就是投机问题。最弱的(实际上就是不去投机)乃是顺从;介于二者之间的是简单的自私自利。

a. 投机

我说的投机指的是损人利己;包括那种典型的损人利己,如撒谎、偷窃和欺骗,但往往还包括其他形式。在多数情况下,投机都是一种机敏的欺骗,既包括主动去骗人,也包括不得已去骗人,还有事前及事后骗人。

在保险学中,事前投机被称为逆选择(adverse selection);事后投机则称为败德。保险商之所以采取逆选择,是因为他分不清什么值得去冒险,什么不值得去冒险(the unwillingness of poor risks),因此不能一眼就看出在什么条件下他们会遇到真正的风险。一旦投保人出了问题,保险商既无力全额赔付,又不能采取适当措施以化解风险,由此就产生了事后处理的问题。以上这两种情况都被看作投机的内容。

从更一般的意义上说,投机是指不充分揭示有关信息,或者歪曲信息,特别是指那些精心策划的误导、歪曲、颠倒或其他种种混淆视听的行为。正是这些原因,直接或间接地导致了信息不对称问题,从而使经济组织中的问题极大地复杂化了。其结果是委托

48 人和第三者(仲裁人、法庭等)在事后介入时,将面临更为困难的处境。当然从另一方面看,要对每个当事人都采取同等程度的投机行为也是不可能的。如果已知签约各方受投机之累的程度不同,经济组织的问题就确实会变得错综复杂起来;因为在这种情况下,这个组织如果不花费额外的资源,就无法区别对待有关当事人,也无法得到收益。

尼古拉斯·乔治斯库—罗根提到的那种越轨行为,恰恰符合对人类本性的看法。他写道:

> “只要观察一下整个经济组织,或者考察一下这些组织与个人之间的关系,看看那里发生了什么事情,[就会看到]这样一种现象:这些组织是根据**有关原则**确定自己的目标的,但为此而采用的手段却与这些原则并不一致。这些现象确凿无疑地表明,在任何一个社会中,一般人不懈追求的目标就是为了扩大自己的索取权,而这恰恰是被正规组织结构所忽略的内容……其实,正是由于人们为实现自己的目的而采取的那些行动,才形成了社会的经济过程”(1971 年,第 319—320 页;着重号为作者所加)。

简言之,如果不存在投机,那么一切行为就都能符合规则;而且也无须事先全盘计划一番。即使遇到不可逆料的问题,各方为了维护共同利益的最大化,也能按照一致遵守的原则去处理。因此,只要事先坚持下列一般性条款,就能避免合同执行中出现的问题:我同意随时通报所有有关信息,因此在合同执行阶段,愿意为争取最大的共同利益而提出建议并进行合作,且完全同意按照事先约定的比率分享由此取得的收益。

需要指出的是，马基雅维里在按照“人的本来面目”（高斯，1952 年，第 14 页）看人时所作的关于投机问题的著名论断。鉴于人有投机的本能，因此马基雅维里告诫他的国君：“明智的君主就不应该讲信义，因为那对他自己不利；一旦没有什么理由再来约束他时……他不愁找不到为自己文过饰非的合法依据”（高斯，1952 年，第 92—93 页）。但是，一旦明白了代理人并不值得充分信任，那么，人们学到的也就不止是相互或单方面采取投机行为了。这确实是非常直白的回答。

为了研究经济组织的问题，更重要的是应该认识到：如果事前就能设计防范措施，那么，事后的投机行为就难以再对交易造成什么损害了。因此，明智的君主对投机行为绝对不会“以其人之道，还治其身”；而是设法使臣下“忠心耿耿”，对臣下又能“用人不疑”。为此，可以改换激励手段，设计出用以组织有关交易的最佳治理结 49
构。

在经济交易中，“行为”不确定的根源就在于投机——如果人们在追求个人利益时能充分坦诚相待，或者假定所有下级都能自以为非并且服从上级，这种不确定性也就不复存在了。如果堂而皇之或赤裸裸地追求一己的私利，就会落入新古典经济学所假定的那种动机问题的套路了。而这种假定就是前文所说的那种中等程度的追求自利。至于服从，那就几近于毫不利己了。

b. 只求私利

尽管与新古典人在市场上打交道的也是追求私利的他人，但这只是说，他们双方会维护自己本来的立场，进行平等的讨价还价。通过相互摸底，他们就可以充分地、一五一十地搞清对方的意图，摆明双方的条件，成交后也会按照上面所说的那些原则来履约。于是，双方就能按照他们法定的财产、资源、专利、技术窍门等等所赋予的权利来实现自己的利益；其实双方从一开始就对这些内容了然于胸了。既然此后不会再发生什么突然的变故，于是就可以说，他们追求各自私利的条件已经成熟。这样一来，经济组织的问题也就变成了各种技术特点（例如规模经济）的问题；人们在演好自己的角色时也就不会产生偏离原则的问题。[⑦]

c. 服从

服从，是社会工程学中的行为假定（乔治斯库—罗根，1971年，第248页）。阿道夫·洛给服从下的定义是："不妨设想一个铁板一块的集体。在这个圈子里，工作人员按照统揽一切的中央计划办事，他们完全同意这种强加于人的宏观目标。在这样一种制度中，有关的经济过程几乎完全被抽掉，最后只剩下一些技术操作问题"（1965年，第142页）。也只有那种自利行为已化为虚无的服务人员才符合洛所说的那种情形。尽管在论述乌托邦的文章中一再出现这类话题，但是与"标准经济学的基本立场"相比，这种
50 "刻板的秩序"其实更难实现（乔治斯库—罗根，1971年，第348页）。不过，如果这些条件能得到满足，或者即使非常近似，那么经济组织的问题也就可以大大简化了。计算机就有这种特点，即服从一切要求，却不需要在社会前提上花费任何成本。

---

⑦　即如彼得·戴蒙德所说的那样，在标准的经济模式中，"各人都会遵守固定的原则并各自行事。他们不会买自己买不起的东西，也不会挪用公款或抢劫银行"（1971年，第31页）。

1.3 若干比较

	行为假定	
	理性型	自利型
强烈	CC；MD	TC；MD
中等	TC；T	CC
弱度	E	U；T

CC：待定索取权　MD：机制设计　TC：交易成本

E：进化论　U：乌托邦　T：团队理论

图 2－1　与经济组织理论不同的其他

方法所作的行为假定

图 2－1 概括了各种主要行为假定，包括待定索取权理论、机制设计理论、交易成本经济学、进化论（或有机体）经济学、团队理论及乌托邦等理论。其中，交易成本经济学特别重要的一点在于，它具有中等强度的领悟能力（即有限理性），却需要强烈的动机假定（即投机）。如果**这两个条件**都不存在，那么本书所关注的经济组织的主要问题就不复存在，或者会大大地变样。

因此，如果社会中处处充满高度理性或有机的理性，那么相比较而言，组织设计及组织分析也就没有用武之地了。因为高度理性的社会将是综合性合同的天下；而在有机理性的社会里，人的主观能动性将让位于自然演进过程。进一步说，如果没有投机问题，
人们设计出来的合同总则——即双方一致同意按共同利益最大化 51
的要求行事——也会导致普天之下莫非合同的局面。如果人们自

觉地按共同利益最大化的、言而有信的承诺方式行事，如果一开始就同意实行利益分享的原则，那么根本就不可能用其他经济组织形式来代替市场。我将在附录中具体讨论这些问题。

机制设计理论把投机和不受限制的理性(unbounded rationality)的种种变化联系起来分析。所谓理性的变化是指：当各种信息互相矛盾时，由于委托人和代理人主要掌握的是私有信息，且各自掌握的知识不同，因此他们的谈判签约就会很复杂。机制设计理论一方面要适应待定索取权问题，另一方面又要适应从理性分析中得出的交易成本经济学问题，因此该理论只好采取一种折衷态度。对于前者，只有借助大功率的计算机来解决；对后者，则只有向信息不对称理论靠拢。然而，对于追求私利问题，机制设计理论和交易成本经济学则完全一致。当然，二者所用的概念不同——机制设计理论把代理人特有的投机行为称为“败德”——但这两种理论都认为，要做到真诚坦白、言行一致，就得从更深的层次上解决问题了。⑧ 人们有时会故意放出一些消息，而不是诚实

⑧ 我不同意用“败德”来取代投机一词，原因有二。一是败德问题完全不同于逆选择，而这二者都属于投机。二是一提到败德，有时会使人不敢再深究下去；而这一点却更为重要。

“败德”一词本来只是保险业用语——指的是保险到期时，被保险人可能无法采取适当行动以减少损失；而且不能坦然承担(他应该承担的财产)责任——但毋庸置疑的是，在法律上却可能对这一概念作扩大的解释，把由于未能给以“适当注意”所造成的一切损失都包括进来。但正常情况下，还不至于诱发对以下行为的过分敏感，包括在事前和事后的一整套的撒谎、欺骗、偷窃、误导、遮掩、捏造、歪曲及混淆是非。如果每个人在使用败德一词时，都能认识到人类本性在签订合同时会表现出来的这些特点，并准备一一进行深究，那么，这种总体概念(投机)与专业术语(败德)是可以互相代替使用的。然而，败德一词仅适用于很小的范围，指的是对签约中发生的、有迹可循的特点进行分析；因此从这个意义上来说，这一概念的范围就被缩小了。由此可知，为什么

对答；就这一点来说，只把信息统一起来，并不能有把握地解决交易双方最初信息不一致的问题。恰恰相反，信息不对称问题会继续存在；更有甚者，随着事态的发展，这种不对称还会扩大。

团队理论承认理性是有限的，但认为代理人的偏好（与委托人）是一致的；也就是说，（代理人）追求私利的程度比较弱，并不强烈（马尔沙克与拉纳，1972 年）。这种理论主张信息共享，虽然这又会带来令人感兴趣的其他问题，但它关于投机并不存在的那个假定毕竟把问题大大地简化了。

至于乌托邦这种组织形式，应该说很符合人性，而且一般也无须市场的介入。但是，不论这种组织形式实行的是民主制还是等
级制，（其成员）必须完全服从集体的目标，诚心诚意地接受组织的 52
调遣。人类为创造这种结构所作的一切努力，在社会发展史和经济组织发展史上都有案可查。但是，遇到投机行为的沉重打击，乌托邦社会几乎就毫无还手之力了。[⑨]

与资本主义社会中的人们相比，社会主义经济学中的新型人（new man）天生具有高度的领悟能力（言外之意是说计划很有效率），而且不大追求私利（即合作观念更强）。作为社会主义基础的“合作与团结”，是“社会计划的结果”，它“不仅能提高宏观经济效率，而且为经济发展过程[增添了新的性质]”（霍尔瓦特，1982 年，第 335 页）。

在正式的委托—代理理论使用“败德（moral hazard）”一词的地方，交易成本经济学要使用“投机（opportunism）”这个字眼，是有其道理的。

⑨　弗兰克与弗利奇·曼努埃尔（1979 年）研究了乌托邦社会史。本书第十章将对此作简要讨论。

2. 区分的标志

交易成本经济学认为，某些交易要按这种方式来组织，而其他交易则要按那种方式来组织，这其中必有其经济上的合理原因。但是这些方式的走向如何？其道理又何在呢？要得出一种预测经济组织发展趋势的理论，就必须找出是什么原因使得各种交易彼此不同，并且要作出详细的解释才行。

区分各种交易的主要标志是资产专用性、不确定性及其发生的频率。资产专用性是最重要的标志，也是使交易成本经济学与解释经济组织的其他理论相区别的最重要的特点。但这样说并不否定其他两个标志的重要作用。

2.1 资产专用性

资产的专用性是有条件的。要了解这些条件是什么，至少可追溯到艾尔弗雷德·马歇尔的观点。[10] 但关于签约和组织经济行

---

[10] 我们来看一下马歇尔关于特殊雇员问题的讨论：

“从雇主的角度看……并不包括企业的全部收益：因为其中还有一部分要分给他的雇员。的确，在某些情况下，出于某些原因，几乎可以把企业的全部收益都看作一种准租金，也就是由当时市场商品状况所决定的一种收入；至于人们投入了多少物质成本及人工成本，却与此无关……因此，企业领导人了解本企业的人和事；有了这些知识，在某些情况下他可以把这些知识高价卖给竞争对手。但在其他情况下，他却无法为他所在的企业省下一个铜板；如果他因此辞职，企业此后的损失额有可能比付给他的薪水高出几倍，而他本人另谋职业时的薪水可能也不及原薪水的一半”(1948 年，第 626 页)。

为的各种细节问题却无人问津。这也难怪，因为在新古典经济学中，马歇尔所说的那种准租金本来就不重要。 53

的确，迈克尔·波兰尼在其研究“个人知识”的名著中就收集了若干种解释什么叫工艺技术的说法。其中讲到，经验丰富的工人身怀绝技，但外人要透彻地了解或猜测出他有这种技术却很困难（波兰尼，1962 年，第 52—53 页）。雅各布·马尔沙克同样认识到，资产的性质可以是独一无二的；因此他这样表述经济学家那种随时接受或运用可替代假定的能力：“有些工人、教师和管理人员具有那种超群绝伦的、无可替代的研究能力：就像有些工厂和港口的地理位置得天独厚一样。这类独特的或不拘一格的产品，的确被经济学教科书忽略掉了”（马尔沙克，1968 年，第 14 页）。不过大多数人则相信，这些独一无二的条件不是极其罕见，就是（或者）并不重要（1962 年，第 52—53 页）。至于波兰尼和马尔沙克的看法还有哪些细微的差别，我们不妨在脚注中予以注明。

但是在过去十年中，这种观点却发生了戏剧性的颠倒。一度持相反观点的阿尔奇安[11]现在却承认：“老板和雇员的关系问题，甚至企业为什么会存在的问题，都只有靠资产专用性才能说明；否

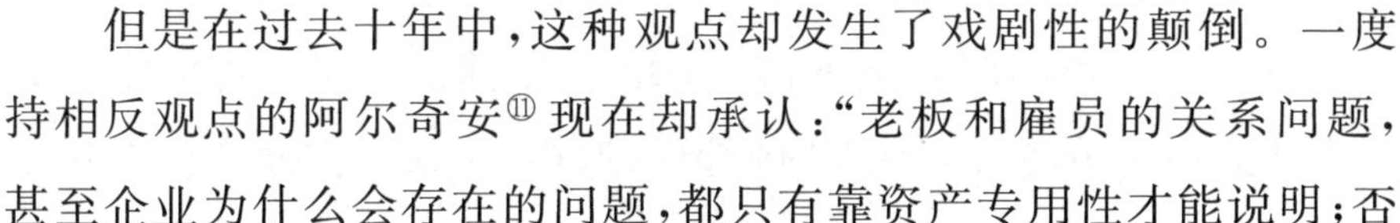

马歇尔所说的这种雇员，对具体企业来说显然就属于专用人才。与这些人做交易，如果是分别签订合同，就太不适宜了。交易成本经济学由此预言：迟早将会出现那种保护特殊雇员的特殊合同。

⑪　阿尔奇安与德姆塞兹最初认为：“任何合同责任都无法管住雇员和老板，要求他们必须持久地合作。我们称之为企业的那种组织的本质，并不是雇员和老板之间签订的长期合同”（1972 年，第 177 页）。但此后阿尔奇安就放弃了这种观点（1984 年，第 38—39 页）。

则就没有公认的道理来说明企业何以存在。”⑫

不同的交易具有不同的特殊属性，这一命题可以广泛地、系统地解释各种各样的组织问题；这一命题最初是在研究纵向一体化问题时提出的（威廉姆森，1971 年）。这样，以固定资产投资即具有交易专用性的资产投资为依托，各种交易就产生了“锁定”效应；因此在一般情况下，就可以用统一的所有权（纵向一体化）代替独立法人之间的自主交易。因此，尽管从一开始就有大量有资格的竞争者角逐竞标，但如果“在最初合同{的竞争中}，赢家是成本上占优势的一方；比方说由于……地理位置优越，或者知识先进，包
54 括掌握了尚未公开的或不外传的技术、管理程序以及专门的劳动技能”；那么当合同到期时，竞争均势就会被打破——其结果是，如果要分头续签合同，人们事先就会敲定，在合同中要写上哪些（可资比较或另行补充的）限制条件（威廉姆森，1971 年，第 116 页）。

a. 具体说明

资产专用性问题起源于{合同执行}期间的问题。即如本书第一章从总体上分析合同问题时所说的那样，交易双方通常都会作出选择：第一，专项投资；第二，一般性投资。假定合同能按签约方的意愿履行，那么在第一种情况下，签约人常常会同意采取节省成本的方案。但这种投资的风险在于，如果合同不能如约履行或不得不提前终止，就不可能在毫不牺牲生产性价值的条件下改变这种专用

---

⑫ 见阿尔奇安未发表的手稿：First National Maintenance vs. National Labor Relations Board；1982 年，第 6—7 页。阿尔奇安随即雍容大度地发现：“市场和等级制[是资产专用性]原则最讲究的说明，尽管有点深奥”（第 7 页）。

资产的用途。而一般性投资就不会遇到这个难题。因为履约中如果发生“问题”,双方可以利用这种投资的普遍{适用}性这个特点来自行解决。这样,我们就可以对以下问题作出评价了:进行专项投资,从技术上说{固然}能节省成本;但{由此形成的资产}已无法改变用途,也会造成战略上的危机;两相比较,哪个更合算呢?

对由此提出的权衡比较的问题需要进行具体测算。交易成本经济学与前面所说的研究经济组织的那些方法不同,它考虑的主要是{交易的}前提条件。并且,这种权衡比较从本质上讲也不是一成不变的,而是随着这种交易所决定的治理结构的改变而变化的。因此,还需要对各种组织进行比较,以便作出这一估计。

把{投资成本}分为固定成本和变动成本,仅仅是会计记账上的区分。而与合同问题关系更密切的,则是一种资产究竟属于用途可变的资产,还是用途不可改变的资产(克莱因与莱弗勒,1981年)。有很多资产,从会计角度讲是固定资产,但实际上其用途可以改变。如处于中心位置、用于一般目的的建筑物和设备就属此类。耐用但可移动的资产如普通卡车和飞机,也属于用途可变的资产。至于会计作账时列入变动成本的其他成本,{其对应的资产}却{可能}很难改变其用途,如企业专用的人力资产就是如此。图 2-2 可以帮助我们作出这种区分。

图 2-2 中的成本分为固定成本(F)和变动成本(V)。但还可 55
以按资产专用程度进一步区分为以下两类:绝对专用的(k)和非专用的(v)(我们只按专用程度作这两类区分,但不意味着资产不属于这一类就属于那一类;因为还有很多半专用的资产,具有 k 与 v 混合的性质)。该图底部阴影区代表签订合同时会引起麻烦的

那些资产;其中就包括专用资产。其专用性就是导致下面第 3 节所称“根本性转变”的原因。

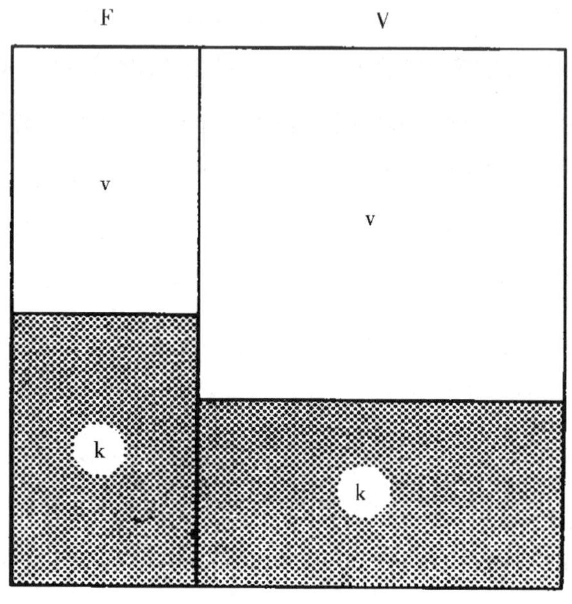

F:会计上的固定成本　V:会计上的变动成本
k:签约中的专用资产成本　v:签约中的非专用资产成本

图 2-2　成本的区分

资产的专用性至少可以分为四种类型:专用地点、专用实物资产、专用人力资产以及特定用途的资产。投入的是哪一类资产,就会有哪一种组织形式。有关组织问题的专著提供了此类具体内容的最好分析——纵向一体化、非标准合同、雇佣就业问题、公司治理{结构}、政府调控问题等等;这些内容将在此后各章分析。这里只要提到以下几点就够了:(1)资产专用性是指为支撑某种具体交易而进行的耐久性投资;一旦最初达成的交易没有到期就提前结束,{这种资产}改用于最佳其他用途或由其他人使用,那么发生在这种投资上的投机成本要低得多;(2)在这种情况下,就要看参与这场交易的是些什么人,要看他们是否珍惜继续保持这种关系;如果珍惜,那么(3)为支持这种交易,就产生了对合同以及组织建设应该采取哪些防范措施的问题,而在我们更熟悉的新古典经济学(即没有专用性问题){涉及的那些}变化中,是不需要采取这些措施的(因为那里可以避开这种成本)。因此,尽管新古典经济学认为,发生交易的市场,也就是那种“互不相识的买者和卖者……一见面……就按照均衡价格互相交换产品”的市场(本—波拉斯,1980 年,第 4 页),以专用资产投资为依托进行交换{的人}却既不可能互不相识,也不可能一见面就能成交。从这种条件中就推出 56
了治理结构问题。⑬

b. 重要性

资产专用性对交易成本经济学的重要性无论怎样强调也不过分。{如果人们}对风险的厌恶程度相同,那么即使不损害、也会削弱那正要形成的激励人们签订合同的机制(阿克洛夫与宫崎,1980 年,布尔,1983 年);与此相同,如果资产没有专用性,交易成本经

---

⑬ 其他接受了资产专用性具有重要意义的人还包括克莱因、克劳福德与阿尔奇安;他们在其称之为“适度准租金”的问题上发挥了这一观点,认为某种资产的准租金的价值,也就是该资产的下一个最佳用途的价值;或者说是“准租金中一个特定的、比较适当的份额;如果这一份额确实存在,那它就是大于使用者评出的次高价值的那部分价值”(1978 年,第 298 页)。还可参见克莱因(1980 年)、克莱因与莱弗勒(1981 年)、格茨与斯科特(1981 年)以及阿尔奇安(1984 年)。

济学就没有了说服力。[14] 因此资产专用性既是划分在交易问题上重要派别的依据，也是造成了大量可批驳的歧义的根源。

虽然只是对有限理性或投机问题来说，以及存在不确定性时，资产专用性才显出其重要意义；但主要就是由于这个资产专用性具有的预测作用，才推动交易成本经济学的发展。没有这一条，整个合同世界都会大大地简化；一涉及资产专用性，马上就产生了签订非标准合同的问题。早期{签订}合同的传统之所以具有垄断性倾向，主要原因就在于没有看到资产专用性这个问题。

2.2 不确定性

a. 概论

交易成本经济学所涉及的很多有趣的问题，都可以还原为对适应性、对{合同签订}以后的决策的评价问题。具体说，就是要根据将被兑现的交易来确定{评价的}基本前提，即为了有效地解决对履行合同的干扰，需要建立不同的治理结构。如果理性不受限制，人们可以事先订出各种具体措施以防患未然，当然也就不存在这些问题。[15] 因此，假如没有投机问题，人们本来可以按照与前述

---

⑭ 如果假定资产不受专用性的限制，那么——按照鲍莫尔、潘泽与威利格的说法——市场就是彻底的竞争市场(1982 年)。在这个意义上可以说，竞争力理论与交易成本经济学是——从望远镜的两头——来研究同一个问题，即{决定}资产专用性的那些条件{到底是什么}。

⑮ 西蒙的态度有些极端。他认为，从问题的复杂性上说，决定论与不确定性之间的区别并不重要。国际象棋中被称为"不确定性"的问题，也就是"本来完全可以确定的局面，因{棋手}无能——计算失误——而变成不确定的"。但是，不管这种不确定性

相同的那个“一般原则”，采取相应的措施以有效地解决这些问题。然而，由于人们的理性有限，又要对付投机问题，因此就有必要从制度上对其他类型的治理结构作出比较、评价，以了解人们能否适 57
应这些制度。

正如哈耶克认为的那样，人们之所以对经济组织的问题感兴趣，只是由于它和不确定性有关：“一个社会中的经济问题，主要是能否因时制宜、因地制宜的问题”（哈耶克，1945 年，第 524 页）。而“干扰”则完全是另一回事。因此分清问题的原因是有道理的。要理解交易成本经济学问题，最重要的是要认识到，人们的行为是不确定的。

上文的讨论中曾提到一点，就是人的行为可以导致不确定性（威廉姆森，1975 年，第 26—37 页），但人们一般对此却不置可否。加林·库普曼斯曾把不确定性区分为原发的和继发的（primary and secondary）两类，这已经超出了大多数学者的眼界；并认为，社会经济组织中的核心问题，其实就是如何面对、如何解决不确定性的问题。但即使是他本人，也没有把行为问题作为一个问题来研究（1957 年，第 147 页）。原发的不确定性就是那种随机发生的问题，而继发的不确定性则产生于“缺乏信息沟通；也就是说，一个人在作出决策时，无从了解其他人同时也在作的那些决策和计划”——按照库普曼斯的说法：“原发的不确定性，是自然无序行为和无法预测的消费者偏好的变化造成的；而这种继发的不确定性，

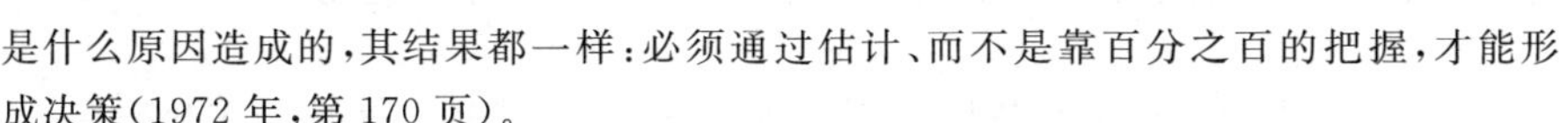

是什么原因造成的，其结果都一样：必须通过估计、而不是靠百分之百的把握，才能形成决策（1972 年，第 170 页）。

至少在数量上与前者同样重要”(1957 年,第 162—163 页)。

库普曼斯所说的那种继发的不确定性,其实并无害处,或者说不是有意为之的。当然它也是由于缺乏信息沟通造成的,但与那种故意掩盖、有意误导或歪曲信息造成的不确定性无关(歪曲信息是指故意提供虚假或误导的信号,但不包括不提供信息)。而且,库普曼斯所说的那种{他人制订的}计划,只是无从知晓而已。至于交易双方有可能针锋相对地制订战略计划,[16]并造成合同签订
58 前的不确定性以及签订后令人吃惊的结果这一点,他并未提及。

战略上不确定性的根源在于投机,并且被称作**行为不确定**。人们认为,这种不确定性类似于路德维希·冯·米塞斯所说的案件概率(case probability);而“案件概率是我们解决**人类行为**问题所独有的一个特点。在这个问题上,关于概率的任何提法都是不合适的,因为我们的报告处理的都是**独特的事件**”(1949 年,第 112 页;着重号系作者所加)。[17] 因此,即使事先能把投机行为的一般

---

⑯ 奥斯卡·莫根施特恩所描写的“福尔摩斯—莫利埃瑞特行为悖论”可以为此作出注解:

夏洛克·福尔摩斯因被对手莫利埃瑞特追逐而乘火车离开伦敦前往丹佛。火车开到途中一个车站时,福尔摩斯就下了车,不再去丹佛了。{因为}他看见莫利埃瑞特正在这个车站等车。福尔摩斯明白自己棋高一着,估计到莫利埃瑞特是想搭一趟特快列车先到丹佛,并在丹佛抓住自己。事实证明福尔摩斯的判断是正确的。但万一莫利埃瑞特更聪明,估计到福尔摩斯有一个聪明的大脑并预见到他会采取的行动,那该怎么样呢?很显然,那莫利埃瑞特就会在途中{那个车站}“守株待兔”。而福尔摩斯就应该料到这一点,因此他就会决定,继续乘车到丹佛去。而莫利埃瑞特又会“再次”作出不同的反应。如果这样你来我去地算计,那他们或许什么事也做不成;或者,智力较差的一方就会在维多利亚车站向对方投降,因为实在没有必要再搞这场智斗了(1976 年,第 173—174 页)。

⑰ G.L.S.也作过类似的论断。他认为,“由于各类事物数量庞大、复杂多样,人

特点概括出来；甚至明知你正在与某一投机分子、而不是其他投机分子打交道，因此可能一眼就看出其庐山真面目，你还是说不清楚这种交易中到底包含哪些不确定性。至于那些后加上去的不确定性，就只有对投机者拐弯抹角的回答（及其特有的答案）进行猜测以后再作评价了。而且即使要进行评价，也要考虑具体合同的具体情况。并且，就算掌握了专门的知识，也不能保证以后不会感到出乎意外。人类头脑中标新立异的能力要远远超出我们所能想象的范围。[18]莱夫·约翰森已经恰当地提出了这里说到的这些问题。他看到，各种经济代理人各有自己的动机，他们彼此要采取各种经济行为；但对这些行为的研究却由于以下事实而被搞得复杂化了："{他们}在包括调动工作在内的这个过程中，可能会发出一系列的消息、承诺、威胁等等；而这些事实是很难予以界定的。令对手吃惊的想象能力可能就很重要，并且在这一过程中，'具体日程'往往 59
还会被推迟"（1979 年，第 511 页）。对于令人感到吃惊的工作调动，往往会引起很复杂的解答。{这样，人们}很快就认识到了理性是有限的——因为即使对不算太难的复杂问题，也无法形成一整

们根本记录不下足够多又足够相似的行动，不管这是他自己还是别人干的事，使他能据此得出一张可靠的行为结果频率表。因此，对他来说，根本就没有什么频率可言"（1961 年，第 55 页）。乔治斯库—罗根显然是同意这一看法的。他看到，"要想对所有不确定的情况进行比较……绝对是毫无意义的；因为你得到的只是把事实故意弄得残缺不全的一些片断。我们几乎整天都听到人们在谈论'掐算出来的风险'，可是谁也没告诉我们他是怎样计算的，因此我们还是无法检验他的计算对不对（1971 年，第 83 页）。'标新立异'的事件是无法用概率分布来描述的"（乔治斯库—罗根，1971 年，第 122 页）。

⑱ "如果说：约翰逊总统宣布，他既不争取也不接受 1968 年的总统提名，对此我们人人都会吃惊；这样说绝不意味着人们事先早就对他极不信任了；我们的意思只是说，事先谁也没想到这一着"（乔治斯库—罗根，1971 年，第 123 页）。

套决策体系(费尔德曼与坎特,1965 年,第 615 页)。[19]

如果已知,交易不会受到外部干扰,那么,即使交易双方行为不确定,也不会给合同造成问题;因为在这种情况下,不存在什么意外的情况需要人们去适应了,单方面修改合同的想法也应该、而且会被法庭或其他第三方所制止。这样,随处可见的就只是按最初条款行事。然而,一旦出现(或很可能出现)需要人们去适应的情况,就别再想轻轻松松地履行合同了。因为这样一来就需要考虑以下问题:第一,对于因环境变化而引起的不适应,是否应该听天由命,以避免为适应这种情况所采取的动作反而引起有可能吃亏的对方作出复杂的反应?第二,人们能设计出一种降低这种不确定性的治理结构吗?[20] 在最初遇到不确定性时,人们还不会提出这类问题;但研究经济组织的理论对此却应该给出一个说法。

⑲ 对于有关大量信息的真实性来说,双边贸易中会产生大量真真假假的信息,它们基本上都属于私有信息——仅凭这一条,就不可能把这些信息告诉给他人,使之有机会分享(威廉姆森,1975 年,第 31—37 页)——所以说,{人们掌握的}关于行为的知识是非常不平等的。{人的行为问题尚且如此复杂,}经济行为的组织问题当然就更复杂了。

⑳ 斯蒂芬·李特柴尔德探讨了主观激进派(radical-subjectivist)的观点,令人很感兴趣;其中他提出,各种治理结构很可能就是针对行为不确定才设计出来的。他注意到:"如果不确定性是因其他代理人的行为不能确定造成的,那就有必要选择一种做法:要么伙同其他代理人一起作出决定(例如,达成协议、进行串谋、实行合并等等);要么减轻对其他人的依赖性(如建立或扩展产权)"(1983 年,第 6 页)。詹金斯也举出了同样的条件,因为他发现,"人们不仅一时换一个说法,而且一时换一个做法,因此人们之间的关系并不稳定"(1980 年,第 18 页);对此,他补充道:"只有当人们的生活环境变得无序时,以及事到临头,人们为了某种目的准备应付时,这个问题才变得突出起来"(1980 年,第 18 页)。

b. 互动效应

不确定性只是在一定条件下才会对经济组织产生影响。比如，各种参数的不确定性增大，就影响不了那些不涉及专用性的交易。这是因为人们很容易结成新的贸易关系；保持合同的连续性也不值得，而且也涉及不到人的行为是否确定。与此相应的是，无论不确定性是大是小，市场交换都会继续下去，所有符合交易标准 60
的单个合同也会有“法”可依。

但特殊投资交易则不是这样。因为对于巨额专用资产的交易来说，其不确定性的逐渐增大，会迫使交易双方必须设计出某种机制来“解决问题”——否则，合同中的未尽事宜就会扩大，一系列需要应付的问题会越来越多，不确定问题会变得越来越严重。而且，上述关于行为不确定的问题也会不请自到。

关于治理结构的问题，我们最好在第三章再进一步讨论。这里只要指出以下两点就够了：(1)不确定性与资产专用性对理解经济组织的问题是很重要的；(2)因此，对交易成本进行实证性的分析就会变得很复杂。

2.3　交易的频率

人们大都把亚当·斯密关于“劳动分工受市场发育程度限制”的著名定理归入新古典经济学成本理论的门下。{我们知道，}如果市场规模很大，那么专用技术投资的成本是可以收回的；如果市场规模很小，其投资成本就不一定能收回了；因此在小市场上，我们只能看到通用型工厂设备及生产程序。这一点对研究交易成本问题也同样适用;其中的基本命题是:假定其他条件不变;与非专用的治理结构相比,管理非标准的交易就要使用专门的治理结构,而且需要更精心的设计才行。但建立专门的治理结构要付出比较高的成本,于是就需要回答一个问题:花这么高的成本是否值得?但是这种比较,与效用比较和收益比较是不一样的。

涉及巨额专用资产投资的交易最适宜采用专用治理结构,其原因已如上述。接下来的问题就是,这种专用治理结构是否有足够的能力来处理这么大的交易额。应该说,对于反复发生的大额交易,为建立这种专用治理结构所花费的成本是很容易补偿的。这样,问题就在于交易的频率是否足够高。凡是交易频率低而治理结构差别大的交易,就应该把需求相同但互相独立的交易作为一个整体问题来考虑。在这种条件下,发生纠纷就不能由法庭、而要由仲裁人予以调解:因为尽管这两者都是从整体上考虑问题,但
61 后者对专用资产交易所要求的连续性能给予更多的照顾。

从更一般的意义上说,问题不在于节省交易成本,而是为了减少交易次数,以便节省新古典经济学所讲的那种生产成本。这就需要估计一下:为了节省交易成本,是否牺牲了规模经济或范围经济。因此就需要建立一个评价、权衡的框架(tradeoff framework),对各种组织形式的生产成本和治理成本同时考察一番。这里只是简单提出这一问题,具体将在第四章展开论述。

3. 根本性转变

各个学派的经济学家都认为,只要合格的供应商不止一个,买

者一开始讨价还价所争价格的高低，就要看供应商能否使买者互相竞争而无法串通。如果提供高质量产品的供应商只有一人，结果就会形成垄断价格；如果这种供应商很多，就会形成竞争性价格。交易成本经济学完全接受这种事前讨价还价竞争的说法；但坚持一点，即研究所签合同时应该把事后竞争也考虑进来。因此，最初的竞争只不过是启动了合同的整个过程。要想对这个过程作出全面的评价，就需要对合同的履行情况作出评价，还应该详细考察续签合同时的事后竞争问题。

交易成本经济学认为，一开始有众多的买者互相竞价，并不意味着此后还会有众多的买者就这个条件互相竞价；这一点与以往研究合同问题的观点相反。[21] 至于事后再来竞争是否还符合效率标准，就要看这些产品或服务是不是用耐久性投资——即通过专用人力、专用实物资产等交易——生产出来的了。凡是不涉及专用投资的交易，在第一轮竞争中，得胜方并不比未得胜方占优。虽说得胜方会长期提供这种产品和服务，但他实际上还得不断地应付其他有资格的竞争对手的挑战。不过，一旦竞争对手投入巨额专用资产，就不能再认为双方竞争地位相等了。这一轮竞争的胜方就会比未得胜方占优了；也就是说，双方的地位现在已被颠倒过来了。与此相应，以前的格局是多家供应商竞争，现在就会合乎效率地转化成一种双边竞争。这种根本性变化会波及此后签约问题的方方面面。

㉑　第十三章将说明，早期在特许经营权竞争问题上，是不考虑、或者说是没有正确地假定事后竞争问题的。

62 为什么一涉及耐久性、专用性资产的投资，就使竞争双方在争夺合同中胜负立判呢？原因在于，如果要中断这种持续供应关系，就会牺牲掉经济价值。因此，供需双方一对一地直接谈判才是最重要的；所以，双方直接谈判来签订合同也就取代了双方互不照面的方式。如果是买方要求供应商进行投资，以生产交易所需的专用实物资产，那么供求双方从一开始就应该直接谈判。如果没有专用需求，供应商只好把这种专用资本投到其他企业，那么该资本的价值将大大降低。正是考虑到这一点，供应商才会非常认真地履行合同。进一步说，这种做法的结果也往往是互惠的；因为如果买方转而求助于其他供应商，他不仅得不到理想的实物资产，而且即使能买到非专用资产，其生产成本也将非常高。

然而，人们在大多数交易中的做法往往难以理喻，因为他们并不购买专用的实物资产。适合专用交易的人力资本投资通常也是如此。于是在合同履行期间就会不断出现问题，因此还要在生产过程中进行专业培训，边干边学。除非可以很便宜地从其他供应商那里买到这种投资，否则，只有长期维持这种供求关系，买卖双方才能受益。

当交易双方根据合作情况愿意续签合同并达成新的协议时，就会额外节省具体交易的成本。互相熟悉了，双方就可以有话直说，就能节省沟通成本：由于知根知底而形成了一些特殊用语，举手投足都能心领神会。于是在制度上、在个人关系上都形成了一种信任关系。由于他们能根据这种沟通作出适当的反应，因此在判断对方流露的意向时，于公于私就都有了判断的标准。这样，即使交换以求两利的精神受到伤害，只要人格正直这一点能被人信任，交易者就会拒绝（利用）合同文字来占对方便宜的那种投机做法。有了这种拒绝投机的心态，就能抑制各种组织都具有的那种想投机的通病。[22] 如果其他情况都相同，却形成了以个人信任为特点的特殊交换关系，那么这种交换就会受到更大的压力，就必须 63
具有更强的适应性才行。

在签订合同中应该怎样适应这些情况，是一个非常难解决的矛盾。无论你怎样反复强调一个理由，即如果没有投机在作怪，这些困难自然就会消失——因为只要有了前文所讲的合同总则这个手段，就能弥补长期合同中的各种缺漏和不完善之处；然而，一旦不按合同总则办事，而代理人又有谎报和误导（即使他自己也不相信）的毛病，就必然面临下述危险：只要有一方提出如何处置新增加的收益问题，买者和卖者就会像在双边垄断的条件下那样，重新进行战略性的讨价还价。由于这涉及怎样获得最大的共同利润，因此能否正确处理这些问题，就会影响到双方的长期利益；尽管如此，由于每次调整带给各方的收益并不相同，因此每一方还是有其独特的利益的。这样做本来是为了更好地适应新情况，更好地解决问题；现在却相反：不是需要付出很高的成本来讨价还价，就是

[22] 索尔斯坦·凡伯伦在评论大企业领导人疏远交易时讲得很中肯（apposite）。他看到，“如果是公事公办，人们平常打交道时比较随和的言谈举止……就要大打折扣……[从而]企业经理就比较容易颐指气使……而不会因顾及友情或{避免}刺激人而感情用事，因此也就不会遇到麻烦”（1927 年，第 53 页）。凡伯伦显然忽视了一点，即那些负责谈判和履行合同的人，他们本人就可能会以正直的态度去进行交易。托马斯·帕雷最近研究了运输业的交易，他认为凡勃伦搞错了——错就错在，谈判人员的确会带着个人尊严和正直来进行谈判，因此使各种业务交易得到了额外的防范措施（帕雷，1981 年，第 105、117、124 页）。罗纳德·多尔对日本人在签订合同时的做法也有同样的评论，即个人的正直是起作用的（1983 年）。

干脆自行其是；更不要说那些为追求局部目标而挥霍浪费这些收益的做法了。显然，这就需要建立一种治理结构，来减轻投机问题，并且使交易双方树立起信心。[23]

64 附录：题外话：关于投机

关于代理人很容易搞投机行为的假设引起了各种各样的反应：从深恶痛绝到痛痛快快地接受，再到坚持认为那不过是改头换面的老生常谈。甚而还有人认为投机问题无关紧要。

深恶痛绝者认为，以“投机”来定义人类本性的观点过于偏激；另有人对以此来支撑经济组织理论而忧心忡忡。我认为这两种态度都可以理解。但对第一种态度要说明一点：我并不认为人人都会凡事必投机或以投机为主。相反，我只是假定，某些人只是偶尔投机一把；至于其轻重程度，事前难以逆料。由此才会产生事前审查和事后防范等措施。倘若没有这些措施，其后果将是：谁最不讲

---

[23] 本节所说的根本性变化对研究经济组织问题非常重要；正是出于这种考虑，才需要提出一个问题：人们为什么会长期忽略这个条件？一种解释是，如果签订的是综合性的、一劳永逸的合同，就不会发生这种转变——因为签订这种合同既省事，有时还可以作些杜撰；但也会对有限理性提出一些过分的苛求。再一个原因是，如果没有投机，就不会造成这种转变——但经济学家们一直不愿承认这一点。第三，即使承认理性有限和投机的存在，也还要联系到资产专用性这个条件，才会出现这种根本性的转变；签约问题的这一特点是最近才被解释清楚的。

原则(即投机性最强),谁就能最大限度地占讲原则者的便宜(退而言之,即使彼此明知对方要搞投机,打交道时有所约束也有好处,即所谓“盗亦有道”;尽管我承认,要说清这一词汇的含义,要比这里所讲的多费许多口舌)。

“投机”一词有各种言外之意。我指的是其中之一,即所谓经济组织的“理想”合作方式其实非常脆弱,因为它全靠参与合作的成员彼此真诚相待、友好相处。这种组织很容易受到不具备这种素质的代理人的滋扰和剥削。那种“君子国式的”(High-minded) 65
组织形式——即以诚恳相待、无人投机为原则的组织形式——对投机者既不设防也不惩罚,其实是很难生存的。相应地,“君子”之间要想成功地合作,就必须、也必然要对投机导致的涣散后果作出组织上的让步。而真正的合作就必须对混进来的投机者进行甄别,进行社会性的改造;再不然就须施加惩罚。

持另一极端观点的人则认为,要说人们会投机,总还算是一种实事求是的行为假设(operative behavioral assumption)。因此,用“骗人以求利己”来表示这层意思,只不过是措辞不同而已。我的回答则包括两点内容。首先,即使果真如此,我们在表达自己想说的意思时,直言不讳总比含糊其辞要好;特别是在和可能不熟悉我们口语习惯的人打交道时,更是如此。但其次、也是最直截了当的一点,就是我郑重声明,我反对那种把投机说成是实事求是的行为假设。{因为}最晚到1970年,除了公共品、保险和寡头垄断以外,在大多数研究经济组织的文献和其他著作中,几乎找不到、或者说根本就没有对投机下过什么定义。对于战后流行的追求自利的倾向,彼得·戴蒙德曾有一个很贴切的评论。他说:标准的“经济模型[把]人看作依照一定之规进行游戏的人。他们知道自己付得起多少钱，因此从不把钱花超；他们绝不会挪用公款，也绝不会抢劫银行”(1971年，第31页)。这种纯为自利而不投机的观点就是当时的主导观点。因此，大约在1970年：

1. 人们不是把纵向一体化看成一个签约问题，而是看作对价格理论或技术的一种应用。

2. 人们把劳动工会组织几乎完全看作一种搞垄断的组织，也就不大可能或根本就不可能把它看作削弱投机的有效治理手段。

3. 为了迁就用垄断来解释那些条件的说法，人们根本就不会想到，非标准形式的签约还能带来效率上的好处。

4. 在人们设想的解决这一问题的调整方案中，根本就不考虑、或者干脆排除因投机而导致的签约复杂性的问题。

5. 研究合同问题几乎完全依赖(今后将继续依赖)一个假设，即不同的人对风险或者说对投机导致的危险的厌恶程度各不相同。但即使是这样一种假设也要加以封杀。

6. 把企业看作一个生产函数，而不是一种治理结构。

7. 总之，治理过程和治理制度对研究经济组织的重要性都被低估了。

如果对于投机的确是一片欣赏之声，那么，乔治·阿克洛夫
66 1970年提出“柠檬问题”掀起的轩然大波，又该如何解释呢？或者，对罗纳德·科斯那无可争议的见解，即大约在1970年，还是由新古典学派的垄断学说而不是有效率的签约理论占统治地位时，“产业组织”就已经被纳入“应用价格理论”的研究之中，那又该作何解释呢？

最后再来看“投机无关紧要”的观点：其理由是所有问题都在于有限理性。得出这一看法是因为看到，如果要具有不受限制的

理性(也就是最全面的、不存在任何形式私有信息的理性),那就可以去签订全面的、长期的合同;至于所有据说是“由于合同到期续签所引起的投机问题,不费吹灰之力就可以消除。[与此相应的是,那种]曾经一度盛行的、用效率高低来解释内部组织会产生投机的说法,最终会复归到用知识结构不完善[即有限理性]来解释了”(朗格卢瓦,1984 年,第 33 页)。

我同意下述看法:投机在不受限制的理性面前没有用武之地;但我仍然认为,尽管只是有限理性,但只要不存在投机——也就是如果只是单纯的追求个人私利——那就随时随地可以签约。因此,虽然单纯追求一己私利只是为了得到最初讨价还价的全部好处(比如,资源的垄断所有权);但对于签约以后发生的问题,[①]还是可以援引“合同总则(general clause)”中的有关条款,即合同双

① 即使在这两种情况下都能很顺利地签约,也不意味着在各种经济形态中,尽管最初所选代理人的属性不同——在一种经济中,代理人具有不受限制的理性但总想投机(如果把这种代理人送到一个有限理性的星球上去,他肯定能占那些外星人的便宜);再一种经济则是代理人的理性有限,却没有投机心理——都能导致同样的结果。恰恰相反,后一种经济会优于前一种经济:因为有些机会可以改进工作,而你根本无法事先料到;还有一些错误,则只有在事后才能觉察。但无论是失算还是做错,由此导致的“缺点”都不能用取代合同的纵向一体化来加以补救。这才是问题的关键。

在没有投机者的社团中,既然每个代理人都可以信任对方,那就完全可以采用照本宣科的方式对决策责任进行授权。其中既没有战略危险,也不会按个人好恶来选择决策者,更不存在掌握信息及决策能力上的差别。

因此,重视参与决策的代理人会在他们所签的合同中写明这一点。这样,在没有投机者的社团内部,所有为获得净收益而采取的适应性措施都能畅通无阻地得到兑现。至于这张合同之网是需要扩展,还是加以变更——比如为了保险的目的——那就要看它能否完全实事求是地揭示有关数据了。随着决策者的年龄、经验或其他类似因素的变化,为了增加净收益,就应该另选新的决策者;根据当初谈定的原则来分享这些收益的做法也将随之改变。

方都保证随时解释一切有关信息，并保证在履约期间及到期另签合同时能按合作原则办事的条款加以解决。

合同总则的设计机制问题要另文讨论(威廉姆森，1975 年，第 27 页、第 91—93 页)。这里只要注意到一点已经足矣，那就是必须区分四种情况，而其中有三种签约不存在问题。这四种情况是：
67 (1)理性不受限制，也不存在投机行为——这是理想的签约乌托邦所需的条件；(2)理性不受限制，但存在投机行为——在这种情况下可以签订能够圆满实施的合同，因为可以借助综合性合同达到这一目的；(3)理性是有限的，但不存在投机行为——此时，签约工作可以顺利进行，因为可以援引合同总则来制止因合同不完善所导致的危险；(4)理性有限，并且存在投机行为——我认为这才是实事求是的说法，签约问题的一切困难也都在此范围之内。要掌握这四类合同的内容，请见下图。

		有限理性的条件	
		不存在	已被承认
投机的条件	不存在	人间天堂	合同有“总则”
	已被承认	综合性合同	严重的合同困难

第三章 合同关系的治理 68

前面两章集中讨论了各种从经济角度研究合同的方法。从法律角度研究合同的方法也应一并加以评论，这些任务将由本章来完成。

合同的多样性是造成诸多困惑的根源，而要研究资本主义经济制度，就需要对这些困惑作出回答。交易成本经济学认为，之所以会出现各种各样的合同，主要原因在于交易具有各种不同的属性。如果把各种治理结构和各种交易属性一一加以比较，就可以找出符合效率标准的答案来。

本章第一节举出伊恩·麦克尼尔（1974 年；1978 年）的观点。他认为各种合同可以分为三类；其观点深邃，也颇具说服力。第二节则从交易成本的角度来解释合同问题。第三、四两节分别论述不确定性问题并计量其大小。第五节在合同的框架内讨论各种交易的分布问题。

1. 签约的传统做法

人们普遍接受下述看法：各种合同，就其整体而言——“靠面面俱到的协议而棱角分明地进入，为无可掩饰的表现而干脆利索

地撤出”(麦克尼尔,1974 年,第 738 页)——从法律上和经济学上
69 都还说得过去。但人们日益发现,有很多合同并没有把交易双方的关系规定清楚。过去人们重点研究的是合同条文是否合法;后来则从更一般的意义上,转而研究签订合同能否达到预期目的;在这种转变过程中,人们对合同的本质也就有了更深入的理解。由此看来,麦克尼尔的“三分法”即古典合同法、新古典合同法以及关系法的分类,是颇有启发意义的。

1.1 古典式签约方法

正如麦克尼尔看到的那样,任何一种合同法体系的立法意图都在于促成交换。但古典式签约方法的特点在于,它试图鼓励人们把合同“拆细”并强调其“当前状况(representation) ”(1978 年,第 862 页),借以达到上述目的;其中“当前状况”是指“写明此时此刻的情况;使人明白或相信目前的状况”(1978 年,第 863 页,注 25)。从经济上看,与当前状况相对应的就是待定索取权合同;后者就需要签订面面俱到的合同,才能把与某种产品的供给或服务有关的一切可能性都写清楚,并根据供给或服务的性质及将来的状况拟订现在的条款,即进行贴现。

古典式签约方法从以下几个方面着手,以争取落实上述“拆细”原则和“当前状况”原则。第一,交易双方身份是否明确无关紧要。这一条完全符合经济学上那种“理想的”市场交易。[①] 第二,

---

① 正如莱斯特·G. 泰尔瑟和哈罗·N. 海金伯萨姆所说:

“在一个有组织的市场上,交易双方进行的都是标准化的交易,也就是说,合同的

协议的性质业经仔细敲定；一旦正式的（比如书面）协议与非正式的（如口头）协议发生矛盾，则以正式协议为准。第三，合同的增补已经严格限定，因此“即使因业绩不良，最初{规定}的当前状况无法实现，但在谈判之初也能对其结局估计个八九不离十，双方不会纠缠不休”（麦克尼尔，1978 年，第 864 页）。因此，这种合同所强调的是法律原则、正式文件以及自我清算的那种交易。

1.2　新古典式签约方法 70

并非每一种合同都能原封不动地套用古典式签约方法。特别对于履行长期合同来说，在不能完全确定什么是当前状况的条件下，这种合同不是无法履行，就是履行成本过高。这是因为出现了以下新问题：第一，人们不可能在最初就预见到将来可能发生的、需要他们去适应的所有问题。第二，有很多意外事件，究竟怎样应对才算适当，在客观环境使之变成现实以前是说不清楚的。第三，除非交易双方能搞清世间各种变化，只要有一方要求立刻改变当前势态，双方在签约中的互不相让就会变成开诚布公的摊牌。但在一个（至少某些）交易者可能有投机倾向的环境中，应该相信哪个人的当前状况呢？

在这种情况下，古典式签约方法有破裂的可能。为避免这一

每一项条款都可以代替任何其他条款。而且，在任何一种双方自愿的交易中，交易双方身份确定与否也不会影响到交换的条款。也就是说，这种有组织的市场本身或其他某些制度，深谋远虑地创造出一种友善相待的态度（a homogeneous good），使得交易双方或其代理人无需查明对方身份就能成交”（1977 年，第 997 页）。

结局，有三种解决办法。一是乐得放弃全部交易。二是不在市场内、而改在组织内部进行这种交易。这样，就可以在统一的所有权的指挥下，辅之以等级激励制度和控制制度，推行一系列相应的决策。三是另行设计一种签约方法，使交易还可以进行下去，只不过再增加一层治理结构。这最后一种办法也就是麦克尼尔所说的那种新古典式的合同关系。

正如麦克尼尔看到的那样，“各种长期合同都有两点不足。一是合同规划得不周密，不严格。二是制定合同的人为避免合同不周密或把话说死，就把合同写得比较灵活；但他的写法不够妥当”（1978 年，第 865 页）。如果既要把合同写得足够灵活，又要很周密，那么，借助于第三方的帮助来调解纠纷并评价业绩，往往比诉诸法庭要来得有效。伦·富勒曾评论过第三方仲裁与法庭诉讼二者在程序上的区别，颇具启发意义：

> “仲裁者可以……迅速搞清情况，而法庭则不能。仲裁者会随时打断证人的证词，要求当事双方就争论之要点作出解释，使自己听懂关键问题。当需要澄清有关要点时，只要仲裁人或任何一方当事人提出要求，证人就应该立刻作出解释。有时双方也会直接争辩起来，甚至两个阵营内部偶尔也会争执一番。这样做往往有利于澄清事实，使各方能够更加理智地继续辩论”（1963 年，第 11—12 页）。

只有认识到世界之复杂与协议之不完善；认识到除非交易双
71 方对{合同的}叙述方式满怀信心，否则某些合同就根本无法兑现；
非此不足以搞清新古典式签约方法的那些特点。诚如富勒所述，由于仲裁与诉讼的目的大不相同，因此{二者的}程序也有区别。我们不妨认为，通过仲裁，可使合同继续维持下去（至少可以完成合同）；而一旦对簿公堂，结果如何就不得而知了。[②]

帕特里克·阿地亚对“古典法失灵”有下述评论，讲得很中肯：

> 事实上，现代商业交易规定中，很容易写上更改交换条款的内容，这样才能适应实际运作中的客观条件。一宗订单如果规定将来交货，供方就很可能按届时通行的价格供货；在建筑业中，房价涨落由买方负担的条款已经成为通则，不再被看作例外；币值变动条款也早已成为国际交易的惯例。当合同签订后所发生的事件使人们不能公平履约时，即使合同中并未写明这类变动条款，但在实践中，企业家即使违心，也往往会同意对合同款项进行调整。至于因先见之明而获得报酬，因预测失误而受到惩罚，也不再被自动认为是企业运用技术和经验是否得当的自然结果。例如，在与政府签订的合同中，按合同规定的固定价格来支付的融通费（ex gratia payments）就是一个典型的例子。“凡是不可预见的环境变化都会大大提高签约者的成本，使之遭受损失。”与此相反，那些在与政府做生意时赚了“过高的利润”的人完全清楚：人们并不把这些利润看作对特殊技术和特殊企业的报酬，而是看作政府计算有误、但又不得不拿出来的数据造成的结果。当然，不

② 劳伦斯·弗里德曼发现，一旦因纠纷而对簿公堂，合同关系就彻底破裂了（1965 年，第 205 页）。

是只有政府或其他公共部门才会犯这种错误。事实上，私人企业组织之间往往也非常重视保持合作关系，这就说明他们愿意维护其他签约人的商誉；这一事实往往比合同中写上哪些文字内容来得重要。（1979 年，第 714—715 页）

1.3 关联式签约方法

为维持现存关系而施加的各种压力，“先是在古典式合同法律系统中，后来又在新古典式合同法律系统中，比如在大多数公司法和集体谈判中，给很多附属的领域造成了副产品”（麦克尼尔，1978 年，第 885 页）。由于合同变得日益“持久和复杂”，又迫使人们用更加彻底的专门交易以及随时进行调整的过程，来代替那种新古典式的调整过程。因此，那些虚构的说法，即把合同说成是单个
72 的、互不相干的合同的那些说法，就完全被“在微观社会中，不局限于交换及其直接结果的一整套行为规范”的财产关系所取代了（麦克尼尔，1978 年，第 901 页）。但是与新古典经济学所设想的系统相反，只要在有效适应的有关要点中还保留着当初协议的精神，那么，为适应真实关系所形成的这些基本标准，就是“经年累月所发展起来的全部关系。这种关系也许能把‘当初的协议’包含进来，但其实质已有很大不同；如果这种关系中不包括那些协议，就不会发生这种变化”（麦克尼尔，1978 年，第 890 页）。

尽管麦克尼尔把这些关系称为“副产品”，但商法、劳动法以及公司法都明显地具有这种共性。

2.有效的治理

如前所述,刻画交易的主要尺度是资产专用性、不确定性和交易频率。本节为便于讨论,假定不确定性的程度为已知,并要求交易者作出一系列适应性的决策;这样就可以集中分析资产专用性和交易频率这两个问题。我们可以考虑把交易频率分为三类——即一次性的合同、偶然的合同以及经常性的合同;资产的专用性也分为三类——即非专用的、混合式的以及高度专用性的。为使分析进一步简化,还要再作出以下假定:(1)供应商和购买者都有长期合作的意愿,因此无须考虑不讲信用的企业(fly-by-night firms)所造成的危险。(2)需求一经确定,就会引出无数的供应商——也就是说,假定不存在专用资源所有权的垄断。(3)严格按市场中买方的行为来计算交易频率。(4)根据供应方的投资特点来计算投资程度。

尽管一个个单独的交易很令人感兴趣——例如,某人到外国的某个边远地区旅行时,买了些当地神祇的雕像;此行不会再有第二次,对朋友也不会谈起——这种完全孤立的交易可以说是绝无仅有的。对这些交易来说,一次性的交易和偶然的交易之间的区别并不明显。因此,你只能区分出什么是偶然的交易,什么是经常的交易。图 3-1 的两横三纵的矩阵共包括六类交易,每一种都需要配以相应的治理结构。图中每个方格中的文字提供了具体的解释。

		投资特点		
		非专用	混合	独特
交易频率	偶然	购买标准设备	购买定做设备	建厂
	经常	购买标准原材料	购买定做原材料	中间产品要经过各不相同的车间

73 图 3-1　对交易的解释

现在的问题是：麦克尼尔对交易的分类是否与图 3-1 中的交易类型相吻合？我们可以直接提出以下命题：(1)对高度标准化的交易，不大容易采用专用的治理结构。(2)只有经常性的交易才能采用专用的治理结构。③ (3)虽然那种非标准化的、偶然的交易不要求采用专门的治理结构，却需要给以特别的关注。根据麦克尼尔对合同的三种区分标准，可以认为，古典式签约方法可适用于所有标准化的交易(不论其交易频率高低)；为进行经常性的、非标准化的交易，发展出了关联式签约方法；至于偶然的、非标准化的交易，则需要使用新古典式的签约方法。

特别要指出的是，古典式签约方法和下面将要描述的市场治理结构很相近；新古典式签约方法则涉及三方治理；而麦克尼尔所说的那种关联式签约方法就被纳入双方或统一的治理结构中了。

③　防卫性合同似乎并非如此，因为一种精心设计的治理结构可以用于多种防卫性合同。但这不过是在一定意义上说明，政府亲自指挥生产就会表现得特别无能。但也正是考虑到这一点，才只好把很多合同都放在组织内部来执行。而且，像很多防卫性合同一样，大规模的、长期的合同都具有经常性的特点。

下面将逐一进行讨论。

2.1　市场治理 74

对于非专用的交易，包括偶然的合同与经常性的合同，主要应使用市场治理结构。仔细考虑一下经常性交易的特点就会明白，市场治理对此特别有效。这是因为双方只需根据自己的经验即可决定是否继续保持这种交易关系，或者无须付出多少转让费即可转让。对这种已经标准化的{合同}来说，改变购买及供给的做法应该说是很容易的。

非标准化的、偶然性的交易则属于另一种情况，其中买方（及卖方）不大可能根据自己的直接经验来防范投机，以保护这类交易。但人们常常可以对他人购买相同产品的经验和得到的服务进行评价，作出自己的判断。由于这类产品或服务都已标准化，因此无论用正式手段还是非正式手段来作出这种经验性的评价，都能促使双方以负责的态度行事。

这类交易无疑会依法行事并使人从中受益。但这种依赖性却不会很强。正如 S. 托德·劳里指出的那样，“传统经济学对市场交换的分析能够正确地反映出**销售**（而不是合同）的法律含义；这是因为能够销售就意味着符合市场交换的种种条件，并且主要是有了法律上的支持，才能保证财产权利的转让”（1976 年，第 12 页）。如果不具备标准化市场这个条件，但双方自行设计了“一种他们可以依靠的未来关系的格局”；那么，他就会把这种交换称为合同（1976 年，第 13 页）。

对于主要依靠市场提供治理服务的交易来说，有了对这种单独合同模式的假定就足够了。因此，具体确定交易双方身份的问题就变得无关紧要；因为合同正式条款已规定了交易的实质性内容，并且也符合法律原则。市场的作用主要在于保护双方免受对方投机之害。如果法律条文能严格规定有关权利，就无须再费力气去维持这种关系；因为谁也不会把这种关系单独抽出来进行评价。④

2.2 三方治理

混合式的偶然交易和高度专用式的偶然交易都需要实行三方治理，具体又分为两种类型。一旦把这种交易的主要原则写入合同之中，交易者就会产生把合同贯彻到底的强烈愿望。一是因为
75 这些专用性投资“木已成舟”，改变用途后，其机会成本非常低；二是即使能把这些资产转让出去，让接手者继续提供产品，那么转让前要评估这些资产，也会遇到非同寻常的困难。⑤ 因此，对于极为特殊的交易来说，主要原则就是下大气力维持这种合同关系。

因此，退出市场不能令人满意。但为专用资产交易而建立的治理结构，其成本又往往难以控制，无法从偶然交易中得到补偿。

---

④ 一般说来，严重的纠纷，即使只是一件小事，比如对于并不会造成损害的推迟交货也坚决反对，那就会终止一项本来可以维持下去的合同；这样只会留下一种钱财损失的纠纷，只好诉诸法庭来裁决。只有在这种情况下，才完全符合强调分别签订合同并严格……行为表现的概念（麦克尼尔，1978 年，第 877 页）。

⑤ 第四章将说明，实物资产有时属于例外。

这样，一方面是为维持这种交易要受到古典式合同法律的限制；另一方面，鉴于这种（双方）专用资产交易的成本太高，显然就需要有一种中介性的制度形式，才能建立相应的治理结构。

新古典合同法大多具有追求完善的特点。因此，它不是一遇到问题就提交法庭来裁决——那表明交易已然破裂——而是借助于第三者的帮助（仲裁）来解决纠纷，并对{双方}行为作出评价（一个例子是，为解决建筑合同中的纠纷，可以请相对独立的建筑师作为专家对合同内容作出评判[麦克尼尔，1978 年，第 566 页]）。而且，在过去的几十年中，广泛采取这种专业性的补救措施，也是为了达到持久合作的目的——尽管麦克尼尔拒绝把专业性工作视为"补救新古典合同的主要方法"（1978 年，第 879 页）。再一个例子是《统一商法典》有关章节的规定，允许"因买者违约而受害的卖者……可以单方面维持这种关系"。⑥

2.3　双方治理

以上两类交易都需要设计专用的治理结构，又都得到混合型投资及高度专用性投资的支持，因此都属于不断重复的交易。正是由于这两类交易具有非标准交易的性质，才会出现那种根本性转变，交易关系的连续性也就因此变得有价值。而交易的重复性，实际上就为补偿专用治理结构的成本提供了条件。

⑥　该法典作此规定的道理在于，"（如果[买方]轻微违约又很难查明）……那么要求卖方严格按照合同提供产品，就要允许他在一定程度上对价格进行控制，以免因{买方}违约而单方面受害"（麦克尼尔，1978 年，第 880 页）。

对于中间产品市场的交易行为，可以采用两类专用交易治理结构，其区别如下：一是双方结构，其中双方都自主行事；二是统一
76 的结构，即不是在市场上进行交易，而是在有组织、有统一权威关系（即纵向一体化）的企业内部进行交易。双方治理结构只是在最近才受到了应有的关注，但其功能尚远未被人理解。这个问题将在第七、八两章分析。

所谓专用交易，是指生产中需要的人力资产和实物资产都必须达到专用化程度的交易；因此，即使在企业内部进行交易，也得不到明显的规模经济的效果；因为这种内部交易并不能使买方（或卖方）（在纵向一体化中）充分体现自己的价值。但在混合型交易中，所用资产不可能都达到专用化程度。因此，为了实现规模经济，就要从企业外部购入这些要素了。

与纵向一体化相比，外部购入还有一个作用，那就是能保持很强的激励作用并限制官僚主义的败笔（见第六章）。当然，市场购入也会造成适应能力不强和签约支出过高的问题。但只要做到令行禁止，即使从外部市场购入，也可以有效地解决内部不适应的问题。除非双方一开始就充分估计到有必要相互适应，并且把这一点写进合同，这种做法常会造成极高的成本，而在一般情况下，只要双方看法始终保持一致，通过市场关系也可以实现相互适应。由于交易双方利益通常并不一致，因此，只要（任何一方提议）加强适应性，就会造成矛盾。

一方面，交易双方都有维持合作关系的愿望，而不允许拆散这种关系，目的就是不想牺牲这种宝贵的专用交易所带来的利益。另一方面，各方分享的利润也各有用场，不可能一提议修改合同就

同意改弦易辙。这显然就需要通过某种方式使他们表明意见,以便按照双方都能信赖的条款作出调整。在一定意义上,只要具备以下条件就可以了:一是承认,不同的适应性要求会导致不同的投机可能;二是把调整的范围限定在投机危险最小的问题上。但究竟按照什么指导思想来进行适应,是同样重要的问题(麦克尼尔,1963 年,第 61 页)。

与价格调整相比,对货物数量进行调整其实具有更好的激励兼容(incentive-compatibility)的作用。首先,价格调整的结果是一方得一方失(zero-sum),而增减或推迟发货的办法就不是这样。而且,除了上述问题以外,价格调整还会带来一种风险,即在双边垄断的条件下,促使贸易对手策划改变贸易差额的条件来占自己的便宜。与此相反的情况是,当数量调整是由外部原因、而不是由战略目的所引起时,这种调整就有了正常的保障。由于每种交换各具不同的特点,即使交易对方提议改变货物数量,卖者(或买者)也就没有理由动辄怀疑其意图。 77

因此,买者既无须寻找其他供应商,也不必把(按照有利的价格)买到的产品转作他用(或再卖给他人)——因为再从别人那里进货,就要付出很高的准备成本(setup costs);而这种产品的独特性质,也不是任何人都能使用或派上任何用场的。同样,卖者也不可能存着产品不卖;因为其资产是专用的,就为其产品创造了更好的销售机会。其结果是各种独特产品的质量通常都可以按其标价买下。如果既不能适应质量要求又不能适应价格要求,大多数产品就不能成交,因此通常只好采取数量调整的做法。

当然,并非所有价格调整都会导致同等程度的矛盾。有些不会引起矛盾的价格调整有可能取得成功。为适应一般经济变动而制定的原则性的价格变动条款就属于此类。但由于这种条款并非针对特定交易,因此把这种条款应用到各地具体条件时,往往会发现这种调整还不够完善。因此,这就要考虑价格调整能否更加密切地适应当地的具体环境。其中的问题在于,针对某些具体环境,能否设计出一种过渡性的价格调整{方案},以避免出现上述矛盾。为此需要哪些前提条件呢?

如果是一种很独特的交换,那么交易各方都遇到难题就是一种例外。如果摆在面前的难题有可能危及合同关系,不妨采用临时降价(ad hoc price relief)的办法来解决。但更根本的、也更令人感兴趣的问题在于,是否存在这样一种环境,能使这种临时价格调整成为一种常规?这需要两个前提条件:第一,只有发生了外因引起的、非解决不可的、而且是很容易判定的事件时,才能提出调整价格的建议;第二,必须有把握地确定由此增加了多少成本。举一个例子也许有助于说明这个问题。比如一种基本的原材料(如铜或钢)在成本中占了大头。再进一步假定,这种基本原材料的成本可以非常精确地计算出来。在这种条件下,只要公式计算没有问题,市场上原材料的这种局部的、暂时的降价就不会造成多大的麻烦。这样,价格调整就会比价格总水平变动更为精确。

但是应该强调一点,即并非所有成本都符合这两个条件。间接成本或其他费用的变动就很难这样精确确定;即使能做到这一步,也会使成本因素变动不定,因此不能使用同样的方法。交易双方正是有这种顾虑,才不去采用这种降价策略的。

2.4 统一的治理 78

交易的性质越特殊，买卖的动机就越弱化。其原因在于，人力资产和物质资产的用途越是单一，就越难转作他用，这样买者就能像外部供应商那样充分实现其规模经济。这时，究竟会选择哪种组织形式，就完全取决于哪种组织形式更能适应资产的专用性了。在这种情况下通常就会采取纵向一体化的形式，这一点在第四章中再讨论。

纵向一体化的优点在于它能适应一系列连续的变化，无须不断地寻找、设计或修改临时性协议。只要双方的所有权统一起来，就能保证双方都得到最大的利益。因此在纵向一体化的企业中，价格调整的措施会比临时买卖协议的调整措施更完善。而且，如果企业内部的各种激励机制并行不悖，无论怎样调整产量，都能使交易双方得到最大的利益。

如果交易人员稳定不变，加之价格和产量都可以随时进行调整，就会产生性质极为特殊的交易。这样，随着资产专用性的程度不断加强，市场签约就让位于双边约定，而后者随之又被统一的合同（内部组织）所取代。⑦

---

⑦ 读者需要注意，从交易成本推演出内部组织的这种逻辑与科斯首先提出的理论完全不同。他认为，有两个因素促使企业代替市场来组织生产：一是人们可以有意识地降低“发现哪种价格更为适当”的成本；二是可以降低“谈判成本，降低用单独的合同来代替市场上每一种交易的成本”（科斯，1952 年，第 336 页）。科斯在 1972 年分析企业与市场的主要区别时，讲的同样是这两个因素（科斯，1972年，第63页）。对于我

前述治理结构与各类交易的恰当匹配情况可见图 3－2。

		投资特点		
		非专用	混合	独特
交易频率	偶然	市场治理	三方治理（新古典式签约方法）	
	经常	（古典式签约方法）	双方治理（关联式签约方法）	统一治理

79 图 3－2　有效的治理

3. 不确定性

在上图中，对应各种交易的是各种不同的治理结构。该图只用资产专用性和交易频率这两个因素来说明各类交易。至于第三种因素即不确定性，已被假定为其严重程度足以要求人们作出关于适应它的连续性决策问题。对不确定性问题之所以需要不断去适应，是因为不可能把所有需要确定的情况一一列举出来，并（或者）事先规定好适当的对策。然而，对于超过这一限度的、不断增大的不确定性会给经济组织带来什么影响，人们迄今尚未加以考虑。

依靠行为假定所表达的思想，科斯（下意识地）认识到了有限理性的问题，但他却没有提到投机问题。的确，正如他力言的那样，奈特并没有提出取代价格体系的理由，因为“[我]们可以设想一个能按要求提供所有忠告和知识的体系”（科斯，1952 年，第 346 页），该体系不承认投机行为会搞乱市场信息。我用签订合同所遇到的矛盾与不适应来解释非标准化合同，科斯不仅对此三缄其口，而且对从整体上把握（dimentionalize）合同之必要性也只字不提；其实这是区别各类合同的关键所在。尽管存在这些区别，交易成本经济学对科斯早期著作所提出的疑问还是未能被人们普遍接受。

前面说过，既然双方能轻而易举地形成新的交易关系，因此也就不值得再去继续那种非专用性的交易关系了。即使不确定性不断增大，也改变不了这种局面。由此，无论不确定性的程度有多大，只要是标准化的交易，都能用市场治理（即古典式签约方法）来解决。

一旦引入资产专用性这一概念，情况就发生了变化。这是因为，既然交易的连续性现在已具有重要作用，那么，随着有关参数的不确定程度逐渐增大，通过“未雨绸缪”的治理结构来组织各种交易也变得日益迫切。如果专用资产的交易得不到治理结构的保护和支持，就会形成代价高昂、久拖不决、彼此格格不入的局面。
即使恢复到合同转换曲线（shifting contract curve）上的位置可能 80
也无济于事。这样一来，既是独特事件，又加上不确定性，就使签约问题变得困难重重。

交易情况是多种多样的。上面所说的尽管有些极端，甚至危言耸听，但严格说来，这还不是造成这种干扰并迫使人们去适应它的最根本原因。正如本书第七章第四节将讨论的那样，只要是双边贸易，任何一方都可以设法造成某种干扰，从而改变对方的获利前景。更恶劣的是一方甚至可以当面扯谎。因此我们可以设想有这样一份合同，其中规定，在买方报价为 θ_1 的条件下，卖方将发出数量为 X 的货物；在报价为 θ_2 的条件下，发货量将为 $X+\delta$；其中 θ_1 和 θ_2 都是指实际状况。如果第三者很难分辨到底会发生哪种情况，那么，买者就可以谎称自己提供了 θ_2 的条件。虽说像这样无耻的投机非常罕见，但这个例子说明，只要交易双方都具有我们熟知的人类行为本质特点，再加上资产专用性和双方贸易这两个条件，就会出现这类问题。

对一个组织来说，具有混合投资特点的交易特别令人感兴趣。除非设计出一种能得到市场支持的治理结构，否则，只要不确定性增大，这种交易就会“滑向”某一极端。一种是为了得到更标准化的产品或服务而牺牲宝贵的合同设计创意，从而可以使用市场治理方式；再一种是保留（或许还要完善）有价值的设计方案，而交易却改在组织内部进行。不过，有时还可能发明第七、八两章所分析的某种非标准化的合同。只要做到这一步（再加上政府并不禁止这样做），即使遇到更大的不确定性，往往也能使合同代理人之间象征性的双边自治关系维持下去。

当然，降低不确定性就能使交易向相反的方向转变——如果涉及长期使用的资产，这种转变也可能被推迟。通常情况下，一个行业发展得越成熟，其不确定性也就越小，（实行纵向一体化的）组织的收益增长速度也就应该越低。与此相应的是，越是成熟的行业，就越有可能更加依赖市场关系来重组交易行为。

4. 计量

在（第一章）图 1－1 的合同示意图中，把交易成本经济学分成两个学派：一是治理学派，一是计量学派。前者关心的主要是怎样才能按照提高有效适应性的要求来组织交易的问题，后者关心的
81 则是借助什么方式才能确保行为与回报（或价值与价格）更密切挂钩的问题。尽管我们承认这两个问题并非互不相干，但两派强调的重点确实存在区别，也确有必要分别研究。此外，还应该进一步

指出，假如既不是按理性也不是按投机来区分的话，治理问题和计量问题就都将不复存在。

因此，我们假定交易双方并不是按有限理性行事的。再进一步假定，这就意味着缺乏私人信息，而且即使是公正的权威人士也不例外。由于可以签订综合性的合同，当然也就不存在治理问题；投机倾向就更无所谓了。整个世界就是一个计量成本为零的世界，因此也不会有什么需要计量的。在这种情况下，借缺乏私有信息而投机的毛病就会自然减弱。

反之，我们可以假定交易双方都具有有限理性，但没有投机的毛病；这样，即使合同不够完善，也不会提出治理的问题。因为合同总则的设计保证了交易双方会采取适当的适应措施，而不会受到任何一方的反对。同理，如果任何一方都不想利用私有信息去占对方的便宜——因为没有投机的毛病，谁也不会那样做——也就不会形成代价高昂的计量问题。

不过，我反复提出有限理性和投机的问题，并不是想让读者只注意经济组织中最严重的具体问题。{我只想说明，}有些交易对有限理性提出了更严格的考验，有些则造成了更大的投机问题。那么这是些什么样的交易呢？

不同的交易会造成不同的治理{结构}，如果能找出区分这些交易的主要标准，就有助于研究治理结构的问题；同样地，如果能从微观上深入地分析交易问题，也有助于计量问题的研究。尽管在过去十年中，交易成本经济学的计量学派在这方面已经取得了长足的进展(巴泽尔，1982 年；诺斯，1982 年；肯尼与克莱因，1983 年)，但要明确指出交易成本的计量中到底存在哪些困难，有关标准还是不大明确。正是这些问题的存在,才使人不得不去考察{交易}的某些基本特点。

4.1 签约前的问题

82 签约前的条件可以用逆选择问题来解释:在交易中,一方只会把对自己有利的信息告诉对方;除非对方肯花费很高的成本,否则就无法改变这种信息不对称的局面。这个条件就是揭示出造成计量困难的那些更具根本性的问题,即信息的独特性。乔治·阿克洛夫(1970 年)在解决"柠檬"问题时研究了很多现象,对这种事前的条件作出了准确的评估。{比如,}卖掉自己旧汽车的人当然要比买者更了解这辆车的车况,因此,信息不对称就会导致市场的扭曲。格劳克·马尔克斯拒绝加入那家本想接受他的俱乐部一事,也反映出双方的信息不对称:如果他们真的了解他的为人,就不会接受他;既然他们不知道这个问题,那么,当初就不该怀疑他的声誉。

这种现象还可用肯尼和克莱因(1983 年)最近提出的一个例子来说明。在玉石市场上,未切割的玉石可以分为两千多种,质地也大不相同。应该如何组织这种市场,才能解决"大海捞针"的问题,并使买卖双方互相信任呢?按照肯尼和克莱因的说法,只靠经验积累并不是解决互相"信任"问题的"办法"。因此应该把玉石按类分堆——或者说"使人一目了然"——然后再按这一行的行规来交易。这样,投机的问题就可以大大减少。

4.2　合同的履行

在履行合同的阶段会出现两类信息不对称问题。第一类我们比较熟悉，是指交易中一方比另一方更了解具体情况。例如，要想把产品卖出去，推销员不仅要努力推销，还得善于随机应变才行。因此，尽管推销员懂得如何推销，也不能完全依靠他们所得到的产品信息报告。与此相应的是，如果厂家只关心产出，那么，其他问题就完全要依靠销售来弥补了（这就是那个古典代理人的问题，其中 $X = X(\alpha, \theta)$，X 代表产出，α 代表努力，而 θ 就是实际数量）。因此就带来了复杂的激励组合问题（霍尔姆斯特朗，1979 年）。

第二类信息不对称问题并非人所共知，因为这是借所罗门王(King Solomon)的故事而提出来的。其中，交易双方的每一方都完全了解所发生情况的真相，但要把这些事实告知旁观者就要花费极高的代价。这就是阿尔奇安和德姆塞兹（1972 年）在讨论团队问题时关注的问题。如果一项工作必须由两个或两个以上的工人进行协作才能完成；并且，如果事后检验产品也无法确定他们各自有多大的贡献，那么就需要指定某个人来监督工人的工作。这样就产生了有目的的监督。 83

在大多数关于经济组织的令人感兴趣的问题中，很多都涉及资产专用性和信息不对称这两个问题。这一点也不奇怪。确如阿尔奇安所主张的那样，这二者往往是不可分割的（1984 年，第 39 页）。

5. 交易的分布

对合同关系进行研究,绝不仅仅是一方面只考察互相分离的市场,另一方面只考察等级组织。正如卢埃林1931年所看到的那样,交换所包括的不仅是纯粹市场和纯粹等级制,而且包括这两极之间所有复杂的"未来交易"(1937年,第727页)。同样地,乔治·理查德森也认为,"我们面对的是一个完整的交易链:从最少合作性质的、有组织的商品市场开始,经过与传统联系和商誉相关的中间地带,最后是体现充分合作与正规发展的盘根错节的集团和联合体"(1972年,第887页)。理查德森的例子以及最近阿瑟·斯丁库姆提出并讨论的例子都表明,在这个中间地带存在着各种各样的交易行为。斯图亚特·麦克雷(1963年)对商业合同的实证性研究也证明了这一点。

假定可以根据交易双方自主程度的高低来给各种交易排出座次。那么,互不相关的交易就会处于一端,高度集中的、实行等级制的交易在另一端,而兼有这两种特点的交易(特许经营权、合资企业以及其他各种非标准化的合同)处于中间地带。那么,这三类交易都有哪些分布状态呢?

首先有三种可能情况。第一种是双峰状态(bimodal distribution),即大多数交易不属于这个极端,就属于另一极端。第二种是正常状态,也就是大多数交易都兼有两种性质的中间状态,走极端的情况非常罕见。第三种是统一交易(uniform transaction)。过去我曾认为,处于第二种状态的交易是很难组织的,也就是不稳

定的;因此对交易分布的最准确的描述应该是双峰状态(威廉姆
森,1975 年)。现在我同意以下说法,即第二种状态的交易才是更
普遍的形式(并且这种交易始终受到经济学[8]、法学[9]与组织理论[10]
越来越多的关注)。但是,从标准化交易以及各种管理组织的广泛 84
存在来看,这种分布也有个“尾大不掉”的问题。通过自然淘汰过
程,这种统一的分布可能最接近于合同世界本身的状况。无论实
际结果如何,更多地关注中间序列的交易,有助于加深对复杂经济
组织的理解:如果这些交易滑向两个极端,其原因何在?如果这些
交易保持稳定状态,又是哪些治理过程在起作用?

⑧　参见第七、第八、第十和第十三章,其中大量引用了近期的经济学文献。

⑨　例如,麦克雷(1963 年);麦克尼尔(1974 年);克拉克森・米勒与穆里斯(1978 年);阿地亚(1979 年);格茨与斯科特(1983 年);帕雷(1984 年);马斯滕(1984 年);以及克隆曼(1985 年)的著作。

⑩　例如,斯丁库姆(1983 年);哈里森・怀特(1981 年);罗伯特・埃克莱斯(1981 年)以及格兰诺维特(1983 年)的著作。

85 第四章　纵向一体化的理论与政策

法律及经济学上关于纵向一体化的争论由来已久。最近罗杰·布莱尔和戴维·卡瑟曼在评论这些问题时，使用了各种军事术语(1983 年，第 1 页)——战场、前哨战、战役以及其他等等——来描述这种场面。争论的内容可以分为两类。一类是早期关于垄断范围(monopoly domain)的争论，涉及纵向一体化是不是造成价格歧视的主要手段；由此来检验是否因垄断而引起连续排斥(successive marginalization)的问题，或者说目的是否在于设置进入障碍。最近，人们在解释垄断问题时总是把它与效率相提并论。早期关于导致垄断的技术原因和各种假定的说法虽然不断受到挑战，但还是一步一步地为那种主要以追求效率来解释垄断的理论开辟了道路。美国司法部 1982 年的法令与其 1968 年的《纵向兼并指南》(*Vertical Merger Guidelines*) 相比，大大放宽了提高效率的条件。而 1984 年公布的《兼并指南》(第十四章)干脆明文规定：为了效率，可以实行垄断。

当然，纵向一体化这种组织形式也如大多数复杂的组织形式
86 一样，可以并且有时确实在为不同的经济目标服务。① 我在本文

① 保罗·克莱因多弗与冈特·克涅普斯(1982年，第1页)对纵向一体化的目的

中只讨论一点，即我认为，实行纵向一体化的主要目的在于节省交易成本；此外，当然也还要说到战略目的问题。

通常人们都认为是为了解决技术方面的问题才导致纵向一体化的。[②]本章第一节将反驳这种解释。我认为，决定实行纵向一体化的主要因素是资产专用性的条件。本章第二节将围绕两个问题展开：一是提出以资产专用性为特点的简单模型；二是对该模型的交易成本与生产成本进行比较。第三节将进一步介绍这种方法的含义。第四节考察《纵向兼并指南》的作用。

1. 技术决定论

我们这个社会是技术发达的社会，这一点无可争议。复杂的技术当然要有复杂的组织来为之服务，这也是一般常识。特别是

提出了以下总结性的评论：

“最流行的[解释]认为，由于各种技术组织可以互相影响，这样，当各生产阶段的规模经济达到足够程度时，只要形成了统一的所有权，就会产生这些行为（如：钱德勒，1966 年）。对纵向一体化的其他解释如下：为了避免垄断市场上要素配置的扭曲（如：弗农与格拉汉姆，1971 年；沃伦-伯尔顿，1974 年；施马兰西，1973 年）；上游产品供给不确定，下游企业不得不以此种方式来获得信息（阿罗，1975 年）；经济体系中一方把风险转移给另一方（克鲁夫伊，1976 年；卡尔顿，1979 年）。再有就是早就指出的，由于存在交易成本，强烈地刺激了纵向一体化的发展（如：科斯，1937 年；威廉姆森，1973 年，1975 年）”。

在这类理由之外，还有另一类解释。例如：利用纵向一体化作为保护，使中间产品合法避税（斯蒂格勒，1951 年）；或者，以纵向一体化为手段，采取高进低出或低进高出的定价方法，以求钻（比如，不同国度）税率不同的空子来占便宜。杰瑞·格林最近对信息外部性问题的考察（1984 年）也证明确有这一做法。约拉因·巴泽尔（1982 年）和道格拉斯·诺思（1978 年）则认为，纵向一体化的原因在于计量上有困难。

② 罗杰·布莱尔与戴维·卡瑟曼的新著（1983 年）对此种解释作了广泛的考察和评述。

把全面一体化——向后覆盖原材料，横向覆盖各种部件，向前覆盖产品销售——作为提供复杂产品及服务所必须的组织手段，才能有效地创造、生产并进入市场，这一点更是人所共知。

这种概念受到把企业看作一个生产函数的观点的支持。因此，只要是一体化的大型企业，就会按照工艺的要求，使用各种可以互相替代的投入要素来进行生产；这种情况被认为是一种通例而不是例外。强调“物理要求或技术要求”，有时还会加强这种排斥市场的论点。钢铁制造业的一体化就是这方面的样板，据说仅
87 仅为节约电力就需要实行一体化（贝恩，1958 年，第 381 页）。甚至还有人说：即使把握不住这种紧密的技术联系也无妨；大多数人只要看一下{这种企业}庞大的资产，就会相信这种技术性原则所起的作用了。特别是那些没学过经济学的人会认为，一体化程度高些总比低些要好。只有在外部供应商握有专利，或者规模经济及范围经济过大等极为罕见的情况下，才会把{从企业}外部采购当作一个问题来认真对待。

上述一切似乎颇有道理，它无非是说，纵向一体化是自然技术秩序的不成问题的结果。但我认为，中间产品市场上的交易五花八门，要远远超出老脑筋所能想象的范围。[③] 哈耶克 1945 年关于

③ 由于缺乏有效的度量手段，所以{人们}通常会这样来推断：一定时期内如果企业规模扩大了，就可以说其纵向一体化的程度提高了。但是，企业规模的这种扩大往往是平面扩张的结果，也就是说企业所服务的市场在扩大，但企业的行为结构并未改变，或者说并未实行多角化经营。一个明显的例子是，几乎没有一家生产消费品的企业会把向其提供原材料的上游企业也“一体化”进来。{还有}很多制造业企业都拒绝向下游的消费品领域发展。即使是横向一体化（lateral integration），{投入的}也不是整体资产——对汽车公司（通用、福特、克莱斯勒及丰田）的考察就是证明（蒙特沃德与蒂斯，1982 年）。

"市场真奇妙"的论点对今天也同样适用。我还要进一步指出，促使人们作出一体化决策的原因并不是什么技术决定论，而是实行一体化才能节省交易成本这一事实。

正确的说法应该是：只有当满足以下两个条件时，经济组织才完全是由技术决定的。第一，拥有一种惟一的、绝对优于其他技术的技术；第二，这种技术要求建立独一无二的组织形式。我认为，这种惟一的技术不仅极为罕见，而且能满足这种技术要求的组织形式更是绝无仅有。

这种情况使我们想起第一章中讲的合同示意图，其中说到原则目标和具体目标是有区别的。此外还说到：进行这种交易的双方会根据他们所签合同的要求，自行设计其治理结构；只有当市场所形成的合同{关系}破裂时，才会把市场交易改为{组织}内部的交易。"当初这里曾是市场"这句话就表明了这种变迁。

这种"有问题先找市场"的思路有两个好处。一是有助于削弱{导致}官僚主义无能的那些条件；这一点在经济上具有广泛的重要意义，但几乎无人指出过(这个问题将在第三节简要介绍，更详细的分析见第六章)。二是鼓励了我认为是正确的下述观点，即连续生产过程之所以划分为不同的阶段，主要是由于在技术上需要这样分开——这种区分是一种规律而不是例外现象。[4] 因此，把 88

④　一种观点认为，"古典资本主义企业"的出现，其普遍前提和主要原因在于尚不具备专用技术；这种观点又被阿门·阿尔奇安与哈罗德·德姆塞兹(1972 年)进一步加以发挥。他们用来支持自己观点的主要例子是人力搬运工的情况，其中，两个搬运工必须通力协作才能完成装车的任务。不过，仅仅在规模较小的小组内才能建立这种团队关系。据我所知，最大的这种小组就是交响乐团。关于早期深入讨论非专用化的问题，

交易作为基本分析单位的观点就很容易理解了，也更为自然了。那么，在各种可能的组织形式中，哪一种形式的效率更高？道理何在？一旦我们接受这种思路，就会在更大程度上把内部组织看作市场与等级制互相较量的结果，而不是技术特点所决定的。

要详细说明{导致}一体化决策的原因，比较可行的办法是假定各类组织形式中的{生产}技术都固定不变；此外，对于提高经济收益的明显原因，例如节省交易成本，可以假定其不起作用。然后就可以考虑制造业中两个分立的行为阶段，其中一个阶段的产品是另一个阶段的原料。{如果位于第一阶段的}企业家打定主意要转入第二阶段并正在考虑用什么组织形式来代替原来的组织形式，那么他可以有两种选择：一种是通过招标，挑选合格的厂家来生产自己需要的产品。另一种是把两个阶段合并起来，自己生产这两种产品。

假定这位企业家无论自己制造还是外购，这第一阶段使用的技术都是一样的；那么，有一个因素会使自己制造优于外购，这个因素就是自己制造能节省运输成本。不过，这只是一种表面现象，因为第一阶段的独立供应商可以像{实行}一体化的所有者那样，把自己的企业建在与第二阶段近在咫尺的地点。这样，运输成本(以及由此节省的存货成本)的作用就都不起作用了。那么，凭什么说这种方式就优于另一种方式呢？

人们有理由认为，只要作为一种企业理论，就完全有可能提出

可见马克思《资本论》第一卷第十三章。尽管这种条件很令人感兴趣，但是，用{协作的}不可分割性却解释不了规模极大的企业的形成及存续问题。阿尔奇安现在承认，导致复杂组织的基本原因只能是交易成本。

这种刨根问底的问题。但是，把企业只看作生产函数的正统理论，面对人间的纵向一体化问题，却表现出了罕见的沉默。如果这两个阶段从技术上说可以相互分立，并且要素价格、税收以及其他有关问题也不存在扭曲，那么从新古典{经济学的内容上看}，就没有什么令人信服的理由来证明一体化优于市场采购了。

说到第一阶段那家独立的供应商会自愿把厂址设在与第二阶段的买主近在咫尺的地方，这话听起来总有点儿不近情理。难道说这种协作中真有什么尚未被觉察的矛盾吗？如果有，那么还能找出什么派生的组织形式吗？

一说到矛盾，马上就会想到非生产性的(交易成本)问题。至 89
于在这种关系中{这些矛盾}有多重要，以及交易成本经济学做出了哪些突出的贡献。看一下下述命题即可明白：这一矛盾有多么严重，要看资产具有哪些属性以及合同关系有哪些特点。

由此可以假定，{生产}第一阶段所要求的投资应该是耐久性的、通用性的、“带轱辘的”投资，这样搬迁起来才不费什么成本。而独立的买者与卖者在签订合同问题上也不会受到多少限制，因为无须付出多少成本就可以结束合同并搬迁生产资源。如上所述，这种投资既不是专用投资，又具有可移动性，因此无论买卖双方如何动作都不会损害对方。然而，如果第一阶段投资的是专用设备，或者，一旦这些设备已经就地扎根，再想搬迁就要付出极高的成本，那么问题就产生了。于是交易双方必然会遇到下列问题：独立的交易双方能够以极低的成本来缔结复杂的合同，并且履行这种合同吗？他们肯定能适应不断变化的情况并有效地调整相互之间的关系吗？不完善的合同又会造成哪些矛盾？{前面说过，}

为适应情况的变动，自主性合同会发生根本性的转变；那么，是不是考虑到这种转变，就应该用统一的所有权把这两个阶段都管起来呢？一旦这两个阶段统一起来，那么，在管理层的“宙斯之盾”的庇护下，势必需要作出一系列适应性的决策，而不是通过反复的讨价还价来解决问题。⑤

当然，这是一个被大大简化且非常典型的例子。但其中的基本道理“放之四海而皆准”：如果能找出签订合同的其他手段，并且至少在稳定状态下能很容易地使用这种手段，那么技术就不成其为经济组织的决定性因素。我认为，符合这些要求的{组织}形式可以举出若干种；至于技术，则是限定这类可能的组织形式的边界的因素之一；这种看法可能更为实用——因此，最终选择{哪种组织形式，}就要根据交易成本的大小而定了。正是为了最终选定{组织}形式，才需要根据交易的属性来区分各种交易的类型；这是一条基本原则。

但这种说法还是过于简单。据说在连续{生产}过程中，人们首先选择的是技术，其次才会选择合适的组织形式。本章第二节就是用的这种很方便的叙述方法。但事实上，技术类型和组织形式这二者应该区别对待；他们都是决策中必须考虑的因素，其价值{即作用}的确定也无所谓谁先谁后。其他著作已论述过这一问题（马斯特，1982 年；瑞尔丹与威廉姆森，即将出版）。这里只讲一点就够了：尽管这些基本论点还需要作些修补，但要建立更为普遍适

⑤ “圣喻”也是有局限性的。对这里的问题，只要看一下在连续{生产}阶段中，经营者因无从分享利润而只追求次优{效益}，从而导致共同所有权不断被削弱的情况就足够了。但由此引起的问题要复杂得多。具体见第六章。

用的理论框架，主要依据的还将是这些观点。 90

2. 实用模型

正如前面各章讨论的以及{本章}第一节概括的那样，交易成本经济学用以解释纵向一体化的主要因素乃是资产的专用性。如果不存在这个因素，通过市场合同来联结生产的各个连续阶段，{本来}是可以大大节约成本的。既然在连续交易中，谁都得不到什么因交易而生的专门利益，那么，由外部供应商来统一处理订单，不仅能实现生产成本的节约，而且市场采购的治理成本也微乎其微。然而，一旦资产专用性提高了，天平就偏向内部组织了。

其中道理在于两个方面。第一，如果产出固定不变，则规模经济或范围经济{的利益}可以忽略不计(或者说这时企业的规模已大到足以吃掉这些利益的程度)。因此，选择企业还是选择市场，就全看谁的治理成本更低了。第二，即使承认规模经济或范围经济，产出也会被限制在同一水平。⑥

2.1　治理成本与经济组织

市场与内部组织之间的区别有以下几点：第一，市场比内部组织能更有效地产生强大的激励并限制官僚主义的无能；第二，有

⑥　正如我上文提到的，在更全面、更一般的模型中，产出、资产专用性和组织形式都将成为决策变量。

时，市场有通盘解决需求的长处，由此实现规模经济或范围经济；第三，内部组织更易于建立不同的治理手段。关于市场与内部组织之间在激励、控制上的区别问题，将在第六章予以讨论，此处为便于分析，我只把它们作为既定的因素来看待。

由此就可以考虑企业的决策问题了：对于一种特殊的产品或服务，究竟是自产合算还是外购更合算？假定这种产品是主机的一个部件，且所需供给量固定不变。[⑦] 再一个是假定规模经济及范围经济都可以忽略不计。这样，决定自产还是外购的关键因素

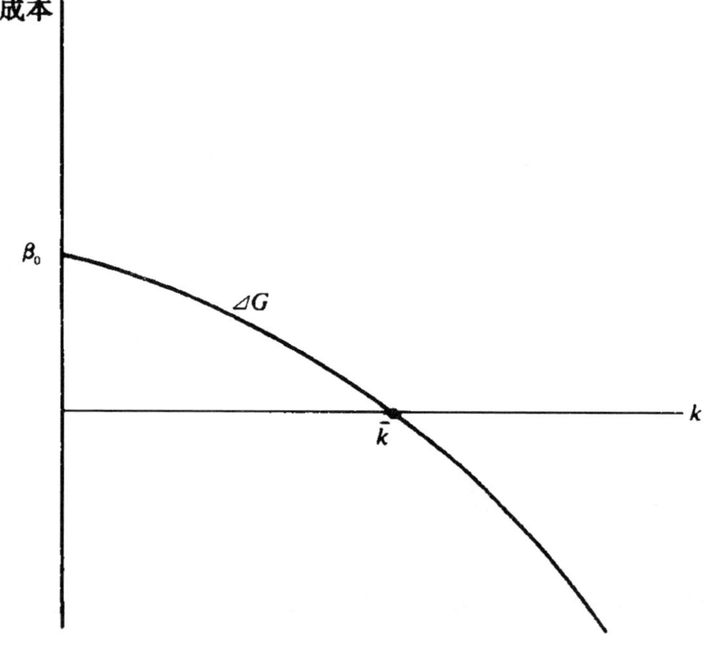

91 图 4－1　两种治理成本的比较

⑦　假定企业按固定比例使用这种部件，并且其成本在总成本中的比重极小。

就只剩下两个了：一是对生产成本的控制，二是做到即时适应（intertemporal adaptation）的难度。

市场的强激励机制（high-powered incentives）通过以下两个方面来展示自己的作用：它们要求交易双方对生产成本进行更严格的控制，这是由于双方已经建立起互相依赖的双边关系；但它们也使{双方}不大容易互相适应。这后一种作用就是随着资产专用性的提高使{交易}发生根本性转变的结果。令 $\beta(k)$ 代表内部组织的官僚主义成本，$M(k)$ 代表相应的市场治理成本，其中 k 是资产专用性的指数。由于有上面所说的成本控制的结果，因此可以假定 $\beta(0)>M(0)$。但还要进一步假定，在每个 k 点都有 $M'>\beta'$。这第二个假定就反映了市场的适应性不如{内部组织}更有效。我们令 $\Delta G=(k)-M(k)$，就得到图 4－1 所表示的那种关系。

由此可知，当资产专用性不强时，最好是通过市场采购方式来获得供给——因为对于控制生产成本来说，这样既能发挥市场的激励作用，又能避免内部组织中官僚主义的无能。但如果资产专用性提高，这种条件使得双方要互相高度依赖；这样在强激励机制的作用下，原来针对一系列干扰所进行的适应性调整现在已不那么容易进行了。这种情况用上图来表示，就是在 $\bar{k}$ 点，价值发生了根本性的转变：在这一点，无论是通过企业还是通过市场来组织生产都是无差异的。

2.2 规模经济和范围经济 92

前面的假定没有考虑规模经济和范围经济的问题；因此，企业究竟是自己生产还是从市场上采购，完全取决于这两种方式的治理成本孰高孰低。但这种说法显然太简单化了。市场往往是把各种需求汇总起来通盘进行处理，从而实现规模经济和范围经济。因此，还有必要考察生产成本上有哪些不同。[⑧]

{为便于分析，}我们还要假定产出数量不变。我们用 ΔC 来表示以下两种生产成本的稳定不变的差额：一是{企业}根据自身需要生产某种产品的成本，二是从市场购买同一产品所花的成本；假定这两种成本都稳定不变(由此无须考虑适应性问题)。如果把 ΔC 作为资产专用性的函数，那就有理由假定 ΔC 始终大于零；但它会随着 k 的增大而递减。

如果是标准化的交易，由市场来通盘协调生产会大大地节省

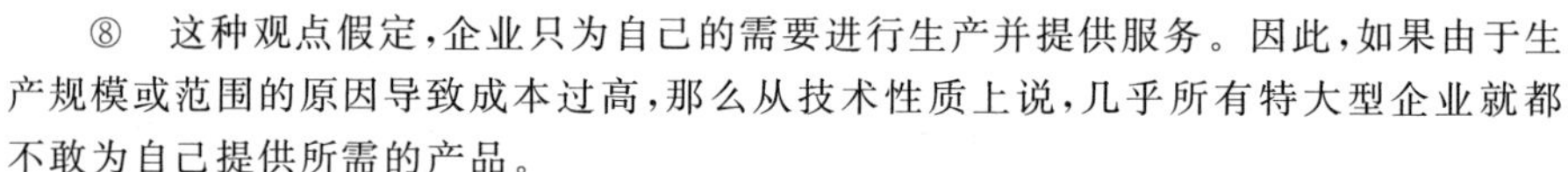

⑧ 这种观点假定，企业只为自己的需要进行生产并提供服务。因此，如果由于生产规模或范围的原因导致成本过高，那么从技术性质上说，几乎所有特大型企业就都不敢为自己提供所需的产品。

这种观点虽有一定道理，但企业自己生产{原材料}而不是外购，却既不是规模经济也不是范围经济本身所能决定的。因此，我们可以设想一个企业，其{生产能力的}规模已经超过了企业为自己{提供原材料}的需要。如果所签合同都能兑现，那么，这家企业就会建设一个工厂，其产品不仅足以保证该企业自身的需要，还有多余的产品卖给竞争对手或其他有兴趣的买者。或者可以设想，这家企业可以把最终产品与其他各种有关产品一起卖掉，从而实现规模经济。这样，这家企业无须制定营销战略，只要通过前向一体化就能实现厂家直销，并且平等对待自己的产品和其他相关产品——无论是替代品还是互补品，都同样陈列、同样销售、同样提供服务。

至于说其他企业、特别是那些作为竞争对手的企业，也愿意照此办理，这种说法显然是有疑问的。有些企业不愿卷入这场争斗，因此也就不会采取同样的战略计划(威廉姆森，1975 年，第 16—19 页，1979 年 c，第 979—980 页)。最后的结果就是，企业内部生产和市场采购在成本上的一切差别都将归因于交易成本问题。但是，如果假定企业所需的原材料只由自己来生产，更符合对经济组织进行实证性考察的要求；那么从技术角度讲，规模经济及范围经济就都变得重要起来(例如，可参见第五章 3.2 节对沃尔克与韦伯[1984 年]的研究所作的简要讨论)，我在这里就使用了这一假定。

生产成本；如果是企业自己生产{原材料}，生产成本就会过高。因此当 k 值很小时，ΔC 就会很大。{另外，}对于各类专用资产来说，尽管其专用程度不同，会减轻一些其成本上的劣势，但毕竟还是处于劣势。这样，虽然在很多买者之间开始出现不同的购买要求，但外部供应商还是能够通盘组织，并以低于企业自产的那种成本来进行生产。不过，随着各类产品和服务的独特性越来越大(即 k 值越来越大)，外部供应商就再也不能{靠这种优势}来节省其总成本了；这时 ΔC 的渐近线也就逐渐趋于零。在这种情况下，即使再签订合同，也得不到规模经济和范围经济的效果了。因此，企业就可以自己生产所需的产品，而不会因{成本高}而吃苦。

这种 ΔC 的关系如图 4－2 所示。当然，{我们的}目的不是要找到能使 ΔC 达到最小的点，或者把 ΔG 单独拿出来分析；而是在资产最优水平既定或最优专用性既定的条件下，设法使生产成本与治理成本二者之差为最小。图中直线表示 ΔG 与 ΔC 纵向相加之和，即 $\Delta G+\Delta C$。{产品或服务的独特性越大，$\Delta G+\Delta C$ 之和就变得越小；}因为 $\hat{k}$ 点的值大于 $\bar{k}$ 点的值，$(\Delta G+\Delta C)$之和为负值。因此，如果专用资产也不能稳定地节省生产成本，那么我们就会看到，对于更多的专用资产来说，还是由市场来组织{生产}更有利于实现规模经济和范围经济。

更一般地说，如果用 k^* 代表最佳的资产专用程度，[⑨]则由图

⑨　单纯说到 k 的“最佳”水平，其实并不难解释：实际上，组织形式不同，最佳水平也就不同。我在本章脚注⑬中将简单予以说明；更全面的解释可见斯科特・马斯顿(1982 年)和瑞尔丹与威廉姆森(即将出版)的著作。

4－2可知：

1. 当资产专用性的最佳水平极低时（即 $k^* << \hat{k}$），无论从规模经济还是从治理{成本}上看，都是市场采购更为有利。

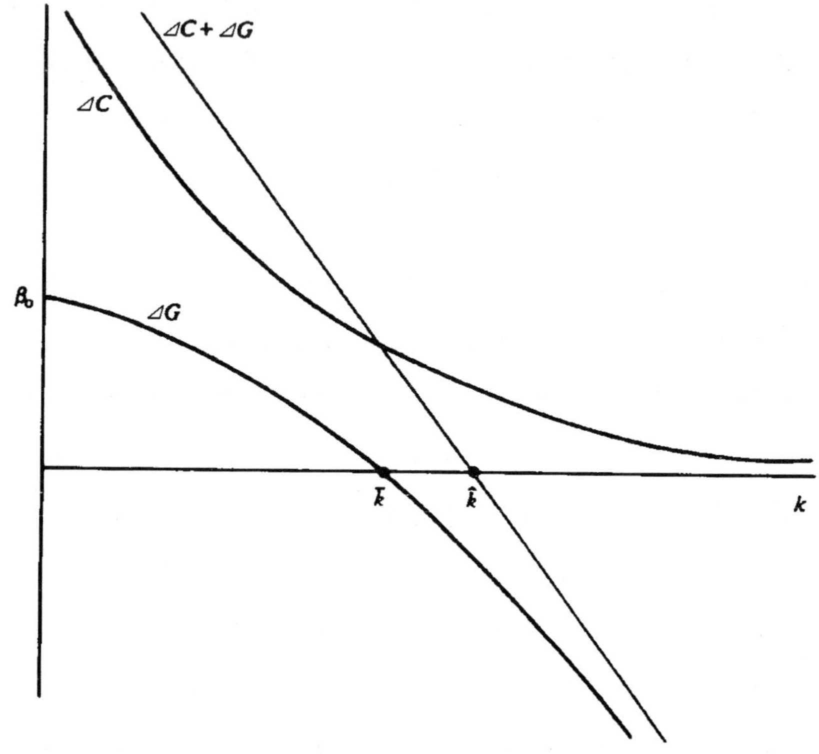

93 图 4－2　生产成本与治理成本的比较

2. 当资产专用性的最佳水平极高时（即 $k^* >> \hat{k}$），则内部组
94 织更为有利。这不仅是由于市场未能实现聚集经济，而且当资产具有高度专用性、因而形成“锁定(lock-in)”效应时，市场治理还会带来各种矛盾。

3. 对于呈中间状态的资产专用性来说，这{两种}成本只有很小的差别。这时很容易出现混合治理,即可以看到某些企业将从市场上采购,其他企业则自行制造;而两者对自己当前的对策都会表示不满意。本书第三章简要讨论过的,以及第七、八两章将予以更充分考察的那些非标准合同,或许有助于解释这种现象。

4. 有必要指出,在更一般的情况下,如果从生产成本的比较上看,企业处处皆不如市场(即 $\Delta C>0$),那么,企业绝不会仅仅为了生产成本上的考虑就实行纵向一体化。只有当合同方式遇到困难时,企业与市场的比较才会支持纵向一体化——此时只有一个原因,即 k^* 大于 $\hat{k}$。

如果再考虑到数量(或企业规模)的效果以及组织形式的效果,还能得出另一番道理。那就是:从企业规模(即产出)上看,产出越大,所需供给的生产要素也就越多;因此,自己生产造成成本过高的问题也将会全面减轻。这样,与市场的规模相比,那些为自己生产并完全有能力实现规模经济的企业就会变得更大。因此,随着数量的增大,整条 ΔC 曲线的位置也将降低。剩下的问题就是看 ΔG 的曲线将会发生哪些变化。我们有理由认为,[10]如果以 $\bar{k}$ 为轴心转动该曲线,则 ΔG 与 ΔC 的纵向相加之和(即 $\Delta G+\Delta C$)将在 $\bar{k}$ 点与{横}轴相交;随着所需供给的生产要素的增加,该点也越来越向左偏移。与此相应:

⑩　假定 $\beta(k,X)=I(k,X)$,其中 $I(0)>0$,$I(k)$是影响适应性的每单位的内部治理成本。再假定 $M(k,X)=M(k)X$,其中 $M(0)=0$,$M(k)$是影响适应性的每单位的内部治理成本。于是 $\Delta G=[I(k)-M(k)]X$;这时,能使 ΔG 趋于零的价值将与 X 无关。这样,不断增大的 X 就会使 ΔG 沿顺时针方向旋转,则此时在这一点上,k 的值将趋于零。

5. 在其他条件不变的情况下，大企业比小企业更容易实行纵向一体化。

最后，内部组织受官僚主义无能之累的情况，会因企业内部结构的不同而各异。由此引起的各种争论将在第十一章中展开介绍。如果假定，实行多元事业部制的企业（multidivisionalization ）
95 为 M 型企业，单一所有权企业为 U 型企业，就可以用前者为标准，来检验后者中的官僚主义造成的扭曲程度。用图 4 - 2 来表示就是，与单一组织形式相比，实行多元事业部制的企业的 ΔG 曲线的位置将会降低。这样，假定 ΔC 不变，则有：

6. 在其他情况不变的条件下，M 型企业的纵向一体化倾向要比 U 型企业更强烈。[11]

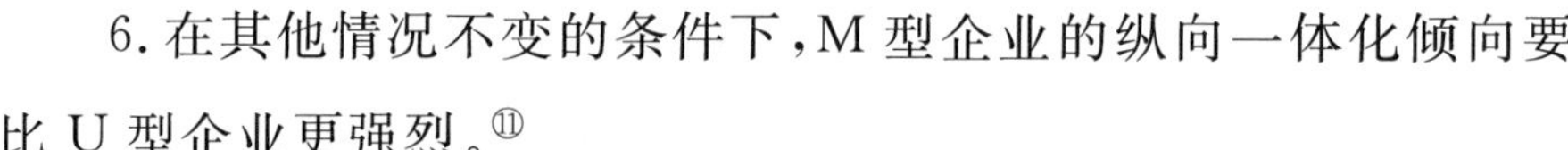

3. 其他推论

3.1 资产专用性的区别

资产具有不同的专用性，企业也有多种多样的组织形式；由此可知，节省交易成本还有其他一些作用。资产专用性可以分为以下四类：专用场地——例如，紧密相邻的货场，可以节省存货和运输成本；专用实物资产——例如，为生产零部件所需的专用模具；

---

⑪ 不过这里也会出现相反的情况。U 型企业的经营者建立其帝国的本事可能会更大些，但这种帝国的形式本身就是纵向一体化。请参见第六章。

因“实践出真知”而形成的专用人力资产；特定用途资产(dedicated assets)，它表示为提高通用(而不是专用)生产能力而进行的分期投资所形成的资产；如果不是为了把大量产品卖给特定的顾客群，就不会进行这种投资。每一种专用资产相应有以下组织形式：

1. 专用场地。这种专用资产主要是要求{企业的}所有权要统一，这样才能使前后相继的生产阶段尽量互相靠近。因为所使用的资产无法移动，也就是说，它们的建设成本以及(或者)搬迁成本太高。因此，一旦这类资产建成投产，就要求各生产阶段互买互卖，才能有效发挥其生产能力。

2. 专用实物资产。如果资产可以移动，其专用性又取决于其物理特征，那么，把这些资产(如各种专用模具)的所有权集中在一个企业，就可以由整个企业作为统一的买方，到市场上竞价采购。如果合同难以执行，买方还可以撤回这些购买要约并另找卖主，这
就避免了那种“锁定”问题。[⑫] 这样，出现问题以后再通过竞争来 96
解决也是来得及的，因此就不需要建立内部组织。

3. 专用人力资产。任何导致专用人力资产变得重要的条件——无论是“实践出真知”，还是那些导致人力资产整批流动的可怕的问题——都会要求在就业关系上实行自主型合同。因此，人力资产的专用性增大，就预示着应该用共同的所有权把连续生产的各个阶段统一起来。

4. 特定用途资产。投资于特定用途的资产，就涉及为特定买者着想而扩大现有工厂的问题。在这种情况下，虽然人们很少会

---

⑫　对此问题的较早的讨论请参见蒂斯(1981 年)。

想到{建立}共同所有权,但承认买卖关系遇到了危险;因此往往会扩展合同关系,把对方也拉下水,以求减轻自己的风险。但如果双方都乐于冒险而不求稳当,其结果就会导致一种风险“均衡”;这种结果与其初衷恰恰形成南辕北辙(第七、八两章将更详细地分析这个问题)。

从交易成本的角度看问题,还能得到另一个推论即:如果某家企业只生产、并且只购买一种产品或服务,在其他情况不变的条件下,该企业所使用的技术就会比市场上的技术具有更强的专用性。[13] 如果用其他方法来研究纵向一体化问题,就不可能得到上述推论。

3.2 效率的边界

在前面的分析中,对每一个生产阶段都要用“自己制造”或“外面购买”来仔细估计一番,才能判断这个阶段是否可以分立出来。实际上问题往往没有这么复杂。因为对某些{生产}阶段来说,能否实行一体化是很难判断的。很多企业不想外购原材料,而想通

---

⑬ 假定无论采用哪种组织形式,k 值必须很大才能形成最佳水平。在这种条件下,内部购买就被看好。假定企业已经这样做了,但后来它又在另一地区设立了(规模相同的)第二家工厂。由于地处偏远,这第二家工厂只好在当地市场上购买部件。这样就存在两种情况,其中 k 的数值是不同的:在第二种(即不实行一体化的)情况下,{要达到最佳水平,}k 的取值就会小于第一种情况(即已经一体化)的数值;因此,结果与前述正好相反。其原因在于,k 值较低,市场才能产生聚集{效应}而实现节约,并减少市场采购的治理成本;企业内部组织就做不到这一点(不过,还是应该看看第六章的导论);而且其治理色彩过重。要了解更深刻的含义,请参见瑞尔丹与威廉姆森(即将出版)的著作;以及斯科特·马斯顿的著作(1982 年),是他最先认真分析了这一问题。

过后向一体化，自己来生产，但就是办不到；更不要说在另外一些生产阶段中，建立共同所有权是顺理成章之事的情况了。詹姆斯·汤普森（1967 年，第 19—23 页）在提到“核心技术”时曾经假定，某些{生产}阶段是应该实行联合的。这通常指的是专用场地。更有趣的是那些从市场上采购的部件（items），其生产几乎不会或根本就不可能受到惩罚。于是就要问：在什么情况下这类部件应 97
该从市场上购买？在什么情况下又应该自己制造呢？

所有这些问题都可以归结为“效率边界”问题。[14] 对此，我们可以考虑这样一个企业，它有三个不同的生产阶段，但场地是专用的，因此这三个阶段都在同一个企业之内。这个场地就是核心技术。假定这些部件它自己不能生产，只有到市场上购买。再假定，每个生产阶段中都会发生两种情况：一是改变{这些部件}的物质形态；二是把它们攒成一个“主机”。最后再假定，企业可以选择究竟是自己销售，还是通过市场来销售。

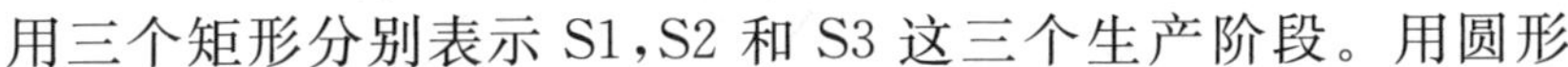

用三个矩形分别表示 S1，S2 和 S3 这三个生产阶段。用圆形

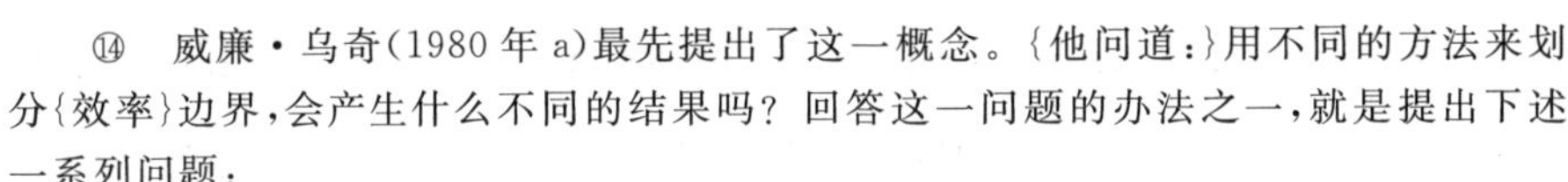

[14] 威廉·乌奇（1980 年 a）最先提出了这一概念。{他问道：}用不同的方法来划分{效率}边界，会产生什么不同的结果吗？回答这一问题的办法之一，就是提出下述一系列问题：

A　从生产上看

1. 如果企业自己生产其所需的{生产要素}，会不会失去大部分的规模经济？
2. 规模经济到底有多重要？在企业内部能实现吗？

B　从设计和资产{特点}上看

1. 这些要素在设计上有什么特别之处？如果有，其根据何在？
2. 用专门技术来生产这些要素，能保证节省{成本}吗？

C　从合同上看

1. 合同双方会不会被双边交换关系所捆住？
2. 如果出现始料不及的混乱，是否需要随时改变{合同关系}以适应这种变化？

R 代表原材料。如果所需部件从市场上购买，就用三角形 C1－B、C2－B、C3－B 来代表这些部件的供给；如果企业自己生产，就用三角形 C1－O、C2－O 和 C3－O 来代表。如果企业让市场来分配，就表示为 D－B；如果企业自行销售，就表示为 D－O。再把这些内容用方框括起来。最后，用实线表示实际交易，用虚线表示可能会发生的交易。这样就可画出一条封闭的曲线，勾勒出企业的边界；这条曲线包括了企业自行生产的各种行为。

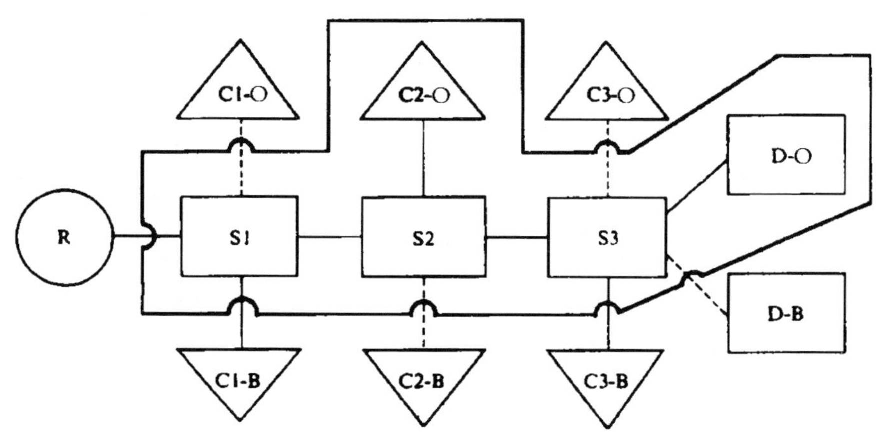

98 图 4－3　效率边界

核心技术的假定一旦确定，从 S1 到 S3 这三个阶段都将被组织在企业内部，而原材料则需从市场上购买。至于有关部件即 C1 到 C3｛的供给｝以及生产的第四个阶段，还需要根据本章第 2.2 节提出的选择来作出评价。现在假定，企业据此决定自己生产部件 C2，自己来分配、调度。这样，图 4－3 中的封闭曲线就给出了企业的效率边界，其中不仅包括这种核心技术，还包括部件 C2 和用 D 表示的｛第四个阶段即｝销售。而部件 C1、C3 和原材料等，则要到市场去采购。

显然，这是随手拈来的例子，只起解释作用而且过于简单。但是，如果要详尽地说明这种情况，就还得在这个核心内容上增加额外的考虑，包括原材料生产的若干阶段，并考虑如何把它们纳入后向联系之中，还要对销售过程进行分解，等等；与之相比，上述例子还是相对容易一些。但{无论繁简，}其中心内容并不改变；也就是说：(1)在某些情况下，共同所有权——即封闭曲线中的部分，简称“核心”——是显而易见的，根本不需要仔细比较、估计(专用场地往往规定了这些交易的性质)；(2)还有第二类交易，其中自给自足显然不符合节约的要求，从而表明应该由市场来提供(很多原材料就属于这一类)；但是(3)第三类行为，即只有在评估了各种方法的生产成本和交易成本以后，才能作出究竟是自己制造还是从市场上采购的决策。其效率边界就覆盖了那组核心，再加上自给自足也符合效率标准的另外一些阶段。

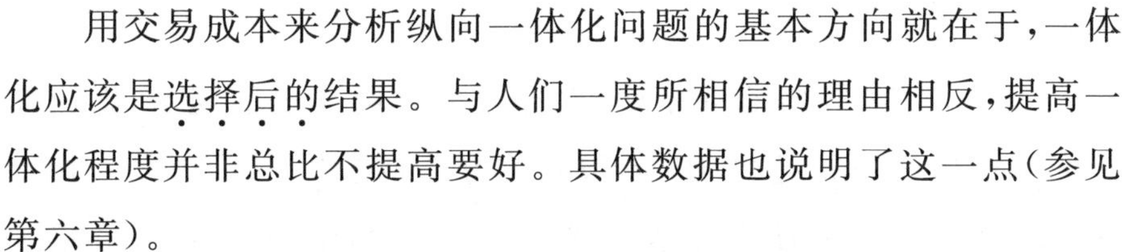

用交易成本来分析纵向一体化问题的基本方向就在于，一体化应该是**选择后的**结果。与人们一度所相信的理由相反，提高一体化程度并非总比不提高要好。具体数据也说明了这一点(参见第六章)。

4. 纵向一体化的方针

第一章提出的合同结构图(图 1－2)区分了研究合同的两种主要方法：垄断方法与效率方法。在 1970 年代初期，发展得更充分、也更被人们看好的是垄断方法(科斯，1972 年)。纵向一体化问题就属于其中之一；垄断式合同被认为与此有关。

杠杆理论与进入障碍理论{在其中}具有特殊的分量。人们原
99 来以为，纵向一体化就是允许一个领域的垄断权力去收购另一个领域(即所谓杠杆假设)，或者允许打破进入{另一领域}的那些限制(即进入障碍假设)；而这些都值得称道。[15] 如果拿不出“实物上的或技术上{的理由}”(贝恩，1968年，第381页)，则技术上节约成本就应该是实行纵向一体化的理由了。由此看来，{纵向一体化}的动力就在于反对竞争。由此很容易得出一个结论：“只要能感觉到生产过程受市场控制，即使只控制其中一个阶段，”那么只要纵向一体化与此一沾边，肯定就会受到公共政策的干预(斯蒂格勒，1955年，第183页)。斯蒂格勒还特别指出：如果一家企业的产量在全行业中至少占20%；当它收购一家购买它的产品或向它提供产品的企业时，只要后者的产出能力占{全行业}的5%以上，就可以认为它违反了反垄断法(斯蒂格勒，1955年，第183—184页)。

1968年的《纵向兼并指南》对兼并的限度作出的规定，即收购方的市场份额不得超过10%，被收购方不得超过6%，就是直接根据这种兼顾垄断和技术的精神制定的。该《指南》不是征求并采纳了持这种观点的学者的意见，就是{官方与学者}二者间的一致是一种非同寻常的巧合。因为当时盛行的是把企业看作一个生产函数；在这种框框下要讲出确凿的道理，证明是技术上的原因导致了纵向一体化，其理由并不充分。鉴于当时不可能从节省交易成本的角度来看问题，因此，只要沾上一点儿垄断权力，就把它看成导

⑮ 罗伯特·伯克(1954年)反对这种看法，但他的观点并未被人广泛接受。

致一体化决策的原因。斯蒂格勒曾提出，收购一家企业并实行垄断的最大限度不得超过20%；但随后在该《指南》中这一限度就被降低到10%。

交易成本经济学则从两方面看待这一问题。首先，纵向一体化之所以可能，是因为在双边贸易中，交易双方要考虑怎样才能节省交易成本。其次，就像第六章展开论述的那样，如果内部组织难以形成内部激励机制，受此困扰，{即使存在}最低程度的垄断权力，也不会诱发一体化。而如果在生产的一个阶段中只存在轻微的垄断权力，那就根本不足以保证实行内部采购。

但这并不是说，对反垄断而言，纵向一体化是完全清白的。恰恰相反，从战略上说，优势企业实行的纵向一体化也会使较小的对手在战略上陷入劣势。而令人感兴趣的是，这种不利于竞争的结果竟然也是起源于交易成本。

只要第一阶段的主导企业通过(前向或后向)一体化，介入本 100
来要靠竞争才能组合起来的第二阶段的行为，就会出现两种进入障碍。首先，在这种市场中剩下的(即不实行一体化的)企业的数量会大大萎缩，最后只有少数能达到有效规模的企业还能为第二阶段市场提供服务。那些本来准备进入第一阶段的企业可能就不敢再进入；因为如果进入第一阶段，势必陷入与那些第二阶段中没有一体化的少数企业的讨价还价之中，并承受由此引发的一切危险。其次，有些企业本来有资格进入第一阶段，但缺乏在第二阶段采取行动的经验，如果它们想同时打进这两个阶段，其资产成本势必极高；这样，靠实行一体化而打入{市场}的方式就失去了吸引力。如果切断纵向联系，还能使(大量企业)在第二阶段中展开竞

争，同时规模经济也不受损害，那么，主导企业对第一阶段和第二阶段所实行的一体化就会阻碍竞争。[16]

然而，在集中程度较低或只有中等集中程度的行业，实行纵向一体化就不会造成同样的问题。因为一个企业只要进入了某个阶段，不管处于其他阶段的企业是否已经实行了一体化，它马上就会与那些企业形成竞争，去讨价还价。其原因在于，在这种交易中，没有哪一个已经一体化的单个企业能在战略上占有优势；并且，已经一体化的那些企业也很难实现集体性的勾结。因此，{在这种行业，即使实行}纵向一体化，也很少有人提出反垄断的问题；除非这个行业已经高度集中；即使是集中程度较低的行业，也可以看到这些企业拒绝进行集体交易。但是在这种环境中，纵向一体化很容易成为促进{行业发展的}手段。

1982 年《兼并指南》的精神在于：除非在被收购企业的市场上，赫芬德尔指数大于 1800（这个数据大体能解释“四位编码企业集中程度”的 70%），并且，被收购企业的市场价值要增值 5%以上；否则，纵向合并不会导致那种麻烦的反垄断问题。其道理是基
101 于以下假定：只要赫芬德尔指数小于 1800，那些处于第一阶段并

[16] 虽然波斯纳现在承认，上述投资成本的后果可以产生进入障碍的效果，但他显然认为这种情况极其特殊。正如斯蒂文·萨洛普与谢夫曼所指出的那样，这只是主导企业所采取的一系列行动之一；因为只要能增大实际对手或潜在对手的成本，使之受到惩罚，企业就会这样干（1983 年，第 267 页）。他们把这些策略概括为：（1）有针对性的团体抵制，他们以 *Klor* 的例子来解释这种做法；（2）按行业签订工资合同，其中，工资的增长赶不上劳动强度的提高（我用 *Pennington* 案件为例子；威廉姆森，1968 年 a）；（3）纵向压价；（4）主导企业通过后向一体化，对自己向下游销售的产品实行差别提价，以打击那些购买其产品作为生产资料的各种竞争对手（萨洛普与谢夫曼，1983 年）。

且没有被一体化的企业，就可以与第二阶段的企业围绕竞争条款进行谈判，并由此使自己对第二阶段{产品的}需求得到满足。就这样，1982 年《纵向兼并指南》针对的只是垄断性的问题，这一点与交易成本（理论）的推断完全一致。我们还要进一步指出，该《指南》所担心的那种反对竞争的问题——即资本成本问题[17]、（有意造成的）规模不经济问题，以及利用纵向一体化来避税的问题——都与交易成本的推断相一致。[18] 并且，1982 年《指南》还明确指出：越是“二级市场上生命周期长、专用于该市场的资本资产”，其投资的风险就越大。[19] 这个基本命题显然也是从节省交易成本的角度得出来的。

尽管《指南》与交易成本理论的结论有着惊人的相似，但二者的内容并不完全一致。只要赫芬德尔指数大于 1800，对于为什么要以 5%作为收购{界限}的问题，交易成本理论就解释不清了。再者，直到 1984 年以前，《指南》对于如何解决这种由节约而引起

⑰　按照美国司法部的看法，这样做虽然要付出额外的成本，但只要能得到与二级市场（secondary market）的风险相称的所需资金，这种成本本身并不构成进入一级市场（相当于这里所说的第一阶段）的障碍。不过，司法部也正确地认识到：二级市场的风险并非与{企业}结构无关；因为靠实行一体化的方式来进入市场，就包括要{涉足自己所}不熟悉的阶段，这本身就要增大风险。因为放贷者会“怀疑那些打算进入一级市场的人，是否拥有必要的技术和知识，能在二级市场上、并因此在一级市场上获得成功”（《指南》Sec. iv[B][l][b][i]）。1982 年的《指南》进一步指出：在二级市场上，如果生命周期长、且专用于该市场的资本资产（capital assets）所占比率很高时，一旦经营失败，就很难弥补损失。交易成本的推论就直接预示了 1982 年的改革。

⑱　这是出于以下考虑：政府部门估算不出哪些是合理的成本支出，哪些是已经一体化的供应商索要的价格；因为有关信息很难获得，即使得到了这些信息，也很难进行评价。

⑲　《指南》，Sec. iv(B) (l) (b)。

的经济纠纷，尚未进行规范。如果允许进行抗辩，特别是如果必须在法庭上提供证据时，显然要冒很大的风险。[20] 不过，如果司法部拒绝就这类案件提出起诉，而节省成本又显然能改变{企业}的组织结构，这些风险其实是可以化解的(考珀，1983 年，第 519—522 页)。[21]

102 由节约而引起的经济纠纷无论导致哪种结局，都应该承认以下事实：1982 年和 1984 年的两个《指南》都对交易成本的各项特征作出了真正敏感的反映——其结果就是{司法部官员}的态度比其前任更为宽容。尽管也有人对此提出异议(施瓦茨，1983 年)，但公共政策毕竟比以前更为完善，也更符合公众利益了。

---

⑳ 其中部分道理可见威廉姆森(1977 年)。

㉑ 如果在自发的贸易中很难签下合同，交易双方就会设法实行纵向合并；这是明摆着的事实。如果对此视而不见，那么在法理上就会造成严重的缺陷。据克莱因、克劳福德与阿尔奇安的记载，当通用汽车公司与费舍车身公司在合同关系上受到限制时，前者就收购了后者。又见贝恩(1958 年，第 658 页)。

第五章　纵向一体化的若干例证 103

下面引用的纵向一体化的例证一般都比较粗略，有些还可能有争议。但我认为，从总体上看，这些例证对纵向一体化的各种命题——后向一体化、前向一体化以及横向一体化——的支持，比主流学派的其他方法更符合节省交易成本的道理。特别是关于资产专用性的条件，更是用来预测纵向一体化的理论中不可或缺的主要因素。

承认节省交易成本是导致作出一体化决策的主要因素，并不排除其他因素的作用，因为它们有时是同时起作用的。但如果说真正核心的问题在于节省交易成本，那么其他因素就只限于起辅助作用了。这是一个基本观点。

本章第 1 节讨论的是哪些类型的例证适合于用来估计交易成本的大小。第 2 节简要讨论一下通常所说的导致一体化的核心技术问题。在纵向一体化中，从制造业进入销售（distribution）领域的前向一体化问题放在第 3 节讨论；第 4 节考察进入零部件领域的横向一体化；第 5 节讨论｛从制造业｝进入原材料行业即后向一体化的问题；第 6 节对日本制造业的情况作一些评论；第 7 节简要分析一下对纵向一体化的其他解释；最后进行小结。

104 1. 例证的类型

要对经济组织中的各种问题作出正确的分析，并不存在一种最合适的、单独的方法。要研究本书感兴趣的问题，就要使用某种“半微观”层次的分析方法——比人们已经接受的价格理论更微观，但不像很多研究组织行为的社会学及社会心理学方法那么微观。

要研究节省交易成本的问题，会计数据、即使是相当具体的会计数据往往也不敷需要。主要原因在于，通常把成本分为固定成本和可变成本的方法并不能逼近各种核心问题。正如前面几章讨论并展开的那样，更重要的在于把成本区分为“可改变用途的”成本和“不可改变用途的”成本（见图 2－2）。而这两种成本所反映的又是规定资产专用性的那些条件。

为了对资产专用性的条件以及这些条件对签约结果的影响作出估计，可以并已经在使用的微观研究方法有以下几类：

（1）统计模型（例如，使用概率统计），其中交易的属性与组织形式要相一致。具体例证是柯克·蒙特沃德与戴维·蒂斯对汽车行业纵向一体化的研究。

（2）对交易的属性与合同模式之结合的双重测定。斯科特·马斯登（1984 年）与托马斯·帕莱（1984 年；1985 年）对空运合同的研究可为例证。

（3）在反垄断中对某些合同纠纷的报道。第八章引用的加拿大的研究材料即属此类。

(4)对大案的研究:第十三章对美国闭路电视公司的研究可为例证。

(5)对长期合同的特点及治理结构的研究;其中,最近对煤炭行业长期合同的研究便是例证(戈德伯格与埃里克森,1982 年;约斯克,1985 年)。

(6)对非标准合同的其他研究——研究与开发合同,更普遍的做法是研究国防合同。

(7)重点产业研究,其中约翰·斯塔基(1983 年)对制铝行业之纵向一体化及合资企业的分析有很高的价值。

(8)利用工商企业发展史文献的记载,考察组织变革的实际情况。在这方面,钱德勒的著作(1962 年;1977 年)极为重要。

上述方法有一个共同点,即他们研究经济组织的特点时,比通常的产业组织研究更强调微观分析。而这往往意味着为追求深度(即更深入、具体)而牺牲了广度(研究面的扩大)。我则相信,对经济组织的研究如果要取得进展,研究的深度是必要的,甚至是更重要的。这些方法的第二个共同点是,他们很少想直接计算交易成本的大小;相反,他们感兴趣的是进行制度比较,目的是要看一看,各种不同属性的交易是否能有与理论推测相一致的治理结构来支撑。

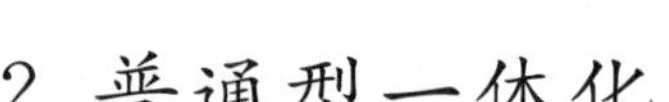

2. 普通型一体化

我们最好是把纵向一体化及与此有关的例证分成两类。第一类我称之为普通型纵向一体化,指的是不超出核心技术范围、对生产的连续阶段实行的一体化(在图 4 - 3 中就是处于效率边界以内、记作 S1、S2 和 S3 的各个阶段)。第二类则比较特殊,包括边缘行为或效率边界以外的各种行为——后向一体化以进入基本原材料行业;横向一体化以进入零部件行业;前向一体化以进入销售分配领域等等。大多数人在讨论纵向一体化问题时,都撇开前一类,而全力研究后一类。本节对此问题只作简要讨论,因此也依例行事。

然而我还要重复几句。围绕核心技术的一体化——即生产各阶段唇齿相依、相互合作,由此节省运输开支和存货成本,节省燃料动力等等——并非完美无缺、可以视为理所当然的做法。并且还应该指出:为什么围绕核心技术的各个阶段就应该设置统一的所有权,而不是各有各的所有权?正统的企业理论对此根本没有作出解释。

既然唇齿相依的生产阶段实行一体化的例证处处可见,但企业理论却解释不了这种现象的存在条件,那就不能不认为这种理论有严重的缺陷。另外一些理论则与此相反,它们对于处在效率边界内、外的两类一体化行为,确实作出了逻辑上前后一致的解释,因此就应该承认,这种理论说明了这两类例证,是值得信服的(除非有关例证本身不能令人信服)。

处于{效率}边界内的连续生产阶段一体化,其突出的例证可以说数不胜数。至于为什么人们认为这是理所当然的,其实并没有什么特别的原因。最明显的原因在于生产流程本身是一体化的。比如,我们可以用炼油行业各连续阶段为例,考虑一下所有权问题与经营问题。

尽管通常人们都认为，炼油企业从技术上讲就是一个不可分 106
割的单位；但由此就产生了两个令人感兴趣的问题：一是要估计一下后向的纵向一体化问题，即由炼油进入原油生产阶段；二是前向一体化问题，即由炼油进入成品油的销售阶段。但是，这种技术上的假定并不正确。其实，原油加工可以分成很多不同的阶段，因此，就产生了如何把这些阶段组织在一起的问题。存放中间产品和最终产品的储油罐应该如何拥有、怎样经营呢？难道沥青车间有权把产品卖给出价最高的买者吗？质量控制实验室能成为独立所有、独立经营的吗？虽然人们很少提出这些问题，但既然是一种研究经济组织的理论，人们显然有理由提出这些重要的问题，并要求作出回答。

为什么这些极普通的问题竟然无人理喻？我认为比较合理的一个解释是，我们大多数人都对交易成本有着良好的直觉。然而这些直觉还有待挖掘；因为你要节省交易成本，就得分析各种交易的属性，还要特别重视{决定}资产专用性的那些条件。最令人头痛的交易可能就是那种交易，即双方正在按双边交换关系有效地运作，但由于一再出问题，只好不断调整双方关系，以求相互适应。而这些恰恰就是资产专用性、不确定性以及交易频率这三者共同作用所形成的环境。

前述储油罐和沥青车间的场地都具有高度的专用性，这几乎是当然之理。储油罐的残值不大可能比废钢铁还贵；沥青车间要转产或转给他人使用，必须花费很高的代价。至于质量控制实验室，如果不去花钱给它装上轮子，就只好原地不动，改变不了使用方式。控制炼油质量的知识很重要，但属于“冷门”，这又牵涉到人力资产专用性的条件了。

有鉴于此，对储油罐和沥青车间来说，实行纵向一体化是意料之中的事情。进一步说，除非无须多少代价，就能搬迁质量控制实验室的实物资产和人力资产；否则，对于实验室这种组织来说，一体化就是首选的对策。交易成本经济学进一步预言：如果政府进行监管或由于其他原因，禁止或惩处这些交易的纵向一体化行为，那么{企业}就会转而签订长期合同，仔细设计（私下解决的）双边防范措施（约斯克，1985年）。

假定交易成本经济学肯定能把握住普通型一体化问题并对此作出解释。但深究一下就会发现：这样一来，横向一体化和后向一体化又出现了麻烦。对此又该如何解释呢？我们且听下回分解。

107 3. 前向一体化进入销售领域

3.1 观察到的转变

19世纪后半期，由{生产阶段}向前进入销售阶段的纵向一体化之发展，主要出现在铁路行业（波特与李夫西，1971年，第55页）。当然，其他行业也有重大的技术发展，包括电话行业（钱德勒，1977年，第189页）、连续加工的机器设备的发展（钱德勒，1977年，第249—253页）、制造业中可互相替代的零部件的深加工（钱德勒，1977年，第75—77页），以及支撑着制造业众多部门的其他技术发展（见钱德勒，1977年，第八章）。假如铁路运输做不到低成本、安全可靠、风雨无阻这几条，实行前向一体化的冲动可能就要打很大的折扣了。①

然而，19 世纪最后 30 年发生的大规模一体化行为，即从制造业向销售领域的扩展，情况则各不相同。其原因在于条件不同；我下面将作出解释。按照由浅到深介入销售领域的程度看，纵向一体化的活动包括：(1)不介入，即让现有的批发和零售企业继续经营；(2)只介入批发业，不介入零售业；(3)介入零售业(通常也包括批发业)。对于这一切，我们暂且用通俗的语言记它一个梗概就可以了。这是因为，有些因素一度起到过促进一体化的作用，但时过境迁，就不再起这种作用了。再者，还要注意一体化过程中犯过的错误；如果这些错误不大可能重犯或变个样子再犯，那么它们也就不大可能广为人知。但是作为一种预测一体化走向的理论，就应该对其成、败两方面都作出解释才行。

a. 不变的销售领域

美国经济的销售行业，是指独立批发商持续不断地把产品批发给独立零售商的行业，它包括“通过各种零售网点，如百货店、药店、五金店、珠宝店、饮料店和干货店等等在内的一套复杂体系”(波特与李夫西，1971 年，第 214 页)。至于提供消费品的全套业务是否被独立批发商、独立零售商包揽无遗，抑或制造商也参与一 108
部分销售业务，则要根据这些产品的差别而定。下面我将说明，凡

① 对制造业产品的分配产生重大影响的当然不止铁路一家，但铁路的组织形式却提出了它所特有的问题(钱德勒，1977 年，第三章)，并且，铁路本身的需要也在不断增长，这又直接影响了钢铁行业的组织状况(波特与李夫西，1971 年，第 55—62 页)。

是名牌产品的销售,中间商(middleman)的作用是越来越小了。

b. 批发业

制造商介入批发行业的行为可分为三类,即按订单生产(pre-selling)、存货管理和设备所有权。在1880年以前,香烟还是美国烟草业的"孤儿",1881年连续加工香烟的Bonsack卷烟机问世并被詹姆斯·杜克公司采用以后,这种局面才迅速改观(钱德勒,1977年,第249—250页)。这是由于制造业降低了成本,再加上杜克公司大作特作广告,其香烟大幅度降价所致(钱德勒,1977年,第290—292页)。杜克公司在把香烟卖给批发商和零售商的同时,还在美国各大城市分设销售网点,雇佣拿薪金的经理搞推销和分配(钱德勒,1977年,第291页)。连续加工机械的出现,加之由此形成的规模经济,使杜克公司的产品也就成了名牌产品;接下来就是按订单生产,并且开展了"火柴、面粉、早餐食品、汤品及其他罐装食品以及胶卷"的营销业务(钱德勒,1977年,第289页)。

惠特曼公司(Whitman)决定使用两种不同的方法来推销糖果,这种做法也值得注意。该公司销售高级盒装糖果是不经过批发商这一道手的,批发商和连锁批发网点通常批发的都是便宜的小糖块和盒装糖。惠特曼公司认为,高级糖果容易坏,为把好质量关,更重要的是省掉批发环节。因此,把高级糖果"直接卖给零售商,公司才好调节这种易坏商品的产量,以免失去顾客"(波特与李夫西,1977年,第220页);应该说,顾客宁可多花点儿钱,也不愿意让糖变黏。

对需要特殊处理的产品，主要是冷冻食品，如肉块、啤酒等，{肉联厂}还保留着批发的所有权(钱德勒，1977 年，第 299—302 页)。古斯塔夫·斯维夫特最先发明了冷冻肉块的做法。他发现，用船把鲜牛肉运到美国东部地区会造成很大损失；他的办法是在中西部地区先把活牛屠宰并进行加工，装进冷藏车，再船运到东部地区。但这种新方法实行起来并不容易。不但东部地区的屠宰厂、搬运工和批发商不答应(波特与李夫西，1971 年，第 169 页)，就是铁路公司也为了自己的利益而反对这样做(钱德勒，1977 年，第 300 页)。斯维夫特为了实现自己的经营战略，只好定做了自己的冷藏车和冰柜、冷库，在各地建起了冷库网点以提供“冷藏场所、 109
销售处和销售人员，让他们把肉卖给各地的零售商、百货店和其他食品店”(钱德勒，1977 年，第 300 页)。

c. 零售业

在各种前向一体化的发展中，最雄心勃勃的是对最终销售和服务也实行一体化。这涉及三类产品：一是专用性的非耐用消费品；二是需要指导、需要贷款和售后服务才能使用的耐用消费品；三是有同样要求的耐用生产资料。

第一类产品可用柯达公司的胶卷为例。19 世纪 80 年代初，乔治·伊斯特曼发明了纸盘胶卷来代替当时使用的玻璃盘胶卷。但使用这种胶卷需要专门的照相机，而且开发这种胶卷的技术很复杂。伊斯特曼及其同事找了很多专业照相师进行实验都没有成功，于是他们决定开发业余摄影市场。“为了卖出他的新照相机和胶卷，并向消费者提供服务，伊斯特曼……在全世界建立了自己的

推销网”(钱德勒,1977 年,第 297 页)。对于为什么要甩开独立的批发商,他的解释如下:

> “我们的产品大部分是很娇气的感光产品,批发商或经纪人只会坏我们的事……我们搞了一套自己的销售系统,为的就是尽快把产品送到顾客手中。这些感光产品上都打着有效期的时间。我们一直在教育自己的零售商……存货量要控制得非常准确,才能保持这些产品不失效”(波特与李夫西,1971 年,第 178 页)。

在零售业,通过前向一体化尝试进入的耐用消费品领域先是缝纫机,后来是汽车。1854 年,争夺专利权的角逐有了法律上的结论,法庭把销售缝纫机的专利权判给 24 家缝纫机厂。但只有三家愿意实行前向一体化,而且该行业的大企业也只有这三家。胜家公司(Singer)于 1859 年开设了 14 个分厂,他采用的结构就是给每个分厂配备“演示员(demonstrators)、维修工、缝纫机推销员或游说者,再加上监督别人、控制收钱和发货的经理”(钱德勒,1977 年,第 303 页)。

汽车的销售主要是通过授权代理店,而不是公司的专卖店(dealership)。尽管如此,福特汽车公司和别的汽车公司还是要求他们的代理商,“对那些没受过驾驶培训的顾客,要周到地告诉他们怎样驾驶新型汽车,并且要全面地演示。此外,代理商都愿意指导顾客怎样保养汽车,怎样在手头准备好零配件,还得学会维修”
110 (波特与李夫西,1971 年,第 195 页)。这样一来,独立批发商当然就被挤出了销售过程。

为什么汽车制造业决定要使用授权代理这种方式，而不用自己的专卖店，艾尔弗雷德·P.斯隆对此的解释很有意思，他发现：

> "……汽车制造商要推销自己的产品，不可能毫无困难。在1920年代，当价格大大低于新车的旧汽车铺天盖地涌入市场时，推销汽车就成了比平常卖汽车难得多的工作。因为要想把汽车推销出去，制造商就必须组织起数以千计的、复杂的推销点(trading institutions)，并对它们进行监督，那还不知道会碰到多少困难；推销是一门特殊的学问，很难插到那种已经定型的、通过管理就能控制的组织之中。因此，授权代理店这种组织形式就应运而生了"(1964年，第282页)。

因此，汽车的零售和服务不仅要求制造商对专用交易进行投资；特别是那些代理店越来越普及，还必须因地制宜作出判断。如果实行统一的所有权，就没有那么强的动机去作出分别对待的判断，还会给监督带来严重问题。因此在汽车销售中，才发展出授权代理商这种中间方式，而不是对汽车零售业进行全面的一体化。

销售耐用生产资料有两个销售网。标准化的小型机械设备由代理商(commissiom merchant)或批发商来销售。而有些机械设备，需要专门设计，技术上很复杂，且价格相当昂贵，要靠专家才能安装、修理，于是就发展出了一套一体化的营销系统(波特与李夫西，1971年，第183—184页)。这种情况包括西鲁斯·麦考密克(Cyrus McCormick)的例子，是他最先建立了农机一体化销售系统，开创了群起而效之的新阶段(李夫西，1979年，第三章)。另一个例子是办公设备，需要专家才能进行操作演示、销售和提供售后服务；而特许代理商制度有助于他们取得成功（波特与李夫西，1971 年，第 193—194 页）。

制造纺织机械、榨糖机械、工业用锅炉以及大型固定蒸汽发动机，也需要买卖双方直接见面（波特与李夫西，1971 年，第 181—182 页）。在机电设备的销售中，客户遇到的特殊问题是，“在工业化初期，客户的特殊需要和要求使得标准化生产极难进行”（波特与李夫西，1971 年，第 187 页）。发电机以及中心电站有关设备的销售、安装和服务就需要给以更密切的关注了。与此相应的是，所
111 有这些领域都普遍实行了前向一体化（波特与李夫西，1971 年，第 180—192 页）。

d. 错误的一体化

前向一体化中的错误并未被广泛报道；即使有所报道，也不都当作错误来看待。有一个例外，就是美国烟草公司曾以一体化为手段，从香烟业介入其他烟草的批发业和零售业，以图扩大其市场份额。对此，波特与李夫西曾记述如下：

> “1890 年代，（美国烟草公司）曾扩张其行业势力范围，从香烟介入包括烟斗丝、口嚼烟以及鼻烟在内的其他领域，并一度大获成功。但要拿下雪茄烟却遇到了很大困难；这主要是因为它……在生产中达不到规模经济的要求。美国烟草公司（因此转而求助于前向一体化的做法）……费尽气力要进入（雪茄烟）的批发阶段，直至最后的零售阶段；但付出了极大的代价，最终，美国烟草公司还是在雪茄烟贸易战中损失惨重”

(1971 年,第 201 页)。

波特与李夫西的报告中还说到,“美国糖业加工公司为将其竞争对手约翰·阿巴克利公司(John Arbuckle)逐出该行业,也曾不遗余力地收购糖业批发站和零售店,企图使阿巴克利公司在糖业销售中知难而退。但最后才发现这样做不仅徒劳无益,而且代价太大了”(1971 年,第 211 页,注 5)。

18 世纪末期,Pabst 酿造公司、Schlitz 公司以及其他一些大酿酒商都曾收购了很多酒吧,再把酒吧租出去,使之推销自己的名牌啤酒(科克兰,1948 年,第 143—146 页)。但无论这种做法在当时看来有多大的好处——即应该打个问号的短期利益(科克兰,1948 年,第 199 页)——但瓶装啤酒取代了筒装啤酒,证明他们这种做法是短命的。

3.2　交易成本的解释

18 世纪末 19 世纪初,制造业厂商曾采用前向一体化的方式打入销售业。钱得勒(1977 年,第 287、302 页)和波特与李夫西(1971 年,第 166、171、179 页)在解释这一行动时,都一再提到“现有的商人不合格”的问题。1950 年代,当 IBM 公司采用前向一体化,介入计算机销售和服务业时,大概也存在同样的问题。但所谓“不合格”到底指的是什么呢?对此问题自然会有不同的答案,其挑剔的性质或挑剔的程度显然也完全不同。

这里提出的解释最多算是一种参考性答案。但是,用规模经 112
济、范围经济和交易成本等因素来解释看来是有道理的。此外,还有一个迄今尚未提到的因素,那就是不确定性。[②]

我们回想一下,在合同示意图中,节省交易成本有两种方法:一是治理方式,二是计量方式。治理方式用于解决以下问题,即只要事后的双边贸易有专用资产投资做后盾,就要对由此产生的变化加以协调和适应。而计量方式在解决本书分析的问题时所起的作用要小得多(部分原因在于,本书只选择属于双边贸易的问题进行研究),但这种方式仍然很重要。因为外部性问题使合同难以履约,根源在于计量上的困难。

外部性问题的产生,与名牌产品或名牌服务(branded good or service)的质量下降是分不开的。制造业厂商总要从他上一生产阶段、从横向供应商那里购买自己所需的零部件和原材料;他可以{在购买前}调查这些产品的质量并据此加大控制程度,但要他再对卖给销售商的产品实行连续的控制,就不容易了。[③] 如果互不相干的销售者各有自己的需求,这就算不上什么特别的问题。但如果销售者采取措施提高(或降低)了产品质量,并由此加强(或削弱)了他们之间的依赖程度,那么,这些措施的收益(或成本)就不会都落到(受命)最先采取行动的人身上;质量控制不能扩大到销售领域,就只能得到次优的结果。

只要同类事物的合并可以节省成本,就能提高规模经济的效

② 外部性问题也是交易成本引起的(阿罗,1969 年;威廉姆森,1975 年,第 5—6 页)。但对于销售中的外部性问题,可以单独用免费搭车者的行为来解释;因为凡是需要加以控制的销售过程,都是由这种行为引起的。

③ 下面的讨论将会指出,有时可以用改善包装或其他方式来克服这个问题——例如,把这些产品放进含惰性气体的容器中——而不是把销售者也纳入控制范围。

果——用公式表示就是：$C(X_1+X_2)<C(X_1)+C(X_2)$——而如果不同类事物的合并可以节省成本，就能提高范围经济的效果——用公式表示就是：$C(X,Y)<C(X)+C(Y)$。在与前向一体化、进入销售领域的决策的密切程度上，规模经济可能不如范围经济。当然，按市场规模来看，那些极大的企业要建立自己的销售系统可能会比较有利，而小企业就做不到这一点——柯达公司的胶卷加工业即是一例。④ 不过，即使生产者占有很大的市场份额，但零售品大多还是由独立的零售店来卖的——早点铺和珠宝店可作例子。因此，早餐食品、汤品、面包制品和牛奶就{仍然}由没有 113
被一体化的食品店来销售。珠宝店则既卖宝石又卖其他珠宝首饰。在这种情况下，与前向一体化可能获得的任何收益相比，范围经济的水平（以及或者一体化之激励作用不足）显然是过高了。

依靠市场方式进行销售有可能实现范围经济；从这一条来看，是否应该实行前向一体化，就要看一体化的收益水平如何了——鉴于我们通篇都强调从成本角度看问题，因此也就是看一体化能否节省交易成本——而市场方式对此是无能为力的。有了专用资产，包括与企业宝贵的专有商誉被挥霍浪费有关的那些{资产}（这就是上文讲到的外部性效果），就会产生治理成本问题，因此有必要考察一下：在19世纪后期，{范围经济、外部性和资产专用性}与制造业厂商采取的各种前向一体化决策之间，是否存在着由强到

④　实际上，自柯达公司于1954年与美国司法部在判决书上签字以后，就结束了该公司搭配出售和冲印彩色胶卷的时代；独立的照片冲洗店就繁荣起来。但即使如此，由于其他（即没有被一体化的）照片冲洗市场还都很小，因此，那些打算进入胶卷市场的厂商还是觉得这种条件是成功进入该市场的一个障碍。

弱的关系？

我认为存在这种关系。具体情况可见钱德勒关于前向一体化决策的报告内容，如表 5－1 所示。该表中的＋＋表示有相当强的关系，＋表示有某些关系，～表示关系不确定，0 表示没有关系。表中左起第一栏是观察到的前向一体化的程度，其余三栏分别表示范围经济、外部性和资产专用性的相对重要程度。

表 5－1　前向一体化进入销售领域

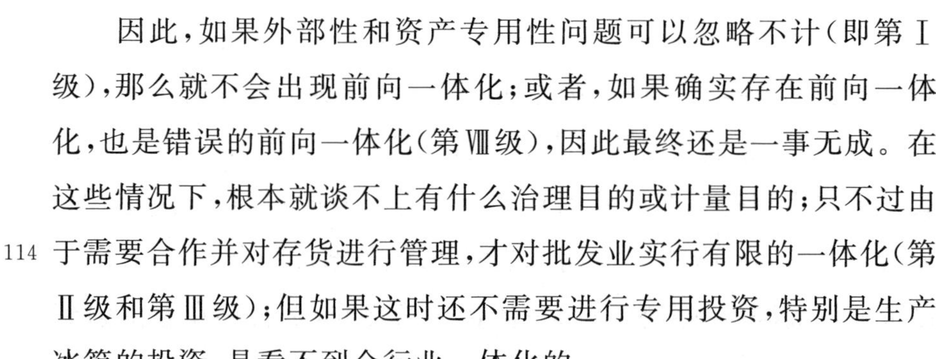

前向一体化程度	范围经济	外部性	资产专用性
Ⅰ.不存在批发	＋＋	0	0
Ⅱ.(1)预售	＋	＋	0
Ⅲ.(2)存货管理	＋	＋＋	0
Ⅳ.(3)零售商所有权	0	＋	＋＋
Ⅴ.(1)非耐用品客户	～	＋	＋
Ⅵ.(2)耐用品客户	0	＋	＋＋
Ⅶ.(3)耐用品生产商	0	＋	＋＋
Ⅷ.(4)误算	＋	0	0

因此，如果外部性和资产专用性问题可以忽略不计（即第Ⅰ级），那么就不会出现前向一体化；或者，如果确实存在前向一体化，也是错误的前向一体化（第Ⅷ级），因此最终还是一事无成。在这些情况下，根本就谈不上有什么治理目的或计量目的；只不过由
114 于需要合作并对存货进行管理，才对批发业实行有限的一体化（第Ⅱ级和第Ⅲ级）；但如果这时还不需要进行专用投资，特别是生产冰箱的投资，是看不到全行业一体化的。

对最终销售和服务实行一体化的，主要是那些耐用消费品和耐久性生产资料（第Ⅵ级和第Ⅶ级）。因为在销售这些产品之前要传授大量的知识，售后还要提供专业化服务。有些产品的销售会牵涉到很复杂的激励机制问题，比如，决定通过授权代理商而不是雇员网络来销售汽车，便是其中一例。这些问题将在第六章作更充分的讨论。

当然，以上内容不过是信手拈来的例子。其中对问题性质的确定（即从＋＋到0），只是根据描述作出的判断，略去了很多因素：比如，蕴含着前向一体化的那些因素（第7节还会论述这些问题）；还有那些临时性的因素，包括如果顾客掌握了有关知识，销售时和售后就不用再提供那么多的服务，也都不去考虑。不过，由于评价的对象本身是相互独立的结构，因此也不需要太精确的估计（西蒙，1978年，第6页）——这就是说，要搞清结构上的问题，有个大致的估计往往也就够了。

4. 横向一体化

要区分横向一体化与后向一体化，多少会有些牵强。我暂且把零部件和仪表盘等等的供给归入横向一体化之中，其他更基础性的原材料的供给归入后向一体化之中。

4.1 对一个案例的研究

对于横向一体化的说明，可以克莱因、克劳福德与阿尔奇安（1978年，第308—310页）对1920年代菲舍车身公司（Fisher body）与通用汽车公司之间的双边交换关系为例。其基本事实如下：

1. 1919 年，通用汽车公司与菲舍车身公司签订了一项协议，其中规定，十年内，通用汽车公司所需轿车车身将全部从菲舍车身公司购买。

2. 当时规定，菲舍车身公司的发货价格将按成本加成法确定，但不得高于其他汽车制造商的价格。发生价格纠纷也是通过强制性仲裁来解决的。

3. 对通用汽车公司所产轿车的需求迅速增加，大大超出了当初预计的数量。这使通用汽车公司改变了态度，对合同中的价格
115 调整条款不满意起来。于是通用汽车公司要求菲舍车身公司将其车身厂搬迁，以更靠近通用汽车公司的总装厂，节省自己的运输成本和存货成本。但遭到菲舍车身公司的拒绝。

4. 1924 年，通用汽车公司开始计划收购菲舍车身公司，并于 1926 年与后者签订了并购协议。

由此可知，通用汽车公司与菲舍车身公司的合同关系经历了三个阶段。一是，在木制车身的年代，两者间的合同多少还算是自主性合同，这显然能使双方都感到满意。二是，为设计出与众不同的车身，就需要使用专用的生产设备，因此就进入了金属车身时代，并导致双方进一步相互依赖。为体现讲求效率的签约原则，就需要重新设计合同的结构。因此，要在合同中明文规定价格调整的公式以及通过仲裁解决纠纷等内容。但由于需求和成本的变动无法预测，还是使这种双边合同关系变得紧张起来。此外，如果菲舍车身公司要达到通用汽车公司的要求，就得投资建设专用场地，可以预料由此还会产生额外的约束条件。正是由于在发展的迅速增长阶段，经营决策和投资决策都要在这种合作中才能产生；才最

终使双边治理方式让位于统一治理方式。

当然，交易成本理论不可能预见到这种结果的一切细节。我们观察到的一系列变革——从古典合同到双边合同再到统一的合同——这是在需要{交易双方}更好地相互适应的时期，专用交易投资不断深化的一种反映；这种反映与逐步升级的理论争论(overarching argument)也是相一致的。进一步说，面对这些变革，如果原来的合同关系居然能保持不变，那么，自相矛盾的就该是交易成本的各种命题了。

4.2　利用统计模型对实际数据进行检验

最近，科克·蒙特沃德和戴维·蒂斯(1982年)研究了通用汽车公司和福特汽车公司进入零部件行业的后向一体化的程度问题，并且研究了导致这种一体化的经济上的原因。他们考察了133家零部件集团，发现“组装整车的大部分部件都来自这些集团”(1982年，第207页)。他们利用正态分布技术拟合出一个含有8个变量的对数函数，其中最重要的变量是：(1)工程技术人员为设计第i个部件所做的工作；(2)用一个或是或否的变量来表示这些部件对制造商来说是否为专用部件；(3)以名义变量来代表公
司(福特公司或通用汽车公司)；(4)还有一系列二级名义变量(发 116
动机、底盘、通风装置、电路以及车身)。他们的主要发现是：(1)“选择哪些变量来代表专用交易的技术(即‘工程制造’)是至关重要的”；(2)“只有一家供应商能制造的那些部件最容易[被]纵向一体化”；(3)“通用汽车公司对零部件生产的纵向一体化程度要高于

福特公司”;(4)单独来看,那些二级名义变量并不起重要作用,但其整体却“对模型具有重要的解释作用”(1982 年,第 212 页)。他们的结论是,交易成本、特别是花在特定企业的专用工业诀窍上的交易成本,对于确定这两家公司的效率边界具有重要作用。

戈登·沃尔克和戴维·韦伯所作的独立研究在一定程度上确认了上述判断。他们选择的样本都是比较简单的部件,都是汽车制造厂总装阶段开始时的投入品(1984 年,第 381 页)。他们(用计量方法间接地)考察了资产专用性、不确定性和规模经济的效果;数据来自一个零部件部门所作的 60 种决策,该决策还要经过一个委员会的评判,以确定采购和自产这二者的利弊。他们深入分析了微观活动,包括零部件采购、加工制造、产品加工直到销售的全过程,从中得出观察数据;再利用约里斯考格与索包姆(1982 年)提出的不加权最小二乘法对这些数据进行分析。他们的解释是:之所以出现这种结果,主要是“比较生产成本”在起作用,交易成本也“掺杂其中”;尽管如此,他们还是承认,这可能是数据有限以及模型有局限性所致(韦伯与沃尔克,1984 年,第 387 页)。我认为,要进一步搞清造成买者和卖者之间比较生产成本之所以不同的那些因素,就要说明掺杂进来的交易成本的特点(在已经一体化的企业中,人们往往用合同难签来解释因规模小而造成的不经济;而这种困难是这些企业在把产品卖给竞争对手时经常会遇到的)。

埃林·安德森和戴维·施米特林(1984 年)考察了营销组织的情况。他们考察的是,在电子元件行业,会不会由于“顺便”而对这些销售部门进行一体化;并得出了同样的混合结果:“伴随一体化的,是资产专用性水平越来越高,业绩评价日益困难,以及这两

者的共同作用”；而成交频率的计量和不确定性的测定却不是重要原因(安德森和施米特林，1984 年，第 385 页)。韦伯和沃尔克以及安德森和施米特林的一个共同结论是，要想对交易成本问题进行实证性的考察，就必须再提出新的理论。

托马斯·帕莱最近研究了制造商与铁路部门之间的运输交 117
易。虽说在大多数铁路运输业务中，运货商无一例外要签订合同，提供标准化服务；但还是有人提出了设计铁路专用汽车的问题。其中一个例子就是专运汽车部件的“高体车皮”(“high cube” cars)。这种车皮比普通车皮容积更大、造价更高，可在各汽车厂之间反复运送而不伤其价值。但是，为满足每个汽车制造厂的需要，已经有了专为安全运输汽车部件而设计的多层车皮(the racks)，每个车皮的造价在 5 000 到 15 000 美元之间；因此成为不可改变用途的专用资产。尽管货运商(carriers)最初既拥有高体车皮，又拥有多层车皮，但后者还是遇到了麻烦。现在拥有这种多层车皮的主要是运输业经纪人(shippers)了，这种情况与理论结论是相符的(帕莱，1981 年，第 117—118 页)。

铁路上装运化工原料的油罐车和盖斗车的专用化程度最高，并且对运输交易的投资也最大。帕莱对此也进行了考察：

> 建造这种设备一般是用来装运特殊物品……玻璃隔板或橡胶隔板、专用压力容器以及各种防损害设备只是这种独特设备的几个例子……其使用方式就决定了不能每运一次新产品就对车皮改装一次，否则成本就太高了；而且其清洁保养设备及技术也很昂贵。专用油罐车的造价在 5 万至 10 万美元之间(1981 年，第 129—130 页)。

正是由于“铁路设备的这种极其独特的性质，才使运输业经纪人必须自己拥有油罐车和盖斗车”(帕莱，1981 年，第 134 页)。

斯柯特·马斯登近来考察了航空运输业的生产组织和政府“牵线搭桥”的政策，得出同样的结论：

> “从整体上说，航空运输制度支持这种论断：通过市场交换形成的合作关系一旦被切断，企业随即在内部实行一体化生产；对于这种结果，设计的专用性和复杂性即使算不上充分条件，至少也是必要条件。除此以外，从严谨的分析中还得不出具体数据来证明政府所称的牵线搭桥政策也支持这种论断；比如，{没有数据能}证明不确定性会影响合同协议的范围，能证明投资金额与需要建立专门治理结构之间的关联(马斯登，1984 年，第 417 页)。”

最后还要提到保罗·约斯克(1985 年)的研究。他对于以纵向一体化和长期合同方式向热电厂供应煤炭的问题作过雄心勃勃的研究。其研究显示，各种治理结构与各种交易的需要之间存在着对应关系，但这些对应关系是有区别的。实际上，交易成本理论与经济组织的微观分析之间的对应关系，在帕伯罗·斯皮勒(Pablo Spiller，1985 年)对纵向合并问题进行实证研究时，已经给出了有力的证明。

5. 后向一体化

118 导致进入原材料行业的后向一体化主要有三个原因：(1)有希望节省交易成本；(2)出于某种战略目的；(3)决策失误。如果交易双方已经形成了紧密的双边交换关系，当前最重要的问题是如何协调双方的利益，而实行纵向一体化又不会牺牲聚集经济效益；这时，为了节省交易成本，就应该实行纵向一体化。几家钢铁公司收购 Mesabi 铁矿的例子就属于这种情况（珀森斯与雷，1975 年）。不过，也有人认为这次收购是出于某种战略目的（沃尔，1970 年）。而钢铁公司要收购煤矿或石灰石矿，就很难用节省交易成本或用战略目的来解释，因此很可能属于决策失误。不过，正如约斯克最近的研究所表明的，要得出切实的结论，还需要具体了解签约中的各种选择（约斯克，1985 年）。

至于为达到先发制人、控制竞争对手的战略目的而实行的后向一体化，可以用 Alcoa 公司收购铝矾土矿山和水电站为例。根据著名的反垄断法，美国司法部以实行垄断和推行垄断化的罪名，对 Alcoa 公司这种行为的后果提出了指控。⑤ 此后，约翰·斯塔基（1983 年）对该公司通过后向一体化而染指铝矾土矿业的行为作出了定义上的判断。其大意为：使用高温技术可以有效地对水化铝矾土进行加工；但如果用低温技术进行冶炼，其成本几乎与前者相差一倍（斯塔基，1983 年，第 53—54 页）。但具体细节也很重要。某些矿藏需要有一个含铝矾土的覆盖层，其他矿藏则不需要（第 49 页）；其矿渣的加工成本也非常之高（第 53 页）；还要制造专门的空气净化设备以防铝矾土的其他性状造成污染（第 60 页）。还有一点，尽管冶炼铝矾土不需要什么特别的技术，但毕竟还是设有一个“冶炼技术部”；如果改成直接提供铝，这个部门就没有必要

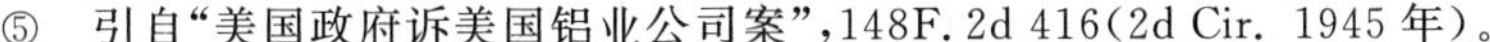

⑤　引自“美国政府诉美国铝业公司案”，148F. 2d 416(2d Cir. 1945 年)。

存在了(第 63 页)。

斯塔基在总结性评论中提到了专用实物资产和专用场地问题:

> “铝矾土交换关系中的双边垄断性质主要来自于几项固定不变的技术因素和结构性因素。首先,铝矾土是一种复合性质的商品,任何一个铝矾土矿床中的矿石都有特殊的化学性质和物理性质。要对某种铝矾土进行有效的加工,就要使用特殊的技术和特制的冶炼设备,才能进行化学加工、金属提炼和废料处理。只要有了矿井及附属设施,并建好了专门设计的冶炼设备,那么从经济上考虑,两个技术上互补的工厂就
> 119 必然建在一起。这种情况表明,它们在经济上往往具有很强的互补性;这就意味着,在铝矾土的不同交易价格相差悬殊的条件下,只有把矿山和冶炼厂建在一起才能节省成本。
>
> 把矿山和冶炼厂建在一起的第二组原因包括:全世界主要铝矾土矿的地理分布;矿山和初炼厂相隔遥远;铝矾土的产地价格便宜但运费较高;冶炼损耗率在 50%以上。这最后三点促使人们从运输成本上考虑,要把矿山和冶炼厂背靠背地建在一起”(1983 年,第 290 页)。

斯塔基还提到,在铝矾土矿品位的了解上,由于信息不对称,也使长期合同很难签订(第 291—292 页)。

冶炼设备和场地的专用性,加之信息不对称,这些就促成了一体化的发展。从交易成本经济学的观点来看,最终结果就是,从冶炼业进入铝矾土矿业的后向一体化的整个过程都在意料之中——

这样，为什么{纵向一体化}会成为一种占优势的企业组织形式的问题就得到了解释。

制造商们有时好像是按照错误的前提行事的，即误以为纵向一体化程度高些总比低些要好。但从交易成本经济学的观点看，下述后向一体化的例子应该算是错误的做法（我估计，他们自己已经修改了大部分这类决策）：(1) Pabst 酿酒公司实行后向一体化，介入林场业和制桶业（钱德勒，1977 年，第 301 页）；(2) 胜家缝纫机公司实行后向一体化，介入木材、炼铁及某些运输行业（钱德勒，1977 年，第 305 页）；(3) McCormic 公司实行后向一体化，介入林场业、矿山、纺织及亚麻种植园（钱德勒，1977 年，第 307 页）；(4) 福特汽车公司“在里弗鲁日（River Rouge）建成的、全面一体化的庞然大物，全仗着一个囊括矿山、煤田、70 万英亩的林场、运输矿石和煤炭的船运业以及铁路运输的庞大帝国来维持”（李夫西，1979 年，第 175 页）。

当然，经营者也和其他人一样，是不愿意承认错误的。因此，即使是错误的一体化，也不可能很快得到纠正。更不用说像“里弗鲁日的庞然大物”那样，还搞了彼此唇齿相依的技术设施。就是这种场地的专用性，才迫使交易双方结成双边贸易关系；也正是这个原因才使这种关系很容易保持下去。相反，那些遥远的工厂，即使关系极其密切，也会毫不吝惜地被卖掉或关闭。

即使不讲抢占地盘的问题，也应该认识到：缺乏交易成本作基础或毫无战略目的的后向一体化是不能去做的。[⑥] 如果这种企业 120

⑥　美国烟草公司、坎贝尔汤品公司和亨氏公司曾实行后向一体化，介入农产品的销售和仓储业（钱德勒，1977 年，第 291、295 页）。

遇到的是有活力的对手，那么，错误的一体化行为就会迅速停止下来。

6. 对日本制造业的若干评论

日本人依赖分包合同的程度比美国人要大得多。在这个问题上，经常被引证的一个例子是丰田汽车公司，该公司与其零部件供应商的那种精雕细刻的关系非同一般。丰田公司搞分包取得成功该怎样解释呢？日本人的普遍经验又是什么？本文并不奢望提出确凿无疑的答案，而只想对其中某些方面进行分析。⑦

6.1 丰田汽车公司

我曾说过："对极端的例子进行研究，往往有助于发现问题的本质。"⑧特别是，人们之所以往往选择一些案例来进行研究，并不是认为它们本身就代表了那些问题，而是因为用这些案例可以对所研究的问题作出极为生动的解释。⑨ 这就是{笔者以}丰田公司与其分包公司的经验为例的指导思想。在日本的大公司中，丰田公司与其分包公司的长期共荣关系一直是搞得非常成功的。其中

---

⑦ 1983 年 4—6 月笔者曾访问日本，与日本一些工商企业(包括丰田公司及其零部件供应商)座谈。据此笔者作出了这些评论。

⑧ 总统科学顾问委员会行为科学小组：《加强行为科学的研究》，华盛顿特区，1962 年，第 5 页。要了解在经济研究中极端例子的作用，可参见威廉姆森(1964 年，第 86—89 页)。

⑨ 第十三章研究的特许权招标案例就具有这种性质。

某些特点值得注意：

a. 长期的历史

丰田公司于1937年开始生产汽车，但在其目前的分包商中，有些与丰田公司合作的历史可以追溯到极早的年代。日本1937年建成了完整的汽车行业，这一事实就说明，工艺技术（art technology）可以借来就用；相应地，合同关系也可以逐步形成。因此，与早期进入汽车行业的那些厂商相比，丰田公司面对的是完全不 121
同的初始条件。

b. 共同的目标

丰田公司从一开始就强调母公司、子公司及其分包商面对的是一种“共同的目标”。这就鼓励各方把{合作}关系看作一种长期关系。因此，各方“求同存异”的前提条件就得以维持下去。

c. 双卖方政策

{丰田公司}尽管名声远扬，但还是按交易成本的道理办事。它不仅进行战略性投资，而且对高度专用的资产也进行投资。丰田公司每年都要更新一次合同，但原来与之签订合同的企业却不能等合同一到期就自动续签合同，而是要经过招标竞争才能续签合同。而且，丰田公司坚持一种“双卖方政策”（two vendor policy），就是至少要有两个以上的卖主才行。由此它就避免了那种过分依赖{一个卖主}的局面。丰田公司除了自己制造{部件}，偶尔也购买一些，但这种情况并不多见。

d. 治理

丰田公司的很多分包商都几乎是把自己全年的产品卖给丰田公司。尤其重要的是其场地的专用性强化了他们对{丰田公司}的依赖。因此,尽管这些分包商的工厂、设备及大部分劳动力的专用程度还不高,但由于这些工厂紧邻丰田公司的总装厂,就使它们与其他制造商疏远了。[⑩] 因此,这些供应商就有一个被盘剥的风险。

第七章将会展开说明,交易双方会为了共同的利益而设计各种防范措施,抵御投机行为。其中一种防范措施就是形成一种机制,能更准确、更可靠地维护自己的商誉(reputation effects),并使利益各方分享各自的经验。集体组织就具有、而且确实往往能发挥这种功能。令人感兴趣的是,丰田公司及其分包商显然了解这一点,并组建了若干个供应商协会。不论其初衷如何,目前这些协会的作用之一就是维护了自己的商誉。[⑪]

122 ### e. 关系可能会变紧张

丰田公司在战后年代取得了令人瞩目的发展。1962 年,其汽车产量为 100 万辆;到 1974 年,累计生产了 2 000 万辆;1983 年的累计产量达到 4 000 万辆。丰田公司的供应商也由此得益而繁荣兴盛起来。

---

⑩ 丰田公司所在的是丰田市,该市靠近但不属于名古屋市。

⑪ 共法会(Kyohokai)是其中最大的一个供应商组织,由 224 家生产汽车部件的企业组成。最初是 1962 年组织起来的制法会(Seihokai)和营法会(Eihokai),前者包括制造模具、标尺、夹具等等的 23 家企业,后者包括制造生产设备的 37 家企业。1963 年这两家协会合并。这些协会的重要作用在于互相沟通、协调生产计划。供应商之间形成这种有组织的联系,也保证了这些厂家能迅速、准确地分享各自的经验。

然而，随着世界汽车市场的增长速度放慢，美国等国要求日本开放其国内市场的压力增大，最近{丰田公司内部}也开始出现了一些限制。尽管还没有产生严重的利益分歧，但原来那种共同利益的理念却不再那么坚定了。比如，丰田公司没有和它的各个供应商组织商量，就与美国通用汽车公司签订了合资协议，准备利用通用公司设在加利福尼亚州弗蒙特市的、当时已经停产的工厂来生产汽车（它只是在该协议公布前几个小时，才通知了最大的几家供应商组织）。虽然这些供应商也认识到有必要根据形势变化作出调整，但还是感到有几分不安。而丰田公司最近也表示了一种担心，担心其供应商为了保持发展速度，把一些含有丰田公司的技术和其他权益的企业卖给丰田公司的竞争对手。

关系一旦紧张，其强度就受到了考验。看来，尽管丰田公司及其供应商还是承认继续合作是有利的，而且那著名的"看板制度"(Kanban system)也不像要受到危害，但丰田公司与其供应商之间的关系也不会再像过去那么单纯了。

6.2　一般意义上的分包合同

虽然日本人大量地依赖分包合同，但他们在决定是自己制造还是外购时，也要遵守美国和西方国家所遵守的同样的原则；[12]只不过略有区别而已。但日本在文化上、制度上对投机现象把关比

---

⑫　我在和日本企业的营销专家、特别是那些在国外干过的营销专家们讨论时，曾一再提到这种观点。但日本企业的很多{负责}生产的人员却认为，他们的合同原则及实践是日本特有的。

较严，因此生意上的矛盾要比美国少得多。

123 **a. 交易谈判**

日本著名的合同法专家北川善太郎(Zentaro Kitagawa)是这样来解释日本人在谈判时的做法的：“日本企业家更注重的是{先}搞好个人之间的关系，而不是起草一份具体的合同；一切决策都由集体做出，不是个人说了算；谈判期间一般是不请律师的”(1980年，第1—24页)。据说，他们更需要强烈的使命感，要亲眼看到合同履行完成，也要满足对方的需要。

b. 诉讼

日本人远不像美国人那样爱打官司。就像弗兰克·吉布尼看到的那样，“日本一年(1980年)的民事诉讼案件大概是50万件——约为美国加利福尼亚州的一半。按人均计算，日本人打官司的比率只及美国人的1/20”(1982年，第106页)。日本人强调和谐、不喜欢动辄上法庭的那种习惯有助于解释这种情况。吉布尼坚信，日本人信奉“和为贵”，不喜对抗；而且“讨论、磋商的过程本身往往要比能否得出准确的结论还重要”(1982年，第108页)。因此，尽管日本各法庭都信誓旦旦要主持公正，但它们比美国法庭更愿意“化干戈为玉帛”(吉布尼，1982年，第109页)。日本有意把律师的数量限制在一个很小的范围内，这种做法更进一步维持了这种不爱打官司的传统。[13]

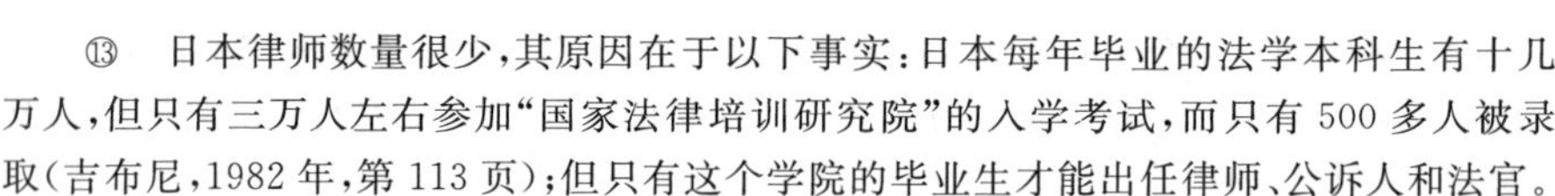

⑬ 日本律师数量很少，其原因在于以下事实：日本每年毕业的法学本科生有十几万人，但只有三万人左右参加“国家法律培训研究院”的入学考试，而只有500多人被录取(吉布尼，1982年，第113页)；但只有这个学院的毕业生才能出任律师、公诉人和法官。

问题在于，美国的企业能否改善、或者说是否愿意改善其以往签约的状况？这个问题将在第七章讨论。这里只要提一下{这个事实}就足够了：{人们}对盛行一时的敌视法律的做法已经越来越感到不满（鲍克，1983 年；吉尔森，1984 年）。人们还认为，如今政府对企业间复杂的签约问题的政策是更有同情心了，而仅仅在十年前还不是这样。

7. 另一些解释

在用来解释组织变革的其他理论中，最主要的有强权理论（domination theory）、市场权力（market power）理论、工艺学理论、生命周期理论、节省资金理论和战略行为理论。下面我将对这些理论逐一进行分析。

7.1　强权理论 124

强权理论重点研究的是人类所扮演的角色。有些人握有经济权力，有些人则没有这种权力。经济行为的组织就是由那些握有经济权力的人来控制的。至于为什么选择这种{行为}方式而不选择那种方式，原因就在于那些实行控制的人想扩展并完善其权力。

按理说，这种组织创新理论既适用于资本家与工人之间的关系，也适用于资本家与资本家之间的关系。对于为了防止工人掌权，才把工作分为等级进行管理的那个命题，将在第九章中分析。因此，{我们可以先来}考虑能否用强权理论来解释资本家之间在中间产品市场上对抗的问题。波特和李夫西的报告说:“在英国人定居北美大陆的最初两个世纪中,占支配地位的是城里的商人”(1971 年,第 5 页)。这些“城市商业资本家……最富有,信息灵通,在美国早期社会中握有最主要的权力”(第 6 页)。但到了 19 世纪初期,专业商人成为“经济中最重要的人”;因此那些万能的商人就靠边站了(第 8 页)。但这些专业商人继而就发现,随着 19 世纪晚期实行一体化{生产}的制造商的兴起,他们的作用又变得一落千丈:“商人的长期统治最终宣告结束。在很多行业中,制造商已经自产自销了。由现代的、实行一体化的制造企业来支配的新型经济已呈‘异军突起’之势”(1971 年,第 12 页)。

用强权理论来解释这些变革时,必然会遇到两个麻烦。首先,开始是那种万能商人,后来又是专业商人,他们为什么居然允许{别人}以夺走自己控制权的方式来组织经济活动?其次,为什么权力的这种流失还带有选择性?——就是说,为什么商人的作用会广泛地由某一类制造商而不是其他制造商来规定?其实正如前文所述,用交易成本方法就可以有效地解释这些问题。

当然,这样说并不排除强权也有发挥作用的可能。例如,固有的利益有时就能阻挠组织方式的转变。但权力至上论者却无法证明,组织上的重大创新——其中,交易成本的大批术语已经呼之欲出——一般都会成为既得利益的手下败将。其实,大量的事实都证明情况恰恰相反。因此,如果不推而广之,而仅就经济活动来
125 说,⑭我认为:只要进行组织创新有可能带来不同一般的效率,这

⑭ 政治问题是另一码事。虽然现有企业并没有堵塞企业集团化发展之路,但确实减缓了它的发展速度。美国各州为阻止企业并购而颁布的法律法规,大多数都是应现有企业经营者的紧急呼吁而制定的(卡里,1969 年;温特,1978 年,第 43 页)。

种创新就总能找出某种方式来征服利益相反的一方（或者能被对立方所容纳）。在这种框架内，权力就只能起到配角的作用。

7.2 市场权力

用市场权力理论来解释组织创新问题的方式有两种。一种是认为，掌握市场权力的人偏爱某种组织创新；另一种认为，组织乃是从战略上阻挡竞争对手的一种手段。

这后一种方式将在下面第7.6节加以解释。而波特与李夫西则不这样看，他们在解释为什么制造商会对某些行业、而不是其他行业的销售领域实行一体化时，看来更倾向于前一种解释。因此他们才会注意到，在形成卖方垄断和市场规模方面，不实行前向一体化的制造商要比那些实行前向一体化的“少得多”（1971年，第214页）。但值得指出的是，一系列生产早餐食品、香皂、汤品、剃须刀片的大企业或组合在一起的企业集团，都没有实行这种一体化。如果推动组织｛形式变革｝的是人们的偏好，而不是出于效率上的考虑，那么，这些行业本来是应该最先实行一体化的。

7.3 工艺学

用技术上的要求来解释组织变化的观点早已有之。但如前所述，如果在唇齿相依、密切合作的两个｛生产｝阶段中形成了共同所有权，就只能把这种所有权看作解决双边交易关系难题的一种方式。不管所有权结构如何，都只有把自成系统的鼓风炉建在轧钢机旁边，才能稳定地节省热能。这样一来，选择何种组织结构的问题就变成如何沟通两大系统以解决无序状态的问题了。而这正是交易成本{理论}的观点。

如果从物理学或技术的角度来看这个问题，就不好理解前向一体化以进入销售领域的做法了。话虽如此，钱德勒还是用另一种工艺学方面的要求对这种条件作出了解释。他认识到，撇开其他目的不谈，组织创新是否成功，就看它能否节省交易成本（1977
126 年，第 256 页）。他用来解释前向一体化的主要因素就是他所说的那种“速度经济”（economies of speed）（第 281、298 页；钱德勒和迪姆斯，1979 年，第 30—31 页）。按照钱德勒和迪姆斯的说法，

> “……只有当管理层对{生产}流量作出认真的计划时，……才能实现这种速度经济……因此，只有当某种新工艺在时间上、地点上都能保证进行大量生产，并且新的市场也能在时间或地点上保证大量销售时……大量的市场交易才会导致经营者之间的这种合作；{因为这种合作}的效率要比不同企业之间的产品异地运输的效率更高”（1979 年，第 31 页）。

虽说速度经济不如{资产}专用化{的概念那么深刻}，但它给人直觉上的印象是，这种经济会带来一系列反常的结果。{比如：}对于香烟、啤酒和有品牌、包装精良的产品的销售领域，制造商为什么不去搞综合性的一体化？为什么那些小型、标准化的耐用性生产资料要由独立销售商来销售，而大型的且具有独特性的耐用性生产资料要由制造商亲自销售呢？我认为，这是由于要把那些香烟、包装精良的产品以及标准化耐用生产资料零售出去，只需要

雇佣谁都可以替代的人力资产；而要销售大型的且具有独特性的耐用性生产资料，就不能用那样的人员。正是由于这一区别（再加上前一类产品可以实现速度经济而后一类产品却做不到，以及前向一体化中官僚主义的不经济），而不是什么"速度经济"，才造成了那样一种格局。

7.4　寿命周期

乔治·斯蒂格勒（1951 年）提出纵向一体化理论时，寿命周期理论在其中占有很突出的位置。在一个行业发展的初期和后期阶段，广泛实行一体化是被人们看好的；但在中间阶段，一体化就比较少见了。据说，纺织行业的一体化｛过程｝就符合这一判断（斯蒂格勒，1951 年）。[15]

波特与李夫西（1971 年，第 132 页）以及钱德勒（1977 年，第 490 页）看到的是同一个证据，但他们的看法却不一样。特别是波特与李夫西认为，"大企业可能会经过斯蒂格勒所描述的那三个阶段；它们往往会因需求的扩大而再度实行一体化，需求的衰退则不会导致这种结果"（波特与李夫西，1971 年，第 132 页）。但是，制
铝业的情况并没有证实那种纵向一体化在第二阶段会减少的说法 127
（斯塔基，1983 年，第 26—46 页）。

我认为，如果把寿命周期理论和交易成本理论结合起来，就可

⑮　美国大工厂中最先引入的机械是纺织机械，但这个行业却没有像很多人以为的那样成为"领头羊"（钱德勒，1977 年，第 72 页）。工厂中重视的是生产工艺，因此它的组织形式大大落后于强调企业组织形式的商业组织。

以解释所观察到的纵向一体化的格局了。进一步说,以上所说是用需求的涨落来解释纵向一体化问题;但以下所述的寿命周期现象其实更令人感兴趣:当顾客与独立销售商掌握了更多的工艺学知识,而某种产品的可靠性也提高以后(因此不再需要那么多的服务了),因交易成本而引起、促使制造商去维持一个前向市场(forward market)的激励程度就减弱了。与此相应,一度以销售、服务一体化组织来推销的产品,往往也就重新回到产品寿命周期的后期阶段的市场去了。

这种复归有多种表现形式;其中之一就是出现了{专}卖进入成熟期的产品的打折商店(discount houses)。而且,政府在制定政策时也应该考虑产品寿命周期的各种特点。对那些还没有发展到成熟期的产品来说,用交易成本来解释其销售中的前向一体化问题,道理会充分得多。此外还应注意,{即使产品}进入了成熟阶段,但为了{对其他企业}构成一种进入障碍,很可能还会把这种一体化继续保持下去。

对于那些以相同工艺生产复杂产品、但按照初期不同营销战略阶段进行经营的企业,这些问题关系到它们经营业绩的差别。在计算机发展史上,1950年代是一个关键的年代。也就是从那时起,IBM公司对斯皮瑞—兰德公司(以及后来对RCA公司和通用电气公司)的关系搞得很成功;原因就在于,IBM推行了密集的销售,并且生产它自己并不太在行、又很复杂的产品来支持他们。

7.5 节省资金

纵向一体化也可以用作逃避产品税的一种手段(科斯,1937

年;施蒂格勒,1951 年)。至于它是不是美国{企业}实行纵向一体化的主要原因,迄今还没有定论。按我的估计,在上述有关节省交易成本的问题上,这个因素不起什么重要作用。

公司所得税(及其减免)问题一直是某些兼并中需要考虑的一个因素;但在美国,特别是第二次世界大战以后时期,税收问题对横向联合(conglomerate)的影响可能要大于对纵向兼并的影响(这还有待详查)。在战后初期皇家利特尔公司(Royal Little)的收购中,纳税问题显然在起着主要作用(索贝尔,1974 年,第 356 128
页);而且,直到如今还在影响着横向兼并问题;西方石油公司兼并米德公司未遂则是最近的一个例子。[⑯] 至于这类资产一旦被收购,是否就能提高管理的效率,那是一个组织形式的问题(见第十一章)。因此,无论引起一体化的直接动力是什么,都必须提出交易成本的问题(按理说,那些采取控股公司形式而不是 M 型结构的横向联合,远不适于解决{由此产生的}复杂问题及困难;因此就应该随着事态的发展,甩掉那些"包袱")。

7.6　战略行为

战略行为指的是强权企业(dominant firms)为保持优势或领先地位,或者(以及)为了惩罚竞争对手而采取的行动。这两种做法的目的都在于制止对手的行为。第一种做法可以前向一体化进

⑯　米德公司诉西方石油公司案;No. G-3-78-241(S. D. ,俄亥俄州地方法院,1978 年 8 月 18 日)以及美国联邦诉西方石油公司案;No. G-3-78-288(S. D. 俄亥俄州,撤诉,未经审判;1979 年 4 月 4 日)。

入销售领域为例，但这种做法节省不了多少交易成本。掠夺性定价则属于惩罚性战略行为。这些令人费解的问题将在第十四章中更详尽地讨论。这里只需说明一点就够了，即战略行为主要是指强权企业的行为，或者指寡头企业要全面实行行业垄断的行为。我前面介绍的那些组织变革，大多数都发生在没有形成强权企业的那些行业中；因此，要用战略行为来解释美国过去150年来的产业结构重组问题，显然有资料苦短之虞。⑰

上面介绍了六种有关组织结构或组织创新的理论，但它们杂乱无章，没有一个能帮助我们理解美国经济的结构重组问题，而且有些简直就是张冠李戴。而节省交易成本{的理论}则相反，它不仅用途广泛——可以说明不断变革的中间产品市场、劳动力市场以及公司的治理情况，还有政府的监管——而且还有助于从微观上说明纵向一体化的很多细节以及某些总体运动的情况。

129

8. 结论

把企业看作一个生产函数的那种抽象方法，虽然用起来很方便，但也埋没了企业中大部分令人感兴趣的行为，而恰恰是这些行为才是使企业经济中形成优异业绩的那些特点。这种理论适合于在已经确定的制度框架内进行边际分析，但代价是忽略了组织特征和制度比较的特征。把企业看作一种治理结构的方法则不然，

⑰ 这就需要仔细挑选例证了——如果在前向一体化决策中找不到例证，就只好选择下面的例子，即当某个行业进入成熟期以后，当初导致一体化的交易成本动力已经减弱或者已不复存在时，还想继续保持其前向存在的那些例子。但这需要单独进行调查。

它虽然也坚持经济合理的原则,但明确规定要进行组织创新,并且在评价各种创新方法时比边际分析方法更强调制度比较的作用。

熊彼特、波特与李夫西、钱德勒、科克兰、科尔、戴维斯与诺思已经令人信服地证明,在过去150年中,美国的经济经历了无数次重大的组织创新活动。本章接受并进一步发挥了这种观点。我认为,要想弄明白组织创新的一般作用,特别是在纵向一体化中所起的作用,其中最关键而以前被忽略的因素就是节省交易成本的问题。

要研究如何节省交易成本,就需要考察制约交换双方如何互相影响的各种方式。这就要把企业、市场以及{二者的}混合方式都看作不同的治理手段。至于哪一种方式最适合于作为交易(或一组相关交易)的媒介,就要看这种(或这些)交易具有哪些特点了。其中关键又在于如何把握这些交易,特别是其资产具有哪些专用特点。{我们}一方面要考虑规模经济和范围经济的要求,另一方面又要节省交易成本;因此有时重要的问题就在于{如何}才能做到二者兼顾;为此必须明确兼顾的标准。

成功的组织创新最初只会给首创这种模式的企业带来利益;但随着竞争过程逐步展开,全社会也会因此而受益。无可否认,在美国钢铁行业的重组中,安德鲁·卡内基公司曾一度以牺牲其他钢铁企业为代价,大赚特赚其利润。但从经济上说,更重要的意义在于,整个钢铁行业的结构由此趋于合理,最终受益的还是整个社会。[18] 只要竞争对手敏于抓住新的机会,或者别人不能有意识地

---

⑱ 但这并不是说,重组钢铁行业的一切努力都能使全社会受益。第十章将介绍并说明卡内基公司和弗里斯克公司推行的重要变革。

限制他们采用这些变革方式，那么，就总要“通过把产品价格降到新的成本水平”才能实现这种“传导”过程（熊彼特，1947 年，第 155 页）。

130 不过，自然选择的力量并不总能“立竿见影”。那些因产品市场上的对抗而被削弱的企业，比如 1968 年欧洲共同体削减关税以前欧洲企业的情况（富兰科，1972 年）；以及那些逆资本市场之规律而动的企业，如福特汽车公司因实行所有权的集中，其银行账户上的资产“缩水”（depression bank account）6 亿美元（李夫西，1979 年，第 179 页）；都能延缓这一算总账（reckoning）的过程。不过这些不能当作通例，而只能算是例外。即使经济事件并没有给现任经营者造成压力，迫使其采用这种新的程序，其继任者，往往是新上任的总经理，也会普遍采取这种方式（钱德勒，1962 年，第 7 章）。

利用交易成本方法研究纵向一体化，得出了大量可证伪的（refutable）结论；其中很多是这种方法所独有的。各种例证日积月累，包括对普通的、前向的、横向的以及后向的一体化在内的各种例证，都在实践中得到了广泛的证明。[19] 但是还需要进一步的研究。至少，交易成本经济学所依靠的研究手段还比较粗糙，需要进一步提炼；那些基本判断还需要更充分地予以证明；对于造成各种交易的区别的属性还需要充分地加以揭示。

再者，与此有关的是，在对纵向一体化作出实证性判断时，还

⑲ 利用不同数据和方法分别进行研究，其结论往往要比一次“决定性的试验”更令人信服（迈耶，1980 年，第 173 页）；但我并不是说这些积累起来的证据没有道理。

应该认识到{导致一体化的}那些条件的复杂性。如果纵向一体化是多种因素共同作用的结果,那么,实证性的研究就应该更符合这一特点才行。

尽管我们有言在先,但是经过交易成本理论的剖析推理,纵向一体化这个话题就完全改变了内容。那种对交易成本问题“光说不练”的习惯——即原则上肯定而实际上否定的做法(科斯,1972年,第63页)——已经越来越没有市场了;按照某些学者的判断(如阿尔奇安,1984年;约斯克与施玛兰西,1983年;斯塔基,1983年;约斯克,1985年),这种做法甚至已经不堪一击了。

第六章　企业的边界:激励机制与官僚主义的特征

131

小企业联合起来能办成的事,一家大企业为什么就做不到,也不能做得更多呢?这个问题是前人多次提过的那个问题的翻版——也就是说,企业的边界是由什么决定的?这个问题迄今仍无适当的答案。换个方式还可以这样提问:为什么不把所有工作都组织在一个大企业里呢?

为什么有的企业不想搞一体化?第四章的权衡模型(tradeoff model)给出了两种理由:一是,如果企业明明可以从市场上购买{生产要素},却偏要自己来生产,就可能牺牲规模经济和范围经济;二是,只要资产专用性的程度不高,内部组织的治理成本就可能高于市场组织的治理成本。这两种可能性用(第四章的)图4-1和图4-2中的概念来表示,就分别是$\Delta C>0$和$\Delta G>0$那两个条件。但第一个条件还不能算是经过彻底比较后作出的解释。因为如果外部供应商已经实现了规模经济,那么,通过兼并,将来还可以引导该供应商一如既往地为市场服务,这同样可以保留规模经济。[1] 因此,如果资产专用性问题无关紧要,那么,就只能是内部

---

① 实际上,如果一家企业已经有了自己的供应商,其竞争对手就不愿再向(已经

组织付出了治理成本也管不到地方,才是企业规模{扩张}的真正边界。但相比较而言,哪些才是企业治理成本管不到的地方(即 $\Delta C > 0$)呢? 为什么 ΔC 曲线的截距(β_0)会是一个正数呢? 132

企业的规模是一个令人困惑的问题。此前人们对这一问题的解释多有不到之处,本章第 1 节将简要介绍这些内容。第 2 节从制度比较的角度,对收购一家所有者亲自经营的供应商企业会产生哪些激励效果作出评价。我认为,在一体化状态下要保持强激励机制,会产生本不希望出现的副效应——我说的那种强激励机制,就是指握有剩余索取权;由此,代理人不管是根据{合同}协议,还是按照那种通行的产权定义,都能支配这个净收益;这样,经济代理人的行为就会影响到总收入以及(或者)总成本的水平。至于对一家所有权与经营权已经分离的供应商企业进行兼并的情况,将在第 3 节考察。第 4 节要分别考察两个问题,一是把市场式的(即强)激励机制引入企业会产生哪些结果,二是在市场中使用企业式的(即弱)激励机制(如,成本加成定价法),将会得到哪些结果。第 5 节讨论因越来越多的交易改由企业内部进行而带来官僚主义的成本。第 6 节要举出几个例子,说明企业中实行强激励机制是有局限性的。再后面就是本章的总结。

1. 由来已久的困惑

早在 1921 年,弗兰克·奈特就提出了企业规模的边界这个令

被{该企业}一体化的)供应商订货。由此,该供应商可能就无法再像过去那样经营了。当然,把所有与该供应商做生意的企业合并成一家大企业,是可能弥补这个缺陷的。但这样话就说远了,因此这里不予考虑。

人困惑的问题。当时他就注意到，“经济理论中经常提到的一个话题就是经营管理的收益递减，但对这一问题的科学讨论却如一潭死水”(1965 年，第 286 页，注 1)。1933 年，他对这个问题有如下详尽的说明：

> “理论上遇到的最严重的问题之一，就是企业规模与效率的关系。这并不是对一般原则的理解不同造成的，这一点与某一工厂中规模与效率的关系相反；主要原因在于人格的特点和历史上的突发事件。但这是个极其关键的问题。因为垄断收益可以给企业带来强大的激励，使之**不断地**、**无休止地**扩张；只有靠某种同样强大的、能使效率降低的力量，才能抵消这种扩张。”(1965 年，第 xxiii 页；着重号为原书所加)

特雷西·刘易斯最近有一个论点讲得很中肯。他认为，大企业

业从投入品中实现的价值总是比想进入{该行业的}小企业大：

> “其原因在于，大企业作为龙头企业，至少像想进入该行业的小企业一样，能**恰如其分地**使用其生产要素，获得与进入者相同的利润。特别是如果龙头企业把新、老要素联合起来
> 133 进行生产，还会**做得更好些**。因此，强权企业就会更加重视新的生产要素”[1983 年，第 1092 页；着重号系笔者所加]。

如果强权企业能像希望进入{该行业的}小企业一样**恰如其分地**使用生产要素，那么，凡是小企业能办到的，大企业同样能办到。如果大企业能更好地利用其生产要素，它还能办更多的事情。由此可知，各行各业之所以没有处处形成垄断组织，唯一原因在于政府实行的是警惕和限制垄断的政策。

我们还可以换一种方式,即不从横向一体化的角度,而使用纵向一体化的概念来提出这个问题。这也就是罗纳德·科斯所提出的那个问题:“企业家为什么不多不少只组织这么多的交易呢?”(1952年,第339页)换一种更一般的方式来问,就是“为什么不把所有的生产都组织在一个大企业里进行呢?”(第340页)

对这个问题人们提出了各种各样的答案,但用有关制度比较的标准来衡量,这些答案都难以自圆其说。奈特对此有一个解释:“对企业家来说,收益递减的问题实际上就是不确定性的大小问题。可以设想,如果有人能游刃有余地管理一家规模和复杂性都不确定的工商企业,那也就是设想会有这样一种环境,其中根本不存在什么真正的不确定性问题”(1965年,第286—287页)。尽管奈特还不是真正{从制度}比较上看问题,但他实际上是认为,限制企业家能力的只是有限理性。{因为}随着不确定性的增大,组织的问题会变得越来越复杂,人的认识能力也就逐渐达到了极限。

由此,我们可以设想有两家互相竞争的企业。从原则上说,如果把这两家企业合并,就总能获得净收益。因为这样可以更充分地挖掘规模经济{的潜力},还能节省某些管理费用和用于竞争的开支;产品价格也可以降低——至少短期内会是如此。而两家企业的不确定性之总和却不会因合并而增大。因为游戏已经结束,竞争对手的报复也就不复存在了。况且——真正关键的问题在于——无须把所有决策都推到最高层,而是可以让最适合处理它们的层次去决策了。特别是原来每个企业的独立决策变成现在的半自主决策(semiautonomous status),有利于做到“鱼与熊掌兼得”。比如,凡是经营层次能最有效地决策的那些问题,就留给经营层来处理；只有当需求{变化}或双方扯皮，导致成本过高而不能获得净收益时，再把问题交给最高层来决策。因此，最高管理层只是**有选择地**、即根据预期净收益的情况才进行干预。因此，以前两家独立企业所能办到的任何事情，这两家合并起来的企业都可以
134 办到，**而且能干得更多**。这个道理不仅适用于横向兼并，而且适用于纵向一体化和联合合并(conglomerate mergers)。② 最后，撇开政府可能采取的限制政策(如反垄断、反对纵向一体化、反对规模聚集政策)不谈，我们可以得出一个结论：对于为什么不把所有的生产都集中在一个大企业内进行的问题，奈特并没有做出令人信服的解释。

尽管此后人们还从其他方面入手来解释企业规模的边界问题，但谁都不是以我上面指出的那种方式解释的；而且谁都没有真正解决这种困惑。因此请考虑一下我的办法，即用“损失控制”(control loss)这种现象来解释企业规模的边界(威廉姆森，1967年 b)。这就涉及 F. C. 巴特利特的观点，即在等级制组织(hierarchical organization)中，个人之间因逐级传递信息或设想而产生的偏差问题。他做的实验是让一帮人列队传话，传话内容包括转述观点和争论。巴特利特根据这样一些研究得出了以下结论：

> “问题现在完全清楚了。这种传话会把内容传得面目全非，结果往往令人大吃一惊：用词相反；因果错乱；名词和数词

---

② 当然，有时联合的好处并不大。但从一般原则上看，对某些问题——比如现金管理问题——联合起来的实体总会管得更好些。如果在这种联合企业中，各分公司在其他方面都享有自主权，只在{现金管理}这一个问题上实行统一管理并获得了净收益，那么，在其他情况不变的条件下，合并起来就能提高总收益。

很少能原封不动地保留下来；观点和结论也整个颠倒了——总之，即使只是很短的一个队列，结果也是无奇不有。同时，这些人对自己还很满意，认为已经把所有重要问题几乎一无遗漏地传给了后面的人；当然有些不重要的事情可能被省略了”［1932 年，第 175 页］。

巴特利特形象地说明了这一特点。他一笔画出一只猫头鹰，然后让 18 个人依次照着前面的人所画的样子，也用一笔来画，等最后那个人画出来再看，就像是一只猫了；离第一个人越远，画的就越走样（1932 年，第 180—181 页）。

我对企业规模问题的看法与此相同：由于理性的有限，控制的跨度（spans of control）也就有限。如果一个人直接管理的下级的人数是有限的，那么，要扩大企业的规模，势必要增加企业｛内部｝的层次。这样，在信息传递中就会发生巴特利特所说的那种｛信息｝损失，而且这种损失会按几何级数增大并累积起来。因此，随着企业规模的扩大和内部管理层次的增多，最终就会使控制中发生的损失超过其收益。这样，｛企业的｝迅速扩张也就达到了其边界。

这种观点尽管当时看来很有道理，但问题是它没有给前面所 135
说的那种有选择的干预留下用武之地。实际上情况恰恰相反：虽然整个企业是自上而下进行管理的，所有指令也是这样逐级下达的，但所有导致决策的信息却是自下而上逐级上报的。

上述情节是从各阶段之间总体的（未经选择的）联系上考虑的。而内部组织却不需要采用这种结构。相反，我们可以假定，从管理方式上看，如果每个子公司的行为表明其不能产生预期净收益，母公司就会动用“家法”（forebearance ）（即指导子公司按小企业的行为方式去办），进行干预，使它们互相协作来产生净收益。如果承认这种有选择的干预｛有道理｝，显然就又回到我一开始提到的那种困惑了——或者说，至少那种列队传话的“解决”办法是不适用的。

此外，还有两个观点，就是彭罗斯（1959 年）所说的增长｛速度｝会限制企业规模的观点，以及普里斯考特和非斯海尔（1980 年）所说的组织资本（organization capital）会限制企业规模的观点，也有上面所说的问题。这两个人的观点都忽略了一个道理，即进行兼并的同时也可以实行有选择的干预。因此，如果说，连一系列的小企业都能迅速发展起来，或者，如果这些小企业都能获得宝贵的组织资本；那么，把｛与这些小企业｝完全相同的那些企业合并起来，同样可以有选择地做到这一点，并且有可能做得更好。

最近，约翰·吉那科普洛斯与保罗·米尔格罗姆发表了一篇文章（1984 年），认为限定企业边界的根源在于等级制组织所具有的“不能按期交货问题”（deadlines and delays）。他们谈到了等级制会造成企业成本提高的弊病，至于应该用哪种组织形式来取代等级制组织，他们却未置一词。如果这些行为即使被组织起来也不会改变，如果内部组织可以有选择地对这些行为进行干预；那么，所谓小企业联合成等级制会降低其能力的说法是禁不住刨根问底的。

由此可知，要想从制度的比较上搞清企业规模的边界问题，还得再费些笔墨才行。③

③ 但可以参见威廉姆森的著作（1975 年，第 7 章），其中收入了肯尼斯·阿罗（1974）和我讨论纵向一体化的界限问题。

2. 对所有者亲自经营的供给阶段实行一体化

为什么不能把所有企业都搞成一体化？对这个令人困惑的问题有一个明摆着的答案，那就是有选择的干预其实是行不通的。但为什么会是这样呢？如果我们能一眼看出其中的道理，限定企业边界的原因这一令人困惑的问题也就不复存在了。

为什么有选择的干预会失灵呢？我在这里尝试着举出一些主 136
要的原因。为便于讨论，我们且假定：有一家由所有者亲自经营的供应商企业，现在已被需求方收购过来。[4] 再假定所有权上的这种变化是按下列程序完成的：

1. 该资产的转让价格已被双方认可。

---

[4] 熟悉桑福德、格罗斯曼与奥利弗·哈特的读者会发现，他们最近在考察纵向一体化的成本问题时，也和我一样，认为正是由于把连续的各个生产阶段都统一在一个所有权之下，才削弱了激励机制，造成了这种成本。虽然我是与他们同时研究这些问题，但他们的研究还是对我有所帮助。因此，对于那些想原原本本地了解这一研究的进展情况的读者，我要特地推荐一下他们的著作。

他们的看法虽然与我相似，但有以下几点重要的区别：(1)他们否认下述因素——资产使用不当；会计造假账——的作用，但我认为这些因素是扭曲企业激励机制的核心问题；(2)他们否认内部组织和市场组织在审计上的区别；(3)他们“不偏不倚地”坚持认为，{为使各方纳税总额最小而使用的高进低出的}强激励机制(即调拨价，transfer pricing)，是可以有区别地适用于各类所有制企业的；这就否定了与统一的所有权结合在一起的弱激励机制(如成本加成定价法)的作用，这种作用就在于能使企业更适应一体化的要求；(4)他们忽略了内部组织会产生官僚主义的问题。我在这里强调的则是资产的使用情况和会计作账的后果。第 4 节将分析审计方面的区别。对于并购之前、处于供给阶段的领薪金的经营者的问题将在第 3 节中讨论，第 5 节则指出官僚主义的几个特点。

2. 供给方把产品卖给购买方时，双方已事先规定好该产品价格的计算公式。

3. 为鼓励节省成本，企业中要保留市场上那种强激励机制。与此相应，供给方被告之，它有权支配的是它的净收益，即总收入扣除加工成本、（用于资产保养与折旧的）资产使用费和其他有关费用（如研究与发展支出）后的盈余。

4. 最后就可进行有选择的干预。它要求供给方应该一如既往地经营其业务；但下述情况除外：为了双方整体收益最大，当购买方为适应新环境而改变决策时，供给方应该无条件地表示同意；[⑤]如不同意，就只有结束双方的合作。

这两个阶段的资产所有权一经统一，就得到以下结果：一是保留了强激励机制（规则 3）；二是可以进行有选择的干预（规则 4）；三是排除了代价高昂的扯皮问题（规则 4）。要实现这最后两条，先要对以前尚未一体化的组织阶段进行兼并，由此才能使企业采取一系列适应性决策，从而降低成本。

这番推理背后隐含着一个假定，那就是这两个阶段{的双方}进
137 行的是双边互相交换的关系；其原因就在于{双方}投入的都是专用资产。资产的专用性至少可以采取四种形式：场地的专用性、实物资产的专用性、人力资产的专用性以及各种特定用途的资产。为讨论的方便起见，我们这里只考虑一种形式即实物资产的专用性。

按照上面给出的规则 4，人力资产的专用性问题确实应该排

⑤ 这并不排除两个公司之间互相商量，以求行事更合理的做法。但当双方发生冲突时，还是要按购买方的意见去办。

除掉。正如第十章将详细讨论的那样,只要劳动者在其被雇佣的过程中练出一身专用技术和知识,这时,防范企业或工人(任何一方)突然中断雇佣关系,对双方来说就是一种互利行为。相应地,当企业中的专用人力资产已经不可小视的时候,再制定这样那样的规则或结束双边关系,就不符合双方的需要了。⑥ 因此,这里就要假定,双边交换关系完全是因实物资产的专用性而产生的。由此,规则 4 就有了用武之地,即只要{被收购方}不按命令改变行为,这种关系就无法再维持下去。但{收购方}总能找到新的经营者来执行改变行为的命令;正是顾虑到这一点,现任经营班子只好一概违心地服从。⑦

如果事情只到此为止,那就有理由对净收益进行有选择的干预。但事实上,要达成合并协议,还有大量的、与强激励机制相伴而来的计量上的困难需要解决。其中有些困难对购买方不利,有

⑥　假定在供给阶段,实物资产是用于一般目的{的通用资产},而人力资产却具有很强的专用性。{如果}作为购买方的企业同意买下供给阶段的专用资产,并通知供给一方的公司,以后就要按调拨价原则(transfer pricing rule)来转让产品了;这样,负责供给的公司的经营者就会把从调拨价所得到的净收益全部花光;而在收购后的时期内,供给方公司就要按照购买方公司的指导进行生产了。

这最后一条也就是"克努特大帝条款"(King Canute provision){即看实际效果}。遇到这种情况,实物资产的所有权就会被架空。而拥有专用人力资产的代理人就成为一个关键;双方对此必须达成一致才行。既然那些人员有能力进行讨价还价——假定强激励机制对他们还起作用,他们就的确会继续讨价还价——他们根本就不会服从购买方发出的任何普通的"命令"和控制。这样一来,本想通过对这两个阶段的实物资产建立共同所有权来获得适应性收益,结果却恰恰是一无所获。

⑦　格罗斯曼与哈特最近发表了令人感兴趣的著作(1984 年),其中在论述纵向一体化的边界问题时,也得出了同样的结论。但他们使用的方法不像本章第 1 节所说的那样,而是单纯地进行比较。他们只是指出企业中激励机制是有边界的,而不是从微观分析的角度考察造成这些边界的原因。

些对供给方不利，还有一些则会给双方带来损失。

2.1 资产使用的损失

{在上述条件下，}原来在供给阶段亲自经营的所有者现在已经改变了身份，变成专门负责供给的公司的经营者，只是运用供给阶段的资产产品并卖给购买者。当情况已经发生了这种变化时，如果运用前述强激励机制，就可以产生直接的、重要的激励效果。
138 首先，由于该经营者只能支配供给方公司的净收益，他在使用和保养机器设备时就没有过去那种认真负责的劲头了。这是因为，根据假定，该经营者{本人}投入到企业中的专用人力资产现在已不再承担风险后果，所以他无须再为企业做长期打算。他现在的目标是使直接净收益达到最大化，因此他会加大机器设备的使用程度，以节省{自己的}人工成本；至于设备维修保养的支出，就留给自己的后任去解决了。现在，我们这位供给方公司的经营者之所以能领取工资，是以放弃其所有权为代价的，因此，为了提高自己的净收益，他会让机器设备超负荷运转，至于其损耗就要由企业再追加投资以求补偿了。

当然，对这两种滥用资产的行为是有限制的。该资产的新所有者可以规定出机器设备的使用程度和保养标准，坚持这个标准并监督供给方公司，要求经营者遵守、照办。但要注意，新增加的监督成本——本来在没有一体化的阶段是无须这种成本的——已经发生了。此外，经营者毕竟还有个名声问题，这也使他不敢任意行事。不过，这些限制总是不完善的。如果直接收益足够多，再加上不要求这些经营者退回不合理的收益，有些经营者就会对这些限制不屑一顾(瑞士银行的账户对这种收入就很有吸引力)。

由此得到的结果是，在一家实行一体化的企业中，资产的有效使用以及运用强激励机制会造成一种紧张气氛——这在两个生产阶段各自独立时是不会发生的。这与我在第 1 节提出的有选择的干预恰恰相反；也就是说，即使企业已经实行了一体化，也**不可能**完全取消“通常企业”意义上的外部采购行为。相反，还会带来**各种不可避免的副效应**。

2.2　会计造假账问题

当供给商同意把自己的资产卖给购买方时，卖价的高低是随着他估计自己在兼并后能得到多少净收益而有所不同的。在前述强激励机制的作用下，影响这一净收益大小的条件有三个：一是总收入，二是各种成本，三是保证他继续就业。

不过其中存在一个矛盾：{收购方}给供给商打了“保票”，保证让他得到满意的收益，因此他才会接受{买方的要求，}以比较低的价格转让自己的资产；但他对从此失去工作又会感到六神无主。139
撇开这种矛盾不谈，假定供给商提出保证他继续留任的要求并得到了承诺，但如果在会计账上做了手脚，就可能使负责供给的公司的净收益发生重大变化。这样就能间接地吞掉该公司的财产。

榨取净收益有两种方式，这两种方式既可单独使用，也可两者并用。一种是压低转让价格，从而减少净收益；另一种是虚增成本。对这两种做法，供给方公司都是无能为力的。

由于不能签订全面的合同，最初规定的调拨定价法的原则就必然挂一漏万。为了纠正各种偏差，就有必要定期调整价格。如果该资产不是专用资产，那么，只要参照市场行情就可以对价格进行调整。但只要该资产多少有一些专用性，问题就复杂了。也就是说，如果交易双方都是自主型企业，则双方的产品交易将受到一种制约，即说话算数的威胁(credible threat)。也就是说，如果事先没有达成双方都可接受的价格，供给方就不会以自己需要采购生产要素为理由，而是一上来就以撤出其专用资产相要挟。但在已经一体化的企业中负责供给的公司的经营者就不能这样做了。因为如果他分不清哪些实物资产有专用性，就再也无法撤出该资产(或者，从更一般的意义上说，就再也无法改变资产的使用者了)。这样，如果供给方公司的经营者不接受对方提出的定价方案，即使他得到了就业保证，也会被一脚踢开(并美其名曰“重新安排工作”)。因此，在{企业}兼并的条件下，{产品}转让价格的确定，实际上就变成收购方公司(它现在是这两部分资产的所有者)单方说了算的事情。其中的矛盾是显而易见的：尽管有相反的保证，但在确定价格时，还是要从供给阶段的收益中挤出油来。

况且，不论资产是否有专用性，成本的确定都是大有文章的。在兼并以前，每个{生产}阶段当然都有自己的会计账目；一旦进行了兼并，再这样做就不行了——确实，这真令人难以置信。其结果就是，掌握会计原则的权力集中到资产所有者的手中。⑧ 即使事

⑧ 在兼并后的阶段中，可以通过不断的讨价还价来确定这种成本。但这就打破了“兼并能减少治理成本”的说法。

先已经达成明确协议,只能在有限范围内进行调账;但对于供给阶段{的一方}来说,还是摆脱不了这种于己不利的成本风险。[9]

由此可知,最好的办法是对供给阶段{一方}提出如下建议:一 140
是在预测自己未来的净收益并作出承诺时,要大大地打一个折扣;二是在最初{的兼并}谈判时,应该充分讨价还价,尽量使{兼并价格}接近资产评估价值的上限——为兼并后自己还会被挤榨早做准备。但事情到此并不算完。如果企业滥用强激励机制,所谓未经一体化的企业能办到的任何事情,一体化的企业都能同样办到的说法,就成了一种神话。相反,应该说,在某些方面,一体化的企业能办得更好,在其他方面则不如。

2.3　各种激励机制与 β_0 的关系问题

在企业中实行强激励措施会造成两类困难:一是对供给阶段的资产使用起来漫不经心,二是供给{阶段应得的}净收益会受到盘剥。从企业实践看,要避免强激励机制这种无效率的结果,还是引入弱激励机制比较适宜。因为供给阶段的经营者主要是从薪金中得到补偿,还要接受定期监督(其决策要经报批、账目要经审计等等),既然如此,对于会计造假账的手法也就无须过多地关注了;而资产所有者对资产流失(asset dissipation)的担心也就因此而减

---

[9] 在确定转让价格和会计作账时,当然可以请法庭出面来保护供给阶段{当事人}的利益。但对于作出这种请求的人来说,这样做不仅极不妥当,而且代价太高。此外还要注意一点,即在 $k = 0$ 的有限条件下,尽管可以按现货价格(spot prices)来确定这种转让价格,但要按照这种价格来分摊成本,却找不到相应的市场参照标准。

轻了。

众所周知，弱激励机制的优点在于它的适应性比较强。不过，这种优点并不是没有代价的；因为其实质毕竟只是一种成本加成合同——这就说明了为什么人们对成本加成合同接受起来不很情愿的问题（威廉姆森，1967 年 a）。由此可知，对于为什么企业不能处处排挤市场的问题，我们的第一个解释就是：(1)企业不付出额外的成本就不能模拟市场那种强激励机制；(2)因此，企业只好利用弱激励机制这种手段，但即使这样，也还是要付出成本；(3)在 $k=0$ 的条件下，尽管企业具有更好的适应性，但由此得到的收益并不足以补偿内部组织所付出的额外成本；因为正是上述条件，才使交易双方的身份变得无关紧要；在此界限以内，古典式的市场合同才能很好地发挥作用。因此，只有当资产专用程度较低时，收购一家由所有者亲自经营的、供给阶段的企业，净治理成本（net governance costs）才会大于零。这样我们就得到了一个条件，即 $\beta_0>0$。

从更一般的意义上说，这个道理就是：要根据每一种组织形式的不同属性，来选择运用哪种激励机制和控制机制。如果根据“放之四海而皆准”的理论，就想“使规则尽可能保持不变”，其实不过是一种误解。因此就需要分别搞清每种组织形式的能力与界限。

141 ## 2.4 创新

以上内容并未涉及创新问题。其言外之意是说产品创新和过程创新并不重要。随着资产专用性的增强，交易便从市场转移到等级制组织内部；这是因为在紧密型双边交易中，一旦试图调整行为以适应随机干扰或其他干扰时，企业的强激励机制就不再起作用。

如果说，引入过程创新或产品创新，就能从根本上改变市场交易和等级制内部交易的格局；那就要问：它是如何做到这一点的？不幸的是，人们把创新问题的研究搞得太复杂了（菲利普斯，1970年；纳尔逊，1984年）。一些大公司认为，创新工作可以并且已经被官僚化了："我们雇了很多人，如果他们自己拥有机器设备，也许根本就不会去搞什么研究。换句话说，我们雇了一帮说来可笑的人……我们正在采取措施，以求纯粹靠金钱的压力来创造研究能力。"[⑩]但正如后面第6.4节讨论的那样，这些大公司看来有了一些计划，想通过强激励措施的刺激，得到先进的研究成果。那么，在提供创新激励机制的问题上，又该怎样把没有实行一体化的供给阶段与已经一体化的阶段进行比较呢？

这些问题涉及很多方面。{但}一体化有一个明显的优势，那就是在各阶段之间更容易开展研究与开发的合作。不过其中至少有两个问题对激励机制不利。

a. 因果关系模糊

推理过程应该服从推理方式。这一点将在下面第4.2节讨论。{这里要说的是，}如果一定要找出理由来证明行政管理有边

⑩　引文摘自丹尼尔·汉堡研究美国俄亥俄州标准石油公司的合作者问题时所说的话（1963年，第107页）。

界和市场有边界，那么前者就不如后者更禁得住推敲。

因此，如果说一体化企业能否实现某种创新，基本上（虽然不完全地）要取决于负责供给的公司的经营能否成功；那么也可以说，要想把收益（或成本）集中｛到该公司｝，以求适应这种条件，却很难办到。为了说明这一点，我们假定，购买阶段｛的公司｝建议，应该由供给阶段｛的公司｝来考虑过程创新或产品创新的问题。然后再从两个方面进行比较：一是把供给阶段已经一体化和仍然独立的情况进行比较，二是把该建议被落实和不能落实的情况进行比较。再假定，不管是哪种情况，供给阶段｛的公司｝为进行必要的研究与开发，都必须付出数额不菲的成本。

对于一个独立的供给阶段｛的厂商｝来说，只要他独立地拥有所有权，那么不论其经营是否成功，净收益或净亏损都要由他来承担。如果企业不是滥用强激励措施，也会得到相同的结果。对于
142 独立购买商来说，如果他要求从这种收益中得到“公平的一份”，｛供给商｝往往可以置之不理；但如果购买阶段已经｛与供给阶段｝一体化，而购买商提出应该承认他对计划所做的重要贡献，那么这一要求就比较容易实现。因为要体现公平就应该分享回报，而改用其他做法，还会造成这两个阶段在补偿问题上相差悬殊。由此又会反过来导致各不相让的相互攀比。既然企业本身具有相机处置的决策权力来弥补这种差异，加之其他做法会带来严重的问题，因此市场那种强激励机制就很容易被削弱。

然而，要想在兼并以后弱化激励创新的机制，也不是没有成本的。负责供给的公司的经营者能够料到，他将来还会遇到同样的压力——也就是说，即使有了规则，强激励机制在企业中也要发生

退化。[11]

b. 账目上的问题

即使可以在供给与购买这两个阶段之间实事求是地划分收益，也还有一个非常值得一问的问题，即事前的分配协议中是否体现了按比例分配报酬的原则？因为实际上，只要在调拨价和会计作账上做些手脚，就很容易改变那种有利于所有者而不利于经营者的再分配方案。

当然，如果供给阶段是独立的，其经营者也会遇到所有者手里有两本账的问题。这就会掩饰真实的业绩。但这只涉及真实程度问题。如果一开始在推行一体化时就放宽会计记账的标准，这当然是很有可能的（参见前面第 2.2 节），那么，实行一体化就更容易歪曲创新的结果了。

再进一步说，即使一体化企业的所有者会反对这种造假行为，也未见得就能产生促进创新的强激励机制。因为问题在于信息不对称或信息封锁。即使花很大代价证明了确实没有作假账，证明所有者言而有信，但经营者还是会疑心｛所有者｝迟早会搞这一手——这样看来，对他们的激励作用不可避免地要打一个折扣。

143

c. 规章制度上的矛盾

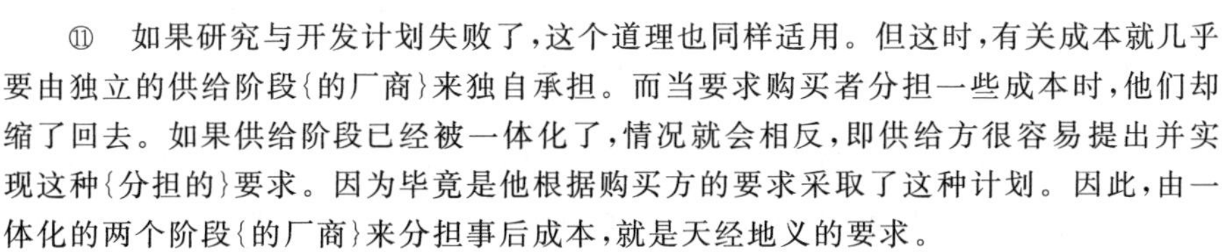

⑪　如果研究与开发计划失败了，这个道理也同样适用。但这时，有关成本就几乎要由独立的供给阶段｛的厂商｝来独自承担。而当要求购买者分担一些成本时，他们却缩了回去。如果供给阶段已经被一体化了，情况就会相反，即供给方很容易提出并实现这种｛分担的｝要求。因为毕竟是他根据购买方的要求采取了这种计划。因此，由一体化的两个阶段｛的厂商｝来分担事后成本，就是天经地义的要求。

我们前面用来划分市场交易或等级制组织的，只有资产专用性这一个标准；引入创新问题以后，划分的标准就复杂了。事实也的确如此：在创新非常迅速的领域中，要研究经济组织问题，会比上面几段所说的问题复杂得多。不过，如果我们把问题限制在一个比较窄的领域里进行考察，还是能得到一些启迪的。

比如有一家企业，长期靠其他企业提供产品和服务；但这些产品和服务不仅具有不同的专用性，而且具有不同的创新的可能；这后一特点是说，只要为节省成本而进行技术创新，就很容易影响到某种产品或服务。如果创新的可能性不大，就动摇不了前面讲的那个道理——凡是不具有资产专用性的产品和服务，应该到市场上去购买；如果产品和服务的资产专用性提高了，就应该通过纵向一体化的方式来获得。因此，即使假定{创新}会带来不同的结果，其范围也不会超出那些创新潜力较大的资产。

在研究创新与组织的这种关系中，一个有效的办法是把一般意义上的节约成本和独有的(Proprietary)节约成本区分开来。一般的节约成本是指能很快被供给商的竞争对手发现并进行仿效的做法；专利、版权、商业秘密等等都保护不了这类做法。那些独有的成本节约则相反，其所有者将独占各种创新所产生的利益。

从原则上讲，不管是专用资产还是非专用资产，都可能被用来实现一般的节约和独有的节约。但非专用投资{的作用}比较容易被人仿效。与此相应，要使从市场上购买的产品或服务起到一般节约成本的作用，通常并不要求建立双边依赖关系或利润分享关系；因为市场采购通常就已经表明了这一点。至于那些为节省成本而特意从市场上购进的产品或服务，特别是依靠专用资产的交易来节省成本的做法，就属于另一回事了。

这里的关键之点在于，当购买者既要分享一部分创新的收益，又想鼓励供给商进行有效的(即特定交易的)投资时，如果对供给阶段实行一体化，则供给商的创新动机(正是有了这种动机，才能实现那种说不清、道不明、而且往往是无法比较的成本节约)，就会越来越弱。[⑫] 这样，当潜在的激励收益很大而被交易的资产又具有很强的专用性时，权衡选择的问题就变得复杂起来。在这种条 144
件下，就可能出现新的混合组织形式(半导体行业的创新组织形式就是一例[莱文，1982 年]。尽管本书第七、八两章讨论的混合组织形式完全切合这种情况，本章第 6.4 节的例子与此也已经很接近，但对组织与创新的关系问题还需要更加深入的研究)。

⑫　下面所引 1984 年 5 月 15 日《华尔街杂志》第 1 页中的故事，颇能说明大企业为鼓励创新所提供的报酬的限度：

“雇员{创新}建议奖金的一等奖不仅数额提高，而且名额也增多了。

商业有限公司准备从 5 月份起开展‘好主意活动’，以鼓励工人节约资金。结果第一次就收集了 3000 条建议。而一等奖的奖金是 10 000 美元。通用汽车公司最近把一等奖的奖金翻了一番，提高到 20 000 美元；现在又开始从部分职员中征集建议。而且，车间主任(first-line supervisors)也可因此获得最高为 1 000 美元的奖金。而在此以前，这些工人根本就得不到这种激励。

皮特尼·鲍斯商业系统公司(Pitney Bowes Business Systems)把它的一等奖从 3 年期 30 000 美元提高到 2 年期 50 000 美元。福特汽车公司现在已经准予其小时工以集体的名义、而不是个人名义获得最高为 6 000 美元的奖金。伊斯曼·柯达公司(Eastman Kodak)去年花在这方面的开支共计 360 万美元，比 1982 年提高了 87%；而这些建议给该公司节省了 1 600 万美元。”

从整体上看，这些报酬{对公司来说}不过是九牛一毛。创新的大奖则往往多归经营者获得，不过这里的问题更为复杂。要了解这些内容，请参见威廉姆森(1975 年，第 10 章)。

3. 对供给阶段两权分离的企业的收购

我们假定，其他条件不变，为发挥激励机制的作用而实行了上述类型的纵向一体化，而这种一体化却导致激励机制失灵。但我还是要强调指出，上述条件只是非常特殊的条件；特别是因为前面我已假定，在供给阶段{的企业}被收购以前，其所有权和经营权是两权合一的。但如果这个条件不具备，情况又会如何呢？

我们设想有一家独立的供给商企业，他甚至早在被兼并以前，就已经考虑到了所有权{实现方式}的改革问题。我们还可以进一步设想，这家企业以前是一家股权集中的、由所有者亲自经营的有限责任公司(closely held)；一旦该企业的股权不再集中，经营者就不再持有大股份了。

对这类企业的经营者采取强激励补偿措施(即分享净收益)所带来的矛盾，不仅对其所有者，而且对其经营者，都是显而易见的。所有者会担心其资产流失；经营者则顾虑所有者可能会操纵会计作账，产生干扰企业净收益的风险。如果人们已经估计到这些后
145 果，那么，在这个股权分散的企业中，强激励机制就会让位于从薪金上{对经营者}给予补偿的弱激励机制。

而重要的问题在于，从导致合并前供给商企业的所有权发生变动的上述变革来看，兼并是否会带来额外的成本呢？如果不会，那就是说，当购买阶段的企业收购了供给阶段的企业，买下后者的所有权以后，就出现了只获得收益而无须付出成本的发展前景。

而且，这种收益的形式也和收购前没有什么不同：现在，供给阶段的经营者所追求的目标被摆在了次要地位，因此会被淡化；而收购完成以后，由于形成了共同的所有权(common ownership)，以后这两个阶段会更容易、更有效地进行合作。

这样，问题又回到我一开始提出的企业规模悖论上来了，只不过问题稍有一些变化，即如下述：为什么不像一家大企业那样，把一切归不同所有者的生产阶段都统一到一个所有权之下来组织和经营呢？{我想，}除非我们能发现兼并所付出的一切隐蔽的成本，否则我们大体上就要退回到原来的出发点了。换言之，虽然第 2 节的内容可以解释伯利和米恩斯的问题，但只要超出这种特殊的环境，就无法说明纵向一体化的边界问题。

这就需要考虑由兼并所引起的、前面尚未提及的三种结果了。首先，只看到所有权与经营权的两权分离，还不能断定所有者{对企业}完全失去了控制。因为无论企业是否被兼并，都有一个控制程度的好坏问题。其次，无论在兼并前还是兼并后，都要给经营者发薪金，但这并不意味着这种补偿与净收益就不挂钩。最后，实行一体化就要对生产进行通盘调度，这样作可能会从哪些方面影响公司的内部政策，还需要具体分析。前两个问题在第 3 节中分析，第三个问题在第 4 节分析。

3.1　所有权的作用

对经营者授权后，如果缺乏对其连续(即直接)的控制，他们就会自行其是。但这并不意味着完全失控。相反，如果一再加重这种控制而其经营业绩仍达不到{赢利}标准，就要对其中的问题进行干预了。在其他情况不变的条件下，这种标准定得越低，经营者自主行事的空间也就越大。但普遍的情况是不会等到面临破产，所有权的利益就会重新发挥作用。

146 这里所说的问题与M型公司中的问题相似，即经营管理权和战略决策权是分离的。这就像第十一章中讨论的那样，即使在经营期之内，中层经营者“看似”不受监控，但如果有：(1)当发生危机时——也就是说，当“基本业绩”达不到预定标准时，负责经营战略的人员就能够、也确实会进行干预；(2)经营计划会定期(比如，按预算年度)进行调整；就不能说缺乏监控。

即使所有权被削弱，但对于经营战略还是能照样进行监控的。从制度比较上看，与此有关的问题就是：实行一体化的企业在经营业绩上与没有一体化的企业会有哪些区别？如果有区别，一般来说，主要是所有权所能监控的是{企业}总体的业绩；而分公司的业绩通常不在其监控范围之内。这样，在一体化企业中的分公司一级，由于所有权监控有所放松，就产生了一种变通的做法。如果其中存在问题，主要的还是与官僚主义有关的成本问题；这一点将在第4节详细分析。

3.2 根据具体情况进行补偿

从表面上看，领取薪金的经营者和其他挣工资的受雇者能得到多少补偿，与其业绩是不挂钩的。但如果事实上薪金要按到期修订的合同而调整，或根据以往业绩或承诺业绩而提高，那么上述看法就只是一种肤浅的看法。从更一般的意义上说,只有在人们相互间互不了解、缺乏承诺(以及其他类似问题)的情况下,才能完全依靠计件工资或计时工资的区别来调节雇员的工资水平;但这种情况极其罕见。

a. 薪金

假定从{会计}报表上计算出净收益后,要过一段时间才与薪金挂钩。于是就出现了一个问题:负责供给的分公司的净收益是否不受兼并前后地位变化的影响呢?有可能出现一种区别,即对于负责供给的分公司的经营者来说,与兼并前、企业还是一个独立供给商时相比,他在兼并后能得到多少净收益,是会更加依赖会计作账的结果的。如果情况真的如下所说,即在兼并阶段{约定,}并购之后经营者在会计工作上说话会更管用;那么,兼并后的净收益有了保证,这对收购阶段{的谈判}是有利的。其结果就是(与收购前相比),收购后的调拨定价方法很容易被扭曲。

b. 提拔 147

在人事提拔问题上,如果不是根据资历长短,不采取轮流坐庄和抛硬币决定的做法,也不是根据经营者根本无权处置的某些其他事件,则无论在兼并前和兼并后的时期中,提拔过程的运作方式都要求{对被提拔者}进行考察。兼并可以从两个方面影响提拔的工作:一是在供给阶段,可以视兼并结果的不同再进行提拔;二是在兼并阶段暂不提拔,等到形成生产联合体以后,在日常经营管理中再行提拔。如果在上述两个方面或某一个方面中,兼并后的提拔过程带有过多的政治化(politicized)色彩,那么,仅凭兼并前、后在薪金补偿上的不同,还构不成不偏不倚的中性激励。

至少可以这样说，在更大的(即兼并后的)博弈中，经营者的行为方式不会与其在较小的(即兼并前的)博弈中相同。因此，如果那些在兼并前力促双方达成兼并交易的经营者有希望得到提拔，那么在兼并后那些能有效安抚{职工}的经营者就更容易得到优先提拔。切斯特·巴纳德(Chester Barnard)的评论是很贴切的：

> “要保持一个非正式行政组织的正常运转，常用的办法是挑选、提拔一批能在一般情况下与人和谐相处的干部。不被提拔或没被看中甚至被撤职的人，恐怕往往、当然也是事出偶然地，是因为他们离开正式的权力就办不成事，就‘不胜任’”(1938年，第224页)。

当然，可以想办法把提拔的过程与上述{行为}结果分开对待。例如，负责供给的分公司的经营者可能被告知，说他们不适合出任总经理。但这种政策可能没有用，也可能造成误导。如果只有这种政策，而没有可靠承诺的政策相配合，就会产生不良后果。如果这种政策招致反感，就会带来相反的副效应。这还不是问题的全部。因为即使供给阶段的经营者已明知提拔无望，他们会不会占着位置不放，甚至阻挡别人的晋升，也还是一个问题。

由此可以得出一个结论：在人事提拔问题上，未经一体化的企业与已经一体化的企业会采取不同的做法，这是不可避免的。如果在提拔过程中，为了摆平关系而偏离了从政治上考虑问题这个大方向，结果也不会有什么不同；但在兼并后的环境中，激励机制将被弱化[13]——在这种情况下，尽管一体化还有助于提高适应能

---

⑬ 教科书上强调的是兼并者不会提拔{经营者}这种政治上的负面后果。但这并

力，但总要产生额外的成本。这样，有选择的干预——只有收益而无须成本——也就不再是一种可行的做法了。

4. 官僚主义的成本 148

第 2 节所讨论的成本，主要是指因兼并或其他原因，导致所有权与控制相分离而带来的成本。虽然在所有权与控制的问题上，出现第 3 节讨论的那种收购成本不足为奇，但其性质多属推测，其后果也不甚严重。这就提出了一个问题，即是否还有其他类型的兼并成本没被我们发现？特别是当把前后相继的生产阶段联合在一起时，是否还存在我们没有发现的“官僚主义的成本”？

菲利普·塞尔兹尼克强调说，“[非市场组织的]最重要的问题在于，尽管这些组织只不过是一些工具，但每个组织都有自己的生存理由”（1949 年，第 10 页）。尽管“工具说”不无道理，但要用正式的组织结构去“克服组织行为中的非理性问题却从不可能成功”（塞尔兹尼克，1948 年，第 25 页）。理查德·斯科特把这个观点总结如下：

> “行为工具‘不听指挥’限制了组织的理性：由于人们都是带着自己的脾气个性加入某个组织的，而且作为组织的一员，

没有囊括一切可能性。如果经营者任期未满，而兼并者又给他提供了新的机会，他就得到了好处。

这就需要对兼并前有希望得到提拔的那些条件进行仔细的考察。只要搞清楚基本状况（经理市场不够发达；企业发展缓慢；高级经理迟迟不退休），在估计兼并对经营者会产生哪些激励作用时，就会抱有更同情的态度。

> 还学会了服从那些使其不能合理行事的规定的本事；因此，组织{的管理}程序本身反倒成为需要呵护的目标；这个组织就只好在其生存环境中作出选择：要么是在当前的目标上作出妥协，要么是限制自己未来的发展”(1981 年，第 91 页)。

用这种实用的方法来研究组织问题又会派生出哪些看法呢？有一种也许是最省事的看法，那就是把塞尔兹尼克、斯科特及其他学者提出的那些条件统统看作是节外生枝。按照这种观点，凡是偏离理性的看法统统被当作错误的概念。而更生硬的看法则是认为这些行为根本就不存在。本文对这两种态度不敢苟同。相反，只有内行的方法才会对研究组织问题感兴趣，并因此才会制定出所有各种调节手段，而不管它们属于哪种性质。如果所要解决的行为问题已自成气候，那么，在选择制度和组织的重新设计问题上，就要留有余地了。因此，如果某些组织形式不像其他组织形式那样容易被官僚主义所扭曲，就不妨考虑用它们来代替那些组织形式。进一步说，凡是扭曲特别严重的地方，可能就需要设计各种监督标准或组织变革的方式，以改善那里的条件。

149 与市场失灵理论相比，研究官僚主义无能(bureaucratic failure)的理论还很不成熟。这里所讨论的，不过是想找到困扰内部组织主要寿命周期的某些倾向。与市场组织相比，内部组织在管理的复杂性、对错误的宽容以及相互帮助等方面，都表现出了不同的倾向。

4.1 管理倾向

所有官僚组织似乎都有爱发号施令的通病。当然，公共部门更是被广泛认为特别钟爱此道——而且很可能确实如此。查尔斯·莫里斯在谈到“好心帮倒忙”时就抓住了这一实质。他提出了“政府的新理性风格”的概念,其理论基础就是“最棘手的问题,在明智且具奉献精神的人面前也要退避三舍”(1980 年,第 23 页)。其实私人部门也具有同样的特点(费尔德曼与马奇,1981 年)。

实际上,管理倾向包括两个方面,而不是只有一个方面。一个是莫里斯所称的帅才倾向(instrumental propensity):对于事实已经一再证明并不复杂的问题,决策者总爱摆出一副“安居平五路”的架势。这种倾向固然出于良好的动机,但实际中的问题往往要复杂得多,而管理者的能力也往往言过其实(佩罗,1983 年)。尽管也可以找出与此相反的例证,但这是他主要的看法。

管理倾向的第二个方面就更要不得了。那是指动用组织所拥有的资源去追求次要目标的战略倾向。如果根据第 2 节提出的原因,金钱在企业中的激励作用不如它在市场上的作用强,也就是说起支配作用的是政治博弈和政治偏好。结果在管理中就会更加普遍地采用“人治”(hands-on)的做法。

只要一再发生紧急情况或遇到诱人的目标,事前计划周全的对策宣告彻底失败,人们往往就会想起俄底修斯用的那种办法(Odysseus-type solution)了。俄底修斯正是因为根本无法抗拒海岛妖女的夜半歌声,才让人把自己绑在船的桅杆上。这就像约恩·埃尔斯特(Jon Elster)指出的那样,“克服意志薄弱最好的办法就是闭目塞听”(1979 年,第 37 页)。在企业中,如果拒绝兼并所能带来的利益有限,那么自我克制的好处就显现出来了。这就保证避免了将来由管理倾向所造成的,虽然无法准确计算,但总可以估计出来的那种成本。

150 4.2 宽容

各种组织之间的赏罚制度有很大差别。人们通常认为，家庭{这种组织}对其成员之间所发生或互相影响的交易，既有透彻的了解，又能从长远上考虑，而且还比较宽容。[14] 市场则相反，人们认为它对{经营者的}特有风格缺乏了解，考虑的又是短期效果，而且也比较严厉(即不够宽容)。

从后面第 5 节所列原因来看，内部组织的长处在于可以进行比较性审计(comparative auditing)。因此可以说，与没有一体化的经济实体相比，实行一体化的企业具有更强的{决策}能力，因为它是在了解情况的基础上进行决策的。这样，因风险不明而难以决策，从而把市场评价复杂化的问题，就可以在组织内部，更准确、更有把握地理出头绪来。因此，从原则上说，是否应该继续对某个项目进行投资，企业内部的资产经营者比资本市场{的投资者}能作出更有把握的判断。

但至少还有两个进一步的推论。第一，由于怕受惩罚，经营者在工作中往往会做过头。市场就像一个严格的工头。除非{企业之间}从一开始就达成了明确无误的调价条款(escalator clauses)，否则，一旦出现难以预料的成本上升，企业就只有自行消化，而不能通过商品销售把这部分成本转嫁出去。相反，如果在企业

[14] 这三个方面是互相关联的，其中最重要的、也最具特色的就是宽容。

内部交易中发生了这种难以预料的成本上升，可以很容易地通过协商来解决。因为在企业内部，完全有可能搞清这种成本上升的来龙去脉；因此，弄虚作假的危险也比市场交易小得多。但这样一来，市场所能调动的经营者的超常努力，在内部组织里也就无从谈起了。有一种想法认为，只要能合理地解释这种成本上升，经营者还是会做出这种努力的。但这不是实事求是的观点，因为，逻辑推理本身就应该符合逻辑（从这个意义上说，惯于穷究底蕴的学者往往不适合搞管理）。

第二，企业计算净收益的方法与市场的算法不同。诚然，我们有一个很实用的定义，至少可以用来判断应不应该宽容商业交易中的失败；那就是看是否严格地用货币净收益来判断“各种辩解”(excuses)的真伪。尽管这两种方法都要计算货币净收益，但应该说，还是市场的算法要比企业的算法更严格。从这个意义上说，市场的宽容程度更低。造成这种情况的主要原因在于，企业与市场所进行的各种交易之间彼此互不相干，不像企业内部有组织的交易之间那样关系密切。

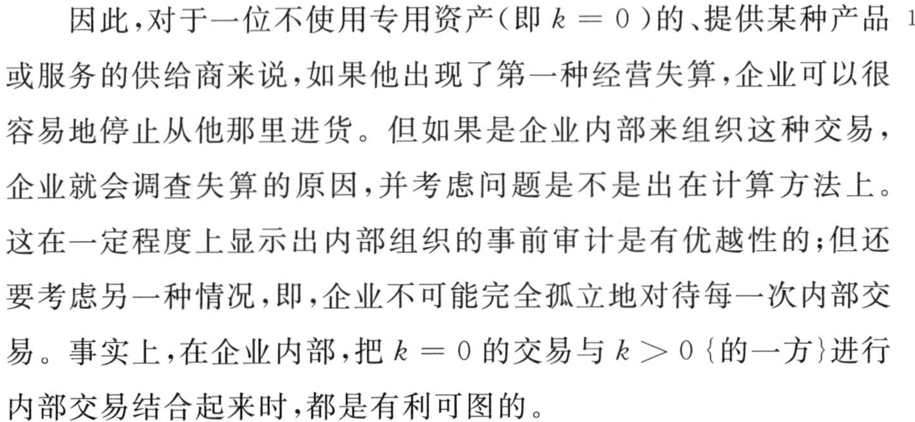

因此，对于一位不使用专用资产（即 $k = 0$ ）的、提供某种产品 151
或服务的供给商来说，如果他出现了第一种经营失算，企业可以很容易地停止从他那里进货。但如果是企业内部来组织这种交易，企业就会调查失算的原因，并考虑问题是不是出在计算方法上。这在一定程度上显示出内部组织的事前审计是有优越性的；但还要考虑另一种情况，即，企业不可能完全孤立地对待每一次内部交易。事实上，在企业内部，把 $k = 0$ 的交易与 $k > 0$ ｛的一方｝进行内部交易结合起来时，都是有利可图的。

因此，尽管从货币净收益的观点来看，虽然对后者来说值得把这种交易继续做下去；但对前者{指外部}来说，这种交易就不宜再维持了。然而，企业既然把这两种交易都放在内部来进行，也就无法完全把它们分开处理，厚此薄彼。如果 $k>0$ {的交易}出了问题，企业作出了"解决问题"的合理决策，但就是这同一个决策，又会对 $k=0$ 的{交易}产生不利的影响。企业这种办事方法对其内部成员和外部相关方来说都是无法接受的。因为即使只从人类的尊严来看，也要求遵守适当的程序。巴纳德曾对非正式组织作过一番评论，完全适用于这里的问题。他说：{建立}非正式组织的目的之一，就是为了"保护个人的个性，使之不受正式组织意在肢解这种个性{的政策}的影响"(巴纳德，1938 年，第 122 页)。

因此，对于市场所造成的这种极端的结果，虽然你可以说它是"碰对了运气"；但所有受其影响的人，包括企业外部的利益相关者(同事、亲朋好友等等)，还是会按照事情的本来面目来看待这种结果。这就给内部组织压上了"按规矩办事"(due process)的重担。{也就是说，}严格的惩罚必须有充分的证据，似是而非的理由行不通。也正是由于人们认识到，他们的行为受到按规矩办事这一内部规范的保护，才有可能钻内部组织的空子，尽量作出最低的业绩；而有些人这样做也确实能如愿以偿。

当然，上述激励机制的弱点仅仅适用于 $k=0$ 的情况。这是因为与市场相比，在 $k>0$ 的情况下，按照事情的本来面目看问题，就有可能使内部激励机制得到强化。但为了把道理讲全面，还是应该指出：在 $k=0$ 的情况下，如果拘泥于按规矩办事，反而会弱化激励作用。

4.3　互相帮助

问题还是老问题:它不在于内部组织是否会带来成本,而在于把没有一体化的企业改造为一体化时,{一体化}前后两种状态下的成本是否不同?我认为,{实行一体化以后,}内部经营决策和投资决策会受到更多的政治性支配。

a. 经营决策 152

阿尔文·古德诺认为,互惠的行为规范就像禁止近亲结婚那样重要,而且非常普及(1960 年)。在各个人类社会中都能找到类似的规范——不管各个社会文化差异、发展水平及历史年代如何。但在不同条件下,造成互惠的机会却完全不同。一般说来,一体化程度较高的组织,能比一体化程度低的组织提供更多的互惠机会。况且,这种机会也很容易被发现——这就证明了前面讲的那种倾向,即内部交易者要比独立的交易者更容易通融。通融并不一定是坏事;因为人们之所以更看好专用资产交易,原因之一就是其中存在通融的可能。但既然是通融,除了它本身的那些优点以外,可能还包括管理工作中的互相补台(back-scratching);这一点值得注意,并且,在决定把越来越多的交易改在企业内部进行时,就需要适当地考虑这种可能。

b. {固定资产}更新换代的趋势

内部采购这种做法受到很多企业的支持。[15] 首先,{这是因

---

[15] 这里的讨论以威廉姆森(1975 年,第 115 页)为依据。

为}内部供给者主要是为本企业自己生产产品的，如果他们进入市场，很可能处于不利的地位。内部供给者可能既没有建立大规模的、经验丰富的营销组织，也不像没有实行一体化的外部供给商那样拥有客户关系网。正是考虑到这些条件，再加上如果其固定成本{所对应的资产}已经无法改变用途，“偏爱”内部采购就显得理所当然了——因为至少其外部采购价格还是大于内部生产的可变成本。

但是，这种看法可能只适用于某种特殊情况。因为资产用途不可改变这一条很容易言过其实(可以把这些机器设备拿到旧货市场去变现)；而且企业在决定对单台机器设备进行更新换代时，也必须考虑自己将来长期使用、维修这些设备是否方便的问题。不过，即使保证经营者可以继续就业，他们显然也不情愿毁掉自己的工作。因此，这种保证就出现了问题：尽管继续就业已不成问题，尽管这一岗位已经取消，但{经营者}还能保留原来的地位和待遇，而且从已知的级别上再官升一级的前景也没有破灭，但他不一定真的能再升官了。这样企业就会热衷于自己为自己提供设备；而且这种热衷会以半独立的方式显示出来，也就是说，在决定每项设备的更新换代上，都坚决要求按部就班作出决策。于是，企业内部某种“滥竽充数”的能力就这样被原封不动地保留下来了。

153 ## 4.4 引申的看法

从我们这里使用的交易成本经济学的观点来看，纵向一体化的主要优点在于它注重的是治理问题，而不是节省生产成本。当交易双方按照双边交换关系行事时,只要查看一下自主合同协议,就可看出这种区别。不过,要了解什么是纵向一体化的主要成本却比较困难。因为你不能简单地用新古典经济学的生产成本概念来硬套;而且不同的治理成本也没有明显的不同特点。这样就必须从更微观的层次上进行分析。

鉴于研究官僚主义无能的理论还多有欠缺,至少现在分析这个问题的条件还不完全具备。不过还有一种可能,就是当我们还不便对经济现实逐一进行分条缕析时,也可以作出相反的假定。但我可以预言,正如根据交易成本理论来分析微观现象,有助于解释市场失灵的原因那样,如果我们付出同样的努力,那么研究官僚主义问题也同样可以取得突破。

当然,在生产成本中可能还有尚未被发现的特点,使我们无法再做出这种努力。或者,我们在纵向一体化的合同中也可能遇到未曾注意到的困难。但如果事实能证明,官僚主义并非妨碍纵向一体化的主要原因,我将不胜惊讶。路漫漫其修远兮!

5. 市场的弱激励机制

要全面地看待经济组织,就要从两方面来看问题:一是看把市场的强激励机制引入企业后,会不会束缚企业的手脚;二是看能否把企业使用的弱激励机制无条件地运用到市场之中。这里要研究的是后一个问题。

根据本节的论题我们假定,前面第 2.4 节讨论的创新精神并不强烈。再假定,供给阶段需要相当多的专用实物资产。因此,企业的组织形式就应该是一体化的。

按照第 2.1 节和 2.2 节所讨论的那些因素所造成的结果，我们设想有一家已经实行一体化的企业；该企业又决定，其分公司之间的产品供求要按成本加成方法来定价。因此，负责供给的分公司会完全按照采购分公司对产品性能、质量的要求来提供产品。[16]
154 不过，{总公司}会定期对负责供给的分公司的成本及决策进行评价，以免其大幅度提高成本，或者忽略、放弃节省成本的机会。这样我们就有理由假定，在这种条件下，该公司的业绩是可以令人满意的。

如果企业能从这种弱激励机制和定期审计中受益，那么对市场为什么就不能如法炮制呢？其实这是换个方式重复我一开始提出的那个问题——只不过这里要问的是：市场为什么不能仿效企业的做法？这个问题也可以用下面更具有经营味道的方式提出：在独立企业之间签订成本加成定价的合同，会造成什么结果？从这个角度考察，有助于我们更准确地把握问题的实质。

在企业之间实行成本加成定价法，与企业内部实行这种做法至少有两大区别。这两大区别都关系到一个事实，即{只有}独立企业才享有额外的自由（an added degree of freedom）：它可以撤资；而一体化的分公司则没有这种自由。第一种区别在于，独立供给商具有一种激励机制，就是它为实现某些战略意图，可以承受由此造成的成本上升；但企业内部负责供给的分公司没有这种机制。

[16] 这是极其简化的说法。{如果购买方}提出减少购买量，负责供给的分公司会拒绝这一要求，以免产量低于维持自身生存的最低水平以致停产。

第二种区别是企业之间的审计不可能像企业内部审计那样有效。

战略上的区别在于:独立的企业具有更强的动机去进行负债投资——包括建厂投资、设备投资和人力资本投资——如果这些投资能增强该企业与其他企业竞争的能力。当然,无论外部供给商还是内部负责供给的分公司,都会听到以下建议(而且很多这类企业也同意下述做法):他们应该只把产品卖给一家需要采购的分公司。但要硬性规定独立供给商必须这样做,反而容易引起更大的麻烦。如果把这类问题提交法庭去裁决,就远不如管理层的指令来得有效。[17]

有时也会听到这样的诘难,说企业之间的审计与企业内部审计难以区分。因此,桑福德·格罗斯曼与奥利弗·哈特才会"假定,一体化本身并不会给双方带来什么新的、可观察的变化。不论何种审计,只要雇主能用来审计其下属,也就能用来审计其子公司,即使这家子公司是一个独立的企业"(1984 年,第 5 页)。不过我认为,还有其他原因使我们不能这样看问题。特别是从"正式组织"的形式上看,市场这种组织和企业内部的组织是不一样的。按照切斯特·巴纳德的以下看法:

> "既然个人服从组织命令的程度会影响到组织效率的高低;那么,在一个组织中要否定上级命令的权威,就会对所有利益相关的人造成威胁;因为这些人要依靠这个组织才能得到净收益;除非他们无法接受这种命令。与此相应,在任何既 155

⑰ 违反合同的毕竟是企业,法庭往往不愿强迫企业之间签订排他性的交易协议。但对于只为自己供货这种企业内部的决策,法庭一般还不至于屈尊亲自处理。

定的时间内，大多数组织成员都会积极地维持各种命令的权威；至于这究竟是什么样的权威，对他们来说是没有区别的。而内部组织的主要功能正在于维护这种利益”（1938 年，第 169 页）。

阿门·阿尔奇安虽然没有提到内部组织这个问题，但他认识到，“如果联合体受到损害，那么，不管是谁，只要他无力抵抗[某种]会给他带来损失的威胁，他就不仅会设法维护这个联合体，而且会设法从联合体其他成员那里寻求帮助，以减少这种威胁实现的可能”（1983 年，第 9 页）。如果一体化组织很完善，从而其成员之间的共同利益远比独立交易单位之间的共同利益更大——因为前者的命运要比后者结合得更紧密——就可以认为，{组织}内部的审计人员在开展工作时，会比那些审计各个独立所有者之间{交易}的人员得到更多的配合，甚至包括“通风报信”之类的暗示。⑱

一般来说，外部审计人员确实也只能查出那些普通的“马马虎虎”的工作。这是因为：如果“咱们的”成本不被认可，“咱们的”利润就要减少，“咱们的”饭碗就要成问题。因此，处在独立供给阶段的雇员们就会七嘴八舌地打马虎眼，以掩盖真相。

诚然，各个分公司也会弄虚作假以欺骗内部审计人员。但分

⑱ 但这并不意味着内部审计人员就没有任何问题了。正如社会学家多次观察到并报告的那样，内部审计也存在腐败问题（道尔顿，1957 年；格兰诺维特，即将发表的著作）。但也就是这些社会学家，却提不出可资比较的实例。因此，了解到内部组织有缺陷对我们是一种启迪，但同样重要的是应该知道这些缺陷能否得到弥补。对于组织设计来说，如果所有方案都有同样的或更严重的缺陷，那就不能说，内部审计不完善就表明这种制度有缺陷。

公司的经营者煞费苦心积累起实物资产，却无法将其卷逃。{经营者}下台时带不带资产是不一样的。因此，如果头头们必须在一个已经一体化、但成本大大超支的分公司里混饭吃，而且，如果这种环境又善恶不分，那就很容易理解：那些本来并没有被牵连到不法行为中的人们，何以早就自然而然地与内部审计人员同流合污了。

这样，问题就归结为一点：不能把市场上的成本加成合同与企业的成本加成合同看成是一回事。因此，要把企业中的交易搬到市场中去，而又毫不触动成本加成定价方法，简直就是天方夜谭；恰恰相反，这种内部交易会受到激励机制和治理整顿{措施}的呵护。

这就又要重复前面提出的那个论点了：在一种组织形式中运
转有效的激励机制和治理结构，并不能原封不动地搬到其他组织
形式中去。相反，组织形式、激励手段和治理防范措施这三者必须 156
同时形成才行。[19]

6. 有关案例

在企业中，关于激励的限度(incentive limits)问题，目前还没有多少证据可以证明。首先，这是因为要企业承认其在管理上已无计可施(administrative strains)——这可以解释为管理无能——企业总会感到提心吊胆，这一点应该不难理解。另外，对企业所作的各种分析研究并没有包括激励限度问题。因为在以利润

---

[19] 资本主义企业与社会主义企业有很强的共性，但据此就推断它们最终会趋同，这种说法是靠不住的。同样重要的是，由于这两种模式各自都表现出、并将继续表现出彼此不同的特点，即使它们有可能向对方转化，也会受到很多限制。

最大化为目标的生产函数的结构中，根本没有各种激励限度的立足之地。

下面六个案例只起参考作用。因为这些案例充其量只能证明，迄今所讨论的激励限度问题都能在现实生活中找到；但我们需要的是对有关微观资料进行更系统的分析。

6.1 内部合同

20世纪之初，美国新英格兰州的制造业企业曾试图推行强激励机制，即所谓内部承包制度(inside contracting system)；具体有如下述：

> “在内部承包制度中，企业管理者提供工作场所、机器设备、原材料和生产资金，并对最终产品的销售作出安排。而原材料与最终产品之间的这段空缺，不是由一级管一级的、领工资的雇员来弥补，却由[企业内部]脱产的承包人来负责。他们雇有自己的雇员，监督工艺流程，并[按谈好的标准]从公司领取报酬”[巴特里克，1952年，第201—202页]。

正如我在别处说过的那样，内部合同体系在合同问题上会遇到重重困难(威廉姆森，1975年，第96—97页)：

1. 生产设备使用、保养不当。

2. 工艺创新则表现为：(1)偏于节省劳动，而不是节省原材料，以及(2)这种创新往往要等到续签合同之日才有可能。

3. 对产品创新的激励很弱。

4. 与资本家的收入相比,承包人的收入有时显得过高;因 157
此,等到续签合同之日,资本家会设法修改合同条款。

这样,内部承包就可以看作为实现本章第 2 节第 1—4 条规则所做的一种努力;但主要的区别在于,承包人不能被随意撤换,只有等合同到期才能撤换。这种为维护企业的强激励机制而采用的富有想象力的做法,应该能起到促进节约各种成本的作用。但也就是这些强激励措施,才会造成资产的滥用(asset malutilization)以及创新过程的某些扭曲;资本家与承包人之间在收入{分配}上也会出现暂时的紧张关系。正是这些(可能还包括其他)缺陷导致了内部合同寿终正寝;虽然建筑业中还保留着这种组织形式的残迹,但建筑业却是按项目计划、而不是以连续供给为基础进行施工的(埃克莱斯,1981 年)。

6.2　汽车的特许经销权

关于汽车制造业为什么不实行前向一体化,进入汽车销售和服务领域,而是使用特许经销权的问题,可以回顾一下艾尔弗雷德 · P. 斯隆的解释(见第五章第 4 节)。其中最复杂的因素莫过于打折交易(trade-in)了。因为不计其数的这类交易都需要根据其地理分布进行逐一的谈判,显然就要求对用于折价出售的、性质千差万别的汽车{分别}进行评估。对旧车估价慷慨固然有助于卖出新车,但这辆车转手再卖时,账上就会记下一笔净损失。而如果把要卖的汽车价值评得过低,就既不符合市场行情,也不利于售出新车。

当然，汽车制造商会坚持把每一次交易都分成两部分来看待：旧车的车主可以尽量在别处卖个好价钱，再用这笔钱去买新车。因此，新车的销售就会更接近于斯隆所说的“正常的待价而沽”，而不像是那种“讨价还价”（1964 年，第 282 页）。但是很显然，既然大量顾客对双边交易情有独钟，你就不能不考虑如何回答与此有关的问题了。斯隆解释说，大企业的经理们缺少做这种生意的“门道”。但我认为，困难主要出在由经营者控制的大企业中的激励机制问题。在这样的组织中，即使做成了一笔利润丰厚的买卖，监督人员和推销人员也不敢说自己对收益拥有充分的支配权。而且，
158 如果买卖做亏了，责任也不都由这些监督人员和推销人员来负（如果雇员有把握另谋高就，而不必完全承担名誉损失的后果，即使惩罚他们也不是万全之策）。有鉴于此，就需要某种更有针对性、更能有效发挥激励作用的手段。究其原因，并不在于从做生意的门道上讲帮不上{经营者}的忙，而在于要讲清楚为什么会产生特许经销权这种做法。

6.3 企业并购、激励机制与内部股权

田纳西有限公司（Tenneco, Inc.,）是美国最大的国有企业集团，其雇员超过 10 万人，年销售额超过 150 亿美元。1980 年后期，田纳西有限公司收购了休斯敦石油矿产公司。后者比较小，其收购前的年销售额不过为 3.83 亿美元，员工 1 200 人，但以油田勘探著称。

田纳西公司为留下休斯敦公司经验丰富的石油勘探人员，给

他们提供了与众不同的薪金、红利和其他福利;对此,田纳西公司的其他人员则无缘享受。田纳西公司还"同意休斯敦公司仍保留其客户网,如同一家独立子公司那样经营",而不是完全融入新合并的公司之中(盖茨乔,1982 年,第 17 页)。

尽管{兼并}之初,休斯敦公司的经营者及地质学家、地球物理学家、工程技术人员和其他同事热情工作;但随后几年他们便纷纷辞职。使他们不满的一个原因是公司过于官僚,迟迟不兑现当初谈定的补偿事宜(盖茨乔,1982 年,第 17 页)。而且其他方面也很是官僚主义:即如田纳西公司经营副总裁所说的那样:"我们必须保证内部股份人人有份,不能厚此薄彼"(盖茨乔,1982 年,第 17 页);这就是说,内外有别的政策是不可能维持下去的。结果到 1981 年 10 月,田纳西公司"失去了原休斯敦公司 34%的管理人员,25%的地质勘探专家和 19%的生产工人,使{休斯敦}公司再也无法继续像一个单独企业那样运营了"(第 17 页)。导致散伙的主要原因,是一些负担显然更小或负担性质不同、也没有那么多规矩的独立厂商{向这些人员}承诺,如果他们找到石油,就享有"认股期权、生产红利、特别是油田专利权(royalty interests)——而这些激励措施对大多数{厂家}来说,是不愿或无力提供并与之抗衡的"(第 1 页)。而大企业虽说干得很漂亮,也总不至于亦步亦趋地跟着小企业跑。

6.4　混合模式

在创新过程中,使大企业和小企业形式上达成联合的方式之

一就是：最初必须集中力量来开发一个行业，至于市场的检验，就
159 依靠独立企业家和小企业（也许是新加入者）来完成；如果开发成功，就把它收购过来，收购方式可以是授予特许权，也可以是兼并；此后再发展就要靠大型的、多角化经营的企业了。但在研制与开发过程的最初阶段，一开始就集中起那么多的强激励机制，并不是系统地解决问题的唯一办法。最近《商业周刊》有一篇报道，讲的是“如何利用小公司的创新成果”；文章开门见山地指出：

> “1982 年，莱姆泰克公司（Ramtek Corp.）打算在其计算机外围设备系列产品中增加一种高级图文机。尽管拨出了巨额研究开发预算——几乎占其销售收入的 11%，远远高于行业平均水平——而设在加利福尼亚的圣克拉拉公司（Santa Clara）却不仅反对开发自己的系统，反而决定向设在洛杉矶的、技术上绝对领先的数字设备生产公司（Digital Productions Inc.）注资 200 万美元，但不作为收购行为。由于莱姆泰克公司只向小公司投资，才使数字设备生产公司得以开发软件，供其强大的、新的成像系统使用；而莱姆泰克公司希望从中获得巨大成功的也正是这种系统。
>
> 莱姆泰克公司的经历表明，大公司在利用个人创业公司（entrepreneurial companies）的技术的方式上发生了一种重大转变。以前，大公司主要靠买下这些小公司以获得它们的专有技术。但很多事例表明，收购方往往会滥用这些新的财产，破坏原先能吸引人才的创造性环境，造成人才流失”（《商业周刊》，1984 年，6 月 25 日，第 40 页）。

这篇报道接着说,这种转变来势很猛,1980 年这样做的企业还只有 30 家,到 1983 年就已达 140 家——“尽管大企业具有强大的长期研究能力及营销门道,但它们发现,依靠这类小公司速成的创新{成果}对自己更为有利”(第 41 页)。就像通用汽车公司在解释其在 1984 年买下技术知识公司(Teknowledge) 11%股份的原因时所说的那样,“如果我们把这家公司整个买下来,就等于杀死了会下金蛋的鹅”(第 41 页)。

当然,这种只持有部分所有权的做法也不是毫无矛盾的。尽管如此,这种做法还是说明,大公司越来越明白了一个道理:至少有很多项目是不需要自己投入那么多资本的;因为他们用来管理已经成熟定型的产品的官僚机构,已经远不适用于早期阶段的创业行为了。于是,混合型的组织便应运而生。

6.5 行业内部审计的局限性

19 世纪晚期铁路的情况是很恰当的例子。就像小艾尔弗雷德·钱德勒(1977 年)写的那样,想靠搞好铁路运输来促进企业间合作的努力往往会以失败而告终。先是非正式的联盟让位于正式的联合;然后又被合并所取代。这种联合所必须克服的问题之一,
就是“虚填货运单,包括虚填装船量或长途运输的发货量,以及对 160
所运货物的分类不当”(钱德勒,1977 年,第 141 页)。虽然运货单经过了核对并验了货,但不具强制力的卡特尔协议鼓励了这种欺诈行为(第 141—144 页)。

美国电信业卡特尔的命运与此相同。在 1850 年代,有限的合

作制度已被证明是无效的。后来为分割{电信}市场,全国电信业被分成6个业务区,1家电信公司管理1个业务区;至于大家都架设有电话线路的地区,就共同进行管理。但实际做起来就产生了问题。于是,电信公司就由最初的6家减少到3家;到1866年,就只剩西部联合公司(Western Union)一家了(钱德勒,1977年,第197页)。

1870年代至1880年代,美国制造业曾利用同业公会,以"设计出日趋复杂的技术,来维持全行业的价格体系和生产额度"(钱德勒,1977年,第317页)。当这些措施不管用时,制造业主们又转而采取互相参股的做法,目的是为了"互相查账,以便更好地维持其卡特尔协议"。但他们却无法断定所调阅的其他公司的会计报表是否真实。结果就像铁路运输业和电信业那样,要实行有效的控制,就只有再迈出一步,即实行合并(钱德勒,1977年,第317—319页)。其中一个重要原因显然就在于审计上的局限性。

6.6 社会主义企业

当要求社会主义企业兑现其实行强激励机制的诺言时,它也会受到同样的种种限制。布兰科·霍尔瓦特报道过如下事件:

> "……有一家计算机中心曾发生亏损,我们就向该中心的人员推荐了一种激励机制。这种机制与以往年份的做法不同,而是企业一切盈利由他们分享,一切亏损由他们分担。但他们显然没有作出什么明显的改进,因为不论从哪方面看,他们的激励措施都没有拉开差距。然而事实证明,中心的新经

> 理能力非凡；因此，在讨论年终分配方案时，{管理}委员会本当对经营业绩的改善给予表彰。但该委员会对这些成就非但不充分肯定，反而自食其言，宣布一年前定下的激励制度不适用，并且在利润分配上也是随心所欲……[其理由是：]我们没料到他们会干得这么好，我们不能容忍他们比别人挣得多。结果这家中心再次出现了亏损”(1982 年，第 256 页)。

这个事件有两方面值得注意。首先，不论是对社会主义还是资本主义企业的经营者，金钱激励显然都会起作用。对这两种人进行鼓励能促进其努力工作(在某些情况下这样做也许确实是完
全适当的)；但在有些情况下，要把节省成本的可能变成现实，就需 161
要引入强激励机制。其次，我们都知道，如果因强激励机制的作用而“过分地”节省了成本(也就是利润过高)，那么，无论社会主义企业还是资本主义企业都会说话不算数的。换句话说，这两类企业做出的“承诺”都要说到办到才行；具体讨论见第七、八两章。

7. 结论

小企业联合起来能办到的事情，一家大企业为什么就办不到、也不能办得更多呢？本章的基本论点在于：要想进行有选择的干预即实行一体化，既得到适当的收益又避免了亏损，那是不可能的。相反，把交易从市场上搬到企业里，往往会使激励机制伤筋动骨。在创新(以及对创新的回报)变得举足轻重的情况下，问题会变得尤为严重。奥斯汀・罗宾逊早就指出，除非是在极乐世界(non-Nirvana kind)，否则各种交易都存在这种问题(1934 年，第

250 页)。因此,市场之神奇作用,不仅在于(在必要的条件下)它能发出明确的信号,而且在于它具有形成并保持强激励机制的能力。

尽管这一论点对原来的所有者兼经营者在{企业被}收购后只落得个经营者的情况特别明显,但是对收购前就没有多少所有权的经营者来说,兼并对他们还是有激励作用的。对前一种人,由于弱激励机制已经作为一种制度扎了根,因此兼并后要保持{对他的}强激励机制,就会导致其行为的扭曲和腐败现象。对于后一种人,即使只给予弱激励(即薪金方式的)补偿,他也有希望增加收入和得到提拔。但这两种人都可能因兼并后的条件而受到伤害。

因此,要"使激励作用长期不变",就会影响激励机制的不偏不倚性质,进而会产生某种误导。问题在于,下列{目标}没有一个是可以不花代价就能贯彻实施的:分公司的经营者保证"精心"使用资产;所有者承诺要"负责地"调整成交价格并进行会计账目处理,并且"全面评价"创新的价值并给予回报;保证许下的职务提拔"毫不走样";以及经营者所同意的"不整人"的保证,等等。越来越多的交易被内部化,会导致激励机制在所有这些问题上失去作用;其结果是通过兼并反而能够更容易地、以完全不同的方式来组织这些交易。

162 看到市场和等级制这两种方式具有很多共同点,就认为它们可以互相替代,这是一种很实惠的想法。但有一条很重要,那就是还应该承认,彼之长处即为此之缺点。因此,必须看到激励机制和治理结构的不同特点。如果要通过以市场为中介的交易,取得与{企业}内部交易相同的结果,那就要更加依赖强激励机制,更少依赖管理程序(包括审计)。

第七章　可靠的承诺(一)：适用于单向贸易 163

本章及下一章讨论利益的交易问题，也就是以特殊(nontrivial)专用资产投资为内容的交易。如前所述，对于连续阶段实行一体化(即所有权的统一)，尽管**事后**在合同上有长处，但这些优点不花代价是得不到的。第一种成本是把市场交易挪到企业内部来组织实施，有可能会牺牲规模经济和范围经济。(回想一下专用资产的转换价值(asset specificity switchover value)，即 $\hat{k}$ ，在这个价值上，市场的长处即促使生产成本降低，恰好被市场的短处即提高治理成本所抵消。[①])第二种成本就是第六章所讨论的：内部组织会受到激励失效和官僚主义无能的严重困扰。

这样，制定一体化决策时就不得不去权衡各种利弊。对这些问题，能不能设计出一些过渡性的结构，使之既有市场上那种单个合同的特点，又有等级制组织的长处，从而减少前述激励机制及规模经济和范围经济所受到的重大牺牲，使双边合同的矛盾有所缓和呢？换言之，交易双方能否达成一种可靠的承诺，使每一方在与对方进行交易时都能有信心，以保证交易(用图 1－2 的合同示意

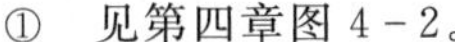

① 见第四章图 4－2。

图的概念来表示，就是从）分支 B 向分支 C 移动呢？

164 笔者分析这些问题时假定，最初会有很多合格的供给商，他们既不想冒风险，也不保守，因此无论签订哪种合同，只要能如预期的那样做到盈亏平衡，他们就会照订单生产。此外，笔者还假定，这些供给商深谋远虑，事先就能估计到，由于投资以及所签的合同具有不同的背景，就可能出现不同的违约问题。既然供给商对合同持这种态度，购买者就得以选择那些最符合自己要求的合同条款了。只有这样看问题，才能揭示出双方以互相信任为基础而努力达成的交换关系中存在的共同利益。从更一般的意义上说，这一分析说明，只重视合同的事前条件或事后条件是最容易犯的错误；因此，对于合同问题，应该“从其整体上”进行评价。

第 1 节要充分讨论的问题，是签订合同时要遵守一条：法律至上（legal centralism）优于私下解决。这个问题在第二章中只是简要地做过交代。第 2 节讨论可靠承诺（credible commitment）的问题。第 3 节提出抵押｛分析｝模型。第 4 节研究｛应该如何｝雇用供给商的问题。第 5 节概括双边交易的具体应用问题。第 6 节解释施温公司的案例（Schwinn case）。再下一章将详细研究双边交易的具体问题。

1. 私下解决

正如前文指出的那样，法律至上论习惯于认为，只要发生了合同纠纷，最佳的调解方式就是诉诸法庭。如果说提交法庭裁决的案子为数不多，那只不过是因为合同起草得很周密，或者是因为合同法规定得很细致,使有关问题处理起来很方便而已。之所以很少发生法律纠纷,是因为交易双方都能料到法庭将会怎样裁决,因此他们自己就会迅速、有效地解决这些纠纷。至于那些例外——即有些案子提交到法庭——不过是为了证明法庭断案如神罢了。

私下解决论反对上述观点。它认为,合同其实只是一个很粗的框架,只能看作一个基础,{有了纠纷}最终还要诉诸法庭(卢埃林,1931 年)。一切合同,特别是长期合同,都是不完备、不完善的文件。予谓不信,且看美国内华达电力公司(Nevada Power Company)与西北商业公司(Northwest Trading Company)长达 32 年之久的煤炭供应协议中的"总则"是怎样写的:

> "双方就此一致认为,本协议之整体及其各项条款对双方具有同等效力。双方认为,在本协议生效期间,协议中因双方 165
> 不可控制或履约期间难以发现之遗漏或缺陷,可导致不平等事项或困境;凡超出双方能合理施行实际控制范围的突发条件、环境或事件,亦能随时使双方或某一方陷入经济上之不平等待遇或其他困境。凡因此类不平等条件致使一方受损,双方应本着共同、平等之责任,迅速反应并精诚决策,采取有效举措以纠正或调整此类不平等状况。凡文字条款含有一方对另一方之不平等权利之意,双方得于该文字条款{生效}六十日内就该不平等事项采取联合一致之行动。调整后之煤炭基础价格如高于市场价格 10% 以上即构成此类困难。一方所主张之不平等权利,系指有理由认为其享有包括为证实其权利所必须的信息、数据在内的权利;{该方}应无条件地、毫不拖延地向对方提供对方有理由认为与己有关且必须{了解}的

其他信息及数据。如双方不能在六十日内达成此项协议，则将该问题提交仲裁[1980年，第10—11页]。”

这种合同不像那种一揽子(comprehensive)合同：{一是}它详尽地考虑了可能会出现的各种遗漏、起草工作的缺陷和难以预料的突发事件；{二是}它会通过双方的及三方(加上仲裁)的努力来解决纠纷，而不是直接求助于法庭裁决。

霍布斯在《利维坦》一书中，讨论了令人感兴趣的誓言与保证问题，说的就是这种情况：

“诚如我前面所言，一纸空文的约束力太弱，不足以使人信守合约而不逾矩；人之本性中，可能只有两种品质或许能强化文字之约束力：或惧怕自食其言之后果，或依‘君子重然诺’而自恃傲物。后者之慷慨守信，实为人类最伟大之品性，特别是在追逐财富、权力或感官欢娱等问题上，更可谓凤毛麟角，极为罕见……在市民社会时代之前……人们对此冥冥之力诚惶诚恐，即如畏惧言而无信会遭报应一般，故而人人对其奉若神明；惟此‘畏天命’之心理，方可抵御贪婪、野心、肉欲或其他种种强烈欲望之诱惑，俾以强化其所签之和平盟约；此外再无任何力量能使人信守合约”[霍布斯，1928年，第92—93页]。

霍布斯由此得出结论，认为“必须有某种强制性的权力，才能迫使人们平等相待，依约行事”(1928年，第94页)。很多律师、社会学家为这种法律至上的主张而奔走呼吁。杰罗德·奥尔巴克最近的考察则证明，私下交易双方并不能有效地处理其所遇到的问题。

奥尔巴克发现,“要想不走法律程序而成功地解决纠纷,就只有看民意是否一致了”(1983 年,第 4 页)。在美国早期殖民定居期间,虽然一些宗教性社区能做到必要的民意一致,但随着宗教激 166
情的降温,遇有纠纷便诉诸法庭的做法也日益普遍起来并被社会认可了(第 5 页)。这就出现了一个基本悖论:美国人讲究的是个人利益,但这种个人利益又只能靠普遍的“法律制度”才能实现(第 10 页,第 146 页)。

但奥尔巴克却没有看到,“企业利益”就可能是一个例外。他认为,企业中能形成公有制价值观(communitarian value),是因为{企业}是“一种利润共同体……即使是美国最固执地主张以其他方式解决纠纷的人,也还是露出了十足的自私、俗气”(1983 年,第 6 页)。由此,奥尔巴克就这种悖论写道:“{企业}在追逐私利和利润中,形成了独有的公有制价值观,其表现形式就是商业仲裁。为保持‘和气生财’的关系,就得收敛一下市场竞争中的个人主义”(第 44 页)。

他说的这个悖论来自以下观点,即:如果私下解决得不到公有制价值观的支持,就不可能建立起来。但对于企业{内部}关系来说,这种价值观本属异己思想。假如可以从通常的重要性上来理解“公有制”一词,那么,{背上}这个包袱就既无必要,也于事无补。我认为,只要抓住究竟为了什么目的才去建立组织这一点,就能更好地研究经济组织的问题。正如菲利普·维克斯蒂所说的那样:

> 在企业中我们之所以和别人结成各种关系,并不是因为我们的目的太自私,而是因为我们要与之打交道的那些人对这些目的都无大所谓……我们彼此提携、互相促进,乃是实

> 情。但这是因为我们感兴趣的是自己的事业；任何人都无法贬低、玷污我们这种高尚的情操……[交换之网]使我们相互结合、相互运动的自由得以无限扩大；有了它，我们既可以把不同才干的人员和不同用途的资源组成一个团体，也可以按照共同的目标来另外组织一个团体；而不必像没有这个网时那样，非得同时满足这"双重标准"才行（罗宾斯，1933 年，第 179—180 页）。

如果我们能提早料到合同之局限性、法庭之局限性，又能从比较的角度提出组织的问题，那就很难说：广泛求助于私下解决会造成自相矛盾。况且还有一点，就像奥尔巴克说过的那样，"和气生财"所带来的利益绝不是企业的专利，它对各种组织都会一视同仁的。不过，鉴于法庭在处理复杂问题时{难免}投鼠忌器、动辄掣肘，我们就该更加注意运用一系列正式和非正式的手段，以减少事前的冲突和事后的纠纷。在促使人们进行研究的各种问题中，"可靠的承诺"在签约、履约过程中所能发挥的重大作用，很可能会超出迄今人们所能达到的认识。

2. 可靠的承诺

167 2.1 承诺还是威胁？

可靠的承诺（credible commitment）和说话算数的威胁（credible threats）具有同一种属性：即它们主要是适应专用投资不可改

变用途这一特点而出现的。但可靠的承诺用于支持结盟、促进交换,而说话算数的威胁只有在冲突和对抗的条件下才会形成。[②] 前者涉及旨在维护某种关系的互惠行为,后者则系双方为争夺优势而展开的斗争。一般来说,促进交换有利于提高效率;但为争夺优势而进行的投资却相反,通常都不利于社会。这两种行为在政治学和经济学上都很重要,不过有理由认为,在这二者之中,更基本的应该是对可靠的承诺进行研究。

但是,人们普遍更感兴趣的是"说话算数的威胁"这个问题,其理论研究深度也远远超过对可靠承诺的研究。[③] 托马斯·谢林有一篇关于讨价还价的经典论文(1956 年),其中对这两个问题的评价与上述差别是一致的;该文重点研究的是一方使用什么策略才能牢牢地"捆住对方的手脚",从中实现自己的利益。不过,谢林也简略地提到了许诺问题。他注意到,"要想讨价还价,就不能不考

② 应当指出,我所说的"威胁"与"承诺"这两个概念与柯蒂斯·伊顿与罗伯特·利普斯(1981 年)所说的不同。他们把威胁分为空洞的威胁和说话算数的威胁,他们所说的承诺就是指真正的威胁。我认为,威胁与"承诺"的意思刚好相反。因此我建议,"承诺"一词应该专指交换事宜。这样,在评价交换时,就能区分什么是可靠的承诺,什么是不可靠的承诺了。

说到联盟,问题就复杂了;因为联盟是针对另一方而组织起来的。联盟固然可以使双方受益,但并非必然如此。因此,供给方可以针对购买方而组成联盟,但这可能有损于社会福祉。因此,可靠的承诺虽有利于交换,又能促进联盟,但有时就需要进行抉择了。

③ 经济学最近使用的词汇是专用资本投资,意指为阻止新的{行业}进入者而进行的投资(迪克西特,1979 年,1982 年;伊顿和利普斯,1981 年;施马兰西,1981 年)。对于经济学理论中关于名誉效应(reputation effects)和准信任度(quasi-credibility)的讨论,可参见戴维·克雷普斯与罗伯特·威尔逊、保罗·米尔格罗姆与约翰·罗伯茨及本书第 14 章的内容。

虑某种‘激励’制度以及利益如何瓜分的问题”（第 300 页）；最后，他在脚注中又补充道：在远古年代，人质的交换就具有激励作用（第 300 页，注 17）。

对于“可靠的承诺”的研究，人们之所以有所忽略，可以用上述法律和经济学中都具有的一个假定来解释，即法律制度天网恢恢，
168 疏而不漏，自然就能以低成本的方式强制人们信守诺言。这种假定做起来很方便，也确实有一定指导意义，但一般都与实际不符——正是由于这一条，才会出现另外的或其他的治理方式。{比如，交易}双方会努力营造并{互相}提供抵押，就是一种令人感兴趣、从经济上看也非常重要的解释。由于认识不到也就无从评价私下解决的长处，因此，关于以抵押为后盾来支撑当前交换的那种说法，也就很容易被认为是异想天开而被置之不理。不过，我认为，各种经济抵押方式不仅已被广泛用于实现可靠的承诺，而且政策上屡屡出错也是由于没有认识到抵押对经济的服务功能。

纯粹的私下解决当然是一种极端的说法。正如罗伯特·穆金与刘易斯·科恩豪泽指出的，私下解决永远“与法律形影不离”（1979 年）。[④] 私下解决是一种设想，但这种设想就像签约{双方}之间的设想那样，至少在教化上与法律至上的设想意义相同。而对于研究交易成本这一目的来说，私下解决这种设想还有更多的含义（不过，更稳健的观点就带有法律条文的色彩了）。

---

④ 加兰特主张，更能体现合同研究之特征的是“以本地秩序为背景的法律”（1981 年，第 23 页）。对此固然可以说千道万，但其主要之点在于，任何全面研究合同问题的学问，都会给法律留有一席适当之地的。

2.2　自律履约

莱斯特·泰尔瑟认为,自律履约(self-enforcing agreement)的特点在于,如果"一方违反了合同条款,另一方唯一的办法就是终止协议"(1981 年,第 27 页)。这与法律至上论相反,它假定法庭和第三方并不插手这种问题。本杰明·克莱因与基思·莱夫勒对此阐述道:"[我]们干脆假定,这些合同并不是由政府或任何第三方强制执行的"(1981 年,第 616 页)。19 世纪晚期台湾的商业合同法显然就类似于这种条件(布罗克曼,1980 年)。斯图亚特·麦克雷对非正式的企业合同的评论体现的也是同样的精神:"企业家往往并不觉得他们签订的是'合同'——而只是认为他们下了张'订单'。他们只会说'取消了某张订单',而不说'违反了合同'"(1963 年,第 61 页)。

本章及下一章都按这种思路展开。而且,虽说抵押既可在事前起(防患未然)的作用,也可在事后起(利害与共)的作用,但自律履约理论的主要兴趣、也是其重点研究的则是合同履约的事后结果。此外,就像泰尔瑟、克莱因和莱夫勒所说的那样,这里关注的就是各类合同在不确定性和交易资产专用性的规定上各有哪些特点。但是,使用泰尔瑟这一模型,会打乱任何一种确定交易的顺序 169
(第 29 页),因此,他所研究的{其实}是"在既不可知、也不确定的一段时间内的一系列交易"(1981 年,第 30 页);而我考虑的那些交易则是(从规范的角度看也的确是)确定的。克莱因与莱夫勒的分析还认为,如果是自律履约的合同,其期限也就不确定,而不会

有确定的期限。克莱因与莱夫勒对质量保证问题曾提出过非常深刻的见解，但抵押模型(hostage model)与这种见解的进一步区别则在于，他们的理论只适用于最终产品市场，而抵押模型主要适用于中间产品市场(至少它们是这种模型的主要用武之地)；况且，这种模型还避免了克莱因与莱夫勒所谓的保证质量就会牺牲效率的那种后果。[⑤]

3. 抵押模型

简单的抵押模型可以用来说明单向的和双向的交换(unilateral and bilateral exchange)，并且比以前扩大了专用资本概念的用途，在评价这种交换时还澄清了如何计算成本的问题。但这种模型比较粗略而不够精当，只是一种提示而不够确切，因此它就像一个起示范作用的楔子，既可说明私下解决的方法的重要性，也为进一步分析问题提供了便利。

3.1 技术与成本

假定有两种技术，一种是通用技术；另一种是专用技术，它要求对耐用专用资产的交易进行更大的投资。以上任何一种技术都

---

⑤ 克莱因和莱夫勒所说的那种“理论上的根本结果”，就含有通过牺牲“最低成本的生产技术”来保证质量的意思(1981 年，第 618、628—629 页)；但抵押模型就不包括这种牺牲(诚然，以抵押做后盾的交换，会鼓励那种预期成本更低的专用资产技术投资)。

可以生产我们所说的那种产品。借助这一假定,就可以对其他各类合同作出评价。下面将要说明,专用技术能对稳定的需求形势提供更有效率的服务。

第二章(特别是图 2-2)介绍了用途可变的(redeployable)投资和用途不可改变的(nonsalvageable)投资之间的区别,这里将沿用这一区别。因此,本文不因袭固定成本和可变成本的传统做法,而是使用"价值实现"这一概念⑥来描述这两种技术。通过改变可变成本和固定成本所能实现的价值,我们用 v 来表示;再用 k 来表 170
示事前已承诺的、不可改变的价值。这样,就可以用以下方程来描述这两种技术:

T_1 :表示通用技术,所有关于这种技术的事前承诺都是可以改变的,v_1 表示可改变的单位经营成本。

T_2 :表示专用技术,事前承诺中不可改变的价值用 k 表示,v_2 表示可以改变的单位经营成本。

3.2　订立合同

订立合同包括两个时期。第一个时期是确定订单;第二个时期是按订单生产。因为需求是随时变动的,所以购买者可以照单收货,也可以拒收订货。如果假定买者的总价值额均匀分布在从 0 到 1 的各阶段内,再假定每个价格上的需求量稳定不变,这样便

⑥　只不过预先承诺中不可改变的部分被适当地称为沉置{成本}罢了(克莱因与莱夫勒,1981 年,第 619 页)。

于确定每单位的需求量。即使会有沉置成本(sunk cost),也是第一个时期的问题。沉置成本是肯定会发生的,而改变用途是否要付出成本,就要看买者是照单收货还是取消订单了。因此,如果 $k+v_2<v_1$,买者究竟会选择哪一种技术就很令人感兴趣了。需求和成本之间的这种关系如图 7-1 所示。

a. 净收益

无论买者决定接收发货还是拒绝收货,都可以用{交易双方}共同利益最大化这一标准来评价。而纵向一体化的做法无论是否可行,抑或其官僚主义是否无能,其结果肯定会达到共同利益的最大化。因此,评价这些合同所必须采用的标准,就是看一体化的{企业}有没有两个分公司,一个负责生产,一个负责营销。生产性

171 分公司同样要具备上述两种技术,一种涉及的是专用资产,另一种不涉及专用资产。但无论使用哪种技术,其产品都要按边际成本定价并在两个分公司之间调拨。

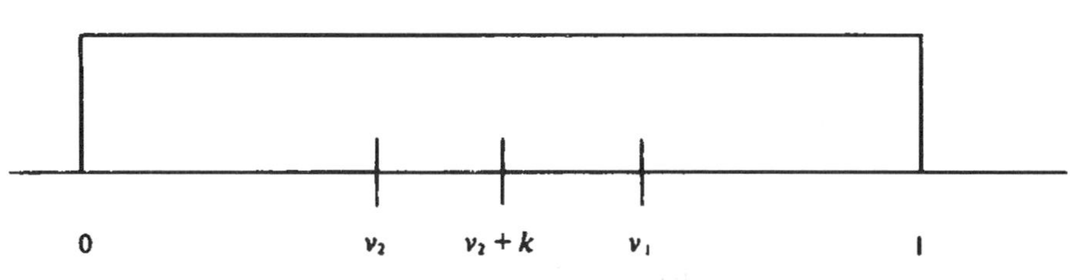

图 7-1　需求分布与供给成本

有了 $k+v_2<v_1$ 这个条件,并不能保证专用资产技术(T_2)的效率就更高。因为其效率的高低取决于能否获得净收益。而使用通用技术(T_1)能否获得预期净收益,则取决于两点:一是这个一体化企业决定生产的是什么产品,二是提供这种产品的净收益能否达到{社会}平均水平。因此,只有当需求价格已定并超过边际

成本时，即在 T_1 的条件下，其生产可能性为 $1-v_1$，这家一体化企业才会决定生产这种产品。{如果两个}生产期间的平均净收益为 $(1-v_1)/2$，则 T_1 这种技术的预期净收益就可表示为：

$$(1)\quad b_1=(1-v_1)(1-v_1)\ /2=\frac{(1-v_1)^2}{2}$$

用同样的方法，可以得出专用技术（T_2）的预期净收益的公式。仍照上述假定，只要需求价格已定且大于边际成本，该一体化企业就会进行生产。但由于前期在专用资产 k 上花了投资，因此预期净收益必然会降低。由此我们得到：

$$(2)\quad b_2=(1-v_2)\ (1-v_2)\ /2-k=\frac{(1-v_2)^2}{2}-k$$

该公式中的第一项就是预期收益超过预付成本（out-of pocket cost）的价值。

只有当 $b_2>b_1$ 时，才会选择专用资产技术。这就要求

$$(3)\quad k<\frac{(1-v_2)^2}{2}-\frac{(1-v_1)^2}{2}$$

b. 自主合同

假定公式（3）中的不等式关系不变，再来考虑买卖双方的自主合同问题；其中买者的需求为最终需求，生产者则制造{买方所需求的}产品。再假定需求及生产的技术均如前述。这样，有效率的合同关系就是能再现纵向一体化成果的那种关系；也就是（1）选择专用技术；（2）只要实际需求价格高于 v_2，就生产并卖出产品。再假定，交易双方对风险都持中性态度，并且在该行业中，生产者一方是因互相竞争而联结在一起的。在这些条件下，无论合同对{双方}关系是怎样规定的，只要生产者能测算出（以预期值表示的）盈 172

亏平衡条件，他就愿意提供产品。[7]

再回想一下，订单是在第一个时期签订的。至于专用资产，也必须在第一个时期里，根据所估计的第二个时期的供给{水平}而预先投资。至于第二时期是否真的那样生产，就要看那时的实际需求了。这样，在第二阶段，购买方就要决定是否对订单“认账”了。由此我们就可以考虑以下三类合同的内容：

Ⅰ.买方购买专用资产，并只从接受最低投标报价即 $\bar{p}$ 的卖者手中购买。

Ⅱ.生产者自己投资制造专用资产；如果买方确认其订单而无任何改变，生产者将在第二个时期收到付款 $\overline{p}$。

Ⅲ.对于自己投资制造专用资产的生产者来说，如果买方确认订单，他付给生产者的价格为 $\hat{p}$；如果买方取消其订单，他付给生产者的只是 αh，其中 $0\leqslant\alpha\leqslant1$；但如果买方为订货已付出 $\hat{p}$，而{生产者}在第二个时期却不予发货，买方损失的财产即为 h。

第三类合同可以看作为：买方将某物抵押给生产者，并自己评估其价值为 h；但在买方取消订单的情况下，生产者对此抵押物的评估值只有 αh。

在第一类合同关系中，如果生产者能从每一单位需求中得到数量为 v_2 的补偿，这相当于他自己掏钱的成本，因此他的盈、亏就

[7] 供给的先决条件当然要让供给商有利润可赚，从原则上说这是没有问题的。如果不使用预期盈亏平衡这一标准，就应该假定，供给商能从每一份合同中实现某种预期目标水平的利润；这样，这些合同将带有抵押模型的一切显著特征。其结果虽然会抑制最终需求，但合同理论的各种主要论点都被保留下来了。

能平衡。这样,只要 $\bar{p}=v_2$,报价低的生产者就会提供产品。因为如果是他自己投资建设的专用资产,买方就能得到最大的净收益;而且既然产品是按边际成本来定价、来买卖的,这种合同就再现了纵向一体化关系。然而,只有在专用资产可以移动且其专用性只限于物理特征(即各种专用模具,specialized dies)时,才能签订第一类合同。此时,从市场上采购就足以满足供求双方的需求,而不会由于专用资产的所有权都集中到买者手里(他必须再把这些专用资产分配给要价低的生产者),而带来难以成交的新问题。由于这些模具的所有权还在卖者手中,即使在履行合同中出现了什么新的困难,他也能无需任何成本就重新投标;因此这第一类合同的结果就是有效率的。[⑧]

有了这个基础,我们再来集中分析第二类和第三类合同;其中仍然假定,人力资产、场地资产或特定用途资产都是专用资产。对 173

第二类合同,只要已经实现的需求价格高于、而不是低于 $\bar{p}$,享有自主权的买者就会确认其订单;但反之则结果相反。这时,即使 $(1-\bar{p})\bar{p}-[(1-\bar{p})v_2+k]=0$,生产者也能做到盈亏平衡。由此有:

$$(4)\quad \bar{p}=v_2+\frac{k}{1-\bar{p}}$$

根据这种合同,就可以按高于边际成本的价格来交换产品。[⑨] 质

⑧　如果所有权还在购买方手中,供给者就可能会滥用这些模具。但这里不去考虑那种可能。

⑨　有理由认为 $\bar{p}$ 值会大于 v_1;但在这种情况下,了解第二类合同一切奥妙的买方就会{改变合作对象,转向}那些使用通用技术的卖者。作这种比较也就是隐含地假定 $\bar{p}<v_1$。此外还应注意那种备用技术(standby technology),也就是不花成本就可以把它用到这种产品上去或者从这种产品中撤出的技术;这样就能在价格为 v_1 时有效地

言之，如果 $\overline{p} \geqslant v_1$，买者只有迅速摆脱第二类合同，转而从使用技术 T_1（技术水平较低）且其成本可变的生产者（由于他是按价格为 v_1 时的需求来提供产品，所以能做到盈亏相抵）那里购买产品，才能改善自己的{收益}状况。

在第三类合同的条件下，只要所实现的需求价格超过$\hat{p}-h$，买者就会确认其订单。我们且用 m 来代表$\hat{p}-h$。这样，当$(1-m)\hat{p}+m\alpha h-[(1-m)v_2+k]=0$ 时，这位卖者才能做到盈亏平衡；由此有：

$$(5)\quad \hat{p}=v_2+\frac{k-m\alpha h}{1-m}$$

$h=k$、$\alpha=1$ 的情况指的是：如果买者取消订单，他放弃的财富量就相当于他花在专用资产上的投资量；而这个财富量会转移给对此价值量评价为 k 的生产者。在这样的条件下，公式(5)就变为：

$$(5')\quad \hat{p}=v_2+k$$

由于只要需求超过 $m=p-h$，买者就会发出订单，其结果就是 $m=v_2$；也就是说，只要需求超过 v_2——即所谓有效率的（即边际成本的）供给标准——买者就会发出订单。

在第三类合同中，买者的净收益为：

$$(6)\quad b_3=(1-m)\left[m+\frac{1-m}{2}-\hat{p}\right]-mh$$

其中，$(1-m)$代表发出订单的概率，$m+(1-m)/2$是所有已发出

砍掉一部分需求。如果潜在的中间商能以 v_1 的价格发出一份订单，向通用产品的制造商购买产品，就会发生上述情况；如果需求{价格}降到这个价值以下，取消该订单就不用花费什么成本（并且通用资产也可以改变用途）。我只是故意假定不可能出现这种情况。这个问题还可以换一种方式来提出，即假定在 0 到 v_1 的时间段里，需求是平均分布的；但在 v_1 这一点上，出现 $1-v_1$ 的概率会非常大。

订单的预计需求价格,$\hat{p}$ 是根据所确认的需求支付给生产者的金额,h 则代表(当概率为 m 时)撤回订单所牺牲的财富。在假定 $h=k$、$\alpha=1$ 的情况下,该公式就简化为 174

$$(6') \quad b_3=\frac{(1-v_2)^2}{2}-k$$

这个结果与在纵向一体化条件(见方程[2])下计算技术 T_2 的净收益的结果是一致的。

由此可知,只要所签的第三类合同包括了 $h=k$、$\alpha=1$ 这两个条件,实际上也就有了纵向一体化状态下有效率的投资条件和供给条件。但如果 $h<k$ 或 $\alpha<1$,就会出现问题;而且,其不利后果将完全由买者来承受——因为根据假定,无论按什么条件来签订合同,卖者总能做到盈亏平衡。因此,尽管在合同签订以后,买方还愿意再提供一笔价值较低的抵押,他也不在乎生产者是否重视这个抵押;但在签订合同时,买方实际上想对生产者做出这样一种保证:如果不能成交,他就把这笔价值为 k 的抵押,即保证生产者充分实现其价值(即 $\alpha=1$)的抵押,留给生产者。如果他无法做出这种承诺,就会在签订合同时提高价码。因此,对于那些只关心在事前搞清情况的生产者来说,只要他们肯接受 α 值小于 1 的条件——见下面第 4 节讨论的丑公主的例子——这就全然不是事后投机者所关心的那种问题了。但如果生产者之间像两个公主那样存在着差别,买者就会对他们分别作出评价,因此现在就要讨论生产者的偏好问题了。⑩

⑩ 如果以单位 1 作为 α 值的上限,就排除了供给者对抵押物的价值评得比买者还高的可能。如果 α 值大于 1,那么所有的抵押交易都有可能获得收益。但丑公主的例子则说明抵押价值小于 0(见 4.1 节)。

由此我们可以概括如下：我们注意到，第一类合同与纵向一体化极其相似，但条件是它只适用于专用资产；第二类合同比较简单；如果满足 $h=k$、$\alpha=1$ 这两个条件，第三类合同的结果其实就是纵向一体化。进一步还应注意，第三类合同有一个重要特点，即只要实际需求超过了 $m=\hat{p}-h$ 这个限度，那么，无论面对什么样的需求，买者都将接受{生产者}发出的货。这是因为只要供给者照单发货，他总能得到 $\hat{p}$；而对买者来说，即使他（再卖掉自己的产

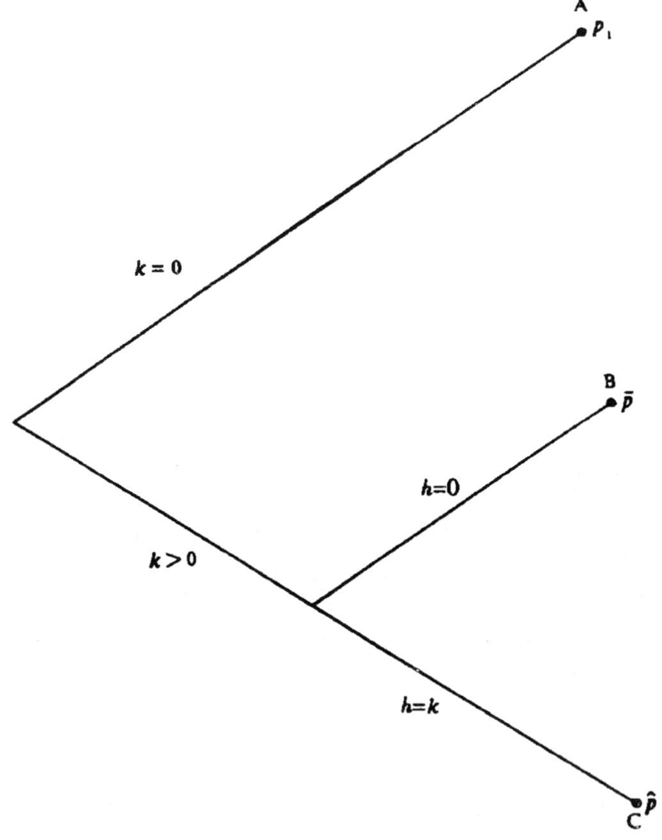

图 7－2　合同示意图

品)所能得到的收入小于 $\hat{p}$,他有时也会收下{供给者}发出的货。但这样做并不意味着没有效率,因为当所能实现的需求价格低于边际成本(v_2)时,他绝不会去确认这份订单。而这恰恰是抵押的特点所在,即能使他有效率。因此第三类合同就优于第二类合同。

以上内容与第一章中讨论的、并在本书各篇一再提及的合同模型有关。为阅读方便起见,我用图 7－2 再现这个合同示意图
(只是稍作变动)。A、B、C 各分支节点上的三种(均衡)价格之不 175
同是一目了然的,{因为它们所依靠的}技术不同;而 B、C 两点之间的不同则是由于各自的风险不同。但在 B、C 两点之间还有更进一步的差别,即如本文所分析的,这种差别只有在分析净利润时才能发现:即分支节点 C 上的合同能够更合理地运用资产。

有些供给者处于分支节点 B 与 C 之间,但不论是哪一种情况,他们都能做到盈亏平衡,因此他们彼此之间并无差异;这是一个事实,但这并不意味着我们对这两种结果无能为力。相反,买者和公众的兴趣在于追求 C 点的结果。这种结果不仅适用于本章重点讨论的那些中间产品,也适用于劳动组织(第十章)和资本的供给问题(第十二章)。

4. 吸引供给者 176

在这一模型中,供给者处于被动地位。他们对任何合同都持中性态度;因为不管买者做出何种选择,他们的预期利润都是一样的(即都为零)。这样,买者只有先让生产者不再为取消订单而担心,才能保证{自己}得到更好的回报。买者不可能既要吃鱼(获得

以有效率的技术并按$\hat{p}$的价格提供的产品),又不沾腥(不花成本就能取消订单)。降价并不是免费的。

如果$h = k$、$\alpha = 1$,就能达到最优结果,那么理想的抵押物就只能是那种一般等价物:货币。数量为$h = k$的抵押债券就符合这个要求。但问题到此并没有结束,原因在于,这种安排并不能保证供给者的利益并吸引他前来合作。从这个条件中可以得出三个理由:故意取消订单,评估值不确定以及合同不完整。这些都是有限理性和投机共同导致的结果。

4.1 蓄意违约

肯尼思·克拉克森、罗杰·米勒与蒂莫西·缪里斯在分析借机违约(induced breach)而法庭却不按明文规定的损害条款处理时,提出了蓄意违约(contrived cancellation)的问题(第371—372页)。所谓借机违约是指一方承认合同的文字条款,却有意封锁有关信息;或者,在需要更加密切配合时却草率履行其义务(第371—372页)。但无论是哪一种情况,要查明并(或者)证实确系借机违约,都要付出很高的成本(第371页)。

对于挑肥拣瘦地执行清偿损害条款(liquidated damage clauses)的行为作出这种解释,会给其他法学家带来麻烦(波斯纳,1979年,第290页),不过更令人满意的解释迄今尚未问世。克拉克森及其他学者的说法至少给人一种印象,即对待投机中的"猫儿腻",他们非常敏感——凭这一点就可以说,私下解决要远比简单抵押模型的框架复杂得多。此外,他们还提到{财产有被}没收的危险(expropriation hazard),这或许就是搬出丑公主的故事的道理了。

由此我们假定,需求之不确定可以忽略不计,从而取消订单的
风险也可不予考虑。不过还要再进一步假定,各个购买者会遇到
不同的信用风险;因此,一有可能,生产者就会拒绝把产品卖给信
用差的买者。如果假定{信用}风险的优、劣差别很大,足以拆散这
种均衡,[11]生产者就会要求{购买者}提供抵押(或者换一个说法: 177
信用好本身就可以充当抵押),以便选择购买者。进而,既然人们
把抵押只当作筛选的手段,那么只要 $\alpha = 0$,这一目的就能实现,
购买者的{抵押物}也不会有(比如说因曲解法律)而被扣留的风
险。具体地说,如果有个国王对自己的两个女儿同样怜爱,但他不
得不挑其中一个去做人质,那么最好的谏言就是劝他选择那个长
相丑点的。

4.2 对不确定性进行评估

该模型假定,专用投资 (k) 的价值可以很准确地确定。但情况并不一定是这样。诚然,要让买者来断定,生产者的专用投资是否真如他声称的那样,在数量或性能上都符合第一个时期订单要求,确实有些勉为其难。如果市场上的生产方竞争有序,{买者}不

⑪　威廉姆森曾简略研究预先筛选(ex ante screening)问题的性质(1982 年,第 6—9 页)。但筛选均衡(screening equilibrium)问题过于复杂,而且也不是争论的焦点所在。对于筛选均衡问题的讨论,请参见迈克尔·罗斯柴尔德与约瑟夫·斯蒂格利茨和约翰·莱利(1979 年 a,1979 年 b)。

用担心那种不讲信用的企业(fly-by-night),这个问题也还不算严重。但如果这两条都难以保证,买者就可能会受骗上当。{因为}生产者可能信口开河地吹嘘自己的发货能力(其专用资产投资量号称为 k,实则只有 $k' < k$),并通过蓄意违约或曲解合同,吞掉 $h = k$ 的那笔抵押。

如果这位生产者确实拥有其所称的专用资产,但他是利用占有抵押物之机通过前向一体化而打入该买者的市场{即进入第二阶段},从而保持自己的资产不贬值,那风险就特别大了。{当然,}即使该生产者在第二阶段的营业能力不强,但由于他拥有第一阶段的专用资产,他所花的成本也比他没有这种资产时的成本要低得多。

既然购买者提供了抵押并认识到其资产有被蓄意吞噬的危险,他自然就会调整其最初{谈判}的价格。说得更具体一点就是,如果抵押物被吞噬的风险很大,以抵押为后盾的合同就不如那些同类风险较小的合同更有约束力。但这就也是承认:如果没有附加的保护条款,就不能保证在第三类合同中,产品会按边际成本来交换,{专用}投资的性能和数量会达到有效率的水平。显然,这就属于简单模型所不能涵盖的、更深层次的治理问题了。

178 4.3 不完善的合同与讨价还价

复杂的合同都不完善,而且很多{规定}还令人难以适应。其原因有二:一是很多突发问题事先预见不到(甚至根本就不可能预测);二是即使能认识到这些突发问题,{交易双方}也都同意作出调整,但就是做不到真正的相互适应——这可能是因为双方在履约过程中对生产、需求有了比刚开始时更深入的了解(纳尔逊与温特,1982 年,第 96—136 页)。因此,履行合同的一个重要内容就是通过某种手段来弥合这种差距。究竟是很容易、很有效地做到这一点,还是要付出很高的代价才能做到相互适应并达成履约上的一致,会使人们在评价合同的效率时得出完全不同的结论。

因此,即使不考虑蓄意违约的问题,那些老老实实按合同办事的生产者也难以再去讨价还价——即挤兑销售者;因为合同本身就不够完善或难以适应。针对这种条件,就会产生一种专门的治理结构,以促进相互适应、和谐一致并能继续保持交换关系。这样的治理结构可能有两种,一是靠了解情况的第三方(进行仲裁);二是使用互相都熟悉的专用资产。

4.4 针锋相对的保护措施

通过金钱把双方拴在一起,尽管会造成上述困难,但并不能改变{前面的}命题,即:如果买方确保从供给者那里购买产品,其买价就会比无担保时的买价要低。但由此又产生一种可能,即以其他方式做出这种保证。

假定,交易中的买者不只是当"倒爷"(conduits),他们在把产品卖给消费者以前,还会付出生产费用和销售费用。再进一步假定,这些买者掌握了两种技术:一种是纯粹的通用技术;另一种则要使用专用资本投资,即只有当其产品能满足最终需求时才有价值的那种投资。最后还要假定,改变专用技术用途所费的成本

(v) 要比用于通用技术的成本低。

接下来就是：有些购买者用在销售及服务方面的投资比另一些购买者具有更强的专用性；因此供给者在把产品卖给前者时，售价要比卖给后者的低——即使取消订单，{供给者}也不会扣留抵押品。这是因为在需求不旺的情况下，前者还会确认其订单，而后者则不会。从买者的角度看，有些买者拥有专用于交易的资产，他
179 们只花较低的成本就能改变其资产的用途，因此与其他购买者相比，他们能为供给者提供一个更有利的需求环境。在此意义上可以说，这种前向{一体化}的专用投资本身就是一种可靠的承诺。但由此签订的合同却不符合效率的要求，即不会按边际成本给产品定价。只有在{购买者}取消订单、但对供给者给予补偿时，才会按边际成本给产品定价。

虽然存在这种缺陷，但这并不意味着，在单方面的贸易中总要转让抵押品。因为这类原则有可能遇到前面所说的那种挤兑风险。推而广之，就可以说无论哪种贸易方式都有其自身的缺陷。因此，在对各种主要组织形式进行制度上的比较、评估时，就应该考虑到以下几点：

1. 取消订单但{对供给者}给予充分的补偿，则买者{的抵押品}就有被扣留的危险。

2. 买者因其专用资产投资而形成{对供给者}更为有利的需求环境，但他拒绝提供补偿，会使供给者陷于损失得不到补偿的危险之中(尽管危险程度已有所降低)。

3. 供给者退让一步，作出可靠的承诺：如果{买者}取消订单，则扣留部分、但不是全部抵押物。

4. 通过进一步签订互惠协议而扩大合同关系。

5. 通过纵向一体化以形成共同所有权,来巩固双方的交易。

至于能否做出第 4、第 5 项选择,要根据具体环境而定。其中的互惠问题将在第八章考察,是否加入纵向一体化的权衡比较问题将在第十四章中考察。但不管是哪种情况,只要在各种复杂方式中做出明智的选择,就需要了解现实中的经济制度(库普曼斯,1957 年,第 145 页)。这就需要对交易双方的属性、他们所掌握的知识以及他们开展经营的市场{状况}等等作出评估。

5. 单向贸易的实例

上面讨论的选择技术、选择合同的问题可以用图 7－2 概略地表示出来。如果 $\hat{p}<p_1<\overline{p}$,就关系到 A 和 C 两个分支节点:购买者可以有两种做法:一是要求供给者使用通用技术{来生产产品},自己则确认订单并以 p_1 的单价购买供给者发出的货物;二是要求供给者进行专用{设备}投资,而自己则承诺提供保护措施。反之,如果 $\hat{p}<\overline{p}<p_1$,则关系到 B 和 C 两个节点:这时{供给者}只能使用专用技术,与此相应的是某些购买者会{向供给者}提供保护,而其他购买者则不会。

有一种观点认为,只要购买者提供(或拒绝提供)抵押,就能影 180
响供给价格及供给方式。按照这种观点,人们又从多种角度,对罗宾森—帕特曼(Robinson-Patman)的价格歧视{法案},以及如何理解特许经营权和两步定价法(two-part pricing)问题,做出了多种演绎。

5.1 罗宾森—帕特曼法

罗宾森—帕特曼法{的立法意图}向来被解释为:"不允许大购买商[压价进货];除非卖者因批量生产、批量发货或批量销售,其成本递减而有理由降价;或者,当其他卖者也同样降价与之竞争时,该卖者可凭借其良好的商誉予以应战。"[12]但毋庸讳言:在抵押模型中,$\hat{p}$ 小于 $\overline{p}$ {这一条件}根本就不是批量生产和应付竞争所造成的,而且{这个条件}与公众利益也并不矛盾。但是,如果(1),为实现这里所说的交易,必须进行专用资产投资;或者(2),由于{买者}拒绝作出可靠的承诺,第二类交易就只限于通用目的的交易(但其成本过高);在这种情况下,如果非要让一个生产者以同样的价格把产品卖给两个顾客,而这两个顾客订购的产品数量又相同,区别仅在于其中一人提供了抵押;那么,这位{生产者}的生产的确会既无效率,也无保证。

毋庸讳言,我们还没有谈到另外一些因素,那就是一旦进行抵押以后,{购买方}的购买承诺(表现为他们愿意提供抵押)是有差别的,他们违约的原因也各不相同。对这些差异,人们习惯于用传统的(静态的)、否认交易成本的那种微观分析方法来解释。对这种习惯应该作一番重新梳理,从微观角度对交易进行一番考察,特别是要考察资产的专用性以及其中包含的风险,并且应该尽可能以盈亏平衡作为实用标准,对依据普遍相关条件(common refer-

[12] FTC公司诉Morton Salt公司案。334U.S.37(1948年);着重号系作者所加。

ence condition)所形成的各种合同进行评估。一旦评估后就会发现,对于很多非标准化的或者我们所不熟悉的签约做法,其中很多还被先入为主地认为与法律要求不符,我们的理解往往是并不相同的。⑬

5.2 授予特许经销权

克莱因与莱夫勒认为,特许经销商可能会被要求进行交易专用的资本投资,以防止因{产品}质量下降而伤害特许权制度。克 181
莱因(1980年)指出:有了特许权,就能更好地

> "……确保质量,因为它要求特许经销商投资于专用……资产;进行这种投资就意味着,如果他搞欺诈,等合同到期时,他在资本上的损失将大于欺诈带来的收益。例如,特许权授予者会向特许经销商提出要求,让他短期租用(而不是拥有)其生产所用的场地。有了这种租地制度,合同到期时就能让特许经销商搬迁出去;他就会损失其资本,最初他投入多少资本,就可能损失多少资本。这样,{即使}特许经销商搞欺诈,也能形成一种与之相制衡的威慑形式"[第359页]。

这种制度安排的功能,与抵押能使人在交换中返璞归真的作用并无二致。

⑬ 请注意,这种说法是有条件的,即它只适用于涉及专用资产的贸易中 $\hat{p}$ 与 $\bar{p}$ 的比较。至于确系由此而产生的消费者不同的{购买}价格的性质问题,这里不仔细讨论。

尽管这种说法在逻辑上可以成立，但是，把抵押作为制衡机制，使特许经销商无法利用需求的外部性（demand externalities）来钻空子的做法，往往被视为强加（即凌驾）于人；因为特许经销商对此“无能为力”；他们之所以会按要求提供抵押，是因为别无选择。但是，这种“强加论”往往是事后诸葛亮的说法。实际上，利用抵押来促成交换，往往是一种有效的制度安排；至于{交易双方}谁先提出这种动议，其实与结果无关。下面是一个经过修改的例子，其中可以很清楚地看出这种结果。[14]

假定一位企业家发明了一项独特的、具有专利性质的设计思想，并把它毫无保留地卖给一些供给商；后者彼此互不关联，也不在同一地区，而且各是其所在地区唯一的供给商。他们每个人原来都想把产品只卖给自己所在地区的{常驻}顾客，但他们会惊奇（最初当然会很高兴）地发现，那些流动人口也买到了自己的产品。流动人口之所以买这种产品，并不是冲着这些特许经销商个人的名声，而是出于相信特许经销制这种制度。这样也就产生了需求的外部性。

因此，如果每个供给商只把产品卖给本地顾客，他们就能得到其技术改进和质量提高所产生的全部利益。但人口的流动会抵消这种结果：因为本地{产品}质量降低会节省成本，使本地生产者多得到好处；由此导致的需求下降虽然会蔓延到整个系统，但当时却激励了供给商本人，使之利用整个系统的名声而行免费搭车之实。

---

⑭ 这种思想最初由杰弗里·格德堡（Jeffrey Goldberg）提出。他认为，用这种方式提出第一类讨论中的特许权问题比较有效。

但如果作出这项发明的企业家已经把这种排他性的权利全部卖掉,那么,需求再发生什么预料不到的变化,也都与他无关了。因此,独立的特许经销商作为一个整体,还要再设计出一套纠正这种后果的办法来,以免败坏整个系统的声誉,造成不利于他们个人和集体的结果。

在这个修改过的例子中,特许经销商会因此而找到自己的代理人,对{全行业产品的}质量进行监督;或者设计出一套惩罚制 182
度,以防假冒伪劣。一种可能是再请这位企业家出山,即雇他来提供这种服务。而他现在就变成了特许经销商的代理人,可以实行某种质量监测制度(例如,限制某些购买行为,即要求特许经销商只能购买质量合格的供给商的产品;为此他要定期检测产品质量)。至于有意钻需求外部性的空子的做法,也会受到进一步的限制,其办法有二:一是要求每个特许经销商都得提供某种抵押,二是给特许经营权规定出失效时限。[15]

这种间接的做法表明,控制了外部性,受益的正是这种制度本身。但这种做法充其量只是对规范做法的一种确认;也就是说,特许权拥有者(franchisor)对合同条款进行的控制,并非故意炫耀其权力之行为。诚然,如果特许经销商能认识到,需求的外部性从一开始就存在;如果特许权拥有者在初始合同中拒不对这些外部性

---

⑮　只有当特许经销商利用这个系统进行欺诈反而损失其资产时,这个到期失效的时限才形成真正的威胁。这是克莱因与莱夫勒观点的主旨。因此,除非专用资本投资指的只是特许经销商对该系统具有专门的知识,否则,如果谁出价最高,就允许把特许权卖给谁,就不可能得到这种结果;再者,如果禁止特许经销商(其权利到期就失效)成为所有者、顾问或雇员之一分子,也不可能得到这种结果。

作出规定;如果一旦初始合同签订以后再改革特许权制度会带来高额的成本;那么,特许经销商在竞争经销地盘时,其报价就会比没有这种制度时的报价要低。但不能由此得出结论说,深谋远虑的特许权拥有者早就看出了需求的外部性,而且也把有关规定写进了合同,因此他们本来就是想把并非定论的事前条款强加于本不情愿接受这种合同的特许经销商。因为他们采取这些步骤,只不过是为了充分实现其特许权的价值而已。因此,要搞清这个问题,就要像对待其他问题一样,必须全面地考察各种合同。

5.3 两步定价法

维克托·格德堡与约翰·埃里克森考察了焦炭销售中的问
270 题,对其中的两步定价法(two-part-pricing)的描述很有意思。他们写道:生产者不仅把焦炭卖给冶炼厂,还拥有冶炼厂厂房的地皮,并让冶炼厂租用这些地皮。卖给冶炼厂的焦炭价格只相当于"同等焦炭市场价格的 1/4"(1982 年,第 25 页)。格德堡与埃里克森据此推测,"其场地租金要高于市场上的公平租金,而且这种合同也是特意设计出来的,以确保冶炼厂主会继续在那里经营"(第 25 页)。在这种{制度}安排下,假定{双方交易的}边际成本都大大低于平均成本,就可以认为他们的目的是想达成一种有效的定价条款,以求尽可能接近于抵押模式。

183 这种做法符合按效用定价的规则,即事前的{设备}安装费用是由{焦炭的}用户(subscribers)支付的;又具有令人感兴趣的两步(双边)定价法的性质。[16] 至于卖者要求{买者}提前付款挤兑购买者的那种危险,可以再找一个专门的第三方,姑且称为“调处委员会(regulatory commission)”,依靠它来减弱这种危险(格德堡,1976 年 a)。这样,就可以确定使用基础设施的价格,并使之最大限度地接近其边际成本。

广而言之,格德堡与埃里克森认为,利用这种非线性方法来定价的做法要远比通常认为的普遍得多。他们进而指出,这类做法往往又非常微妙,只有经过调查,对各类合同都很熟悉以后,才能使用这种方法(1982 年,第 56—57 页)。

6. 施温公司{案}

施温公司(Schwinn)一案[17]所提出的问题,虽然与上述特许权问题不尽相同,但有密切关联。因为该案例表明,还可以使用根据交易前的成本(pretransaction cost)进行推理的方法;这种方法可以指引我们去判断:政府对施温公司限制特许权使用的态度是否正确,然后再考虑是否还有其他办法可用。

6.1 多重目标

施温-阿诺德公司是一家生产高质量自行车的老公司。1951

---

⑯ 阿尔文·克莱沃里克(Alvin Klevorick)曾提醒我留意这种可能性。

⑰ “美国政府诉施温·阿诺德公司案”(Arnold,Schwinn & Co.), 388 U.S. 365 (1967)。

年，当该公司占有22%的市场份额时，它决定要限制其特许经销商的权利。以前，施温公司只给那些被授权的经销商规定一个最低服务水平（包括为其自行车做广告、进行组装、车身与零配件不得缺货、应配备合格的修理工等等）；现在则禁止他们把施温牌自行车再卖给未经授权的零售商；这种限制的目的是切断那些降价出售施温牌自行车的零售商的进货之路。虽然这样做使施温公司的市场份额直线下降（到1961年只剩13%），但该公司在1960年代仍不改变这种做法。结果，政府起诉施温公司，理由是这种限制不利于竞争。法庭对此案的审理报告提出以下理论：

> “在一个产品差异很大的行业中，一种特殊的品牌——如施温牌自行车——往往会有它自己的市场，其中[品牌之间的]竞争对消费者极为重要，应予以保护……施温公司尽力排
> 184 斥那些未经授权的零售商，使其不得出售自己的自行车；此种努力表明，如果没有这种限制，这类产品的零售网点就会增多，零售商之间的竞争就会使公共利益（包括价格的下降）随之增大。”⑱

政府起诉书的“案情摘要”中也重申了这一理由：

> “施温公司制订的特许权计划有一个前提，就是施温品牌是一种有差异品牌，因此应该为它确定一个有差异价格——换言之，该公司由此便得到了一个保护地带，可使之免受其他

---

⑱ 《美国庭审报告》第14卷，“美国政府诉施温·阿诺德公司案”，388 U. S. 365 (1967)。

品牌的竞争。显然,为使这种前提坚实可靠,只有通过其代理商与零售商之间的竞争,才能对施温牌自行车的零售价格实行全面、有效的控制。”⑲

政府还流露出对“产品差异”一词的反感:

“或者,施温牌自行车事实上就是名牌车,即使其价格较高,消费者也愿意购买;果真如此的话,根本就没有必要人为地再对零售产品的价格设置竞争禁区,去创造出品牌的质量形象;或者,其质量并不占有优势,但消费者看到其零售价格高得不同寻常,以为是优质产品,则纯系上当受骗。但无论哪种情况都不能证明,这种依靠高价形象维护制造商一己私利的做法,导致严重损害竞争的行为是合理的。”⑳

政府还表明了自己对纵向一体化优于纵向限制(vertical restraints)的看法:

“从该案例的情况看,即使一体化的威胁并非纯属空穴来风,我们仍坚持认为,这种对贸易价格进行限制的做法不能称为正当防卫。首先,有些制造商会认为,与那些限制独立分销商(independent distributors)行为的制造商相比,其实他们{自己}采用的分销条件更为宽松,但他们却受到了某种规则的限制。不过,这种限制只能反映一个事实,即:尽管实行销

⑲　美国政府起诉书“案情摘要”第26卷,“美国政府诉施温·阿诺德公司案”,388 U.S.365(1967)。

⑳　美国政府起诉书“案情摘要”,第47卷。

> 售一体化能节省成本，因此有时对经济{发展}有利；但与这里所说的无时间或地区限制的销售类型相比，那种靠协议来维持零售价格或限定销售地区的做法，却从不曾表明它所节约的成本可与前者相提并论。”㉑

由此，我们可以把美国政府对产品差异及限制特许权问题的看法归结为以下三点：(1)有差异的产品可分为两类，第一类实行高价位是有效的，第二类则不行；(2)无论是否真有这种差异，各种品牌之间的价格竞争都是保护消费者利益的基本条件；(3)尽
185 管纵向一体化有时确能节省成本，但对纵向限制却不能这样说。㉒

6.2 其他解释

施温公司可能确实找到了在竞争行业中如何生存的有效做法(viable niche)，它采用的那些限制措施也可能的确为保护这种生

㉑ 美国政府起诉书“案情摘要”，第50卷。

㉒ 理查德·波斯纳曾简略地提到过施温公司一案并为政府辩护。他认为，当时他对这一问题的分析“反映了当时经济学专家对受限制的分销问题的通行看法”(波斯纳，1977年，第3页)。我虽然同意这种说法，即当时的(如今亦然)经济思想与“施温公司案情摘要”提出的观点如出一辙，但对于把这种观点说成是经济学专家的看法，我却不敢苟同。因为该“案情摘要”的经济理论依据晦涩不清(该“案情摘要”引用的普雷斯顿的文章只是一篇有关纵向限制的经济学论文；见美国政府起诉书“案情摘要”第49卷，“美国政府诉施温·阿诺德公司案”，388 U. S. 365(1967))。既然普雷斯顿明确讨论的只是适用于纵向限制问题的一系列立法的经济目的(普雷斯顿，1965年，第507—519页)，而对当时公共领域中这些限制的理性缘由已有泰尔瑟的文章可证(泰尔瑟，1960年，1965年)；并且，早在该“案情摘要”起草时，我就表明自己反对这种看法；因此，波斯纳的观点就过分地“托大”了。

存途径所必需,但美国政府完全没有注意到这些可能性;相反,政府根本不考虑顾客之间、营销网络之间是否存在差别,而只是竭尽全力去打击那种臆造的反竞争罪。这种简单化的办事套路无法令人满意。

施温公司最能吸引的应该是两种顾客,一种是时间机会成本很高的人,再一种是笨手笨脚、不会自己动手装灯配锁的人。比如,那些按钟点收费的高价律师和其他咨询顾问要理发的话,他们会先预约、再理发,而不会在理发店里排队等候,因此他们付的钱就会比现行市价高出几倍(贝克尔,1965 年,第 493 页)。这一条对耐用消费品也适用。如果顾客无须东奔西走,能很容易地在附近商场买到自己中意品牌的消费品{如自行车},他们就能节省时间。如果这种商店不仅位置近便,而且连灯带锁事先都已装好,合理地省去了顾客的麻烦,就能再为顾客省出一部分时间。

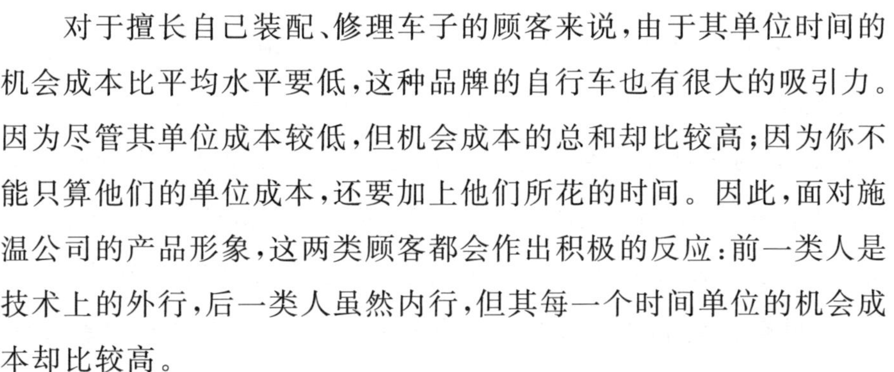

对于擅长自己装配、修理车子的顾客来说,由于其单位时间的
机会成本比平均水平要低,这种品牌的自行车也有很大的吸引力。
因为尽管其单位成本较低,但机会成本的总和却比较高;因为你不
能只算他们的单位成本,还要加上他们所花的时间。因此,面对施
温公司的产品形象,这两类顾客都会作出积极的反应:前一类人是 186
技术上的外行,后一类人虽然内行,但其每一个时间单位的机会成
本却比较高。

所有这些分析只不过说明了一点,即特许经销的施温牌自行车只对某些顾客有吸引力。但它并没有触及下面这个问题:既然只有提供这种服务的代理商才能成为特许经销商;那么,施温公司对买车者是否应该来者不拒,而让代理商自己去决定是否提供一

系列的服务呢？按理说，假如施温公司这样做了，到特许商店买车的就会只是具有上述特点的顾客；而没有这些特点的顾客可能就光顾其他商场了。在一个理性不受限制的世界里，多一些自由——在此例中就是使用更多的推销方法——总比少一些自由要好，政策上倾向于无为而治，就应该让顾客自己来决定自己的问题。

但是，我们可以举出很多理由来支持对特许权进行限制的做法。第一，如果不对销售进行限制，就可能损害施温公司的产品质量形象；第二，即使其质量形象未受损害，特许经销权的期限长短(the viability of franchises)也要根据对销售{权}的限制而定；第三，在混合分配制度中，硬性贯彻分销合同的做法会提高销售成本。[23] 这样，对施温公司的质量形象的担心就变成在一定程度上"讲实际"的盘算：如果{顾客}从施温公司授权的经销店买车，还能得到一系列有保证的销售、维修服务。但是，道听途说也可能会损害施温牌自行车的质量形象。比如，有人本想买这种车，但他听人说："我买的这种车简直太差了"，但言者既不说他是从折价商店买的，也不说{他是指}不给车子装铃配锁。我们这位买主自然会打退堂鼓，于是顾客对施温牌自行车的信任就很容易地被破坏了。反之，只有在受限制的条件下卖出商品和服务，才能保住商品质量

[23] 此外，还有据说是不适用于施温公司一案的第四个理由，即{不同的销售店}花在展台上的成本不一样：顾客可能会到特许经销店去看样车——以便决定该买什么型号、具有哪些特点的车——转而跑到折价出售的商店去买车，因为后者不用在展台上花多少成本{，因此价格比较低}。如果所卖的是轿车，这个问题就变得更为严重了。

的声誉。[24] 但要注意一点:只有在有限理性的世界里,才能根据基本制度进行交易,并激励人们为商誉而投资。

即使在销售无特许权的产品时影响不到特许销售品的质量形 187
象,也应该考察一下特许经销权是否可行,因为是否可行取决于销售的数量。假定特许代理商必须卖出某一最低数量的自行车,才能做到盈亏平衡。再假定,施温公司正是根据这种盈亏平衡的要求,在各地仔细挑选其代理商。[25] 最后还要假定,这种制度开始很灵,但随着折价销售的出现,它很快就失去了活力;其后果是使那些能保证提供施温式方便服务的零售店受到损害,因为顾客对它们已经失去了兴趣;下一步就该轮到其他特许经销商倒霉了。{特许经销}日渐式微,加之上述的质量形象受损,导致特许经销模式面临难以为继的危险;那些本来能从这种{产品}差异中得到净收益的顾客,现在也只有到无差异的[产品]市场上去买车了。

限制特许经销权的第三个理由就是保卫成本(policing cost)的问题。其道理在于,保卫一种简单的制度,其成本要比保卫复杂制度的成本低。(要想从性质上)追究复杂制度的因果关系(以分

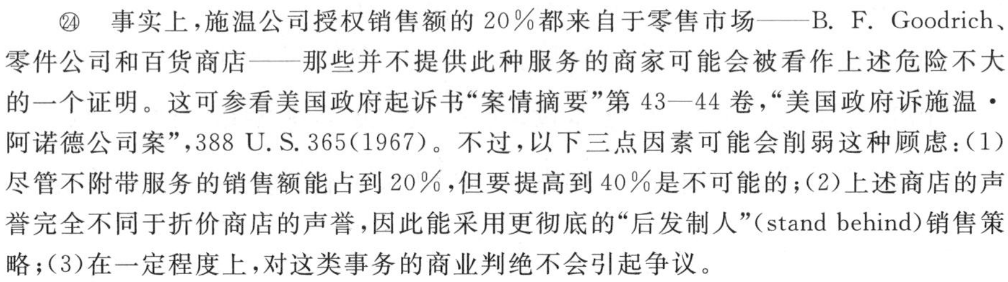

㉔ 事实上,施温公司授权销售额的20%都来自于零售市场——B. F. Goodrich、零件公司和百货商店——那些并不提供此种服务的商家可能会被看作上述危险不大的一个证明。这可参看美国政府起诉书"案情摘要"第43—44卷,"美国政府诉施温·阿诺德公司案",388 U.S.365(1967)。不过,以下三点因素可能会削弱这种顾虑:(1)尽管不附带服务的销售额能占到20%,但要提高到40%是不可能的;(2)上述商店的声誉完全不同于折价商店的声誉,因此能采用更彻底的"后发制人"(stand behind)销售策略;(3)在一定程度上,对这类事务的商业判绝不会引起争议。

㉕ 这些假定都是合理的。只要不是拍卖成本太高而不值得拍卖,特许权授予者通常都会将其特许销售的地理区位进行拍卖,但条件是这种收益要大于竞争的预期收益。

清责任)是很困难的。如果连一句道歉的话都不肯说,就更谈不上真正的监督了。我的意思当然不是说施温公司主要应该考虑这个问题,但这一条关系到其他营销制度{应该怎样}设计。因此我要重申:只有在有限理性的世界上,这个问题才成其为问题;因为完美无缺的制度都是靠自己来保卫自己的。

最后还要考虑:对一家未经授权的商店,如果{法律}禁止{施温公司}限制其销售行为,施温公司会不会借助前向一体化而直接进入零售领域呢?如果施温公司把销售也“统”了起来,其销售成本完全有可能并不低于其特许经销商的成本。然而,以下几点理由可使人相信不会产生那种结果。第一,特许经销商不可能只卖施温牌自行车并提供相关服务;他还会卖其他牌子的自行车。[26]第二,很多特许经销商也不是只卖自行车。假定这些销售者为做到盈亏平衡,必须出售多种品牌和多种产品;那么,如果施温公司要搞前向一体化,势必采取一些把握不大的、也可能无济于事的销售行为。对施温公司来说,在多元化经营中涉足自己不熟悉、不擅长的其他产品,这本身就是一种没有把握的行动。进一步说,{如果}施温公司买进了一批其他牌子的自行车,就会遇到“买它何用”这一难题,别的自行车厂家也有理由这样怀疑。其原因在于,如果这些车子由施温公司雇用的{商店}来卖,它们早就不值钱了。

188 再进一步说,即使不存在这些{令人}束手无策的问题,也还有一个问题没有解决;即对于那些已被纳入一体化的零售店的经营

㉖ 施温公司要求其特许经销商:施温牌自行车的“陈列位置要与其他竞争牌子的车子同等突出”。“施温·阿诺德公司案情摘要”,附录Ⅰ,第57页,注89,“美国政府诉施温·阿诺德公司案”,388 U.S. 365(1967)。

者,施温公司能否激励他们改进业绩,使之与特许经销权方式的业绩并驾齐驱呢?这就提出了“软硬兼施”的问题。施温公司要推行前向一体化,还会再遇到激励失效、组织内部官僚主义{无能}等问题(见第六章)。

到头来,如果出现了最坏的结果(即特许经销制度崩溃,施温公司无法以低成本实现前向一体化,施温品牌的形象被破坏),对特许经销权进行限制就会导致图 7－3 所示的那种真正的经济损失。{图中,}施温牌自行车的需求曲线为 $p_2 = g(q_2; \bar{p}_1)$,其中 $\bar{p}_1$

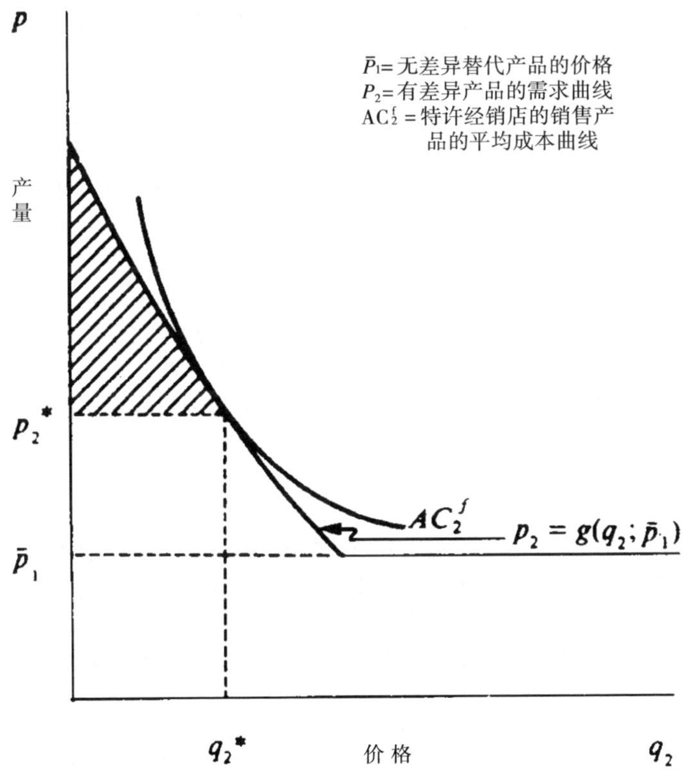

图 7－3　限制特许经销权的后果

代表其他牌子自行车的售价（该价格可看作已定）。曲线 AC_2^f 代表特许经销店的销售及服务的平均成本。如图所示，在价格为 p_2^*、数量为 q_2^* 时，特许经销方式正好做到盈亏平衡（即可以抵偿其全部成本，其中包括正常的投资报酬）。假如施温公司采用的特许经销方式不会提高无差异产品{生产者}的供给成本，则允许使用（或撤回）施温品牌所能实现的净福利收益（或损失），就可以用阴影部分所代表的消费者剩余来表示。

在以上所引的政府案例中，为了照顾那种把企业看作一个生产函数的理论，我根本没有提到交易成本的种种特征。这样做必然要回避大量的有关事实，而这些事实却关系重大，涉及{能否}对

189 企业的命运作出经济上的准确估计。[27] 施温公司案件说明了什么是弄巧成拙，而这正是在强制推行反垄断的年代发生的。在传统

[27] 如果不费任何成本，顾客自己就能充分了解或得知所有产品的一切属性，那么施温公司只要简单地宣布一下，说自己现在销售的正是那种自行车，这种宣言就会被潜在的购买者记在心头。顾客就会调查一番，看这些条件是否属实（虽说在一个{人人}具有全面知识的世界里，作这种调查纯属多余），那些看重这些属性的顾客就能对高出来的价格是否合理作出正确的判断。因此，在一个理性不受限制的世界中，各种产品的差异就会一五一十地展示出来。

但是，消费者并没有那么高明的本事：他们对信息的接受、存储、还原及加工的能力是有限的。从这些局限性看，施温公司所要解决的问题不仅是让消费者了解自己产品的质量优势，而且还要让他们相信自己没有说谎。因此，如果消费者只是偶尔上当，比如，有时他们听到的是一回事，但不幸他们经历的是另一回事；{并且，}如果其他潜在的买者不费代价就无从了解这种坑骗，从而{销售者}不会立刻名声扫地；这时，当卖者吹嘘其品牌质量如何“优越”时，消费者就会慎重行事了。

在消费者理性受限制的市场中，施温公司遇到的是有关信息的三个相互联系的问题。一是它要让消费者知道，它卖的产品质量与众不同。二是它需要提供某种基本制度，以防这些属性被人低估。三是它要达到领导经济潮流的目标。但看来政府对此却是一无所知。

的应用价格理论中,既然根本不给签订非标准化(或者,用科斯的话来说就是“不可理喻”,[1972 年,第 67 页])的合同的做法留下一席之地,自然对这种做法的长处就会视而不见了。

190

第八章　可靠的承诺(二)：适用于双向贸易

本章要运用前一章提出的抵押模型分析双向贸易问题。分析的重点与前一章相同：买卖双方考虑到担保物有被没收的危险，因此会设法扩展合同关系，使之超出其“自然”界限，藉以形成一种利害与共的关系。

当购买者与供给者达成交易，且供给者已经为此付出专用投资时，购买者要保卫这种交易，一种方法就是对前向{即下一}阶段交易所需的专用资产进行投资。假定其他情况不变，这样就会向供给者发出一个信号：需求看好。但即使这样，还存在{购买者}取消订单的危险，使{供给者}无法弥补损失。但对单向贸易而言，仅有这种前向投资，并不足以实现充分最优的贸易结果。因此，单向贸易并不总是行之有效的，它有时会被双向贸易所取代。至于扩展合同关系的做法，有时还是能实现(或者说更接近于)充分最优状态的。下面将作说明。

本章第 1 节考察互惠问题及交换(互换)问题。第 2 节把简单抵押模型扩展到双向贸易中。第 3 节考察石油交换问题。第 4 节将对这两种情况进行总结，并提出下一章要讨论的问题。

1. 互惠 191

1.1　概述

互惠使单向的供给关系——即A把产品X卖给B——发生了改变,使之变成双向{互相供货}的关系;也就是说,A要想把产品X卖给B,必须满足一个条件,就是他要同意购买B的产品Y。而且,双方都要认识到,只有遵守互惠{原则},交易才能继续下去。这样就扩展了合同关系。尽管人们普遍认为互惠销售有反竞争之嫌(斯多金与穆勒,1957年;布莱克,1973年),但也有人认为这种做法利大于弊。乔治·斯蒂格勒从理论上为互惠奠定了如下的坚实基础:

> “当价格不能充分自由地调整以适应供求条件变化时,就会产生互惠的做法。假定,某个行业的卡特尔协议(colluding industry)规定产品不准降价,而一家企业正想购买该行业的产品;但该行业中有一家企业愿意——只要不被发现——按低于卡特尔规定的价格出售其产品。这家企业之所以能降价出售其产品,是因为它的这个买主其实又是把产品卖给他的人,{双方的买卖价格无非是}低来低去。但这样就形成了互惠,并使价格重新活跃起来。”①

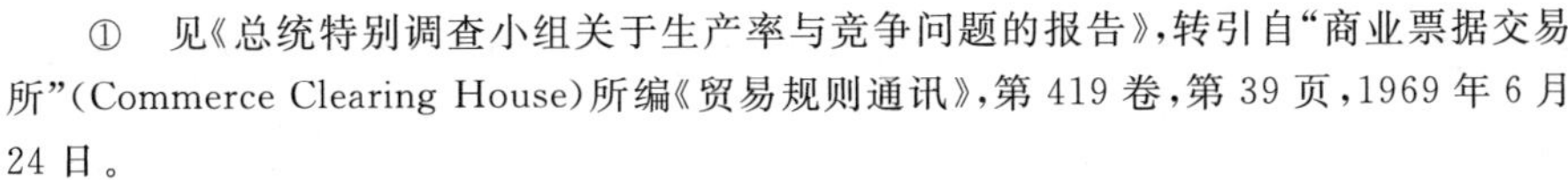

① 见《总统特别调查小组关于生产率与竞争问题的报告》,转引自“商业票据交易所”(Commerce Clearing House)所编《贸易规则通讯》,第419卷,第39页,1969年6月24日。

有很多行业都不符合寡头垄断定价协议的前提条件(波斯纳，1969 年;威廉姆森,1975 年,第 12 章),但有时却发现他们在实行互惠;因此可以断定,互惠还有其他起源:一是“加赛决胜制”(tie-breaking)。二是在互惠条件下可能会有更好的治理结构。从销售产品的类型上就能分出这两种原因。

当 B 想购买 A 生产的专用产品时,如果他要求 A 按照市场价格购买自己生产的通用产品,这便是利害与共。如果其他条件不变,A 的采购员很容易就会同意这一要求。F. M. 谢尔写道:“根据 1963 年的调查,163 家公司的经理认为,只有在价格、质量和发货条件都对等的情况下,他们采取互惠措施才能得到回报”(1980 年,第 344 页)。

下面的例子更有意思:A 要把自己的专用产品卖给 B,条件是必须购买 B 的专用产品,才算做到了互惠。其道理在于,这种互惠要求双方同样地开诚布公,以弱化买方在交换中欺骗对方的念头——因为如果供给者要变卦{即换个买主},就只有改变其专用资产的用途,该资产的价值就会大大降低。如果不作抵押(或买者
192 并未作出不变卦的保证),A 要把专用产品卖给 B 的意向就无法兑现。如果买者也接受互惠的做法,开诚布公地把自己专用资产的情况告诉对方,那么买者对交换所作的承诺就更保险了。由此就减小了变卦的危险。

美国司法部最初(1968 年)颁布《兼并指南》的立场却与此完全相反。虽说该法规的调整对象是企业集团的兼并问题,但该法规总的精神却认为,签订合同就是搞互惠。从其条文中就可看出这一点:

> (a)从企业实践看,互惠性的购买(即因购买自己客户的产品而有利于该客户)在经济上是不合理的;其实质是将竞争优势拱手送给本来不可能从该产品获得此优势的企业;因此,凡有造成重大互惠采购之危险的兼并行为,本部一律反对……
>
> (c)除特殊情况外,本部不接受以下论点,即认为只要兼并可导致成本节约,就判定该兼并有造成重大的互惠采购之危险。因本部认为,如果其他情况不变,所涉企业以其他方式进行兼并,也能获得一般认为等值的节约。

《指南》中有以下几点值得注意。首先是直接源于“关门主义”传统(inhospitality tradition)的那种态度,即:互惠与其他非标准化合同的做法一样,是“一种经济上不合理的企业行为”。其次且与前者有关的是,从技术上说,该《指南》体现的还是那种传统观点,即它固然(从技术标准角度)提到了“产品的优点”,但并未(从治理角度)提及“此类交易的优越性”。第三,该《指南》断言,无须冒导致互惠行为之危险,也同样能降低成本:只要能找到其他兼并方式来取代这种兼并方式,又不致引起互惠的危险,通常都能导致对社会有益的(即技术上的)成本节约;至于不容分说就否定那些包含互惠行为的非标准化合同,认为这种合同不可能导致对社会有益的成本节约,这种态度显然是似是而非的,因为它竟然在原则上都不承认这种合同有带来这种利益的可能的条件下,就草率地否定了这种可能。

朗·富勒对互惠问题的讨论很有意思;虽然他使用的概念比本文提出的概念更带普遍性,但并无实质的不同:

> “对于责任这一概念的最佳功效，我想可以区分三种条件。第一，互惠关系产生责任，但这种互惠只能是直接交易双方自愿协商的结果，也就是说，他们自己给自己‘创造’了这种责任。第二，交易双方的互惠行为必须在某种意义上是等价的。虽然这种自愿假设的概念本身就强烈要求要有公正的意识，但再加上{价值}相等这一条，就更增强了这种意识……第三，……这种责任关系在理论和实践上必须是统一的……
>
> 193 如果要问：‘什么样的社会才最能满足这些条件的要求？’答案会令人大吃一惊：一个抠门儿的商人社会[富勒，1964年，第22—23页]。”

人们普遍会不加思考就认为这些关于抵押的说法是在为互惠贸易作辩护；为避免这种认识，就需要提醒他们注意，这些说法只适用于一种场合，即交易双方的专用资产都被置之险地。但如果只有一方投入了专用资产或双方均未投入专用资产，却实行互惠，那这种互惠必有其他缘由。②

1.2 各种交换

非竞争对手之间偶尔搞一些互惠贸易还情有可原；但正式对手之间也搞产品交换，显然就更令人困惑不解了。按理说，如果两

---

② F. M.谢尔讨论了贸易可能会遇到的各种障碍（谢尔，1980年，第344—345页）。还有一种障碍，即互惠演变成一种官僚习气；推销人员和采购代理商运用起来得心应手；而外界人士要想买到这种产品却会因此吃亏。参见威廉姆森（1975年，第163—164页）。

家企业是竞争中的冤家对头,它们出售产品时就只能是针锋相对,总不至于搞什么互通有无。因为无论多么能言善辩,也得不出下面这个结论:正是竞争对手之间持续的产品交换,才造成了新古典经济学所说的那种收益;而政府对{这类}交换的政策也历来以否定、甚至是敌视的态度为主。

说到交换,有必要作出几种区分。第一,竞争对手之间的贸易——无论是短期的还是长期的,也不管是单向的还是双向的——都只有当产品可以互相替代时才能成交。但很多产品或服务没有这种性质,因此这些竞争对手之间就不可能相互进行贸易。第二,短期供货协议与长期供货协议之间有着很明显的区别。前者可看作“偶尔的例外”,即竞争一方偶尔(即需求或供给偶然有变)也会把产品卖给自己的对手,聊补其无米之炊。但这是考虑到“风水轮流转”,竞争双方才会互相补台。因此,假设政府在制定政策时能看到这类贸易的优点,并且只要他们形不成气候,不至于“互成掎角之势”,也就无须再去反对这类贸易。至于竞争对手之间的长期贸易协议,至少要经过反复推敲,也就根本谈不上针锋相对、互不相让。

有没有这样一种机制,能有效地激励竞争对手,使之在长期合同中互相提供产品呢?这首先取决于能不能降低生产成本。要使竞争对手通过长期贸易来降低生产成本,其规模经济{之影响}就
必须超过其市场的地域范围;只有如此,该企业特有的商誉才能超 194
出其市场的地域界限。道理是显而易见的:如果不能大规模地节约成本,每家企业就要为自己的长远{发展}而四面出击,兜售产品。但是,如果能大规模地节省成本,每个市场所能容纳的,就只

限于那些刚刚达到最低规模效率、且数量有限的企业了。

但是，仅有可替代性和规模经济，还不能有把握地说，这种销售一定可以带来贸易收益。只有当竞争对手也销售(同样的)产品，而价值却比本地产品贵时，这种收益才会产生。因此，问题就在于，如果竞争对手无法以优惠价格买到本地产品，这种宝贵的企业商誉是否就白白浪费了？拥有宝贵的商誉、且名声远播外地市场的企业，也就是那些愿意让长期竞争对手向自己提供产品的企业。③

即使假定，可替代性、规模经济以及商誉效应这几个条件都能满足，也只能说明一点：竞争对手之间单向的长期贸易可以降低成本。但同样是这些条件，却不能保证必然达成双向的(交换)协议。诚然，通常为交换作辩护的理由——即如果每个企业都必须根据自己的长期需要而四处兜售产品，就必然造成长途贩运并降低效率——能轻而易举地压倒那些明摆着的其他做法，但其中原因却根本不在于没有进行贸易，而在于缺乏单向的长期贸易。既不能直截了当地提出这些问题，又不能从制度上说明这种交换比更标准、更熟悉的单向贸易到底好在哪里，这实际上就是说，人们对于交换一般是持怀疑或敌视态度的。本章提出一种观点：如果{双向交换}可以相互披露交易中专用的资产，促使人们作出可靠的承诺，同时又没有扣留{抵押物}的危险；那就可以说，双向交换可能要比单向贸易更有优势。

③ 对商誉效应进行评估，结果可能符合实际{价值}，也可能含有很大水分。所谓符合实际价值，就是客户(在付账、签约时)感到很方便，或者感到对产品的性能有把握。

在长期单向贸易中,专用资产随时都面临着危险;而特定用途的资产(dedicated asset)却受到长期互惠交换协议的保护。请回想一下前面的说法:所谓特定用途的资产,就是给通用资产再加上一些其他性能;这样做并不是为了好看,而是为了生产大量专用的产品以便卖给某类特定的顾客。如果购买方提前终止合同,供给方的生产能力就会大量闲置,生产能力闲置的资产就只好削价处理。要求购买方提供担保,固然能防止这种危险,但这又会引起另一种风险:供给者可能会诈称受损而扣留这种担保物。推而广之可以说,供给者还没有全力以赴,使自己的利益很好地适应新的环境。而互惠贸易是以分别投入、但目的一致的专用资产投资作后 195 盾,就能提供一种互相保护,以抵御上述第二种危险。再进一步说,由此创造的各种抵押{方式}就更令人感兴趣了,因为这些抵押物**根本就不会被用来交换**。恰恰相反:即使提前终止合同,这些特定用途的资产也会保留在交易各方手中。

人们通常认为:之所以说应该进行交换,是因为一交换就避免了成本高昂的长途贩运。但这并没有回答上述问题,而且它本身也不是解释为什么会普遍存在交换的适当理由。如果交换的用处只在于节省运输成本,那么单向贸易就足以做到这一点。诚然,有些企业既要从其竞争对手那里购买产品,又把自己的产品卖给这些对手;他们很可能会成立一种交换中心,通过拍卖程序而使供求逐步达到均衡。这样,只有发生不测事件,企业才会停止这种互相买卖的做法。一旦这些特定用途的资产已经“曝光”,**交易双方的一致性显然就事关重大了**。这种贸易根本就不会通过拍卖市场来进行,而是需要交易双方认真谈判才能成交的。因此,在这种环境中实行的互惠，也就成了保持特定贸易关系、弱化交易风险的一种手段。

2. 扩展的抵押模型

假定有两家企业，形成了紧密型的双向贸易关系，双方为互相支持都进行了专用资产投资 k。再假定，每家企业如改变其资产用途，所发生的生产成本为 v_2；并且，产品将按价格 $\hat{p}$ 进行贸易。这家企业在决定究竟是发货还是取消订单时，不仅要考虑购买能得到多少净收益，而且要考虑供货能得到多少净收益。我们令采购与供给某一定量产品所得到的净收益分别为 b_B 和 b_S，这种互惠的净收益之和就是 $b_R=b_B+b_S$。从采购市场上接受发货所能得到的净收益就是：

(1) $$b_B=p-\hat{p}$$

同时，该企业因销售产品（已知数量为 k 的专用资产已经算作沉没成本）而得到的净收益则为：

(2) $$b_S=\hat{p}-v_2$$

如果不取消订货合同——也就是继续保持互惠贸易（因为已知其贸易伙伴不会悔约）——净收益即为：

(3) $$b_R=(p-\hat{p})+(\hat{p}-v_2)=p-v_2$$

196 只要市场上这种产品的卖价大于{企业}自己生产这种产品的边际成本，公式(3)的数值就大于零。

上述公式中似乎没有提到专用资产 k，但这并不意味着专用资产无关紧要。因此还要按前面的思路再作一个假定:这两个市场上的需求也是在从 0 到 1 的区间内均匀分布的。这样,只有满足以下条件,即按照互惠贸易标准(即 $1-v_2$),双方成交的概率再乘以有利可图的交换所得到的预期净收益(即 $1-v_2$) /2,大于不可撤出的(nonsalvageable assets)、以 k 表示的{专用}资产价值时,互惠贸易的预期净收益才会大于零。因此,必须满足不等式 $(1-v_2)^2/2-k>0$。

更重要的事实在于,只有在已承诺用专用资产来支持这种交换时,销售产品的净收益才由{公式}$b_S=\hat{p}-v_2$ 确定。比如,如果交换双方中有一方准备改用通用资产 T_1,则按照价格 $\hat{p}$ 提供产品,净收益即为 $b'_S=\hat{p}-v_1$。而判断是否取消订单,标准即为 $b'_R=p-v_1$;只要需求状况为 $p<v_1$,就应该取消订单。这样,双向交换中的一方将会发现,当别人已经进行了专用资产投资、因而{迫切}想卖出产品时,他自己要取消订单就是有好处的。但{如果双方}已经互相公开了自己的专用资产,就不会出现这种结果。④

我们也可以换一个角度,用以下方式来提出这个问题:如上所说,如果买者接受了卖者发出的货物,$b_B=p-\hat{p}$就代表买者从单

④　要使交换双方对不取消订单而能得到多少净收益作出相同的估计,这种对称性{即互相公开专用资产}只是一个充分条件,而不是必要条件。可以设想,人们针对这同一笔财产,也可以构造出其他形式的贸易关系(例如在某种交易中,一方投入的专用资产比另一方多;投入少的一方要改变其资产用途,就要付出 $v_1>v_2$ 的成本;如果他要在最终产品市场上卖出产品,而这种最终市场上以 $p+\Delta$ 来表示的需求呈 $p+\Delta-v_1=p-v_2$ 的分布状态,这时,双方对取消订单能得到多少净收益就会作出相同的估计)。

向贸易中得到的净收益：而 $b_S=\hat{p}-v_2$ 就表示卖者因发货所得到的净收益。假定 $\hat{p}=2,v_2=1$，就可能产生三种情况：一是 $p=4$，二是 $p=2-\in$，三是 $p=0$。这时买者就要对是否接受发货作出决策了。在每次决策之前，都要从以下几种需求实现状况中进行权衡：

	接受发货的 b_B,b_S	不接受发货的 b_B,b_S
$p=4$，	2，1	0，0
$p=2-\in$，	$-\in$，1	0，0
$p=0$	-2，1	0，0

197 对于要发货的卖者来说，如果 $p=0$，他就应该停止生产以节约可变成本；其他两种需求的实现状况比较有利，因此可以照单发货，这就是有效率的选择。但是对买者来说，因为他在决定是否接受发货时，考虑的只是自己的利润，所以他只有在对自己最有利的需求状况下才会接受货物；如果 $p=2-\in$ 或 $p=0$，他就不会接受货物；因为在这两种情况下，都是 $b_B<0$。

如果把单向贸易扩展为双向贸易，就会减轻无效率的程度，从而改变双方的权衡结果。这样，现在每一方的权衡态度都将由 $b_R=p-v_2$ 这一公式决定，从而使双方作出同样的权衡，具体有以下情况：

	接受发货的 b_R	不接受发货的 b_R
$p=4$，	3	0
$p=2-\in$，	1，$-\in$	0
$p=0$	-1	0

这样，产品的贸易就会在两种更有利的需求状况下来进行；但如果

$p=0$,{双方}都将停止生产;这就与效率的要求相吻合了。因此,就可以把互惠看成对单向贸易中的内在约束(并导致无效率)所作的反应。政府在政策上坚持的那种观点,即无论哪种做法,只要不属于单向贸易,都是“非自然的”,都将对社会不利的那种观点,其实是错误的。

3. 石油的交换问题

“要把理论与实践结合起来,就必须掌握大量有关实际经济生活的知识”(库普曼斯,1957 年,第 145 页)。但在相当长的时期内,石油交换中的问题却使经济学家们困惑不解。在反垄断案件及有关调查中他们总是一再提出这个问题。1973 年,美国联邦贸易委员会对几家最大的石油公司提出起诉,它坚持认为:这些企业以石油交换为手段,以求在这些企业之间长期形成一种互相依赖的网络,目的是在一个用规范的市场结构标准来衡量其集中程度并不高的行业中,推进寡头垄断。[⑤] 最近,有一份题为《加拿大石油行业竞争问题的研究报告》,其中也提到了同样的看法,认为应该反对这种交换。[⑥] 再者,“加拿大研究”中列举的文件——各种合同、公司内部备忘录、来往信函等等——以及各种书面证词,都 198

⑤　FTC公司诉埃克森石油公司案(FTC v. Exxon et al.), Docket No. 8934 (1963)。

⑥　见“合资法投资研究基金会”会长罗伯特·J. 波特兰(Robert J. Bertrand)根据 8 卷本的《加拿大石油行业竞争问题报告》(魁北克,1981 年)所作的研究。本章所有引文均出自《炼油部门》(*The Refining Sector*)第五卷。以下称该研究为“加拿大研究”。

支持这种观点，即这种交换是石油行业各大企业扩张、完善其垄断的一种手段。这些细节性的证据以及订立合同的目的通常都属于机密材料，外人是无从得知的。但要具体细致地估计出这类合同中交易成本的特点，这些材料当然是越具体越好——而且往往越重要。

3.1 “加拿大研究”中提出的证据

“加拿大研究”第五卷讲的是炼油部门。其中提出的观点以及支持这些观点的例证都{说明}，这几大炼油企业之间签订的供货协议，使他们能从以下四个方面来加强其垄断性限制的力度：[7] (1)协议{要求}披露竞争对手的投资计划及营销计划等重要情报(第56页)；(2)通过操纵交换价格，几大企业就能控制住较小的企业(第49—50页)；(3)不缴纳“进门费”就不供给产品，这种条件损害了竞争(第53—54页)；(4)交换协议中还对增长速度及补充供货作出了种种限制(第51—52页)。

即使从{市场经济}最基本的制度看，这第一、二两点都不能成立。因此不妨假定：竞争对手之间的贸易是符合效率要求的，签订单向供货协议(只要不是{双向}交换)也应该允许；这样，他们所反对的、在交换中披露信息的做法就会继续下去——因为在{供货}

[7] “加拿大研究”断言：“仔细考察一下那些[大炼油企业的]利益问题及其行为就会发现，炼油协议本身就意味着限制竞争。因为把持信息、控制小企业的意图、征收‘进门费’、对下游企业的增长速度进行限制等做法，根本就不是竞争市场一般应该具有的特点”(第五卷，第76页)。

过程中,不可避免地会把投资计划与营销计划透露出来。与此相应,如果用比较制度的概念来评价,就应该说,反对披露信息也就是反对一切长期贸易。{因此,}只拿交换来出气是不解决问题的。

还有一种说法,认为交换中的讨价还价会给企业带来不公正的利益,由此得出交换不利于竞争的结论,这种说法同样是本末倒置。正确的说法应该是,既然法律上允许企业讨价还价,那么它们靠讨价还价来获得利益就是天经地义的。在讨价还价问题上,既然你说不出{双向}交换与单向贸易到底有哪些不同,那些反对的理由又何足挂齿呢!

但“进门费”和反对营销限制具有更本质得多的意义,需要仔 199
细考察一番。

a.“进门费”

利用“进门费”来反对交换,能产生取消担保物赎回权(foreclosure)的结果。“加拿大研究”(第53—54页)提出,这种费用是贸易的前提条件,或至少是以有利的价格销售产品的前提条件;具体如下:

> 要想被这个行业接纳,先要交一笔与投资有关的费用;要知道这是一笔什么样的费用,可以看看下面引述的高尔夫公司(Gulf)的例证:
>
> “我们确信,如果想入伙的人先交了一笔押金(ante),石油业者即使不大情愿,通常也会让他下场去赌一把的;这笔押金就是用来炼油、分配并销售其产品的那种资本”(高尔夫公司文件,第71248号,日期不详)。

从要求支付“进门费”的观念中,从该行业制定的“游戏”

> 规则中，同样可看出引文之重要意义。只要看一下各家公司做生意时，明码标价提出要交“进门费”，就能明白这个行业所说的“进门费”和“游戏”规则是什么意思了。这些案例表明了当时所使用的这些规则——也就是高尔夫公司提到的那些规则。对于那些不交“进门费”的公司，即在炼油能力和分销上投资不足的公司，将不予供货，或者按供货协议将处以罚款[着重号系原作者所加]。

b. 营销方面的限制

“加拿大研究”说明，交换是以增长速度和地理区划为限的，并认为这两种限制都应予以反对。帝国公司(The Imperial)与壳牌公司(Shell)曾订立交换协议，按照这一协议，帝国公司要向壳牌公司设在马里泰姆斯(Maritimes)的炼油厂供货；而壳牌公司则向帝国公司设在蒙特利尔(Montreal)的炼油厂供货。下面文字引自该协议中有关双方关系的论述(第 51 页)：

> “帝国公司鉴于壳牌公司在蒙特利尔发展过快，因此在 1967 年，帝国公司与壳牌公司就双方最初于 1963 年签署的协议进行了重新谈判。1971～1972 年间，帝国公司已表明其对壳牌公司的市场营销政策不满。壳牌公司注意到：
>
> ‘此间[原文如此][帝国公司]目前的态度是，认为我们利用他们的设施建立了市场，我们野心勃勃并始终对他们构成威胁；而他们不想逆来顺受，所以他们实际上是在竭尽全力地和我们硬抗’”(壳牌公司文件，第 23633 号，日期不详)。

200 帝国公司与壳牌公司重新签订了这样的协议：如果{壳牌公

司}的扩张高于正常速度,{帝国公司}只能先从价格上予以惩罚,然后才能规定:"壳牌公司不得从第三方获得资源"并为马里泰姆斯{的炼油厂}提供原料(第52页)。

高尔夫公司的立场与此相同,即只要竞争对手按照交换协议买了产品,其增长速度就不能超过正常的速度:"首先要考虑整个公司的经济发展,然后才能签订加工协议(和'换货协议');并且,为竞争者生产的{产品}数量也不得超过自己正常增长所需。"[⑧]该公司还有一条规定,即凡是高尔夫公司的产品,只能卖给这个竞争对手,不得转手销往其他地区或供其他人使用(第59页)。

3.2　解释

对上述实际做法有几种解释。一是说进门费和对营销的限制都不利于竞争。二是说只有这样做才能提高效率,特别是进门费的作用更大。三是说这两种结果兼而有之。

a."关门主义"(inhospitality)的传统

人们总爱用"非此即彼"(the two polar traditions)的观点来评价非标准化的合同或{自己}不熟悉的合同;这是普通法的传统,也可以说是反垄断的或"关门主义"的传统。从普通法的传统观点看,你可以说人们签订那些不规范的合同是为了确保实现某种经济目标;但从反垄断(或"关门主义")的传统来看,签订这类合同究

⑧　从"加拿大研究"(第59页)查明,此文引自高尔夫公司第73814号文,1972年1月。

竟是不是为了反对竞争,还应该大大地打上一个问号。⑨

“关门主义”的传统应归入垄断性合同之类,还得到了“技术决定经济组织”这种广为传流的观点的支持。企业如何组织其内部的经济活动,可以用规模经济及技术不可分性这两个理由来解释。除此之外,其他一切活动都可以通过市场交换来恰当地加以组织。合法的市场交易应该完全以价格作为中介;如果{签订}的是附带限制条件的合同,其目的显然是为了反对竞争。

“加拿大研究”的作者显然为这种传统观点之雄辩所折服。
201 {他认为:}互相竞争的对手签订任何长期合同都值得怀疑。特别要反对那些交换,即从合同形式上看,就算不违反常理,也属于离经叛道的那些交换。交换不仅有利于披露信息,还可为{双方}“热身”以便讨价还价;但交换也可用来严厉惩罚那些不加入一体化的独立厂商,只要他们不交进门费,就不得按同等价格{买卖}产品。再有,这些交换中对营销的限制显然也属于“以守为攻”(offensive)。

b. 对效率的评价

交易成本的方法与“关门主义”不同,它依普通法传统行事,并坚持从制度比较上看问题(科斯,1964 年)。{这种方法认为,}只有当你能明确、具体地讲出更好的、可能的方法时,{合同中的}各种“缺陷”才是应该摒弃的。“加拿大研究”的作者提出,在单方面贸易中总会有信息{如何}披露和{如何}讨价还价的问题;我们这里撇开这些问题不说,而只分析进门费的问题和对营销的限制问

⑨ 见第一章注⑨及有关内容。

题。

1. **进门费**。进门费问题是本章特别感兴趣的问题。企业签订了长期交换协议,就能在附近市场上买到自己并不生产的产品;企业自己不生产,是因为从规模经济的要求看,{少生产就不划算,多生产}自己又用不了。但由于这种产品的数量非常之大,因此,只有当企业{与生产这些产品的企业}达成交换协议,才会去盖那些本来不想盖的大工厂,并维持其运营。有了这种交换协议,才会投资去建设那些用途特定的资产。

如果是单向的供货协议,而购买者又不能或不愿提供抵押,双方协商所签订的合同就应该是第七章所说的第二类合同——因此,其贸易价格也就应该是 $\bar{p}=v_2+k/(1-\bar{p})$。反之,如果把单向贸易扩展为双向贸易,这种合同就变成了第三类合同中的一种。尽管在交换协议中对产品物流做出了规定,但符合效率要求的价格只能是 $\hat{p}=v_2+k$,它要比 $\bar{p}$ 低。再者,在这两种情况下,只要按买方价格成交(realized demand price)的价格都高于 v_2,[10]那就符合按边际成本进行生产的标准。如果假定这两个地区的需求关系非常密切,那么一般情况下,交易双方都会对满意的贸易水平形成一致的看法。[11]

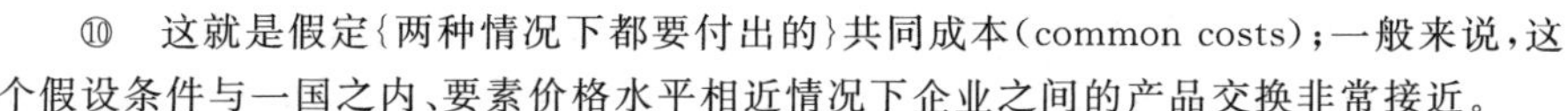

⑩ 这就是假定{两种情况下都要付出的}共同成本(common costs);一般来说,这个假设条件与一国之内、要素价格水平相近情况下企业之间的产品交换非常接近。

⑪ 但是还要看到,这种合同也可能偏离合作的轨道。如果按照交换协议,一家企业的产量已接近其生产能力的极限,另一家却不是这样;那么,如果这时终止合同,后者的成本就会比前者高得多。认识到这一点,也就能解释下述问题了,即为什么“在覆盖蒙特利尔地区和近海地区的互惠性购销协议重新谈判期间”,壳牌公司会注意到,

202 2. **对营销的限制**。“加拿大研究”中讨论的对供给和增长的限制可从三个方面来看。第一,可以把这些限制看作是保护交换协议、免受单方面变卦之害的一种手段。第二,可以用这些限制来划分{营销中的}战略市场。第三,可以用这些限制把{这种}市场{划分}确定下来。这三个方面可以并存而不互相排斥。

只有第一个目的符合对效率的解释。其理由在于,对营销进行限制,有助于保护某种对称的激励机制。如果其中一家企业想从第三者那里得到自己短缺的产品,就会破坏这种对称状态,这家企业就会使两个供给者互相竞争,自己坐收渔利。或者,如果一方从另一方获得的产品{数量之多,}能使自己开始“超常”增长——在这种情况下,它就是准备建设自己的工厂并撕毁交换协议了——双方的对称关系就会紧张起来。对营销进行限制有助于防患未然,避免出现这种结局,也就能鼓励交易双方加入他们本来无法接受的那种交换。

c. 兼而有之的观点

经济学家、律师及其他有兴趣的观察者碰到他们理解不了的合同,往往就说那是在搞垄断。因为“我们[对这一领域]一无所知,而不可理喻的做法又实在太多,所以用垄断来解释就成了家常

“帝国公司提醒它,他们对壳牌公司在近海地区的投资水平感到不满意”(第 54 页)。而壳牌公司把自己对蒙特利尔地区的炼油投资,解释为对{帝国公司在近海地区}投资的“对等交换”;除此之外,帝国公司还要求壳牌公司对其近海地区的营销网络进行直接投资(第 54 页)。壳牌公司注意到,在这种关系中,尽管它自己在近海地区根本没有什么重要的投资,但“我们在蒙特利尔有投资,而且,作为对等交换,我们在近海地区也有投资;因此,尽管我们没有对营销网投资,但我们交了进门费”。从“加拿大研究”(第 54 页)可知,这一资料源于壳牌公司第 23633 号文件,但日期不明。

便饭”(科斯,1972 年,第 67 页)。有一种受到质疑的假定,认为签订非标准合同肯定是出于经济上的考虑,而不是为了追求垄断。但与目前还在流行的“关门主义”假定相比,应该说,这一假定更符合反垄断法和经济学的精神。[12]

对于“交换可以提高效率”的这一假定,可以从以下三点或从 203
其中任何一点提出质疑。第一,你可以说,对于不加入一体化的竞争对手,交换只不过是一种不供给他们产品的聪明手段罢了。拒绝把产品按平均价格 $\bar{p}$ 卖给这些企业的做法就证明了这一点(但这显然不符合实际;因为购买者根本没有作出可靠的承诺,说自己会按 $\hat{p}$ 的价格收下产品)。第二,不难看出,我们所说的这种市场结构有点让人感到棘手。因为问题在于{这种结构}是否满足那些{形成}市场权力的必要前提——主要是指与高进入障碍相辅相成的高集中度。[13] 至于第三点,一看便知它不符合效率的前提条件。只有下面几个因素才符合从效率上看问题的观点,即:这种交换只应该是长期交换;工厂的主要生产能力应该用来生产这种被交换的产品;但与产品的贸易量相比,工厂的规模经济{水平}也应该比较高。{如果}规模经济{水平}比较低,又只有少量产品用于交换,

---

[12] 这样说当然是简单了些。反垄断{学派}一直不愿直接挑明:对合同作出限定的做法本身就不合法。但正如第七章所讨论的,在美国政府诉阿诺德-施温公司一案中,政府早就想迈出这一步了(338U. S. 365(1967))。准确地说,60 年代对限制合同问题的风行一时的观点其实就是“关门主义”,前面第 1.1 节引用并讨论了 1968 年《兼并指南》对互惠{贸易}的有关规定。

[13] 人们对以下问题的看法已日趋一致:只有满足一个结构性的前提,即存在着与进入障碍共存的{生产}的高度集中,才能认真考虑并宣布有权采取战略性的反竞争举措(威廉姆森,1977 年,第 292—293 页;约斯克与克莱沃里克,1979 年,第 225—231 页;奥多沃与威利格,1981 年,第 307—308 页)。对这些问题的具体讨论见第十四章。

那就成问题了。

毋庸置疑，交换真的既可能提高效率，又能防止竞争或其他对社会不利的做法。[14] 但不管怎么说，只要存在需要权衡利弊的问题，就应该对它作一番点评。

4. 几点结论

关于可靠承诺的问题，本章及前一章坚持并发展了一个观点：对于复杂的合同关系，人们广泛地使用私下解决来进行治理。这对“法律至上论”是一个挑战。因为它强调的是把合同看作一种结构，而不是按照法律的规则去构造合同。因此，出现纠纷，不是千篇一律地上法庭，而是既要遵守合同，又要依法办事，才能最终解
204 决问题(卢埃林，1931 年)。有了这种最终解决方式，就能避免那种司空见惯的争论，最常见的是那种“也许你有理，但……”那种钻牛角尖式的争论。不过所谓最终解决，并不是说在{合同}关系的持续过程中，对一些小打小闹也要频繁地随时调整；如果那样，就把交易双方又推回到合同转换曲线上的讨价还价的位置去了。

因此，我们这里所说的方法并不同意“法庭能‘明察秋毫’”这一假定，而是认为，法庭判决往往会遇到严格的限制。正是由于在

---

[14] 最近出现了一种可能，就是把交换用于反社会的目的。例如，加利福尼亚石油公司就以各种交换为手段，压低从国有土地所生产的原油的价格。据称这是由于“各大石油公司在压低重质石油(heavy crude)价格方面已经走得很远了，其中就包括发明出复杂的以物易物协议；这样，各大公司无须通过现金交易买卖，就能以低价互相交换原油；而现金交易会暴露原油的真正市场价值”(杰克森与巴兹托，1984 年，第 30 页)。这些石油公司坚持认为，只有这样才能提高效率。

不同情况下这些限制的宽严尺度不同,因此,要用不同的方法来研究不同的合同问题,就必须认识到,治理能力和治理要求并不是一回事。因此,要研究合同问题,就应该适当超出法律规则的范围,从这些合同与各种治理结构的关系的角度,对各种交易作出比较和评价。其中特别令人感兴趣的问题是,如果需要交易双方具有特别强的适应能力和持久性,就应该利用双边治理结构来完善各种非标准合同。

本章及前一章提出的观点如下:

1. 抵押。通行的观点认为,抵押是一个对现代签约行为没有什么实际重要性的概念,或者说是毫无实际意义的离奇古怪的概念。实际上恰恰相反,用抵押来支持交换是一种广泛的做法,在经济上具有重要的作用。但是,把抵押{这种形式}创造出来还只是第一步,此外还必须考虑{抵押物}有被没收的危险,以及在哪些条件下不宜使用抵押的问题。针对这些条件,就产生了复杂的治理结构;互惠贸易就是其中的一种。

2. 资产专用性。我们考察的是交易双方都依赖专用资产而进行的交易;而这种交易对专用资产的依赖程度在很大程度上影响着经济活动的组织。本章及前一章重申的基本命题是:如果经济组织要实现其追求效率的目标,就必须根据交易的不同属性,分别建立与这些属性相匹配的、不同的治理结构。就好比有两个买者,其中一个为支持供给方所进行的专用资产投资而提供了抵押,另一个买者则不提供抵押;这时,供给者向前者供货的条件就会比后者更为优惠。

3. 全面看待所签订的合同。并不是每次交易都会遇到{交易者}变卦的危险，当然也不可能保证杜绝一切变卦行为。但是，一旦交易双方感到干扰合同的潜在危险变得明显起来，他们就会对合同以及签约制度“刨根问底”作一番研究，也就是要估计一下出现“囚犯悖论”的各种可能，以及应该如何理解公正的管理（administration of justice）问题。

a. 囚犯悖论。合作是有益的，但普遍的看法是，囚犯悖论的逻辑会无情地毁掉合作的成果。如果适当改变一下对“变卦”的反应方式（payoffs），这个问题显然总还是能够防止的。但是，如果认为这种战略根本行不通，或者干脆将其束之高阁，那就只有继续忍受这种悖论的困扰；再不然就只好听天由命，看“当事人[能否]自觉服从合作行为的外部规范”了（希尔施曼，1982 年，第 1470 页）。我认为，应该把更多的精力放在精心构造优越的事前监督的激励

205 结构上面。这一点之所以被忽略，主要原因在于，对合同制度的研究“位卑言轻”，根本提不上研究的日程。正因为非标准合同受到这种冷遇，它所具有的精妙的激励作用也就无人知晓——这就是为什么在研究交换问题时，囚犯悖论的重要性被过分夸大的原因。

b. 公正性。人们有一种观念，认为之所以需要抵押，是因为它是以优惠价格提供产品的一个条件。但这样说却给人一种“弄权”的印象：交易中的强者会“命令”弱者提供抵押，而弱者除服从外别无它途。但事实上，对各种合同方式所做的制度比较分析已经揭示出，抵押往往能提高效率，而提高效率对交易双方都有利。它不仅引导生产者把资金投向效率最高的技术，还能引导购买者在实际需求{价格}超过边际成本时，痛痛快快地接受发货。在更一般的意义上说，对待各种合同都应该从其整体上来看待；并且要

特别注意其治理结构的特点。至于说在履约阶段用来检验交易双方关系的那些公正原则或竞争{原则},如果根本不考虑事前的讨价还价关系,那么从好里说,这些原则是不全面的,而且还往往会造成误导。[15] 合同双方千万不要抱有幻想,既要马儿跑(价格低),又要马儿不吃草(无须抵押)。

⑮ 罗伯特·诺吉克对"公正"有一个恰当的看法:"{能}否做到分配公正,要看为什么目的而分配。而'就事论事'(current-time-slice)的公正原则却相反,认为分配是否公正取决于物品如何分配(即哪些人分得哪些物品)"(1975 年,第 153 页;着重号系原文所加)。在如何看待公正的问题上,他称之为"就事论事"的方法忽略了事前的讨价还价,而且只从结果上来评价是否做到了公正。按照这种对公正的看法,如果向双方保证,看一项合同是否完整,首先应该评价一下这种合同有哪些优点,那么,人们在最初讨价还价中所争的就是完全不同的概念了。

即使人们接受这种全面讨价还价才算公正的看法,也还有两个问题没有解决。一是资源最初是如何分配的;二是双方是否有能力对复杂的合同作出评价。只有在使用直接手段还不足以对财富进行更有效的再分配时,才能利用合同来解决这一问题。然后,还需要留有余地,以便作出前述那种适应性反应。只要人们把信息处理问题(即真实可靠还是虚假欺骗)看得很严重,可能就要对消费者提供保护。

206

第九章　工作的组织

本章与下一章研究工作的组织问题。本章考察等级制(hierarchy){组织}的经济原因,其起源可追溯到交易成本问题。第十章将考察与内部劳动力市场结合在一起的、对治理结构的保护措施(government structure safeguards)。

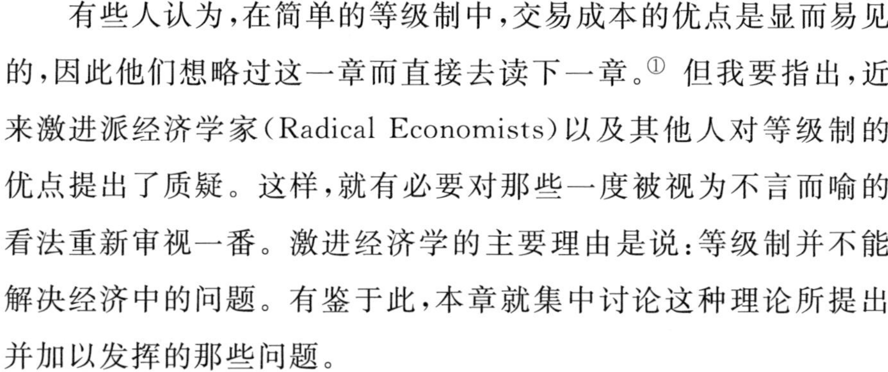

有些人认为,在简单的等级制中,交易成本的优点是显而易见的,因此他们想略过这一章而直接去读下一章。[①] 但我要指出,近
306 来激进派经济学家(Radical Economists)以及其他人对等级制的优点提出了质疑。这样,就有必要对那些一度被视为不言而喻的看法重新审视一番。激进经济学的主要理由是说:等级制并不能解决经济中的问题。有鉴于此,本章就集中讨论这种理论所提出并加以发挥的那些问题。

第 1 节概述激进学派对等级制的看法。第 2 节将介绍人们尚不熟悉的交易成本的一些性质。第 3 节将依据不同的合同类型、所有权结构和等级制的特点,提出 6 种可以选择的工作模式。第 4 节要对这些工作模式的效率进行比较。第 5 节对从权力角度研

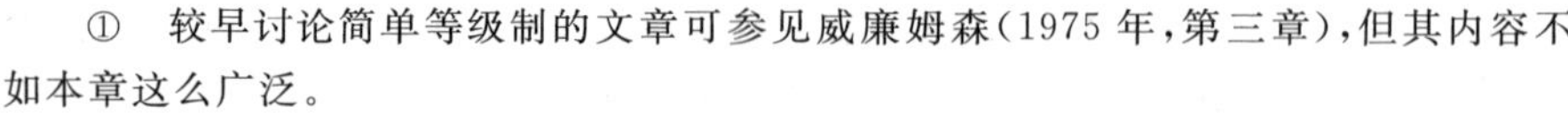

① 较早讨论简单等级制的文章可参见威廉姆森(1975 年,第三章),但其内容不如本章这么广泛。

究组织的问题进行考察。

1. 激进学派对等级制的看法 207

激进学派对等级制的看法可以归结为以下几点:(1)只要根据新古典学派的企业理论去按图索骥,就可以看出一个组织中所有合法的效率目标都是哪些;(2)新古典理论中根本没有讲过等级制问题;(3)由此只能得出另一个命题——等级制无非是保证权力的一种手段。

激进学派批判等级制的核心论点主要来自斯蒂芬·马格林(1974 年)和凯瑟琳·斯通(1974 年)。② 至于建立等级制能不能提高效率的问题,马格林在其考察中谈到了两点:一是他引用亚当·斯密对分工的论述,二是等级制取代非等级制的历史沿革过程。至于“老板究竟干什么”这一问题,马格林的回答是:老板剥削工人;而等级制就是实现这一目的的组织手段。

1.1 别针制造业

T. S. 阿什顿认为,以别针制造业为例来考察工作组织的做法实在让人不敢苟同,③{因为}别针制造业既不是什么重要的经济

---

② 见鲍尔斯与金迪斯(1976 年,第三章)对激进学派的观点所作的总结,其中马格林和斯通的论文被放在非常突出的位置。

③ 阿什顿(1925 年,第 28 页)看到,在“教科书和考试卷子里,一百多年前的制针贸易在各种经济行为中早就声名显赫了;这才真是‘盛名之下,其实难副’。虽然巴贝奇

行业，从技术上说也引不起人们的兴趣。然而，以这种行业为例还是有其长处的。第一，制作技术非常简单。这不仅是指它要完成的任务和操作技术比较简单；而且从技术上说，其生产过程的前后阶段也可以互相分离。因此，根本就不存在从“技术迫切性”考虑，一上来就否认某些类型的非等级制工作模式那种情况。相反，从技术上说，组织模式可以千姿百态；但决定组织形式的应该是交易，而不是技术。

第二，对社会科学家来说，以别针制造业为例也有其优点，那就是他们对它已经烂熟于心。要再想出另外的例子，也能同样清楚地说明劳动分工可以节约成本，着实不大容易。因为亚当·斯
208 密已经对生产过程做过详尽的讨论，而且，查尔斯·巴贝奇（1835年，第175—183页）和阿什顿（1925年）还做了更完整的描述。第三，与此相关的是，亚当·斯密以别针制造业为例来说明劳动专业分工的好处，虽然这个例子早被公认为无可争议，但马格林还是认为斯密讲得不全面；理由是斯密没有谈到用其他方式来组织别针生产的问题，而且太偏向等级制这种形式了。因此，究竟该不该用等级制来组织别针制造业的生产，还是大有必要辩个水落石出的。

对斯密关于别针业劳动分工问题的讨论，值得再仔细分析一遍。斯密看到：

“……按照现在这种经营的方法，不但这种作业已经成为

很推崇制针行业，但这个行业实在是没给我们提供一个关于劳动分工的理想的说明；克拉帕姆博士（Dr. Clapham）曾不无遗憾地说过，‘亚当·斯密从柯科迪（Kirkcaldy｛老家｝）出发去凯隆沃克斯（Carron Works），没走几里地，就看见他们掉转炮口，朝着他那简陋的制针工厂万炮齐发，乱轰一气’；也许有人会附和这种说法”。

专门的行业，而且这种行业分成若干部门，其中大多数也同样成为专门的行业。一个人抽铁丝，一个人拉直，一个人切截，一个人削尖丝的一端，一个人磨另一端，以便装上圆头。要做圆头，就需要有两三种不同的操作。装圆头，涂白色，乃至包装，都是专门的行业。这样，别针的制造分为18种操作。有些工厂中的这18种操作，分由18个专门工人担任。固然，有时一人也兼任两三种。我见过一个这种小工厂，只雇用10个工人，因此在这一个工厂中，有几个工人担任两三种操作。像这样一个小工厂的工人，虽很穷困，他们的必要机械设备，虽很简陋，但他们如果勤奋努力，一日也能制成12磅针。以每磅中等针有4 000枚，这10个工人每日就可制成48 000枚针，即一人一日可制成4 800枚针。如果他们各自独立工作，不专习一种特殊业务，那么，他们不论是谁，绝对不能一日制造20枚针，说不定一天连一枚针也制造不出来"[斯密，1922年，第6—7页]{此段译文取自王亚南:《资产阶级古典政治经济学选辑》，商务印书馆，1979年，第291页}。

劳动分工之所以能带来这些好处，原因在于斯密所指出的以下几点：

"有了分工，同数工人就能完成比过去多得多的工作量，其原因有三：第一，工人的技巧因业专而日进；第二，由一种工作转移到另一种工作，通常须损失不少时间，有了分工，就避免这种损失；第三，许多简化劳动和缩短劳动的机械的发明，使一个人能够做许多人的工作"[第9页]{此段译文取自王亚南:《资产阶级古典政治经济学选辑》,商务印书馆,1979 年,第 293 页}。

对斯密看到的这些情况,有几点要加以说明。一是尽管你可
209 以说,工人的确要服从某种权威关系,工厂和机器设备的所有权也都在所有者兼经营者并指挥生产的资本家手里;但斯密对这种小工厂的工人在组织上和所有权关系上的描述还是不够准确的。二是斯密只用了另一种组织形式与他描述的这种工厂组织形式做比较。这种组织形式就是每个工人都是“单独、独立地”工作,每根别针从头到尾也都是单独生产的,做完一根再做一根。因此,不管他是有意还是无意,这种比较都有偏爱工厂这种组织模式之嫌。

正如马格林(Marglin,1974 年,第 38 页)所指出的,每根针都用手工分别制造,显然是无理的。用批量生产来代替手工分别制造,既可以提高熟练程度,又能实现时间的节约:“其实从技术上说,**无须**分工,就能减少批量生产的时间。一个手艺人再加上他的妻儿,就能一道工序一道工序地干下去。第一步是先抽出足以制造几千根针的铁线,然后再把它们拉直,接下来是切截;这样一步一步做下去,同样能取得把整个工作分成一项项单独任务所能得到的好处。”的确,照马格林的看法,“资本主义劳动分工,特别是斯密那著名的制针例子所说的劳动分工,并不是从**技术上**研究了哪些工作组织更优越所得出的结果;而是从**组织上**看,怎样才能确保企业家在生产过程中的主要**作用**,也就是把每个单个工人的工作组织起来,为市场而生产产品所得到的结果”(1974 年,第 34 页;着重号系作者所加)。

1.2 权力

如前所述，我们熟知的新古典经济学生产函数理论认为，降低成本的主要手段是使各有关生产要素的边际转换率相等；但这只是冲着“组织形式具有重要作用”这一命题而来的。马格林看到了这一点。他似乎也承认，等级制组织能在其他方面节约成本。因此，马格林对于工厂（等级制）为什么会优于外包制（putting-out system），作了如下描述：

> ［这］种把工人集中在各家工厂的做法，是外包制自然而然的结果（如果你愿意，也可以说这是外包制自身矛盾发展的结果）；其实外包制的成效与大规模的机器制造业无关。过去，工厂｛制度｝成功的关键及其雄心壮志，就是把工人对生产过程的控制变成资本家的控制；只要制定了纪律并实行监督，无须什么先进技术，都可以、而且确实能降低成本。［1974年，第46页；着重号系原书所加］

与外包制相比，等级制还能额外地或在与其相关的方面提高生产 210
率，那就是等级制能更全面发挥各种创新带来的好处（马格林，1974年，第48页），同时还能防止“侵吞和盗窃”｛企业资产｝（第51页）。

尽管这些性质确实能提高生产率和效率，但激进经济学家们的立场是：等级制不足以用来实现社会目标。｛因为｝第一，严明纪律可以提高生产率，但这并非人们所愿。讲纪律固然能增加产出，但工作也变得枯燥无味，其结果很可能是得大于失。④ 第二，尽管等级制能防止非等级式模式带来的交易上的障碍，但他们显然认为这些障碍无关紧要，或者说只不过是一些制度上的瑕疵，是可以弥补的。后面的例子将说明：针对目前按等级制来分享创新利益的那种专利制度，马格林（1974 年，第 49 页）曾极力主张，如果能以某些方式削弱这种制度，就可以重新改造专利制度。由此，对于“提高生产水平就必须要有等级制权威吗”这一问题，他的答案基本上是否定的：虽然等级制对资本积累有利（第 34 页）；但是，把工作的等级制组织和广泛{实行}的劳动分工扯在一起，只不过是一面之词，其目的在于“‘分而治之’（divide and conquer）以实现剥削，并不是为了提高效率”（第 39 页）。

激进经济学家们认为，等级制没有强制提高效率的道理；不仅如此，他们还断言，等级制的发展历程也证明了另一个命题：之所以会产生等级制，就是为了让资本家有统治工人的权力。斯通（1974 年）在解释 19 世纪末美国钢铁行业的这种转变时，又把这一理论推进了一步。他的方法其实就是萨缪尔·鲍尔斯与赫伯特·金斯特和马格林在发现这种强制时所使用的方法。而且，激进经济学家还认为，非等级制工作模式不仅效率更高，而且还能使{工人们}在工作中得到更大的满足（鲍尔斯与金斯特，1976 年，第 78—81 页）。

④ 这里不考虑两种可能：一是工人们可能会看到监督能带来效益；二是有了相互认同的监督，在一个互相依赖的工人集体中，有可能防止其成员“偷奸耍滑”。阿尔奇安和德姆塞兹（1972 年）就是以这种互相认同为基础，提出了他们后来称之为“古典资本主义企业”的概念。

第 5 节将运用交易成本的概念来解释钢铁行业所发生的转变；至于工作中的满足问题，要在下一章才能讨论。其中的核心问题，也是我对这一问题的主要兴趣所在，就是用交易成本的概念来评价各种替代模式。如果真像人们断言的那样，等级制并不能达到提高效率的目的，那就更需要{引用}权力关系的命题了。但如果等级制确实能节省成本，那就得认真考虑重新解释马格林和斯 211
通提到的那些历史事件了。

2. 交易成本的问题

回忆一下第二章的合同结构图，其中区分了交易成本经济学的两个分支，即：一是治理学派，其着眼点在于进行一连串的适应性决策；二是计量学派，注重由信息拥挤、碰撞所引起的问题。当然，通常这两个条件是结合在一起的（阿尔奇安，1984 年，第 39 页）。对于中间产品市场的组织，我主要讨论其中的治理问题。如果还存在计量问题，那只要假定它们会随资产专用性的变化而变化就可以了。

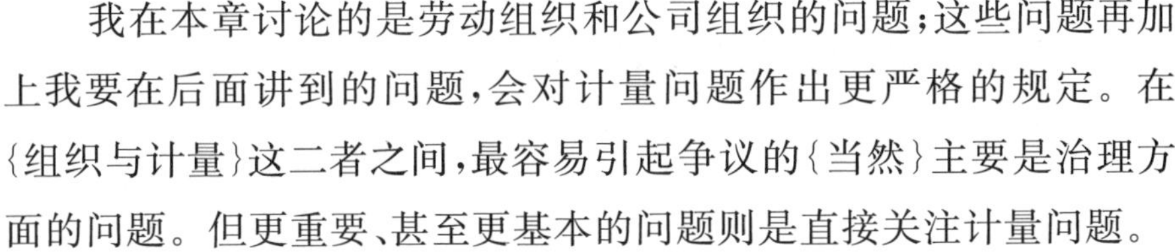

我在本章讨论的是劳动组织和公司组织的问题；这些问题再加上我要在后面讲到的问题，会对计量问题作出更严格的规定。在{组织与计量}这二者之间，最容易引起争议的{当然}主要是治理方面的问题。但更重要、甚至更基本的问题则是直接关注计量问题。

2.1　根本性的转变

从激进经济学的角度来看待别针制造业和工作组织，是不会对资产专用性及其在{工作}组织上的各种形式作出规定的。即使假定,不同的别针厂可以互换机器设备,这样当然也就不存在实物资产的专用性这个条件;但别针厂的设备毕竟还有一个场地专用性的特点(它不是“带轱辘的”)。照此可以进一步推论:工人们掌握的企业的知识和技能也具有专用性。[⑤] 如果场地的资产专用性或人力资产的专用性不容忽视,那么,前、后工序(successive stations)之间就会由此形成一种**事后的**双向贸易关系。这样,尽管一开始会产生大量的竞标的条件,但如果它能带来根本性的转变,最终的结果还是会形成一个企业;这种企业就需要一个专门的治理机构。

212 激进经济学家看不到这种条件,也认识不到它对组织所具有的重要意义。我们当然不能只责备他们一家。但他们其实比那些固守正统理论的经济学家更有条件来解决这个问题。马格林和其他学者在对工作组织进行估价时,已经转向更微观的分析层面。这实际上就是把交易看作分析的基本单位了。接下来就应该提出各种可供选择的组织结构,以便从制度上进行比较。但他们走到半路就驻足不前,反而极力主张:从效率上看,非等级制组织模式如果不是更优越,至少也要更好一些。

⑤ 制针行业直接涉及专用技能的获得问题——切截、磨尖、拉直等等。但我们并不清楚掌握这些本领要花多少时间;我估计,各种必要的技能是可以很快就学会的。因此,无论怎样防范,很多这类技能还是会传给作为竞争对手的其他制针企业。因此,如果这个制针行业还没有达到生产的集中,那么,当{工人}要改变{自己的}人力资产的用途时,就不会遇到技术专用性方面的强大障碍。但团队的特点却在于保持长期的雇佣关系,因而把这个问题搞复杂了。

2.2 计量问题

本章及后面各章主要感兴趣的是计量问题，但计量之所以困难，原因在于信息的拥挤、碰撞。在交易中，如果一方比另一方拥有更全面的知识，那么，克服这种{信息}不对称的格局不仅成本很高，还会引起贸易风险。市场有时会失灵，原因盖出于此（阿克洛夫，1970 年）。但这并不是主要的或唯一的可能。{因为}组织往往会就此作出反应，去化解这种风险。

我们应该区分两种反应：一是激励型的反应，一是计量型的反应。激励型反应{的特点在于}，它主张，如果达不到业绩指标，报酬就不应与业绩挂钩，这样才可以削弱欺骗的动机。例如，与计时工资工人相比，计件工资工人掩盖{其产品}质量的动机会更强一些。而计量型的反应则是对产品进行重新设计，或者对工作任务进行重新组织。但这两种反应的目的都是为了更准确地揭示出真实的情况。

尽管激进经济学家把逃避责任（shirking）、资产流失（embezzlement）和掩盖质量等问题归咎于收入再分配不当，但事实是这些问题导致了大量的资源配置不当。第一，它不鼓励对产品和技术进行投资，因为这些投资更容易受损失。第二，把流失的资产拿到黑市上去卖，但这种黑市从效率上说是很差的。第三，如果要防止这种损失，势必动用实际资源。这又会引起进一步的扭曲；因为你越是想从制度上解决逃避责任和资产流失的问题，就越要调整工资制度，而这反而越容易使不搞这种欺骗的工人受到惩罚（在某些职业中少廉寡耻者居多，老实人总是吃亏；这种情况绝非少数）。

213 3. 制度比较的框架

3.1 一些假定

马格林认为，社会科学具有无法进行试验的性质，这使人们迄今仍然忽略内部组织问题。如果不是这样，人们就会设计出各种可供选择的组织模式，包括平均主义的工作模式，并且进行试验（马格林，1974 年，第 33—34 页）。我虽然也同意搞这种实际验证有很多好处，但我认为，通过对这些工作模式的交易性质进行抽象的分析，也能发现这些可选择模式效率如何的大量{证据}。预先对各种模式的交易性质进行分析，至少可以大大减少试验的次数。

正是由于各种可供选择的模式在技术上和区位上有同等意义，所以首先应该把每种模式在生产中的共性问题（common manufacturing characteristics）确定下来。而工作模式理论更严重的问题之一，就是很少能把这些假定明确地表示出来。因此，在本节和后面两节，我将遵守下述假定；并且，除非作相反的注明，我还要把这些假定运用到所有模式之中。这些假定是：

（1）专用设备；假定这些设备是按设计能力使用的，这样可以降低制针业的成本。但要把这种设备装运到位，就要发生数额可观的开办成本（setup costs）。

（2）熟练工人；他们因反复做同样的工作而获得熟练的技能，

但他们的收益会递减。

(3)共同的场地;所有制针工作都应该在一个场地完成。这样可以节省运输成本,这样做比较经济。因此,除外包制以外,所有的工作都将在一个厂房内进行。

(4)共同的厂房;这些厂房是租用的,但不管各车间的所有权和使用{权}如何界定,都不会因支付厂房租金而发生问题。

(5)独立而又连续的制造阶段;就是说这些生产阶段各自备有存货以供生产之需,由此可使各阶段的工作前后相继,又互相独立。

(6)生产线;生产线{的人力}要保持平衡,但这里所说的平衡具有以下非常特殊的含义:如无特殊情况,每个岗位只配置一名专职工人,以保证各岗位之间能节奏稳定地传送中间产品。

(7)市场成本;如果把中间产品拿到市场上交易,其成本将非 214
常高。

(8)工人的结构;在每种模式中,工人都是按随机抽样的方式从拥有合格技术的人口中雇用的。

(9)重置投资;{为维持简单再生产,}总要定期进行重置投资,但不考虑为扩大再生产而进行的投资。

对前4个假定应该说争议不大。假定(5)(生产阶段分设)的意思是说,区分各种工作模式的标准是交易,而不是技术。这一条再加上有效地实施"一岗一人"那个条件[假定(6)],就意味着外包制所使用的技术并不低人一等;恰恰相反,各种模式都可以普遍使用同样的技术。

如前所述,"一岗一人"这个假定非常特殊。但它能使我们集中关注迄今被人忽略的各种交易成本问题;并且摆平了从技术上看问题的方式,因为以前过分夸大了技术的重要性。用“一岗一人”这种方式来扭转这种偏差,固然不能得出什么“有代表性的”结论;但值得注意的是,用这种方式抽象出来的交易成本属性,在其他一岗多人的工作组织中也同样存在。因此,本章要始终坚持这一假定。帕特·哈得森(Pat Hudson)对工业化初期有个评价——“无须改变技术……也能相当可观地节约成本”(1981 年,第 46 页)。这个评价与她对有关组织问题和技术问题的估计也是一致的。诚如她断言并加以说明的那样:“大多数早期工厂之所以产生,就是为了依靠组织来节约成本、提高效率;而不是出于技术上的迫切要求”(哈得森,1981 年,第 46 页)。[6]

关于中间产品市场效率很差的假定,主要讲的是内部组织在交易上有什么特性的问题。如果花很少的成本就能用市场交换来代替组织内部的交换,那么,从内部组织模式中选择替代模式也就不那么重要了。因为当各种内部模式有可能被瓦解时,市场总能拉它一把,以减轻这种可能。第七个假定就表明了这种可能。

关于雇用工人的随机假定,即如果各种模式下都是能找到什么工人就雇用什么工人,那就排除了工人对工作模式“挑肥拣
215 瘦”的可能性。因此,如果某些工作模式必须雇到有专长的工人,那就可以实行竞争上岗的做法,但上述随机分配工作的假定,即

⑥ 有一点很值得注意,那就是哈得森的观点与另一位经济史专家 S. R. H. 琼斯(1982 年)的看法相左。正像我在别处(威廉姆森,1983 年)点明的那样,我认为,琼斯用技术来解释工作组织的做法经不起推敲。他不从{制度}比较上看问题,分析就没有说服力。

假定所有各种模式雇用的都是相同的工人，就使这种可能化为泡影。

假定(9)关注的不是新的投资，而是各种替代模式的运营特点和适应能力。第一，其他所有制的投资资产可以、并且一直被纳入新古典经济学的考察框架之中。文奈克(1970 年)、米德(1972 年)和富鲁伯顿(1976 年)都确信，集体所有权(Collective Ownership)的各种模式都难以解决{如何}投资的问题。第二，对其他工作模式的运营属性和适应性属性问题，前述理论也都有所忽略。这样就不均衡了。为解决这一问题，{在理论上}就只好把投资问题从构成业绩的各种属性中砍掉。

对这些假定就分析到这里。现在我要转入对各种替代模式的分析。这些模式一共有六种。首先要分析所有权{的结构}，然后分析合同条款的内容。这都是为了研究交易成本和等级制问题，但后者是更基本的。不过，由于人们更熟悉的是从所有权方面来看待工作模式，所以我先分析所有权问题。

3.2　各种替代模式中的所有权

工作岗位上的所有权关系共有三种——个体户(entrepreneurial)所有权、集体所有权和资本主义所有权——每一种所有权又都包含两个变量。

a. 个体户模式

个体户模式的特点在于，每个工作岗位都归一名专家所有并经营。

(1)**家庭承包制**(Putting-Out system)。这是由包买商(merchant coordinator)提供原料、拥有半成品(work-in-process inventories),并与个体单干户签订合同的制度。每个个体户则在自己的家中,使用自己的设备,从事一项基本的加工工作。在包买商的指挥下,原料被成批地从一个岗位转到下一个岗位(从一家到下一家)。

兰德斯(Landes)对家庭承包制作过下面这种描述:

"[商]人兼制造业主把原料——粗羊毛、棉纱、金属条等等,看情况而定——包出去,分包给棉纺业劳动者,让他们把这些原料加工成产品或半成品。有时,这些个体户要负责一道以上的工序:最典型的是连纺带织。但在当时,在[德国的]索林根(Solingen)和泰额斯(Thiers)两地的刀具制造业中,
320 216 在伊索隆(Iserlohn)的制针贸易中,这种制度已经算是最精细的劳动分工了。这些制造过程被分成十多个阶段,每个家庭专门负责一个阶段。家庭承包制是迈向工业资本主义进程中主要的一步。因为第一,它使产业组织更接近于现代雇主和工人之间的关系,前者拥有资本,而后者则出卖自己的劳动力。当然,大部分织户都有自己的织机,大部分铁匠有自己的红炉。但他们并不是把产品拿到公开市场去卖的独立个体户,而只是打工仔,一般都依附于某个雇主,同意按事先定好的价格为其完成一定数量的工作[兰德斯,1966 年,第 12 页]。"

(2)"**松散联合模式**"(Federated)。这是在同一个工厂里,一

个岗位挨着一个岗位{的制度}。按照合同的要求，中间产品要经过各个岗位之手。为了不用监督，也免得前后工序的协作，每个岗位都备有应急存货(buffer inventory)。每个工人都可以自己确定自己的工作进度；但条件是应急存货不低于规定的数量，否则就要受罚。

这种模式是否曾被普遍采用还难以确定，也许还是个疑问。因此，尽管兰德斯看到(1966 年，第 14 页)，这种“给工厂里的每个手艺人留出一块地方，给他们自主权，让他们每个人管好自己的企业”的做法在 19 世纪的英格兰非常普遍；但我们说不清：各个岗位之间是互相交换中间产品，还是每个岗位都自给自足？

哈得森也说过：“早期的毛纺作坊大多数都是小工业者自己开办、自己经营的；但资金不一定都是自己的。”对此他有个解释：“实际情况是，直到 19 世纪初期，这些互相竞争的毛纺作坊规模都很小，成本也很低。更重要的是在这整个时期中，各地的这种作坊都是租来的和转租来的”(1981 年，第 48 页)。还有一点我们也不清楚：虽然作坊是租的，但这些承租人是全靠自己来生产产品，还是各个作坊的产品要互相交换？不过从道理上讲，产品应该是可以交换的。

还有一点也需要考虑，那就是：就算这种松散联合的模式只是人们的想象，它的发展也要有一个过程。这首先是因为，它说明，当你想搞清新的组织形式都有哪些特点时，必须从微观层次上进行比较分析。一旦抽象出它的模式，再去与其他模式比较，就能很容易地确定它在激励和交易等方面都有哪些特点了。另外，松散联合模式有一个引人注目的特点，就是它在相当大的程度上保留了工人自治的制度。[7] 由此可以引出"工作中人人平等"(egalitarian work relations)的结论。

217 **b. 集体所有权**

这是指工作岗位归全体工人共同所有{的模式}。

(3)单干者集体(Communal-emh)。在这种模式中,虽然工作岗位是共同所有的,但每个工人都有权根据自己的劳动分享产品。他们之所以参加这种批量加工制造(batch processs manufacture){组织},目的是使自己业有专精并节省开办成本。产品的有序运动是靠前后相继岗位之间的工人,按规定的间隔(按钟点、按天、按月或任何其他适当的间隔)来转移产品而完成的。这样,每个工人都{始终}带着自己的半成品或在制品向前运动,直到把最终产品拿到市场卖掉。

"单干"(emh)一词强调的是每个人只为自己工作的那种制度。[8] 这就是说,虽然工人们要把与工厂及设备所有权有关的资源集中到一起,并且按照规定的日程表在各道工序之间有序地运动,但他们之间并没有进行分工。这种把所有权集中起来、但每个人只为自己干活的制度,也就是哈罗德·德姆塞兹在别处(1967

---

⑦ 还有一种自治程度较低的模式,会使这种承包模式逐渐发展成工厂。那就用不着每个工作岗位{的人}都与其前、后岗位的人去签订合同,而是所有的人都和一个总代表——包买商——签订合同。因为除了运输费用以外,松散联合模式在简明、有效方面和家庭承包制基本上完全相同;但它是在岗位之间签订双向合同,因此就更令人感兴趣了。费劳登伯格与雷德利希(Freudenberger and Redlich,1964 年,第 394 页)推测道:"在第一个联合体中,这种集中管理的车间与集中型的承包制度很可能没什么两样。"

⑧ 也可以用不分性别的"单干者(eph/h)"这一后缀,但这就表示每个人只给他(或她)自己干活。为方便起见,我就用单干(emh)一词了。

年，第 54 页）所说的那种公社模式（communal mode）。所有权的公共性加上单干的私人性，导致的结果就是混合经营，这倒也不足为奇。但并不能由此得出结论说：集体所有权存在种种缺陷，因此它不如私人所有权好。如果能把例如“同年帮”（Peer Group）这种集体模式设计得比单干者集体更好，那就不妨认真考虑一下这种模式了。[⑨]

（4）“**同年帮**”。这是指具有单干者集体那种所有权制度，但工
人们并不是根据自己{生产的}产品数量来得到回报，而是按整个
“同年帮”的平均产品得到回报的那种制度。[⑩] 工人们既可以不断
地轮换岗位，也可以固定在一两个岗位上。同时，一旦要进行适应
性调整，或者为了加强这些集体成员在各工作{岗位}结合部的合
作关系，以及（或者是）为了调整生产的节拍等等，而又不想事无巨
细都由全体人员讨论一番，“同年帮”也可以选出一个临时的“领
导”，由他来代表整个集体作出——不属于战略性的——决策。不 218
过有一点很重要，那就是为了不使等级制关系固定下来，这个领导
人要常选常换。[⑪] 欧内斯特・曼德尔（1968 年，第 677 页）提出一
种自我管理的建议，即“轮流坐庄，就能消除‘指挥者’与‘被指挥
者’之间的差别”，讲的就是这个意思。而“同年帮”的特点也正在
于此，即把不按边际生产率来分享{产品}的原则与决策的民主化

⑨　德姆塞兹在讨论公社所有权时，是以土地的利用、而不是以批量生产制造为例。我估计，在土地利用问题上，“同年帮”要比单干者集体的模式有效得多。

⑩　不需要规定平均产品的数量。只要不是按边际产量领取回报，任何其他数量都可以。

⑪　布兰科・霍尔瓦特在讨论“社会主义企业”时（1982 年，第 244 页），也强调了轮岗的重要性。但正如我在第十章讲的那样，轮岗是很难执行的。

二者结合起来。[12]

c. 资本主义模式

在资本主义模式中,各种存货(原材料、中间产品、制成品)以及厂房、设备都只归一人所有。

(5)内部合同制。巴特里克曾以下述简洁的方式描述一个组织签订内部合同的做法:

> "在签订内部合同的制度下,企业经营者要提供场地和机器设备,供给原材料和工作中使用的资本,并负责把最终产品卖掉。但原材料与最终产品之间空缺的位置,并不是由领工资的工人按等级制自上而下填补的……而是由[内部]签约人作为生产工作的代表{来统一填补}。他们自己雇有工人,监督工作过程,并按某种[协议规定]从公司领取回报"[巴特里克,1952 年,第 201—202 页]。

如果一个资本家不太懂专业技术知识,他就不能有效地运用其资本,他与内部签约人的谈判能力就受到了限制。有了这种内部合同制度,他才能监督、协调中间产品的生产流程,并负责最终{产品}的销售。[13] 霍华德·戈斯波尔发现(文章发表日期不详),这种内部合同制度在 19 世纪曾非常普及,但铁路上或{产品需要}连续加工的行业从来不使用这种制度(第 9 页)。罗伯特·埃克莱斯(1981 年)则断定,时至今日,建筑行业的队伍还是按这种内部

⑫ 详见威廉姆森(1975 年,第 3 章)。

⑬ 关于内部签约做法的局限性问题,请参见威廉姆森(1975 年,第 96—99 页)第 6 章第 6.1 节对这个条件所作的简略的讨论。

合同原则来组织的。

(6)**权威关系**。权威关系模式就是生产设施和存货归资本家所有,资本家与工人之间形成雇佣关系{的模式}。从合同的内容上看,这种雇佣关系是一种不完全的合同形式。也就是说,雇员要随时准备接受派给他的工作;当然,要求他从事的行为不能超出合同“许可的范围”;因此这种模式的特点就在于它很有弹性。按照 219
这种权威关系模式,只要组建一个组织,就要签订一份协议,“即只要不超出某些限制(具体视雇佣合同条款中写明还是未写明而定),[该雇员]就应接受该组织给他的命令及指示”(马奇与西蒙,1958 年,第 90 页)。内部签约人享有合同所规定的自主权,服从的也只是一些非常松散的行为约束{条件}(例如,要达到某些最低质量标准,在某一时间段内其应急存货不得低于规定的水平),但工人则不行,他要服从严格得多的监督。

3.3　各种相互替代模式或合同的比较

要分清两类合同的差别。第一个、也是更重要的,是把这些模式两两比较,看哪种模式更依赖于合同中有关合作生产的具体规定。这就是本节和第 4 节要强调的内容。第二个差别涉及{与}签约代理人的讨价还价关系。这个问题留待后面第 3.4 节考察。

本章要考察六种模式,它们是可以互相替代的。以全面合同(comprehensive contracting)为标准来看,这六种模式彼此有很大的差别。前三种{模式}只能以签约(和再签约)为基础;有了这个基础,才会有产品的交换,才能对其结合部作出调整。对另外三种合同模式来说，合同只是一个框架，因为续签合同时还要再作调整。但这个框架提供了一个管理程序，可以用来控制日常的经营行为。这样就有了两类不同的组织形式：一个是连续签约，一个是定期签约。

a. 连续签约

两种单干模式（即承包制和松散联合模式）以及内部签约模式对签约过程有很强的依赖性。在第一种和第三种模式中，承包人和资本家所起的作用就是集体签约的代理人，而在松散联合的模式中，每个工人都要与其前、后岗位的工人签订双向合同。这些签约模式有一个共同特点，即每个工人都保持着相当程度的自主权，一旦合同条款敲定，他们就有了获得不同利润的权利。由于一个代理人的收益往往是以牺牲另一个代理人的收益为代价的，所以交易各方就要形成斤斤计较的关系。

220 这些签约模式有两类问题。第一类问题是，由于这种合同有很复杂的要求，因此，能不能只花较低的成本，就把这些要求讲清楚，并且商定和贯彻执行呢？如果人的理性是有限的，就排除了签订全面合同的可能性。由于不可能签订这种全面的合同，因此就必须考虑不全面的合同所具有的风险。

在签约者人数不多的情况下，前、后岗位的工人之间必然要形成讨价还价的关系，也就不会出现双向垄断问题。交易各方当然就要认真考虑长期、可持续合作的关系。这样就相应地限制了那种无限追求短期利益目标的行为。但是，对于那些无法预见、因此无法加以规划的环境，如果以为享有自主权的各方，无须事先通过周密的、以各自利益为依归的讨价还价，就会按照共同利益最大化的方式，使自己适应那些环境，这种想法就又不符合实际了。如果只是把某种交易从市场上搬到企业内部来组织实施，并且仅限于此，其实并不能使这种交换变得更加顺利。这种反复的讨价还价对于自主性的内部签约工作模式来说，是个严重的障碍。

b. 定期签订的合同

在单干者集体模式的企业中，各个成员彼此并不交换其中间产品；所以，在这种模式下很少会签订合同。但是，如果出现在制品闲置、而工人们却停工待料的情况，也许就要协商出一些特殊的合同；而且还得在初始投资、再投资以及设备维修保养等问题上达成各种协议。虽说这些问题不能算小事，但在前面所说的那些合同模式中，还没有发现因日常操作中的问题而一再签订合同的做法。

“同年帮”的成员就更用不着签订合同了。如果哪个工人由于停工待料而没干完工作，别人就会接着把它完成。当然.各个成员之间早晚有个搭伙还是不搭伙的问题，但在前、后工作岗位之间，还不至于为了操作中的问题而签订双向合同。不管是轮流坐庄还是全体组员一起讨论，都能促进民主决策，由此就使各个岗位之间的边界得到了调整。

雇佣关系要有一个可以接受的范围(巴纳德，1938 年；西蒙，1957 年)；而在权威关系下签订合同，无论是白纸黑字，还是君子协定，都能很容易地把这个范围确定得更加全面。不过，一旦达成协议，基本上就不能再把它算作合同模式一类了。在这种相当一般的合同中，要对操作方式作出调整；老板和工人也基本上都会同意“我说你听”的做法。这样，关乎企业整体形象的决策主要就听老板的了。

3.4 等级制的{强弱}程度

人们通常是从决策问题上判断等级制的强弱程度的。凡是作出适应性调整的责任集中在一两个代理人手中,其等级制程度就比较强。反之,凡是由各个代理人采取调整或经过集体批准才能调整的,等级制的程度就比较弱。要把握等级制的特点,有一种不太常用、但比较实用的方法,那就是{分析}合同中各项条款{的内容}。如果由一两个代理人来负责所有合同的谈判,合同中的等级程度就比较强。反之,如果每个代理人只负责就如何划定本{岗位}的边界问题{与别人}协商,合同的等级制就比较弱。[14] 我们这里考察的工作模式有两种不同特点的等级制,虽然它们之间存在着很强的正相关级次关系,但并不是完全相关的。而最令人感兴趣的,也许就是所有权与这两类等级制之间的相关关系并不完善。我用 E、Co 和 Cap 分别表示单干户模式、集体模式和资本主义模式,用大括号来代表种属关系(ties)或相近关系,由此得出在合同方面和决策方面的等级制从低到高的排列顺序,具体见下:

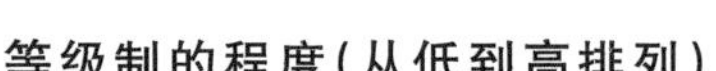

等级制的程度(从低到高排列)

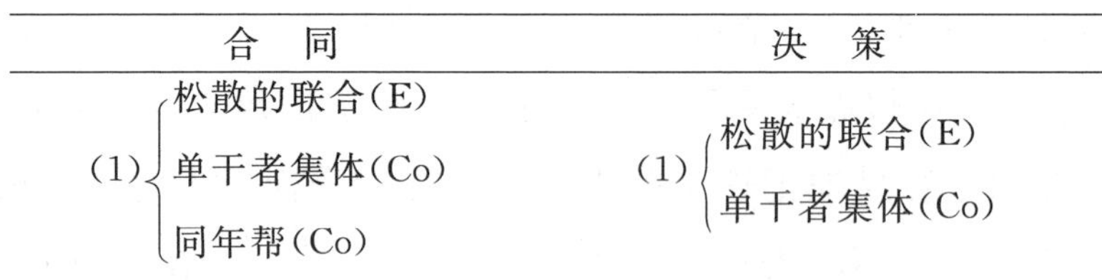

合　同	决　策
(1){松散的联合(E)、单干者集体(Co)、同年帮(Co)}	(1){松散的联合(E)、单干者集体(Co)}

⑭ 在这种关系中要注意一点,即"合同的等级"(contractual hierarchy)一词指的是签约代理人之间的关系,不是指依靠签约来作出适应性调整。在续签合同期间,上述定期签约的模式可能(有些也确实)具有很强的等级制特点。

(2)承包制(E)	(2) 承包制(E) 内部合同(Cap)
(3) 内部合同(Cap) 权威关系(Cap)	(3)同年帮(Co) (4)权威关系(Cap)

如果一个组织采取的是松散的联合模式、单干者集体模式或同年帮模式，它们就都不存在一个总的代理人；因此，这些模式中统统不存在等级制合同关系。与此相反，其他三种模式中都有一个总代理人。尽管要刻画出这个总代理人与工人们之间的等级关 222
系并不是一件简单的事，但是，利用续签合同时工人们与总代理人之间讨价还价的强度这一概念，还是能够在一定程度上反映出承包制、内部合同以及权威关系这三者之间的某种联系的。这种联系依{下面三种因素}而变化：(1)工人所掌握的企业专用技术和知识；(2)工人们的集体组织；(3)实物资产的所有权。

在这三种总代理人模式中，因为每种模式都包括了同等程度的专业化，所以{工人们}的技术水平是相同的。在权威关系{模式}中，集体组织的力量可能要稍微强一些，这是因为在这种模式中，工人们的自主权要小于承包制模式(在那里他们是分散作业)和内部合同模式(在那里他们要分别分享利润)。在承包制中，实物资产归各个工人所有；但在权威关系和内部合同制这两种模式中，工作场地则归总代理人所有。其结果就是在承包制中，合同的等级关系较弱，而在权威关系和内部合同模式中，合同的等级关系更强一些。

现在考虑一下决策的等级制问题。在松散联合与单干者集体这两种模式中，无论哪些成员之间，都谈不上什么命令式的关系。{因为}前者是通过各种规则和双向合同来治理的，后者则通过各种规则和民主决策来治理。但在内部合同制和承包制中，存在着比较弱的命令式关系。各种合同的总代理人可以要求工人们精诚合作，以适应变化了的情况；但在各种合同中已经广泛地授权于{总代理人}，规定他有责任处理经营中的问题。因此，如果总代理人想{对合同的规定}临时作一些改变，可能就要{与工人们}讨价还价、承诺许愿了，“同年帮”则看到了命令{与服从这种}结构的好处，所以他们才会任命一位领导人来协调日常的工作。但这种领导人要定期更换；并且，凡属战略性决策，要由全体成员讨论后才能作出。由此，民主决策{的做法}就有效地推广开来。而权威关系模式从一开始就设定了领导与服从的关系，并依此来解决经营中的问题并制定战略决策。而在雇佣关系中，工人们当然应该无条件地服从命令，但这种关系不能超出正式的或非正式的协议所规定的范围。但“上级管下级”则是权威关系模式的突出特征。

尽管从合同观点看，资本主义模式的等级关系要强于集体所有制模式，但是从“令行禁止”的标准来看，更重要的等级制应该是决策上的等级制。可是我们已经看到，在决策问题上，所有权与等
223 级制之间的关联度却非常弱。至于等级程度最弱的松散联合模式和单干者集体模式，其所有权关系则完全不同（一个是集体所有权，一个是单干户所有权）。至于同年帮模式、承包制模式和内部合同制模式，尽管其等级制程度同属中等，但每种模式中所有权的级次（class）并不相同。决策模式中最强的等级制是资本主义模式，集体所有权模式则仅次于资本主义模式而位居第二。

4. 对制度比较问题的评价

这里提出的问题在于：撇开企业的社会经济属性不谈，是否工作模式不同，其效率也就依次各不相同呢？为回答这一问题，我们得先拿出一套简单的效率标准；然后再根据这套标准，按效率的高低给各种模式大致排序。

4.1 简单的效率指标

下面举出11种测量效率的指标。这些指标并不是什么新东西。其中每一种指标都与衡量效率有关，而且每种指标在衡量工作组织{的效率}时会有哪些具体形式，以前别人也多多少少有所讨论。但问题是缺少对这些问题的总体评价。人们从来没用这11种指标系统地评价过哪一种模式，甚至根本没想用这些指标来比较各种模式。

这11种效率指标通常被分为三类：第一类用来衡量产品流程的特点；第二类衡量是否有效地给工人们分派了任务；第三类是各种模式都有哪些激励作用。但请注意，下面报告的11种业绩，都以其他情况相同为前提。

a. 产品流程[15]

---

[15] 工厂制能降低这些产品流程的成本；这一点往往被用来作为以工厂制代替承包制的理由之一。具体可参见巴贝奇(1835年，第135页、213页、219页)和费劳登伯格与雷德利希(1964年，第395页)。但下面将要说明，其实问题远不止此。

这里要评价的是连续加工阶段中的运输费用、要求的备用存货以及产品的“漏损”(leakage)问题。

(1)运输费用。把在制品从一个工作岗位运到下一岗位是要花成本的。假定其他条件不变,哪种模式更能节省运费,人们就会看好哪种模式。

224 (2)备用存货。增加备用存货,就能影响到前、后工作岗位之间临时如何划分。哪种模式能节省备用存货,人们就会看好哪种模式。

(3)结合部的“漏损”。结合部的“漏损”是指产品制造过程中发生的实际损失或有效的损失。人们看好的模式,就是能以较低的成本,使中间产品在各生产阶段间转移,并制止侵吞企业财产以及(或者)防止在产品质量上弄虚作假的那些模式。

b. 工作分派的属性

工作分派的问题有三。一是怎样给各个工作岗位分派工人。二是{选择}领导人的问题。三是与不管经营的{技术}专家签订合同的问题。

(4)岗位分派。如果能量才用人,使工人们从事他们比较擅长的工作,就能有效地利用他们的才干。这属于劳动中的专业分工问题。一般说来,工人们不可能对每一项工作都具有同等的技术;{因此,}凡是能从比较优势出发而量才用人的模式才是好模式。

(5)领导人(leadership)。如果要求协作的程度不同,怎样安排领导人的效率也不相同,那么,这些模式也就各不相同。能够减少需要配合的工作并且能够量才使用干部的模式才是好模式。

(6)签订合同。这里的问题在于两种能力:一是统筹考虑各种要求的能力，二是与专家（如维修专家）签订合同的能力，使之能为很多工作岗位提供服务。[16] 只有能很容易地履行这种合同的模式才是好模式。

c. 激励的属性

稳定状态不同，物质激励（intertemporal incentives）不同，业绩也就不同。其中特别值得关心的是：

(7)工作的强度。工作强度是指在工作中耗费的生产能量。能使工人不装病偷懒的模式就是好模式。

(8)设备的使用。问题就在于使用设备是否精心。能防止滥 225
用或漫不经心使用设备的模式才是好模式。

(9)对局部干扰的反应。局部干扰（local shock）是指能影响一个岗位工作的干扰。如机器损坏或工人生病而造成的工作停顿。而能使工作迅速恢复起来的模式就是好模式。

(10)岗位创新。岗位创新（local innovation）是指单个岗位上对生产步骤的改进。能够促使降低岗位成本的模式就是好模式。

(11)系统的反应能力。这里感兴趣的问题是对系统中各种干扰的反应能力，以及认识到并实现了系统创新（包括过程创新、产品创新或组织创新等等）的能力；[17]那些无须重新进行大量谈判，就能很容易地适应不断变化的市场环境，并且允许对系统进行改

[16] 贝恩斯（1835 年，第 460 页）和巴贝奇（1835 年，第 214—215 页）认为工厂制有很多优点；其中一个事实就是，工厂制使各种专家能在同一个地点发挥其维修保养多台机器的功能。

[17] 这些内容可以看作是各个独立的业绩范畴。事实将证明，对于系统的干扰和系统的创新这两个尺度来说，各种模式的排序实际是一致的；因此就有了系统的反应这一范畴。

善的模式，都是好模式。

226 **表 9—1　按所有权分组　各种模式在效率上的简单比较**

模式	产量属性			分派工作属性			激励属性				
	运费	备用存货	结合部的漏损	岗位	领导人	签约	工作强度	设备利用率	本岗责任	岗位创新	系统反应能力
单干者											
承包制	0	0	0	1	0	1	1	1	0	1	0
松散联合	1	0	0	1	0	0	1	1	0	1	0
集体											
单干者集体	1	0	1	0	1	0	1	0	0	0	0
同年帮	1	1	1	0	0	1	0	1	1	1	1
资本主义											
内部合同	1	0	0	1	1	1	1	0	0	1	0
权威关系	1	1	1	1	1	1	0	1	1	0	1

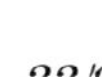

4.2　各种效率之间的比较

利用一些尺度来衡量，你就能轻而易举地排出{各种模式的}等级，发现哪些模式效率最佳，哪些效率最差(例如，以运输费用为尺度，承包制就是最差的模式；而在单干者集体模式中，工人们往来奔走于各个岗位之间，各自占有他们自己的劳动成果，其工作强度最合适，结合部的漏损也最小，但这种模式的设备利用率却最差；而以整个系统的反应能力为尺度，最好的模式是权威关系模式；如此等等)。尽管如此，利用(优、良、中、差)四级打分排序体系也得不出什么结论来；这种方法不如更简明的二元排序法即把优、良定值为 1，把中、差定值为 0 更为有效。[18]

---

⑱　更早的评分体系曾用过四级评价法，见威廉姆森(1976 年)。在评价各种组织的替代模式的效率特点时，人们以前在使用打分评价来给它们排序时也曾作过很多工

我把这些模式按所有权类型分为几组，再用二元排序法即更简明的效率尺度对每一种{模式}进行评价；具体见表9－1。我不想在这里具体说明这种评价的道理，因为这个问题我已经在另一部著作(威廉姆森，1976年，第30—50页)中讲过了。但是，从下面讨论的所有权比较与合同比较来看，这种打分大多是不言自明 227
或显而易见的。

a. 所有权上的比较

承包制和松散联合制都属于单干者所有权模式，它们都具有产量低、工作交叉分派的属性(mixed assignment attributes)，因此从激励机制来看，这二者是没有什么区别的。不过，由于松散联合模式是把很多工作岗位集中在一个共同的场地，就比承包模式更能节省运输费用。但这每一种模式都需要大量的备用存货——尽管各自的原因不同。承包模式之所以需要大量存货，是因为每个岗位{的工人}都有自己的工作进度(这是根据每天还是每周签订协议而定的)，产品也是分批发出的。以双向合同为纽带，才有松散联合这种模式。它之所以需要大量存货，是为了减少因临时待料所造成的对前道工序的依赖性。如果在不能及时发货的情况下，要确定这是谁的责任，就要花费很高的成本；那就会像通常所看到的情况一样，备用存货太少，能引发无穷无尽的纠纷。

在这两种单干模式中，结合部的漏损都很大。在有关承包制

作；这可参见S. H.小乌迪(S. H. Udy，Jr.，1970年)和阿马蒂亚·森(Amartya Sen，1975年，第3章)。这两种方法都涉及比我这里讨论的问题范围更宽的经济发展问题(乌迪是从人类学的角度看问题的)；而且它们也只是很有限地、间接地考虑到了批量加工的制造方式问题——也许森朝着这个方向走得更远点。

模式的报告中，可以看到有关小偷小摸和质量问题的描述（巴贝奇，1835 年，第 135、219 页；富鲁登伯格与雷德利希，1964 年，第 395 页；马格林，1974 年，第 51 页）。在松散的联合模式中不存在偷窃问题，成问题的是{产品的}质量。其中不仅每个生产阶段都有掩盖其质量的问题，而且在把这方面的抱怨记录在案时，还有一个很复杂的属性{即追究责任}问题。[19]

与松散联合模式相比，承包制模式好就好在有一个总的合同代理人，所以它的长处在于领导有力。但它的问题在于生产的各个阶段位置很分散，使这个领导者也很难在签订合同、进行局部或全面调整等方面发挥作用——因此，用这种尺度来衡量，承包制模式在排序中的得分并不比松散联合模式高。

集体所有权的两种模式都能得到比较高的产量，但缺点在于工作分派方面相当差，各种激励{的效果}也大不相同。在单干者集体模式中，因为每个工人都要带着自己加工的半成品，不停地从一个生产阶段换到下一阶段，所以就要准备更多的备用存货。假
228 定开办成本并没有低到可以忽略的地步，每个工人就都会在每个阶段上停留相当长的一段时间，由此也就需要储备较多的存货。

在单干者集体模式中，由于每个工人都能占有自己的劳动成果，也就具有最好的工作强度激励机制。而“同年帮”{模式}则相

[19] 因此，如果{在制针工作中}磨针头的任务完成得如何，取决于拉丝和抽丝干得如何；如果在磨尖针头之前先要把针头固定好，如果在磨针尖时不小心把尖磨弯了；那么，要想在固定针头的阶段就搞清：谁把针尖部分搞弯了？针体抻的直不直，或者没有折好那个弯，该是谁的责任？究竟是不是磨针尖的那个工人不小心造成的？就不容易了。

反，他们总是责怪别人“免费搭车”。（尽管认真挑选帮内成员有助于防止这种埋怨，但这又打破了随意分派工作的假定。）不过，“同年帮”｛模式｝在其他方面、即其激励机制上，却优于单干者集体模式。这是因为“同年帮”是一种合作模式，而单干者集体模式却是一种富于进取性的次优（aggressive suboptimization）｛即个人最优而不是集体最优｝模式。

这种次优状态在设备利用率问题上表现得特别明显。精心使用设备所得到的收益主要靠别人的努力，过度使用或粗放操作造成的成本大部分会转嫁给别人；这样，激励作用就朝着相反的方向增大。为改变这种反向激励的结果，就要进行复杂的讨价还价并制止其发生。“同年帮”的情况则相反，它根本就不会刺激工人以短期行为方式去使用设备。从这两种模式的次优特点与合作特点的比较中，还能解释清楚其他不同的激励机制。

从产量属性看，权威关系要高于另一种资本主义模式即内部合同模式。内部合同模式不惩罚过度积攒半成品存货的行为，就刺激了合同签约人去积累半成品存货，以求扩大自主权。权威关系模式则相反，要减少这种存货，无须罚钱，一道命令足矣。而且由于它｛对环境｝的反应性更为优越，所以只需少量存货就行。内部合同模式还有一个缺点，那就是结合部之间的漏损问题。其原因在于，合同签订者有一种贪图次优（即掩盖产品质量问题）的动机，而领取计时工资的雇佣劳动者就没有这种想法。[20]

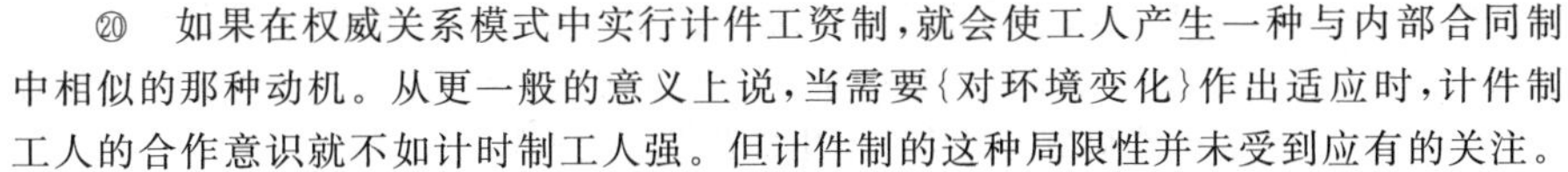

⑳　如果在权威关系模式中实行计件工资制，就会使工人产生一种与内部合同制中相似的那种动机。从更一般的意义上说，当需要｛对环境变化｝作出适应时，计件制工人的合作意识就不如计时制工人强。但计件制的这种局限性并未受到应有的关注。

内部合同制与权威关系模式有一点是相同的，那就是具有很好的分派工作的属性。但从激励的性质上说，它们却完全不同。这主要是因为：{一方面，}内部合同的签订者有更大的自主权，能更充分地占有自己的劳动成果，因此只有得到贿赂才肯与别人合作；{另一方面，}对于在权威关系模式中工作的工人来说，他们在追求次优{即个人}目标上却没有那么强的进取性，对{环境的变化}也不会拒不作出适应，因为他们连最基本的产权都没有。因此，内部合同的签订者愿意提高自己的劳动强度，乐于进行本岗位上的创新；但不会积极去提高局部适应能力或整个系统的适应能力。而且由于机器设备不属于他们所有，滥用设备的问题也就时有发生。

在内部签约人的合同到期时，这个问题就变得更特殊了。在
229 合同到期之前，如果设备大修所带来的利益大于回收成本（recover costs），他们就会进行大修；但有些修理费用要等签约人拿到续签合同时才能得到补偿，那样他们就会推迟修理工作。[21] 因此，设备的大修就会被推迟，要留给资本家等合同到期以后再进行。如果合同已临近到期，即使是小修理也会被推迟。

b. 签约的比较

我们考虑一下表 9-2，其中各种模式的排序仍然相同，只不过按签约的属性进行了分组。由此可以看出它们有以下鲜明的特点：(1)一般说来，各种连续签约模式具有两种属性，一是产量低，二

[21] 这就是假定，如果资本家想在合同到期前进行大修，那么，内部签约人付出的修理费既不会从合同到期以后的收益中得到补偿，也不会因为犯懒而拖到合同到期才去大修而受到惩罚。前一种情况提出的是有关收益估计的重大问题，而如果对犯懒者也开工资，就建立了一种刺激工人草率使用机器设备的机制。

是{在适应环境变化方面,}各个岗位和整个系统的反应能力都差;(2)在岗位工作分派、工作强度以及岗位创新等方面,连续签约模式的能力都比较强;(3)定期签约模式一般有比较好的产量属性;(4)尽管某些定期签约模式在工作分派和激励机制方面比较好;但在表中对这些一般范畴的分组中,却看不到这方面的总体情况。

表 9—2　各种替代模式的效率的简单比较 230

模式	产量属性			分派工作属性			激励属性				
	运费	备用存货	结合部的漏损	岗位	领导人	签约	工作强度	设备利用率	本岗责任	岗位创新	系统反应能力
连续签约模式											
承包	0	0	0	1	1	0	1	1	0	1	0
松散联合	1	0	0	1	0	0	1	1	0	1	0
内部合同	1	0	0	1	1	1	1	0	0	1	0
定期签约模式											
单干者集体	1	0	1	0	1	0	1	0	0	0	0
同年帮	1	1	1	0	0	1	0	1	1	1	1
权威关系	1	1	1	1	1	1	0	1	1	0	1

c. 得分总计

要把每种模式在效率上的得分进行加总,以排出它们的次序,就要确定这 11 种效率指标的相对权重。但是在不同行业,这些权重显然是不同的。不过我们可以假定它们的权重都相同,这样把每种模式的分数相加后就可以排序了。由此得到下列排序:

模　式	总　分
单干者集体	4
承包制	5
松散式联合	5
内部合同	6
同年帮	8
权威关系	9

虽然这种排序还比较粗略,但其中有一些令人感兴趣的关系,值得评论一番:

231 (1)单干者集体模式使工人的工作最具有多样性,马格林似乎也最看好这种模式,[22]但它的效率最低。当然,你也可以说,单干者模式之不复存在,原因在于既得利益者扼杀了这种模式;但还有一个更合理的解释,就是单干者集体这种模式是被它自己的低效率拖垮的。

(2)从签约和决策这两方面看,等级制最低的模式(见前面第3.4节)也是效率最差的模式。相反,"同年帮"模式和权威关系模式在决策中都广泛地依赖等级制——它又确实足以解释这两种模式的优秀业绩。由此看来,对等级制抱敌视态度,就取消了进行制度比较的基础。也许有些等级制被人们看好,有些则不受欢迎;但只要不想牺牲效率,等级制本身就是无法回避的。[23]

(3)且不说单干者集体这种模式,仅就定期签约的各种模式效率看,它们就具有优于连续签约模式的特点。

(4)这个排序与这些模式在历史上出现的顺序大体上是一致的。虽然有人可能会说,后来的模式之所以能取代先前的模式,是因为"利益"{之脚}注定要踏出自治之路;另一种说法是后来的模式具有比先前的模式效率更高的特点。在这个问题上,特别值得注意的就是从承包制到内部合同{模式}再到权威关系{模式}这样

---

[22] 见前面第2节所引马格林的评论。

[23] 路易斯·普特曼同意这种看法(1982年)。其实他还可以更广泛地使用参与制模式(participatory modes){这种例子}。对此问题的简明讨论,可参见威廉姆森(1981年);也可参见迈克尼尔(Macneil,1974年,第699页)。

一种演讲过程。

(5)对于老板和工人之间的关系问题，由于缺乏{衡量}权力的尺度，所以很难根据权力的差异对这六种模式排序。但人们还是能得出一个印象，就是在这种排列的总效率和总的权力之间，存在一种正相关的排列关系。同时，这种相关关系并不完善。(与“同年帮”模式或松散联合模式相比，在承包制模式中老板的权力更大，但其效率却比前两者都差。)要说明依靠权力来驱动一个组织之所以好，那就得拿出证据来；而最好的证据莫过于证明：效率低的集权模式能否取代效率高的平均分配权力的模式。[24]

5. 权力与效率的比较

有一种看法认为，后起的组织模式之所以能取代原先的模式，是因为它们的效率比以前的模式更高。这种看法给激进经济学理论带来了一种即使在马克思看来也很明显的矛盾。对由此引起的 232
一些麻烦问题，我要在此点评一二。

5.1 劳动分工的起源

马克思在论制造业劳动分工的那一章，一开头就讨论了由资

[24] 第十章将进一步讨论这些问题，其中要考察“同年帮”模式(社会主义企业)和权威关系模式(资本主义企业)。霍尔瓦特认为，有必要禁止搞资本主义企业；因为社会主义企业“不管其潜在的效率如何，它在资本主义环境中是不容易生存的”(1982 年，第 455 页；着重号系原文所加)。

本家雇用一批技术工人的那种组织:起初是每个技术工人在一两个学徒的帮助下,“制造整个产品,因而顺序地完成制造这一商品所需要的各种操作。他仍然按照原有的手工艺方式进行劳动”(马克思,1967 年,第 337 页;{译文取自中译本《马克思恩格斯全集》第 23 卷,第 374 页})。看来,这种模式与单干者集体那种模式是
233 一致的,只是车间的所有权不同罢了。这种连续操作会一直持续到外部环境发生变化为止。比如,“这种增大的产量也许要在既定时间内发出”(第 377 页)。这种变化的结果,就是要临时对工作进行重新组织。“各种操作不再由同一个手工业者按照时间的先后顺序完成,而是分离开来,孤立起来,在空间上并列在一起,每一种操作分配给一个手工业者,全部操作由协作工人同时进行。这种偶然的分工一再重复,显示出其特有的优越性,并渐渐地固定为系统的分工”(第 337 页;{取自中译本《马克思恩格斯全集》第 23 卷,第 374—375 页})。这样看来,由此产生的劳动分工就不是资本家有计划地划分工序、征服工人的结果,而是根据环境变化而作出的一种讲求效率的反应。

5.2 承包制的终结

与此相同,哈里·布拉沃曼(Harry Braverman)有报告说,工业资本主义在其早期阶段,“从资本家这方面来看,其特征就在于他要不断地……用与购买原料的相同方式来购买劳动力。这种意图就表现为签订大量的、各种不同的分合同和‘承包’制度”(1974 年,第 60—61 页)。继而,布拉沃曼又看到,“但这些分合同与‘承

包'制又受到各种问题的困扰。这些问题是:生产杂乱无章,原材料因倒手和盗窃而流失,制造{速度}缓慢,产品质量既不统一又无保证。但最严重的问题在于,他们没有改变生产过程的能力,这是对他们最大的限制"(第 63 页)。由此看来,这些早期的组织形式被产量更高、工作分派更合理、激励属性更强的其他形式所取代,也就不足为奇了。但我要再次强调,这些变化都是效率驱动的结果;而要取得这些结果,根本用不着那些有害无益的划分工序、征服工人的计划。

哈得森研究了毛纺业和棉纺业中的毛纺车间,对二者在监守自盗和组织方面的差别进行了描述,也很有启发意义。她观察到,在 18 世纪末期的承包制下,"效率太低以及成本过高"的原因就在于欺上瞒下。这个问题在棉纺企业的毛纺车间比毛纺企业更为严重。这主要是因为在毛纺企业中,领工资的工人更少,"并且,即使是这些工人,也往往是在很小的车间里工作,还要受到严密的监视。而在棉纺企业的毛纺车间,缠线工人(woolcambers)普遍偷雇主的羊毛,而纺线工人不是把线轴放错,就是把线放得太短。如果他们联手来干,往往更容易得手,而永远不会受到惩罚"(哈得森,1981 年,第 50 页)。由于{防备}偷盗的难易程度不同,就使得棉纺企业的毛纺车间{比毛纺企业}更快地改用工厂这种生产制度(第 52 页)。

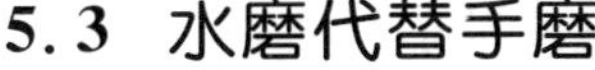

5.3　水磨代替手磨

马格林研究了英格兰封建制度中手磨与水磨之间的斗争。他发现，水磨厂把几台水磨集中在一起，好处在于比手磨更容易履行合同："如果让农民在自己家里磨面，要防止'偷盗'领主'合法拥有的'粮食，肯定是一件极其困难的事情。布劳克(Bloch)曾提到，'法律诉讼所固执追求的是一个无休无止又毫无结果的过程，最后总是佃农败诉'——但领主也要在时间、精力和金钱上付出巨大的代价"(1974 年，第 56 页；着重号系作者所加)。尽管有上述成本，马格林还是把禁止使用手磨说成是一种行使权力的结果，是阶级斗争的一种展示(第 55—58 页)；因为按他的判断，手磨和水磨在技术上其实是平起平坐的。

这就产生了两个问题。第一，如果说与手磨相比，水磨的好处只在于它能起到监控的作用，在技术上并不占什么优势；那就有一个最简单的加工粮食的办法，也就是应该把手磨都集中在一个加工厂里，只准在那里使用这些手磨。但既然这些手磨{的投资}已被算作一种沉没成本，也就不应该再投资去购买新设备了。但是，第二个、也更重要的问题是，如果不同的交易成本会起到不同的作用——就像我在前面讲的那样——再根据技术与权力之间的较量来判断究竟应该选择哪种磨面技术，那就令人无法接受了。

用交易成本来说明当地的磨面方式会遇到两种困难。一是实际补偿不等于要求的补偿，这就使那些惯于撒谎、欺骗和偷粮食的农民占了便宜。即使不讲其他问题，仅就这种补偿来说，也会随时
234 让人产生选择相反做法的想法。二是粮食被窃，就使财主作出了保护性反应；但因为保卫成本太高，他就会把这种成本打进社会成本之中{即由社会来支付这种成本}。

但这并不是说计算问题无好坏可言，因此不能把计算视为多

此一举。因为它可以、而且有时也确实有这样的问题。但我们所说的并不是马格林所讲的那些问题;而是从这种精打细算的氛围中产生的问题(威廉姆森,1975 年,第 37—38 页);是在区分什么是敷衍了事的合作,什么是十全十美的合作时产生的问题(第 69—70 页)。这些才是在法律框架内研究工作组织时所要讨论的重点问题。对此,我将在第十章作一些简要的分析,但需要更全面地看待这些问题。

5.4 钢铁行业的内部合同

鲍尔斯与金迪斯所说的对美国钢铁业发展史的主要研究,是指斯通(Stone)考察该行业发展变化的一篇文章。根据斯通的考察,在 19 世纪后期,钢铁行业的组织与前文所描述、所讨论的内部合同制度是基本对应的。当时,美国钢铁锡业工人联合会(The Amalgamated Association of Iron, Steel, and Tin Workers)是这三个行业的技术工人的工会组织,也是当时势力最大的工会。这家工会把"钢铁生产的各个方面的权力都给了工人"(斯通,1974 年,第 64—65 页)。不难料想,由于{工会}很难通融,因此签订内部合同时就形成了旷日持久的讨价还价,降低了经营效率,压制了创新意识。斯通引用的一些具体例证(1974 年,第 64—65 页)如下:

(1)每个部门内都要有一个经一致批准的执行委员会,以填补{这一}职位的空缺。

(2)只有经过不断争论才能把工作的具体内容确定下来。

(3)限制每个工人的产量。

(4)生产程序规定如下:“为保持炼钢炉温度,对添加废料的比例要作出规定;报告加渣生铁的质量;除特殊情况外,禁止炼钢工使用耐火砖;要确定辅助工人的数量。”

(5)禁止技术工人向其他工人传授技术,以完善、保持他们的垄断地位。

(6)未经工会执行委员会批准,不得变动工厂的物质设施;这是为了防止公司为实现更高的劳动生产率,而对生产任务进行重组或以机器代替工人。

235 (7)不鼓励为节省劳动而进行技术创新:“1860～1890 年间引入了很多技术创新,其中最著名的是转炉,它扩大了炉子的规模和容积;但一般说来,他们并没有做到以机器来代替工人。”

公司显然因此而降低了效率。安德鲁·卡内基(Andrew Carnegie)和亨利·克雷·弗雷克(Henry Clay Frick)决定向卡内基设在霍姆斯泰的轧钢厂(Carnegie’s Homestead mill)的工会发出挑战,因为人们通常都认为这是美国钢铁锡业工人联合会势力最强大的据点。1892 年,他们决定关闭这家工厂,弗雷克宣布该厂从此不得设立工会。结果发生了暴力事件,工会会员们与破坏罢工者以及平克顿私人侦探公司(Pinkerton agents)的侦探发生了冲突。在州政府和联邦政府的支持下,卡内基和弗雷克把工会的斗争镇压了下去。至于其他那些钢铁公司,不知是受到卡内基和弗雷克成功的鼓舞,还是出于“即使排除这种工人联合会,他们的公司也有竞争力”这一认识,他们也讨伐并战胜了{自己公司里的}工会。这样,工人联合会的会员人数曾于 1892 年达到高峰,为

25 000 人；到 1898 年，就下降为万人左右。到 1910 年，整个钢铁行业都没有工会了。斯通对粉碎技术工人的权力所造成的结果作过以下总结：

> “打败霍姆斯泰{炼钢厂工会}以后的十年，给钢铁制造业的每个{生产}阶段都带来了史无前例的发展。其创新速度是以往所无法比拟的。电动吊车、铸铁机、琼斯搅拌机、机动钢水车等设施使鼓风炉{大大}改观。电动吊车带动的转炉，以及平炉上使用的维尔曼装料机，确实顶替了传统的钢铁生产中几乎所有的人力。并且，有了电动车和电动升降台，轧钢机就能连续地工作下去”（斯通，1974 年，第 66 页）。

工会对生产过程的控制被打破了。但这并不能保证从此就把钢铁行业的劳动力也有效地组织起来。要想取得这种效率，还需要设计新的制度结构。看来，采取这些步骤主要是为了达到以下目标：(1)对{提高}生产率提供正面的激励，(2)使工人的利益与企业的利益长期挂钩，(3)要让没有经验的工人掌握必要的工作技术，(4)对工作进行组织，以防公司{对生产}失去控制。按照斯通的解释，{公司}为了实现那些目标而采取的这些措施是有害的，是工人与雇主之间持续的阶级斗争的证明。但是还有另一种可能：先是出于向工会挑战的动机，然后再设法{重新}组织劳动，这主要是为了争取提高效率；一旦这些新方法被竞争对手群起仿效，使{投资}回报率再次降低到竞争的水平，这些努力的效果也就泽及全社会了。

话说回来：万一情况相反：假如钢铁锡业工人联合会并没有妨

236 碍{公司}因{提高}效率而增加收益，也没有损害效率激励机制；那就有理由认为，卡内基对工会的挑战原来不过是一场粗野的权力之争——其目的无非是为了资本家的利益，对工人的收入进行一次再分配而已。但既然斯通说到提高效率带来了巨大的收益，那就无法驳倒{有关}效率的命题（或者说是效率与权力相结合的命题）了。在霍姆斯泰德以后的时代，为组织劳动所作的努力与效率命题基本上也是一致的。

不过，斯通有以下断言：即使没有等级制这种不利于、或者说是压制积极性的效果，上述重组也能得以实现。她争辩道："由工人们自行分派工作的轮岗制度（job rotation），其实也正是组织生产的一种合理、有效的方式"（斯通，1974 年，第 66 页）。虽然她没有具体说明这种组织安排的细节，但看来轮岗制度是针对前面第 3 节所述、上面又作过评价的单干者集体制度而设计的。[25] 因此，如果说，在本章所考察的六种模式中，单干者集体是效率最差的模式，这种说法也许是有问题的。至于这种模式中无处不在的反向激励和缺乏适应能力等问题，我认为不属于争论的范围。

5.5 肉类加工业的前向一体化

看来，借助权力来实现纵向一体化，也就是假定：凡是有可能一体化的一切事物都将被一体化——或者至少可以说，这就是威廉·乌奇和我在尝试解释查尔斯·佩罗对一体化问题的观点时所

㉕ 但斯通很可能有相反的想法，她可能是想把"同年帮"与轮岗制组织到一起。

得出的结论(威廉姆森和乌奇,1981 年,第 321—324 页)。其中显然有一种信念,即一体化程度越强的制度,就比弱的制度具有更大的权力。布兰科·霍尔瓦特对此问题的立场很鲜明:“各家公司为纵向一体化而奋斗,目的就是为了控制价格及其他供给条件……有些公司之所以不断地扩张,就是企图把有关生产、采购、销售和投资的一切决策统统**搞成一体化**”(1982 年,第 15—16 页;着重号系作者所加)。

至于效率假说则与此相反。这种假说认为:只能有选择地、而不是包罗万象地实行纵向一体化;错误的一体化少有能维持长久的,低效率的模式最终总要被高效率的模式所取代——即使受到保护的权力利益有时能延缓这个过程。关于{如何}选择的假说,我已经在第五章中讨论过了。

在 19 世纪的肉类加工业中,效率与权力之间的对抗不仅特别 237
令人感兴趣,而且权力还形成了联盟来**对抗**一体化。

古斯塔夫·斯维夫特(Gustavus Swift)认为,把活牛而不是收拾停当的牛肉从美国西部运到东部市场的做法成本太高,纯属不必要。他提出的建议是:先在西部屠宰动物,再用冷藏车把肉运到东部,这样可以降低成本;但这就需要一批存放、分配肉类的冷库。要做到这一步,又需要对这些专用资产进行投资;一旦斯维夫特的战略失败,这些资产的价值就会降低。这一建议招致了下述的坚决反对:

> “在西货东运的路上,运输活的牲口所创造的收入要远远超过运粮食的收入。而铁路公司怕失去自己运输牲口的生意,才拒绝建造这种冷藏车。而当斯维夫特着手建造自己的

冷柜时，东部卡车运输线联盟(the East Trunk Line Asssociation)却拒绝运载这些冷柜。后来，斯维夫特还是用不属于该联盟的格兰德卡车公司(Grand Trunk)的车，才把他的冷柜运到了东部地区。同时他还得对付当地批发商的联合抵制，因为后者在1886年就组织了全国屠宰业者保护联盟(the National Butchers' Protective Association)来反击'这种卡车{托拉斯}'。这些屠户们的目的是想充分利用反对吃鲜肉的那种偏见，而主张应该吃几天、甚至几星期以前，而且远在千里之外宰杀的肉[钱德勒，1977年，第300页]。"

尽管铁路公司和屠宰业者们反对，斯维夫特的计划还是靠"优质低价"和"精心安排的日程表"而大行其道(第300页)。此后，其他运输业者很快就认识到，"他们要在国内市场上与斯维夫特公司竞争，就必须照他的办法去做"(第301页)。因此可以说，这一次显然是效率压倒了受保护的权力的利益——当然，这并不是说斯维夫特赢得很轻松。如果这种效率的收益太低，或者，假如受保护的利益能更好地组织一下，那结果就很可能是权力打败斯维夫特了。但我还是认为，压倒受保护利益的正是这种巨大的效率差异(正是靠了"不胜则盟"那句格言，这种利益集团才往往得以死里逃生)。

6. 结论

维克托·格德伯格观察到，"在激进派看来，世界上的基本因素是……冲突和斗争，因此，他们一上来就分析权力问题，也是相

当自然的”。他进一步认为，“如果非激进派想从激进派那里学点
儿什么，那就得把权力问题真正当一回事来对待”(1980 年，第 269
页)。我本人的看法是，要丰富我们对复杂现象的理解，就应该博
采众家之长；只不过这里的主要问题是对权力概念的定义过于空
泛，无所不包，乃至可以用权力来解释一切。{而他们}实质上也确 238
实有此希冀。对于研究复杂的社会科学现象来说，这种漫无边际
的方法显然难以令人满意。如果要正确评价权力的作用，就极其
需要认真做点工作，这种分析才有可操作性。

当然，对效率{学派}的分析观点也要去粗取精。但目前毕竟有了一个系统的框架，使我们能评价交易成本给各种合同模式带来的结果。至于从制度比较的角度来评判各种内部合同，我想应该包括以下几点：

(1)要调查哪里有生意可做，哪里没有。这就要求充分从微观分析上描述所要完成任务的一切细节，搞清其中哪些部分从技术上说是可以分离的。

(2)确定可以使用哪些工作模式，并对它们的运作分别作出充分、具体的描述，以便评价各种模式在交易成本上各有哪些特点。

(3)确定一组有关的业绩衡量标准，对这些模式分别进行评价。

本章已经表明，{上述}每一步骤都可以做到；还可避免前人在研究这些步骤时所犯的错误(因为他们分不清这些步骤，在对各种模式作比较时又受到不必要的限制，或者是由于忽略了某些有关的业绩指标)。我分析的只是一个相当简单的工作任务——制针——这显然是一个历来研究工作模式的理论都要研究的工作任

务。的确，如果不谈制针这个问题，人们当然会说我的评价与前人的研究没有可比性。

但是，对于各种任务的可比性却不应该夸大。因为不管是哪种制造业组织，只要是批量生产，就都会提出同样的交易成本问题。另外，即使不考虑批量加工制造的问题，只从技术上说，有些技术对工作模式的影响比较大（比如炼油技术），有些则比较小（如律师事务所这种组织），但一般来说，在评价它们的工作模式时，都要求使用同样的微观分析方法。为此就要确定有关的交易成本的尺度，对组织各种交易的不同模式进行描述，并且从制度比较上作出评价。因此，尽管这些行为在{工作}模式以及交易成本的属性上各有很大差别，但本书使用的同一种微观分析方法和比较制度研究方法，还是具有普遍适用性的。[26]

㉖ 我猜测，最能发展这种方法的可能是以下三类学生。一是关心各种组织的实际问题的学生；二是接受比较制度{方法}的学生；三是相信微观分析很重要的学生。而那些不从{制度}比较的角度来看待经济组织的学生，以及不相信具体问题是最容易被搞乱的学生，则持相反的态度。雷蒙德·拉塞尔即将发表他的文章（“雇员所有权与内部治理”，见《经济行为与经济组织》杂志）和著作（《车间中的分享所有权》），其中对上述问题作过诠释。拉塞尔极其关心工作组织的特殊性问题，并致信给我，其中有下面一段话：“最近12年来，我把大部分时间都用来研究雇员所有权企业的问题。鉴于我发现您的著作中有某些挫人锐气的评语及暗示，因此我曾迫不及待地想要保卫自己的这块领地。我一遍一遍地起草反驳您的文章，但越写越发现，自己已经在用交易成本的观点来看待那些组织方面的问题了”（个人通信）。事态的发展令我鼓舞自不待言。这就如同我在将要出版的论文集（题目为《经济组织》）中所说的那样：1960年代末期，当我第一次读到艾尔弗雷德·D.小钱德勒那风靡一时的著作《战略与结构》时，我自己对相机管理（managerial discretion）的看法发生了深刻、持久的转变。

罗纳德·吉尔森与罗伯特·穆金即将出版一本著作，论述的是依法设立的企业组织（书名为《人力资本家共享：对公司法企业的分析以及合伙人如何分享利润》）；其中也说明了怎样对各种交易进行比较经济分析，来分析非制造业的行为。

本章得出一个令人吃惊的结论，那就是所有权与等级制之间 239
只有很弱的相关程度。不仅在合同等级上是如此，在命令等级上也是如此。如果{这两种相关程度}可以加总，那么，业绩最差的那些模式也就是那些等级制程度最弱的模式。因此，无论是否从等级制的角度看，都很难提出{什么是}最优工作组织这一问题。相反，应该把注意力转到以下问题上来：对等级制的依赖是否有些过分（由此导致相反的副效应）？对各等级职务的任命是否能提高效率，是否管住了面上的工作（commands general respect）？对这些问题，我将在下一章予以考察。

240 第十章　劳动组织

新古典经济学认为制度问题是既定的，因此，只有当劳动的组织方式与垄断权力相联系时，它才主要是一个利益问题。而对进入的控制（通过工会、{发放}执照等等）就体现了这种利益；但是，从微观层次分析劳动组织的方法则超出了这种正统分析的范围。而交易成本的方法和社会主义的方法则与新古典{经济学的}方法相反，它们认为，把劳动组织起来的各种治理结构具有重要的经济意义和社会意义。本章将运用交易成本方法详细研究劳动组织的问题。

第 1 节要确定劳动组织理论所应该考虑的几个核心问题。正如确定中间产品市场交易的衡量尺度，是评论其治理{结构}的关键一样；给劳动市场的交易确定一个衡量尺度，也是研究劳动组织的关键所在。第 2 节将考察劳动市场交易的基本尺度及其所需要的治理{结构}。第 3、4 两节研究劳动工会问题。第 5 节研究生产者在合作中的矛盾。第 6 节简略地考察有关尊严（dignity）的问题。第 7 节对交易成本方法的主要含义进行总结。

241 1. 几个核心问题

本书研究的核心问题是对各类交易——包括劳动市场交

易——都能普遍适用的合同理论。但劳动组织的问题非常复杂，目前还没有一种研究劳动组织的方法能够独当此任——也就是说，通常总要依据几种观点才能研究这些问题。[①] 而交易成本经济学集中研究的是效率问题。有了集体组织，就可能实现各种潜在的利益，其中包括工资与福利的确定；开发人力资本以提高生产率；解决各种纠纷；有效地适应环境；以及尊重人的尊严。

使用不同的方法来研究劳动组织，就会认识到，环境不同，利益的大小也将不同。本章的目的之一就是要确定，这些潜在的利益是如何变化的？由此又引出两个相关的问题：一是交易不同，所需要的治理结构应该有哪些不同？二是工会组织会采取哪些形式出现？对于集体组织，除了看到这些利益以外，还必须考虑其中潜伏着哪些矛盾？本章对这两个问题也要简略评价一下。

2. 抽象的方法

虽然人们有时认为，可以通过既简单、又受欢迎的方式把劳动组织起来。但只要看一下就能发现：劳动组织的差别相当大。把这两种观点的差别解释清楚，肯定会丰富我们对这一问题的理解。交易成本这种方法所赖以建立的前提在于：如果要想节省交易成本，那么，{每种}劳动的治理结构必须与每种劳动交易的具体属性相适应或相匹配。如果用某种简单的结构来治理复杂的交易，就

① 有些研究劳动组织的先进方法有助于我们认识这个问题，对此将在第 3 节考虑。

可以断言，那非把事情搞乱不可——结果很可能会破坏这种{交易}关系——但如果想用某种复杂的结构来治理简单的交易，就要付出过高的成本。这里所强调的效率，大体上与弗兰克·奈特的下述观点是一致的：

> “……一般来说，人们在有限的条件下总是希望能节俭行事，使他们的行为和**他们的组织**‘更有效率’，而不是更浪费。这一点确实值得特别强调；只要对经济科学作出适当的定义
> 242 ……就能清楚地说明它这种讨论与旨在提高效率、减少浪费的社会政策之间的基本联系了。”[奈特，1941 年，第 252 页；着重点系作者所加]

2.1 两种尺度

a. 治理的尺度

我们回忆一下，表示交易的主要尺度有交易频率、不确定性和资产专用性。由于交易总是围绕利益而不断进行的，因此这里不考虑交易频率问题，而把重点放在研究不确定性和资产专用性这两个问题上。

根据前面讲的道理，有了劳动市场上的交易，即企业与被评定价值的工人之间的连续交换，企业专用人力资产的条件也就发展起来。但在这种联系中要注意一点，那就是要形成资产专用性的特点，掌握某些技能只是一个必要条件，还不是充分条件。但技能的性质却很重要。因此，医生、工程师、律师等人掌握了有价值的技能就应该得到相应的补偿；但这些技能本身并不会提出治理方

面的问题。除非哪个特殊雇员掌握的技能又深又专，否则，雇主和雇员都不能因维持这种连续雇佣关系而得到生产上的利益。因为雇主很容易就能另雇别人，这位雇员也可以另谋高就，而双方在生产价值上都不会有什么损失。②

但是，只靠工作经验而深入掌握了某项技能，这本身并不会提出{如何治理}的问题。因此，实践固然能提高{比如说}打字的技能，但如果现在的雇主或潜在的雇主对这种技能作出相同的评价，那也根本用不着为已有的雇佣关系设计专门的保护措施。而关于某一企业{内部}的办文制度(filing system)的知识则相反，它可能是一种高度专业化的(即无法传授的)知识。要保持连续雇佣关系，就提高了这种技能的价值。③

因此，新古典经济学理论考虑的是技能和生产率的联系，而交易成本理论则引入了组织问题。特别是这些技能要靠实干才能掌 243
握，而且在雇主之间也不能全面授受时，就必须把这些技能**纳入一个受保护的治理结构之中**；以免在这种雇佣关系被不经意地切断时，牺牲了生产的价值。④ 其中道理与加里·贝克尔(1962 年)所

② 改换工作可能需要某种过渡，但此问题这里不予考虑。所有雇员都有这种经历；因此，为了保护自己不被故意开除，他们自然会寻求保护的手段。但接下来还有一个问题：他们是否还需要**额外**的保护措施？这就要考虑人力资产的专用性了。

③ 艾尔弗雷德·马歇尔对这种条件是很清楚的。他说：

“企业经理熟悉本企业的人和事。有时他就是靠这种知识，到昔日的竞争对手企业里另谋高就；如果不这样做，他这种知识在现有的企业里并不会给他多带来一文钱。因此，他如果为了多得几倍的薪水而跳槽，就会让其供职的那家企业、即给他的薪水连别的企业的一半都不到的那家企业伤筋动骨”[马歇尔，1948 年，第 626 页]。

④ 这里要考虑的问题，就是奈特称之为“公司内部的问题，即保护……其成员及同人，以免互相拆台”(1965 年，第 254 页)。

说的道理有关,但还是有所区别。他认为,人力资产的专用性不同,整个补偿结构也就不同。这一理论固然能自圆其说,但忽略了雇佣关系中各种重要的组织特征。广而言之,凡是有关入道门径(ports of entry)、职务层次、明争暗斗、申诉程序等等一切问题的治理规则,都属于雇佣关系的内容(多尔林格与皮奥里,1971 年),但贝克尔都没有谈到。交易成本经济学认为,随着人力资产的专用性不断提高,就必须更仔细地设计各种治理结构。

作为研究劳动市场交易之依据的第二个尺度是这种市场的不确定性。就像中间产品市场上的交易那样,交易参数的不确定性越大,带给人力资产专用性强的交易的麻烦也就越多。即使暂不考虑转岗成本(transition costs),[⑤]如果可以忽略交易中资产的专用性,那么,交易双方就都不会有继续交易的兴趣。因此可以假定,{交易}参数不确定性的增大,最初就会在{合同}条款的讨价还价中反映出来;但对于资产专用性很小的交易来说,其治理却不受什么影响。

值得持续进行的交易则相反,随着其参数的不确定性增大,其所受到的约束也就更强。对这类交易就必须进行更频繁或更全面的调整,才能使之恢复到合同转换曲线上的位置。因此,要签订这类合同,就需要更细致地进行谈判。而且,如同我将在下面第 3 节讨论的那样,合同的有效期也会缩短。但不管合同有效期是多长,

⑤ 只有雇员才需要承担这种转岗成本。转岗和再就业的成本有时会破坏家庭和睦,搅乱社会秩序。因此,即使是不需要什么专长的工作,也应该加以保护,才能抵制随心所欲解雇工人的做法。但如果企业随时提防雇员“突然跳槽”,就不能再说企业提防这种不辞而别的行为是只顾自己的利益了。

只要不确定性比平时大，都会使经营者得到更大的自主调整权（比如，他所受到的内部规则的限制就更小）。为了避免他们不负责地行使这种权力，从程序上给人们提供一种更迅速、更公平地解决牢骚抱怨的保护措施，就变得越发重要了。

以上只是重申我在前面讲到中间产品市场问题时讲过的道理。但劳动组织则提出了前面没有涉及的、额外的复杂问题。这 244
些问题是在计量工作产品时提出来的。

b. 计量问题

尽管对一个劳动组织来说，无论是事前选择{计量指标}，还是事后执行这些指标，都是很重要的；但本节重点分析的则是后者。阿尔奇安和德姆塞兹提到的团队组织问题，以及乌奇在区分"行为控制"与"产量控制"（1978 年，第 174—175 页）时所要解决的那些问题，讲的都是一个利益的问题。阿尔奇安和德姆塞兹所关心的那个复杂问题，是由不可分割的技术条件造成的。这个条件马克思早已看到（1967 年，第 1 卷，第 13 章），阿尔奇安和德姆塞兹则以搬运工人为例来解释：

> "两个工人在抬货装车。如果只看每天装车的总重量，你无法确定每个人的边际生产率……因为根据定义，这种产出本身就是团队劳动的结果，而不是每个人单干产量的总和"[1972 年，第 779 页]。

从这个意义上说，只要工作任务是不可分的，就不能根据每个人的产出来估计其生产率。这时只能从投入上作出估计。像阿尔奇安和德姆塞兹所强调的那样，有时可以通过观察每个工人的工作强度，推知这种投入的数量。这就要设一名监工来防止{工人}投机取巧。但是，对投入进行估计往往要比计算劳动量复杂得多。如果环境无法预测，雇员会不会互相协助以设计出对策并付诸实施？抑或他只顾自己的或本岗位的目标，而牺牲他人的利益？[⑥]如果团队成员之间形成了一种意气相投的工作关系，以至取代其中任何一个人，都会破坏整个单位的生产率，那就特别需要重视这
245 些问题了。在这种环境中，就很容易形成一种既鼓励互相促进、又鼓励内部监督的复杂的团队形式。

c. 规章制度的匹配

且令 k_0 代表人力资产的专用性低，k_1 代表专用性高；令 S_0 代表工作关系的可分割性，S_1 代表不可分割性。这样，就可以尝试着提出以下四种内部治理结构：[⑦]

(1) k_0，S_0：企业内部市场

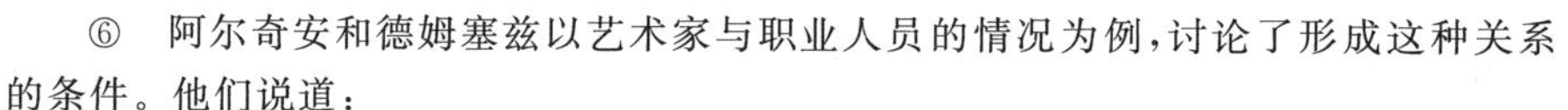

⑥ 阿尔奇安和德姆塞兹以艺术家与职业人员的情况为例，讨论了形成这种关系的条件。他们说道：

"……对一个人的行为加以密切关注，其实并不是了解他实际想什么或想做什么的好办法……[很]难对一名律师进行管理和指导，告诉他应该如何准备案卷、如何出庭……因为要让监督人手把手地指导律师怎样准备案卷，还不如他亲自动手来得简单"(1972 年，第 788 页)。

这里的问题在于，要搞清工人与工人之间那种"扯不断、理还乱"的关系，要比捉摸每个工人自己的创造性更为困难。越是高层管理人员，计量{其贡献}也就越加困难。从一定程度上说，这差不多是一个普遍存在的问题。因此，我在后面研究工作组织时，始终把握住了一点，即把创造性看作稳定不变的因素。如果要想出万全的对策，就要考察三种工作类型——即资产专用性、可分割性和创造性——而不是我使用的那两种类型。

⑦ 阿尔奇安在最近的研究中，也对可分割性和资产专用性的特点作了如下规定："团队生产的边际产品不好测算，但不是无法测算。即使不说团队生产，只就某种交换来说，要从交换的各种有关特点中把一个人的贡献测算出来，也要付出不菲的代

有些人力资产既没有专用性，又可以分割，他们的工作会受到市场接连不断的考验。从效率上讲，无论工人还是企业，都没有兴趣把这种合作维持下去。因为工人们可以改换雇主，而不用担心{自己的}生产率受到损失；企业也不愁找到替换的工人，还不用再花开办费。[⑧] 因此，根本就用不着设计什么专门的治理结构来维持这种关系。恰恰相反，只要任何一方感到不满意，雇佣关系即告结束。至于现成的内部劳动市场，也可以说是存在的：比如包括进城打工的农业工人以及工头(custodial employees)。没有什么专业技术的职业雇员(某些绘图员和工程技术人员)也属于这个范畴。看来，这类工作也就是阿瑟·奥肯在提到利用“掮客”招揽劳动力时，他脑子里所想的那种工作；也就是“那种……没有技术的工人(比如农业工人)、临时工(比如办公室的勤杂工)，或者还包括正式授予等级的技术工人(比如由工会来证明其资格的建筑工人、搬运工和印刷工人所能干的工作)(1981 年，第 63 页)。

价。如果某个人能在其工作中靠逃避责任来占便宜，那就意味着对他来说，其他人只不过是‘专用资产’而已。这样表述强调的是一种资源相对于另一种资源来说是专用的，但也模糊了测算工作业绩的重要性。而另一方面，如果强调的是如何测算工作业绩，又会把另一个重要问题弄得含混不清，即怎样测算共同工作中占便宜的可能性，或者说是各种专用资源之间的准租金应该怎样测算。即使测算不成问题，人们照样无所顾忌地进行投机；原因在于履行合同就得付出代价。尽管如此，我还是认为，如果不能从专用资源那里占到准租金这种便宜，肆无忌惮的欺骗是不会太严重的”(1984 年，第 39 页)。

因此，你可以用两个特点来给企业下定义：一是团队生产中投入业绩的可计量性，二是在各种专用资源之间攫取准租金的机会。

⑧　阿瑟·罗斯看到：“在本世纪 20 年代以前，雇主根本用不着采取什么特殊的办法来留住工人……只要能找到人手替换那些没有技术的职业工人，即使他们跳槽，雇主也不会受到什么大损失”(罗斯，1958 年，第 911 页)。

246 (2) k_0，S_1：初级团队

虽然人力资产是不可分的，但每个人的产出也不容易计量。这就是阿尔奇安和德姆塞兹所讲的那种团队组织(1972年)。尽管替换这种团队的成员不会损害生产率，但很难确定应该对他们每个人给予多少补偿。这样，上面讲的掮客的简单职能就需要扩展，要增加一项监督职能。正如约翰·彭卡沃尔指出的那样，“在本世纪之初，意大利的包工头……不仅把钱借给那些人生地不熟的移民，还管着把他们带到雇主那里去当雇佣工人；而且他们有时还当工头，给工人发工资”。而印度建筑工地上的“扎马达”(jamadar)不仅要“管壮工的花名册，还要监督他们干活”(1977年，第251—252页，注解5)。一般来说，这些人既要管招工，又要当监工。这种结构就称为一个初级团队，与下面第4节讲的亲密型团队(relational team)是不同的。

(3) k_1，S_0：互担责任的市场

企业专用的知识种类繁多，但{其工作}任务比较容易测量。⑨技术上的独门绝活儿(比如，可参见多尔林格与皮奥里的描述，1971年，第15—16页)以及熟能生巧的组织经验(如会计做账的传统做法，把其他复杂规则与程序变成企业内部制度等做法)都能

---

⑨ 其实这就是假定：产出的计量并不是一件难事。这也就是委托—代理理论的那些假定；该理论假定：用 $X=X(a,\theta)$ 表示产出，a 表示代理人的行为，θ 表示客观环境。还要假定：不花代价就能掌握产品的质量状况。有了这种假定分析起来当然很方便；但有一点是众所周知的，那就是对很多种产品和服务来说，这个假定并不适用(马奇与西蒙，1958年，第145页；巴泽尔，1982年)。约拉姆·巴泽尔(1982年)、道格拉斯·诺思(1981年)和肯尼与克莱因(1983年)都对如何测定非市场组织或辅助市场组织的质量问题做出了大量贡献。

增强{人力}资产的专用性。奥肯在雇佣问题上讲到“过路费模型”(toll model),即企业为确定一线工人的质量所付出的沉置成本,就适用于这个问题(奥肯,1982 年,第 49—77 页)。只要能维持这种雇佣关系,企业和工人就都能获得利益。因此,为了震慑那种随心所欲的解雇行为,就需要在管理程序上设计出类似解雇费那样的保护措施和罚款措施。而那种非法定退休金(nonvested retirement)和其他福利措施对工人也很重要,可以防止其随意跳槽(莫顿森,1978 年)。

(4)k_1,S_1:亲密型团队

在这种团队中,人力资产既是企业的专用资产,也是团队的重要成分。它大致相当于奥肯所说的那种“干净的”(clean)组织形
式(1980 年 b)。企业的任务是提供大量的社会条件,以保证雇员 247
能理解企业的目标并投身于其中;雇员也能得到相当安全的工作,能保护自己不受剥削。在团队合作中特别困难而又重要的是讲求效率的适应{能力}。如果管理者和工人能“打成一片”(in this together),就能促进以上全部目标的实现。

日本的公司据说就有这种特点(多尔,1973 年;克拉克,1979 年;吉布尼,1982 年)。乌奇(1981 年)与弗雷德·富尔克斯(1981 年)也认为,美国一些大公司也创造出了同样的形式。富尔克斯还认为,除了能尊重雇员并为其提供保护措施的那些治理结构以外,那种管理者和劳动者“处处平等”的做法——相同的停车场、医疗福利、自助餐食堂以及朴素的办公室,都有助于使“雇员忠心耿耿,降低离职率和缺勤率,减少反对技术变革的程度”(1981 年,第 90 页)。

以上讲的是{企业}内部治理结构与内部交易属性的互相匹

配，概括起来就如图 10－1 所示。当然，只用两个概念或二元概念来描述内部交易是简单了些，但整体框架已经就绪；如有必要，还可以再作补充。（由此就得到一个混合的内部治理结构，用以解释中间产品即 k 与 S 的价值，而不是最终产品的价值。）

	k_0	k_1
S_0	企业内部市场	互担责任的市场
S_1	初级团队	亲密型团队

图 10－1　有效的工作组织

上面的讨论并没有明确提到工会组织。但由此可以得出很重要的推论，来解释企业对工会的态度，以及加入工会的雇员的雇佣关系结构。这些问题将在第 3 节具体分析。在转入那个问题之前，我们还是先考虑一下工人侵蚀资产的问题，看它能否动摇市场组织与内部组织具有不同专用性的理论。

248

2.2　工人侵蚀资产

有一种错误的观点认为：把交易从市场转移到企业里，只不过是把工人侵蚀资产的问题挪了个地方，却丝毫没有触及贸易危险(trading hazard)问题。其逻辑是：交易双方在中间产品市场上并没有提出瓜分资产的要求；但是，如果把工人们集中在一个企业内部，这种资产就有被工人侵蚀的危险。没有专用资产的安全立足之地，主张纵向一体化的交易成本理论自然也就不攻自破了。

这个问题可以从以下三个方面得到澄清：

(1)被侵蚀的会是哪些资产？

(2)雇佣合同与商业合同如果有所不同，那么在哪些方面不同？

(3)公司治理还包括哪些内容？

下面依次考虑这些问题。

a. 能被侵蚀的资产

关于雇员会不会力争从其人力资本带来的准租金中多瓜分一些份额的问题，不应属于我们讨论的范围，因为工人的份额已经有了一个规定得相当明确的上限。侵蚀理论指的并不是这个问题，而是侵蚀资本供给者(股东权益的所有者；长期借款的债权人)所进行的投资。这种投资包括场地与设备的专用投资以及独特的实物资本。

股东权益与债权会形成资产，其数量应该远远高于工人在企业中的专用人力资本。但由于没有界定各项工作的产权(absent property rights to jobs)，工人所能最大限度地侵蚀的也就是企业专用的人力资本。一旦雇员的要求超出了这一界限，他们的风险——确实会招致的风险——就是被解雇。[10] 因此，即使不从产权上考虑，雇员们有可能侵蚀的，也只不过是反映在人力资产中的

[10] 当然，后来的雇员还可能会重复这种做法。但每一批新雇员提出超过其人力资本所含准租金{的报酬}的要求时，都会被解雇。

249 那些准租金;但其数量要远远小于包括交易专用的实物资本在内的总租金的数量。

b. 雇佣合同

雇佣合同与商业合同有以下几点基本区别:

> "即使在集体协议中列明某些行为属于犯罪,或者经过交易双方谈判确定了工厂的管理规定,经营者要对已列明的伤害和谈妥的规定加以补充,还是名正言顺的。经营者制定的这些规定当然还要经过仲裁人的同意,但这些规定总会被承认为有效;并且,只要从经营效率上看它们是合理的,能维护秩序,也没有不公平的迹象,或者没有给雇员的权利造成不必要的负担,这些规定就将被执行下去。
>
> 经营者还得到授权,要求雇员服从命令;即使这些命令并不合理,对拒绝服从的雇员也是一种约束。至于仲裁人,他们几乎无一例外地认为,只要服从命令不会给雇员的健康或安全带来严重的危险,雇员就必须先服从命令,然后再通过申诉程序求得支持"[萨莫斯,1976 年,第 502 页]。

从独立自主的供给者那里购买同样的产品或服务,就没有这种命令或控制,但要求{双方}在达成一致以前,就应该做到互相适应。

因此,比起企业之间的贸易来,内部组织更能适应不断变化的市场和技术环境。{因为}不仅在雇佣合同中会仔细考虑这种变动性,会商定一个命令的"可接受范围",在此范围内,命令得以畅通无阻地贯彻执行;而且在极特殊的情况下,即使是超出权威关系的命令,也将同样被贯彻执行。而商业协议就难以作出这种令行禁止的反应；因为要拟订一份商业合同，使买者对卖者的资产实行有效的控制，即使没有侵蚀资产的危险，也会引起产权纠纷。这个问题与第六章提出的问题非常相似。

我们也可以用以下略微不同的方式提出这一问题："当具有相同经营目标的一群人参与决策过程时，如果他们观点不同，当然主要靠分析讨论来解决……但如果他们的目标各不相同……那就只有主要靠讨价还价来达成一致了"（马奇与西蒙，1958 年，第 156 页）。在目标不一致时，为了把人们的行为限制在可接受的范围内，就需要服从；因此，分析的过程就成为主要的手段。为使彼此自主的交易双方回到合同转换曲线上来，最通行的做法就是讨价还价。

由此得到一个结论：与雇佣合同相比，商业合同中讨价还价、 250
而不是适应{对方要求}的机会要多得多。其结果是，"内部组织优于市场组织"这一结论即告成立。

c. 治理问题

第十二章将具体讨论公司的治理问题。这里只要讲一点就够了，那就是在公司的治理中，侵蚀问题必然是一个非常敏感的问题。工作中的产权问题、公司债务的使用及破产机制的运用、对董事会的控制等等，都涉及这一问题。

3. 工会组织

工会是个很复杂的组织，五脏俱全，功能多样。从私下解决的观点来看，这里主要强调{工会}对效率的影响。至于其他方面，包括对权力的讨论，也会有所考虑。

3.1 私下解决

凯瑟琳·斯通最近考察了1945年以来美国劳工的立法发展{史},特别提到了“产业多元论”(industrial pluralism)模型;这种模型的观点是:“集体谈判就是经营者与工人所进行的自律管理”(1981年,第1211页)。斯通认为,该模型扭曲了而不是澄清了问题,因为该模型“建立在一种错误假定的基础之上,即假定经营者和工人在工厂里的地位相等”(1981年,第1511页)。

我觉得,把劳工立法的发展{史},看作私下解决的一种磨合过程,是有启发意义的。引起斯通反感的产业多元论者——尤其反感劳动法学者中的舒尔曼与考克斯教授、最高法院的道格拉斯法官以及劳动法律师阿瑟·高登伯格——在对待劳工的态度上,要比我想象的只起咨询作用更富于进取性。但看来他们还都承认私下解决是一个好的方向。但进一步说,由于无法给“在工厂里权力均等”这个标准下一个准确定义,因此,即使这些头面人物接受了斯通所中意的标准,我还是说不准这种劳动市场应该如何来组织。

舒尔曼认为,瓦格纳法案只是一个“简单的法律框架”,经营者
251 和劳工所约定的私下解决可以按照这个框架继续发展(1955年,第1000页)。但有一点可以确定,那就是该法案已经明确地表明,它对创造“经营者和劳工之间的平等谈判权力”的提法并不满意。[11] 而斯通认为,这种提法就是在呼吁进行政治改革,通过法律

[11] 29 U.S.C. para 151(1976).

积极地进行干预，“以修改产权的定义，创造真正的平等”(1981年，第1580页)。但权力均等化是个模糊不清的标准；产业多元论者则相反，他们只关心那些目标：通行的效率{标准}，切实可行的改革措施。

产业多元论的核心问题是仲裁制度。斯通对其描述如下：

> “在产业多元化模型中，集体协议中的纠纷并不会提交某个管理者或法庭来裁决。相反，是靠一个交易双方为自己建立的、以最低限度的民主方式调解纠纷的机制——私人仲裁——来解决……
>
> 这样来描述产业领域的结果就是开出了一种药方，即应当排除通过国家程序——法庭和管理机构——来解决纠纷的做法。工厂的车间……就变成……一个自治岛，其自律管理机制将不受法庭干预或其他外部审查的扰乱”[斯通，1981年，第1515页]。

斯通又看到，“法庭对劳工问题争端的判决……令人无法接受，因为它把与合同无关的结论强加给交易双方”(1981年，第1524页)。她进而主张，所谓自愿仲裁的优点——特别是具有专业知识的仲裁人、仲裁程序不搞繁文缛节，以及仲裁人可灵活补救处置——只要把这种责任交给全国劳工关系委员会(National Labor Relations Board)，而不是交给交易双方共同选定的仲裁人，所有这一切都是可以办到的[斯通，1981年，第1531页]。

在仲裁程序中，交易双方当然无法控制仲裁人。但斯通并不认为这会带来麻烦。因为她信任全国劳工关系委员会的官员,[12]也倾向于走司法程序来解决问题;因此她不去设想会发生什么相反的结果:“如果仲裁人以最低程度的民主方式履行法官的职责,那么从理论上说,仲裁人的任务就是解释书面协议,**而不是取悦交易双方**”(斯通,1981 年,第 1552 页;着重号系原文所加)。

但我们假定,提高交换关系的效率,能使直接交易双方以及整个社会受益。如果回归到合同转换曲线上原来的位置就能提高双
252 方的满意程度,如果由志愿仲裁人、而不是用法律(或哥特式黑体字(black letter)* 法典)的方法来对待这种合同,则交易双方将会毫无疑问地选择私下解决。

如果斯通所中意的司法模型可以被接受,那么按理说,交易双方就能认识到这些问题,也会重新适当地确定他们之间的关系。交易双方就不会再求助于低效的“法律至上论”,而寄希望于精心安排的私下解决。如果他们的努力被法庭所阻止、所否定,可以预料,交易双方就会作出反应,回避那些重视连续性的技术问题和工作关系。

这就又回到了第一章提出的简化的签约计划问题。让我们回忆一下:首先,交易双方必须就是否进行专用投资作出决定。如果 $k = 0$,就得到了一个个互不联系的市场签约关系。反之,如果结

---

⑫ 如果让全国劳工关系委员会来调解产业纠纷,很有可能久拖不决;因为那些公事公办的官员写了大量的官样文章,其中只是发泄他们自己的政治倾向,并不关注交易双方各有哪些需要。但文章对这一点却只字未提。

* 指公元 9 世纪到文艺复兴时期,在拉丁语基督教世界中使用的字体。人们称之为“哥特体”。——译者

论是 $k>0$，就要再进一步决定，是否采用保护性的治理结构来维护这种交易。产业多元论者认为，首先有必要“取悦双方”，此后再设计一种专门的治理结构，以此来调和{双方的}利益，促进持续合作。斯通拥护走法庭判决的道路，因此反对这种主张。但如果坚持后一种做法会给交易双方造成低效率的负担（这并非不可能），那么可以预料，人们就会设法避免这种结局。一种可能就是再回到非专用的（即 $k=0$ 的）劳动关系中去。

3.2　工会问题面面观

在各种工会中，主导观点都认为，工会组织的主要使命就在于提高工资——理查德·弗里曼与詹姆斯·梅多夫（1979 年）称这种观点是工会主义具有垄断的一面。但人们日益认识到：(1)工会还有很多其他重要目标；(2)工会的职能是随着工作任务性质的变化而成系统地变化的。本节对这两点特别感兴趣。

工会主义的垄断方面何以比其他方面更引人注目？原因之一在于新古典经济学的拿手好戏就是分析垄断。第二个原因在于，报道当面锣、对面鼓的工资谈判，远比报道单调乏味及日常治理问题更有新闻价值。但并不因为有了这两个原因，就可以忽略工会主义的其他两个方面：效率与发言权（voice）。正是因为要讲效率，才引出了用交易成本来看待治理的问题（威廉姆森、瓦克特与哈里斯，1976 年）；而发言权问题则由弗里曼（1976 年）和弗里曼与梅多夫（1979 年）提出并加以发挥。如果要想准确地把握劳工组

织的问题，就必须了解工会主义的所有这三个方面——垄断、效率
253 和发言权。不仅如此，这三方面中的每一方面又都有其特殊性；因此，只有把这些方面分别加以研究，才能对工会主义作出具有真知灼见的评价。

a. 垄断方面

撇开价格歧视不说，单是垄断本身就表明，它是蓄意造成匮乏的一个条件。而工会，假定它的目标是借控制供给而提高工资，至少可以分为三种类型：阶级型工会、手工业者工会以及产业工会。

第一类工会代表的是与雇主集团相对立的工人集团。美国{工人}在19世纪企图按照这种分野来组织工会（全国工联 National Labor Union，劳动骑士团 Knights of Labor），但没有成功。工联主义者（unionism）在运用这种方式时遇到的一个实质性问题是，它忽视或者掩盖了各种工人、各种工作之间的经济差别。手工业者工会则相反，它是在狭窄得多的范围内组织起来的。如果采用手工业者工会这种模式，就可以更充分地根据工作性质，对工会的组织特点和工资谈判的属性进行调整。格伦·波特（Glenn Porter）对劳动工会早期历史的考察就颇有启示：

> “[铁]路工人是第一个通过全国性的工会即铁路兄弟会（the railroad brothers），建立真正的集体谈判和申诉渠道的。最初，这些工会也和美国很多其他劳工组织一样，只是一个福利性的社会互助组织。但到了1870年代，它们逐渐发展成现代工会。就像1880年代很多手工业者工会建立了美国劳联

> 那样，铁路兄弟会也从他们的成员掌握着稀缺的、难以替代的技能这一事实中，看到了自己的经济实力。这种工会发动的罢工是对雇主的一种真正威胁，因为{雇主}很难从外面另招一批工人(工会称之为‘癞痢头(scabs)’)来代替他们，破坏这种罢工。再者，由于价格昂贵的铁路设施要由他们使用和养护，铁路工人更显得格外重要。工会那段不愉快的历史，即想把全国劳动工人，如全国工联和劳动骑士团，都吸收进来{而未成功的历史}说明：要建立并维持各种工会，除非其成员具有铁路工人那种稀缺的技能，或者像手工业者工会成员那样，在1880年代建立全国工联；否则，不是根本不可能，就是非常困难。而且，这种囊括一切的工会还会面临其他困难。吉拉德·格劳伯(Gerald Grob)所著《工人乌托邦(Workers and Utopia)》令人信服地证明，这种不是由手工业者组成的工会，从意识形态上说，就不想接受工资制度”[波特，1973年，第34—55页]。

美国的产业工会是在瓦格纳法案出台以后产生的。但他们一
上来就想走政治程序并请求支持，这表明他们显然没有什么天然 254
的优势，既没有稀缺的技术，又没有效率上的优势。产业工会不像手工业者工会，他们旗下的工人干的都是不需要什么技能的工作。因此，要想对加入工会进行控制——例如授予某种资格——也就颇为困难。因此，那些产业中的在职工人如果得不到政治上的援助，就不可能达到并力图进行不受竞争所限的(supracompetitive)工资谈判——因为“潜在的进入者”能顶替他们的工作。此外，产业工会能提供有效收益的渠道也相对较少，因为对那些形不成什

么专用人力资产的工作来说，有个简单的治理结构，就已经能适应雇佣关系对效率的要求了。

因此，工会主义的垄断方面就是它重点强调对{行业}进入的控制。各种手工业工会通过颁发资格证书，就可以有效地挑选{人员}；或者，更一般的做法是像产业工会那样，通过政治程序的帮助进行挑选。而阶级型工会看来只有在它实现了更广泛的政治变革，用社会主义取代了资本主义时，才具有可行性。斯通(1981年，第1579—1580页)和布兰科·霍尔瓦特(1982年)应该都同意这后一种说法。

b. 效率问题

工会至少在两个方面能提高效率。一是它可以发挥某些最基本的代理人的功能。二是对治理结构有重大的帮助；这后一点更为重要。

(1)代理人。提出“工会可以成为代理人”这一观点的是约瑟夫·雷德与罗杰·菲斯(1980年)，弗里曼与梅多夫又以人事工作实践和雇员收益为题讨论过这种观点(1979年，第82—84页)。工会既能提供有关雇员的需要及偏好的信息(比如，有关的附加津贴和福利)，又能帮助雇员去评价那种复杂的工资、收益标准。因此，尽管工会不太可能(但这不是说它无能为力)针对每个工人的情况，对其他可能的补偿方式一一作出评价，但工会能够、也确实“雇了律师、精算师和其他为进行这种分析所必须的专家”(弗里曼与梅多夫，1979年，第83页)。

工会作为代理人，纯粹是一种帮助{劳资}双方讨价还价、以达成满意的协议并付诸实施的工具。实际上，只要代理人能起到这种作用，各类劳动者都能利用它来为自己争取利益。在没有工会的企业中，工人们一般都能看到{工会的}这种好处，他们往往会发展出一种机制(包括集体消化有关成本的各种手段)，使这种好处成为现实。

(2)**治理**。工会代理人应该得到收益，这是一种相当普遍的做法；但应该采用哪种治理{结构}才能获得收益，则需要仔细地选择。进行这种预测确实是交易成本方法的主要用武之地。其基本道理我们现在已经很熟悉了：雇主和雇员之所以都很看重持久的 255
雇佣关系，是因为要完成任务，就需要获得重要的、专门用于交易的技能；如果要完成的任务并不倚重这种技能，或只需要通用技能，他们对保持这种关系就不会感兴趣。

在加里·贝克尔看来，用在人力资本上的大部分首创性工作都可以看作是一种债权(due)；他认识到，这种持久性的利益应该在激励计划中得到体现。他指出：

> “退休金计划是一种不完整的既得特权(imcomplete vesting privileges)，对那些不该退休就辞职的人是一种惩罚；由此就提供了一种激励——往往是一种极端的权力激励——使人不想辞职。同时，退休金计划也是为防止工人辞职而对企业提供的一种‘保证’；只要他们辞职，就只能一次性地领取退休金。对那些专业化的、训练有素的雇员，{雇主}之所以也需要这种保证，是因为如果工人辞职，就会给企业的资本带来损失”(贝克尔，1965 年，第 181 页)。

随后，戴尔·莫顿森(Dale Mortenson，1978 年)也对这一问题作了进一步的阐述。

但是，直到1975年以前，集体组织的各种形式还没有被人们承认。其基本理由在于：

> “为争取垄断地位而进行的单独谈判或作为某个小团体之一部分的谈判，[尽]管关系到每个工人的利益，但并没有形成使雇员成建制地以这种方式行事的整体利益。而投机性的谈判本身不仅会吞食真正的资源，还会延误、甚至可能完全放弃有效的适应{性做法}。这就告诉人们，只有当人们能够更充分地考虑到整体利益，并且满足以下目标时，雇佣关系才能发生变化：①谈判成本不高；②内部工资结构合理，符合目标任务的特点；③能鼓励周密完善而不是敷衍了事的合作；④独特的技能有可能成为垄断的来源，但为此付出的投资不会受到被剥削的危险”（威廉姆森、瓦克特与哈里斯，1975年，第270页）。

为实现上述每一个目标，都可以建立集体组织。

其实，要保卫工人与企业之间在雇佣关系上的共同利益，使之不受他人侵犯，早在瓦格纳法案时代之前，就应该产生“公司的工会”。尽管有证据表明，人们确实是在朝着这个方向努力，但它基本上没有得到推广。这究竟是因为人们看不到这种利益，担心集体组织会造成垄断呢？还是效率上的收益原本就微不足道？对此我们不得而知。[13] 但无论如何，有一点可以肯定：只要专用人力资

⑬ 参见前面注⑧。

产能直接影响集体组织可能获得的收益，那么，专用人力资产比重较大的企业就要进行仔细的权衡，看是否应当建立公司的工会。256 反之，在有些企业中，专用人力资产{的比重}微不足道，它们就用不着进行这种权衡：因为那里的垄断危险可以看得一清二楚，从垄断中根本得不到什么收益。

因此，在考察集体组织的治理结构时，就需要验证以下两个命题：(1)在某种集体组织的治理结构中，随着人力资产专用性{的增大}，把生产工人组织起来的激励机制也就相应增强。(2)人力资产的专用程度不同，会直接影响到如何设计内部治理结构这个问题。由此，交易成本理论就能预见到：在像铁路行业这种人力资产高度专用化的行业中，很早就会建立起工会来；而在诸如使用农业移民的行业中，由于根本没有专用的技能，建立工会就可能比较晚。还可以进一步推论出，{人力资产}专用性更强的行业如钢铁行业，其治理结构(工作岗位的等级、申诉的程序以及工资水平)的设计，比专用性较弱的行业如汽车行业要复杂得多。前面引用的数据看来是支持这两个命题的。上面第 3.2 节引用的波特的文章就适用于上述第一个命题。考克斯的评论，即关于出现纠纷而刺激仲裁机制的形成，则包含着上述第二个命题：

> “[既]然由工会来控制集体谈判所规定的一切权利，能把集体谈判协议的实用功能发挥得如此之好……如果个人只要不满意公司和工会作出的调解，他就自己去请求仲裁……那对于公司与工会之间的日常合作就是一个打击。因为这种合作表明，已经形成了稳定的产业关系——只有形成这种关系，才会把工人的怨气正经当作一个问题来解决；而各种合同只

> 能为建立一种动态的人际关系提供一些指导原则。当……个人权利有可能损害团体利益时,工会的作用就是做好双方的工作,使他们互相适应或取得平衡,来解决这种竞争”[考克斯,1958 年,第 24 页]。

仲裁还有另一种作用,虽然不太引人注目,但是名正言顺,那就是仲裁“……为经营者提供了……一种成本很低的方法……去发现下级监督者是否在按上级经营者的意图办事。如果经营者所同意的[劳动规则]的确提高了生产率,那么,企业的重要任务就是让人们遵守这些规则”(沃格尔,1981 年,第 24 页)。工头专横霸道、反复无常的行为会牺牲企业的长期利益。能制止那种等而下之(suboptimization)做法的实践当然会受到欢迎。更一般地说,“懂得服从仲裁结论的雇主首先要做的,就是设法使各种规定与工头的指示、认真的调查研究以及其他经营管理的控制措施互相衔接,以避免不公正的纪律”(萨莫斯,1976 年,第 507—508 页)。因此,为了劳工和经营者的共同利益,就需要建立这样一种治理部门来防止滥用职权。

257 **c. 发言权(voice)**

弗里曼与梅多夫曾以“发言”为题描述了工会主义在政治上的意义——这一问题最早是艾尔伯特·希尔施曼在其著作(1970 年)中提出的。在该书中,希尔施曼对经济组织交替使用的两种行为手段即退席(exit)和发言作了区分。他认为,“退席”是人们常用的、表明自己倾向的经济手段;而“发言权”则是能影响结果、却被忽略了的政治程序。在前一种情况下,消费者、工人、选民及其他人等要用他们的钱包(pocketbook)或脚来投票。而发言权则相反,它包括对话、说服和努力维护组织等等。

弗里曼与梅多夫认为,无论是分配的效率还是各种社会组织的效果,都可以归结为工会主义的“集体发言”的观点。他们所说的效率收益,主要是指与代理人和治理有关的上述内容。但其中有一个区别:尽管工会主义的“发言论”(the voice view of unionism)相当普遍地把治理的好处都归功于工会组织,但交易成本(或治理的)方法却预言,它们是会随着双方对持续合作的{不同}需要而改变的。正如上面第 2 节提出的那样,只有在人力资产的专用性比较强的情况下,才最需要这种持续的合作。如果人力资产没有专用性,而投入的资源又是可分割的,那么,签订现买现卖的合同就始终是有效率的。而工会主义的“发言论”显然是持另一种观点的,它是把各种条件下——包括签订现买现卖的合同——效率上的一切好处都归于工会。从原则上说,只要看一下与 k_0、S_0 有关的集体组织细胞(cell)(也就是资产不具有专用性,且可以分割),看它能给效率带来哪些好处,就能看出“治理”与工会主义的“发言论”各有哪些作用了。

工会主义的“发言论”虽然有很多长处,但它不能说明各种效率的问题,因此还要考虑分配所起的作用。而发言与分配这两者都是工会的产物。前者{反对}的是传统垄断扭曲了统一工资收入。而弗里曼与梅多夫呼吁人们注意的、不大被人关注的特点却在于——某个企业或某个行业内部——在组织起来的工人之间,收入的不平等程度被缩小了。

在集体发言论看来,工会的社会作用就在于它是一种政治组织,它代表的是工会会员的意愿,也代表了低收入者和劣势者

(disadvantaged persons)的政治利益。当然这后一种效应也许值
得推敲,但对政治程序——即健康、安全以及其他社会问题——来
说,工会的作用是很重要的。但是从工会代理人的观点看,要把这
258 些作用落到实处很困难,因为他们认为,工会只应该在工厂或企业
范围内行事。工会主义的集体发言论者可能会支持这样一种观
点,即把各种工会组织成一个(上下级)的工会体系,就很容易从政
治的层次来争取利益了。

3.3 权力

在社会科学理论对劳工组织的看法中,有一种主张或建议认为:导致人们决定以某种方式、而不是其他方式来组织交换关系的,不是效率,而是权力。但究竟何为权力?却很少有人下过定义。其部分原因在于,人们普遍认为,给权力“下定义是比较棘手的……但这不是‘知难行易’”(普费弗尔,1981年,第3页)。而我则认为,大多数“被承认的”权力,其实考虑的只是单个合同的**事后**状态,而不是像比较制度理论所要求的那样,从**一组**有关合同的**整体上**去考虑。

人们在提到权力时,有时也会把它归结为对其他收入分配方式的某种偏好。果真如此的话,那些占有资源更少的人就反而拥有更大的“权力”了。但工人组织却不为这种说法所动。产品与服务的组合结构当然可以改变,但工作的组织方式却不一定如此。如果的确是效率在驱动着组织的结果,那么,在一种收入分配方式下有效率的模式,一般说来在另一种收入分配方式下也应该是有

效率的。[14] 既然只要把低效率结构变成高效率结构，就能使双方都获得收益，那显然会激励人们选择效率更高的模式。

在对权力理论进行评价时，需要区分的问题包括以下几类：(1)无法分散的风险；(2)名誉效应；(3)竞争过程；(4)工人对劳动强度及投入劳动质量的控制。在大部分研究权力的理论中，有一种很流行的错误观念认为：如果是两个对手单打独斗，只要能确定他们谁输谁赢，就能推断出权力的总和(aggregate power)。

a. 无法分散的风险

布兰科·霍尔瓦特用下述概念把工人承受的风险与所有者{的风险}做了比较："所有者可以用他的股票进行多元化投资，藉以分散风险；而工人只有自己的劳动力和一个工作岗位”(1982 259
年，第 447 页)。与此有关的还有几种说法。第一，从狭义的技术上说，劳动者不能将其风险分散化的观点是正确的。除了雇佣合同中规定他要给别人打工不说，在人力资本市场上，他也不可能像在股票市场上那样，通过买卖股票来分散个人收入的风险。“例如一名律师，他就不能把他自己在辛辛那提卖掉一部分，又在圣地亚哥买回某个木匠的一部分”(戈登，1974 年，第 447 页)。

但是第二，工人究竟是搞通用技术还是搞专用技术，他可以选择。如果他选择前者，就能给很多雇主打工。只有那些在某个企业的专用技术上面下了大量功夫的人，才算是“一个劳动权力只能得到一份工作(one labor power one job)”。即便如此，一般来说{他}也还是有其他就业机会的，但其生产率会降低。此外还有更

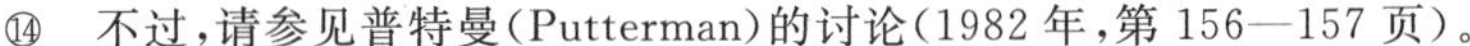

⑭ 不过，请参见普特曼(Putterman)的讨论(1982 年，第 156—157 页)。

重要的一点,那就是谁接受了这种企业专用的雇佣合同,谁就理应看到这种风险,并且应该坚持要求{提供}保护性的治理结构,来保护自己的工作。“一个劳动权力只能得到一份工作”的情况看上去是如此孤立无援(regarded nakedly),因此对其提供一个保护性的治理结构,也就有了完全不同的含义。

b. 声誉效应

对于工人与企业的关系,如果只是从权力角度走马观花地扫一眼,是看不出将来的结果的。{因为}每一次对抗都是孤立的,每次又都只能以工人的失败而告终。工人会被开除,只得另找工作。企业却能从失业后备军中雇到代替他们的人手。

这样来描述前景有两个缺陷。一是因为其中隐含着一个假定,即企业可以解雇工人,却无须支付“跳槽成本”(dislocation costs)。但这只有在人力资产无专用性可言、团队效应只限于初级水平的情况下才会如此。二是它还假定工人不知道该选择什么职业,因此也就无法根据各种职业的区别进行不同的选择。但正如阿瑟·奥肯所看到的那样,“如果没有签订明确的合同,求职者会向别的工人打听,他想去的那家{企业的}雇主怎么样。在一定程度上,求职者也会根据企业的声誉,对这位雇主做出判断”(1981年,第 51 页)。如果其他情况都相同,那就应该说,声誉好的企业就能雇到更好的工人。(这就再一次证明,第一章把 $\hat{p}$ 和 $\overline{p}$ 作比较,是很恰当的了。)

不过,声誉究竟有哪些作用,是个很难说清的问题。首先应该考虑的是,企业能否把自己的声誉当做一种战略手段来使用。有一种说法认为,在那些为得到专用人力资产而花了大量投资的企

业，把雇佣关系持续下去，对工人与雇主都有好处。但这种说法值 260
得商榷。因为这位{具有专用人力资产的}工人只是众多工人之一；雇主只要树立几个工人给其他工人做样板，就可以也能够在战略上获得成功。因此，{所谓工人与雇主}地位对等的说法（the symmetry argument）就错了，因为它没有看到这种基本的差别。还有一种与此相反的命题，认为如果具有重要专用交易技能的雇员辞职了或者被解雇，劳资双方都会受到损失——雇员的损失在于他要不想损失自己的生产价值，就无法投靠别的企业；而雇主受损失，是因为他还得另雇他人，必须付出断档成本（cost of disruption）和培训成本——这样来推论这个命题是正确的，但问题是这种推论走不了多远。因为它不是从战略上看问题，就必然被雇佣关系的战略评价{理论}所取代；这种理论承认这种不对称，并已经考虑了{如何解决}这种不对称。

克里斯蒂·冯·维兹塞克在谈到他所说的“鉴古知今原则”（extrapolation principle）时，讨论过声誉效应的重要性：

> “‘鉴古知今原则’是使社会最有效地降低信息生产成本的一种机制。用在此处就是指：看一个人的过去，就能预知其{将来}。这种推导是一种自稳定系统（self-stablizing），因为它能给别人提供一种‘成事在己’的激励……看一个人的过去，就能相当有把握而又无须多花代价地预知其将来……
>
> ‘鉴古知今原则’深深地植根于人类行为的结构之中。当然它也适用于动物界……两只鸡在争斗时，你不止能看出现在谁强谁弱，还能看出它们将来谁胜谁负”[维兹塞克，1980年 b，第 72—73 页]。

戴维·克雷普斯与罗伯特·威尔逊对这些问题做了更正规的研究，提出了有关这种掠夺性威胁的可信概念。他们的研究说明，只要主导企业对自己的投资回报率没有把握，只要这些企业必须与一系列对手作反复的斗争，那么，“就没有一家企业能形成自己的声誉”（克雷普斯与威尔逊，1980 年，第 58 页），因此，惩罚性措施就会成为更有吸引力的政策。

一方面是主导企业要面对诸多小企业的竞争，另一方面是雇主要面对大量的单个雇员，这就使人们转而重点研究雇佣关系。但是，由于：(1)雇主掌握的资源面要比那些普通雇员宽广得多；(2)每个雇员自己可能很难估计出另行谈判会给雇主带来多少回
261 报；(3)雇主可能会把每个雇员都看成是需要各个击破的敌人；因此，哪个雇员都形不成作为抗衡力量的声誉。然而，这种抗衡并不是一种全方位的抗衡。特别是当这些主导企业正在对付其**竞争对手**时，实在不愿再分神去对付另一批可能的对手或其同僚；只要这位雇主正在和**供给者**打交道，他就必须继续雇用工人。这二者之间的区别是具有决定性作用的。

但这并不是说，雇主连树立几个标兵给其他工人做样板也做不到。既然所有付出了交易专用投资的雇员都顶不住剥削，因此，雇主只要采取“杀鸡儆猴”的措施，就能迫使全体工人就范，接受较低的工资水平。但如果得罪的是全体工人，这种做法的效果就大打折扣了。如果雇主还想把企业继续办下去，则新一代雇员也能学会这一手——但内容与原有工人所知道的却大不相同。

特别是如果雇主对现有工人的剥削已经名声在外，他就无法用同样的工资引诱新来的雇员。那就必须在工资之外再发津贴；

或者重新调整工作任务，使之不再带有专用交易的特点；再不就只好在合同中规定，保证将来避免纠纷。由于有了这种种可能，要想定出方略来剥削那些付出专用投资的、原有的雇员，就只限于以下环境了：(1)企业本身不讲信用；(2)企业是在“孤注一掷”(are playing end games) ；(3)新老人员之间几无经验、教训可传。然而，只要企业继续在就业市场上{寻找劳动力}，只要新一代工人能{从原来的工人那里}学到东西，想剥削原有工人的做法就是一种短视行为，它注定会诱发{工人做出}保护性反应。

无论在怎样的情况下，雇员都有充分的理由组织起来，先发制人，针对{雇主}剥削交易专用劳动力投资的做法，哪怕只是偶一为之或者发生误会，进行反击。这样做一是可以减少经营者的不讲信用或孤注一掷的行为；二是能在持续经营的企业中建立一种制度上的机制，把侵权行为记录在案并尽人皆知，以确保新老人员的声誉代代相传；三是雇主可能深谙平等对待雇员之道，但苦于无法让一线监工明白其中的妙用。而工人的集体组织(即各种工会)的优越性恰恰体现在上述这三个方面。

c.竞争的作用

有人提出一种看法，认为无论何时，只要实行了效率更高的工作方法，最终受益的只能是雇主，而不是雇员或社会。这种建议其
实是假定工人没有谈判的权力，也不承认竞争是一个过程。然而 262
在合同有效期内，正常情况下要改变工作规则，只有通过仲裁才能办到。至于合同到期时经过重新谈判才能确定的工作规则，只是对大量方案进行权衡选择的结果。

最令人遗憾的是对竞争的作用视而不见。因此我们不妨假定:效率更高的工作方式是可以找到的;然后再假定:这些效率的好处一开始都会被雇主所独占。即使工人的状况并未改善(在某些特定情况下,有些工人甚至还会被解雇,只好另谋工作),整个社会还是能得到两种益处的。一是通过工作重组,节省下来的资源可以再用到其他生产领域。二是企业当时得到的那块利润很难维持长久。相反,一般情况下,我们都能看到前面所讲的钢铁行业[15]的那番景象:其他企业会打探到那些重要的变革措施并群起而效之,使价格逐步下降并恢复到早前的水平。[16] 其结果就是对效率收益做了一次再分配。

d. 工人的对策

人们普遍有一种看法,认为工人的谈判权力只限于一种选择——不是对工作提意见,就是罢工;但这种看法是错误的。由此,斯通看到:"为迫使工会停止罢工而禁止救济{工人}……意味着[这家]工会已经放下了其他经济武器"(1981 年,第 1539 页)。但事实上,"企业雇用工人是为了进行生产……它想买的是工作的质量,而不仅是耗费在工作上的时间"(奥肯,1981 年,第 63 页)。[17]由此看来,即使内部雇员已经被剥削了,他们也不会完全束手无策。内部雇员虽然"被迫"接受了低工资,但他们可以调整{工作}质量,反过来使剥削他们的雇主吃亏。我曾把合作分为两种,一种

⑮ 见第五章第 4.2 节。

⑯ 但这里并不是假定没有垄断权力。我只是假定:工作组织虽然变化了,但并没有影响到原来已经存在的市场权力;因此,一旦大家都适应了这种变化,提高赢利水平的余地(profit margins)就恢复到原先的水平上。

⑰ 正如艾尔弗雷德·马歇尔(Alfred Marshall)所说:"谁也不能预先定死一年的[工]时数量;即使能办到,工作强度也还是有弹性的"(1948 年,第 438 页,注 3)。

是圆满的（consummate）合作，一种是敷衍的（perfunctory）合作；其中已经分析了这里所说的问题（威廉姆森，1975 年，第 69 页）。雇佣合同其实就是一种不完整的协议，如果以不同的方式来履行这种协议，{工作的}业绩也会随之改变。圆满的合作需要的是以积极的态度对待工作，由此才能弥补缺陷，进行创新，以有效的方式做出决断。而敷衍的合作则是公事公办，对本职工作以外的事 263
情能拖就拖，能推就推。就像彼得·布劳与理查德·斯科特所看到的那样：

> “[这项]合同给雇员规定的只是一组最低的任务标准，并不能保证其奋发进取，取得最佳业绩……[法]定的权威既不能、也无法去支配雇员的意志，使他尽其所能地贡献聪明才智以完成其业绩……它可以使员工更遵守纪律、更服从规定，但并不能鼓励他们去尽力工作、承担责任或发挥其创造性”[布劳与斯科特，1962 年，第 140 页]。

事实上，大部分合同——劳动合同、中间产品{买卖}合同以及其他各种合同——在重要的方面都是不完整的，这样，供给者就有了相机抉择的可能。而购买者如果要“较真”，要求供给者严格按合同文字办事，那就只会碰到麻烦。

4. 工会组织存在的问题

前面强调的是集体组织的优点。在劳动者具有（或者，经营者希望引导工人培养出）企业专用人力资本的环境中，这种优点是特别大的。但实际上，除此以外，所有企业的集体组织还能从别的方面带来效率上的好处，或者说是简单的代理人{那种}好处。

在资本主义经济中，工会是一种很普遍的集体组织。过去工会之所以没有被引入，或者说并不是毫无阻力就被接受，也许是因为除了前面提到的优点以外，{组成工会}是有代价的。这里要说明其中一些显而易见的问题。

4.1 垄断权力

当企业对专用人力资本应得的准租金(quasi-rent)分配不当时，{工会}集体组织能增强工人们的谈判能力。如果{情况}与第2.2节所说的相反，即工人们对自己的工作已经拥有了稳定可靠的产权，就可以通过侵蚀{投入到}工厂中和基础组织设施中的沉置成本——至少在短期内——进一步增强其谈判地位。如果企业及行业认识不到工人的这种侵蚀权，那么在其他情况都相同的条件下，这些企业或行业所投入的耐久性非人力资本越多，对工会组织的反对就越强烈。

264 4.2 寡头垄断

按照“寡头铁律”(the Law of Oligarchy)：“之所以出现被选举人支配选举人，受托人支配委托人，被授权人支配授权人的现象，始作俑者就是组织。而张口‘组织’，闭口‘组织’，其实说的就是垄断”(米切尔，1962年，第365页)。虽然人们一直在努力弱化这条铁律,但迄今仍未能废除之。正如西摩·利普塞特所指出的,现代人遇到的是一个解不开的悖论:“如果他不想把有效的权力交给正襟危坐于像国家、商会、政党或宗教那种巨型体制顶层的一小撮人,就别想建立这种体制”(1962 年,第 15 页)。因此,工会的领导人也像其他大型组织的领导人一样,往往要保护自己的地位并且(或者)谋求自己的私利。

当工会领导人挥霍工会会员为退休金或医疗保险金而缴纳的会费时,这种情况就变得很明显了。但这个问题比较微妙,也许受到游戏制度规则的影响。青木正彦最近讨论了对合同到期日的选择问题,就是后一种情况的说明。

问题在于把合同到期日定在何时对重新谈判最为合适?从效率观点看,在续签合同期间化零为整,以强硬的态度去讨价还价;在合同履行期间,则化整为零(using analytic process)以提高适应能力;这样做有很多好处。签订长期合同的好处在于减少了讨价还价,增加了个别问题个别解决的可能;但也可能误入歧途。如果合同的基本内容脱离了经济实际,一方或另一方往往会迫切要求在履约期间卸掉自己的责任。其结果是使“交易双方在两次合同签约期间将互相合作”的假定变得捉襟见肘。

尽管如此,青木还是谈到了一个令人感兴趣的、经验性的规律,即德国、日本在实际签约中的做法与美国做法的区别:前两个国家一般都是每年续签一次合同,美国则通常要三年续签一次合同(青木,1984 年,第 148 页)。为什么会有这种区别呢?

一种可能是德国、日本的经济更无序、更不稳定。这是用不确定性来解释这种区别的原因;即合同越是不确定,就越要不断进行重新谈判。但青木更乐于把这种区别的原因归结为全国劳工关系委员会制定的那些规则。{因为}按照“合同保护”(contract bar)的原则,“如果现行合同的最长期限为三年,而该合同已实际持续三年以上,则不得再通过司法途径(being field)去诘难内部工会”(1984 年,第 148 页)。青木认为,这就导致把合同期限定为三年,是以牺牲效率为代价来保护工会的结果(第 148—150 页)。不管他这
265 种说法是否正确,我们都应该关注寡头对游戏规则的影响问题。[18]

4.3 形形色色的差异

如果情况均相同,企业越是深入进行专用人力资本的投资,就越需要复杂的劳动组织治理结构。考虑到这种特点,再加上一般劳动力都具有的差异,恐怕就不能指望通过一次简单的讨价还价,而是要经过一系列的讨价还价,才能形成对全体劳动力都适用的结果。别的不谈,就从协议规定“行动一致”这一条来看,只靠工会一家是很难把每个工人的偏好相加,得出一个整体偏好来的。但要谈判出一个能照顾各种特殊情况的{结果},又与工会“人人平等”的宗旨相矛盾。日本企业及工会解决这一问题的办法是把这些行为分成几类,再广泛地签订二级合同,并建立子公司(青木,第

---

[18] 工会主义还有另一个特点也很成问题,那就是威廉·费尔纳(William Fellner)所说的“第三种寡头”(Case 3 Oligopoly)。这指的是在行业内部各企业之间(或各企业的下属部门之间),有“外部代理人积极撑腰”而互相串通的情况(费尔纳,1965 年,第 47 页)。{比如,}美国矿工联合会(United Mine Workers)似乎已经与那些大型烟煤矿结成了联盟。要了解这一情况,可参见威廉姆森(1968 年)。但这种做法似乎并不普遍。

142 页)。如果谁想让美国企业和工会也亦步亦趋地效法日本同行的做法，但又不想让他们学日本那种二级合同(以及有关的分类方法)，就应该对这些限制有所了解。

5. 生产者在合作中的矛盾

本书主要内容是评价资本主义的组织模式。虽然研究组织的这种方法也可用于非资本主义的组织，但很少有人做过这样的尝试。以下关于生产者合作的简要讨论绝无拾遗补阙之意，而只是提出需要进一步研究的问题。其中的基本矛盾在于：如果通过生产者之间的合作，就可以消除很多令社会科学家、社会评论家们对权威关系束手无策{的问题}，那为什么关于生产者合作所记载的结果又如此乏力呢？

本文不想对此诘问做出解答。诚然，正是由于生产者合作的模式还在不断修改——西班牙巴斯克省已开展近三十年的蒙德莱根实验(Mondragon experiment)就是一例(布莱德雷与盖尔布，1980 年，1982 年)——但尚不能得出最后的结论。而对生产者合作史的更早的研究则令人失望。由这种研究所燃起的更高的期望
也始终没有实现(坎特，1972 年；曼努埃尔与曼努埃尔，1979 年)。 266
造成这种状况的原因又是什么呢？

鲍尔斯与金斯特(1976 年，第 62 页)注意到，工人之间的合作是代替权威关系的一种有活力的方式；而且“早在 1840 年代，就已经在劳工运动中普遍展开，盛行一时了……在内战刚刚结束的一个阶段里，这种合作运动曾一度达到其巅峰；但最终由于无法积累

起足够的资本而失败”。这两位学者又引用了格劳伯(Grob)下面那段话:

> “即使资金不成问题,但获得利润的愿望往往会变得压倒一切,以致很多合作{企业}都变成了股份公司。接下来就是股东要压低{工人的}工资了。而与之竞争的企业害怕这些合作企业的成功,对它们采取了歧视的策略;这一点也不能说不重要”[鲍尔斯与金斯特,1976 年,第 62 页]。

埃尔曼曾以同样的方式,对雇员所拥有的公司的“退化倾向(degenerative tendencies)”做过描述(1982 年,第 39 页)。

霍尔瓦特则直截了当地提出了这一矛盾:“如果工人管理的企业真比他们的资本主义……同行……效率更高,那为什么没在市场中打败他们呢?”(1976 年,第 62 页)他的答案是:“从工人管理的企业所能达到的效率看,他们很难在资本主义环境中生存”(第 455 页;着重号系原文所加)。其原因有三(第 456 页):一是生产者合作{企业}很难得到银行贷款和商业信用;二是这种合作企业延揽不到有本事的经营者,因为资本主义的高薪会把他们吸引走;三是{这些企业的}创办人不想让新来者分享他们的成果,所以成功的合作企业都会发生上述退化现象。

霍尔瓦特用生物学上的类比法作为对第一种原因的佐证——“资本主义经济的行为就像一个有机体,你可以对它进行器官移植,但它能自发地拒绝异体组织”(1982 年,第 456 页)。但我认为,用物理学的例子来比较,短期银行贷款与商业信用更像是电磁场吸引铁屑{的作用}。对流动资金来说,(扣除风险以后)还能获得高额回报,这近乎一种挡不住的吸引力。当地人士{关于给这些企业以照顾的}的规劝(local exhortation)固然能起一时的作用，但风险资本家在追逐利润上是不讲原则的；因为资本所显示的坚定倾向就是使边际报酬均等化。

更严重的是另一种筹资问题，霍尔瓦特没有讲，但普特曼却提到了(1982年，第158页)。那就是要设法获得银行长期贷款和筹到股份资本。因为问题不在于合作企业无法以平等资格获得这些资金，而在于它们本身所具有的特殊矛盾。我们必须把{合作企业的}历史沿革与其分享利润的做法区分开来，只有后者才会造成长期的矛盾。

投资者都懂得，对任何一家新企业，要预先评价其优点总是很 267
困难的，所以他们开始总会非常谨慎。但这种特点是所有新企业都有的。因此，{企业}初创时规模总是比较小，以后有了留存利润才能逐步发展壮大起来。问题可以这样来看：合作企业之所以能吸引工人，是因为可以不受权威关系的压迫，但工资比较低，[19]因此，这种企业获利较高是事先就决定的了。[20] 这项工作一旦启动，

⑲　当然，工人买断亏损企业的情况比较特殊。在这种情况下，有经验的工人也可能愿意放弃准租金，那是因为不这样做，情况可能会更糟。不过，美国钢铁公司弗吉尼亚州威尔敦(Weirton)工厂的例子还是很能说明问题的。当这家工厂的雇员把这家工厂买断以后，他们的工资和收益估计减少了32%："钢铁工人独立联合会(Independent Steelworkers Union，简称ISU)代表了约7 400名计时工人，他们的工资大约下降了14.1%，11天休假日也减少到5天，{这相当于}减少了一周的带薪假期，其他福利也减少了。此外，这家工会为了执行利润分享计划，还放弃了调整生活费的规定；这样，在工资冻结的六年中，对工人的惟一补偿就是分享利润了"(《商业周刊》，1983年9月5日，第35页)。

⑳　普特曼很谨慎地认为，由于还要考虑开办费，所以这种成功不大可能立竿见影。但很多生产者合作企业却是越办越好。这个问题将在后面分析。

上面所说的那种电磁引力场的作用就会变成现实。

但这就是假定：对于获得长期借款、特别是筹集股份资本来说，合作企业与资本主义企业在分享制上并没有什么明显的区别。这些问题等到第十二章讨论公司治理结构时，才能彻底讲清楚。这里只提醒读者注意一点就够了：尽管资本主义的组织形式能够容忍各种外部干预，直至包括以集中股份所有权的方式来进行接管、改变经营层，但只一个资金问题，就已经是在对合作企业“叫板”了。即使其他情况相同，合作企业在股份所有权上也会遇到更大的矛盾。[21] 从这个意义上说，合作性质的组织会受到(相对而言)更严格的限制。

霍尔瓦特举出了另外两个理由，讲的都是经营者的行为，而且这二者密切相关。一是合作企业无法留住好的经营者；二是{企业的}创建者不愿意{实行}分享制。普特曼最近研究了工人管理的企业中的经营者问题，他的话颇有启发。他的观察是：

> “……尽管市场制度允许工人管理的企业与资本主义企
> 268 业并存，但这些企业的活力可能不足。既然有两类企业并存，
> 并且，只要企业家的才华只有在两类企业的竞争中才能卖到
> 最好的价钱，那么，这些企业再怎么努力，可能也无法施展他
> 们的全部能力。要使民主控制成为一种社会规范，而单靠示

---

[21] 就像普特曼所说的那样，“如果股份所有者看重的是他们赖以控制企业政策的投票权，如果工人管理的企业(从原则上说)又不让股东分享这种控制权，那么，工人管理的企业要想积聚股份资本，就得付出更高的成本”(1982 年，第 158 页)。因此，工人管理的企业所能做出的调整，就是在需要限制使用专用资产的领域，对某些行业和技术实行专业分工。

范又不被人接受，那可能就有必要把它变成一种基本的社会原则，并由立法加以贯彻了。因此，工人管理{的企业}在吸引到经营人才以前，就转向为全体工人谋取更广泛的利益，通过培训来成倍地提高工人的技能，经营人才本身也就不再是稀缺的资源，这样才能促使这种{工人}参与程度很高的组织形式获得成功。换言之，从长期看，工人管理的企业是可以使大多数工人得到好处的；但只要少数工人感到它的吸引力不如资本的吸引力大，它就仍然是'海市蜃楼'"［普特曼，1982 年，第 157—158 页］。

这种观点显然是在说：有本事的经营者能产生更大的外部性。但既然没有多少(如果能数出几个)经营者宁可牺牲个人利益，给工人管理的企业带来活力；那么，如果要实现社会的优化，就只有立法干预这一条出路了。但这就要求，必须矫正我们所了解的那种人类本质的缺陷。

但是从有关改革的各种方案来看，问题却不在于是否有这种缺陷，而在于能否弥补这些缺陷。改革有可能带来净收益吗？由于南斯拉夫及其他国家已经实行了各种社会主义的组织模式，因此应该花更多的力量，对其收益和成本作一番评价。[22]

6. 尊严

我们暂且假定，激进经济学家和其他人所看好的那种政治改

[22] 第九章从制度比较的角度对工作模式做了评价。这种评价说明，至少在小型组织中，"同年帮"模式更被看好。但是，从"同年帮"的规模看，它也不可避免地会产生那种寡头问题。

革还不能马上实现。那么,还有没有其他措施,应该并且能够消除权威关系所造成的压抑{感}呢?我将从两个方面来解释这一问题。一是考察有关工作满足感和疏远感的理论;二是再考虑更一般的、涉及{人的}尊严的问题。

6.1 工作的满足感和疏远感

当你读激进经济学家和社会学家关于工作问题的论著时,不能不被工作组织有时竟然如此压抑所打动,也不能不感到有必要采取行动来改善这些条件。但这些著作的大部分内容还带有另一

269 种性质:缺乏实践的检验。因此,当发现工人对问卷调查的回答与他们在市场上的做法不一致时,很多社会评论家都把问题归结到问卷本身。㉓ 而大多数经济学家则相反,他们反驳的论据是:只有实际选择才能把偏好显示出来。我们不妨考虑一下阿米塔伊·埃济欧尼(Amitai Etzioni)所说的、马萨诸塞州通用汽车公司总装厂装配线工人的那个例子:

㉓ 比如,可参见《美国的工作》(1973年,第13页)。它给人的印象是,当某些调查人员没得到他们最初希望的答案时,就改换问题并重新解释答案,直到得出他们想要的结果(《美国的工作》(1973年,第14—15页))。例如,有报告说(第107—108页),对于像林肯公司那样的创新计划——已有近50年成功的历史——就从来没有人问过这样的问题:林肯公司真是按随机抽样的结果来挑选雇员吗?或者,为什么林肯公司不把这种成功的组织创新(或者说是别人无法模仿的创新)推广到各种领域,使之成为决定美国企业界行为的一个重大的、决定性因素呢?而通用汽车公司在洛德城(Lordstown)使用的那种"传统模式"(《美国的工作》(1973年,第19、38页)),又被说成似乎是未来的样板。但是如果像洛德城那样把一切问题都解决了,人们的注意力也就转到别处去了。同理,像卡尔玛(Kalmar)的沃尔沃汽车公司对总装过程进行的重组,一开始就弄得满城风雨,其以后的历史自然也就无人再去报道了。

“对他们原来工作的调查说明，从衡量工作满意程度的六个标准看，工人们原来的工作要好得多；87.4％的工人能正式控制一项工作，即工作的节拍是由他们自己决定的；72％的工人干的是不重复的工作；大约60％的工人的工作需要某些技术和培训；还有62.7％的工人对如何干自己的工作具有完全的或部分的自主权……他们之所以自愿丢下原来的工作，改上这种折磨人的总装线，基本原因是新工作提供的收入更高、也更有保障。报告显示，四分之三的工人转入新工厂，主要是因为经济收入。因为{新、旧}岗位的工资要相差30％”[埃济欧尼，1975年，第34—35页]。

当然，谁都希望既得到高工资，又得到更好的工作条件。但一遇到需要作出权衡的问题，就要对人们所看重的属性进行边际调整。除非这种调整能说明现有工作的组织方式效率较低，而新设计的工作模式更令人满意，又不会牺牲效率；否则，只要工人们是为了更高的报酬而自愿牺牲满意程度更高的工作，却又抱怨目前的工作方式，那么这种抱怨的目的就不明确了。[24] 但保罗·布鲁姆伯格(Paul Blumberg)还是争辩道，“在整个理论中，几乎没有一项研究不是证明满足感得到了提高……或者，由于真正扩大了工

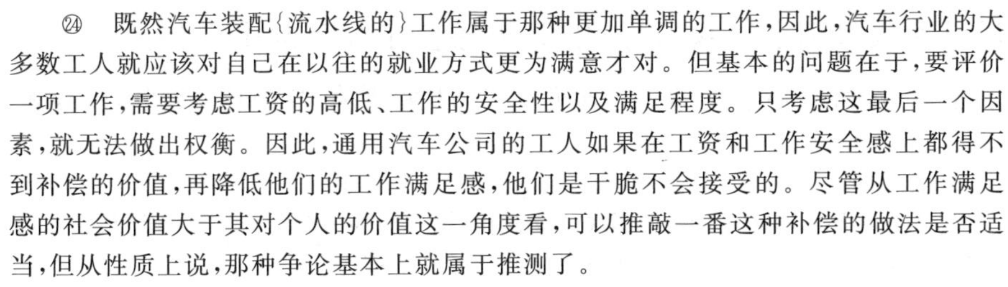

㉔　既然汽车装配{流水线的}工作属于那种更加单调的工作，因此，汽车行业的大多数工人就应该对自己在以往的就业方式更为满意才对。但基本的问题在于，要评价一项工作，需要考虑工资的高低、工作的安全性以及满足程度。只考虑这最后一个因素，就无法做出权衡。因此，通用汽车公司的工人如果在工资和工作安全感上都得不到补偿的价值，再降低他们的工作满足感，他们是干脆不会接受的。尽管从工作满足感的社会价值大于其对个人的价值这一角度看，可以推敲一番这种补偿的做法是否适当，但从性质上说，那种争论基本上就属于推测了。

人们的决策权力而提高了生产率。我认为,这种一致性在社会{科
270 学}研究中是很少见的……凡参与进来的工人都得到了利益”。[25]

但令人奇怪的是,在工作满足感与生产率之间,却有证据表明,这二者之间几乎没有、或根本就没有什么关联(马奇与西蒙,1958 年,第 48、50 页;沃卢姆,1964 年,第 181—186 页;卡兹与卡恩,1966 年,第 373 页;小加拉格尔与爱因霍恩,1976 年,第 367、371 页)。斯科特根据人际关系学派{理论}对实际工作进行了调查,得出一个直言不讳的结论,即“几十年的研究表明,在工作满足感与生产率二者之间,并不存在清晰的关联”(1981 年,第 90 页)。小加拉格尔与爱因霍恩也把这一理论与观察结果进行了比较,并得出结论说:“我们感到,对经营者来说,扩展并丰富其工作内容是一个有用的手段。但还有一个重要问题没有解决,即问题不在于这些计划能否实行,而是在什么条件下实行才最有效率”(1976 年,第 373 页;着重号系笔者所加)。京兹堡(Gunzberg)最近对瑞典的工作模式改革做了研究,结论是:对于参与制对经济的影响,很难做出评价。因此,按照他的判断,尽管这些改革能带来社会收益或物质生产的收益,它们“并没有增大产品或劳务的价值,却增大了成本”(京兹堡,1978 年,第 45 页)。

我认为,即使工作设计搞得再好,也很难消除等级制。它只不过是大致打消了等级边界,给那些愿意在等级制中工作的工人提供了一个利益更密切的参与机会。但在所有组织中,无论其规模

---

[25] 该文转引自鲍尔斯与金迪斯(1976 年,第 79—80 页)。霍尔瓦特还根据布鲁姆伯格的文章来证明他的理论,即“参与制促进了生产率”(1982 年,第 207 页)。

如何，普遍都实行等级制，这种现象绝非偶然。不仅私人性、赢利性的部门是这样，非赢利部门和政府机构也是如此。还可以认为，它会超出国界的限制，也不依赖各种政治体制。简言之，对等级制的口诛笔伐不过是陈词滥调；效率的逻辑及历史证据都能说明，各种非等级制模式基本上都只是一现的昙花。普特曼与其他人显然也同意这种说法（1982 年）。

6.2　尊严的价值

上面讨论了参与制能带来多少收益的问题，其中提出了一个严重的疑问，即能否根据赢利高低来判断参与制的效果。但只要指出，仅凭这些数据的研究尚不足以作出判断，就已经是在向那种普遍结论“叫板”了。在一般情况下，即使参与制没有带来明显的收益，但是，更细致地考察一下{工作}任务就能看出，在某些工作任务中实行参与制的做法总是有益处的。更何况参与制还能给社会带来某些明显的好处，尽管从私人观点看并不支持这一结论。

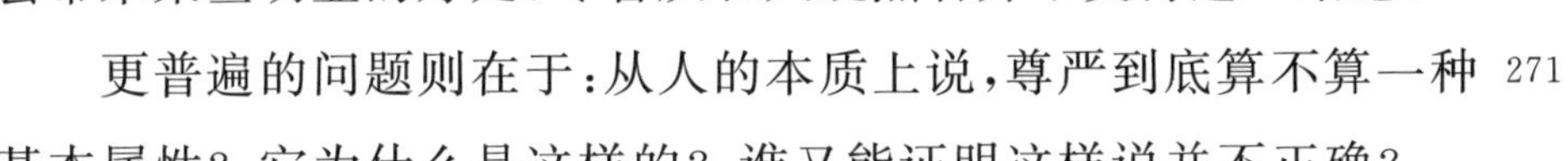

更普遍的问题则在于：从人的本质上说，尊严到底算不算一种 271
基本属性？它为什么是这样的？谁又能证明这样说并不正确？

这个问题已经超出了本文研究的范围。但我认为，资本主义总在贬低人的尊严，因此要经常制定一些保护制度，帮助人们来矫正这种条件。劳工法专家迫切呼吁实行程序性保护制度，就是这方面的例子（萨莫斯，1976 年，第 503—508 页，519—522 页）。

杰瑞·马肖注意到，“自然权利”理论对正当法律程序（due process）的看法是始终一致的；那就是“不仅要看其实际结果是否合理，还必须考虑法律程序对参与者有哪些影响”(1985 年，第 182 页)。“[我]们从直觉上不会认为过程与结果有关……我们确实没有把败诉与不公正对待这二者混为一谈”(第 183 页)。卡尔·卢埃林注意到，“哪种法律制度都做不到‘言必信，行必果’；人与法庭的主意实在是太多了”(1931 年，第 738 页)。他这段话就流露了这种直觉。

要把这一切{内容}都纳入一个体系绝非易事。但可以把它们分为两个层次来看。低层次理由是为了计算利润率，并主张对管理者(如一线监工)可以改正的次优{业绩}进行纠正。高层次的理由则涉及康德所说的“道德要求”(Kantian moral imperative)，即谁都不能仅仅被看作一个单纯的工具(马肖，1985 年，第 144 页；平科夫斯，1977 年，第 175—179 页)。利用法庭来实行制度性的保护，可以达到这些目的中的第一个目的。我们前面讲过低层管理者的行为趋向，并假定，高层组织领导很清楚这种趋向；因此，他们只要根据企业的整体利润水平相应设计一些适当的约束手段，就可以监督这种管理者的短期行为。精于计算并了解情况的高层决策者就应该对组织施行这种改革。

于是还剩下一个问题需要解决：这种改革离康德的道德要求还有多大差距？霍尔瓦特是这样来表达社会主义者对资本主义的批判的：“物的关系{背后}隐藏着、体现着人和人的[关]系……人们怎样看待物{的关系}，就怎样看待彼此之间的关系”(1982 年，第 90—91 页)。经济学家们既然对资本主义及其细微差别了如指掌，就该站出来作出深思熟虑的回答。保护企业专用的人力资本当然不是难事；但除此之外，对于尊严的价值应该如何保护呢？制度的比较能告诉我们什么其他结论？其间利弊又该如何权衡？

7. 结论

回忆一下第一章中的合同示意图，其中分出了A、B、C三个分支。结合该图，可以用交易成本方法来研究本章所述的劳动组织 272
问题，并得出以下结论：

(1)如果劳动市场交易发生在分支节点A上，那么就属于非专用人力资产的交易。因此：

a. 对这种劳动交易无须建立专门的治理结构。{因为}这种交易的特点是分别签订合同。农业劳动移民的例子就属于这种情况。

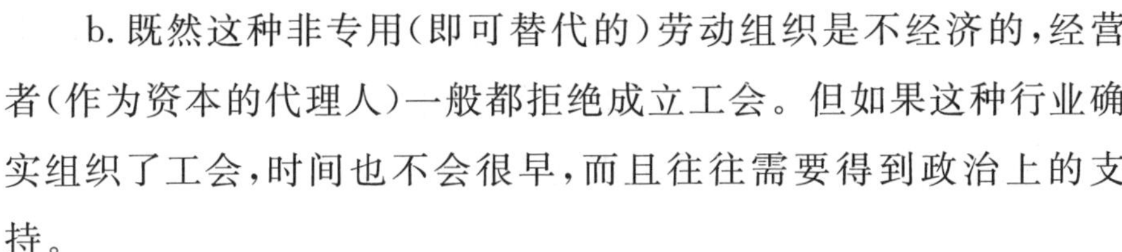

b. 既然这种非专用(即可替代的)劳动组织是不经济的，经营者(作为资本的代理人)一般都拒绝成立工会。但如果这种行业确实组织了工会，时间也不会很早，而且往往需要得到政治上的支持。

c. 无论这种劳动力是否被组织起来，其治理结构(包括进入门径、职务层次、申诉程序、论资排辈原则等等)总是比较初级的。

(2)如果劳动市场交易发生在分支节点B上，那表明它是专用人力资产的交易，这种交易{的好处}容易被人侵占，并且不够稳定。

a. 工人们只是出于工资水平较高，才会接受这种工作。

b. 这种工作比较容易设计，但也会牺牲其特殊属性(在这种情况下，工作就回复到分支A的状态)；不然，就需要设计出保护性的治理结构(只有分支C才能保护这种属性)。

(3)如果劳动市场交易发生在分支节点C上,就属于{资方}已经同意建立集体组织(通常是工会)的那种交易。这种结构既能保护劳工不受盘剥,也能保护经营者免遭无故解聘,并且能以非竞争的方式(主要是通过合作)使他们适应环境的变化。

a.这种工作容易比较早地建立工会,因为只有这样才能实现互利。

b.适应这种工作的治理结构一般也都是高度发达的治理结构。

但是,根据交易成本理论所建立的大量劳动组织都存在着问题;因此,要想单靠这一种方法,就把一切应该由法律来解决的劳动组织问题都解决好,那就不妥了。因为,第一,权力的问题还没有搞清楚。由此可知,尽管谁都承认尊严问题很重要,但交易成本经济学是主张计算效率的,它解决不了由尊严而引起的一连串问题。最后,它还会忽略可能出现的不均衡问题。

第十一章　现代公司 273

现代公司是一种既复杂又重要的经济制度;人们对这一命题实际上已无争议。但至于它都具有哪些属性,它如何以及何以能不断发展成今天这般状况,人们的意见就远不那么一致了。我也同意现代公司具有多种属性的说法;但据我理解,它主要还是为了节省交易成本而进行的一系列组织创新的产物。

但请注意,我并没有说只能用这样的概念去理解现代公司。因为事实上它显然还有很多其他的属性,其中之一便是追逐垄断利润;再一个就是对技术的渴求。但这两点主要与争夺市场份额有关,并且会从专用技术的角度影响到一个单位的规模;但这些概念除了一些微不足道的作用以外,并不能解释诸如企业与市场之间的经济活动分配问题,以及企业内部的组织(包括其形式及总体规模)等问题。既然现代公司的核心问题在于其组织形式及其构成,那么,如果一种理论大谈其现代公司,却不能解决这些问题,那就是有严重缺陷的理论了。

研究现代公司要特别注意一点,那就是不能局限于纵向一体化的问题,而应该对经济活动组织的以下特点作出前后一致的解释:广泛采取事业部制(divisionalization),是为了实现哪些经济 274
目标? 为解决所有权与控制{权}的分离所造成的长期矛盾,在内部组织结构上会采取哪些（如果有的话）具体形式？企业集团(conglomerate)给人们造成的那些“困惑”能得到解决吗？同样的思路是否也能用来评价跨国公司？目前的理论能否解释媒体所报道的技术创新与对外国直接投资之间的关系问题？

公司最关键的法律特征——一是有限责任，一是所有权可以转让——这两个问题作为既定事实，可以不去讨论；但并不是说它们无关紧要或令人不感兴趣。不过，本章的主题是讨论公司的内部组织。因为无论你举出哪些种内部结构，都必然带有这些法律上的特征；既然如此，要解释那些已被采用的、特殊的组织创新形式，显然只好另辟蹊径。而在这些组织创新中，最重要的、也是本文所强调的有以下几种：一是铁路{公司}发展起来的直线参谋制(line-and-staff)组织；二是制造业有选择地通过前向一体化而进入分销领域；三是事业部制公司形式的发展；四是跨国公司的出现。史学专家已研究过前三种形式，其中贡献最伟大、最著名的当属钱德勒(1962 年；1977 年)。

本章第 1 节考察 19 世纪美国的铁路组织。第 2 节描述并解释事业部这种结构。第 3 节分析企业集团组织与跨国公司。这三节所强调的一个核心命题是：组织形式至关重要。

1. 铁路公司的组织

组织变革之大潮始于 1840 年代，最终演变成现代的公司（钱德勒，1977 年）。根据斯图亚特·布鲁奇(Stuart Bruchey)的说法，早在 15 世纪，威尼斯的商人应该已经懂得 1790 年巴尔迪摩商人用来管理人员、簿记与投资的那些组织形式和方法了(1956 年，第 370—371 页)。直到 1840 年代以后，这些做法显然还很管用。此后有两个重大的发展，一是铁路的问世，二是与此相应的制造业通过前向一体化向分销领域的进军。对于有选择地前向一体化，第五章已经作过描述和解释。但对于铁路的实际做法还需加以说明。

19 世纪后半期，一系列的技术发展都能引发组织的变革—— 275
包括电报(钱德勒，1977 年，第 252—253 页)、连续加工机床的发展(第 75—77 页)，以及有关加工制造的大量技术(第 8 章)——但都不如铁路的出现所起的作用更大(波特与李夫希，1971 年，第 55 页)。这不仅是因为铁路有其特殊的组织形式要求；而且，如果不是铁路提供了低成本、可信赖、全天候的运输手段，刺激制造业通过前向一体化向分销领域进军的力量也会小得多。

铁路的出现及其重要性一直是经济史学家非常感兴趣的事情。但除了极少数例外情况，铁路这种组织——不同于技术——的重要性却被人忽略了。因此，罗伯特·福吉尔(1964 年)与艾尔伯特·菲什洛(1965 年)“把铁路看作一种建筑行为和运输工具，而不是作为一种组织形式来研究。大多数经济学家也忽略了铁路组织内部的运转问题。看来，这可能是人们那种下意识的假定所造成的，即：组织形式作为实现某种目的的手段，其本身并不重要”(泰明，1981 年，第 3 页)。

但是，铁路在经济上的成就却远非以一种技术(铁路)代替另一种技术(水运)所能比拟。正如钱德勒所说：

“客、货运输的[安]全、正点，以及对机车、车辆、铁轨、路

> 基、站台、机车车库和其他设施的日常维修保养，这一切都需要创造出具有相当规模的管理组织。这就意味着要雇佣一大批管理人员，在辽阔的地理范围内监视这些设施正常发挥功能；并且要任命一批中、高层管理人员，对负责日常管理工作的人员进行监督和评价。这还意味着会形成一套新型的内部管理程序以及会计、统计等方面的控制。由此可知，单是把铁路经营起来，就需要在美国企业中创造出一流的等级管理制度”[1977 年，第 87 页]。

这种说法当然会受到反驳。因为其中很多功能毕竟可以、并且确实是由市场来执行的。那么，从铁路“经营之所需”来看，又是什么原因使得要用等级制来代替市场呢？这些道理对别的运输系统，如卡车运输，也适用吗？

铁路刚一问世时，其“自然单位”是大约每 50 英里长算一个路段。每个路段大约要雇佣 50 个工人，由一名段长再加上几名职能
276 管理人员负责(钱德勒，1977 年，第 96 页)。只要货流不复杂，只要多数都是短途运输，这种管理方式就是适当的。除了因为线路密度增大而改用长途运输以外，其他方面铁路公司都能说到做到。那么，它又是怎样做到这一切的呢？

从原则上说，全程管理制度(end-to-end systems)应该用合同来进行规范。但这种合同应该是紧密型的双向合同；因为交易中的每一方{即两家铁路公司}都为专用场地付出了可观的投资。这就必然会碰到签约中的那两类困难。不仅两家铁路公司要达成一致，才能解决一系列复杂的运营问题——设备使用、成本核算及维修养护；协调不可预见的秩序错乱；明确由谁对顾客的意见及物品损坏负责等诸如此类的问题——而且还必须解决一系列自主供给者与顾客签约的问题。

解决这些问题可以用各种办法。比如,一是需要耐心,即等着市场发挥其奇妙作用来自然化解。二是也可以采取截然相反的形式,即通过全面计划来进行综合协调。三是把以上两种方法对半折中,进行组织创新。

伊文思与格罗斯曼用市场机制来解释铁路{公司}的这种反应。他们指出,“在市场体系中,财产所有权分散在大量谋求私利的企业和个人手中,这种体系显示了惊人的协调能力,使他们能够进行合作,以便对有关商品和服务作出各种规定”(1983 年,第 96 页)。这条道理对铁路来说尤其有效:

> “19 世纪铁路的经验……表明,市场体系是如何鼓励物质{生产}的合作的。在 19 世纪中期,各个铁路公司都建有自己的一段铁路。后来,他们把彼此的路轨连接起来,使旅客和商品能够很方便地在各条铁路之间流动,这些公司也由此增加了收入和盈利[伊文思与格罗斯曼,1983 年,第 103 页]。”

伊文思与格罗斯曼引用乔治·泰勒与伊雷妮·诺伊的研究来支持这种看法。后者在研究报告中写道:1861 年,从纽约市到波士顿之间的铁路分别归 4 家{铁路}公司所有,但客货运输非常方便(泰勒与诺伊,1956 年,第 19 页)。他们还引用钱德勒的以下论述来支持自己的看法,即“根本用不着把所有权统一起来,市场就能有力地激励人们进行物质上的合作”(伊文思与格罗斯曼,1983 年,第 104 页,注 2)。

铁路组织的内涵显然远不止"物质合作"这一点。否则,以50英里为一自然长度单位的铁路就会原封不动地保留下来了。并且,铁路组织的内涵也远比统一的所有权更丰富。因此,长度只有150英里、却要分3段来建设、每段还得各设一套职能人员来管理的西—奥铁路(西部—奥尔巴尼铁路,the Western and Albany
277 road)就遇到了严重的问题(钱德勒,1977年,第96—97页),其结果就是美国出现了盛极一时的新型组织,即"由全职领薪金者管理的正式管理结构"(第97—98页)。

这种结构在自身发展中又被不断加以完善。从铁路中产生的组织创新最终形成了新的特点,它被钱德勒称之为"分权式直线参谋制的组织概念"。这种组织规定,"处于权威直线上的管理者负责指挥企业中执行各种基本功能的人员;其他职能管理者(参谋部门)负责制定标准"(第102页)。各工段按地区划分,各工段长的职责是"根据直线权威关系的直接授权,协助负责管理列车的日常运行和运输问题"(第102页)。所有工段长都处于"从总裁到总工段长的各个指挥直线之内"(第106页);设在各地的机构的职能经理——负责运输、动力、路轨养护、客货运输与会计工作——直接向工段长报告工作,而不是向总部的总监报告(第106—107页)。到1893年,在这种制度的管理下,每家铁路公司都能经营长达几千英里的运输业务。[①]

这种制度当然也有缺点,那就是还远远谈不上统一的计划。

① 1893年,美国十大铁路公司每家的运营里程都超过了5 000英里(钱德勒,1977年,第102页)。

另外，诱发这一巨大系统作出反应的，也不限于合作给合同带来的各种困难以及钱德勒所说的有效利用这两个因素。钱德勒还特别强调{铁路}服务的战略目标(1977 年，第五章)。但后者也是因合同问题引起的：正是由于无法控制运价，不能在各企业之间分配运量，才驱使各铁路公司进行合并。因此，尽管人们普遍认为，要实行公开或默许的共谋并不困难——约翰·肯尼思·加尔布雷思表过这样的态度："一旦这家企业和本行业其他企业达成了默许的共谋，就获得了十足的权力以确定并维持这些价格"(1967 年，第 200 页)——但事实却一再否定了这种看法。铁路卡特尔的失败历史尤其值得深思。早期的铁路公司为了抑制竞争性杀价，曾绞尽脑汁，不断在各企业之间设计一系列周密的结构。第一个措施是非正式联盟，而且直到"货运量开始跌落，竞争压力增大"之前，其运转还相当顺利。但 1873 年经济危机一露头，{这些铁路公司}在"寻找货源上就开始不择手段了……私下给回扣的做法也越来越普遍。曾几何时，它们就公开降低了运价标准"。为此，这些铁路公司就决定"把松散、软弱的联盟变成强有力的、精心组织并认真 278
管理的联合体"(钱德勒，1977 年，第 134、137 页)。其结果是这种联合体扩大了自己的成员，而在其他地区也组建了其他的联合体。正如艾伯特·芬克(Albert Fink)所说的那样，"这个联合管理体是组成了，但联系各成员之间的唯一纽带却只是明智和诚意"(钱德勒，1977 年，第 140 页)。芬克极力主张，要解决这种联系松散的问题，必须通过立法手段，使联合体采取的行动具有长期的法律效力才行。

缺乏法律上的惩罚，就意味着在市场上，卡特尔的忠实成员必

须对离经叛道者课以惩罚金。但是，除非能明确这种（以降价为主）的整肃行动的打击对象，否则，就会良莠不分，殃及卡特尔的每个成员。这对卡特尔的效力就是一种非常严格（即使不公开）的限制了。鉴于国家立法并非一蹴而就，芬克与其同僚“痛心地发现，他们是指望不上铁路公司管理人员的明智和诚意了”（钱德勒，1977 年，第 141 页）。最后的结局是铁路公司转向了合并之路。因为在付出巨大沉置成本的行业中，自主所有权的强激励机制的诱惑太大，使人不由自主地要搞欺骗。

由此，铁路这个行业就从 50 英里长一个路段的全程管理的小单位，逐渐发展成几百英里、最终长达几千英里的{运输}体系。这样，管理有方的组织就在很大程度上取代了市场合作：

> “先有直达运输线，再发展出{铁路公司之间的}合作，最后形成大型的铁路运输部门，这样就一步一步地完成了从市场合作转向横跨美洲大陆的运输管理合作。大批的代理经销商、货运代理人、快递公司以及运货马车公司（stage and wagon companies）和江河湖海各条航线也都随之销声匿迹。在他们原来的地盘上，矗立着少数几家由多元单位组成的巨型铁路企业……这种转变始于 1840 年代，到 1880 年代即告完成”（钱德勒，1977 年，第 130 页）。

交易成本经济学当然不会把{铁路}最终发展的一切细节都讲清楚。但有几点值得指出：(1)在这个行业中，技术上的效率单位要远远小于经济上的效率单位；也就是说，是组织上的原因、而不是技术上的原因，才能把这种大型系统创造出来；(2)交易成本经济学预言，自主全程管理制度的特点就在于场地的专用性；要想通过合同来协调它们，就会带来严重的问题；[2]（3）卡特尔之所以有局限性，原因也在于其组织问题；即使想用合同条款对它们作出规定，显然也会遇到企业之间如何组织的问题。从交易成本出发，还 279
可以得到进一步的推论：卡车行业根本没有这种场地（即路基）专用的特点，因此与铁路行业大不相同。（也正是由于卡车行业无须专用场地投资，所以它能比铁路更好地说明伊文斯与格罗斯曼的那个论点，即市场协作具有神奇的作用。[3] 如果钱德勒的说法是准确的，则铁路行业就是等级制意义重大的一个证明。）

管理铁路远比管理早期的工商企业要复杂；因此，像铁路这种庞大的系统，只有解决了如何管理的问题，才能谈到它的经营。如同下面所讨论的那样，铁路管理者一手炮制出来的等级制结构，与西蒙所说的“有效分级”诸原则（the principles of efficient hierarchical decomposition）是基本一致的。这样就把支持性行为（相当于低频动力学）与运营行为（相当于高频动力学）区分开来；而这两类行为各自内部的联系程度要比它们相互之间的联系强得多。按照钱德勒的判断，正是有了这种组织创新，才踏出一条现代企业之

② 其他类型的专用资产也能影响到铁路的组织。尤其是蒸汽机车这种专用资产，虽然它有车轮而能移动，但也需要随时、不断地维修保养。{如果人人}都精通这种机制内部每一项独特属性的知识，那就用不着再办蒸汽机车的二手市场（resale market）了（相比较而言，柴油机车的维修成本问题就没有那么特殊）。

③ 卡车行业比铁路能更好地说明分权{体制}。当然，谁也不会强求1980年受到种种限制的铁路{公司}给{投资者}以回报。但只要考察一下它们的交易成本特点，就不难估计出，铁路行业对分权（deregulation）规定的不满情绪比卡车行业还大。这一点可参见克里斯托弗·康特（Christopher Conte）的文章：“强化铁路监管将破坏里根的分权政策”，《华尔街周刊》，1985年1月7日，第50页。

路。

2. M型创新

2.1 转变

在1920年代，最重要的组织创新就是多部门结构（multidivisional structure）的发展。但迟至1960年，这种发展尚不为人瞩目，更不用说人人来评价一番了。一流的管理学教科书对“以部门为基本单位（basic departmentation ）”和“直线授权与参谋制关系（line and staff authority relationships）”赞美有加，但对于多部门化的重要性却未置可否。④

钱德勒的《战略与结构》一书是对企业发展史的一项开创性研究，但他对这种管理理论也只是一笔带过。他提出一个命题，即“企业组织的变革性发展给比较研究提出了一个挑战性的领域”；他还发现，“研究[组织]创新问题似乎给这种调查提供了适当的研究重点”（钱德勒，1962年[1966年再版]，第2页）。280 他既然已经把多部门结构看作这种创新的重要内容之一，便进一步追根溯源，想确定是哪些因素导致了这种组织的出现，然后又对此后这种组织{形式}的扩散作了描述。但我们没有理由认为，组织形式与钱德

④ 哈罗德·孔茨与西里尔·奥唐纳（1955年）可算是研究这方面问题的代表人物。

勒此书出版后{的影响}无关，那种说法是经不起推敲的。

事业部(或M型)结构为皮尔·S.杜邦(Pierre S. du Pont)与艾尔弗雷德·P.斯隆(Alfred P. Sloan)首创；时值1930年代，所在企业为杜邦公司与通用汽车公司。这两家公司都曾设法应付他们面临的经济困境，但陈旧的组织结构使之不能有所作为；因此，尽管这两家公司{组织}结构不同，但都走上了组织创新之路。

杜邦公司采用的是集权制的、职能部门化的或一元化(即U型)的组织结构。通用汽车公司则相反，它在威廉·杜兰德治下，运转得更像一家控股公司(即H型结构)；但他显然没有把自己深谙汽车行业市场机会的才华运用到组织问题之中(李夫西，1979年，第232—234页)。曾任杜邦的助理，继杜邦之后又任{杜邦公司}拨款委员会主席，以后又在通用汽车公司担任同样职务的约翰·李·普莱特(John Lee Pratt)注意到这样一种情况："在杜兰德先生麾下，我们根本就控制不了各种事务"(钱德勒，1966年，第154页)。首先一个原因就是由部门经理组成的执行委员会政治味道太浓。"他们之中如果谁想出了一个计划，又何必去投票支持他的同事{的计划}呢？只有他的同事对他投支持票，他才会投票支持他们。但这不过是讨价还价而已"(钱德勒转引普莱特；1966年，第154页)。

钱德勒用下述语言总结了U型大企业的缺陷：

> "在集权制的、职能部门化的公司中……只有当几个执行经理肩上的担子越来越重，以致他们顾不上有效地履行其企业家的职责时，这种组织结构的内在缺陷才会成为致命的问题。如果企业的运转过于复杂，即各种协调、评价和制定政策

> 的问题太多，以至少数几个高层管理者既无力考虑长期创业问题，又无暇处理短期管理的问题，就会发生上述情况”（1966年，第382—383页）。

面对大量需要解决的复杂问题，哪个管理者都会束手无策，甚至“江郎才尽”。每个职能部门的管理者不仅确定不了自己的全球性目标，更无法去落实这些目标，因此，他们只好转向他们自己认为更低一级的、但毕竟能办到的那些子目标上去（钱德勒，1966
281 年，第156页）。用交易成本经济学的概念来说，就是一旦各职能部门（营销部门、工程部门和生产部门）为实现这些子目标而显露出一定的投机倾向时，不堪沟通重负的U型结构也就达到了其理性的尽头。

M型结构因杜邦和斯隆而风行起来，这种结构包括按产品、品牌或地理区域设立各种半自主的经营部门（主要是利润中心）。每个部门都独立经营自己的业务。但要建立充分有效的M型结构，只把各种职能进行分解是不够的。杜邦和斯隆还创立了一个总办公室（general office），“由几名握有实权的总经理和高级咨询、财务负责人组成”（钱德勒，1977年，第460页），负责监督各部门的业绩，向各部门分配资源，并制定战略计划。钱德勒对M型创新取得成功的原因总结如下：

> “其成功的基本原因只在于一点，就是它改变了执行{经理}的责任，从负责日常管理变为负责整个企业的命运；由此使他们腾出了时间，掌握了信息，甚至从内心就负起了制定长期规划并对其进行评价的责任……

> [这种]新型结构把诸如分配现有资源、获取新的资源等重大决策{权}转交给高层经理班子。而总经理由于卸下了日常管理和制定具体策略的责任,就更不可能只管整个公司的一个方面了”(1966 年,第 382—383 页)。

与控股公司相比——它也采用部门分权的形式,但并没有总经理办公室那种权能,因此这种公司只是徒有其表——M 型组织增加了以下内容:(1)制定战略规划和分配资源。(2)监督、控制各职能部门(apparatus)。因此,它有权重新分配资金,优先给予最能创收的部门;并且可以针对不同情况,使用不同的激励、控制手段。简言之,M 型结构的公司具有很多微型资本市场的特点(或者不如就称其为一个微型资本市场),⑤这可是一个远比“控股公司”含义更丰富、更有进取性的概念。

2.2 对如何处理信息的说明

近来,大部分研究公司的理论都不太注意研究公司的构架,而把注意力集中到激励机制上面。但事实上,即使在那些不必为解 282
决投机问题而考虑实行激励机制的企业中,组织形式也是至关重要的。在这方面,最恰当的研究是 W. 罗斯 · 阿什比(1960 年)与赫伯特 · 西蒙(1962 年)对等级制的研究。

阿什比用事实证明了一点:所有用来对付呈双峰分布干扰(a

⑤ 理查德 · 海弗利包尔(1960 年)与阿门 · 阿尔奇安(1969 年)也认为,M 型公司具有资本市场的资源配置功能和控制功能。

bimodal distribution of disturbances)——有些只涉及干扰的程度，有些则属于根本性的干扰——的制度都具有双重反馈(double feedback)的特点。图 11－1 表现的只是一个简单模型。各种干扰都应当在决策原则范围内的初级反馈回路(或者叫作经营部门)中处理掉。对于根本性的干扰，则要通过二级(即战略部门的)反馈回路进行长期性调整，也就是改变其行为规范，或者制定出新的原则。之所以要有第二个反馈回路，是因为第一个反馈回路的容量有限——这对有限理性是一种让步。但是在自然选择过程中，这种逐层递进的制度还是挡不住那种双峰分布带来的干扰，因此有必要建立两种比较容易区分开的反馈回路(阿什比，1960 年，第 131 页)。

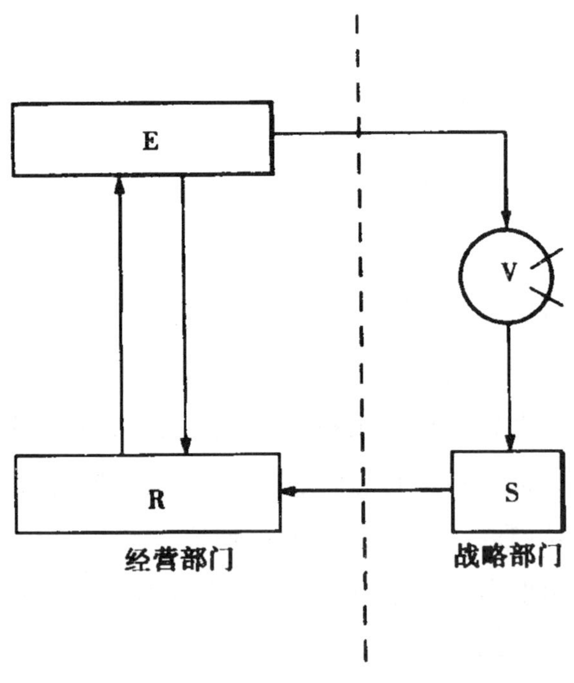

图 11－1　两种反馈

西蒙对企业组织中的决策问题的讨论，体现的也是这种精神。从“对信息处理的观点看，设立这些部门，也就意味着把整个决策系统分解成几个相对独立的子系统；这样，在设计每个部门的职能时，就可以尽量少去考虑它与其他部门的相互关系了?”（西蒙，1973 年，第 270 页）。这一条既能适应这种组织的技术要求，又能适应其经济利益的要求。而这两方面的目的都是为了承认这种可 283
分解性，并使这种分解的条件得以实现。要做到这一点，只需把各个经营部分组合成几个单独的实体，使它们各自内部形成紧密的联系，而相互之间只要有松散的联系就够了，然后再根据具体情况，把战略行为与日常管理区分开。这样，就可以用下述方式对各种问题进行分解：对日常经营实行高频（或短期）动态调整，对战略系统实行低频（或长期）动态调整（西蒙，1962 年，第 477 页）。这就是说，日常经营由低层组织负责，战略行为由高层组织负责。接下来，再使这些组织层次分别与阿什比所说的初级反馈回路和二级反馈回路相对应就可以了。

2.3　治理问题

有效地实行部门分权绝不仅仅是个分级的问题。因为如其不然，（不分级的）U 型结构{组织层次}越多，约束条件就越复杂，那反而越应该实行 H 型的组织结构了。

各种团队理论都假定，经营者应当与{其他成员}具有共同的偏好。按照这种观点，组织的问题也恰恰就是如何在一家企业内部实行分权，以便更有效地对信息进行加工（马尔沙克与拉纳，

1972 年;吉那科普洛斯与米尔格罗姆,1984 年)。正如第二章指出的那样,团队理论靠的是把有限理性的假定和不谋私利的行为结合起来。但如果企业经营者有投机问题,那就会遇到激励组合、决策评价、审计、解决纠纷等等诸如此类的额外问题。创建 M 型结构的人懂得需要解决哪些问题,因此也就对这些方面作了规定。

在 H 型企业中,可能会有以下几种投机形式。首先,子公司不愿把{赚来的}资源返还给总部,而是利用"近水楼台"之便搞"过度投资"。[6] 另外,由于第二反馈回路评价业绩的能力有限,其成本就可能节节上升。最后一点就是普莱特所说的,很容易形成杜兰德掌权时代通用电气公司中的那种帮派决策问题。

M 型结构使总经理办公室的管理职能从帮派介入下解放出
284 来,并把经营责任分派给下属单位。并且,还任用一批精明强干、长于评价各下属单位业绩的参谋人员,来支持总经理的工作。这样,不仅目标结构本身变得更有利于从企业全局来看问题;而且还改善了信息基础,使{总经理办公室}能更有针对性地进行奖勤罚懒;这样,就会对企业资源进行再配置,以提高资源的生产用途。由此就产生了把企业看作一种内部资本市场的概念。

因此,有效的事业部结构使总经理办公室介入了以下一系列活动:一是确定企业内部可单独进行的经济行为;二是把准自主权(一般是作为利润中心的权利)授给每个事业部;三是监督每个事业部的效率业绩;四是运用激励手段;五是把资金分配给收益高的

⑥ H 型企业当然会鼓励其下属企业以各种方式进行投资。不过,总经理往往在信息披露、评价、审计等问题上占有优势。这就提出了一个严重的问题——也就是说,受到总经理办公室青睐的下属单位会在内部资源配置上占便宜。

事业部；六是制定其他方面的战略规划（多元化经营、兼并收购及有关举措）。由此，M 型结构就成为把事业部概念与内部控制和战略决策功能结合在一起的一种结构。

2.4 同构现象

尽管 U 型企业与 H 型企业的经济{内容}不能形成完全的一一对应关系，但它们的结构都与第一章提出的基本合同模式有着正式的关联。图 11－2 显示了这种平行的联系。

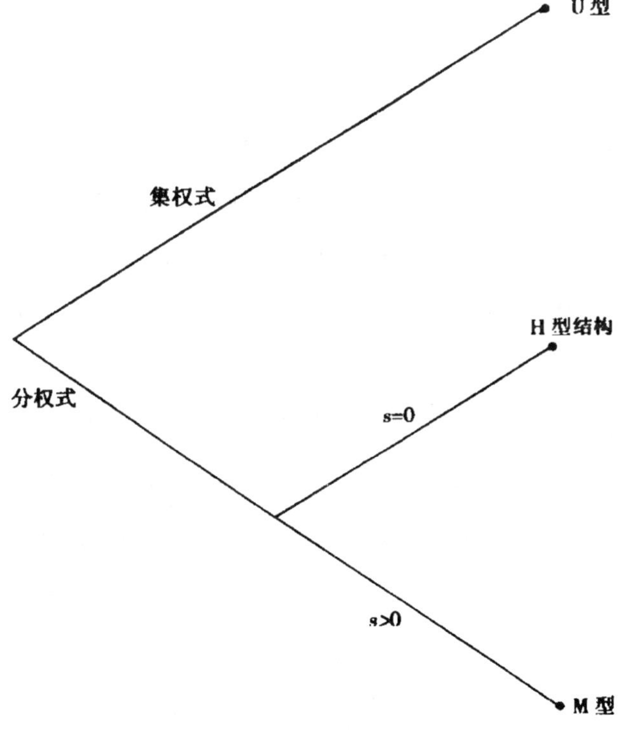

图 11－2　组织的选择

这就是说，如果使用两种生产技术($k=0$ 和 $k>0$)就能得到一个签约计划，那就可以根据处理这两种信息的不同技术，区分不同的{经济}组织。在必要前提已定，⑦并且假定不发生投机行为的条件下，使用 $k>0$ 或分权的技术，就能得到更好的结果。但 $k>0$ 或分权的技术也会带来严重的投机问题。除非你能设计出一套防护措施；否则，就不能充分实现 $k>0$ 或分权的技术所产生的全部效益。

如果条件是 $s=0$，它反映的就是以下几种做法：对于用途不可改变且面临风险的资产，它拒绝提供保护；与之相对应的企业组织形式就是 H 型。而 $s>0$ 的各种条件则反映了提供保护性治理的决策。因此，只有当 $s>0$ 或者具备了 M 型治理结构时，$k>0$ 或者实行分权的组织才能获得其全部收益。

诚然，我们还可以把这种签约的类比继续推论下去。那就是说，如果签订的是非标准合同，就可以把向企业提供资本的投资者看作中间产品供给者的搭档。回想一下中间产品供给者的那些特点：他们对使用哪种技术本来就无所谓；而且，只要是能使他的预期收支达到平衡的合同，他都会照单接收。资本的供给者也是如此：不管是哪类企业，也不管它们的组织形式如何，只要其投资回报率(扣除风险以后)还有竞争力，他们就肯投资。但是，这种情况反映的只是市场竞争过程的结果，而更接近我们这里想说明的问题的则是以下内容：尽管有些企业使用的只是低级(即 U 型)信息

⑦ 从生产技术上看，这些前提就具体化为一种随机的需求结构。而从信息技术上看，这些问题就是指企业的规模及复杂程度。(如果是小而简单的企业，根本就用不着 M 型的企业结构。)

技术，或者没有保护高级技术免受投机（即 H 型）伤害的措施，但只要其产品系列足够强大（比如享受专利的保护），就仍然能筹集到资本；而且，如果这种企业要使用受保护的高级信息技术，他们还能以更有利的条件来筹集资本——这就是 M 型企业结构给分权化带来的新内容。

3. 联合企业和跨国公司的例子 286

前面几章已经指出：按照“关门主义”的传统看法，非标准合同均属离经叛道之举，就连非标准的{企业}内部组织，都应该大大地打上几个问号。因为这两种方法都是直接按技术特点来决定经济组织形式的。除非你拿出一个泾渭分明的技术标准，对所研究的签约实践和组织结构作出判断，否则，反垄断专家马上就会给它们扣上一个既反社会、又无效率的帽子。而交易成本经济学对非标准的市场形式和内部组织的看法却与之不同。一是对于垄断权力形成之前就存在的各种条件，应该保持警惕，注意不要产生反竞争的作用。二是应该承认有可能节省交易成本。因此，不应该以怀疑和冷淡的态度去看待各种组织创新，而是应该正确评价这类创新的好处。为此就要考虑各类可能节省成本、包括节省交易成本的做法。

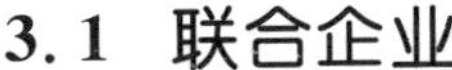

3.1 联合企业

对联合组织这种形式一直有各种各样的解释。我先概括一下其中的一些内容，再来说明怎样用交易成本理论解释这些组织形式，最后简要地说明如何权衡其利弊。

a. 早期的几种解释

反垄断管理部门属于第一拨敢于批评联合企业的部门。联邦贸易委员会的官员认为：

> “联合企业这种巨人打入很多隔行的领域开属经营，凭借其经济权势，确立了坚如磐石的地位。如果其任何一项活动受到竞争{者}的威胁，它就不惜血本进行降价{反击}，至于亏损额，则可以用其他行业的赢利来弥补——这种做法经常被称为‘迎接挑战’。这样，这类联合企业就获得了以更强的实力对小企业四处征伐的地位”（美国联邦贸易委员会，1948年，第59页）。

此后，罗伯特·索洛把联合公司的特点概括为“真正危险的现象”，并且提出，“它很可能会摧毁管理的效率，毁掉几代人的理性”
287 （1972年，第47—48页）。其他学者则提醒世人说，大型联合企业“给全国各地各条工商战线”都带来了危险（布莱克，1973年，第567页）。一时间，“痞子经济学”（bogeyman economics）甚嚣尘上。比如，宝洁公司（Proctor & Gamble）就一再被称作法庭上“无孔不入的虮虱”（brooding omnipresence）。[⑧] 即使那些对联合企业

---

⑧ 经济学专家一再引用原告普优莱克斯公司诉宝洁公司案件中使用的这个词。那是一宗私人反垄断诉讼，其中普优莱克斯公司称，宝洁公司在与其对手克罗劳克斯公司竞争时，使自己受到了巨大的恐吓。结果是地区法院判原告败诉。参见联邦最高法院补充条例第931号第419条（C. D. Cal. 1976）。

抱有更多同情的人，也称这种状况令人“困惑”（波斯纳，1972 年，第 204 页）。

当然，莫里斯·阿代尔曼（1961 年）提出的解释更令人满意。他注意到，联合组织的形式具有令人神往的投资多元化特点。但联合企业为什么到 1960 年代、而不是更早一些才出现呢？因为早在联合企业问世以前，就有了控股公司，它同样可以进行多元化投资。而个人股东，通过互助基金或其他方式，也能使自己的投资变得多元化。由此可知，用投资多元化来解释战后联合企业的兼并大潮，无论怎样也难以自圆其说。[9]

b. 对内部资本市场的一种解释

如前所述，小艾尔弗雷德·P. 斯隆及其在通用汽车公司的同事是第一批认识到 M 型结构的优点的人之一。但是，就在通用汽车公司已经充分理解了事业部制的概念，并将其认真付诸实施之时，他们的那些同行还是“一根筋”地把通用汽车公司看作一个只生产汽车的公司。

因此，斯隆注意到，“四乙基铅显然不适用于通用汽车公司。因为它是一种化工产品，不是机械产品。它只能作为汽油的一种成分进入市场，因此必须通过汽油销售系统｛才能卖出去｝”。[10] 与此相应，尽管通用汽车公司仍然是埃塞尔公司（Ethyl Corpora-

---

⑨　｛企业｝内部实行多元化也不是一种代替企业集团多元经营的完美方式，这是因为企业可以依靠多元投资的方法，减少破产造成的真正的成本；个人就做不到这一点。但在过去的 30 年中，破产成本并没有直线上升；因此这些区别并不能解释这段时期中为什么会出现企业集团这一问题。

⑩　引自伯顿与库恩（1979 年，第 6 页）。

tion)的长期投资者,但后者却变成一个独立实体,而不再仅仅是一个运营单位了(斯隆,1964 年,第 224 页)。尽管杜兰德公司收购了富利电冰箱公司(Frigidaire),后者在 1920 年代占有 50%以上的市场份额;但随着竞争者在其他大件电气产品(如收音机、电灶和洗衣机等)中确立了自己的市场地位,富利电冰箱公司却仍然
288 固守电冰箱这一个领域,他这种独占鳌头的地位就开始萎缩了。有人建议通用汽车公司开发空调机,但“并没有引起我们的注意,所以,这个建议……没被采纳”(斯隆,1964 年,第 361 页)。这正像理查德·伯顿与阿瑟·库恩所总结的那样,通用汽车公司“把大笔资金投入了{国民}经济的汽车部门,但都目光短浅,这样,它就错过了进入其他市场领域的机会,无法对其产品实行多元化——即使在通用汽车公司已获得重大、深入进展的产品系列中——这种机会[也]失之交臂”(1979 年,第 10—11 页)。

公司一旦认真采取联合企业这种组织形式,就要自觉地接受事业部这种特点,并把公司分解为若干不同的事业部;但这显然需要斯隆和那批战前工商界其他领导人解放思想,转变观念。这种转变是逐渐发生的,与其说它是一次大手笔的改革,还不如说是一个渐进的过程(索贝尔,1974 年,第 377 页),其中还涌现出一批专搞组织创新的新人——皇家利特尔便是其中之一(索贝尔,1974 年)。随着对事业部资产的管理技术的升华,自然就会成长出联合企业集团;一旦抗衡横向兼并和纵向兼并的反垄断斗争趋于白热化,就使联合企业更迅速地发展起来。联合收购(conglomerate acquisitions)——从其所收购的资产与企业户数{分别}占总收购的相应比率看——也在迅速提高:在 1948 到 1953 年间,“纯粹的”

联合收购只占被兼并资产总额的 3%；而在 1973 到 1977 年间，这一比率已经达到 49%（谢尔，1980 年，第 124 页）。

随着联合企业在其他地方更为充分的发展（威廉姆森，1975 年，第 158—162 页），人们对它也就有了更恰当的理解，即把它看作 M 型模式为了组织各种复杂的经济行为所演化而成的顺理成章的结果。因此，一旦人们认识到并吃透了 M 型结构的优点，即它有利于企业按生产部门（如汽车系列或化工系列）进行独立的、但仍互相关联的管理，这种形式自然就会扩展到与生产联系不太紧密的管理方面。但这并不是说各种产品没有自己的管理问题；而是说它可以把 M 型｛结构｝的基本逻辑——区分战略决策与日常经营，并分清二者的责任——贯彻到底。至于体现 M 型组织原则的联合企业，最好还是把它看成一个内部资本市场；因为是它把各条渠道的现金流量集中起来，投向高收益的领域。

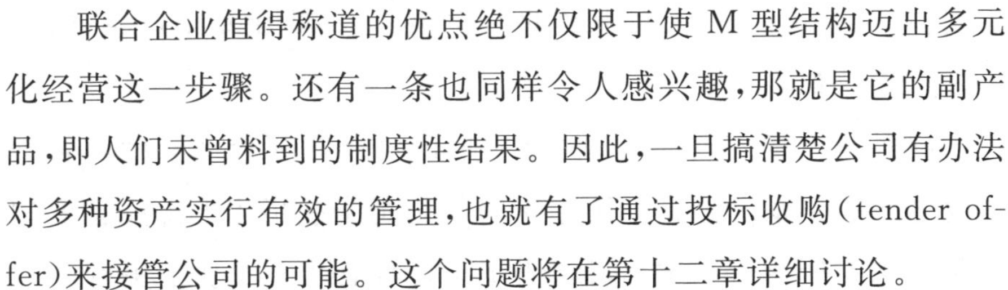

联合企业值得称道的优点绝不仅限于使 M 型结构迈出多元化经营这一步骤。还有一条也同样令人感兴趣，那就是它的副产品，即人们未曾料到的制度性结果。因此，一旦搞清楚公司有办法对多种资产实行有效的管理，也就有了通过投标收购（tender offer）来接管公司的可能。这个问题将在第十二章详细讨论。

c.｛管理深度与管理幅度之间的｝平衡 289

“M 型｛企业｝”这一概念专指那种实行事业部制的企业，这种企业的总经理办公室管的是定期｛对各事业部进行｝审计，对其作出决定性的评价，并积极介入｛企业｝内部资源的配置过程。因此，现金流量的分配也要根据｛各事业部之间｝对投资的竞争而定，而不是取之于谁、就再用于谁。如果把企业集团看作一个微型资本市场，那就要假定它会按照这种方式来运作。但并非所有的企业集团都能做到这一点。特别是1960年代被称为“打摆子(go-go)”的那种企业集团，就不是按M型原则运作的。因此，如果说它们也有什么长处，那也是指的其他方面。

从组织{形式}的逻辑看，M型结构需要的是深入的管理——就像它事实上所管的那样，既要依据有限理性去管如何节省成本（这是指信息处理工作），又要管内部资源的配置过程，以防受到投机危险的干扰（这是因公司总经理办公室这一概念而增加的职能）；但联合企业这种结构却违背了M型管理的原则，因此，人们会从内心发出疑问：这种结构究竟有没有道理？当然，你不妨设想，事实也确实证明这种设想有它的道理——就像1960年代末期的情况那样——那种“打摆子”的联合企业，一旦大难临头，{其成员}就会各奔东西。因此，这些企业发现，有必要从两处入手来解决问题：一是按照M型的脉络进行重组，二是简化其生产系列；再不就干脆双管齐下。

读者请注意一点：M型联合企业必须处理好管理深度与管理幅度之间的关系。这正如阿尔奇安与德姆塞兹指出的那样：“要把性质不同的资源都有效地用于生产，绝不是因为发现了更好的资源，而是需要对这些资源的生产性能有更准确的了解”（1972年，着重号系原文所加）。这个话再讲透一点，就是不要把多元化搞过了头。因为在内部资源配置上，一旦因情况不明而使管理能力受到限制，随之就会产生资源配置不当与投机的问题。联合企业之所以会自动卖掉其下属公司的股份(voluntarily engage in divestiture)，可能只有用这一条理由来解释。

为了不使别人误解我的观点，我要说明一点：我并不认为，有了企业集团这种形式，经营者就没有机会表达自己与股东相冲突的偏好了。经营者和股东的关系永远是紧张的；从经营者必须做大量工作才能保护公司不成为被接管的目标上，就可以看出这一点（卡里，1969 年；威廉姆森，1979 年；本斯顿，Benston，1980 年）。然而，内部组织的变化毕竟使经营者有了相机决策的余地。如果在研究资本主义经济制度时，根本不考虑组织变革的可能，不考虑其资本市场会有各种变化形式，自然就看不到伯利与米恩斯所说 290
的那种可能，即当{争夺}公司控制{权}的矛盾由公司内部来解决时，其程度已经远比政府干预或依靠外部组织变革来解决时要轻得多了。[11]

3.2　跨国公司

下面关于跨国公司（MNE）的内容主要是讨论其近年来的发

[11] 但是，反对联合企业的斗争仍在继续。请参见萨缪尔·勒斯彻（1984 年）。而且，美国司法部反垄断局于 1978 年提出一种看法，即本来就不应批准西方石油公司（Occidental Petroleum）去收购米德公司（Mead Corporation）；因为那样就使米德公司在绿地工厂的投资变得“既有效率，又省成本”，对米德公司那些本来效率就较低的竞争对手会更为不利。关于政府玩弄“自创的法律用语（creative lawyering）挫败兼并”的讨论，请参见威廉姆森（1979 年，第 69—73 页）。

如果一家企业正准备收购{其他企业}，只要对其定性适当，即看它{是否}最有可能成为潜在进入者之一，就适用于反垄断警靠（威廉姆森，1975 年，第 165—170 页）。而且，尽管从民粹主义的政治观点看，联合企业规模过大会令人不快；但这种观点本应通过政治渠道开诚布公地提出来（用不着闪烁其词地打上经济学的旗号），而且完全应该把它作为一般的巨型企业来对待。

展，其中重点放在组织{结构}方面——特别是与制造业技术转变有关的方面。正如米拉·韦尔金斯所说，在1914年、1929年和1970年，{美国这些跨国公司}对外国的直接投资始终不超过国民生产总值的7％到8％左右(韦尔金斯，1974年，第437页)。但这种投资的性质，以及这种投资带来的有关组织结构，却在不断地发生变化。跨国公司这一事物既不是1914年的翻版，也不是1929年的翻版，而是直接起源于最近的发展；形成这种状况绝非偶然。

因此，尽管从账面价值上看，美国制造业中的对外国投资与其他所有行业(石油加工、贸易、采矿及公共设施)相比，在1950年不过只占47％；但到了1970年，这一比率就提高到71％(韦尔金斯，1974年，第329页)。并且，“欧洲人印象最深的是：[1929年，]美国设在欧洲和美国本土的工厂采取的都是大批量、标准化的生产，并且靠的是科学管理；直到1960年代，欧洲人才发现，美国之所以强大是以其技术优势和管理优势为基础的；[并且]这种专业优势正在通过直接投资向海外扩展”(韦尔金斯，1974年，第436页)。

在第二次世界大战以后那段时期，跨国公司向各地的蔓延，提出了需要认真审视的问题，这些问题有些令人迷茫，甚至带有一点警告意味(鹤见，1977年，第74页)。造成这一问题悬而未决的原因之一在于，人们在估价跨国公司的行为时，不大重视节省交易成本与组织形式这两个问题。⑫

291 组织形式问题在两个互相联系的方面与此有关。第一是美国企业与外国企业在投资率上的比较。鹤见与正(Yoshi Tsurumi)

⑫ 巴克利与卡森的著作是一个重要的例外。

有报告讲到：1953 年以后，美国企业对外国的直接投资率呈直线上升趋势，到 1960 年代中期达到顶峰，此后趋于平缓，再后就逐渐下降（鹤见与正，1977 年，第 97 页）。而外国企业对外直接投资的格局则相反，大约要比美国落后十个年头（第 91—92 页）。

前面说过，联合企业是利用 M 型组织结构，使其资本经营从专业化领域向多个工商领域扩展。而跨国公司则是利用 M 型结构，把自己的资本经营范围从国内扩展到海外。因此，在国内使用 M 型战略，为的是把复杂的企业结构分解成几个半自主的经营单位；这种方法随后就推广到管理设在外国的子公司了。美国公司在走 M 型路线时所发生的这种转变，比起欧洲和其他地方是先行了一步。因此，美国公司比外国公司具有更强的对外投资能力，投资的时间也更早。外国公司只是在实行了 M 型结构以后，才具备了跨国经营的能力。从鹤见与正的记载与上述报告看，美国企业与外国企业在采用 M 型结构的时间上的先后，是与它们在海外投资的数额多寡相一致的。

尽管美国公司先于其外国同行具备了 M 型的能力，却没有让自己用这种形式来组织对外投资。约翰·斯托福德与路易斯·威尔斯对这一问题作过研究。他们的报告说：虽然最初的海外投资通常都由独立自主的子公司来组织实施，但随着其国外经营规模的扩大，经营复杂程度的提高，就总会形成 M 型结构的事业部制（斯托福德与威尔斯，1972 年，第 21 页）。通常，国内组织的经营只要一走上 M 型路线，马上就会出现这种转变（第 24 页）。也只有跨国公司这种结构，才能采用“全球”战略或｛形成｝“世界性眼光”——也就是由企业总经理办公室来制定“战略规划和重大决策”(第 25 页)。

以下事实比组织问题更令人感兴趣,即美国企业对外直接投资都集中在少数几个行业中。从制造业看,进行重大海外直接投资的领域包括化工、药品、汽车、食品加工、电器、电动及非电动机械、非有色金属以及橡胶等等。与之相比,烟草、纺织以及服装、家具、印刷、玻璃、钢铁及飞机等行业则很少直接对海外投资(鹤见,1977 年,第 87 页)。

292 用斯蒂芬·海默对跨国公司的“二重性”解释来说明这种对比关系是很有意思的。海默看到,直接对外投资“使工商企业把资本、技术与组织艺术从一个国家转移到另一个国家。而且,它还是限制不同国家的企业互相竞争的一种手段”(海默,1970 年,第 443 页)。

海默当然是正确的。因为跨国公司的确做到了这两个目标,其例证也能确凿无疑地找到。但我们还是有必要提出以下问题:从跨国公司对各行业投资分布的整体性质看,它究竟是与海默所说的那种效率目标(即转移资本、技术 和组织艺术)更接近,还是与对寡头{垄断}实行限制的命题更为接近?按照交易成本的思路就不难发现,人们看到的这种投资结构其实更接近于海默在二重性解释中所讲的效率方面。

首先,有了多元结构的投资,再加上对分散的市场采取一些程度有限的管理,按说是不难实现寡头垄断这一目标的。换句话说,就算是为了限制竞争,也用不着非得依靠直接对外投资和在 M 型结构中建立外国子公司这种组织才能办到。进一步说,如果是因为这种投资才要限制竞争,那就无异于假定:所有实行集权经营的行业——它应该包括烟草业、玻璃业和钢铁业——而不是那些技术进步迅速的行业，才会积极地发展它们的跨国公司。最后一点，尽管美国有很多主导企业都对国外有投资，并因此握有“市场大权”但这并不是所有企业都能办到的。

对外投资的格局则相反，看来它就像鹤见所说的那样，符合节省交易成本的道理。1971 年，雷蒙德·弗农研究了《财富》500 家公司，他发现，这 500 家公司中有 187 家是跨国公司；从研究开发费用占销售额的比率看，这些{跨国}公司也高于其他公司。弗农的研究还说明了一点：这些跨国公司在最初向国外进行直接投资时，也往往会在技术上进行创新。

这就提出了一个问题：企业和市场要克服哪些困难，才能实现这种技术转移？要把技术从一个市场转移到另一个市场，会遇到三种困难：一是认识上的困难；二是{信息}披露的困难；三是{能否有一个}团队组织{来运用它}（阿罗，1962 年；威廉姆森，1975 年；第 31—33 页，203—207 页；蒂斯，1977 年）。⑬ 在这三种困难中，最容易解决的可能要算是认识问题了。当然，对于别国首创的某种技术，外国企业有时可能确实看不出如何运用、开发它的机会；但对于研制这种技术的国内企业，至少总该看出一些可能把它用 293
到国外去的机会。

因此我们假定，可以把认识问题抛开，而分析一下{信息}披露的问题。人们当然想通过签订合同来转移技术，但“信息悖论(paradox of information)”可能会导致这种企图破灭。也就是说，

⑬　下述内容以威廉姆森与蒂斯的著作（1980 年）为基础。我们的看法与巴克利与卡森（1976 年）提出的看法是一致的。

由于信息的严重不对称，信息闭塞的一方（这里指的是买方）必然会警惕卖方搞投机欺诈。[14] 依靠事前对信息的充分披露（这要依靠诚实测验（veracity tests）来判定），有时固然可以克服信息不对称的问题，但那只不过是在转移问题，而不是解决了问题。信息问题的基本悖论就在于一点："买者在买到信息之前并不了解其价值大小；但此后，他不花钱也能实际获得这一信息"（阿罗，1971 年，第 152 页）。

假定，买者承认某条信息的价值，也准备花钱从卖者手里买下这条信息。这时，交易的激励{条件}是清楚的，这些条件也足以使某些交易成交。在化学合成物的交易或某些装置的蓝图的交易中，这些条件就是成交所需的全部条件。然而，新的知识却往往、也可能多半是分散在不同人手中，而且很难说准谁掌握的是哪 一部分知识（纳尔逊，1981 年）。但只要必需的信息分散在不同人的手里，每个人又都只懂自己的专业，而且无法用语言表达出来，[15] 那就没办法签订一份简单的合同来转让这些技术。

签不成简单的合同，也不会使转让工作停顿下来。如果技术转让的益处足够大，那就可以通过一项复杂的交易，或者通过直接对外投资，来完成这项技术转让。但这要根据具体情况而定。如果你只是想临时（或偶尔）转让一下技术，就直接进行了国外投资，

---

⑭ 依靠市场获得信息的成本往往太高，特别是跨国传递的信息往往还很危险。语言上的差别天然地使沟通问题变得很复杂，技术上的差别更增大了沟通的难度。进而，如果文化差异像通常那样使人心存疑虑，人们就彼此缺乏信任；而信任却是信息交流的后盾。在这种情况下，不仅合同谈判会变得很复杂，成本很高；而且在履约时，也比相互信任的场合更加公事公办，要付出更高的代价。

⑮ 这个问题请参见波兰尼（1962 年）。

那就有点儿小题大做了。[16] 而改用复杂的合同，就意味着你要把这项技术和有关的诀窍搭配着一起转让。由于这些诀窍都集中在人力资产即熟悉这项技术的人员的头脑里，因此，随着卖者转让了这项物质技术，同时也就陪送了一个“顾问团”——其目的就是为了通过传授与示范独特的操作手法，以利于国外企业的雇员克服 294
困难，掌握这项技术。[17]

正是由于执行这种合同时会出现大量无法预见的偶然问题，而且，要把其他问题事先都计划得面面俱到，其成本之高也无法承受；因此，对这种咨询合同就要规定出种种限制条款。如果已经有了通盘的规划，然后再接二连三地进行一系列{技术}转让，也就是说要把偶然一次的转让变成不断的转让，那人们就不会再去干那种签订复杂合同的事了，而是改成直接把资金投到外国去。{因为}在这种不断反复的贸易环境里，交换关系会更为和谐、有效——也就是说，{信息}会披露得更充分，差别也更容易协调，跨文化的适应也会更加全面，团队组织的配合也将更为有效——这些都预示着用某种内部治理关系来取代双向贸易；例如，技术转让类的资产就具有专用性更强的特点。

研究到这一步为止，尽管对跨国公司的困惑及关注无疑还将继续存在，[18]但用交易成本来解释这种现象，已经使人对跨国投资

---

⑯ 这就是交易成本理论的用意所在；其中就需要用{交易}频率这个尺度来解释。

⑰ 至于现场观摩和示范教学的重要性问题，可参见波兰尼（1962 年）、多尔林格与皮奥里（1971 年，第 15—16 页）和威廉姆森、瓦克特与哈里斯（1975 年）。

⑱ 关于最近对这一理论的总结及贡献，请参见凯沃斯（1982 年）和亨纳特与维尔金斯（1983 年）。

的下述独特特征有了深入的了解：一是制造业对国外的直接投资，它之所以会像报告中指出的那样集中，就是因为其中的技术转让起到了特殊的重要作用；二是这种投资是在M型组织结构内部进行的；三是美国与外国制造企业的直接对国外投资在时间上的不同（这种差别的根源也在于组织形式的不同）。[19]

4. 结论性评语

无论经济学家还是非经济学家，人们对以下命题普遍持一致的看法，即：现代公司是一种既重要又复杂的经济制度。这主要是
295 因为人们看到了那些最大的企业，其规模使人不得不产生这种看法。至于在现代公司的规模、形式及其业绩背后，都有哪些经济因素在起作用，却鲜为人知了。

这种困惑并非自晚近始。爱德华·梅森二十多年以前就抱怨道："公司这种制度都能发挥哪些功能，迄今尚无正确的解释……实干家只满足于一种制度能够运转；但是，与这种制度的财产所有权或其特征利害相关的人们却不禁要问：这种制度为什么能运转？它是否会继续运转下去？"（1959年，第4页）我以为，梅森所说的那种困境主要是两种不同的（但并非彼此无关的）传统认识的产

[19] 可以把这一观点的说明范围进行扩展，用它来解释曼斯菲尔德、罗密欧与瓦格纳（1983年）等人所观察到的现象。他们的报告说，对于最新的技术，这些企业就利用其子公司向海外转让；但对于老技术，则靠颁发证书与合资来转让。从交易成本的观点去看，由于后一种做法更容易清楚地加以界定，因此，对于有效的连续转让来说，如果某些做法更容易使用合同{交易}，那么，企业所需的诀窍的专用程度也就更低。

物。第一种认识认为，公司的结构特征无足轻重。中级理论教科书中流行的新古典企业理论就持这种看法。当他们把企业只当作一个生产函数看待时，心里早就把利润最大化定为企业的目标了；由此就掩盖了{组织}结构的差别问题。第二种认识起源于公共政策——即我前面讲到的“关门主义”传统。这种看法认为，公司结构之所以会有明显不同的特点，无非是那些不受欢迎的(即反对竞争的)、干预市场程序的结果而已。

交易成本的观点与这两种看法都不一样。它与新古典理论的区别在于，它特别强调内部组织问题的重要性；而它与“关门主义”的区别则在于，它认为，造成组织结构差别的主要原因是为了节省交易成本。

现代公司的不断演进，一次又一次地印下了每个{发展}阶段中{怎样}节省交易成本的足迹。作为“第一批现代工商企业”(钱德勒，1977 年，第 120 页)的铁路{公司}，在面临合同中规定的全程管理制度已然崩溃，陈旧的简单管理结构无力再对铁路网进行管理时，就设计出了直线参谋制的结构。推动这种发展的力量并不是技术，而是为了{节省}交易成本。到上一世纪与本世纪之交时，制造业又跨出一步，对分配领域大面积地实行了一体化。即如第五章讨论过的那样，这种一体化是有选择地进行的，而不是全面、普遍地推行；其方式也与节省交易成本的道理基本相符。

1920 年代出现了两种主导的公司形式，一是职能式(或称 U 型结构)，二是控股公司(即 H 型)结构。随着企业规模的扩大，复杂程度的提高，这两类结构都遇到了内部效率降低、经营权被扭曲的问题。从合同之网的角度来看内部组织，一方面(即在 U 型结构中)是其中包含的合同过于繁琐,另一方面(即在 H 型结构中)是这些合同又很不健全。解决这些问题有两种方法:一是设法节省{成本},二是另搞一套新的内部合同关系;因此,组织创新家就发明了一种 M 型的结构。

这种结构承认分级管理是绝对必要的,从而纠正了 U 型企业
296 中造成过分集权的那些条件。而 M 型的结构又进一步促使经营{权}和战略决策{权}相分离,并把后一项权利留在了{公司}总办公室。这就要求由总办公室推行内部激励机制,并握有控制权,以免各事业部所能创造的潜在收益发生流失。而 H 型组织自始就缺乏这种能力,因此其业绩也就成了问题。

这种观点与前几章讨论的两种技术问题极其相似。这里所说的那两种技术,一个是集权型的组织模式,另一个是分权型的组织模式。前者对应于 U 型结构;后者或对应于 H 型结构,或对应于 M 型结构。后两种结构在合同上有一个区别:M 型结构具有更充分的防范投机{的功能}。投资者自然想把资本投向条件更优厚的组织之中;因此,如果 M 型公司与 H 型公司都是大型的、规模相同的公司,但 M 型公司是多元化的公司,投资者就更愿意对 M 型公司进行投资。如果从适当性和自然选择程度这两条来比较,由于 M 型公司已经含有资本市场的竞争{结果},因此它更符合这一要求。

由此看来,通用汽车公司和杜邦公司(以及此后模仿他们的其他公司)带来的这种 M 型{组织}创新可用于两个目的:一是技术{进步},一是进行内部治理——也就是说,它既能在有限理性的范围内节省成本,又能弱化投机倾向。特别是高层领导不必再穷于

应付日常经营决策、而改由各部门负责这一条，大大减轻了{信息}沟通的重负。但战略决策权还留在总经理办公室手中，这就减少了资源配置过程中的派系之争。而且，总经理办公室掌握了内部审计和控制的技术，也有利于克服信息沟通的阻力，使它能够更有效地控制经营部门。

最初，这种M型的结构只在比较专业化的贸易领域中使用，随后它就被用于管理多元化资产（即联合企业）和国外直接投资（即跨国公司）。对于前者，由于企业要把最初由资本市场发挥的功能转为企业内部的功能，所以需要在投资深度与广度之间进行权衡。{组建}跨国公司的举措也是这种选择的结果——因为跨国公司大多集中在高新技术进步的行业；据报告，它们的研究开发费用所占比率比较高，技术转让也更为困难。这种直接对外国投资的格局与交易成本理论相符，但无法用垄断的命题来解释。

当然，本章以及其他章节提出的这些解释只涉及现代公司最
突出的特点。这种解释还需要不断进行修正。但对于梅森所说的 297
那种理性困惑，以及对于给其他研究现代公司的学生造成的那些麻烦来说，这些毕竟是首开先河的一种解释。其中的基本命题是：组织形式的问题值得认真研究。一旦搞清楚这个问题，节约交易成本的问题就会在这种观点中占据主导地位。

298 第十二章　公司的治理

分析公司的治理问题，要反复用到第一章提出的简单合同示意图。本章所讨论的主要问题在于：建立董事会，是为了满足哪些（如果确实存在）治理上的需要？如果所有“利益”集团（“interested” constituencies）的代表都进入董事会，会出现哪些后果？经营者自主决策（managerial discretion）与{企业}组织形式之间是一种什么关系？

对第一个问题，我将通过合同条款，考察企业与每个利益集团——劳工、资本{家}、供应商、客户、社区及经营者——之间的关系。我认为，首先应该把董事会看作一种治理结构的保护者，以维护企业与股份资本所有者之间的关系；其次是看作维护企业与其经营者之间关系的一种方式。虽然其他利益集团有时也被邀请进入董事会，但那只限于以互相信任的方式定期通报信息；董事会另有其主要任务，那就是要对有疑问的净收益{分配方案}进行调整。这样，就能更好地提示大多数利益集团，使他们能按照合同规定的利益分野，即按企业与这些利益集团谈妥的主要利益分配格局来完善他们与企业的关系。

299 第 1 节讨论公司控制的一般性问题，以及有关扩大在董事会中的代表的几个命题。第 2 节则从合同的角度对主要利益集团逐个进行分析。第 3 节要详细说明经营者与董事会的关系。第 4 节考察经营者自主决策与{企业}组织形式的关系问题。最后是本章的总结。

1. 背景情况

长期以来,研究公司问题的学者就在与公司控制问题上的悖论苦苦地争斗。起初,这一悖论被称为分散的所有权与经营者之间关系难以协调的问题。尔后,这一悖论又被扩展到要考虑建立一种机制,以保证公司经营者能“根据劳工、供给商、客户以及所有者的要求正确行事,同时还能自觉地考虑公共利益”(梅森,1958 年,第 7 页)。

伯利与米恩斯对“现代公司受股东控制”的观点提出了挑战(1932 年),他们提出这一问题,主要是因为公司规模的扩大。现代企业的巨大规模往往导致所有权的分散,由此可以认为:实际上是经营者在控制着公司。因此,伯利与米恩斯想进而搞清楚一点:在上述环境中,是否还有理由认为,那些控制着现代公司的人还愿意为所有者的利益去经营公司(1932 年,第 121 页)。由此,就必须回答“经营者也许只是为了自己的利益才去经营公司”的问题了。[①]

① 如果购买公司股票的外部人能预见到这种使所有权分散的行为的后果,则股票的售价就能反映出经营者自主决策的情况。有些研究公司问题的学者由此得出结论,认为伯利与米恩斯提出的问题与此无关;因为虽说经营者可以自主决策,但这只不过是分散{所有权}的一种成本,而且{所有权分散所带来的}收益大大高于这种成本。

其他学者又扩展了这种质疑，进而考察其他利益集团的作用。他们这一看法反映的也许只是一种既单纯又简单的政治倾向。但不管你是明确地、还是含蓄地谈到市场失灵的问题，往往就会支持他们的看法。因此，尽管股东们也间或在董事会中行使一下捍卫自己利益的权利，但那不过是“明日黄花”而已——特别是现代经济中的市场概念，与新古典经济学的理念早已相去甚远了。正是
300 由于市场的不完善纵容了公司的各种弊病，使所有的利益集团均感极为不满，因此他们才要求直接介入公司的治理问题，以免自己的合法权益被忽略或被人滥用。

通过公司治理来解决市场失灵的观点，早已借助股票市场与要素市场的效率比较被阐述得淋漓尽致了。因此，E. C. B. 高尔注意到：“工人是公司中不可或缺的一个组成部分”，并且，他为英国公司法不承认这一条件而扼腕叹息(1969 年，第 10 页)。他认为，英国的法理还抱着“主仆关系”那种神话不放，但这“并不是事实。因为雇员作为其所在公司的一分子，他们为公司做的工作远比法律认定为公司所有者的股东所做的要多得多；而法理对这种确凿无疑的事实竟然视而不见”(高尔，1969 年，第 11 页)。青木正彦同样注意到：“单个股东的合作……未见得就能持久”，他也同意这一说法，即“雇员作为其所在公司的一分子，他们为公司做的工作远比”大多数股东“要多得多”(1983年，第5页)。萨莫斯也同意

然而，承认经营者的决策自主权很重要是一回事，坚持认为改用利润最大化的原则来规范企业的行为又是另一回事。抛开其他情况不说，就算经营者真能自主决策，那也应该看到，它是会随着{企业}组织形式的改变而改变的。这就是说，尽管{外部人}有先见之明，伯利与米恩斯的质疑仍然值得重视。

这种看法,他说:

> “如果把公司看作……一个把所有生产要素结合起来并且持续经营的企业制度,那么,{为公司}提供劳动的雇员就与提供资本的股东一样,都是企业的成员。的确,与很多股东相比,雇员可能为企业投入了更多的服务年头,可能更难撤出这种投资,与企业未来的利害关系也可能更大。这样看来,雇员董事与公司的利益冲突并不比股东董事更多”(1982 年,第 170 页)。

依此逻辑推之,与企业有长期利害关系的其他利益集团就也应该在董事会中有自己的代表。但这就超出了 E. 梅里克·多德的那个命题,即公司的董事应该是与公司有利害关系的所有利益集团——股东、客户、供给商及社区——的{共同}受托人。按照罗伯特·达尔(Robert Dahl)的说法,{实行}“利益集团管理”,就应该直接把董事会的席位分配给公司中的各个利益集团:“因此,董事会就应该由以下人员组成,即三分之一是雇员选出来的代表,另三分之一是客户的代表,其余三分之一则是联邦政府、州政府和地方政府的代表”(达尔,1970 年,第 20 页)。[②] 这种说法显然把股东们排除在外了。

2. 对合同的评价 301

研究公司的签约问题之所以复杂,是因为各种合同内部及彼

② 达尔并不赞成这种公司治理的方案。他推崇的方案是工人自治(worker self-management)。但他还是认为:“与目前的做法相比,利益集团管理应该是一种进步。如果要对公司进行全面改革,美国人满意的也许就是这种方式”(1970 年,第 23 页)。

此之间都是相互依赖的；要改变一组条款，往往需要调整其他条款。即便如此，考察公司各利益集团所签的合同也还是应该有个先后次序，这比全面考察他们的相互作用要有效得多；走完这一步，我再考察{它们}相互作用的结果。

2.1 分析的框架

首先回忆一下第一章提出的二元技术示意图。一种是通用技术——它可以广泛地用于各种交易，因此不涉及专用资产交易。假如交易中任何一方中途毁约，再改变这种资源的用途也很容易。专用技术则相反，它必须与专用资产交易相结合。如果提前终止合同，或者是交换关系因其他原因而无法继续，这类资产就难以再改作他用；否则，代价就大了。我们以 k 来衡量交易中资产的专用程度；如果交易使用的是通用技术，则 $k=0$；如果使用的是专用技术，则 $k>0$。这种交易与{前一种}根本不同，因此具有双向依赖的属性。

尽管古典市场的签约行为能充分满足 $k=0$ 的各种交易，但只要专用资产交易遇到风险，就会令孤立无援的市场治理{机制}感到左右为难。这是因为交易双方受到特殊激励来保卫自己的资产。我们用 s 表示任一种保护措施的保护程度。如果 $s=0$，那就表示没有任何保护措施。如果 $s=k$，就表示能得到完全的保护。当然，如果在合同中拒绝写入任何保护，那也会在价格中反映出来。如果 $s=0$，企业只有在价格为 $\bar{p}$ 时才会生产产品或提供服务；并且当 $s>0$ 时，企业只有在价格为 $\hat{p}$ 时才生产同样的产品或服务；那么，在其他情况不变的条件下。就会有 $\overline{p}>\hat{p}$。

如果 $k=0$，就得到了图 1－2 中节点 A 所描述的结果。节点 B 表示 $k>0$，并得到 $s=0$ 的结果。节点 C 所对应的分别是 $k>0$ 和 $s>0$。

以上这一切都与交易成本经济学中的治理理论有关，但（在这里，即如下面将要讨论的那样，）关系最直接的却是那个计量的分支。因此，尽管交易中的保护措施从性质上看属于节点 C 的内容，但如果能更充分地披露与交换有关的信息，就还是存在着某些特殊的、能带来额外收益的条件。有时，从这种披露中获得信息的人们就能更准确地预测未来的发展，并制订自己的相应计划。有 302
时，这种披露还能减轻信息不对称的程度；如果不减轻这种不对称状态，信息相对闭塞的一方就会不信任信息灵通一方派出的代表，在合同谈判中就会形成劳民伤财、久拖不决的僵局。

但是我再重复一遍，如果不是专用资产，就不需要这样的信息披露。在这种条件下，投资计划并不能造成双向贸易。假如每一方都不看重与另一方的持续{合作}关系，那么，即使花大力气去缩小双方的信息差距，也起不到以诚相待的作用。

2.2　这一理论的应用

有一个需要考虑的问题，即董事会的成员分为两类：一类是有投票权的董事，另一类只是为获得信息而列席会议的董事。有投票权的董事要召开利益集团的会议{即股东大会}，请他们参加叶甫根尼·法玛与迈克尔·詹森（1983 年）所称的那种“审批公司的决策”，随后还要对公司的业绩进行监督。而只听取信息的利益集团则观察{公司的}战略规划，对赖以制定决策的信息作出评价，但对于投资或经营管理问题则没有投票权。③

a. 劳工

支持职工参与制（codetermination）的人认为，参与决策的目的不应当只是为了获得信息。他们主张：工人应该在职工参与制中发挥更大的作用，要包括“{决定}例行的投资问题、市场规划问题以及生产决策问题等等”（绍尔，1973 年，第 215 页）。④

如果用这种观点来对待（分支节点 A 所代表的）只掌握通用技术、通用知识的工人，那显然就搞错了。因为这类工人可以“跳槽”，也很容易找人代替，既无伤自己，也无伤企业。⑤ 因此，我们就可以考虑这样一种情况：工人已经对企业付出了专用投资，并处
303 于{图 1－2 的}分支节点 B 或 C 的位置上。在正常情况下可以设想：工人和企业都能认识到，为了保护企业的专用资产，创造一种

③ 如果只是为了获得信息而让某个利益集团参与进来，那么，搞一个双层结构（two-tier）的董事会就可以了；但董事们对这一点往往只是心里有数（而没有实行）。从原则上说，各位董事的权利是平等的；但有一部分董事心里很清楚，他们的参与仅限于提供、获得信息。这就像奥利弗·哈特（Oliver Hart）所看到的那样，这种参与并不能保证对信息的完全分享（1983 年，第 23 页）。但是，与根本不参与的做法相比，这种参与总还是能使他们得到更多的信息。

④ 我的意思并不是说，是绍尔、高尔、青木与萨莫斯扩大了职工参与{制}的内容。

⑤ 这样说有些过于简单。实际上它要有两个前提：一是再就业很容易；二是不考虑交易成本，包括不考虑对其家庭的影响。这就如同奈特所看到的那样：“把工人拴在家庭上的是一根温情脉脉的绳索，他们甚至对企业也有这种牵挂；而市场的现实却是残酷无情的”（1965 年，第 346 页）。因此我要假定：无论哪种专用人力资产，{跳槽的}后果都是一样的（或者，其形式会因人而异）。为与此相应，我才以人力资产的专用性作为分界线。

专用的治理结构是有好处的。如果不能提供这种保护措施，{工人}就会提出增加工资的要求。而且，正如第七章讨论的那样，在分支节点 B，会{对这种专用资产}作出低效率的使用决策。相应地，如果劳工的 $k>0$，并且处于分支节点 C 的位置上，那么，通过制定各种激励措施，并依照合同之网对企业与劳工的要求，精心建立专门的双向治理结构，就可以实现效率目标。

这样我们就可以考虑，在分支节点 C 上劳工与董事会在信息{沟通}方面的关系了。长期劳动协议中有一个老大难问题，就是如果先确定工资{标准}，再由经营者单方面决定雇佣的人数，就会造成劳动力配置上的错误。最先看出这种做法无效率的是瓦西里·列昂惕夫（1946 年），此后，罗伯特·霍尔与戴维·利林（Robert Hall and David Lilien，1979 年）和青木正彦（1984 年）又发展了这一看法。即使一开始就能把工资标准、雇佣人数都确定下来，但在协议的执行过程中，也会发生偏差，给掌握信息较少的一方造成不利的结果。要避免这种后果，也许应该让工人分享更多的信息。要做到这一步，一种办法就是让一些工人来担任董事。但青木坚持认为："职工参与制的真正价值，就在于它是分享重大准确信息的一种手段"（1984 年，第 167 页）。

当企业真正遇到危机或自称遇到危机时，特别是当企业要求工人们以实际行动作出响应时，工人参加董事会这一条就显得尤为重要了。因为他们能促进可靠信息的沟通，消除工人{对雇主的}不信任心理。[⑥] 在克莱斯勒公司复兴期间，道格拉斯·弗雷瑟

⑥　正如哈特所看到的那样，如果只是企业了解现实世界的真实状况，而工人却不

(Douglas Fraser)进入公司董事会的例子便是一个证明。

但是,这种做法并没有得到广泛的支持。有些反对者担心,只要信息{一沟通},就很难再拒绝{工人董事}参与决策。但还有另

304 一种可能,即对于工人董事掌握信息的好处估计不足。⑦

b. 所有者

"所有者"这个概念通常专指的是股东,但有时也把债权人视同为所有者。但不管怎样称呼,向企业提供资金的人总是和企业有着某种与众不同的关系:他们对企业的全部投资随时都会遇到风险。与之相比,提供原材料、劳动力、中间产品、电力及其他等等生产性资本(厂房与机器设备、人力资产)的人通常还保持着供给者的名义。因此,如果是在分支节点 A 上,这些供给者要改变资产的用途,可以不费分文。而资金供给者却必须在确保得到补偿或收回老本时,才能改变{这些}资产的用途。⑧ 因此,资金供给者

了解,那就"不能直接根据这种状况来确定他们的工资。因为如果合同中有一条说:在企业走'背字'时,就应该降低工人的工资;那么,企业为了自己的利益,就总会把情况说得很糟"(1983 年,第 3 页)。当然,这样做也会受到种种限制。有些企业由于过分低估了真实情况,就背上了一个"事后诸葛亮"的臭名。这样,在事前调整(合同)条款时,就会对他们不利。

⑦ 最近有一篇题为"工会代表进入公司董事会的法律经济分析"的法学评论,其中指出:董事会里有工会成员参加,能增大股东从信息中获得的益处。引自:《宾州大学法学评论》第 919 期(1982 年)。该文作者称,这种{工人}董事"能弱化那些只为增加自己利益、而不是股东利益才去管理公司的经营者的能力"(同上,第 956 期)。如果此说非虚,那就有一个问题了:为什么一些有眼光的股东却看不到这种好处,从而写上"工会的参与"这样一条规定呢?难道他们对这种好处视而不见?不然,就是现任经营者层层设防,足以顶住{股东们}的任何这种努力?再不,就是有某些尚不为人所知的成本抵消了这些好处?

⑧ 资金的供给者实际上受制于两种风险:第一,他们提供的只是一般的购买力,但这种购买力可能会被挪用或吞食;第二,这些资金也可用来支持专用投资。尽管企

事实上总是处于 $k > 0$ 的分支上。他们唯一的问题是自己的投资得到的是很好的保护(即分支 C),还是很差的保护(即分支 B)。

1. **权益资本**。尽管在发达的股票市场中,个人股东很容易卖掉股票,终止自己{对公司}的所有权;但不能由此推论说,全体股东在企业中的风险也是有限的。个人股东能办到的事情,全体股东并不一定也能办到。尽管有些{研究}治理问题的学者只看到了股东与公司的关系被稀释{即股权被分散},但那种观点其实是根据对{公司产权}结构的荒谬看法得出的。因为股东作为一个整体,与企业有着非同一般的关系。他们是唯一自愿的利益集团(voluntary constituency),与公司的关系是不会定期进行更新的(而公众则可以看作非自愿的利益集团,他们与公司的关系是不确定的)。当合同到期时,劳动者、中间产品市场的供应者、债权人以及客户就都得到了与公司重新谈判合同条款的机会。而股东则相反,他们投资是为了使企业能存续下去;⑨也只有当企业寿终正寝、资产清盘时,其权利才告结束。

305

股东与众不同之处还在于,他们投入的是资金,而不是任何特定的资产。正是由于这种笼而统之的投资,在设计那种与分支节点 C 相联系的双向保护措施时,使股东处于极其不利的地位。因为一旦发生巨大的变动,这种事前签订笼统合同的做法就会受到

业其他专用投入品——劳动{力}、原材料、中间产品——的供给者也会遇到第二种风险,但他们遇到的第一种风险通常只限于短期贷款的风险。

⑨　企业与股东之间的关系实际上可以、有时也确实要通过修改公司章程来进行调整。但发起这种调整的似乎主要是经营者,而且其性质也往往对经营者有利(参见下面注 24 对“金降落伞”的讨论)。

最猛烈的抨击。进一步说，正是由于这些问题事先难以预见，无法在续签合同时把它们写进合同；但权益性的合同却要与企业共始终，因此这些股东在签约时就走进了死胡同。由于拿不出什么保护措施来，股东们就不可避免地落在分支B的位置上。

再回想一下，当供给者处于分支节点B的位置时，所签合同使他们面临被剥削的危险。因此他们会要求得到风险补偿。这种补偿金可以看成对企业的罚金，理由是它不提供分支节点C那种保护措施。企业当然不愿受到这种惩罚（詹森与麦克林，1976年，第305页），但它该怎么办呢？

一种办法是企业家为了得到这种权益而直接融资——包括自己的积蓄，或他们所认识的、信任自己的朋友以及自己家人的积蓄，经他们同意后直接投入企业；对非亲非故的外人则不能这样做。但这种做法所能筹集的资金数量可能极其有限；而且，也不要指望能靠借债来弥补其不足。[10]

再一种可能是发明出一种治理结构，使股权持有者能把它看做抵制侵蚀、防止极其拙劣的管理的一种手段。那就要假定董事会是依照以下条件建立的：(1)由持有可转让股票的股东按股权比例投票选举产生；(2){董事会}有权更换经营者；(3)能定期使用内部标准来考核的经营业绩；(4)可授权审计人员针对具体问题穷究底蕴进行调查；(5)在重要投资及经营方案付诸实施以前就能获得

[10] 但是，要让债权人向难以改变用途的资产投资，他们就不情愿了。因此，与企业处于分支节点C时的融资相比，企业只好把更大比例的资金投入通用的（可以改变用途的）工厂和设备中。

有关信息；(6)审批企业经营者的其他决策并加以监督。[11] 人们有理由认为，没有这种治理结构，就成为分支节点 B 所体现的关系；有了这种结构，就能把 B 变成分支节点 C 的关系，并获得由此带 306
来的利益。

董事会作为保护投资者的一种手段，就这样应运而生了。这是因为投资者面对着无处不在的、极大的被侵蚀的风险；而且处于风险之中的资产又数额巨大，界定不清，不像只具有单一内容的专用交易那样容易保护。由此观之，就应该把董事会看作股东们手中的一种治理手段。至于其他利益集团是否也在这种保护之列，就要看他们与企业签订的是什么样的合同关系了。

保护股东的还有其他措施，并且往往是这种手段的补充。公司章程中的各种限制以及对信息披露的规定便是两例。所以企业都承认需要由股东来控制，很多企业也愿意为投东提供控制手段。[12] 但有些经营者却要“将{股东}一军”(先私下制定战略决策，趁{股东}来不及采取措施就付诸实施)；而且，个别经营者通常还会有意识地掩盖一些信息，或者把修改过的数字报告给股东。人们为使股东更加放心，还可以另外再设计一些审查手段，来制止这

⑪ 法玛与詹森用 4 个步骤描述这一过程，即“1. 建议——为利用资源与签订合同而提出建议；2. 审批——选定可以实施的建议；3. 实施——把批准的建议付诸实施；4. 监督——考核代理人所作决定的业绩并奖优罚劣”(1983 年，第 303 页)。他们这种说法是把提出建议和实施建议的权力授予经营者，把审批权和监督权授予董事会(第 313 页)。还可参见费兹罗伊与米勒(1984 年)对股东与董事会之间关系问题的讨论。正如这两位作者指出的那样：“如果普通股票不具有投票权，股东就会要求在合同中对{分红的}条件和数量作出更明确的表述”(费兹罗伊与米勒，1984 年，第 40 页)。

⑫ 对于交易者在信息披露中的利益问题，见戴蒙德的讨论(1983 年)。对滥用公司章程的做法，见威廉姆森的讨论(1979 年)。

种欺骗和歪曲的做法。由外部董事组成审计委员会,由有执业资格的注册会计师事务所提供财务报告,都有助于实现这一目的。再一种可能就是按要求向有调查权的政府部门提交财务信息披露报告。但这些手段的效果如何却不好统一衡量。⑬

307 2. 贷款人。在某些特殊情况下,贷款人也应该在董事会中有自己的代表。不过贷款人却不像股东,他们通常只为生产通用产品的企业提供短期贷款;或只对具有特定用途的资产提供长期贷款。企业当前财务状况良好,加之贷款期限不长,就成为对短期贷款人的保护。这种贷款人就无须派自己的代表进入{企业}董事会。但长期贷款则不同,贷款人通常总会要求{企业}以耐用资产{作抵押},使自己享有优先索取权。如果该资产一时难以改变用途,贷款人通常会要求{企业}以一部分股本作为担保进行融资。因此,长期贷款人往往要仔细地设计激励机制,用分支节点 C 的有关防范措施来保护自己(史密斯与沃纳,1979 年)。

⑬ 尽管如此,乔治·斯蒂格勒想评价一下美国证券管理委员会(SEC)的作用,他这个想法还是很有意义的。照他的说法,其基本任务"其实很简单……我们取 1923～1928 年间所有发生额在 250 万美元以上的新上市工业股票,以及 1949～1955 年间所有价值在 500 万美元以上的新发行工业股票,测定这些股票……在发行五年后……与市场平均价值的差距"(1964 年,第 120 页)。按年度计算,这些新股在上市前和上市后的业绩有如下表现(下面所列的第 1 个数字是上市前的平均值,第 2 个数字是上市后的平均值):上市 1 年以后为 81.9 比 81.6;2 年以后为 65.1 比 73.3;3 年后为 56.2 比 72.6;4 年后为 52.8 比 71.9;5 年后为 58.5 比 69.6。斯蒂格勒称:从统计上可以看出,这种差距只在第三、第四年才被拉大;因此可以认为,美国证券管理委员会根本就不起作用。

但这一看法中有两个问题。一是在斯蒂格勒所作的分析中,他是按全部人口、而不是按全部样本{股票}来测算的,所以不需要看其在统计上是否重要。二是还有更有意思的测试,即他应该测算一下,这些股票的收益率是否随调控的变化而改变。{因为}当在其他情况不变时,随着信息披露的改进,平均收益率应该降低才对。

事实上,就像梅尔万·金所说的那样:在股市发育程度较低的国家,企业将不得不更加依赖负债进行经营(1977 年,第 156 页)。在这种条件下,要{对贷款人}给予适当保护就更困难了。债权人的贷款风险越增大,债权人就越关注企业经营决策与战略规划的细节:因为资产负债率越高,债权人就越像股东,经营者与其主要债权人就越要依靠协商来解决问题。遇到这些情况,银行就有理由把自己的代表派进{公司}董事会,并享有投票权。从更一般的意义上说,让银行的代表进入亏损企业的董事会并享有投票权,乃是比较合适的做法。一旦有证据表明企业正在复苏,就应该再改变这种做法。

3. **最佳融资的题外话**。上述讨论提出:资产的属性不同,{企业}投融资的方式也会分门别类地有所不同。按照第二章所讲的道理,就不能再用固定成本与可变成本之间那种通常的区别了。相反,最关键的问题是要看{资产}能否改变用途。根据本节的分析可知,资产用途不可改变的程度会直接影响到股权融资的方式。但各种融资理论则相反,它们都不讲资产在专用性上的差别,因而以为{资产用途与融资方式}无关。但根据莫迪利亚尼-米勒定理(The Modigliani-Miller theorem,1958 年)的说法,资本成本与企业的资本结构无关,而是随资产专用性或治理结构的方法而发生变化的。

c. 供给商

原材料和中间产品供给商与企业有没有利害关系,取决于他
们是否把大量资金投入到企业的耐久性资产上面。因为,如果{他 308
们}与企业的{合同}关系提前结束,那就只有牺牲这些资产的生产

价值才能将其改作他用。但仅凭一家企业与其他企业存在的大量业务关系这一事实，就断定其专用资产面临着风险，是没有道理的。如果合同期满，位于分支 A 的供给商最坏也就是付出中等程度的过渡性费用。因为要保护他们的利益，并不需要专用的双向治理{结构}，也不需要他们把自己的代表派进董事会；有市场给予的保护就已足矣。

如果供给商为支持某一交换行为，对企业的专用资产进行了大量投资，那他们就会要求提高{供货}的价格（这就像在分支节点 B 的情况那样，预期的盈亏平衡点价格为 $\overline{p}$）；或者，他们会要求建立专门的治理结构来保护自己（就像在分支节点 C 上那样）。所谓分支节点 C 的保护措施，就是以分期支付和抵押等两种方式来支持这种交换。通过仲裁、而不是诉诸法庭来调解纠纷，达成一致，也符合分支 C 的治理精神。（这些问题在前几章都已讲过，其中考察了供给商与购买者之间的关系。）

企业与其供给商所能使用的治理手段是多种多样的。只要考虑到这一点就能明白：根本就不存在一个让供给商派代表进入董事会、并为其提供额外保护的普遍基础。如果大批企业都遇到危机，因此需要以某些共同的信息为基础来协调各自的计划，那当然属于例外。[14] 但一般说来，企业与其供给商在合同期内设计的治

---

[14] 信息的好处就在于，供给商可以打探出购买者的计划，并洞悉{企业}内部决策过程；凭着这个有利条件来满足自己的要求。日本一家制造业大企业自己就说过：他的一个主要供给商（类似于合资人）就进了{他的}董事会，但只分享信息，不参与决策。如果{这种特批的}少数投票权无足轻重，但{企业}披露的可靠信息却很有价值，那么，扩大这种特权也得不到什么好处（当然，有时还可能是坏处）。

理结构(以及通过企业之间的关系网),还是能够提供适当的保护的。如果一定要让其代表进入董事会,其参与程度也只限于了解信息。

d. 客户

对位于分支节点 A 上的客户的主要保护措施通常是请他们另找卖家。具有延长经营期寿命的产品是一个例外,再一个是耐用消费品,也会带来特殊的问题。但这两条理由哪条都说明不了为什么要吸收客户代表进入董事会的问题。

如果企业面对的是一盘散沙般的客户,这些客户又得不到有关信息,那就会产生健康危机(health hazards)。如果客户能够组织起来,只不过由于他们彼此不了解,或由于容易搭便车而较难组织起来,企业与客户之间就难以建立双向的治理结构。这时也许要由第三方来提供保护。负责接受客户投诉、监督产品质量的政府管理部门就有了用武之地,其作用在于培植人们对这类市场的信心。 309

客户成为董事会的成员,是否就能提供额外的保护?这又是一个问题。都有哪些人能代表客户?他们与委派自己的那些利益集团又是怎样互相沟通的?如果只是象征性地代表一下,那种信任也是没有把握的信任。[15]

---

[15] 正如莱尼尔克・拉克曼(Reinier Kraakman)在有关董事选举问题上所看到的那样:既然"公司经营者……基本上能随心所欲地控制外部董事、律师和会计的选举及其任期……因此,在企业中,如果谁想在太岁头上动土{搞选举},却选出一帮以权谋私或只知随声附和的外部参与者,那岂非一场儿戏!"(1984 年,第 863 页)可以想见,{聘请}"职业化"的客户代言人,固然可以减少这种顾虑;但如何证明哪些专业人士具有这种资格又成了一道难题。

说到耐用消费品(consumer durables),客户也会遇到同样的组织问题和信息闭塞的问题。无论对耐用消费品实行大量的售后服务,还是根本没有这种服务,这个问题都无法回避。[16] 保护客户的可行手段包括以下几类:品牌、担保及仲裁听证(arbitration panels)。凡是选择分支节点B的采购者都是想搞一番讨价还价的。他们不稀罕额外的保护,目的是要把价格压低。这类客户其实甘冒更大的风险,即使偶尔失算也能承受。不过,还有另一类客户很看重分支节点B的保护措施。有些人为了买名牌产品,早就准备多付钱的。这些品牌有效地扩大了企业制订计划的视野,并激励企业"更负责地"行事。[17] (客户要和已经创出牌子的企业打交道当然会十分小心;因为如果这些企业以后要跟不上客户对自己的期望值,那就是靠牌子来占客户的便宜了。[18])担保就是白纸
310 黑字的售后保护措施,这些措施中很多都可以{由客户}根据具体

⑯ 说明后者的一个例子是,当工作稳定的收音机发生故障时,不去修理,而是更换掉;前者的例子是汽车。

⑰ 如果现有企业对某一行业已有明确的承诺,当它为减亏而决定关闭时,就会发生各种问题。最近的家用计算机市场就是一个说明。安德鲁·波利亚克是这样描述得克萨斯仪表公司的关闭决定的:

> "得克萨斯仪表有限公司在家用计算机市场打了败仗,给公司的财务、商誉及其员工带来了严重损失,并导致公司关闭。此外,损失同样惨重的还有另外100多万人——得克萨斯仪表公司99A型家用计算机的拥有者。
>
> 他们很可能会发现无法维修自己的计算机;因为极难找到计算机能兼容的新程序和外部配套设备,如数据存储装置和打印机。[见"得州仪器公司临阵脱逃"一文,载于《纽约时报》,1983年10月31日,D版—1、3栏]。"

"得仪"99A型家用计算机的购买者曾与得克萨斯仪表公司奋力砍价,但一当{该公司}作出关闭决策,他们就成了两手空空的失败者。

⑱ 对客户信息问题的全面讨论,请参见比尔斯、克拉斯维尔与萨洛普(Beales, Craswell and Salop, 1981年)。

条款来选择。最近引入的客户仲裁听证(consumer arbitration panels),也属于根据客户的意见保护客户{权益}上的一种做法。如果客户关心的只是服务期内的公平竞争,他们就应该只买那些可由仲裁来解决问题的品牌。

也许还要制定一些有所区别的创新措施,以进一步保护客户。但除了对那些需要得到专门信息的大客户以外,董事会中一般无须吸收普通客户的代表。

e. 社区

公司中的社区利益(community interest)问题是一个很大的题目。我这里只考虑两点:一是外部性问题;二是剥削的危险。

只要{公司与社区}双方彼此没有签订合同关系,就普遍存在着外部性问题。污染便是一例。纠正{外部性}可以解释为社区所采取的一种行动,即对没有合同规定的问题签订合同。例如,社区可以对企业征污染税(价格);或者,它可以提出条件:要办企业,就必须符合减少污染的规定。

这个领域中有一个老大难问题:怎样获得有关知识,以便据此制定有针对性的控制污染政策。企业往往掌握为此所必要的知识,但它们可能会有选择地或扭曲地披露这些知识。居民{代表}如果进入董事会,应该说是能减少信息误传的。但如果由此使这家公司非搞“政治挂帅”不可,或者偏离了把公司作为降低成本的手段这一主要目标,那就要付出高昂的代价,才能形成补救措施。对误传信息施以惩罚,加之道德劝诫,反而可能更为有效。因此,这个领域其实并不存在什么优劣分明的选择。

至于剥削的危险,董事会中的公众{代表}就更难以判断了。各个社区往往都要建设永久性基础设施，以支持老企业在那里新建工厂或搞更新改造投资。如果这种企业能把这些公共投资变成{自己能够使用的}资本，并且把这些设施卖掉还能获得收益，那就有可能造成剥削。如果企业的投资都是通用性的、而不是专用的投资，{居民}这种顾虑就会更加严重。因此，{既然}社区是为支持企业才投资的，那就应该仔细分析一下企业的投资具有什么性质才对。

如果双方都能使自己处于分支节点 C 的位置上，就可以像其他情况那样减轻剥削的危险。如果非坚持“企业的投资是专用投资”的观点不可，那就无异于使用抵押来支持交换。一般来说，在分支节点 C 上设计出专门的保护措施，其实比派人进入董事会更
311 能保护社区的投资。

f. 经营者

在关于公司治理问题的大部分讨论中，竟然忽略了经营者这样一个对象，实在有些不可思议。也许是分析家们以为，对经营者的任命是适当的，即在对立的利益集团之间扮演一种中介的角色。[19] 而某些批评者认为，经营者参与企业的事务已经做过了头：让他参加董事会只会造成问题，而不是解决问题。对此我将在下面第 3 节具体分析。

2.3 签约的全部内容

假定，处于分支 B 上的利益集团享有当然的投票权。再进一

---

⑲ 青木正彦(1984 年，第 4 章)就持这种立场。又见伯利(1959 年，第 8 页)。

步假定，处于分支 C 上的利益集团要求得到投票权。提出这两个假定可能有助于说明以下命题：把分支 C{的人}包括进来，说明这是一种气度；这样来扩大董事会的成员，有助于提高民主的程度；但这样做会带来哪些成本呢？

提供信息就是一种明显的成本。要让特定利益的集团进入董事会并掌握信息，就得付出巨大的教育投入。每个特定利益集团的代表都要学习大量的公司章程及议事程序。这种参与还会带来另一种危险，那就是战略决策者们苦于应付日常经营中磕磕碰碰的问题，使他们偏离了主要的目标。这是在滥用宝贵的资源。而更严重的是，把具有门户之见的利益集团带入董事会，就可能招致投机。如果一个利益集团已经与公司达成了双向合同，一旦它能参与董事会一级的决策，就得到了一个杠杆，能在合同履约期间迫使公司作出额外的让步。董事会中如果利益集团山头林立，又相互勾结，那就特别容易出现投机。还有一点也与此相关，那就是公司为了支持特殊利益集团所钟情的“值得一试的理由”，而导致公司资产的流失。

再者，要是让如此不可靠的利益集团“毫无道理地”参与董事会的决策，其他正在与企业打交道的各方也只好见机行事，采取适应这种做法的行动。首先，那些被要求向公司提供资金、以供日常
之用的人，会调减公司财务赖以运转的资金。再者，公司资产的 312
{用途}不当、{结构}扭曲和{数量}流失，还会影响到各种双向合同，因此只好重新签约。某个利益集团为使交易“更上算”，就会采取后一种做法。正是由于预见到这一点，不仅最初的条款(即价格)会与此不同；而且也很容易减少那种双向的保护措施。这样，

分支节点 C 的治理结构就会向节点 B 移动。这种情况的极端做法就是专用技术及投资让位于通用技术及投资，结果变成分支节点 A 的那种治理结构。位于节点 A 的利益集团派进董事会的成员是不会从经济上考虑问题的；如果我们已经知道了这一特点，还想不花成本就扩大董事会中有投票权的人数，那就是过于天真了。

因此，增加投票权这种做法并不像财富再分配那么简单，不是从有权者手里拿一部分给无权者以示照顾就算完事。不要指望把董事席位赏给在董事会中没有自己代表的利益集团，就能纠正合同的缺陷。这是因为增加董事会投票权会造成两种不利的后果：一是减少将来的资金量；二是企业与受牵连的利益集团之间的双向交易就很容易变质。因此，我要再说一遍：对签订的合同，不能只从一时一事上考察，而必须看其整体。

而“知情者的参与”却不大会导致同样严重的问题。因此，知情者的参与能提高签约双方的信任感，也有利于减少可能发生的（下面第 3.4 节将要讨论的那些）纠纷；这种参与是值得大书特书的。

3. 经营者利益集团

3.1 经营者签订的合同

如果把经营者和公司签订的合同与其他利益集团和公司所签合同等量齐观，就会遇到一大难题，即：经营者被认为是能够控制公司的人；经营者之所以会用犀利的眼光盯着企业，是为了他们自己的利益，而不是作为向股东负责的代理人。既然如此，再提出什么改善其就业条款的建议，{其效果}自然就值得怀疑了。因为那无非是把经营者已经搭得很舒服的安乐窝再铺厚一点儿而已。本节对如何看待这一问题存而不论，而只是把经营者当做与其他利益集团相同的对象，研究经营者与公司所签的合同都有哪些属性？这种合同应该具有哪些属性？

在分支节点 A 的情况下，既然经营者没有向企业投入任何专 313
用的人力资产，当然也就不用建立专门的治理结构。这种经营者与具有分支节点 A 的属性的任何利益集团一样，他们也只能从市场上寻求最起码的保护。如果经营者的人力资产已经是企业专用的了，那他们就会处于分支节点 B 或 C 的位置上。

有些经营者享受的是节点 C 的内部治理保护；与之相比，以分支节点 B 的方式与企业签订合同的经营者会得到更高的补偿。这就是我们所熟悉的结果，即 $p>\hat{p}$ 。但位于节点 C 上的经营者到底能享受哪几类治理措施的保护呢？对此我们拿不出明确的答案来。因为，关于“治理结构能够、也的确能增进交易双方相互的利益”的命题，在一定意义上确实太理想化了。对于这种{治理}结构，人们不是置若罔闻，就是像工会的例子所说的那样，把它当成一种权力工具。工人就是用它来强化自己在工资谈判中的地位，**但牺牲的却是企业**。有时确实会出现这种结果，这是毫无疑问的。但如果工人们在就业过程中能把自己的人力{资源}培养成企业专用的人力资产，那么，工人的集体组织也就能为了双方的利益，去降低签约的风险。

在研究经营者与企业之间的合同关系时，虽然也适用同样的一般方法，但难度却要增大。这是因为劳工组织已经成为人们反复研究的对象，大部分细节上的分析也有人仔细阐述过了，[20]但却很少有人对经营者所签的合同作过系统的研究。其原因有几点。{首先，}经营者的合同可能都是由他本人、而不是由集体签订的，而且也不受公众的监督。经营者如被侵权，他固然可以求助于各种保护措施或保护程序；但正是{个人签约}这一点，使这些措施或程序通常都是非正式组织起来的，因此也就更难加以研究。再者，企业及其经营者都只是单个的签约主体。因此，经营者的级别越高，其签订的合同也就越难以研究。举例来说，除非有那种薪酬委员会；否则，只消一件事，即经营者显然是用一只手起草他们自己的{就业}合同，用另一只手去签这份合同，就把如何理解经营者与企业的关系问题搞得很复杂了。还有，从积极的方面讲，经营者往往会受到鼓励，要求他把自己与企业视为一体。正如阿兰·福克斯(Alan Fox)所说的那样："高级经营者和管理人员的决策是不容易很快就受到监督的；因为他们被看作值得高度信任的'教友会'的成员"，当然就更说不上他们会有道德堕落的问题了(1974 年，第 170—171 页)。既然对经营者是这样看，如果再要建立某种正式的申诉机制，使其得以解脱或{让别人}改变对自己的看法，那就是张冠李戴了。

314 如果经营者处于分支节点 C 上，而不是在 B 上，那么，只要经营者被要求向企业投入专用资产，他无论如何还是会提出不同的

⑳ 参见多尔林格与皮奥里(1971 年)。

(即改善待遇的)要求的。但他又能得到哪些保护呢?

3.2 薪酬计划

企业与其经营者都应该认识到,草签一份综合的薪酬计划,好处是既能防止草率辞退{经营者}、又能避免{经营者}无故跳槽。如果辞退经营者,企业就得支付解聘费;而经营者如果跳槽,就得牺牲其既得权利;有了这种要求,就保护了专用资产。近年来出现的“金色降落伞”(golden parachutes,下称“金伞”)现象,在好几个方面都反映出这种薪酬{制度}的特点。

“金伞”就是解聘高级经理的解聘费。具体视企业中普通股所有权“转让”情况而定;而这种“转让”通常是由非善意收购造成的。企业并购技术的出现及完善,把经营者推入新的风险之中。企业被接管以后,高级经理们往往会被解雇。即使能够留任,这种接管也往往会打击他们的事业心。经营者认识到这种风险,就会要求重新谈判,把这种风险反映到合同中去。

“金伞”就可以看做是这样一种反应。如果所有权被转让,高级经理就用不着等到被解聘后再拿那份解聘费。相反,他自己就可以动用这笔款项。这样,经营者就给自己提供了一种“捞钱”的自由,还能捞到一大笔解聘费,其数额比(与所有权变动无关的)“正式”解聘才能拿到的钱数还要大得多。要是没有这种保护,接管后的经营者可以对现任经营者降职使用,或撵他自动走人;这样就用不着再花那笔解聘费了。

既然自我提供的解聘费能有这些优点,那又该如何解释解聘保险金(severance premium)呢？对这种保险金的解释应该在以下二者之间的区别中去寻找：一是对就业者的正常解聘，二是与接管相联系的解聘。对就业者的正常解聘总是事出有因的，而且只要是按{企业}内部的正式程序办，还会激活某些保护措施(尽管针对性不很强)。[21] 但在接管以后，不仅往往会形成互相猜疑、彼此视同路人的气氛；而且，在标购中得手的一方还会认为，现任经营者本来是想故意破坏这笔转让买卖的。至于接管以后解聘哪些人，通常都与工作业绩无关，因此，内部机制相对也就起不到什么
315 保护作用。[22] 这是因为接管会引起风险增大，解聘费用自然也会提高。[23]

这种解释只不过是确认了一个事实，即“金伞”的报酬要高于通常离职所能得的报酬。但对“金伞”的作用还需要作一番整体的

㉑ 这个问题在第六章曾有简略的讨论。其中简单地考察了非正式组织在支持正式程序上所起的作用。

㉒ “接管”能把组织内部的必要程序有效地“挂起来”，使其长处无从发挥；这要一直等到新一轮暗地“较劲儿”之后才能见出分晓。

㉓ 詹森用下面的话表达了一种困惑：“‘金伞’合同……[它]只有当经营者去职、给股东与管理层造成不必要的冲突时，才会支付给经营者。对于有才华的经营者，现有的股东与作为收购方的公司则会挽留……只有那些根据控制{权是否}转让、而不是根据经营者{是否}辞职，而决定报酬{水平的}公司，才能解决好这个问题”(1984 年，第 118 页)。

这种说法令我困惑不解。它好像有这么几个假定：(1)现任的经营者不会对“接管”感到不满；(2)如果不满，他们也会或者(a)照样干活儿；或者(b)小恩小惠就能使之在接管后照样工作。如果真能达到(1)或(2a)的要求，就根本用不着什么“金伞”。相应地，(2b)则属于具体技术问题。缺少这些机制，就说不清下面的问题：控制{权}变化引出了这笔一次付清的“金伞”费用，但这笔费用怎么就肯定不会使人改变自己的行为呢？其实恰恰相反——正是由于接管导致就业关系紧张，才会作出“金伞”这种完全合乎理性的反应。

研究。经营者投到企业中的专用{人力}投资的风险有高有低,会直接影响到"金伞"的规格不同。管理人员自愿跳槽,他所牺牲的退休金和其他福利的绝对额,就是衡量这类投资的一个尺度。毋庸赘言,如果对这种自愿跳槽不予以惩罚,那证明这位经营者只有通用的技能,而不是专用技能。用"金伞"来保护这种经营者就没有道理了,否则就成了自抬身价。[24]

---

[24] 在专业化企业(即垄断企业,或只为极其特殊的专用品市场(very special niches)生产的企业)中的管理人员,要比那种通过竞争组织起来的行业中的管理人员,更有资格享受"金伞"的待遇;因为在后一种情况下,你可以把在一家企业的工作经验部分地用于另一家企业。

现在迫切需要对"金伞"这一概念的各种形式作出系统的研究。从下面所引《华尔街周刊》的一篇文章中,就能明显地看出,各家企业对"金伞"的规定真可称作五花八门:

> AVX 公司是设在纽约州长峡地区(Great Neck, N. Y.)的一家电气元件制造公司。AVX 公司有一项稳健的计划,其中规定:如果该公司董事长马歇尔·巴特勒(Marshall Butler)因公司被接管而离职,他将{只}获得 9 个月的薪水,约 10 万美元。而"百年飞寿"公司(Beneficial Corp.)的计划则走上另一极端,该计划的覆盖面包括了 250 位"关键的"管理人员;其中规定:如果这些人认为,在公司控制{权}转手后,他们就被调动了工作,公司将给每个人提供 3 年的薪水及其他福利。该公司权力很大的财务部门拒绝对该计划的潜在总成本作出估计,但在 1982 财政年度,仅该公司 5 位高级经理就能拿到 160 万美元,总成本则至少在 4000 万美元以上。
>
> 也有几项"金伞"计划是既给董事、也给经理的。就在今年年初,布朗斯维克公司(Brunswick Corp.)刚刚击退怀泰克公司(Whittack Corp.)的收购竞标不久,其董事会就批准了一项为其外部董事提供"金伞"的计划,内容是:凡 55 岁及 55 岁以上者,均可享受五年的这种服务。{董事会}投票通过了一项决议:如果他们因敌意收购而选择"退休",公司每年将付给{每人}留存利润(2.2 万美元)及公司福利,以维持其生活;还有在公司中主管健康、娱乐及技术等部门的 11 位高级经理,其中几位还兼着董事,也将享受"伞"的照顾,即保证他们最长在五年之内得到同样数目的金钱……

为设立金伞制度,各家公司会找出各种不同的理由。尽管大多数公司至少会暗示:他们的计划能确保公司高管人员不去故意对抗那些对股东有利的接管竞标;也还

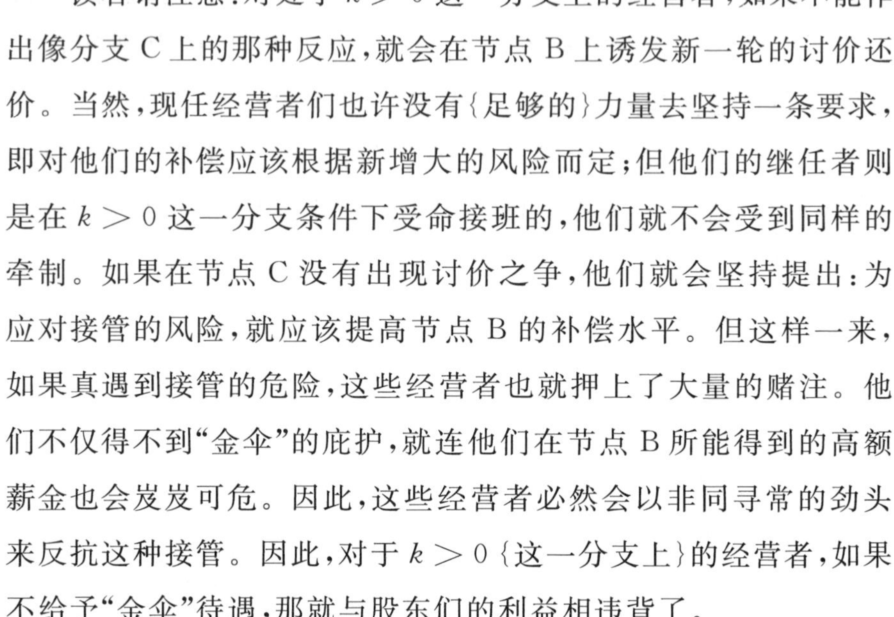

316 读者请注意：对处于 $k>0$ 这一分支上的经营者，如果不能作出像分支C上的那种反应，就会在节点B上诱发新一轮的讨价还价。当然，现任经营者们也许没有{足够的}力量去坚持一条要求，即对他们的补偿应该根据新增大的风险而定；但他们的继任者则是在 $k>0$ 这一分支条件下受命接班的，他们就不会受到同样的牵制。如果在节点C没有出现讨价之争，他们就会坚持提出：为应对接管的风险，就应该提高节点B的补偿水平。但这样一来，如果真遇到接管的危险，这些经营者也就押上了大量的赌注。他们不仅得不到“金伞”的庇护，就连他们在节点B所能得到的高额薪金也会岌岌可危。因此，这些经营者必然会以非同寻常的劲头来反抗这种接管。因此，对于 $k>0$ {这一分支上}的经营者，如果不给予“金伞”待遇，那就与股东们的利益相违背了。

464

3.3 董事会成员

我们假定{企业}已经设计出适当的激励机制。那么，把经营者吸收到董事会中，就能进一步改善这种机制吗？如果以这种方式提出问题，那就是认定，董事会的中心功能是保护股东们的利

是有些公司直言不讳地提出：这些制度就是对抗接管的措施。例如，格雷广告有限公司(Grey Advertising Inc.)的董事们去年作了一系列改革，其中一项就是给予董事会主席兼总裁爱德华·H. 迈耶300万美元的金伞。据说，由于此举加大了接管成本，“成功的接管者对本公司就不那么垂涎欲滴了”。在接管当时，迈耶先生这一金伞的价值大约等于该公司全部普通股价值的8%[克莱因，1982年，第56页]。

至于这些计划个个都同样出色的说法，显然令人怀疑。焉知那不是经理或董事们又在自吹自擂？

益。其他一些学者把这种董事会的概念描述为“监督模型”。按照肯尼思·安德鲁斯的概括，这种监督模型的特点在于它过于简单化，只注重形式，并且是一种自抬身价的做法(self-dealing)(1982年，第44—46页)。保罗·麦克阿沃及其合作者则力主另一种说法，即如果把这种监督模型认真地付诸实施，反而会对“所承担的风险……产生负面效应”(麦克阿沃等编著，1983年，第c-24页)。

这两种说法当然可能都是对的。但无论是安德鲁斯，还是麦克阿沃及其合作者，都拿不出一种别的说法，能从合同目的上，把董事会这一概念的意义清楚地描述出来。而在被安德鲁斯看好的那种模型，也就是他所谓的“参与型董事会”中，外部董事是应邀到会，与经营者共议大事，以求提高{公司}的战略决策水平。但是，
如果为照顾{他们}而牺牲了实事求是的态度，这种介入的代价就 317
太高了。这就像唐纳德·坎贝尔所评论的那样，如果一种“管理系统事先就能保证自己的改革既正确、又有效率，那它就绝不会学到什么‘前车之鉴’”(1969年，第410页)。只要有了这种为自己辩解的态度，也就给“一再白交学费”那种倾向开了头。而那些不甚了解细节、但大局观很强的外部{董事}却可能是个很好的监督者。

经营者由于整天泡在企业中，熟悉{公司的}内情，也就享有巨大的信息优势；正因如此，参与型董事会就很容易沦为这种经营者的一个工具。即使像麦克阿沃及其合作者所说的那样，对于经营者的决策可以施加种种审查，[25]其结果也往往是牺牲掉股东——

[25] 对于麦克阿沃所依仗的事后建立审查程序的批评，请参见费兹罗伊与米勒的著作(1984年)。

也就是全体委托者利益集团——的利益。

然而，如果仅仅为了否定参与模型，就提倡那种只审批决策并进行监督的控制模型，那么，其言外之意无非是把经营者完全排除在{董事会之}外。但是，只要董事会仍在对公司行使基本控制权，而没有被架空，让经营者进入董事会就能得到三种好处。第一，董事会能随时观察决策过程及其结果并作出评价。由此，董事会就掌握了有关经营者能力的第一手资料，这有助于避免犯下用人不当的错误；即使用错了人，也能更快地纠正过来。第二，董事会必须对各种互有短长的投资方案作出选择。如果有经营者的参与，他们提供的信息要比{董事会只在}形式上介入{公司决策所得到的信息}更多、更深入。最后，经营者参与进来，有助于保护经营者与企业之间的雇佣关系——这对评价正式申诉程序的规定是否得当，具有重要的作用。

但从这里提出的合同概念来看，这些好处只能起一种补充的作用。从参与程度上看，经营者{甚至}可以成为董事会的核心成员。因为有了经营者的参与，就能更有针对性地对这些好处进行评价；并且更有利于保护那种雇佣关系，否则，风险就太大了。但董事会的主要职能并不因此而改变，即仍然是提供一种保护股东{利益}的治理结构。经营者参与的程度再高，也不允许达到推翻董事会这一基本目标的程度。如果真达到了那种程度，经营者掌
318 权后，迟早也要露出其自抬身价或别有用心的马脚。

3.4 经营者中心论

从以上内容中几乎找不出明显的证据，能说明所有合同都是

以经营者为中心的。相反,所有合同仍然要经过被称为法律实体的"企业"的批准才能敲定。这种做法不仅有助于评价企业与每个利益集团之间的合同关系,而且自始至终都能摆平这些关系。这样,才能把极其相似的合同制度统一地用到每一个利益集团身上。找到了这种属性,就可以直接给每个利益集团确定一个最适合它的合同节点。

有一种观点认为:经营者与企业的关系就在于:他们是企业的主要工具,但远远不是全部工具。这种观点受到了普遍质疑。经营者往往被看作权力的中心,所以就不能从技术上,而要从战略上详尽考察他们的作用。其中关注的焦点是经营者自主决策的权利有多大,以及是否滥用这种权力。

本书使用的主要方法是从效率(即工具主义)的角度,探讨{经营者}的业绩。根据这一观点得出的大量深入见解,很能说明这种观点的指导作用——前面提到有关"金伞"的解释就是最近的一个说明。但是,正如你在承认市场(相对)失灵的同时,还坚信市场的神奇作用一样——"市场是神奇的,尽管它不够完善"——你也可以接受以效率为导向的说法,同时,还承认在战略上可以有所作为。在评价经营者与企业的合同关系时,尤其需要承认这一点。

前面提到了"经营者中心论",这种地位使经营者与其他利益集团区别开来。其实,人们早就看到了这种区别;也正是这种区别,才形成了伯利与米恩斯(1932 年)首创的"经营者权力至上论"(managerialist literature)的主要内容。本节主要观点认为:正是由于经营者所处的战略地位,使他们得以使用对自己的工作进度有利的方式,向{股东}提供(概略的、改造过的、扭曲的或编造的)

信息。尽管有下面第 4 节将讨论的种种限制，但经营者自主决策的做法却绝不是“天方夜谭”(威廉姆森，1964 年；阿尔奇安，1965 年)。

对于“经营者中心论”的具体表现形式，前文曾略过不谈，此处要简略地强调一下。它涉及这样一个问题：某个利益集团自以为掌握了充分的信息，并与公司敲定了一项双边协议；但随后，经营者又以某种战略方式与其他利益集团签订了另外一项双边协议，前者可能因此而陷入某种危险之中，而他本人还蒙在鼓里。

319 因此，我们假定：企业要求工人将其人力资本作为专用投资，其结果是在节点 C 达成一项交易(内容是：工资水平定为 $\hat{w}$，保护措施定为 s)。再假定：企业与经营者之间也达成了以强激励{即高奖严罚}为特点的就业协议。因此就要{对工人及经营者}广泛地实行利益分享{制度}。最后再假定：企业与其客户也达成了一项协议，确定价格水平为 $\bar{p}$。这是一个令人棘手的三角结合。

供给方企业的经营者并没有对客户提出以下要求：你要享受低价格($\hat{p}$)的待遇，就得用向{企业}提供保护措施来交换(这种措施既能制止{客户}取消订货的想法，又能消除取消订货{给企业}造成的损失)；而是同意接受节点 B 的交易所包含的高风险{待遇}。如果需求没有下降，客户就会接受出厂价为 $\bar{p}$ 的发货，卖方就能得到高额的利润。但如果需求下降了，厂家就会取消发货，由此造成的成本就全部由厂家承担；结果是其利润降低。

在强激励的条件下，如果得到的是有利的结果，经营者会春风得意地参与{董事会会议}；但如果需求下降，他显然要领受惩罚。然而，对投入了专用资产的工人来说，当需求下降时，他们却无力要求高额回报;如果利润下降,首当其冲的将是这些工人,而不是经营者——因为由此形成的那组合同已经把经营者摆在了这样一种位置上,即"'过五关、斩六将'是我,'走麦城'是你"。

下面这三种情况的程度越高,就越容易出现上述结果:其一,工人签的是长期合同;其二,企业中的人力资产专用程度很高;其三,经营者被认为惯于投机。这最后一条有时可从一个人的历史表现中看出来——但正如第十五章将要讨论的那样,有时,人的名声何以并不能说明问题。这句话说白了就是:只要经营者面对的是强激励机制,你就应该更加小心。在这种环境中,为避免在各次签订的合同之间出现重大的不一致,防止战略上前后矛盾,就应该坚持重新签订合同,并写明这一点。这样才能实现在信息上的参与。

4. 经营者自主决策问题与{企业的}组织形式

一听经营者"自主决策"这个词,鼓吹资本主义自由放任的人就不舒服,有时甚至神经过敏。通常,他们随时都会否认有经营者"自主决策"这码事。但是如果把今昔作个对比,还是这些鼓吹者就会志满意得地指出:有了新发展出来的技术,已经能更好地对经营者自主决策的做法进行控制了。

早期资本主义的条件当然无法再加以弥补:我们完全有理由 320
认为,投资者早期所能使用的那些正确手段可能已经充分得到了施展。但要用这同一个新古典{经济学}模型——其中,企业只被看做一个生产函数，其特点是永无休止地追求最大利润——说明早期和晚近{的资本主义}，就会前后自相矛盾。相反，我们需要的是这样一种企业概念：具有自主决策权的经营者是否会投机，要看控制手段完善与否。这种概念使人更加重视组织的连续创新，{因为}这种创新的特点在于具有非凡的控制能力，能稀释经营者自主决策的权力。㉖

经营者自主决策的形式多种多样，有些是很微妙的。某些经营者可能会玩忽职守；他们可能会追求一些与企业目标完全不同的次要目标；也许还会自买自卖以抬高身价。他们越是自我标榜，这种扭曲的程度也就越严重。经过伯利与米恩斯、梅森以及其他学者对公司问题的研究，这种现象以及其他问题已经广为人知。但 1930 年代至 1960 年代之间公司形式的巨大转变，对经营者的自主决策带来了哪些结果，却尚不为人所知。那就是早期按职能组织起来的单一集权制（即 U 型）结构逐渐让位于事业部制（即 M 型）的结构。

M 型{结构}创新对公司业绩的直接影响，已在第十一章作过介绍。首先，这种从职能制向事业部制的转变使决策更趋于合理。U 型结构所特有的那种职能交叉、权责不明的做法，现在已经被强调准自治的、互相分设的各种事业部的结构所取代。其结果是{各事业部}都具有明确的目标，也节省了信息成本。

㉖ 从签约的总体内容来看，所有主要利益集团都与企业有着生死攸关的利害关系。这就像阿尔奇安指出的那样："对于[任]何承受不起损失威胁的人来说，[如果联盟受到侵害，]他们不仅会设法保护这种联盟，还会设法减少由联盟其他成员造成的、通过剥削专用资源以获得准租金的可能性"（1983 年，第 9 页）。

{这种结构}还把总经理办公室从日常经营业务中解放出来。过去,各职能部门(如制造、营销、财务部门)的领导互相拉帮结派,搞短期行为;现在这种现象已经让位于长远考虑的战略决策了。总经理办公室的{控制手段}也得到了完善:它把企业的目标置于各职能{部门}的行为之上,监督各事业部的业绩,资源配置向价值更高的用途倾斜,并且在内部激励与控制手段上也拉开了差别。M 型组织就这样弱化了以前 U 型企业中经营者的自主决策权。

然而,弱化经营者的自主决策权,并不意味着取消这种权力。相反,权力的强弱变化总是相对的。尽管这些结果直接削弱了经营者的自主决策权,但这种权利仍然存在。M 型创新还有一个令人感兴趣之处,那就是通过资本市场的竞争,对经营者的自主决策 321
权产生的间接影响。[27]

人们经常提到的一点是,自 1950 年代末期起,标购(tender offers)作为一门接管{公司}的技术,已经日益取代了对代理权的争夺(proxy contests)。[28] 这又该用什么来解释呢?格莱格·加雷尔与米切尔·布雷德利极力主张:新的法规增大了争夺代理权的成本。[29] 由于这些法规的作用,为掌握控制{权}而采用的方法之

㉗ 最贴切的是亨利·曼尼关于市场对公司控制{权}问题的经典解释。

㉘ 正如格莱格·加雷尔与米切尔·布雷德利指出的那样,"直到 1960 年代以前,各种现金收购竞标的方式在美国还非常罕见;但到了 1960 年代中期,即公司大接管时期,这种方式一下子就在金融领域中形成了铺天盖地之势"(1980 年,第 371 页,注 1)。

㉙ 他们引用的是彼得·多德的以下论述:

"……随着现金标购这种接管手段横空出世,美国证券管理委员会即 SEC 于 1955 年和 1964 年,(在《证券法修改法令》中),对代理权争夺的规定作了两次扩充……代理规则的[这]些变化,提高了代理人为控制公司所需付出的造反成本

相对价格就发生了变化;因此,“接管”也就被解释为这种变化所引起的一种反应。

这倒是一个令人感兴趣的命题。然而,如果在这些法规修改之前,人们就广泛而成功地通过争夺代理权的做法,向现任经营者提出挑战,那么,这个命题就更有说服力了。但事实上争夺代理权的做法既不多见,通常也不成功。更何况,就算有关争夺代理权的法规可能在鼓励人们,应该更加依赖接管这种方式;那为什么在转而求助这种(原来并不起眼)的手段时,会伴有大量的公司控制权之战,并且夺权更为成功呢?

从原则上讲,通过标购达到接管的可能性是始终存在的。至于为什么早期不使用这个方法,我认为,那是由于公司还没有形成促成接管的结构。特别是公司经过重组以后,职能部门制改为事业部结构,这对公司的控制{权}会产生深远的影响。因此,要理解通过标购来接管企业的现象,关键是要把企业看作一种治理结构,而不是一个生产函数。

从接管这个问题来看,M 型企业比之 U 型企业的主要优点就在于,M 型的收购者有能力“消化”其接管对象。被收购企业通常都被确定为利润中心,由此,它就要服从公司的激励、控制及资源

(insurgents’costs);并因此使得为撤换经营者而采取的现金标购{方式}有了更大的用武之地[加雷尔与布雷德利,1980 年,第 371 页,注 1]。”

但事实上,争夺代理权从来就不是什么有效的手段。正如亨利·曼尼(1965 年,第 114 页)指出的:“最戏剧性的、也最引人注目的接管手段就是争夺代理人权;但它也是最昂贵的、最不确定的、最不常用的一种接管技术。”“从 1956 年到 1960 年,在代理人为获得公司控制权所挑起的 28 起斗争中,只有 9 起取得胜利”(哈耶斯与陶西格,1967 年,第 137 页)。而最近,代理人主要为待遇、而不是为{得到公司}控制{权}而进行讨价还价,似乎已成为一种时尚。

配置程序。企业{一般}都不愿意把新资产与原有资产混在一起来 322
管理。U型企业的经营者必须对各经营部门都非常熟悉；但在M型企业中，正是日常经营与战略决策相分离这一条，使其总经理办公室既无必要、也无可能对每个部门的情况都同样熟悉。由此看来，既然M型大企业管理其本身资产的能力更高，也就可以用这种能力来经营所收购的资产。

由于M型组织以及资本市场上有关行为的影响，经营者的偏好与股东们的偏好当然不会完全一致。现任经营者动用了大量手段来防止企业被接管；这显然说明，经营者与股东的利益关系始终很紧张（卡里，1969年；伊斯特布鲁克与费切尔，Easterbrook and Fischel，1981年）。但是，企业内部组织发生的变革，毕竟使法律上对经营者自主决策权的规定更为宽松了。如果把公司看作一个生产函数，而不是看作一种治理结构，当然看不出这些结果；因此就会低估现代公司的生命力，低估其作为一种资本主义经济制度所起的重要作用。

5. 结论

至少自1932年多得与伯利互相商榷他们的观点以来，董事会的组成及功能问题就始终是个争论不休的问题。[30] 直到最近的各种评论文章，也看不出观点趋于一致的迹象。因此，安德鲁斯

㉚　多德在其《公司经营者受谁的委托?》一文中开启了这一商榷之门。多德倾向于认为是{受}董事会{的委托}，而伯利的观点则相反。

(1982 年)才认为“参与模型”是有道理的,其道理就在于把董事会说成带有企业经营者的色彩;{同时}又照顾了其法学上监督模型的特征。而达尔则属于激进派,他主张以雇员为主来改变董事会的构成。至于合同论者,需另待别论。

因此,我们先来看一下达尔对董事会构成问题的看法:

> “我不明白,为什么让雇员来选举董事会,就肯定选不出像银行、保险公司或经营者本人选出的那种同样有本事的董事会来?{工人}自治企业的董事会也能根据合同条款,按照互助基金的董事会目前常用的那种方式,去雇用经营者团队——如果他们不称职,照样可以把他们解雇。{因为}如果‘利润动机’不过是那套陈词滥调,如果经营者是对雇员、而不是对股东负责,那么,还有谁能比雇员从提高企业赢利水平中获益更大呢?[达尔,1970 年,第 21 页]”

323 达尔显然是假定各种互助基金与制造业企业是完全相同的。但他却没有提到这种可能性,即:工人们能够、也愿意根据自己与企业所签的合同,精心构造出一种更高级的治理结构来。并且,达尔本应在其分析过程中讲到剥削的危险,他却只字未提。

从合同的角度来看这些问题,结论就不同了。对互助基金来说,只要根据所有权可以按客观市场价值迅速变现,以及评判其业绩比较容易这一事实,就可看出它{与企业}的区别。而制造业企业的股票则相反,支撑其价值的是业绩,而不是各种证券分别定价后的总的结果。只不过这些业绩往往难以互相比较。而且,虽说工人们常常能按照与企业所签合同的规定,精心构造出灵活的双向治理结构,但这对于股份所有者就困难多了。股份所有者对董事会控制不力,就无力抵御侵蚀。但还是有些经济学家以及不搞经济学的人坚持这样一种观点,即“自古以来,资本所有者就是企业的所有者;这不是逻辑推论,而是历史事实”(林德布罗姆,1977年,第105页)。这种观点尽人皆知,但理查德·希尔特与詹姆斯·马奇还是请我们{带着以下问题}对经济组织作一番通盘的考虑:“在我们给自己‘寻根’时(in our quasi-genetic moments),我们为什么总爱说,‘早先只有一个经营者,有了他,才招到了工人,筹到了资本’呢?”(1963年,第30页)。保罗·萨缪尔森在讲到技术变革条件下马克思主义者提出的模型时,对资本雇用劳动与劳动雇用资本之间的关系曾有一番评论,那口气就更强了。他说:“在完全竞争市场上,谁雇用谁的问题并不真的那么重要;因此,就算是劳动者雇用了‘资本’,也用不着大惊小怪”(1975年,第894页)。

究竟有没有能从合同上分析公司治理问题的逻辑,只要按希尔特与马奇和萨缪尔森的思路考虑一下就能作出判断。我们可以假定有这样一组工人,他们想不靠自己对企业投入权益资本,就把就业机会创造出来。再进一步假定,这家企业需要的是一系列的投入品,其中包括不可改变用途的耐用性资产。我们再设想,这些工人找到了一系列投入品的供给者,并要求他们人人参与{投资}。{其中,}通用性投入品的合同比较好签,也没什么风险;但专用性的投入品就只有在价格为 $\bar{p}$ 或 $\hat{p}$ 时才能得到,具体是 $\bar{p}$ 还是 $\hat{p}$,要根据有没有治理上的保护措施而定。但权益资本(根据定义,权益资本是为各种专用资产提供资金的资本)的供给者考虑到了上面讲过的情况,即构造专门保护权益资本的措施会带来哪些问题,因此他们最开始只想把钱借给工人，但这笔债务的价格应该为 $\overline{p}$。组建这家企业的工人们认为这个办法效率太低，于是就设计
324 了一种新的通用性的保护措施，把它叫作董事会，并把它交给权益资本的供给者。权益资本的供给者觉得这样办能减少被侵蚀的危险，也就把他们投资的条件降低为 $\hat{p}$；而且照样成为这家企业的“所有者”。这自然不是历史实情，而是逻辑推导的结果。

总结一下本章提出的观点，有以下几点：

第一，在分支节点 A 与企业建立关系的那些人，不需要支持性的治理{结构}，因为不管有没有董事会，情况都一样；双方以市场为中介就已经足矣。

第二，在分支节点 C 与企业建立关系的那些人，已经构造了适合特殊需要的双向治理{结构}。除非这种双向治理结构存在某些重大缺口或缺陷，否则根本无须董事会参与其中。对于在分支节点 C 建立治理结构的人，他们要把董事会涵盖进来，主要目的是为了获取信息。劳工有时也能进入董事会，在企业陷入困境、要求职工作出反应的时候，尤其会如此。为大型企业专用项目和极多的客户提供{产品}的供给商也能进董事会。

第三，在分支节点 B 与企业建立合同关系的人最需要补救性的治理{结构}。因为从本质上说，股东与企业之间的合同关系是很难保护的。只有让股东有监督企业事务的权力，遇到危机时又能撤换经营者，{企业}才有理由以优厚条件从权益所有者那里获得投资。就是凭这一点，才能把董事会看作主要为股东服务的一种治理手段。进一步说，如果把所有的合同关系作一番比较，就能看出：正是为了所有利益集团的利益，才应该把选举董事会成员的

权利留给在分支节点 B 与企业建立关系的人。

如果经营者与企业的关系太专用化｛即经营者的人力资产只能用于这家企业｝，那就很难为他们建立治理结构。经营者进入董事会，有助于提高信息的数量和质量，从而优化决策水平。但绝不能由于他们进了董事会，就推翻董事会对公司的基本控制权。

绝大多数大公司董事会的组建和运作方式都符合这一道理。但其间也有一些重大的差别：经营者在治理上起的作用｛即实权｝往往要大于合同中的规定；董事会则往往被迫超越其监督者的作用，而参与治理；这些公司因经济上或政治上的压力，只好把各种利益集团｛的代表｝都选入董事会。从理论上说，前两种现象可用事后调整（*ex post* setting-up）的效率来解释（法玛，1980 年）。此外还有一种解释，那就是这种超出常规的做法，反映出还是经营者 325
在自主决策起作用：在他们所统治的参与型董事会中，他们觉得更有把握，也具有更大的发言权。

关于我通篇假定的这最后一点，要注意的是：一旦伤及这最后一点，会影响到所有在节点 C 发生的讨价还价。这里不去考虑环境变化的可能性，也不考虑由此偶尔发生的、实质上背离合同精神的可能性。例如，如果企业不用常跑资本市场，就能实现扩张和资本更新；那么，该企业监督委员会的那种决心，即把｛经营者｝薪酬调整到公平回报率的水平的决心，将被削弱。[31] 对于不需要增资

㉛　由此可知，如果某项公用设施要靠借入中期贷款来提供资金，但这笔债务要不断展期；而另一项效用相同的公用设施使用的是期限极长、无须不断展期的长期贷款；那么，前者受到惩罚性利率影响的程度就比后者轻得多。换言之，在计算公共效用的大小时，应该把确定利率的过程会受到什么影响作为一个因素来考虑。

扩股(equity financing)的企业的股东,也适用这个道理。尽管经营者最初在吸收权益资本时,为了以更优惠的条件得到好处,可能会为了股东的利益而热情支持治理结构的保护措施;但资金到手后,他可能就想摆脱分支节点C的讨价还价所产生的那种监督压力了。如果不需要额外的权益资本,董事会的构成及特点就可能朝着不利于股东的方向转化。[32] 这种扭曲当然是有办法纠正的。但正如费兹罗伊与米勒(1984年)所看到的那样,如果你敢断言:无论何时何地,出了问题再来调整也总是充分有效的,那就没人敢再相信你了。[33]

㉜ 最近在公司治理问题上,发展出一种可能有点儿麻烦的、需要详细考察的做法,那就是通过“雇员股票所有权计划(Employee Stock Ownership Plans, ESOPs)”回购公司的股票,由可靠的人来持有。这种做法是根据经营者的要求,并经雇员(或者,至少是本公司雇员的领导人)同意以后才实行的。其目的显然是为了击退敌意接管,减轻资本市场的竞争给经营者造成的压力。但这种做法的社会效益却令人怀疑。因为目前{政府}对雇员股票所有权计划提供税收优惠,这种做法应该说是在无意中违背了社会利益。

㉝ 关于近来对此问题的处理,请参见霍尔斯特朗与里卡蒂考斯塔(1984年)。

第十三章　自然垄断特许权的竞标 326

对于市场规模而言，尽管垄断性的供给通常是有效率的；但它也给{如何}组织{这种供给}出了一道难题。正如米尔顿·弗里德曼看到的那样："不幸的是，对于技术垄断，根本就无可奈何。我们面对的是'三害'，即不受监管的私人垄断，国家能予以监管的私人垄断，以及政府经营。这三者之间只能选择其一"(1962 年，第 128 页)。

实际上还有第四种办法。那是芝加哥{学派}首先提出的一系列富于想象力的论文的结果。① 弗里德曼之所以把不受监管的私人垄断称为一"害"，是因为他假定，私人垄断所有权就意味着按垄断条件确定价格。芝加哥学派对此作出了一系列的反应——相继有德姆塞兹(1968 年)、施蒂格勒(1968 年)和波斯纳(1972 年)——认为对垄断条件即使不予监管，也不一定必然导致价格的垄断。对于提供这种{垄断}产品的企业，如果能在事前竞标中以最优惠的中标价给予回报，就可以避免这种结果。

---

① 令人惊讶的是，在麦尔文·雷德(Melvin Reder)最近所著《芝加哥经济学》一书中，对这些论文及第四种办法却只字未提。他在这部著作中引用了大量研究案例；并且，为了突出芝加哥学派的长处，他还按照该学派的传统，重新对这些案例中的经济学问题(甚至包括不属于经济学的问题)作了编排(雷德，1982 年)。

本章通过分析一般的做法以及有线电视(CATV)的例子,考
327 察在特许权竞标中,具体的合同条文都能起到哪些作用。这些分析说明,这种竞标与最复杂的经济组织所遇到的问题是一样的,根本不存在唯一的、能满足所有目标的最佳解决方案。相反,特许权竞标的效率与自然垄断中的问题一样,也是随环境的不同而改变的——其中最主要的原因就在于资产专用性的条件。这已不足为奇了。

我对自然垄断特许权竞标问题的讨论分为五节。第1节是一些背景知识的综述。第2节介绍德姆塞兹提出的特许权竞标的简单步骤。第3节分析在有线电视合同中要实现这些步骤所遇到的困难。第4节(以及附录)通过案例分析,研究经济组织的那些复杂的问题。最后进行总结。

1. 简介

20年前,科斯提出了一个简明的例子,以此作为从制度比较上对政府调控(regulation)进行研究的方法:

> "为寻找某种最优系统而苦思冥想,也许能想出一些用其他方法得不到的分析技术;在某些特殊情况下,还能进而得出若干结论。但一般说来,这种做法贻害不浅。因为它使经济学家的注意力偏离了主题,不再去研究**实践中其他制度安排是如何实际起作用的**。这导致经济学家只靠对抽象的市场状况的研究,就得出制定经济政策的结论。这样,出现以下现象就不足为奇了:在理论上……我们发现了'市场失灵'这个范

> 畴,但忽略了'政府失灵'的问题。这样,直到我们认识到我们只不过是在反正总会失灵的社会制度中进行选择为止,我们也不大可能走出多远”[科斯,1964 年,第 195 页;着重点系原文所加]。

大体上可以这样说:正是有了这种以科斯为主发起的批判,对政府监管的研究才有了根本的改观。因此,一旦把市场失灵看作政府进行干预的充分条件,人们就越来越感到,这种监管也正为它自身的问题所困扰。况且,现在对市场局限性的看法也不像 1960 年代干预时期那么严格了。对于包括事前签约和事后履约的整个签约行为的研究也表明,在多数情况下,设计那种能反映交易双方需要的复杂合同,往往也变成家常便饭了。

研究自然垄断特许权竞标的理论承认,政府监管有其局限性,但它看待签约问题的方式却极不健全。特别是对于“实践中其他制度安排是如何实际起作用的”这个问题,不是置若罔闻,不予考察;就是盲目乐观,把这种作用说得无所不能;结果使那些鼓吹特 328
许权竞标的人把这种组织方案的效率吹得神乎其神。这样,就把适用于一种条件(即资产专用性很弱)的做法原封不动地套用到它根本不适用的另一种条件(即资产专用性很强)上了。

用自然垄断理论来解释特许权竞标,固然做不到尽善尽美,但这并不意味着依此制定的公共政策也不尽人意。放宽对公路运输与航空运输的限制,显然就得益于特许权竞标理论所提出的观点。这两种行业的投资对象是不折不扣的“带轱辘的资产”,也就是没有专用性的资产。但是,无须举出更多的例子,仅从发电系统和有线电视系统来看,这同一个道理就不适用。因为发电系统和有线电视系统的资产都具有生命周期长、位置难移动等既定的特点。因此，在放松监管的条件下，在作出决策以前，先要特别关注一下这类合同是否具有可操作的属性。

因此，尽管政府监管有诸多局限性，说明它是有缺陷的，但这并不能说明它没有组织经济行为的能力。受监管的行为类型不同，采取的监管方式不同，监管当然也就有不同的局限性；{但}除这一点以外，{我们}还有责任对所提议的{监管}方案的特点——包括对有关行为的一般监管和专门监管——作出评判。如果新的监管方式也有缺陷，不论这些缺陷与被替代方式的缺陷相同与否，那就谈不上所谓放宽监管、改弦更张的种种优越性了。

对于组织自然垄断服务的替代方式，需评价的有关因素包括以下诸点：(1)通过直接订货以确定客户总体偏好所花费的成本；(2)按质报价(scalar bidding)的效力；(3)技术发展的成熟程度；(4)需求的不确定性；(5)现有供给商掌握的独特技术的程度；(6)对专用长期设备的需求程度；(7)各种政治程序对导致这些程序的投机问题以及不同的癖好的反映是否灵敏。(在最后一点所讲的关联中，特别要注意的是，政府一旦进行监管，就要为维护其权力而额外地扩展其管辖范围，这往往会造成政府职能的“错位”。据我猜想，之所以会不断派生出“附属权力”，正说明监管的无能状况更为严重。)在签订合同时——不论是开始签约，还是合同到期时的续签——人们越是{对自己的}竞争效力有信心，也就越倾向于采用市场方式。照此看来，对于不够完善的合同，只要人们吃不准
329 它能否产生令人满意的后果，只要竞争过程很容易受到破坏，人们就会比较乐于接受某种形式的政府监管。

既然市场内部{组织方式}和政府监管方式都存在各种变种(variants),那就说明,对这二者各自内部的关系及相互之间的关系应该区别对待,分别进行评价。并且,对于特殊的、自然垄断服务的供给,也没有理由用一句话就盖棺论定。在工业化早期发展阶段比较看好的一些方式,到了{工业化}后期,当不确定性普遍降低时,也许就不那么被看好了。当这种方式转变为那种方式时,人们自然要问:这种转变会遇到多大的困难?因此,这个问题我们应该在一开始就认识到,并开明宗义地提出来。

2. 特许权竞标的简单模型

德姆塞兹认为,在自然垄断行业中,即使为了追求效率只能有一个供给商,即使政府不加以监管,市场价格中也看不出什么垄断的因素。但传统分析中有一个缺陷,就是未能区分事前竞标者的数量与事后供给条件之间的{关系}。而在竞标的最初阶段,为了达到规模经济,即使只允许市场上有一个供给者,还是会有大量的{竞标者}参与竞争的。而只要这些有资格竞标的人不去互相串谋,他们势必竞相压低其供给成本;最后的定价也就不一定能反映出垄断权力的作用。我们说传统分析有这种缺陷,正在于它忽略了这个最初的竞标阶段。

这里要区分两种竞标:一种是看{谁能}把竞标的总价款一次付清(lump-sum payments){,就把特许权卖给谁};另一种是谁提供产品的单位价格最低,就把特许权卖给谁。如果把排他性的特许权卖给既不与他人串谋,又肯一次性付清最高价格的竞标者,也就有效地把中标后所能获得的垄断利润资本化了。但是,{他}得到这种授权后,却会按垄断价格来生产产品或提供服务。要避免这一结果,最好还是以最低单位价格为标准来授予特许权。斯蒂格勒像其他人一样,显然也看到这种观点是有说服力的(1968 年,第 18—19 页;1974 年,第 360 页)。

德姆塞兹用一个假设的例子说明了这个道理:国家要求汽车所有者每年买一次汽车牌照,而这种牌照的生产成本是递减的。为简明地讲清这个道理,他抽象掉了“**与此无关的复杂因素**,如销售系统是否长期稳定、各种不确定性以及非理性行为;所有这些因素,不管它证明应该使用政府监管这种手段也好,不能证明也罢,

330 都与自然垄断理论无关。因为这种理论所依靠的只是一种信念——按照规模经济的要求,如果只有一家企业能够把这种产品生产出来,其价格就只能是垄断价格,产量也只能是垄断产量”(1968 年,第 57 页;着重点系原文所加)。② 假定很多企业都有资格参加这种每年一次的合同竞标,他们彼此也不互相串谋;再假定,最后中标并签订合同的正是那家单位产品报价最低的企业。“则获胜方的价格将与生产汽车牌照的单位成本相差无几”(德姆塞兹,1968 年,第 61 页)。

德姆塞兹与其他学者显然还认为,如果把那些复杂因素,诸如

② 德姆塞兹只限于对基础教科书中讨论的自然垄断观点进行批判;就这一点而言,其观点是说得通的。但坦率地说,德姆塞兹和其他学者还是坚持认为,这种观点与现实世界确有真实的联系。只要你想使用那后一种方式{即谁的价格最低,就把特许权卖给谁},教科书中所说的那些“无关复杂因素”就会突显出来。那样,我们将清楚地看到,所谓特许权竞标方式更为优越的说法,一遇到这些条件,就变成困难得多的问题了。

设备的耐用性及不确定性引入这个简单案例，上述道理也不会改变。设备的耐用性不会造成这些设施的重复建设；因为如果潜在供给商能把供给价格抬得很高，远程销售干线(trunk line)系统使用的设施就会从最初的供给商手中落到紧随其后的企业手中(德姆塞兹，1968 年，第 62 页)。我们已知："在市场中，无须假手政府监管，也能令人满意地排除那种提供[非公用设施(nonutility service)]的[长]期合同"(第 64 页)。而政府监管能否真正成为处理不确定性的更有效的手段，也要用这一标准来判断。

除偶尔会发生相反的情况外，③这里显现的主题是自然垄断特许权的竞标具有很吸引人的特点。依靠市场来解决问题，可以避免很多政府无力监管的问题。德姆塞兹在其结论中注明了一点，即他"相信，与政府受命进行监管相比，公开市场上竞争对手所施加的约束会更为有效"(1965 年，第 65 页)，反映的正是这种态度。

2.1　边际成本定价论的反对意见

莱斯特·泰尔瑟不同意德姆塞兹关于自然垄断问题的看法。他的根据是，特许权竞标并不能有效地保证产品按边际成本定价：

> "[德姆塞兹]给读者留下这样一种印象：他只是满足于不让企业获得垄断收益的那种环境，但并没有提出效率上的问 331

③　德姆塞兹对待特许权利竞标的好处的说法略显得更为谨慎；他在答复泰尔瑟的批评时，突出强调了自己观点中讲的那些限制条件(德姆塞兹，1971 年)。

题。可见，他言外之意是说，对于某个平均成本递减的行业，如果不让它得到垄断收益，政府就没有必要进行直接监管……但这就偏离了主题。因为所要辩明的问题在于{能否}通过政府监管以求得效率，促进公共福利；而不是回报率的高低”(泰尔瑟，1969 年，第 938—939 页)。

如果换一种说法，那就是德姆塞兹并没有看出与此有关的社会福利函数；或者说，他并没有用福利的概念来评价其{分析}的结果。在泰尔瑟看来，既然这两点你都没有做到，再加上特许权竞标本身也不会导致按边际成本来定价那种有效率的结果，因此，德姆塞兹的方法是有严重缺陷的。

德姆塞兹对这一批评的回答是，在他自己的文章中(1971 年，第 356 页)，按边际成本定价只处于一种次要的地位。如果要全面地看待自然垄断问题，当然应该指出怎样定价才算有效率；但他最初那篇文章并不是全面论述这个问题的。因为他打算深入思考的是这样一个问题：要说政府监管会比适当详细的竞标计划更有效地解决定价问题，那是值得怀疑的(第 360—361 页)。

围绕本章讨论的问题，我建议先把边际成本定价的问题放一放，转而考察前面讨论过的、在特许权竞标问题上的对立意见。如果只是为了填补德姆塞兹“对竞标过程叙述得含混不清”的空白——泰尔瑟提到了这一点，但未作深入探讨——就还要对管理机制作一番鞭辟入里的分析；就这一点而言，特许权竞标{是否}一定优于政府监管，还不能确定。尽管{管理}机制还有待分析，但如果有理由认为，政府监管即按成本加成进行定价的方法确实更好，那么，所谓特许权竞标方法的优越性就更值得怀疑了。

2.2 无关的复杂因素

德姆塞兹提到的、而在其汽车牌照的例子中不予理会的那些无关复杂因素——设备的耐用性及不确定性——才是真正的核心问题。他使用的静态分析方法有时的确能带来很多真知灼见，且具有普遍适用性；但我认为，只要是从静态的概念出发，真正令人感兴趣的**比较制度选择**问题也就基本上被偷换掉了。弗兰克·奈特对这种后果曾有忠告，虽然他所讲的是与此不同的制度问题(1965 年，第 267—268 页)，但其道理具有普遍意义。这一道理的基本观点既适用于奈特感兴趣的问题，即内部组织是否具有举足轻重的作用；也适用于德姆塞兹所关心的、通过市场可以形成哪些签约模式的问题。这个观点就是：在不考虑{两种方法}趋同程度 332
的情况下，如果各种条件都稳定不变，则无论组织方式发生哪些重大变动，都能得到同样有效的结果。[④] 但如果经营环境的不确定性已经大到不可忽视时，就需要有意识地注意{资源配置}的其他方式都有哪些**初始**属性和**适应性**属性(initial and adaptability attributes)了。

德姆塞兹在分析特许权竞标时，强调的是其初始的供给价格；

④　从资源配置效率的观点来看，如果特许权中标的标准不是看谁的供给价格标准最低，而是看谁能一次交齐{特许权}使用费，那就要考虑{组织方式}是否真能起重要作用的问题了。我认为，如果各种条件都稳定不变，通常与前一种签约方式相关的垄断性扭曲问题将会减弱。其道理在于，稳定的条件有助于实行低成本价格歧视，即对于边际客户，就按边际成本供货；并且(或者说)，这些客户就可以更有效地组织自己这一方的市场，并在讨价还价中获得好处。

而对下面将要展开说明的适应性问题，只是满有把握地一带而过而已。我们将会看到，在条件不确定时进行公用设施特许权竞标，会遇到人们在批判政府监管时所指出的很多同样的问题；正如格德堡（1976 年）所说的那样，这里的问题在于环境{条件}。

3. 特许权竞标解析

考察特许权的三类合同有助于解释这个问题。这些合同是：斯蒂格勒设想的一次性合同（once-for-all contracts）；德姆塞兹提倡的那种不完整的长期合同；以及波斯纳赞同的那种定期续签的短期合同（recurrent short-term contracts）。

3.1 一次性合同

斯蒂格勒对特许权竞标的看法主要受德姆塞兹的影响，并没有超出前面所说的德氏观点的范围。他只是注意到，“[自]然垄断往往会受到国家的监管。我们则指出，客户可以利用国家来组织电力出售权的拍卖，由此可节省交易成本。这种拍卖……就包括承诺要卖得便宜些”（1968 年，第 19 页）。既然斯蒂格勒没作出什么相反的暗示，那他显然是想说，在实际市场环境中——也就是在市场与技术都不确定的条件下——就应该把这种竞标看作代替政府监管的一种正式的方式。他不讲续签竞标问题，也说明他讲的
333 那种竞标计划就是一次性合同的变种。⑤

⑤ 不过，斯蒂格勒也可能是想说，这时就用得上德姆塞兹讨论过的重新签约以及（或者）重新竞标的内容了。至于德姆塞兹是怎样看待这些问题的，详见下文。

一次性合同可以分为两类：全面或有权利合同(complete contingent claims contracts)与非全面合同。前者要求每一位有希望获得特许权的人都应该详细说明：他目前准备以何种条件(即价格)提供这种服务；还要说明，如果为适应未来的不确定事件而调整价格，那么，他将在哪些条件下提供这种服务。但从常理讲，这种全面的合同会复杂得根本无法起草、谈判和履行(拉纳，1968 年)。对这种无法进行交易的情况，我在前几章中已经讨论过了。

既然不可能签订全面或有权利合同，那就要考虑非全面的、一次性或有权利合同了。但这种不全面的合同也不是没有成本的。尽管从有限理性的意义上说，签订这种非全面的一次性合同是有可能的，但这种合同却增大了投机的危险，会带来新的矛盾。其中的问题从实质上看就是下文将要讨论的非全面长期合同的问题。

3.2 非全面长期合同

德姆塞兹心目中显然认为，既然授予特许权，那就应该是长期性的；至于怎样去适应那些难以逆料的进展，可以按照惩罚条款，通过重新谈判来解决(1968 年，第 64—65 页)。当然，如果双方一开始就对不可预料的事件达成了如何应对的共识，并能按照总体利润最大化的原则去处理，使{双方}都能从这种适应中分享收益，就没有必要再去重新谈判。然而，除非双方都非常清楚自己能得到多少利润，并且能以较低的代价告知公正的仲裁人，否则，徒有这种对结局的总体共识，它也不会自行得到贯彻。但没有这一条，一旦发生不测事件，各方都可能会搞一些只对自己有利的数字游戏。

诚然，有了非正式的制裁，再加上交易双方珍惜那种能提供长期收益的合作机会，就会冲淡那种短视的、损人利己的逐利行为（麦克雷，1963 年）。但要消除投机的危险，只有这些条件是远远不够的。在各种条件都不确定时，要通过谈判形成非全面的长期
334 合同，就应该预见到下列问题：(1)在首次中标(initial award)的标准上是很容易做手脚、搞欺骗的；(2)在价格与成本{的关系上}，在业绩的其他方面以及在政治上，执行起来都很容易出问题；(3)合同到期要续签时，现任{经营者}与其可能的竞标对手之间不大可能进行平等的竞争。下面我将逐条考虑这些问题。

a. 虚假的或模糊的初始中标标准

“供货便宜”这种承诺是个几乎不可能界定清楚的问题；除非明确规定其服务质量，再加上按质报价(scalar valued bids)能带来经济上的好处。波斯纳认识到了前一点；并建议在中标以前的宣传(solicitation)中，就要摸清用户(subscribers)对{产品}质量的偏好。其运作机制涉及

> “……一个‘开放期’；在此期间，所有申请特许权的人士都可以在一定时期内向当地居民展开宣传。但这不是搞选举；而是指申请人应努力争取使潜在的用户作出实际{购买}承诺。等宣传期一结束，就要比较所有申请人各自得到多少承诺，然后根据用户的承诺计算出有保证的订单数额，谁拉到的订单数额最大，谁就能中标，得到特许{经营}权。按照这种

做法，每个用户的那一票要根据其付款意愿进行加权；最后获胜的申请人就是在与其他申请人的自由竞争中，被最多的用户看好的那个人。为保证宣传活动正当进行，要求每个申请人事先签订一份合同，其中应载明：如果他获胜，就必须按照其宣传时提出的价格，提供一定水平的服务”[波斯纳，1972年，第115页]。

如果在竞争的最后阶段，还允许{申请人}对其报价与质量进行调整，就会带来一个“比较问题(comparability problems)”；而上述做法就可以避免这个问题。因此，实行中标前进行宣传的做法，不仅防止了{服务}质量水平由政治集团来拍板决定的后果；还能在最后竞争{定标}时省去一道手续，这道手续指的就是由于基本情况不确定，只好对风马牛不相及的各种价格—质量组合进行比较，再{勉强进行}选择。

波斯纳关于中标前宣传过程的说法无论多么富于想象力，在实践上显然是行不通的。首先，它要假定用户有凭空判断价格—质量组合{之优劣}的本事，而且他们有时间、也愿意去作这种判断——而这就涉及有限理性的问题了。[6] 其次，要把各种偏好进

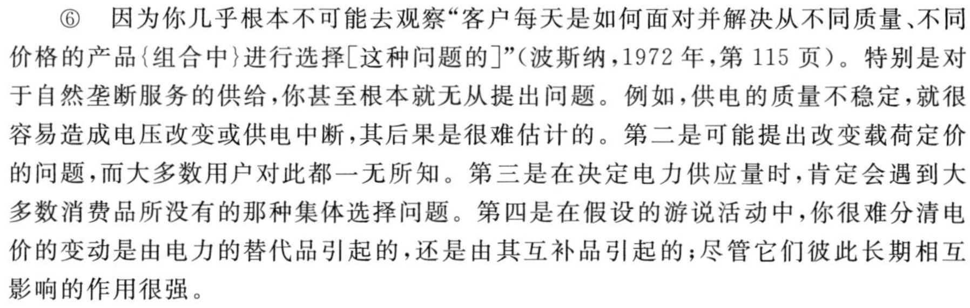

⑥ 因为你几乎根本不可能去观察“客户每天是如何面对并解决从不同质量、不同价格的产品{组合中}进行选择[这种问题的]”(波斯纳，1972年，第115页)。特别是对于自然垄断服务的供给，你甚至根本就无从提出问题。例如，供电的质量不稳定，就很容易造成电压改变或供电中断，其后果是很难估计的。第二是可能提出改变载荷定价的问题，而大多数用户对此都一无所知。第三是在决定电力供应量时，肯定会遇到大多数消费品所没有的那种集体选择问题。第四是在假设的游说活动中，你很难分清电价的变动是由电力的替代品引起的，还是由其互补品引起的；尽管它们彼此长期相互影响的作用很强。

335 行加总，结果也只能是非常主观的。[7] 最后，它还要假定，用户会要求胜者按照{报价}水平提供服务；或者，如其无法兑现，也要以其他服务来满足自己的要求。这就产生了{如何}执行的问题，后文 b 节将讨论这些问题。[8]

另外，如果随着需求的周期性变化，提供服务的价格也在改变——这种变动往往是衡量公共服务设施财产分配是否有效的标准——那就必须求助于复杂的、可调整的载荷定价体系，而不能简单地按最低报价来确定{供电的}价格。但竞标中的各种报价意向(vector valued bids)又给认定谁能中标带来了难题。

综上所述，尽管可以把特许权中标问题简化为最低报价中标的问题，但如果未来不易确定，而所需要的服务又非常复杂，中标工作就很容易受人操纵。这样，往往就需要对中标结果进行仲裁；并且(或者)还有这样的危险：即处于最有利地位或最肯冒政治风险的竞标者会提出“孤注一掷的”报价。这就又造成了如何贯彻执行的问题。对此我们将在下面讨论。

b. 执行中的问题

上述有关合同中标的问题即使不存在，或者不严重，因而可以

---

⑦ 因此，按波斯纳的标准看，如果在竞争中，A 种价格—质量组合击败了 B、C、D、E 等组合；其中，A 属于质优价高的组合，而从 B 到 E 的各种组合则为程度不等的低质低价组合。那么能否由此得出结论说，A 种组合就是社会所偏爱的那种组合呢？

⑧ 在接线需要花多少成本以及向社区中哪些人供电等问题上，同样会遇到这个问题。{具体如}：是按平价向每个要用电的人供电呢？还是只对架线成本超过某一标准的那片居民供电呢？还是谁用电多，就多交电钱？就算实施这种合同的机构能拿出某种单一的收费标准，这种标准就一定是最优标准吗？再者，这种接线标准在合同整个有效期内都应保持不变吗？

忽略不计，我们也必须正视如何履行合同这一问题。而且也正是在这个履约阶段，再加上合同要定期更新、续签，才使政府统一对公用设施特许权竞标进行监管{的必要性}变得尤为明显。

为讨论这一具体问题，我先作一个有些过分的假定，即假定竞标中的胜者必然就是那个在整个合同期间提供公用服务的人。只有当此人作出极为罕见的劣迹且坚持不改时，才会找人替换这个获胜的中标人。

支持这一假定的有以下几点理由。第一，在中标的长期合同中已写明，谁在竞标中获胜，就由谁在整个合同期间提供这种公用设施。之所以要签订长期合同，最主要的理由是为了给供给者提 336
供购置长期资产所必须的激励。[⑨] 如果{中标者}稍有差池，未能按特许权所有者的期望行事，其特许权就将被收回；于是，长期合同也就变成一纸空文，其投资目的也会落空。

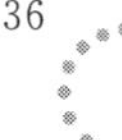

{第二，}旷日持久的诉讼及诉讼费用会打消{特许权所有者}撤换特许权中标者的念头。更何况即使能找到代替后者的人，所有者也要付出不菲的转让成本（这些问题将在下面第 c 节进一步讨论）。最后一点，负责特许权招标的政府部门也像其他官僚一样，不愿意承认或被人指责自己有错误。这就像埃克斯坦因（Eckstein）所说的那样，对公众负有责任的决策者“要为自己的决策承担政治上和心理上的风险，他们已经练就了一套为自己辩护、而不是自我批判的本事”（1956 年，第 223 页）。既然撤换{中标人}的

⑨　而波斯纳赞成的那种短期合同，可以解释为什么长期资产会从特许权获得者手中向其继任企业转移。这样才能对投资形成适当的激励。对于资产转让过程的性质问题，后面 c 节中还要讲到，因此我这里只是扼要地叙述一下波斯纳所说的内容。

举措会被人们视为公开认错，那就可以断言：一旦负责特许权招标的政府部门发现中标者业绩不良，他们宁可通过谈判以求“中庸”，也不愿承认这种错误。

在履行长期合同的条件不确定的环境里，最忌按固定价格来竞标。因为在技术、需求、需由本地供给的生产因素以及通货膨胀等因素均不确定的条件下，价格将会日益背离成本，或者说不再根据成本来确定。

当然，套用价格弹性公式是可能减轻这种背离程度的（富勒与布劳切尔，1964 年，第 77—78 页；格德伯格，1976 年 b，第 439 页）。其中一种可能是根据某些价格指数的变动相应地调整价格。但是在技术迅速变化或当地条件与人口指数大大偏离的条件下，那种做法只不过是大体上纠正一下；而且也很难令人满意。如果是按成本加成（或成本分摊）定价法，而不是按固定价格来签合同，就能使价格更准确地反映成本。但这样做，又会出现在履行保护性成本分摊合同时所能发生的一切困难（谢尔，1964 年；威廉姆森，1967 年 a）。这时，审计问题和保护性激励问题就变得极为严重（但要注意一点，政府也无力监管。为了克服这些困难，只好设计出特许权竞标这种方式）。

如果合同中没有明确规定服务的质量，又没有规定监督程序和审计程序，那么，在合同履约期间，就给特许权获得者留下了自行其是的空间。尽管特许权获得者事前已经在合同中作了保证，但只要能增加净收益，又不违反合同中的字面要求，你几乎不可能要求他们一板一眼地按协议精神办事（有线电视信息中心，CTIC，
337 1972 年 a，第 11 页）。更何况技术标准又不会自动得到贯彻；要落

实这些标准，就得设计出一些政策性手段(有线电视信息中心，1973 年，第 7 页)。既然消费者个人不太可能掌握有关资料，或者不能区分具体情况对服务质量作出评估(格德伯格，1976 年)；并且，既然已经有了专门负责质量评估的政府部门，由它来负责节省开办成本，并通过劳动专业化而实现节约；那就表明应该实行集权式管理。但要注意，这就又回到政府监管的道路上去了。[10]

进一步说，对所有的竞标者只规定一个通用的质量标准是不够的。我们不妨作这样一个假定：有一位竞标者提出，为达到专门质量要求的目标，他将安装高效的、能长期使用的设备；第二位竞标者则提出，他拥有"跳闸"时能马上启用的备用设备；第三位竞标者声称，他将投巨资建立一支维修队伍。尽管他们之中只有一人能完全满足要求，但用户和政府部门可能都无法在事前辨明其真伪。如果把特许权授予报价最低的那个人，结果却是他根本没有自己宣称的那种能力，那就太令公众失望了。虽然各种合同中都有防止这种后果的惩罚条款，但情况往往是——就像保护性签约历来表明的那样——成功的竞标人总有本事在续签合同时占到便宜。

由于会计账目不清，再加上特许权授予部门不愿看到中标人承诺落空，就使特许权获得者在重新谈判期间，有可能别有用心

[10] 有线电视信息中心是这样表述这种意思的：

"[技]术标准不会自动得以贯彻。因为要贯彻这些标准，就需要对整个系统进行检测，对测试手段进行鉴定，确定所要采取的纠正措施。这就给负责监管的部门又增加了一项负担，即实行管理。除非授予特许权的部门愿意承担起贯彻这一要求的责任，否则，它是不会采用这种技术标准的"[有线电视信息中心，1973 年，第 7 页]。

地——包括以破产相威胁——利用会计数据。引入监督机制和会计控制技术固然可以防止这种后果，但正是这些措施，又以一种半管制式的关系，把特许权获得者和特许权授予部门拴在了一处。

在特许权重新谈判已成家常便饭，也许对经营中{是否}盈利还能起到至关重要作用的情况下，政治策略就具有特别重要的作用了。可能有些供给者拥有能以最低价格提供产品的第一流技术，{但}不善于与授予特许权部门的官员拉关系，也不善于影响{招投标的}政治程序，他们就不大可能成为竞标中的赢家。[11] 从政治技巧要压过客观经济技能这一点而言，需要搞清的问题是特许权{招标的做法}比政府监管到底好在哪里。

338 在控制利润水平的问题上，如果对特许权获得者的限制不像对政府监管的企业那么严格(后者的回报率不能超过一定水平)，那么，特许权这种方式就确实是在鼓励{人们}更多地参与政治了。其道理在于：私人投资收益能在多大程度上归私人所有，直接决定着通过向私人资源投资、进而影响政治决策的那种激励机制的强度——因为获得特许权的企业可以得到别人所得不到的好处。[12]

c. 续签合同时平等竞标

如果竞标中的胜者比败者能占到很大便宜，就意味着合同到

---

⑪ 要注意，在这种环境下，具备经济资格的各方与掌握政治技巧的那些企业实行合并，就既能给私人带来收益，也能给社会带来收益。在本章附录的案例中，实际就发生了这种合并。

⑫ 这就是假定，政府监管并非一场儿戏；在政府监管下，经营无度(management engrossing)是会受到严格限制的。但不要忘记，这个道理还假定：能够影响到政治程序的边际净收益要比特许权方式的净收益高得多。关于政策与政府监管问题的讨论，请参见艾尔弗雷德·卡恩(1971 年，第 326—327 页)。

期续签时的竞标平等被破坏了。中标的好处可以分为三种:一是经济上的,二是经营上的,三是政治上的。经济上的好处源自那种根本性转变——即第二章中首次介绍过的那种合同现象,并表现为中标后各种各样的合同内容。经营上的好处则体现在转让特许权时的资产评估及有关问题上面。与这两种好处有关的问题将在下面第 3.3 节讨论。

有线电视信息中心还是一个年轻的行业,因此,很多社区还没有为合同到期时续签合同的竞标开展宣传活动。可以预料,在现有的特许权获得者的内心深处,早就把续签特许权合同期间省去竞争这道手续算作一种利益了。至于当初签下"按竞争规则办事"以及"通过竞争才能获得利益"的协议,那不过是些官样文章而已;而现实却是把竞争当作一件苦行者穿的粗毛布衣(a hair shirt)。既然现任的特许权人有这些好处可得,那他们为什么又会觉得不续签合同是一种威胁,只好屈从续签合同时竞标之争的检验呢?这是因为家丑总会外扬。考虑到即使不续签合同,也躲不开{政府}管理中的刁难和法律上的挑战,那又何苦从头到尾地排练一番呢?因为只有这样考虑问题,才能在政治上弹出一曲谐音。美国参议院为使有线电视频道的租用率提高到全系统的 15%,曾通过一项法案作为交换,其中就规定了要对"最先获得特许权的人给予重大优惠"(普莱斯,1971 年,第 326—327 页)。不管这项法案或其他形式的规定能否成为面向全国的公法,仅从政治家们允许在续签特许权合同期间展开不受限制的竞争这一点来看,其动机就值得怀疑(科恩,1983 年)。只有缺乏政治头脑的人才不这样看问题。本章附录所载美国奥克兰州和加利福尼亚州的特许权发标历

程即可证明这一点。

339 3.3 定期续签的短期合同

与长期合同相比，定期续签的短期合同有一个最大的优点，就是应变能力强，可以分步作出决策。这就避免了那种需要要求预先把各种可能遇到的问题都描述一番，并一一规定出适当应对措施的麻烦。相反，它允许把将来的问题留到以后再处理；{每次}续签合同时只解决需要解决的具体问题就可以了。换句话说就是等问题成熟以后，出现一个（或几个）解决一个（几个）。而要签订预案合同，就要求建立全面的决策树，对一切可能遇到的问题都要未雨绸缪。与之相比，分步决策的应变性更强，能够在有限理性的基础上更大程度地节省成本。

另外，根据“围绕续签合同展开竞争能提高效率”的假定，{即使}长期合同没有包罗万象，也能避免因其不全面而受到的困扰。合同条款中缺乏这类适当的规定，最多也不过是在目前的短期合同期间内出现不良业绩。正是由于竞标的胜者明白在近期内还要再对标的进行竞争，因此，如果合同中有哪些缺陷已经摆明，他就会更乐于与特许权授予部门进行合作，而不会去钻空子、占一时的便宜。[13] 因此，投机行为也就受到了抑制。[14]

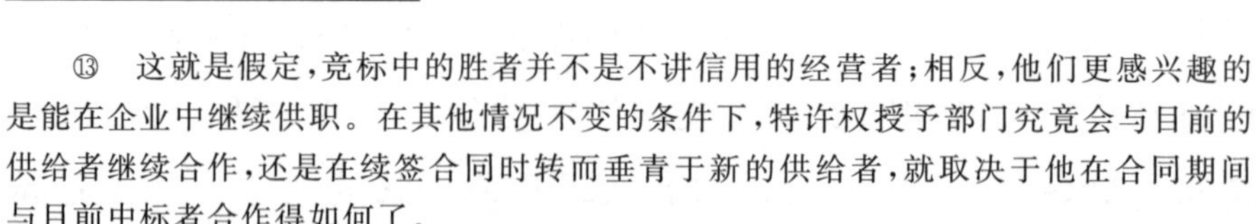

⑬ 这就是假定，竞标中的胜者并不是不讲信用的经营者；相反，他们更感兴趣的是能在企业中继续供职。在其他情况不变的条件下，特许权授予部门究竟会与目前的供给者继续合作，还是在续签合同时转而垂青于新的供给者，就取决于他在合同期间与目前中标者合作得如何了。

⑭ 这一点同样适用于特许权授予部门的工作业绩。波斯纳的理由如下：

然而,定期续签的短期合同究竟有多高的效率,主要还得看“**续签合同期间,竞标人可以平等竞争**”这个假定能否实现。[15]波斯纳就遇到并回答了这个问题:

> “有线{电视信息}公司厂房的寿命一般都长于该{公司所获得的}特许权的期限;[这]一事实就提出了一个问题:不管是哪个新申请{特许权的}企业,都得从头开始建设新厂房,有线公司难道还不能以低报价击败他们吗?难道第一轮竞标以后,讨价还价的方法就失效了吗?没有必要认为:新的竞标者为购置新设备而付出了成本,所以他们与现任特许权经营者相比,就一定处于极为不利的地位。例如,一旦新的竞标者得到了特许权,他就可以通过谈判,把现任特许权经营者的{发射}系统买下来;因为如果继任人另建了一套新的系统,现任经营者的一部分投资将面临无法摊销的损失。如果有线公司厂房的经济寿命长于特许权的有效期,那就可以考虑这样来解决问题:利用特许权中包括的一条规定,即要求特许权人与 340

> “[如果]特许权的{授权}期……很长,合同双方是不可能预见到所有要求修改合同条款的环境的。尽管这是一个所有合同都会遇到的共性问题,但我们这里的特殊性却在于,在签约双方中,其中一方并不是利害攸关的真正{经济}实体,而是负有监督其他各方(即用户)利益之责的公共机构。与政府管制部门打交道的经历告诉我们,你不能假定这样一种部门能忠实地代表消费者的利益。当有线{电视}公司以未能预见到各种环境变化为由,要求修改合同条款时,这家政府机关作出的反应不是虚与委蛇,就是强词夺理”[波斯纳,1972 年,第 115—116 页]。

如果是短期合同,“就根本不存在修改……条款的问题”(第 116 页)。在这种情况下,就避免了上面提到的扭曲问题。

⑮　要了解前面讨论的竞标是否平等的问题,请参见皮考克与罗利(1972 年,第 242 页)和威廉姆森(1975 年,第 26—35 页)。

其继任者商妥后，把自己的厂房(包括他进行的各项技术改造)按该设施的原始成本扣除折旧后{的价格}卖给继任者”[波斯纳，1972年，第116页]。

我发现这些观点太乐观了。一是设备评估问题往往比波斯纳建议的内容要复杂得多。二是波斯纳所注意的都是非人力资本，而人力资本也有可能出问题，但他只字未提。人力资本在履约期间会带来收益，也会使现任经营者比外部人士更占便宜；如果这种收益能事先预测，它自然就会反映在最初的竞标{价格}中。但是“买进(buying in)”总是要冒风险的。而且，这种按财产定价的战略特点也远不如按平均成本定价能更好地配置资源。因此得出一个结论：由于合同的不确定性，定期(比如说四年一次)续签合同的竞标{方法}就会被淘汰。

如果所涉及的投资没有很强的专用性，厂房、设备的评估问题也就不会那么麻烦。我猜想，这就是德姆塞兹关于汽车牌照例子所讲的那种情况。如果只需对(切割、冲压、绘图等)通用设备稍作改造，就能很好地造出汽车牌照；那么，续签合同竞标中的失败者当然也能用大部分同样的设备去生产其他产品。至于竞标中新的胜者，则只需付出少许成本，改造一下厂房、设备，每年就能有效地进行生产。

换一个角度看，如果在合同到期之时，厂房、设备的寿命已然耗尽，那也不是问题。就像波斯纳所建议的以及一般人所认为的一样，{当初}装备如此短命的厂房、设备，是一种不讲效率的做法。

进一步说，与德姆塞兹所举生产汽车牌照的例子不同的是，大多数公用设施(供气、给水、照明、电话)都要求先建设、安装专用的厂房、设备。有线电视信息公司的情况就是这样。既然建设两套这样的系统是一种浪费;而且在合同到期续签时,要求外部竞标者这样做还会使其在竞争中吃亏;那显然就需要想出一些办法,能使现任特许权经营者把资产转让给其继任的企业。

波斯纳认为这个问题可用以下办法来解决,即规定:由前任特 341
许权经营者把这些厂房和设备按其原始成本减折旧后{的价格}卖给继任企业,当然要征得后者的同意。波斯纳没有讲具体的做法,那是为使自己所强调的基本政策选择能保持前后一致。但他很不走运,因为问题恰恰出在这些细节上。

首先,前一任企业可以虚报原始成本。再者,即使最初授予特许权的条款中对折旧的会计程序作了规定,也不一定被遵守。第三,用原始成本减折旧的方法来评估厂房和设备,最多也只能给它们确定一个{价格}上限——由于没有考虑通货膨胀问题,甚至可能连这一点也做不到。因此,继任的特许权经营企业就会要求减少其供给量,结果是导致在{转让价格上的}争执不休。最后,即使没有这些纠纷,波斯纳也只是从法律上给出了资产转让的原则,并没有说明投资激励程序与效用在经济性质上各有哪些特点。

会计报表上记录的原始成本能否被如数认账,在一定程度上要看购买这些设备是否要通过竞争。因为在合同到期续签时,最初获得特许权的人有的已经在后向一体化中被合并,成为设备的供应商;有的已经从设备供应商那里得到了一笔回扣;因此他们能操纵{转让}价格,坑竞标对手一把。由此还涉及一点,即原始成本中也许还包括建设厂房、安装设备所花的人工费用。但由于搞不清楚{该企业}是按什么比例把人工费摊入经营成本和资本支出的，因此，最初竞标中的胜者可以把一部分人工费用资本化，使可能接替他的中标者再吃一次亏。依靠审计固然能限制一下这种扭曲的程度，但那就有点儿政府监管的迹象了。再说，即使能审计得很细，其结论也往往会引起纠纷。从外部竞标者不能同等地获得真实的评估信息，因而{在竞标中}处于不利地位这一点来看，过分资本化(excess capitalization)也就成了一个沉重的包袱，压在那个将成为新供应商的企业身上。

要就折旧费用的数额达成一致(特别是如果陈旧性贬值难以确定，以及出于某种战略目的而有意编造维修费用的数字时)，同样会遇到那个尽人皆知的难题。因此，无论是评估原始设备，还是确定折旧额，往往都要花费很高的代价来请人仲裁。[16] 其结果与

⑯ 洛杉矶市在其特许权发标及实施管理条例中已经预见到了这些困难(《市政府条例》第58000号)。该条例规定，市政府有权购买某项特许权财产，或为该财产找到购买者；并进一步规定……在该特许权依法行将到期时，市政府有权按自己的意愿，在不超过本条例所规定之该特许权条款法定到期日之前1(一)年内发布公告，购买、接管该公用设施之财产；如政府据此目的行使其权利，应按所购买、接管之公用设施财产的现行公允价值给付该特许权受让人。(d)前款“公允价值”之含义，可理解为这种公用设施财产在考虑其按初始设计意图所要求的适用性及使用性能和维修条件后的合理价值。政府应以被接管财产之效能的实际成本为基础，扣除至购买日止的累计折旧；如有陈旧性贬值，应作适当扣除后再根据{该财产}各组成部分所应发挥的实际效能，确定其支付价格。但对特许权价值、商誉、持续经营价值(going concern)、获利能力、重置成本增加额或权利的{行使}方式的增值，或因拆装损害造成的折减等，则不应给予补贴。(e)以这种或其他方式供收购之用的公用设施财产在该特许权到期日之评估值，应由以下三名仲裁人组成的委员会确定；一人由市政府任命，一人由特许权获得者任命，第三人则由前两个仲裁人任命。该仲裁委员会应于政府自行宣布收购该公用设施财产或找到其他购买者后30日内任命。此后如该仲裁委员会未能在规定期限内制订招投标计划并予以立项，则应按前述要求组成新的仲裁委员会。新仲裁委员会应根据对其成员的任命即刻行使其职能。如仲裁委员会中任一成员未到位，原任命者应另行任命一人以填补空缺。(f)如特许权获得者在政府自行宣布收购该公用设施财产或

受监管的{财产税}税基评估(rate base valuations)相似。

可以预料,在特许权竞标中对实物资产的评估的确要比政府监管下{的评估}更为严格。首先,政府监管的企业要根据纳税税基和已实现的收益率才能计算出其收益;情况很明显:如果受监管 342
企业的投资收益可享受退税(allowable rate of return concessions),那么,作为交换,其{财产}税税基就可以调整。另外,政府监管部门和被监管企业为此很可能要进行长期的、一系列的谈判。但不管哪一方在第一轮谈判中出现误算,如果在下一轮调整税基时能予以补救(或者,如果在发生财务危机时估计可以临时减免此税),那就不算太严重的错误。而在特许权竞标的情况下,资产评估的风险会更大;这是因为投资回报率{预测}的自由度和阶段水平都更难把握。相应地,更激烈的讨价还价也就更容易导致法律上的纠纷。

而波斯纳所说的实物资产评估中的困难,只不过是{如何}确 343
定{评估值}的上限而已。但能否根据这个评估值成交,还要看继

找到其他购买者后30日内尚未任命仲裁人,或者未能找到购买者;抑或此仲裁人死亡或退休,而该特许权获得者、其继任者或其代理人(assigns)也未能在此后10日内另行任命一人以填补空缺;或者,如政府自行宣布收购该公用设施财产或找到其他购买者;或由政府及特许权获得者按前款规定分别任命的两名仲裁人于政府自行宣布收购该公用设施财产或找到其他购买者之后60(六十)日内,仍未能任命第三名仲裁人或找到购买者;凡此,加利福尼亚州最高法院首席法官可根据该市政府或该特许权获得者之请求,由政府或该特许权获得者于书面通知另一方后5(五)日内,以洛杉矶市的名义任命一名仲裁人;尽管该仲裁人系以上述方式任命,但应享有同样的权利与责任。(g)三位仲裁人须在任命后3(三)个月内与该市评估管理官员(City Clerk)共同制定{发标之}标的并办理立项手续,经多数仲裁人同意后即可发标。

要了解有关纽约市政府对有线电视信息公司发标中相似的特许权评估问题,请参见《有线电视信息中心》(1972年a,第16—17页)。

任者的意愿。就这一点而言,我们没有理由认为一定会按这个评估值成交。如果不作更具体的规定,就可以认为,继任者会根据最佳选择原则(即非特许方式的用途)的价值,买下这些专用厂房和设备。这个价值一般会略低于{该资产}的原始成本。前任经营企业和后任经营企业将会发现,他们面对的是一个很宽的讨价还价的区间,要在这个区间内才能达成交换协议。但由于驱使交易双方达成独特协议的竞争动力不足,可以断言,他们还要再就此进行一番讨价还价(这是一种社会成本)。尽管这有些繁琐,但波斯纳没有提及的这些细节却很重要;看来,根据上述价格,根本就不会发生他赖以推论的那种无摩擦的{产权}转让。

可以想见,要解决这些问题,就需要设计出更高水平的资产评估和特许权竞标的方案。[17] 但很显然,只有靠现任经营者,而且是那些认为只有多方竞标才能使合同到期续签时的竞争富有效率的现任经营者,才能拿出符合要求的具体经营计划。如果没有这种具体计划,就敢断言:在合同到期并续签时,只消以低成本对实物资产进行重新配置,就能提供那种需要安装长期专用的厂房、设备才能提供的特许服务;人们肯定会对这种观点产生怀疑。恰恰相反,看来正是这笔不菲的讨价还价费用和纠纷调处费用,使波斯纳改变了自己的看法。

---

⑰ 一种可能就是:在合同到期并将续签合同时,每个有意竞标者都把他对{该}资产现时的评估{值}计入其关于服务质量与价格的竞标报价之中。因为这里的问题在于,这种资产评估{值}与服务的标的并不是互不相关的。由于获得特许权的人可以提高其服务的收费价格,因此他们才愿意出高价来{得到}这笔资产。

还可以使用其他方法(见注释⑯);有些方法还可能具有令人很感兴趣的特点。但毋庸讳言,如果要全面地考虑重新竞标的方案,就得事先“吃透”资产评估的机制。

此外，人力资产的问题也必须正视，而波斯纳与德姆塞兹对此简直就只字未提。这就又提出了可替代性(fungibility)的问题。从人们掌握特许权经营技能的普遍程度上看；或者换个说法，就企业现有雇员根据同一条款与其竞标对手及该权利的所有者打交道的能力来看，这一问题是不会存在的。但如果经过工作实践和培训，{员工}个人及员工小组掌握了不容忽视的专业技能，那就打破了上述第一个条件。另外，如果在竞争中，雇员们拒绝转让该标的的所有权，就会使竞争对手处于不利的地位。

关于劳动力用途不可改变的问题，前面几章已作过讨论。其中提到，在以下几个方面，有经验的工人与没有经验的工人之间的
差别有时会变得非常之大：(1)设备的独特性，即设备高度的专业 344
化或非标准化，尽管这是个很平常的问题，却只有有经验的工人才能"揭开"{其秘密}；(2)只有在专门的经营环境中的经营者与工人，才能普遍采用或"接受"独特的操作方法以实现节约；(3)在操作中，各种人员由于不断接触和相互适应，会发展出一种非正式的团队关系；而一旦调整{工作}成员，就会打乱这种关系，甚至会破坏整个班子的业绩；(4)由此还会逐渐形成其独特的沟通方式(比如信息渠道与"行话")，但这种方式只有在各方彼此很熟悉、且有共同语言时才有价值。

由此产生以下的结果：对于最初在特许权竞标中的胜者所雇佣的那些有经验的工人和经营者班子，要想把他们全部或大部分替换掉，往往会导致效率降低。这时，再想把另一组人培养起来，熟悉这种操作的特点，训练出团队生产与沟通所必须的技能，势必要付出高昂的成本。由此可知，由于只有现有的雇员才掌握以最

低成本提供这种服务所需的独特知识，因此他们可以强有力地阻止那种改变特许权发标的企图。

然而，只有在现有雇员以不同态度对待现任所有者和外部竞标者时，才会发生前面提到的成本劣势。但与其他方面都合格、却缺乏经验的雇员相比，他们可以发挥自己的战略优势来对付现任所有者和竞标对手。由此，问题就归结为一点：在合同到期续签时，他们是否会以不同的态度来对待现任所有者和潜在的所有者。[18] 据我猜想，他们是会这样做的。其主要原因在于，在融洽的环境中，人们（对有关工作安全、提拔的可能以及其他内部管理规定）要达到**心领神会**的地步，要比在不那么融洽的环境中容易得多，执行起来也是如此。[19]

但这并不是说，雇员们不能或不愿与外来竞标者讨价还价。而是说，要通过讨价还价来达成协议，势必需要更多地关注明显的
345 细节问题，因此这样做的成本太高；或者说，要与外来竞标者达成大致（即规定得不全面）的协议时，就要冒更大的风险。因为如果

---

⑱ 这种关系包括下述有关问题：在合同履约期间，现有雇员为什么没有充分发挥自己特有、而缺乏经验的雇员却没有的那些优势呢？——在那种情况下，根本就不存在什么合同到期续签时还能享受的、雷打不动的特殊收益了。与此相关的是动态均衡与相机谈判行为之间的区别问题。这首先是因为该系统中可能会有一个调整滞后的问题，在经营期间出现这个问题尚可容忍，但在合同到期续签时就必须纠正过来。再者，要占有这种特有收益就必须采取集体行动。企业所有者也许会与经营者和劳工代表谈成一个两全之计；其中，经营者和劳工们为了得到所有者的支持（包括工作安全、工资薪金等等），会有意识地放弃独吞特有收益的打算。正是由于认识到“领导权”只能存在于这种整体关系之中，保留这种雷打不动的特殊收益才能成为一种战略优势。

⑲ 要了解社会学是怎样讨论某些连贯性（succession）问题的，请参见古德诺（1954 年）。据麦克尼尔的观察，“参与者的态度或关系要求的是互相信任，这一因素使身份（identity）变得很重要，也就不大可能简单地转让给别人”（1974 年，第 791 页）。

对额外的具体问题也要一一抠细，势必增大达成协议的成本，这样外来者与内部人相比就处于劣势了。反之，如果要雇员相信外来经营者办事是“负责的”；或者换一种说法：如果发生了雇佣合同始料不及、也不能直接涵盖的事件，而外来经营者也同意接受雇员们对不全面协议所作的解释，那就带来了很大的潜在风险；针对这种风险的酬金就会直接或间接地反映在竞标报价之中。于是就得到以下的结果：雇佣关系本来就非常独特，再加上外来经营者不可能以同样的代价达成同样的协议，就使原经营者在合同到期、续签合同时占了优势。这样，本来竞标中就有个实物资产评估的困难，再加上人力资本上的种种考虑，这种困难就更大了。从这一条来看，有关“在合同到期续签时可以做到平等竞标”的预言也就值得怀疑了。换言之，如果在合同履约期间，最初夺标竞争中的胜者能占有信息优势和{因}非正式组织{而形成}的优势，那就不能再假定“合同到期续签时可以做到平等竞标”了。相反，最初授予特许权时一度是多方竞标的局面，到了特许权行将到期、需要重新竞标时，就会变成类似于少数几方讨价还价的那种局面。由此也就实现了那种根本性的转变。

当然，有人也许会反驳道：现任{经营者}的优势在一开始就能预测出来；在这种情况下，由于一开始就是多方竞标，就会把贴现后的、与未贴现时等值的既定利润压低为零。但这并不是令人完全满意的答案。首先，如果一开始就以低于成本的价格(甚至是负价格)进入夺标竞争，在合同到期、重新竞标时，又按另一种成本来确定价格，很容易造成资源利用的不当。再者，买进(buying-in)的战略也有其风险。因为特许权发标人在以后几轮竞标中确定的那些条件，包括能抵消现任{经营者}在实干中学习所获得的优势的那些条件，都会影响到其他{竞标方}的供给价格。

3.4 小结

对待定索取权(contingent claims)是不能采用一次性竞标方式来签订合同的；即便用了，执行中也会矛盾百出。德姆塞兹设想了不全面的长期合同，它固然能减少第一类问题，却加重了第二类问题的难度；会造成研究保护性签约和政府监管的学者早已熟知的一整套严重的困难。其中要点就是：通过不全面的长期合同对特许权
346 进行竞标，要比德姆塞兹在讨论中所建议的步骤更加不可靠。

波斯纳设计的方案缩短了特许权的授权期限；这是为了克服因不全面的长期合同所带来的适应能力{差}的问题。但对于各种短期合同无从暴露其缺陷的问题，他在讨论中却没有充分揭示其细节，并且(或者说)没有击中要害。尽管波斯纳对有关程序作了规定(1972 年，第 116 页)，但其观点的基本局限性就在于，他没有把握作出以下假定：合同到期并重新竞标时，最初的赢家与其继任竞争者之间一定能做到平等竞争。恰恰相反，我们有若干理由去怀疑这种竞争是否平等；因为在那种情况下，波斯纳在定期重新签约问题[20]上所说的适应能力以及根据成本来确定价格的性质，就不像他所描绘的那样，能以无摩擦(或低成本)的形式出现了。

---

⑳ 其基本观点在于："[每]个竞标人都会提出自己的服务措施计划及收费价目表。只要竞标人不止一个，而且能防止他们相互串谋——满足这些条件还不至于'难于上青天'——那么，通过竞标以降低用户的费用，提高服务质量，就能消除垄断定价和垄断利润"(波斯纳，1972 年，第 115 页)。

广泛地引入政府监管或仲裁手段，当然可以减轻某些困扰波斯纳观点的难题。这些措施包括对厂房和安装的设备进行评估，对有关会计记录进行审计，对现任经营者与其竞争对手企业因实物资产评估{结论}发生纠纷而进行仲裁。但这样一来，特许权竞标与政府监管的区别也就只限于程度轻重之分了。

从上述情况看，波斯纳所建议的定期竞标方式并没有被广泛接受，也许是不足为奇的。相反，由于有线电视信息中心的特许权中标期为 10～15 年，合同不全面的问题也因政府不断充实其监管的具体办法而得以解决（有线电视信息中心，1972 年 c，第 9—12 页）——这种结果令人信服地反映了有线电视信息中心的经营者想摆脱竞争之苦的愿望。不过我认为，这样反而能解释为什么会滑向政府监管了；其原因就在于合同内容的不全面，在一定程度上造成有线电视信息中心在特许权中标后的经营业绩不良（有线电视信息中心，1972 年 c，第 9 页）。

我们完全有理由认为，通过将来逐步完善有线电视信息中心的中标条件，还能补救上述合同内容不全面的缺陷。通过制定适当的罚则以解决令人不满的业绩，规定详尽的条件以便对或有事件作出反应，由此可以有效地提高适应能力，减少因纠纷而带来的费用。然而，在合同中细化这些内容并不是没有代价的；而且，特许权授予部门也往往缺乏按照规定进行严格惩处的手段。[21] 大约

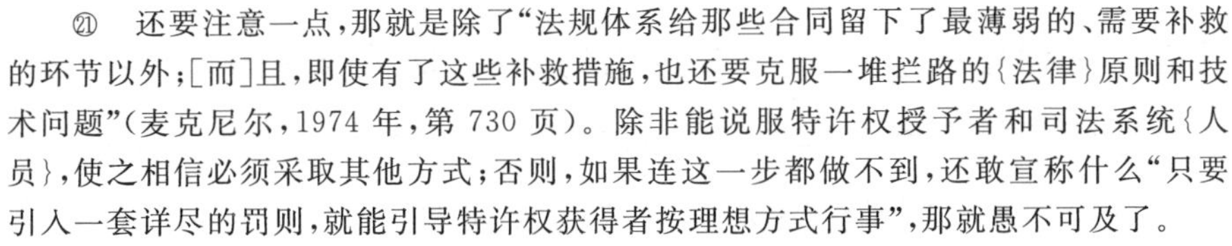

[21] 还要注意一点，那就是除了“法规体系给那些合同留下了最薄弱的、需要补救的环节以外；[而]且，即使有了这些补救措施，也还要克服一堆拦路的{法律}原则和技术问题”（麦克尼尔，1974 年，第 730 页）。除非能说服特许权授予者和司法系统{人员}，使之相信必须采取其他方式；否则，如果连这一步都做不到，还敢宣称什么“只要引入一套详尽的罚则，就能引导特许权获得者按理想方式行事”，那就愚不可及了。

347 在八年前，研究政府调控的学者就已经很明白地指出上述特许权竞标的多种局限性了：

> “政府监管并不会导致达成一项令人满意的合同并使其被人接受，因为它本身就有大量的工作要做。如果全部工作仅限于此，那么，在一般情况下，找一批聪明、正派的人，让他们监督特许权的运用方式是否适当{就行了}，用不着再采取其他的措施。但在美国公共生活的认识上和实践上，通常都存在着一个误区，即误以为只要让一批有学问的公民把宪法、法规或章程起草出来，并为有觉悟的公众所接受，就能自动得到贯彻执行；并且，单凭优秀公民的责任{感}，就能成功地把某些已经相当成熟的做法上升为法律。但实践经验却一再表明——这一点应该总是显而易见的——此路绝对不通；而且只靠书面文件规定的目的就想实现灵活的管理，也会导致灾难性的后果。法律、法规或章程办不到的事情，用特许权的办法同样是办不到的。自古以来就是“徒有协议，不足以自行”。[更何况，]行政管理当局也会忽略或无法强制实施委托其贯彻的合同中的某些基本要求；往往早在特许权远未到期以前，就不可避免地要……走法律程序了”（费舍尔，1907 年，第 39—40 页）。

如果不怕过于简化的危险，也可以用合同上的术语，把政府监管看作某种极不全面的、长期的签约合同；这种合同的第一步是保证被监管者能得到大体上公平的回报率；以此为筹码作为交换，才能谈到第二步，即享有更大自主权的合同双方能根据环境的变化

作出不断的调整，而无须再为这种变化付出高昂的讨价还价成本。至于能否由此获得净收益，那就要看第一步对激励效应的破坏程度有多大（这可以用业绩审计和在资本市场上引起的竞争力度来衡量），然后再看它能在多大程度上被第二步带来的收益所抵消，抵消后是否还有盈余。某一行业的市场不确定性与技术不确定性越大，这种格局也就越容易发生变化。

4. 对一个案例的研究

环境不同，评价不同组织模式的效率水平时所需要的具体细节也不同。根本不需要上述那些具体细节就属于政府监管的范围。然而，大多数有关这种监管的讨论（dialog）往往都过于笼统，以致无法确定“其他解决方式实际是怎样做的”——这一问题被科
斯开宗明义地称为他所引文章中的“主要问题”。 348

热衷于特许权竞标的人们却不这样看问题。因此，波斯纳才指出，要详述“具体监管措施及建议的细节……只会冲淡基本的问题”（1972 年，第 98 页）。统而言之，波斯纳致力于“用经济{学}的方法去研究法律”，且已经搞得如此深入；但把这种方法用于微观分析，却具有明显的缺陷。从学术角度追根求源，至少在反垄断方面，波斯纳所偏爱的经济{学}方法起源于阿龙·狄莱克特及其学生{的思想}（波斯纳，1975 年，第 758 页，注 6）。我在别处看到的情况也能证明，这种传统过于依赖那种无摩擦的神话，并且（或者说）要有挑挑拣拣地求助于交易成本的理论（威廉姆森，1974 年 a；1974 年 b）。但不论这种传统在课堂教学中，在批判空洞无物的公

共政策方案上是多么有说服力，多么有用，它还是很容易导致走极端，走向“靠不住的解决方法”。[22] 因此，被阿瑟·莱夫称之为“用法学观点研究经济学”(1975年)的方法，由于其更突出、也更系统地运用了交易成本理论，也就成为对狄莱克特—波斯纳的传统{方法}的一种必要补充。

要检验这里所说的微观分析方法是否有价值，可以使用三种方法。一是问：对于复杂的经济现象，这种分析的结果能否使我们的理解比原来的理解更透彻，或者与之有哪些不同点。二是我们可以深入探讨一下，看这种解释能否融入人们普遍接受的理论框架之中。或者，看它是否为了与具体环境相适应，而以一种看似离经叛道的方式来组织这些内容；也就是作一次哈耶克所说的那种对知识的“追求形式美的检验”(1967年，第40，50—58页)。根据本章及前面各章所提出的观点看，所谓纵向一体化问题，针对中间产品所签订的非标准合同问题，以及雇佣关系、公司治理和政府监管等等，尽管具体提法不同，其实不过都是某一论题的变种而已。最后{是第三点，即}你可以用数据{对这种方法}进行检验。

这种微观分析方法还可用于对具体细节的{最终}汇总和局部汇总(aggregative and subaggregative level)。举例来说，这种理论预言道：只要在工人们练就一身企业专用的人力资本的那些企

[22] 波斯纳把科斯那篇《论社会成本问题》的经典文章称作进入“新法律与新经济学殿堂”的不二法门(1975年，第760页)。值得指出的是，这篇重要且影响巨大的论文包括两个部分：第一部分主要讲无摩擦{的交易}；第二部分则对前面讨论的内容加以限定，允许出现摩擦。但大多数循此思路发展起来的理论，包括特许权竞标的理论，却基本上或完全被无摩擦的想法所占据，再不然就是以漫不经心的方式来看待摩擦问题。

业中(或者,在集中程度很高而工人们又练就了{该行业}专用的人力资产的行业中),出现集体组织的时间就会提前。这就是一种合理的汇总性预测。它还预言,在人力资产专用性很强的工会中,你为劳工而设计的治理结构,要比人力资产专用性弱的工会的治理结构更为精密。而这就是{把这种分析}应用到更微观的层次了。 349

有时,不论出于哪些考虑,我们还可以随手找几个替代性的变量,来检验这一微观分析理论的用处。如果能找到一些在细节程度上与分析水平相适应的有关现象来考察,好处就会更加明显。但这往往需要研究一些案例。这就像 P. T. 鲍尔与 A. A. 沃尔特斯所看到的那样,“很多经济现象的复杂性、不稳定性以及各地的具体情况都表明,要建立或理解这些关系,就要求通过广泛的观察来补充这种分析;而且,只靠统计资料还不足以进行深入的了解,往往还需要通过直接的观察,取得第一手资料”(1975 年,第 12 页)。本章附录所载美国有线电视信息中心在加利福尼亚州奥克兰市{获得}特许权的案例研究,体现的正是这一精神。其签约问题的复杂性与德姆塞兹关于汽车牌照的例子相比,远在几个数量级以上。因此,在特许权竞标问题上得出不同的理解,也就不足为奇了。

奥克兰市美国有线电视信息中心特许权的例子不仅是一个微观分析的案例,还是案例研究的焦点所在。一旦把微观分析的特点引入审查范围,你立刻就会发现,各种结果都是有可能出现的。但哪些结果应记录在案,哪些结果应该舍弃呢?应该说,哪种分析方法能使我们顺藤摸瓜,找到与这一理论更为接近的合同细节,哪种方法的指导意义就更大。这些细节虽然带有“猎奇”的味道,即如第八章中所说的加拿大汽车交换的案例研究，但我们最好还是详详细细地把它们发掘出来。

不过，奥克兰市美国有线电视信息中心的例子并不具有代表性。相反，奥克兰市遇到的问题要比一般情况所遇到的问题多得多。但这是否不利于进行研究呢？我想，不至于。正如前人所说的那样，“研究极端的例子，往往能为抓住事态的本质起到重要的导向作用”(《行为科学的各个板块》，1962 年，第 5 页)。只要能按以下两条去做，即一是只作定性推论(qualitative inferences)，二是观察系统的无序状况时要注意观察方式的前后一致，就能保证以相对来说“走捷径”的方式，抓住复杂组织的本质特征。本文引用的案例研究只是为了得出大致的推断；{并且假定，}官僚行为与政治程序既无腐败现象，也不存在失控的问题。由此，这种案例研究就引入了实践检验这个此前一直被人们忽略的因素，有了这个因素，我们就能对自然垄断特许权的竞标问题作出评价。

“一燕无以报春。”同理，只凭一个案例，当然也无法给美国有线电视信息中心特许权竞标的做法下定论。但也不能把这种研究只看做是“一次观察”。因为{这个案例}的资料不仅很贴切，都是{人们}为给自己心目中最重要的理论找依据而收集的；而且，这一众目睽睽的案例中还包括一整套经得起内部一致性检验的观察
350 {结果}。这与库普曼斯在观察中得出的下述思想有异曲同工之妙：经济学在处理“意义深远的实验时”，会遇到一种自然科学所不会遇到的障碍。因此就“更需要借助于决策者个人的直接观察和直接领悟，才能获得所需要的证据。有了这些证据，就可以在某种程度上消除这种障碍”(库普曼斯，1957 年，第 140 页)。

5. 结论

再好的动机，无论缘何而起，也要估算其成本的大小。这正是设计出比较制度这种方法，{研究}经济组织的目的所在。

本章考察的问题是，在垄断性供给可以大大节约成本的条件下，以特许权项目竞标的方式代替政府监管，来提供公共设施服务的效率问题。按照抽象理念的评判，假定政府监管是极不完善的，那么，在什么条件下才能使特许权竞标成为大大优于“以传统方式”提供公共设施服务的办法呢？

有一种说法，认为“看待这个问题的正确思路就在于选择最佳的合同”（德姆塞兹，1968 年，第 68 页）；对此，显然谁都不会反对。但怎样才能顺着这一思路走下去，还需要有人指点。从静态的{资源}配置效率出发，尽管你可以不允许{采用}某些签约方式；[23]但更令人感兴趣的是一些案例，它们涉及考察在具有不确定性的条件下履行的其他形式的合同，看其在效率上具有哪些特点。如果要揭示出真正的问题，就不能再用通常的那些做法；相反，需要集中研究交易中的各种细节问题。另外，通过考察一、两个使用不同签约方式的实际例子，也可以有效地看出抽象的签约方式在操作上都有哪些特点。

对于抽象的特许权竞标合同，要对其属性一一作出细致的判

---

[23] 例如，哪个竞标者的一次性出价最高，就把特许权授予谁，这种做法能使垄断利润的资本化一次到位；但是与谁提供服务的报价最低，才把特许权授给谁的做法相比，至少可以换个说法，那就是前一种做法的结果是价格更高，而产出却更低。

断，会得出不伦不类的结论。从实践上看，凡是需要对耐用性专用资产进行大量投资，而且要在技术与市场都不确定的条件下签订合同的情况，只要采用特许权竞标的方式，就需要对管理手段不断作出新的解释。这些手段本来是为了取代政府监管手段而设计的，但与后者的区别主要是名称上的不同，并无本质的区别。[24] 最
351 起码可以说，“**换汤不换药**”**的做法对制度比较来说是没有什么重要意义的**。[25]

这当然不是说，即使是在成本递减的条件下，也根本不可能通过特许权竞标的方式来提供产品或服务；也不是在暗示，特许权竞标的做法即使能带来净收益，也无法取代广泛的政府监管或公共所有权。从卡车运输业来看，既然这个行业能很容易地改变实物资产的用途，那么，放松一下政府的监管力度总还是有好处的。对于地方航线，或许还有邮政服务，可能也需要采用特许权竞标的方式来经营。这两个行业都可以换掉其中标人，而不会给资产评估造成严重的问题；因为基础厂房（场站、邮局、仓库等等）的所有权可以归政府持有，其他资产（飞机、卡车等）可在活跃的二手货市场

---

[24] 政府监管有一个明显的局限性，特许权竞标也许不受这种限制，那就是负责监管的部门容易犯一个毛病：把监管范围越搞越大，直到把“辅助性的”活动也纳入监管的范围。一般来说，与监管特许权竞标的部门相比，这种监管的自主权越大，专业分工程度越细，就越容易造成那种不受欢迎的、长期僵化的结果。尤其是其权限一旦受到威胁，监管部门总能找出理由来予以反击。

[25] 正如唐纳德·杜威看到的情况那样，“[经济学家]几乎人人都不屑谈论政府监管这个话题”（1974 年，第 10 页）。尽管大多数监管中的确有很多‘猫腻’；但我还是认为，**有些**问题也的确成了顽症，非设计出监管措施不可——从这个意义上说，**所有**可能的组织方式无一不是用来对付这些难题的。而那些偏爱市场方式的观点既然不能正面回答这些难题，其主张自然就值得怀疑了。

上卖掉。因此，问题不在于特许权竞标{这种做法}一无是处；而在于钟情竞标方式的人在肯定这种做法的同时，始终不能{把它与政府监管}区分得清清楚楚。㉖

这种一般的方法自产生之日起就有人在使用；其中包括保罗·约斯克与理查德·施玛兰西最近提出的对发电行业放权的建议(1983年)。他们认为，只要对各种制度进行仔细的比较，放权其实是很容易办到的。但由于大多数行业的资产都是耐用资产和交易专用资产，所以约斯克与施玛兰西得出结论说，只靠特许权竞标这种孤立的方法是不行的。有一个办法可使我们获得分析的杠杆，那就是透过微观分析的屏幕，开出一道放权的风景线来。这种战略还可以应用到更宽泛的领域中去。㉗

㉖　威廉·鲍莫尔与罗伯特·维利格不仅赞同这种总体看法，还曾以航线和邮政为例，说明在"带轱辘的资本"的行业中，"固定成本可能会大大超过其沉没成本"(1981年，第407页)；至于固定成本挪不动的行业会遇到哪些经济上的困难，却被大大地缩小了。鲍莫尔与维利格所用的"沉没成本"概念，其实指的就是交易成本经济学词汇中所说的"资产专用性的条件"；正是从这一点上看，对于具备哪些条件才能认为特许权竞标有效率，在哪些条件下就没有效率的问题，人们的看法正趋于一致起来。(还有一点值得注意：我虽然只说到用这种观点可以分析地方航线的服务，其实还可以包括卡车运输线；二者之区别主要是程度上的不同。)

㉗　下一个例子显然是铁路管理中放权的做法。参见第十一章注③。

352

附录：奥克兰市有线电视特许权的竞标情况

下面所报告的案例研究虽然还称不上有什么代表性，但它的确揭示出一点，即第十三章关于特许权所讨论的很多问题绝非空穴来风。[①] 这一研究说明，对那种从微观角度提出的甩开政府监

① 有必要指出：据有线电视信息中心的报告，该中心在特许经营中遇到的很多问题都与{第十三章}第 3 节提到的内容相一致。有线电视信息中心提出的问题及建议包括以下几点：

1)事实证明，合同续签期对市{政府}是一个压力很大的时期；因为有线电视的经营者动辄以立即停播节目相威胁，除非{政府}保证要更新合同(第 16 页)。

2)特许权监管部门意图……将回购条款纳入{该条例中，}以保障其连续{提供}服务。该条款应包括……评估方法或到期日的内容(第 4 章，第 6 页)。

3)[其]转让权只限于在该系统最初发展阶段内{使用}；在建设之前则应禁止{转让}，以避免中标后将特许权私相授受(第 17 页)。

4)应定期对该系统之业绩进行检验，以确保系统运行的质量(第 24 页)。

5)[日常监管工作包括]听取用户意见并报告[用户]对提高收费标准的意见(第 25 页)。

6)一旦制定出收费标准的程序，即应根据对该系统、对公众用户同样公平的标准，对所提调整收费标准的动议作出评价(第 30 页)。

7)该条例中最大的疏漏之一就是缺少强制执行的{手段}。而诸如仲裁、转租的规定以及诉诸法庭的{行为}能力等机制，则有助于满足各社区对各类有线电视系统的需求(第 45 页)。

管、以利市场调节的建议进行评价，具有重大的意义。它还揭示出，对有线电视（还应该包括很多其他公用服务设施）特许经营权 353
实行竞标的做法，实际上具有政府监管的多种特点。

1.基本情况

1969 年 6 月 19 日，加利福尼亚州奥克兰市市政委员会通过了一项政府条例，就社区有线电视（community antenna television）特许权的授予办法作出规定。从本附录所研究的目的来看，该条例主要有以下特点：[②]

1）所授特许权本不具有排他性。

2）该特许权有效期不超过 20 年。

3）经授权，本市政府得于公告发布并公开听证之 30 日后，取消不遵守{本条例之}特许权人的资格。

4）特许权人应按要求每年向市政府提交全面的财务报告，市政府有权对其财务记录进行核查。

5）市政府有权按重置成本收购有线电视信息中心系统。

6）经授权，市长对特许权人或用户之间可能发生的任何纠纷，可作出调整、裁决或协调的决定；不服从该决定者可向市政委员会提请复议。

7）特许权人未能按时播出节目，即可取消其资格。

8）特许权人应在三年内安装完毕该系统。鉴于未按时播出节

② C. M. S. 奥克兰市政府第 7989 号条例，1969 年 6 月 19 日。

目将导致需高额费用方能作出评价之损害，凡在三年内未安装完毕，每逾期一日，即自动处以750美元罚款。

9）如果特许权人对{该权利范围内}的任何一项财产有废弃不当的（abandoned in place），市政府得将其收归为市政府所有。

10）特许权人应获得一笔10万美元的担保合同（a surety bond），且该合同之内容应每年更新。

11）特许权人应接受市政府对其财产状况的调查。

12）有线电视信息中心所安装的{播放}系统及其维修，应符合该行业之“最高且能得到最佳接受的标准”。

354 1.1 竞标程序的实际操作

上述诸点已从制度上规定了法定基本权力与基本原则。然而，该市市政府的总务部门（the Department of General Services）却没有立即开展竞标宣传工作，而是先把特许权申请人召集起来，开了一个预备会进行讨论。[③] 几乎是在同时，{该部}还要求社区各团体就应该提供何种类型的服务问题向市政府献计献策。这种对话的目的在于摸清有关成本、需求的特点以及技术可行性等情况，以帮助政府确定哪些是“最基本的服务”，然后再在合同中对这些问题一一作出规定。由此就有了把各种竞标报价与标准化服务进行比较的基础。

十个月以后，也就是1970年4月30日，奥克兰市政府通知五

---

③ 奥克兰市市政总务部供电公司经理助理马克·莱（Mark Leh）对我讲述了这次谈话的内容。

名申请者,政府将接受其在市内建设、运营及维护非排他性有线电视信息中心系统特许权的申请,但要对申请书作出修改。以本附录的研究目的为限,{市政府}建议的主要特点如下:④

1)应提供两种系统:

a. A系统即基本系统,可使用户收到全部FM制式的无线波段节目,以及12个按以下方式分配的电视频道:9个本地无线频道;1至2个本地新开设的频道;1个属于市政府和学区的频道。用户每月只需交纳“X美元”的收视费外加接线费,即可收看A系统的节目。

b. B系统提供专门节目及其他服务。但节目与其他服务如何组合,暂不具体规定。B系统的收费标准待市政委员会批准特许权人后确定。

2)服务范围包括奥克兰市整个城区。

3)特许权有效期为15年。

4)特许权人无论每年总收入是多少,均按8%上交市政府;或者每年上交125 000美元。⑤

5)对四类用户群体⑥中的每一群体都规定了接线费的标准;因此,所有竞标者都要按同等水平收费。此外,还具体规定,对因收看A系统{节目}而需要移机或转网的用户不另外收费。

---

④ 见奥克兰市《请予提交有线电视系统特许权的补充申请》,1970年3月30日。

⑤ 125 000美元的计算过程如下:1970年按0美元计算,此后每年递增25 000美元,至1975年总计为12 500美元;以后按同一幅度递增。

⑥ 这四个用户群体分别为:一是少于四个单元的非商业用房;二是多单元公寓、汽车旅馆、饭店中的非商业用房;三是商业房;四是专用住房,包括低人口密度的使用者{的住房}。对少于四个单元的非商业用房的住户只收10美元的接线费。

355 6)收费的基本标准包括两部分：一是凡在自己住房内装有第一类电视节目及 FM 接线插口的用户，每月须交纳“X 美元”的费用；二是如果自己住房内还有另一个插口，则每月须多交 0.2X 美元。住户交齐这两笔费用，即可收看 A 系统的节目。

7)特许权人应向市政府及学区提供若干免费接线服务及其他服务，包括制作每周不超过 20 小时节目的演播设备。

8)所安装的系统应为双电缆制式，每条电缆应能容纳 32 个声道。此外还分别规定了一系列最低技术标准，包括信号质量、电缆特点、安装方法、自动控制等等。

9)在总则中还对服务要求作出了规定。具体标准由特许权人提出，报市政委员会批准后确定。

10)授予特许权之后 18 个月内，应安装完毕该系统的 25%；此后，每 6 个月应完成 25%的安装量，以保证该系统在 3 年内全部安装完毕。

11)每年应就提高用户收费标准的建议向政府作一次报告。(但不得公布收费指数或提出其他标准。)

1.2 接受投标

投标活动于 1970 年 7 月 1 日举行。最低报价者为奥克兰“焦点”有线电视有限公司{下称“焦点公司”}，它规定的收费水平即“X”(见上述第 1～6 款)为每月 1.70 美元。[⑦] 其次为加利福尼亚

⑦ {参见}奥克兰市焦点有限公司提交的《修改后的关于在奥克兰市内建设、运营及维护有线电视系统的申请书》。1970 年 7 月 1 日。

北方有线通讯联合总公司{下称“加北公司”},其收费标准为3.48美元。[⑧] TPT电讯公司紧随其后,报价为5.95美元(李伯曼,1974年,第34页)。

焦点公司在其投标时告之市政府,卡罗拉多州丹佛市的TPT公司已决定从焦点公司建议的方案中撤出;而此前它参与焦点公司的工作,对焦点公司有资格成为申请人一直是一个关键的因素。[⑨] 焦点公司根据加利福尼亚州的法律,对公司进行了重组,并在其投标书中附上自1970年7月1日起生效的公司章程复印件。焦点公司既是最低报价者(根据上述两因素中的一个因素),又是唯一的一家本地公司,而且还是少数民族的代表;[⑩]鉴此,该市政府不愿仅因该公司财务和技术上能力不足,就将其拒之门外而不准其投标。然而,如果把特许权授予焦点公司,又必然会带来各种麻烦。

而当TPT公司于1970年6月16日提出与焦点公司合资,共 356
同建设、发展奥克兰市{有线电视}的特许经营时,这些问题大部分看来已解决了。TPT公司作为合资中的一方,同意为该项目提供一切必要的资金。[⑪] 但这样一来,TPT公司每月的收费就只相当

---

⑧ 《市长致市政委员会的备忘录》,1970年9月28日,第3页。

⑨ 见注⑦。

⑩ 少数民族进入有线电视业——其范围包括所有权、就业与电视节目内容——是美国有线电视公司文献中一个非常突出的特点(美国有线电视信息公司,1972年c,第13页)。美国联邦通讯委员会(FCC)要求有线公司的经营者{就此}制定一项明确的行动计划(美国有线电视信息公司,1972年a,第34页)。

⑪ TPT公司副总裁伦纳德·托(Leonard Tow)致焦点公司哈罗德·法罗(Harold Farrow)的信,1970年6月16日。

于他独自竞标可得收入的30%。至于该公司为什么愿意这样做，原因不得而知。不过我们可以作这样的假设：他可望通过B系统获得巨额收益，“堤内损失堤外补”。⑫ 1970年7月21日，焦点公司在致奥克兰市政府的信中建议：“TPT公司的财务建议可以、并且能为本地投资者、美国联邦通讯委员会的专家以及一切投资人提供理想的联姻结果，使奥克兰市有线电视特许经营能得到最佳的发展。”⑬焦点公司对这一联姻的贡献就是其本地的投资。

焦点公司与TPT公司的协议规定，双方在{合资}开始时应各持有同等的股份；到第一年后，TPT公司即可摇身一变，成为最大的股东，并可行使其选择权，以掌握80%的发行在外的股本。⑭TPT公司与焦点公司的合资行为被认为是达成协议的一个必要条件。{奥克兰市}市长及检察长在提交市政委员会的报告中，概括出以下几点：⑮

> “从技术标准看，A系统与B系统的概念中都包含这样一层意思，即通过竞争以充分降低A系统的收费水平，藉以促进B系统在初期的发展。据业务部门的意见，只要焦点公司收费低，就能促进这种发展。而且，低收费能保证所有精打细算的家庭都能收看A系统。

---

⑫ 最初的投标书中并未包括B系统的收费标准，但此后可望就此进行协商。然而，正如实际情况表明的那样，大多数用户的选择都是收看B系统{的节目}——尽管其收费标准比A系统高得多；这一点人们当初就应该有所预见。

⑬ 焦点公司致奥克兰市市长的信，1970年7月21日。

⑭ 《股票转让的限制与购买协议》，1970年9月21日。奥克兰市焦点公司附录A之附加协议。

⑮ 见注⑧。

> 焦点公司作为申请者,就提交了用户每月最低基本收费的标准。问题在于焦点公司改变其组织结构,还能否满足这些技术标准。从法律规定上看,焦点公司不会因其组织结构的变动,就丧失了报市政委员会复审的资格。业务部门还认为,焦点公司与 TPT 公司已提出了{联营的}协议,再加上 TPT 公司的额外承诺,将导致本地挑头{企业}的代表与美国有线电视公司下属最大、最优秀的企业之一结成有益的联盟。”

焦点公司与 TPT 公司预计到自己将获得特许权,因此,两家企业于 1970 年 9 月 21 日签订了一项《认购股份协议》。据此,焦点公司的创办人应该以每股 10 美元的价格买下其中的 200 股。[16] 357
另外,该《协议》还规定:

> “在 TPT 公司的设备和产品与其他企业的同类产品相近的条件下,本公司应优先从 TPT 公司购买,以供本企业经营之用。如果 TPT 公司欲将任何此类设备或产品卖给本公司,其索价不得超过不受本协议约束之供给商按市价所售之同类设备及产品的合理的可比价格。”[17]

该《协议》还规定,TPT 公司有权按每股 10 美元的选择权价格收购 80%的股份。[18] 这样,TPT 公司以每股 10 美元的价格购买 800 股,就能以 8000 美元的代价获得 80%的控股权。

---

⑯ 见《认购股份协议》,同上注⑭,第 2 页。

⑰ 同上,第 12 页。

⑱ 同注⑭,第 6 页。

1970年11月10日,奥克兰市市政委员会{批准}将美国有线电视公司的特许经营权授予焦点公司。[19] 焦点公司于1970年12月23日接受了此项权利。[20]

1.3 行使特许权

1971年3月10日,焦点公司{提出报告},要求对B系统每月收费4.45美元,该报告于1971年3月11日获准。[21] 由此,A系统及B系统的收费合计为每月6.15美元。

然而,应于1973年12月28日完工的建设项目却未能按特许权技术规定书所要求的速度完成;原因在于交费的家庭用户比预计的要少,且{建设}成本在不断增大。于是,焦点公司向市政府提出,要求就特许权条款进行重新谈判。其要求包括:缩短惩罚期并减少罚款金额;延长建设期;降低有线电视收视效果的技术标准。市政府总务局办公室主任将这些要求综述如下:

> “焦点公司要求:以后将只建单回路干线的联结光缆,或者只建复式回路干线的联结光缆(dual trunk /single feeder cable configuration);建设期应再延长两年;两年后只能供90%的家庭用户收视,如要为其余10%的用户提供此项服务,则需再创造专门的条件;如需求不能适当扩大,将影响复

---

⑲ 奥克兰市政府令第8246号,CMS,1970年10月10日。

⑳ 引自奥克兰市焦点公司财务部长伦纳德·托致奥克兰市政府的报告,1970年12月23日。

㉑ 奥克兰市市政委员会决议第51477号,CMS,1971年3月11日。

> 式干线光缆的效能；取消建设中破坏{环境}的赔偿规定；继续 358
> 执行基本服务 1.70 美元及延伸服务 6.15 美元的收费标准，但额外服务应增加收费；{使用}延伸服务的用户所能收到的频道将从 38 个减为 30 个；削减对市区与学区的频道分配额。”[22]

接着，这位办公室主任提出了四项对策建议：(1)坚持特许权条款原案不变；(2)与焦点公司另商协议，并终止{原}特许权，在此情况下；(3)应邀请其他商用有线电视公司，听取其建议，或者；(4)将特许权移交给市立{公司}。第一项建议被否定，是因为如果政府“要从不听话的经营者那里得到满意的结果，势必徒劳无功。市民对服务{质量}的怨言也将激增，解决这些问题劳师动众。结果只好诉诸法庭”。[23] 第三项建议被否定，是因为其他经营者被认为不大可能提供哪怕略微超过“1972 年有线电视行业报告与规程所要求的最低{数量的服务}”——“28 个频道的容量，若干复式制式(dual system)，3 个本地使用的频道，以及本地播出的‘重要’节目”——该建议之特点正在于“大大低于焦点公司在扩建设备建议中所提出的数量”。[24] 此外，出于哲学{理念}与财政方面的考虑，{转交给}市立公司的建议也被否定。[25] 这样，提交讨论的就只有被该主任认为具有妥协色彩的第二项方案了。[26]

㉒ 总务局办公室给市长办公室的签报，1974 年 4 月 5 日。

㉓ 同上，附页 4。

㉔ 同上，附页 5。

㉕ 同上，附页 5。

㉖ 同上，附页 8。

在评审焦点公司建议的过程中，该主任报告说，焦点公司称其已投资 1 260 万美元，如欲完成复式制式，还需追加投资 2 140 万美元。该主任怀疑这一数字，并提出了他自己估计的数字，即建成复式制式的全部投资成本应为 1 864.4 万美元。该主任将投资额超出最初估计数字的原因归结为“工程建设中可能存在管理不善的问题；焦点公司未按原计划施工，又遇到通货膨胀；焦点公司对建设奥克兰系统的接线里程及单位成本估算有误”。[27]

该主任建议：既然已经完成了 437 英里或占该系统 55％的{接线量}，也安装了复式闭路，就应按复式制式来建成该系统；但此后不得利用第二条线路传输节目。然而，既然只有一条线路播放节目，B 系统的频道容量就会降低，那就要相应减少城区及学区的{频道}分配数量。由于{线路}服务的扩展，用户就能收看 A 系统
359 统的 12 个频道及 B 系统的 18 个频道。[28] 而且，该主任也同意“批准将建设期限延长两年，且只能供 90％、而不是计划中的 100％家庭用户收视”的动议。[29] 此外，该主任还建议，对于 1973～1976 年的工期推后造成的税收减少，焦点公司应赔偿 24 万美元；并且在 1976 年 12 月以后，每推迟一天，就按 250 美元、而不是 750 美元来估计{损失}。[30] 最后，该主任建议，A 系统的开通费仍按每月 1.70美元计收，B 系统的开通费仍按每月 4.45 美元计收(因此，A，B 两系统收费总额仍为 6.15 美元)，但 A 系统额外播出的收费

㉗ 总务局办公室给市长办公室的签报，附页 8。

㉘ 同上，附页 10—11。

㉙ 同上，附页 8—9。

㉚ 同上，附页 11—12。

则应从每月 0.34 美元提高到 1.70 美元,B 系统则提高到 3.00 美元。[31]

经市政委员会批准,最后提出的“妥协”方案包括以下规定:[32] (1)允许从复式制式变为单制式,但条件是,在确信“新增传输能力可吸引足够的收入,能在十年中每年为所需总投资带来相当于10%的回报率”以后,新增的传输能力必须在一年之内到位。[33] (2)1974 年的特许权使用费提高 25 000 美元,此后每年等额提高。(3)自 1973 年 12 月 18 日起,损害(damages)按每天 250 美元计算;这样,至该特许权修订{方案}一读日止——累计罚款应为 36 000 美元——而不是自 1973 年 12 月 18 日起,到该系统建成日止,每天按 750 美元计算——按此,罚款额将超出 20%以上,将加速{焦点公司}的破产。(4)批准建设计划延期。最后,(5)A 系统的额外开通费从每月 0.34 美元提高到 1.70 美元,B 系统的开通费按每月 3.00 美元计收。

1974 年 5 月 30 日,市政府通过了一项反映上述大部分内容的条例。[34] 1974 年 6 月 14 日,焦点公司的代理人转呈了焦点公司与 TPT 公司联合起草的“承诺函”,并寄去了 TPT 公司支付给奥

[31] 总务局办公室给市长办公室的签报,附页 12—13。

[32] 总务局报市长备忘录:市政委员会办公会关于焦点公司问题决议的摘要,1974 年 4 月 22 日。

[33] 同上,附页 1。

[34] 奥克兰市政府第 9018 号条例,CMS;第 8246 号补充条例,CMS;第 7989 号条例,CMS;《关于有线电视系统特许权问题》,1974 年 5 月 30 日。与上述妥协方案相比,唯一重大不同在于以下内容:B 系统的额外联接费确定为每月 1.30 美元;并规定,B 系统提供的调频频道将不得少于 18 个。

克兰市政府的一张 36 000 美元的支票。

360 1974 年 11 月 15 日，焦点公司提交了一份{工程}进展报告；该报告显示，接线的用户已达 11 131 户。其中 770 户的接口是每月 1.70 美元的基本服务(其中又有 206 户有附加的接口)，10 361 户的接口是每月 6.15 美元的扩大服务(其中 974 户有附加的接口)。根据这一数字计算，综合覆盖率为 36%，[35]市政府办公厅建议，应保留加利福尼亚州伯灵格姆的有线动态有限公司(Cable Dynamics, Inc.)作为顾问的资格，以根据特许权的技术要求，“设计一套有关执行程度的检测标准并组织实施”。[36] 据有线动态公司估计，从 1974 年 8 月到 1976 年 6 月，{完成这项目工作之}总成本约计 10 750 美元。[37] 焦点公司同意向市政府赔付这些成本，但最高不宜超过 10 750 美元。[38]

2. 特许权评估

奥克兰市政府在其管理特许经营的过程中，特别是在最初的发标阶段，并非一无是处。例如，我们可将其与纽约市的做法加以比较。纽约市政府是在毫无竞争的情况下，就把美国有线电视公司在曼哈顿地区的{有线电视特许权}授予曼哈顿有线电视公司

㉟ 奥克兰市政府办公厅给市长的签报，附页 4；1974 年 11 月 20 日。

㊱ 签报，同上，第 2 页。

㊲ 签报附页，同上。

㊳ 签报，见注㉕，第 2 页。

(Manhattan Cable TV)和 TPT 公司;[39]而奥克兰市政府的做法则具有真正竞标的色彩。至少对 A 系统来说,其特许权的规定是一种仔细设计的、标准化的管理方式。因此,单从低价出售的承诺(即规定只要标的价值达到"X",就要提供 A 系统的节目)来看,其竞标过程是依法进行的。尽管如此,还是发生了大量的问题;其中,很多问题都是{我们}在讨论不全面的长期合同中已经料到的。原先我们说过,有些问题是"无力解决"的,而这些问题有时又会影响特许权的中标{结果};因此,现在应该再考虑一下这些问题:(1)最初确定的中标标准有无主观随意性和模糊性;(2)在执行{规定}时,在价格与成本、其他业绩等方面所发生的问题,以及政治上的问题;(3)在合同到期续签时的不平等竞标问题。

2.1 最初的中标

那种谁提供 A 系统节目的报价"X"最低,就把特许权授予谁的做法,固然能简化中标的标准;但低价提供节目的承诺本身却值得怀疑。也许正是由于忽略了对 B 系统的质量与价格的关注(而是把它看作将来才能实现的服务,因此,除了提到对其载荷量的要 361
求外,其他都付之阙如),才导致了焦点公司一方的"冒险性的"竞标。随之也就出现了这项特许权的"私相授受"。

要把 A 系统,即主要是提供改进后的、无线传播信号(off-the-air signals)的系统当作"基本系统"来看待,就是受到了误导。因

[39] 《新纽约时报》,1970 年 6 月 29 日。

此，尽管{B系统}这种额外服务并没有什么神奇之处（它主要是靠输入远距离的信号），但90%以上的用户都选了A、B两套服务系统。而这两套系统的收费是基本系统即A系统的整整三倍半。显然，如果当初能多下一些功夫，摸清用户的偏好，也许早就能看出A系统缺乏吸引力了。的确，既然大多数有望获得特许权的人们都曾提供过美国有线电视公司其他方面的服务；那么，要求特许权发标人和未来的特许权中标人在尚未进行扩大的签约讨论之前，就未卜先知地理解A系统的服务问题，确实有些强人所难。因此，这位主任有可能轻信并误导了签约前的讨论，这种可能是不应忽视的。[40]

无论是哪种情况——包括对美国有线电视的需求和技术都不确定（美国有线电视信息中心，1972年c，第5页，第12页），以及服务质量与产品的组合又过于复杂——要在这些条件下使A系统按最低报价发标，结果不是造成“吐血”的竞争，就是可能会“玩猫腻”。

2.2 执行中的困难

a. 价格与成本的关系

焦点公司对A系统的报价是每月收费1.70美元。这一报价能否看作接近“单位生产成本”，从以下几个因素看是值得怀疑的：

---

[40] 正如波斯纳猜测的那样，要让政府部门自己宣布用户对服务都有哪些偏好，那就太离谱了。

(1)各种报价相差悬殊，这就提出了一个问题，即所进行的竞争到底有没有经济意义；(2)按说 B 系统的价格才是更贴切的尺度，后来却听任竞争各方通过谈判去确定；(3)其成本的真实水平难以确定——一是由于有了纵向一体化的供给关系链，成本核算就变模糊了；二是建设期间的通货膨胀率异常之高；再有就是这位主任不懂审计。但有一点很明显，即焦点公司与这位办公室主任再加上市政委员会，都在价格与成本问题上陷入了长期的讨价还价，从而把政治利益、官僚利益以及特许权的年限等因素都{与成本}搅在了一起。

b. 业绩的其他属性 362

根据规定，美国有线电视系统的架设和运营应遵守该行业“最高及最佳接受的标准”以及专用技术标准；但对{服务}质量却无法作出明确的规定。[41] 这位办公室主任徒然把广大顾客的抱怨记录在案，[42]但他不懂该如何评价这种质量的高低，所以他只好派一名顾问，按照技术上的要求，去核查遵守这些标准的程度。

c. 政策

现在还无法确定，焦点公司能在竞标中获胜，是否与“趸购(buying in)”有关。一种猜测认为，{该公司}的确是在“趸购”，其论据在于以下原因：(1)第二个最低竞标报价高达焦点公司报价的

㊶ 一则可能是“[初]期的信号质量很高，但以后其质量就逐渐降低，最后就接收不到信号了”(美国有线信息中心，1973 年，第 9 页)；再则就是信号质量有多重标准，而且这些标准也有与导线(headend)和电缆同样的属性，即随着这种系统接收无线电波(offair)及微波信号的能力的变化而改变(有线电视信息中心，1973 年，第 19—24 页)。

㊷ 马克·莱(Mark Leh)在其采访报告中揭示出，{用户确实}对服务质量有意见(见注⑧)。

2倍，而TPT公司的报价则在焦点公司的3倍以上。(2)焦点公司进行重组的进度及性质都说明，它采取的是“得寸进尺”(a foot-in-the-door strategy)的战略——其目标是，一旦有了第一步，特许权主管部门就会抱着“生米已成熟饭”的态度，倾向于与焦点公司及其支持者合作。(3)焦点公司是参加竞标的本地公司，特许权主管部门对其知根知底，显然会在政治上给予支持。㊸ 最后，(4)焦点公司广泛进行的重新谈判显然都获得了成功——这位主任同意了焦点公司提出的大部分要求，市政委员会也批准了这种“让步”，其中包括：推迟建设第二条有线电视{系统}(允许把B系统减少到18个频道)；略微提高了每年特许金的标准；极大地降低了损害{程度的标准}；将建设工程截止期后延；提高了对A、B两个系统额外接线的收费标准——这就更加强化了上述裁决的结果。

2.3 无摩擦的接管或转让

尽管授权条例允许买下特许权人的工厂和设备，但市政府还
363 是不想更改最初中标的结果。其原因似乎是现任经营者已尽得讨

㊸ 李伯曼(Libman)的报告(1974年)说：{政府}明知焦点公司集团既无经验，又缺乏适当的财力，还是让其在奥克兰有线电视特许权{竞争中}中标，这就导致了此后该特许权在实施中始终受到政治势力的左右。还有一个更轰动、也更确凿的例子，那就是对宾夕法尼亚州约翰斯敦市的有线电视{特许权}的竞争。在该市，TPT公司的前总经理欧文·卡恩(Irving Kahn)，也就是全国最大的有线电视经营者，因受贿罪和作伪证罪而被判刑。卡恩还供认曾行贿新泽西州特伦顿市的官员以拉选票。在纽约市的有线电视特许权中标问题上，看来政治也一直是一个决定性的因素(见注㊴)。尽管大城市的有线电视特许权中标是否均属如此还不能确定，但在其他服务行业中，以搞腐败而谋求特许权中标却是一个公开的问题。

价还价之先机——这不仅是指中断服务,还包括终止特许权所导致的法律诉讼及其他费用开支——与此相关的还有一点,即特许权管理部门拍不了这个板。看来,也就是这个不能拍板,才形成了官僚型的中标结构。正是由于这些官僚得不到重新分配特许权所能产生的收益,又不肯承认错误,因此,在执行合同遇到麻烦时,他们才愿意“和稀泥”。

第3节讨论过实物资产和人力资产的问题;至少在一定意义上应该说,正是在这些问题的作用下,终止特许权才会带来中断服务及各种费用等问题。过去,有线电视公司能合理地、有意识地、成本低廉地使用这些厂房和设备,但由于没有制定评估准则,所以,要想对实物资产进行评估,遇到困难也就是意料中的事了。[44]由于奥克兰市还没有制定出特许权评估准则来(说“根本就制定不出来”也许更切合实际),因此,任何接管厂房这类实物{资产}的做法,都会引起旷日持久的诉讼及费用开支。

如果收购了特许权,还附带着收购了人力资产,那么,在边干边学的过程中就会发生不可忽视的怪问题,那就不仅是{电视信号}会受到干扰,还可能出现各种故障。由于该主任既不懂有线电视专业,又显然不愿另找有经验的有线电视经营者来做(很可能是

[44] 这些问题也就真的发生了。证据就是按焦点公司的估计,建成这套系统的费用要比那位主任的估计几乎高出300万美元。还要看到,允许特许权人接受某家为建造该机房提供设备和产品的企业的帮助,其实是在帮倒忙。因为其中确有对采购成本估计得太高的危险,会在纳税标准的谈判中提高特许权人的收费基数,增强其讨价还价的地位。尽管{他}声称要通过竞争才能采购到这些设备,但核实这些情况却需要花很大的代价,而且也很难断定哪些行为是违规的。奥克兰这位主任怀疑焦点公司在评估中对其厂房估值过高,但他也承认找不到确凿的证据。

因为这位主任担心，一旦新来的经营者也搞不好，他会更丢面子），因此，如果想把所有权变归市政府所有，那就得想出怎样转让人力资产的办法来。转让这种人力资产不可能没有摩擦；仅此一条，就能对撤换第一个特许权中标人的想法起到“釜底抽薪”的作用。

综上所述就是一句话，“好心”有可能会“办坏事”；在各种条件都不确定的情况下，**单靠**一个特许权竞标的方法，就想把事情办好，这种想法是值得打一个问号的。特许权主管部门之所以会采取宽容的立场，只不过是因为它是在合法地实行垄断；而要同心协
364 力进行控制，就要求该主管部门转变立场，实行监管。而把“监管控制”与“经济的自然力量”这两极说成非此即彼的对立，也是一种曲解。因为这种说法混淆了{问题的实质}，把实际上要靠相当复杂的管理手段的支持才能形成的市场决断，当作了“自然的{进程}”。[45]

㊺ 1969 年，波斯纳在讨论自然垄断问题时使用了这一对立的提法；其中，他极力主张：“其实，即使在只有垄断才有效率的市场中，我们也能较好地让经济的自然力量去决定企业的行为与业绩，只不过它要服从反垄断的政策而已”（1969 年，第 549 页）。然而在有线电视的特许权问题上，他又不想使用这种方法，而是只提{本附录}第 3 节所说的那种依靠市场帮助的竞标方式；但由此产生的各种行政管理问题却是一项艰巨的工作。

第十四章　贯彻反垄断措施 365

过去 20 年中，反垄断措施已发生了重大变化。引起这种变化的主要原因是微观理论遇到了持续的危机。搭配销售(tie-ins)的杠杆理论寿终正寝，就说明了这个问题(波斯纳，1979 年，第 929 页)。有些改革就是由于人们日益欣赏交易成本{理论}而引起的。随着人们开始把企业看作一种治理结构，有关企业与市场组织的公共政策也就不可避免地发生了变化。

第 1 节介绍公共政策转向{对}兼并{的监管}。第 2 节讨论非标准化签约方面的改革。对于采取战略行为(strategic behavior)会给理论和实践带来哪些新的问题和难题，将在第 3、4 两节讨论。最后再得出结论。

1. 兼并政策

公共政策转向{对}纵向一体化和集团兼并{进行监管}的问题，已在第四章和第十一章作过描述，这里不再赘言。然而，如果对此不作具体说明，就很难完全理解“有关兼并的公共政策发生了重大转变”这一命题。因此，我想在这里谈一些背景情况。

366 1.1 1960 年代的情况

1960 年代是分析市场权力问题(market power)的繁荣时代。这在一定程度上要归功于近年来的理论研究、实践研究以及政策研究,强调了各种进入障碍的重要性;但也是因为反垄断经济学存在两个严重的缺陷。一是对效率所涵盖的社会收益普遍估计不足。二是普遍倾向于从非常狭隘的角度来看待效率——认为效率主要是个技术上的问题。说到对交易成本的理解,由于人们对节省交易成本的重要性极不敏感,因此几乎无从谈起。相反,企业只被看作一个生产函数,其使命早就定位于利润的最大化了。[①] 企业的效率边界也被认为是由技术决定的。与此相应,{即使是}为打破这种“自然的”边界而重组企业结构与市场结构,也被认为是市场权力的结果。

美国联邦贸易委员会在《弗里牟斯特乳品公司(Foremost Dairies)》的报告中,就曾指出过这种风靡天下的态势。在这份报告中,该委员会敢于顶风而上,说明要保护第 7 节{条款}免受破坏,其必要条件{应}“包括各类证据,能证明收购方企业在某些市场上握有重大权力;或者拥有健全的组织机构,因此与更小的竞争

① 科斯把 1950~1970 年代这段时期称作在产业组织中应用价格理论的时代。充斥于主流派教科书中的,都是关于“企业、特别是寡头垄断企业的定价与产出政策的研究(这往往称为市场结构研究)”(科斯,1972 年,第 62 页)。就是由于这些研究目的,使企业基本上被视为一种生产函数。

对手相比，它们在效率上占有决定性的优势”。[②] 对此，虽然只有唐纳德·特纳(Donald Turner)一人很快作出反应，称其为很差劲的法理，很差劲的经济学(1965 年，第 1324 页)；因为它只保护了竞争者，而不是去增进竞争所能带来的福利收益。但该委员会在《普罗克特—甘布尔公司》的报告中，仍坚持这一推断，并用下述方式将其与进入障碍挂上了钩：

> “对于想打入漂洗业的新企业来说，当我们强调规模优势的重要性时，我们把它看作一个能明显加大进入障碍的因素。而对于那种在法律上似是而非，且无事实依据的观点，即认为本委员会不该为了保护该行业中效率‘低下’的小企业，就禁止实行能如此提高生产能力的兼并行为。基于同一考虑，我们拒绝接受这一观点。对此种观点可以简要答复如下：按照第七条规定的程序，兼并，只有当其产生的经济效率或任何一种社会收益有可能增进或阻碍竞争的活力时，才适用本条款。”[③]

美国联邦最高法院的意见看来也是强调进入障碍，而不大考 367
虑节约的问题。因此，最高法院注意到，普罗克特公司(Proctor)收购克劳拉克斯(Clorox)公司，可能

> “……就有提高新企业的进入障碍之意图。漂洗业要想成功地营销，主要的竞争武器就是作广告。克劳拉克斯公司

② 见《关于弗里牟斯特乳品公司》，F. T. C. 60，944，1084(1962 年)，着重号系笔者所加。

③ 引自伯克(1978 年，第 254 页)。

由于其预算规模较小，又没有本事获得大量的减税，因此在这一领域就受到了限制。而普罗克特公司则相反，它的预算规模要大得多；而且，虽说它不可能把全部预算都花在给克劳拉克斯公司作广告上，但还是能拨出一大笔预算，来对抗新企业在短期内造成的威胁。普罗克特公司有能力运用其巨额扣税，使自己在为克劳拉克斯作广告中占到优势。因此，新企业宁可面对克劳拉克斯这样的小公司，也不愿碰到像普罗克特公司那样的巨人。

要抵御不法行为，就别想省钱。"④

在节省成本问题上，这种调门是如此之低，但态度却如此倔强，以致连被此困扰的被告都不承认得到了有效益的收益。因此，普罗克特—甘布尔公司坚持认为，它收购克劳拉克斯公司之举并未遭人反对；因为连政府都无法确定，建立这样的{联合}公司是否能带来收益：

"[政府无法证明，]无论从加工制造的哪一道程序上看，不管是原材料的采购还是其采购价格，也无论是通过兼并或使用必要的制造设施，或者在购买瓶子的成本或运货成本中……在任何制造业中都找不到能节省成本的任何证据。也根本没有证据表明，还有什么额外的加工制造设备可供克劳拉克斯公司在生产中使用。而且也没有证据表明：制造业中任

④ 联邦贸易委员会诉普罗克特—克劳拉克斯公司，386，U. S. 586，574(1967年)。

何这样一种联合,即使可行,也不能证明其影响在于节约成本。”⑤

这种对节省成本所作的头脚倒置的估计注定是要改变的,它也的确被否定了——但在1966年以前并不是这样。而1966年,斯图尔特法官在一次判决中提出了异议,其中有一句判决词这样写道:“在按照第7节所审判的[兼并]诉讼案中,我所能看到的唯一的一致性就是,赢家总是政府。”⑥

1.2　1960年代以后的发展

1970年代推行的反垄断改革起源于1960年代[对垄断现象]的批判。这一批判包括:(1)“芝加哥学派”一贯坚持的观点,即应该透过价格理论来研究反垄断问题;(2)对{设置}进入障碍的各种

方法的评判;(3)运用福利经济学局部均衡模型,评价市场调节与 368
效率二者孰优;(4)重建现代公司理论,突出节省交易成本的问题。此外,还有一个在这方面做出贡献的因素,就是{美国司法部}反垄断司(Antitrust Division)对其经济学专业毕业的官员作了重新调整。以前,该司所使用的经济学专业的官员在诉讼案件的准备及庭审中,几乎千篇一律地支持学法律的官员的观点;现在该司则要求他们在立案之前,就对案件的经济利弊问题作出{专业}判断。

---

⑤　在克劳拉克斯诉讼案中,被告普罗克特—甘布尔公司的《案情摘要》中有否认效率的记录。见菲舍尔与兰德(1983年,第1582页,注5)。

⑥　美国政府诉冯氏食品公司(Von’s Grocery),384U.S.270,301(1966年),(J.斯图尔特,《有争议的判决》)。

理查德·波斯纳曾在别处(1979 年)概括过芝加哥学派的方法。经波斯纳转述的哈佛学派与芝加哥学派之争(即如人们在 1960 年代对这场争论的看法那样),虽有值得商榷之处,但有一点很清楚,那就是{当时}研究非标准合同用的是杠杆理论{即负债经营理论}的方法;如今,这种方法已日益让位,而改用价格歧视来解释问题。阿龙·狄莱克特(及其学生与同事)喜欢使用这后一种方法。

兼并政策因穷于应付进入障碍问题,也受到了芝加哥学派的批判。这种批判表达的是两种反对意见。第一种反对意见认为,像贝恩(1956 年)所提出,并由弗兰克·莫迪里亚尼(1958 年)加以发展的那种基本的进入障碍模型,并不像人们想象的那样适于作为垄断模型。正如斯蒂格勒指出的那样,进入障碍模型是靠谋杀(by murder)来解决垄断问题的:"垄断寡头之间能否达成限价协议并监督实施,显然与其规模及人数无关"(1968 年,第 21 页)。换言之,这一模型本身研究的并不是怎样采取集体行动的那种机制。相反,它只能说明,要限定价格需要哪些必要的条件。在下面的讨论中将会看到,近来依照进入障碍的传统所提出来的模型,已经把分析重点放在"现有的垄断者(sitting monopolists)"或双头垄断的结构上,因此显然是回避了这个问题。把进入{障碍}问题限定在这种更小的范围内,固然对分析问题更为有利;但只有当你能说明,对寡头垄断之间的合作能产生影响的必要前提已经得到满足时,才可以把这一模型推广到占支配地位企业以外的问题中去。

对进入障碍分析法还有第二种反对意见,这就要说到政府滥用进入障碍理论来制定公共政策的问题了。如果拿不出更好的分析框架——这是套用福利{经济学}的说法——则进入条件是否起

到阻碍作用就不那么重要了。无论问题是多么刺眼，但这并不是普遍现象。相反，倒是普遍存在这样一种倾向，即把所有的{进入}障碍统统视为与社会利益相抵触的东西。但正如罗伯特·伯克指出的那样，“{所谓}反垄断问题，其实就是看有没有**人为制造**的进入障碍。垄断，如果不具备更高的效率，还阻碍各种市场权力……发挥作用，使之无法逐步排挤掉那种不以效率为基础的市场地位，那么，这种{垄断}就必然是[进入]障碍”(1978 年，第 311 页；着重号系作者所加)。

这样一来，关注的焦点就变成：可以矫正的进入缺陷和无法矫正的进入缺陷之间有哪些区别了。只要把造成无法矫正之缺陷的那些条件拿出来一“曝光”，就能看出公共政策不仅无所作为，还会产生严重的后果。从使用规模经济的错误方法上，就能看出受损失的到底是什么了。因此，假定规模经济已经存在，市场也达到了一定的规模，足以支持两种技术中更强大的一方。既然只有在极不寻常的条件下，效率更低的技术才能导致更优越的结果；那就有理由认为，规模经济所需要的各种条件应该能给社会带来净福利。但如果把这样一种节约也算作“进入障碍”，那就不仅得不出上述结论，反而会鼓励人们对福利水平作出错误的判断。 369

在 1960 年代，人们之所以会用这么低调的态度来看待有效率的收益，部分原因在于人们普遍持有一种看法，就像比较两种结构方案——从市场权力和效率上看，一个自然要比另一个更强大，更有效率——那样，哪一种竞争结构更可靠，人们就选择哪一种结构。支持这种看法的是一个隐含的假定：哪怕只是很小的一个反竞争效果，也肯定会吞掉以净价值来表现的有效率的收益。联邦委员会的那种观点，即“只有当经济效率或任何其他的社会收益能增进或阻碍竞争活力时，[才]与此有关”⑦——其中所说的竞争是指结构上的竞争——就是这种思维方式的明显标志。

运用福利经济学的局部均衡基本模型，来评价市场权力与{人们}对经济利弊的权衡关系，可以说明一点：在市场的作用已经降低的条件下，再不讲求节约，结果只会增大成本（威廉姆森，1968年）。虽然这一分析框架究竟有何优点还有待辨明（波斯纳，1975年，第821页），但其他学者已经把它作为一般的方法，而不是作为分析的框架而使用了。其中，在评价兼并{行为}时，贝恩是第一个认识到运用降低成本这种保护措施的好处的人（1968年，第658页）。韦斯利·利贝勒（1978年）、罗伯特·伯克（1978年）和蒂莫西·缪里斯（1979年）在坚持自己的主张，即“如果不对利弊作出权衡，就盲目地提出反垄断保护的措施，那不仅是对社会利益一无所知，而且是与社会利益相左的做法”时，都曾广泛地使用了局部均衡的权衡模型（the partial equilibrium tradeoff model）。

有一种常见的观点，反对进行权衡分析，认为法庭根本就没有能力对经济上的证据和这种论据作出判断（伯克，1978年）。而事实上，只要对节约成本的好处稍微敏感一些，就能避免弗里牟斯特乳品公司的那种倒因为果的逻辑。这种节约可以是节省交易成本，也可以是通过技术{进步}造成节约。仅仅认识到了这一点，就能避免施温公司所犯的那种错误；但只要能迈出这一步，就不大可
370 能再犯那种“传统的关门主义”的错误了。1960年代对节约成本

⑦ 引自伯克（1978年，第254页）。

的这种因果倒置的评价看来已被反垄断保护的理论批得体无完肤了(菲舍尔与兰德,1983 年)。

的确,人们不仅不再把节省成本看作反对竞争的手段,而且美国司法部于 1984 年发布的《兼并指南》也公开宣布,“某些在其他情况下本部可能会予以过问的兼并行为,有可能是为取得重大的净效率而采取的合理、必要的行为。如果兼并各方能拿出清楚的、令人信服的证据,证明兼并能够取得这种效率,本部在决定{是否}查证此项兼并时,将把这些效率因素考虑进来”(美国司法部,1984 年,第 3.5 款)。实际上,现在已经要求准备进行兼并的企业提交其效率{水平}的证据,作为支持其兼并{的条件}——而不是扣押这些证据(这些证据是市场权力的标准)或一概否认实际已存在的任何效率(这是一个很不讲理的条件,使 1960 年代的兼并案陷入困境)。{应该说,}无论是靠技术还是靠交易成本而实现的节约都将受到欢迎(第 3.25 条及第 4.24 条)。

尽管有些人认为,这种推进兼并的方法给政府管理部门留下的自主权过大。但舍此也确实没有不花代价的选择。唯有时间能告诉我们,反垄断司的律师和经济学家能不能从虚假的效率报告中看出真相,从而批准那些能带来社会净收益的兼并。对这种结果,我仍持谨慎的乐观态度。⑧

⑧　如果司法部决定对兼并进行核查并将此案件诉诸法庭,尽管我不鼓励在法庭上为节约成本进行全方位的、积极的辩护,但只要允许被告把节省成本作为证明其兼并行为合理的一个理由提出来,还是能产生有益的结果。这一建议以及从中引出的若干复杂问题,已在其他文章中讨论过了(威廉姆森,1968 年,第 113—114 页;第 727—729 页)。

2. 非标准化的合同

我在前面[9]提到的那种"关门主义"的传统认为,各种非标准化的签约方式被假定为具有反竞争的性质。而且这种观点也曾极为流行。但到底哪些行为才算对竞争特别有害,却从来没有一个明确的说法。由于不加区别,只要对客户、地域乃至有关合同有所限制,就一概认为是不合法的。

这种政策立场是以同一观点的两条思路为基础的。首肯的理由认为,只要一使用非标准合同,"吃亏"的总是竞争对手、分销商
371 以及顾客等等。支持这种看法的还有另一种理由,认为只有从技术上做到节约才是真正的节约;因此,节约要全靠企业内部来实现。既然把非标准合同引入以市场为中介的交换,结果会一无所获,那么,再用合同来进行约束,就应该认为带有反竞争的目的及结果了。

这两种思路相互关联,但都搞错了。其中,认为"所有有关的节约都来自于技术上的节约"的错误更为明显。它显然就像是从第一章所讲的签约计划中扒下来的那样,顶多不过是一个很方便的虚构而已(本书全篇中已反复提到了这种引证)。

对于有专用投资支持的各种贸易,如果禁止在合同中对它们作出种种限制,事实上也就是坚持认为,所有 $k > 0$ 的合同都属于分支节点 B 上的合同。而在分支节点 C 那种有效的合同保护措

[9] 参见第一章注⑨,其中对"关门主义"的立场有一个大胆的说明。

施颇为流行的情况下，这样做显然是不讲效率的。而且还有一点必须加以重申，那就是{在企业}内部，价格与治理结构具有彼此内在一致的关系，它们是同时被确定的。

上述最后一点全方位地介绍了签约中的种种考虑。由此，只要在某一时间点上检验某个合同，就能很容易地得到一个结论：交换双方中的一方会因受到限制而吃亏——这是指如果取消这种限制，被限制的一方将会采取不同的动作。因此，如果{政府}允许，特许权人将频繁地行使其选择权，从未经授权的供给商那里购买供给品（产品及替换的零部件）。这就应该能够表明，如果制造商坚持只从被授权的供给商那里采购产品，其行为就是单方面的行为，且具有反竞争的性质了。

有了这种短视的概念，就看不到最初敲定特许权的那些条款反映的正是共同谈定的限制{条件}。这就完全可以理解为什么“既要马儿跑（即不受限制），又要马儿不吃草（即低价格）”的吸引力之所在了。但无论合同理论还是合同实践，都是摒弃这种概念的。

1966 年进行庭辩、1967 年作出判决的施温公司一案就反映出了这种困惑。{本书}第四章第 6 节已对其主要观点及假设前提作过考察。除了一点以外，其余内容这里不再赘述。不过，我们还是来看看政府对纵向一体化和各种纵向限制之间关系的看法吧——“有些制造商自己出售产品；而另一些制造商则依靠独立分销商销售产品，但给他们规定了种种限制。如果某种规则对待前者要比对待后者更为仁慈，那不过是反映了一个事实，即：尽管在分销领域实行一体化，有时确实能节约成本，使{整个}经济受益。但对于这里所说的无固定期限的或没有销路限制的[产品]，无论是通过协议来维持其零售价格，还是给其划定销售地区，都从未表明这样做能提高整个经济的效率”。[⑩] 这种显然偏向于企业内部组织、而
372 不是市场组织方式的精神，与当时只重技术而不关心交易成本的流行做法是相吻合的。

但这种势头却顶不住随之而来的批评。在十年以后，当美国最高法院对GTE—塞尔瓦尼亚公司（GTE—Sylvania ）一案作出判决后，施温公司案中的错误推理才被纠正过来。最高法院认为：

> “在我们这个自由的市场经济中，广泛使用的却是各种各样的[纵向]限制。[而且，]大量的学术观点和司法部门都支持这些限制，认为它们对经济有用；[却]没有哪些当局持反对意见。当然，在这个案例中，无论从一般意义上说，还是特指塞尔瓦尼亚公司的协议，从来都没有什么迹象表明，纵向限制能够或有可能给‘竞争造成有害的结果’，或者‘它们缺乏……任何可取之处’……由此，我们就能得出以下结论：必须推翻施温公司一案的判案原则本身。”[⑪]

相隔十年，这两种评价其他组织方式有哪些长处的观点之理

---

⑩ 美国政府第58号摘要，美国政府诉阿诺德—施温公司案，388U. S. 365（1967年）。

⑪ 大陆电视公司等诉GITE—塞尔瓦尼亚公司案，433U. S. 36，45（1977年）。不仅是理查德·波斯纳；就连在最高法院庭审中，在详细介绍案情和法庭辩论中都唱主角的唐纳德·特纳，经说服，都认为自己以前的看法不正确；并协助说服法院，否决了对GTE—塞尔瓦尼亚公司案的判决。

论基础显然经历了巨变。政府的政策也随之而发生了变化。⑫ 如果近年来研究这些问题的学者也同样被说服了，那就可以预言：政府对于价格歧视、特许权限制、互惠、基点定价法*（basing point systems）、大宗订货（block booking）等诸方面的政策，也都将进行修订。⑬

然而，为了不使支持纵向限制的判例演变成新的正统做法，就不能得出这种限制“没有问题”的结论。首先，这是因为通常人们会提示警告你：纵向限制可以、有时也确实被用来支持纵向的卡特尔{垄断}。比如，产品层层转手而价格却能保持不变，就有助于销售商卡特尔实现自己的目标；而纵向限制还能使制造商卡特尔变 373
得合法化（即所谓“顺水推舟的原则（the facilitating practice doctrine）”）。但这些问题却远非如此简单。

⑫ 乔治·斯蒂格勒不这样看。因此他注意到：“经济学家们尽可孤芳自赏，但我却不相信，美国的反垄断机关也会与其沆瀣一气……有些案件看上去很复杂，很敏感（就像人们议论纷纷的 GTE—塞尔瓦尼亚公司案那样），但凭什么说它就不是由于乱搞一气才发生的呢？”（斯蒂格勒，1982 年，第 7 页）

这就需要区分什么是抛硬币作决定，什么是根据推理作决定了。假如最高法院只管判案而不讲明理由，那么，说它随波逐流也不为过。学生们在做选择填空时，总会有蒙对答案的时候。但如果是考他们写文章，那就得进一步深入检查了。

对这些更深层次的证据，要设计出一套统计方法来分析其重要性，并不是一件容易的事。但通过严密推理得出的观点，却肯定比抛硬币和选择填空得出的看法更为可信（反之，如果理由不足而决定却是正确的，那恰恰说明是“歪打正着”：因为讲不出道理的正确决定是不能成立的）。

* 即不管运输距离多远，均以某地价格为基点价格，再加上运到买方厂址的运价，即为消费者价格。——译者

⑬ 关于特许权限制与互惠问题，可参见第七、八两章关于罗宾森—帕特曼法的讨论；关于基点定价法，可参见戴维·哈得克（1982 年）；关于大宗订货，可参见肯尼与克莱因（1983 年）。

由此,就要考虑具有两种作用的纵向限制了:它有助于减少免费搭车者造成的影响,从而恢复了对有价值的促销活动和有关销售及服务等行为的激励;并且,它还能作为进行差别定价的手段。一般说来,第一种作用是为了公众的利益。而第二种也许有此作用,也许没有这种作用。如同我在别处讨论过的那样,如果要通过某种交易成本很高的工作,才能使消费者剩余得以货币化,那就使私人得到了净收益,而社会则受到了净损失(威廉姆森,1975 年,第 11—13 页)。具体则应该区分差别定价的三种后果:(1)在统一定价的范围内,把原来已经是消费者剩余的那部分{价值}货币化(令其为 V_1);(2)实行差别定价就可能多卖出产品,这就又能增加一块净收益(令其为 V_2,为方便起见,且假定这种差别定价完美无缺);(3)如果引入一种很完善的差别定价做法并对其进行监督,就会产生交易成本(令其为 T)。如果 $\Delta\pi = V_1 + V_2 - T > 0$,就能得到私人净收益;但只有在 $\Delta W = V_2 - T > 0$ 时,才能实现社会净收益。必须承认有可能存在 $\Delta\pi > 0$ 和 $\Delta W < 0$ 的情况。在生产边际产品期间,消费者剩余的货币化就成为导致这种杂乱结果的一个很麻烦的因素。[14]

---

⑭ 可以肯定,用 $V_2 - T$ 来表示全社会的收益,就会低估这种收益;这就需要把由于减少了免费搭车而实现的社会收益再加进来。不过,我们还是假定,作出这种修正后还会发生社会净损失。但是,难道与单个市场上签约的交换标准相比,只要纵向限制造成了社会净损失,就应该禁止这种纵向限制吗?其实不一定。一是因为单个市场上签订的合同可能不适于用作这种标准。如果否定了一种限制{方式},不但没有导致价格的统一,反而使人采用另一种更差的限制方式,结果使福利水平变得更差,那么,禁止使用前一种标准就是对生产的破坏。二是从统计决策理论的观点看,如果贯彻某种理性原则(the rule of reason)的成本很高,而界定(伊斯特布鲁克[1984年]所建议

3. 战略行为

对战略行为(strategic behavior)的研究——我指的是现有企业取得比实际的或潜在的竞争对手更为有利的地位,并且(或者)针对新的竞争对手作出严厉的反应——是个极为复杂的问题。早期的进入障碍模型强调的是事前定位的问题。[15] 而近来在研究掠夺性定价方法时,却强调事后的反应。[16]

对于早期的进入障碍模型以及用这一模型来说明掠夺性定价 374
的观点,已经提出的或可能会提出的反对意见包括:(1){该模型}没有详细说明其所需的结构性前提;(2)究竟是禁止进入更为诱人,还是接受进入更为诱人?也只有一个假定,而未能详细阐明;(3)只注意总成本,却忽略了更重要的成本构成问题及资产特征问题;(4)对人们参与掠夺{性定价}的激励太弱;(5)只断定现有企业和潜在的进入者之间在成本上悬殊,但几乎没有正面强调。近年来,每一种反对意见都取得了一定的进展。

3.1　结构性的前提

如上所述,早期的进入障碍模型被称为寡头垄断模型。但这

的)其他筛选标准的成本也很高,那么,允许实行所有纵向限制的这一标准本身就成问题了。照此看来,根据我在上面提到的"复杂性"的理由看,这里根本没有给"关门主义"的传统留下得到回报的余地。

⑮　这是其强调的主要之点,但是在"进入"后的时期中,关于定价行为的假设就必然要起作用了。

⑯　不过,应该认识到一点,即事前的投资不同,事后的反应也就各异。

些模型却不讲寡头垄断者怎样才能有效地把各种市场行为——诸如价格、产出、投资等等——统一起来。因此，只要一超出“龙头”企业(dominant firm)的范围，这些模型的实际作用就成了问题。

近年来的进入障碍模型其实已经摒弃了寡头独占权(oligopoly claims)的说法，改为从现有垄断者(sitting monopolist)与可能进入者之间的双头垄断背景下提出问题。如果谁还想用那些{老}模型来说明寡头垄断问题，他就背上了一个沉重的包袱，得证明自己是怎样转换思路的。

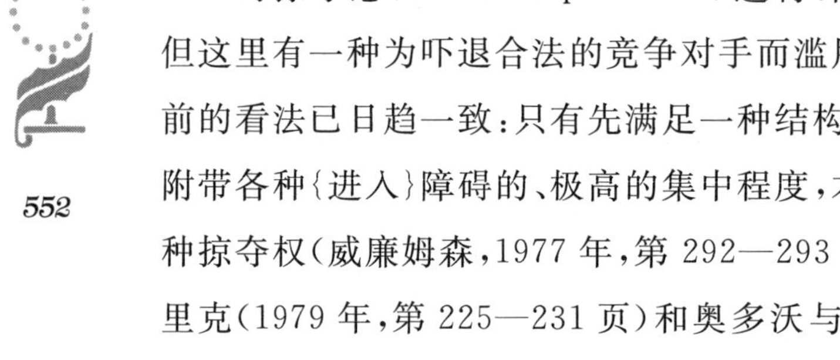

对掠夺论(claims of predation)进行评价，也要这样考虑的。但这里有一种为吓退合法的竞争对手而滥用法律程序的危险。目前的看法已日趋一致：只有先满足一种结构性的前提，即已经形成附带各种{进入}障碍的、极高的集中程度，才能实实在在地享有这种掠夺权(威廉姆森，1977 年，第 292—293 页)。约斯克与克莱沃里克(1979 年，第 225—231 页)和奥多沃与威利格(1981 年)都同意这种看法，并建议对掠夺性定价要进行“双重”的检验。由此观之，在以下行业中，各子行业的战略行为需要由政府的政策进行监督：一是现有垄断或已形成双头垄断的情况；二是受到监管的垄断；三是已形成“龙头”企业的行业；四是威廉·费尔纳(1949 年，第 47—49 页)称为“第三种寡头垄断”(case 3 oligopoly)的行业，即外部代理人(如工会)强行采取集体行动的行业。[17]

---

[17] 曾有人提出，美国煤矿工人工会(United Mine Workers)在烟煤行业实行的就是这种功能(威廉姆森，1967 年 b)。

3.2 “不战而屈人之兵”的理由

从原则上说，以下三种方式方法中任何一种都能阻止“进入”：一是在{新竞争者}进入之前就扩大{自己的}产量，增加投资，使其望而却步；二是盛气凌人，以“秋后算账”(aggressive postentry re- 375
sponses)相威胁；三是使对手在成本上处于劣势。后两种方法留待下面分析。这里只说第一种方法；它体现的是贝恩与莫迪里亚尼的思想。最近，阿维纳什·迪科西特(1979 年，1980 年)又构造了以双头垄断为条件的进入模型。依靠这个模型，他就能说明：如果现有垄断者采取以下三种方式中的任何一种方式，其赢利能力和赢利的可能性各有多大；同时，他还能对这两点作出估计。这三种方式是：(1)以不受任何约束的垄断方式行事；(2)扩大产量，增加投资，以阻止{他人}进入；(3)在与进入者的关系上，通过先占据斯代克尔伯格(Stackelburg){所讲}的“领导权地位”，再接受进入。迪克西特证明了一点：当固定成本——实际上是企业那种专用的长期投资——只达到“中等”程度时，如果各种必要前提都已满足，那么，谁再抱怨受到了强加于人的、而不是{竞争}导致的“进入威慑”，即可置之不理。在这种情况下，{实行}进入威慑即为最优。

3.3 成本、资产和信誉

标准的进入障碍模型有一个假定，即潜在进入者的长期平均总成本曲线已经达到与现有企业相近的水平；但该模型不考虑专用资产与非专用资产的成本结构问题。这就导致了以下反常的现象：如果一切成本都不是花在专用{资产}上，就分不清哪些是现有的企业，哪些是打算进入的企业了。在一切成本都不是花在专用{资产}上的情况下，唯一能使进入威慑变得“有效的”政策就只有一个，即按总成本来确定产品的价格；这就是说，{实行}进入威慑其实是无的放矢。这样，在进入威慑中起到至关重要作用的沉没成本，显然也就不属于迪克西特对进入问题公式(1979 年)的考察范围之内了。

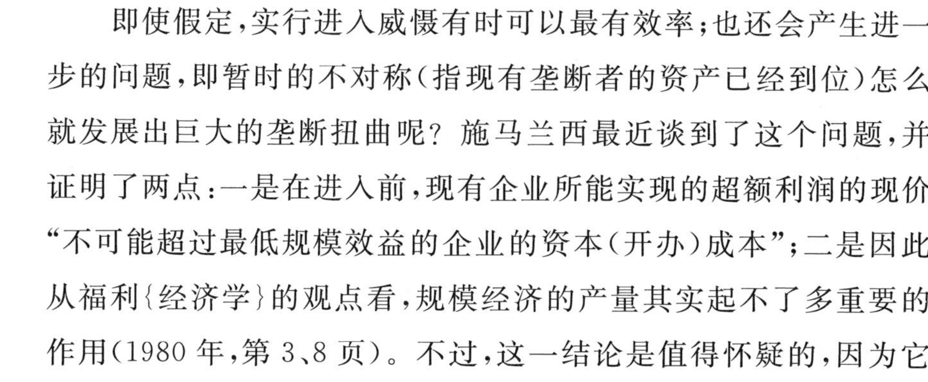

即使假定，实行进入威慑有时可以最有效率；也还会产生进一步的问题，即暂时的不对称(指现有垄断者的资产已经到位)怎么就发展出巨大的垄断扭曲呢？施马兰西最近谈到了这个问题，并证明了两点：一是在进入前，现有企业所能实现的超额利润的现价“不可能超过最低规模效益的企业的资本(开办)成本”；二是因此从福利{经济学}的观点看，规模经济的产量其实起不了多重要的作用(1980 年，第 3、8 页)。不过，这一结论是值得怀疑的，因为它忽略了下面第 3.4 节所讨论的名誉效应(reputation effect)。

与此有关的一个问题就是我已经考察过的“说话算数的威胁”。这就又牵涉到另一个问题，即如何对现有垄断者进行适当的补救。即如柯蒂斯·伊顿与罗伯特·利普西(1980 年，第 721 页)所看到的那样，说话算数的威胁与虚张声势在形式上都如出一辙，即“你敢做 X，我就敢做 Y；让你对做 X 感到后悔”。但有一条原则可以分清哪些是实实在在的威胁，哪些并不是真正的威胁：只有当

376 各种条件都得到满足时，发出威胁的一方采取 Y 行动才有其道

理。对于X行动，如果纳什{均衡}的反应也确实是采取Y行动，那么，这种威胁就是可信的。但是，尽管有这种威胁，如果X行动还是发生了，如果发出威胁的一方能够容忍(即他不去做Y，而是做Z)，却得到了更大的净收益，那就说明他不是真正在威胁，而是在虚张声势。鉴于这种威胁只是一句空话，伊顿与利普西才极力主张，在对战略行为进行分析时，应该全力关注那些能够满足真实性要求的威胁。用投资的概念来表述这种观点就能看得更清楚了：如果现有垄断者希望先发制人，成功地阻止别人进入市场，他必然会把投资投向耐久性的、专用资产的交易上去。

3.4　名誉效应

最早评价掠夺性收益的是罗伯特·伯克，阿利达与特纳也有一个评价掠夺的标准，施马兰西测算了被扭曲的福利的数额，伊顿与利普西也研究了真正的威胁问题；但这些研究、分析对进入问题和掠夺问题的看法都过于狭隘了。如果现有的一家大企业遇到了明摆着的进入威胁，那么，从双方情况中就完全能估计出它会作出哪些反应。于是，消灭竞争对手的理由(伯克，1978年)何在，或者说阻止一个效率相同的企业(但该企业尚未作出破釜沉舟的决定)进入本行业的问题，就成了关注的焦点(伊顿与利普西，1978年；1980年)。然而，如果向这家{竞争对手}企业和其他企业发出惩罚信号——在以后某些时期中，或者在其他地理范围内，也可能是在其他商业领域内进行讨伐——那么，作为掠夺者的这家企业在决定“修理”其竞争对手时所能依仗的一整套{惩罚}效果，反而可能会被这种分析所掩饰。而要估计这些效果到底有多大，就需要把掠夺问题放在更复杂的背景下来研究，其中必须承认信息的不对称，必须承认名誉效应。

尽管这些学者的分析没有提到成本的构成问题——尤其是不讲专用成本（specific cost）与非专用成本的区别——因此他们的分析是不全面的；但近年来戴维·克雷普斯与罗伯特·威尔逊（1982 年）和保罗·米尔格罗姆与约翰·罗伯茨（1982 年）对这些问题的研究却取得了重大进展。正如米尔格罗姆与罗伯茨所说：

> “［掠］夺作为一种合理的、争取最大利润的战略而问世……并不在于用它来干掉特定竞争对手而能够获利，而是因为它对将来可能的进入者能产生威慑作用。产生威慑作用的机制就在于：通过掠夺性定价，企业为自己树立了作为掠夺者的名声”（1982 年，第 281 页）。

他们利用了即时博弈（intertemporal game）定理的框架，但放
377 宽了其中通常都有的“信息完备”的假定，提出了一种观点。该观点的要点在于，潜在进入者对于该如何解释现有企业的行为并没有把握。他们看到：[18]

> “为什么会存在不确定因素，原因可以是数不胜数的。一方面，进入者可能对正在进行的博弈真的［没有把握］。比如

[18] 克雷普斯与威尔逊是这样表述的：“［如］果形势反复出现，因而值得建立这种声誉，如果一两个玩家的动机带有某种不确定性，则这种不确定性就会对博弈的后果产生严重的影响。要发生这种情况，其实用不着太大的不确定性”（1982 年，第 275 页）。

> 说，现有企业可能在进行某种更大的博弈……第二种可能就是在真正博弈以前，现有企业很可能早就扬言要发动攻势，而且可能已经这样做了。另一方面，进入者也应该想到，现有企业不会像一个浑身充满理性的博弈理论家那样办事”（米尔格罗姆与罗伯茨，1982 年，第 303 页）。

他们根据这种观察得出以下结论：“其实根本不必真去掠夺。因为只要掠夺者的威胁是说话算数的，最顽强的进入者也会被吓退”（米尔格罗姆与罗伯茨，1982 年，第 304 页）。

由此看来，所谓“掠夺行为不合理，因此不必理会”的那种观点显然是错误的——或者至少可以这么说：有人认为这不是掠夺；但只要他不能拿出有说服力的证据，证明我最近提出的对策有缺陷，那么，上述观点就还算明智，值得维护。

这个道理运用起来却提出了一个问题：人们能否看出，哪些环境才能使名誉效应具有很强的激励作用？其中需要考虑的一个重要问题是：当现有企业已在某一市场中占有支配地位时，是否只打算在这个市场中插进去一小块？如果只是试探性地打进一个幅员很小的地方市场，或在一个宽广的相关产品的链条中打进一两种产品，都可能使人产生掠夺信号增大的印象。被观察的{现有企业的}行为是否具有战略性，则视以下两种程度而定：(1)只对本地{市场}的混乱局面作出反应（但要精心筹划，并且只限于在有人想进入的市场中作出这种反应）；(2)这种反应不限于防守，还要发起进攻（例如，面对进入者而坚持不改变产量），其中包括施加惩罚性措施（比如提高产出以回击进入者）。

3.5 成本的差别

阿利达与特纳(1975 年)持有这样一种立场,即“主要企业通
过降价能造成哪些‘掠夺性后果’”,可以根据这种降价能否把具有
同等效率的竞争对手排除出局来判断。这就像我曾在别处说过的
378 一样,从产出的一时增长所带来的福利性收益来看,这是一种特殊
的标准——“{它}游移不定,全看进入者是露头还是溜号而定”(威
廉姆森,1977 年,第 339 页)。不过,对于进入者能使成本发生哪
些变化的问题,我当时只是顺便提了一下(第 296 页,303—304
页),此外则的确未加可否。相对于现有企业而言,进入者要经历
或被迫承担一系列战略成本上的劣势;从这一点来考虑,这是一种
遗憾的疏忽。

这里要注意两点。第一是估算成本时要考虑{企业}历史上的情况。在经营成本、资本成本和学习曲线等方面会出现暂时的差别。第二也是更为重要的一点是,所有这类成本上的差别也许正是现有企业的行为造成的。

这里所说的问题有很多已经在其他地方详细讨论过(威廉姆森,1968 年;斯潘塞,1981 年),并且其中有些问题在前几章也讨论过。这里只要注意到一点就足够了,那就是衡量竞争对手的效率是否相同,主要标准是看其对战略环境的适应能力;我们不妨假定,这种环境不存在什么历史{成本}的差别,也不存在人为造成的成本差别。[19] 鉴于人们并没有用这种方式对实际环境作出准确的

---

⑲ 虽然人们尚未就这一问题达成一致意见,但普遍的看法是,边际成本定价标准

描述，因此，如果想对掠夺作出客观的评价，也许有必要承认成本差别的存在。[20]

4. 尚未解决的悖论

过去五年中，有关战略行为的研究取得了重大的进展。但一系列令人棘手的问题却依然故我。这些问题包括：(1)要抑制掠夺，究竟是应该把主要精力放在{控制}价格和产出上呢？还是把竞争对手的其他方面也考虑进来？(2)鉴于有关控制掠夺的规则已先期形成了对现有企业的激励，在评价其他规则的优点时，这一点是否也应该优先予以考虑呢？(3)对“错误掠夺”的牺牲品是否应该提供相应的保护？

4.1 思考的维度

在研究战略行为时，把它分成事前行为和事后行为两部分是很有用的，尽管它们并不是截然分开的。事前行为表现为进入前

是有缺陷的。因为它需要静态福利经济学观点来支持才能成立；但掠夺性定价却不可避免地是一个即时性的(intertemporal)问题。正如威廉·鲍莫尔扼要指出的那样，阿利达与特纳所依赖的那种静态分析“并不适当”。因为它“把我们对其中最紧迫问题的注意力引开了……威廉姆森则在其强调形势的即时性方面，点出了问题的要害”(鲍莫尔，1979 年，第 2—3 页)。

⑳　F. M. 谢尔看到：“刚好达到或接近最低程度的最优规模的情况是[很少见的]。这种情况的确太罕见了，以至于它在有关商业出版物中一出现，就引起极大的关注”(1980 年，第 248 页)。很多掠夺性定价模型都忽略了这一点，还在口口声声地争辩道：只有效率相同的竞争对手所生产的产品，才对社会有价值。

的投资(preentry investment)(如生产能力、研究与开发、升级换代、提供多种品牌等等);而事后行为则涉及"龙头"企业在偶然碰上竞争对手——尤其是碰上新对手时,如何适应他们的行为的问题。人们普遍认为,事后的战略行为更富于进取性,也更有代表性,但也包含更为复杂的因素。

克里斯蒂安·冯·维兹塞克(Christian von Weizsacker)对创新的研究对这一问题具有指导作用。他把产业分为不断进步的产业和成熟的产业;并且发现,不断进步的产业"具有产生下一次创新的可能",因而该创新具有极强的外部正效应(1981 年,第 150 页)。在不断进步的产业中,维兹塞克对促进创新的即时激励的福利{效应}进行了评估,得出结论:"既然在非进步的产业中,从合理的标准看,某个现有企业的定价行为都算不上掠夺行为;那么,在不断进步的产业中,就[更]不能把它看成掠夺性的行为了"(1981 年,第 210 页)。

奥多沃与威利格(Ordover and Willig)强调的重点略有不同。他们认为,事后"再来操纵产品的组合,往往会比降价这种反竞争手段更为有效"(1978 年,第 326 页)。他们考察了两种策略。第一种{策略}需要"引入一种新产品,以取代竞争对手企业的产品;但由于销售上的改变,有可能危及{本企业的}活力。第二种策略是在全面竞争的情况下使用的。它由两部分组成:一是对客户使用{本企业}竞争对手的产品具有至关重要作用的组件,要限量供给;二是提供全套的组件,使客户直接购买自己的、而不是购买这些竞争对手的产品"(奥多沃与威利格,1981 年,第 326—327 页)。尽管在如何评价掠夺的标准上,以及实际把这些原则用到与竞争对手具有互补性的组件上的能力方面，这一思路还有可商榷之处；但提出这些问题毕竟是有好处的。以后的研究肯定会遵循这一思路框架。

但是，当法律遇到理论上还远未提出的{实际}问题时，又该怎么办呢？因此，SCM 公司在抱怨施乐公司(Xerox)把自己从复印机市场上排挤出去的同时，就要求得到强制性的特许权损害赔偿(licensing relief)。[21] 而伯克照相器材公司(Berkey Photo)则提出，柯达公司(Kodak)在产品创新中不宣而战，使自己在竞争中陷
入不公平的劣势。[22] 美国联邦贸易委员会也发动了雄心勃勃的战 380
略行为诉讼，该委员会对早餐食品的主要生产商即克劳格公司(Kellogg)、通用磨坊公司(General Mills)、通用食品公司(General Foods)以及贵格麦片公司(Quakers Oats)那种串通一气、铺天盖地而来的品牌战略的抱怨，是状告这些公司的基本原因。[23] 还有，美国联邦贸易委员会随后又起诉了杜邦公司(du Pont)，指控后者在二氧化钛市场上进行抢地盘的投资(preemptive investment)。[24]

除专利保护主义者(他们之中有些人有一种保护主义的偏好)的情况以外，根本不可能有什么愉快的选择。换言之，“两利相权”的问题在迅速增多，而我们权衡利弊的能力却非常原始。因此，尽

㉑ *SCM v. Xerox Corp*. (DC Conn 1978)1978 - 2 Trade Case, Par. 62,392.

㉒ *Berkey Photo, Inc. v. Eastman Kodak Co*. (DC NY 1978)1978 - 1 Trade Cases, Par. 62092.

㉓ *FTC v. Kellogg* et. al., Docket No. 8883.

㉔ *FTC v. E. I. du Pont de Nemours & Co.*, Complaint, Dkt, 9108, April 5, 1978CCH Trade Regulation Reporter, transfer blinder, Federal Trade Commission complaints and Orders, 1976 - 1979, Par. 21047.

管有些人注意到,“在1970年代高技术领域的诉讼案中,原告的观点其实就是以‘原子竞争论’(an atomistic theory of competition)为基础的。这种理论假定:有这样一种组织起来的经济,它的技术永远不变,消费者的口味和人口数量都不会改变——而且其未来也绝不会与历史上有什么根本的不同”(会议委员会,1980年,第18页);这可是一条真正的红鲱鱼。因为只有在以不确定性为特点的市民社会里,战略行为才成为令人感兴趣的经济问题。而高技术诉讼案就具有这种性质;因而就有必要对{引起}私人评价与社会评价相左的各种战略进行一番计算。法庭涉足这一领域时如履薄冰,也就不难理解了。那就不如假定,这些问题,只有当人们对它有了更深入的理解,并发展出根据情况作出权衡的能力时,才好重新加以审视。这样才能得出负责任的结论。

在贯彻《谢尔曼法反垄断法》(Sherman Act)第2节时,对违法的战略行为的申诉就采取了这种谨慎的态度;在贯彻克莱顿反垄断法(Clayton Act)第7节时,就需要有更加警惕的态度了。现在这种艺术还比较粗糙,使人极难作出有证据的定论,证明现有企业发动的战略实际上是一种掠夺性的战略;尽管如此,承认这一点,并不意味着那种战略就没有问题了。相反,这是一个更麻烦的问题;而且近年来已有学者证明,它甚至可能比原来所想象的还要模糊、严重。任何一种兼并,如果有引起垄断之虞,那么,当运用规范的(即非战略性的)条款进行评价时,只要从战略的角度一加深究,这种兼并要获得批准,就变得难上加难了。在这种环境下,预防性地使用第7节的条款,就应该说是一种明智的权宜之计了——即静待前述第二节所谈的问题水落石出后再采取行动。

4.2 先期定位 381

把注意力主要放在事后的价格与产出行为上面，并不意味着可以全然不顾事前的投资行为。的确，如果不使用掠夺性定价原则，而想把使用其他原则所造成的一切福利后果作一番全面的比较，那就应该在事前就把各种后果都考虑进来。

企业会根据不同规则而预先采用不同方式给自己定位。斯潘塞（1977 年）、萨洛普（1979 年）、迪克西特（1979 年；1980 年）和伊顿与利普西（1980 年；1981 年）已从一般地制止进入{的角度}研究了这一问题；而威廉姆森（1977 年）则研究了从“制止进入”{的角度}来解释掠夺的问题。对这些问题有一种普遍的看法，即“现有企业可以通过改变其初始条件，使结果朝着对自己有利的方向发展。特别是由于投资选择的性质不可改变，所以企业只有在进入后改变其边际成本曲线，方能{达到}进入后的均衡”（迪克西特，1980 年，第 96 页）。这种推理的思路已经被用来研究具有以下后果的掠夺问题了：可以想见，每一种掠夺性定价原则都能导致“占有‘龙头’地位、但其市场很容易被他人染指的企业，对进入前的价格、产出及投资作出调整。‘龙头’企业正是在这些规则的激励下，才会在进入前对某种战略作出适应性的反应。如果不承认这种激励作用，肯定就会漏掉最重要的问题”（威廉姆森，1977 年，第 293 页；着重号系原文所加）。[25]

[25] 至于是否应该考虑先期定位的效果，还没有形成一致的看法。近来有些学者

4.3 错误的掠夺

这里有一个麻烦的问题，即当不能满足第3节所讲的结构性前提时，会不会产生掠夺性定价的企图？我把这类事件称为“错误的掠夺”；指的是：即使这位掠夺者成功地把竞争对手逐出了市场，他得到的好处也不过是转瞬即逝的市场支配权而已，此外再无其他作为。在竞争对手林立、而进入又很容易的情况下，把价格定得远远高于成本的做法只能支撑一时。但即使能做到这一点，“掠夺未遂”也是错误的想法；因为，只要正确估价一下“成功”的掠夺所带来的净收益，就会发现，这些收益其实是负收益。

382 “掠夺未遂错案”这一事实并不能保证从此不再做错。如果真的搞错了，难道那些牺牲者就有资格从诉诸法庭及赔偿损失中解脱出来吗？运用约斯克与克莱沃里克的那种推理，得到的将是否定的回答。其中的隐情在于：在竞争性行业中，企业打的很多官司都是醉翁之意不在酒，即借法律纠纷脱身，而非从掠夺未遂中脱身。按理说，“错误的掠夺”极为少见，或者至少不会屡错不止。既然如此，那种“指鹿为马的错误(false positive errors)——即……给真正的竞争性削价贴上掠夺性定价的标签”(约斯克与克莱沃里克，1979年，第223页)，就会给人一种好像真是坚决不准打这种

支持按边际成本定价或按照与竞争对手效率相等的原则定价的做法(如麦吉、奥多沃与威利格)，但他们不承认其他规则也能产生各种先期定位的问题。这究竟是因为他们觉得这些方式无关紧要，还是这些问题不在负责任的分析范围之内，我们不得而知。但目前需要辨明的问题是先期定位的各种激励及其与各种评价规则之间的关系。

官司的印象了。但某些企业将会因此变成牺牲品，而其他研究掠夺问题的学者则会对这种矛盾作出不同的评价。

助理总检察长（现在又回去当教授的）威廉·巴克斯特（William Baxter）向法庭建议，在涉足战略行为的问题时应慎之又慎。尽管近年来的工作都很细致，也很老到，但这些问题毕竟太复杂了。即使法律原则——比如在掠夺性定价问题上的法律原则——可以被人接受，但具体执行时肯定还会遇到重重困难（巴克斯特，1983 年）。

然而，谨慎对待这些问题，并不意味着战略性行为就永远逍遥于反垄断法律之外了。我预计，这些问题必将继续发展；而且总会采取某些实际行动来解决它们，尽管其范围有限。

5. 结论

在 1960 年代这十年中，人们曾先验地认为，经济组织采用非标准模式，目的是为了达到垄断，也确实做到了垄断。{因此，}人们在反垄断工作中，全力关注的是集中的程度与各种进入障碍的问题。这种狭隘的思维定势执行起来固然省事，但在估计福利大小的问题时，有时也会牺牲以事实为根据的结论。造成这一条件的因素有三。一是人们曾普遍认为，垄断寡头很容易互相勾结。二是只要一发现进入障碍，就认为它是反竞争的、反社会的行为，人们就很不情愿去作这种利弊权衡的选择。三是企业曾被看作一个可以适当描述出来的生产函数，其天生目的就是获得最大的利润。

这些看法带来了两种很不幸的后果。首先，任何有助于形成市场操纵权的因素——因为它会把收益吃掉——都被视为违法。再者，企业有些不标准的做法，或人们不太熟悉的做法，偏离了自行调节的市场签约模式，也被先验地看作违法行为。如果说，两个
383 技术上独立的{经济}实体达成交易的“自然”方式是通过市场，则企业为使其控制范围超出其自然的(即技术上的)边界而采取的任何行动，都必定受其战略目的之驱使。

到了1970年代，随着人们更加看重有效率的收益，也由于人们已经把企业这个概念理解为一种治理的结构，情况就发生了变化。从效率差别出发的那种刚愎自用的敌意已经让位，代之而起的，是对有效率的收益所作的肯定性评价。[26] 企业原来的做法之所以受到怀疑，是因为这些做法与把企业看作生产函数的观念不太适应，现在则是在一个大背景下重新解释企业；其中——如果说还不够直白，至少也是含蓄地——引入了节省交易成本的问题。其结果就是：1960年代的反垄断工作，主要是处理非标准合同，但是出现了错误，搞过了头；到了1970年代，这些做法就被摒弃，或者说又反其道而行之了。

尽管反垄断工作有了进步，但形势并没有恢复到天下太平。最近又冒出了与战略行为有关的反垄断问题，而实际上，应该受到

---

[26] 但还是要保持警觉，以免其再度复辟。因此，在美国政府诉西方石油公司案(U. S. v. Occidental Petroleum(Civil Action No. C-3-78-288))中，政府主要代表向法庭建议，西方石油公司收购米德公司(Mead)是不能接受的；因为那会让米德公司建成一个巨大的绿地工厂，而这是“最有效率且真正节省成本的投资”，并将使米德公司的竞争对手处于不利境地。

《兼并指南》的优点之一就是它们能约束政府代理人，不去进行创造性的辩护(the creative lawyering)。只要1984年颁布的《兼并指南》还有效，就可以假定，米德公司不会再犯这种错误了。

质疑的恰恰是评价战略行为是否合法的现有标准。尽管在一大堆战略行为问题中已经取得了重要的突破，但前面还摆着更多的问题。对战略行为的各种研究已经被分为下列三大类：(1)在宣布存在着某种使人采取战略行为的激励以前，必须满足严格的结构性前提条件；(2)在评价进入条件时，必须注意投资及资产的特点——特别要注意那种不可忽视的、不可转投的交易专用投资，因为它具有极强的威慑效应；(3)在评价竞争对手时，其历史{源流}非常重要——这不但是指现有垄断者所享有的领导优势，还包括对其可比成本的影响和评估；(4)在评价掠夺行为是否合理时，名誉效应也具有重要作用。

这最后一点涵盖了战略行为的两个关键方面。其一，有人认为，除非已经完全具备“信息充分”的、说话算数的威胁这个条件，否则，对战略行为可以不予理睬。但他们这是在小题大做。我{当然}不是说，研究“说话算数的威胁”并不能给战略行为分析带来什么有用的信息。但是，如果知识不完备，则“龙头”企业就可以通过做出某种姿态（还有一个办法，就是故意不去满足那些说话算数的 384
条件，）来改变各种预期；在这种情况下，即使事先可以作出承诺，这种承诺也不可能像“说话算数的威胁”的理论所说的那样普遍。其二，对战略行为如果作出短视的评价，就会低估了激励问题；而正是这个问题才促使企业采取掠夺性的做法。这两条都把重点放在消灭特定的竞争对手上面，却忽视了究竟哪一种激励作用最强的问题——这就是说，有必要建立某种名誉；因为只要这方面的联系建立起来了，就能在以后某个时期中，在其他地理性市场内，并且能在其他商务链条中，帮助挫败这家或那家企业的企图。

385 第十五章　总　　结

资本主义的经济制度是在不断变化的。本书考虑的只是其中一些更重要的制度；至于其他很多制度则无从提及，也更谈不上评价了。

尽管资本主义经济制度有这些巨大的变化，但前面各章的考察表明，它们有很多共性因素。的确，大多数的纵向一体化，对市场的诸多纵向限制，工作的组织，工会组织，现代公司（包括联合企业和跨国公司等等），公司的治理问题，政府的监管以及大多数反垄断的做法等等，其实都是这一主题的各种变化形式。人们在签约时反复使用的是一种完全相同的框架——都要包括技术、价格及治理等内容。这种照抄照搬的方式放在别处也许显得有些别扭；但它能使人对功能性论证（functional argument）增强信心，因此要算是一件好事。

不过这样也还做不到十全十美。还有其他方式有待去发现。尽管如此，我还是要姑妄言之：这里使用的一般微观分析方法（general microanalytic strategy）有普遍应用的价值。因为这样才能把交易当作分析的基本单位，才能切实突出交易的各种属性，才能根据具体情况，去设计各种（激励、控制及治理结构）制度。

第 1 节简要概括交易成本经济学的观点。第 2—4 节分别提出有待进一步研究的经济问题、法律问题和组织问题。最后是附记。

1. 关于交易成本经济学 386

约翰·R.希克斯告诉我们：既然经济学研究的是一个不断变化的世界，则“此一时对问题能作出正确解释的理论，彼一时就可能是错误的了。[与此相应的是，]没有哪种理论……能像我们所希望的那样，永远放之四海而皆准……也许我们[某一天]会摒弃我们目前所信奉的理论，但那并不是因为它们不正确，而是因为时过境迁，它们已经不适应了”(1976 年，第 208 页)。大约至迟到 1960 年代中期，希克斯所说的那种不断变化的世界就{给理论}带来了两类限制。

第一类限制是政府的政策过多过滥。[①] 正如斯图亚特大法官在 1966 年所指出的：“在根据{反垄断法}第七条进行的[兼并]诉讼中，我发现唯一不变的就是，官司总是政府赢。”[②]尽管现在一般都承认，1960 年代的反垄断和政府监管搞过了头；但当时风行一种乐观情绪，即“只要让有学问、肯负责的人去进行一番坚决的扫荡，再顽固的问题也得低头让道”，这就把政府的政策界限搞得模糊不清了(莫里斯，1980 年，第 23 页)。[于是]就出现了各种制度

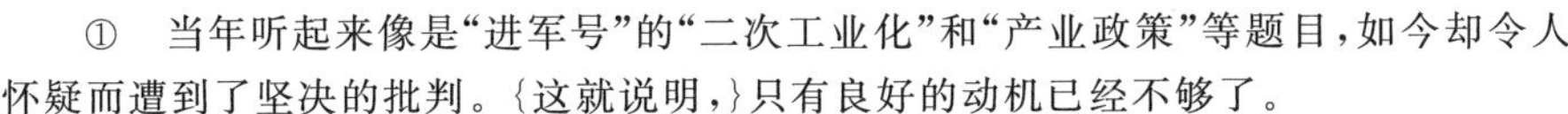

① 当年听起来像是“进军号”的“二次工业化”和“产业政策”等题目，如今却令人怀疑而遭到了坚决的批判。{这就说明，}只有良好的动机已经不够了。

② 美国联邦政府诉冯氏食品公司，384 U. S. 270，301(1966) (Stewart，J.，dissenting)。

比较的方法，承认存在着各种各样的“失灵”，并试图估计其严重程度。交易成本经济学秉承的正是这一精神。

再一类就是随着纯理论与应用{理论}的隔膜不断扩大而发展起来的各种限制。对此，乔治·费伟援引森岛通夫（Michio Morishima）的观点并归纳如下：

> 近三十多年，经济理论在发展中接连受挫；按照森岛的解释，这是因为“尽管经济理论家们明白，他们自己的模型其实并不能用来分析实际经济问题，但还是不肯从全面、系统的角度去研究经济{问题}及经济组织的实际机制”（费伟，1983年，第48页A）。

森岛向经济理论家们建议，应该“使经济学在更加强调制度方面上认真下功夫；也就是说要放慢全面数学化的速度，转而根据经济组织、产业结构和经济史的知识来发展经济学理论”。[③] 对此，当然可能有人会提出反驳。但日趋一致的看法是，把制度问题更突出地引入我们的视野，有助于更好地摆平各种因素。[④] 因为交
387 易成本经济学从本性上说就是研究制度问题的。它有一种强烈的使命感，要{使经济学}达到人们向往的理性状态；但同时也坚信，{经济学}将日趋公式化。这一点看来与森岛对企业的深入思考是基本一致的。

---

③ 引自费伟（1983年，第118页A）。

④ 在政府的公共政策领域中尤其如此。因此，科斯断言：“那些并非制度学家的理论家，要比那些并非理论家的制度学家更让我们害怕”（1964年，第296页）。

1.1　基本原理

交易成本经济学是根据制度的比较来研究经济组织的一种方法，而交易则是分析这种组织的基本单位。它是一种跨学科的理论，涉及经济学、法学和组织理论的方方面面。其视野较宽，适用范围也较广。实际上，任何一种关系，不论是经济关系还是其他关系，只要它表现为、或者可以表述为签约的问题，就都能根据交易成本经济学的概念作出评价。它不仅适用于最明显的合同关系，也适用于不太明显的合同关系。

与研究经济组织的其他方法相比，交易成本经济学一是更强调微观分析；二是对行为假定的认识更为敏感；三是引入并发展了对经济具有重要影响的资产专用性这一概念；四是更加依赖制度比较分析；五是把企业看作一种治理结构，而不是一个生产函数；六是更强调合同签订后的制度问题，特别强调（与法庭裁决不同的）私下解决。以这种方式来研究经济组织问题，就得出了一大批可检验的(refutable)推论。

如前所述，交易成本经济学认为："组织的多样性"是一个可检验的假定，造成这种多样性的主要原因是为了节省交易成本。这种方法既不同于从技术角度对各种经济组织的研究；也不同于从权力角度出发的研究，即认为是为了追求垄断或阶级利益，才造成了非标准化的组织。当然，组织{形式}的多样化偶尔也是出于同时满足多重目标的需要。但这并不是说，所有原因的作用都是相同的。如果说，对任何一种假说都要判别其是否具有"可检验性"；

那么，对交易成本假说也应该用具有可比性的标准来作出判别。看其是否具有可检验性的基本思路——本书全篇以各种形式反复
388 重申的思路——就是：交易的属性不同，相应的治理结构即组织成本与权能也就不同，因此就形成了交易与治理结构的不同匹配（主要是为了节省交易成本）。

事前的交易成本与事后的交易成本是有区别的。事前的成本就是在起草协议及协议谈判中发生的成本。如果打算生产的产品或打算提供的服务不同，事前的交易成本就会有所不同。事后的成本则包括创建治理结构的成本和管理成本（running cost），具体包括监督成本和产生、解决纠纷的成本；不适应成本（maladaptation costs）是由于不能返回到合同转换曲线上原来的位置而发生的成本；讨价还价成本（haggling costs）则是有意（或无意）作出调整的成本；而担保成本（bonding costs）则是能影响确定承诺的成本。虽说影啊交易的各种不确定性条件，以及交易所处的贸易大环境（客户、风俗、习惯、法律制度），都能对签约前成本及签约后成本产生影响；但这些特点基本上可以看作既定的（不过，如果放宽这些限制条件，就能进一步运用这些道理）。

即使经过这番简化以后，我们得到的研究合同问题的方法还是极其复杂的。这一点已在{本书}各章的分析中不断反映出来。因此，要想给各种合同（及其签约过程）作出整体定位并进行评价，还必须随时重提这些内容。

1.2 风险中性的题外话

交易成本经济学一再提到两种行为假定，即有限理性和投机。

第一个假定认为，代理人主观上是想理性行事的，只不过要在有限的范围内才这样做。这一点是千真万确的，并且会对人们构思合同主体的方式起着巨大的影响。第二个假定认为，不能指望代理人会自觉信守承诺，因为他们在追求自己的目标时，会甩开协议的文字{规定}，背离协议的精神。这种对人性的略带忧郁的看法在警告合同双方（以及研究履约实践的学者），要当心各种危险。当然，人们可能、偶尔也的确是疑心太重，谨慎过分（见下文第 1.3 节 b）。但是，对投机有一个正确的看法，对于理解复杂经济组织方式所服务的目的来说，毕竟是一门基本功。

此外，还要用到第三种行为假定，即风险中性（risk neutrality）的假定；但这种假定往往不被人提及，因此要单独说一下。这种假定与其他两种假定不同，它显然是不符合实际的。

对于不符合实际的假定，通常要根据其导出的方式能否开花 389
结果来作出判断（弗里德曼，1953 年）。这也是本节所述理由的一部分，但其主要观点却与上述内容完全不同。

的确，为风险中性这一假定辩护的有三种理由。第一个理由是：本书着重强调中间产品市场；其中发生的交易是企业之间而不是个人之间的交易。在这类交易中，不仅大多数企业在某种程度上各有差别，而且企业所有者往往也很容易使自己的财产多元化。因此，至少从这类行为的分类上看，风险中性的假定有可能与实际情况非常接近。[5] 第二个理由也与此有关：如果对无力承受风险

⑤　这种说法肯定是没有考虑经营者的风险属性——而这种风险对某些目标、特别是组织内部的各种交易来说，却可能是至关重要的。对此问题的简要讨论见第六章第 4 节。

的人施以重罚，交易各方就会产生强烈的动机，去精心设计能承担风险的{治理}结构。只要风险中性这一假定既有利于分析问题，又能抓住问题的主旨，其他方面的问题就不妨、或者至少往往另当别论了。

但第三个理由，也是最迫切需要利用风险中性这一概念的理由，就在于人们使用厌恶风险(risk aversion)的假定时，不是忽略、就是曲解了效率的本质；而风险中性这一假定有助于把效率的本质解释清楚。我们可以用劳动市场中的组织为例，把交易成本方法和实际签约中的传统做法这二者作一个比较(阿扎蒂亚迪斯，1975年；贝利，1974年；戈登，1974年)。后一种方法在解释“黏性工资(sticky wages)”时可以搬出“厌恶风险”这个理由；但对于劳动市场的组织方式竟然不置一词，对中间产品市场的“黏性价格(sticky prices)”也拿不出相仿的解释。用风险中性来解释工资，与用交易成本的概念来解释价格，其实是一回事；而且在解释决定工资与价格的治理结构时，也必须这样来解释(瓦克特与威廉姆森，1978年)。

或者考虑一下罗伯特·汤森(1982年)的理论，他处理中间产品市场多期合同(multiperiod contracts)的方式是很有意思的。他提出的基本模型如下：“考虑一种只有两个……代理人、同样厌恶风险的经济(1170页)。”由于{两人}对风险的厌恶态度并无不同，多期合同问题在其模型中自然不复存在。[⑥] 但即使是在风险

⑥　汤森实际上提出了一个两阶段的观点：在第一阶段中，假定{人们}对风险的厌恶态度不同，而又都充分掌握信息；在第二阶段，则假定{人们}对风险的厌恶态度不同，但各人掌握的信息也不同。在其模型中，只有在第二{阶段}的条件下，才能产生多期合同。

中性的世界里，由于专用资产处于风险之中，就一定会出现多期合同。[7] 当人们主要关心交易的属性而不是交易者的属性时，就需要审查因支持这种多期合同而形成的治理结构。因此，在法理研究（兰德斯与波斯纳，即将出版）和经济组织研究中，那种不考虑对风险的厌恶、而使用交易成本理论的研究，要比不采取此种做法的 390
研究更关心制度特征，也就绝非偶然了。

从第三种理由中可以得出以下推论：如果说新制度经济学派在其早期发展阶段，至少还坚持“厌恶风险”的假定；那么，“厌恶风险”这个概念往往会使人们的注意力偏离核心的效率目标，偏离更容易辨别、也更容易准确判断的有关制度特征。

1.3 若干局限性

交易成本经济学有三种局限性值得注意：一是它还比较粗糙；二是太强调其{作为分析}工具的作用；三是它作为一门学说还算不上完整。下面分别来看一下。

a. 粗糙

交易成本经济学的粗糙至少表现在四个方面：模型太粗糙；缺乏权衡取舍；{如何}计量的问题很严重；{应用的}随意性太强。

模型粗糙的问题在一定程度上可用以下事实来解释，即：在比较各种制度的分析中，往往只要求找出它们的基本区别，因此只是进行简单的比较。而在把文字观点变成正式模型时总会丢掉一些

⑦　参见第四至八章的例子。

东西；这就很难算作成功（西蒙，1978 年，第 8—9 页）。模型化不应该有任何代价。

不过，把文字变成模型，偶尔也能发现文字表述中发现不了的缺陷或表述不清的问题。对于节约生产成本（往往对市场有利），节约治理成本（致力于双边贸易的深入发展，能使内部组织受益）以及强激励机制（这还是把市场放在第一位）这三者之间的权衡问题，必须同时通盘考虑，而不应该有先有后。尽管按此思路进行的工作已经取得了进展（马斯滕，1982 年；瑞尔丹与威廉姆森，即将出版；格罗斯曼与哈特，1984 年；曼与维辛克，1984 年；哈特与穆尔，1985 年），但还有大量工作要做。至于导致权衡中出现差别的各种因素——技术（指规模经济或范围经济）；竞争对手的性质，包括其进步性；客户的属性，包括评价产品的能力；激励与控制的效率；市场的变幻莫测及不确定性——所有这些都必须在某些阶段予以考虑。

391 描述交易主要有三个常用的维度，即频率、不确定性和资产专用性的条件。尽管没有一种维度能很容易地衡量，但有经验的研究人员还是给每个维度找出了大致的、或者说是近似的度量标准。即使从实际经验中能看出应该{如何}利用会计数据、企业的其他记录和治理记录，从而能得到更好的结果；也还是需要搜集大量的原始资料（至少在近期内，从满足交易成本经济学的需要上看，后者{即搜集资料}还是能比较容易地提供更好的服务的，即拓宽研究广度——更大量的观察，提高研究深度——即提供为数不多、但关联度更高的数据）。

上述每一种特点——模型粗糙，尚未权衡取舍，计量困难——

都会使人在运用交易成本经济学时过分地随意。一旦数据对不上模型，一个办法就是甩开那些被省略的或未经度量的因素。有了各种反常现象及矛盾的推动，运用交易成本分析法的学者就能够、也应该能够提出更好的模型。

b. 工具主义

{有一种看法认为，}交易成本经济学也像通常的经济模型那样，要时刻盘算着代理人的问题。但这种对人类本性的看法其实并不吸引人，而且也不确切。经济学之所以被视为一门沉闷的科学，部分原因就在于此。但经济学的强大说服力也正在于它在理性上的执着(阿罗，1974 年)。毋庸讳言，理性可以、有时也确实被强调得过了头。过于理性，就是一种神话，或者说是一种病态了。但我们也无需乎下这样一个断语：人类唯一可信的动机就是贪婪；而经济学之所以比其他社会科学更为成功，原因多半在于它主要强调的就是斤斤计较之心。

与正统思想相比，交易成本经济学讲的那种代理人在算计上既有所短，也有所长。“短处”是指他们不擅长接收信息并进行储存、检索及加工；“长处”是指他们精于投机取巧。这样总算账，可能更接近于我们所了解的人类本性。不过，这只是一种很窄的口径。因为它并没有讲出诸如友善、同情、团结等等属性的限定条件。诚然，就这些因素已众所周知而言，经济学强调的是它们的成本，而不是收益(因此，这就像第六章讨论的那样，之所以要对企业规模加以各种限制，{使之不搞成庞然大物，}据说就是因为人们有“宽大为怀”的倾向)。至于资本主义经济制度中俯拾皆是的那些代理人，他们是没有同情心的。

392 尽管关于人类本性的这种观点不讨人喜欢，它还是给我们提供了大量可检验的推论。况且，尽管有一种观点认为"是人就要投机"，但也不排除他们有长期结盟的可能。正是由于把短视的问题(semi-farsightedness)归咎于经商的投机行为，才避免了大量反常的签约行为和大量不规则组织的出现。正是由于人们相信，只有在保证相互支持的条件下所形成的结盟，才能通过合作提供可靠的收益；也正是由于相信有这种可能，人们才会为提供这种可信的承诺而去努力。

这类结盟无疑是不完善的，偶尔还会破裂。而且，在言而无信的社会里，这种结盟的成本也要比讲信义的社会高得多。但不能由此就认为，有限的理性再加上投机，就等于急功近利。大量"中等视力(middle range)"的、可信赖的签约行为都属于只有 20 到 50 度(甚至 20 到 500 度)的近视眼。[8] 但是，正如下面第 4 节将要讨论的，如果想丰富我们关于经济组织的理论，还有待我们提高自己关于{人类}行为的洞察力。

578

c. 不完整性

说交易成本经济学不完整，至少有三个重要表现。一是其模

---

⑧ 尽管有这些局限性，用有限理性和投机等概念给资本主义社会的人下定义，总比某些乌托邦的说法更准确一些。乌托邦强调的是"真诚，也就是个人的角色与其在社会上的角色完全一致。也就是说，在一个多少有些理想化的社会中，人们对自己行为的要求，与社会责任对他的要求这二者之间应该毫无矛盾"(阿罗，1974 年，第 15—16 页)。如果不唱那么高的高调(tensions)，经济组织所遇到的难题就将大大简化。所谓"寡头铁律(the iron law of oligarchy)"说的就是这种概念的错误。无论资本主义制度还是社会主义制度，都同样存在{如何}寻找次优方案的矛盾，也都要受到"{是否}讲真话"的考验。

型太片面，称不上一般模型。在其他情况相同的条件下，一般模型无论如何总比局部模型要好。但在情况不同的条件下，并且，如果我们非要用预测作为分析的基础，则“行为的一般理论（General Theories of Action）”在涉及效用最大化与产权基础等问题时，都将变得模棱两可；但这大体上还是在搞同义反复，而且还要带来无法接受的高额代价。相反，更一般的模型则能给我们带来更多、更透彻的看法，因而总是应该受到鼓励的。

{交易成本经济学之}不完整的另一个方面，是其分析官僚行为的理论还很欠发展。我认为这一点特别值得注意。与“市场失灵”理论相比，“官僚失灵”的理论就显得太初步了。一个组织内部会产生哪些偏向和扭曲？为什么会产生这些变化？它们将如何随着组织形式的改变而变化？如果要对经济组织有一个正确的理解，就必须更加关注这些问题。不过，我还要再次强调一下，即还是要坚持使用制度比较的方法。 393

尽管交易成本经济学始终强调合同的事前条件和事后条件（这种方法偶尔也称为对签约活动的整体研究），它还是要对每个交易之网分别进行规范的考察。这样做虽然能展示出每个合同的主要特点，却可能忽略或低估一系列有关合同之间的相互依赖关系。因此，有时就需要更多地关注合同的多种变化形式（第十二章所讨论的不考虑风险转换问题便是一例）。

2. 关于经济学

交易成本经济学承认，技术与资产所有权都很重要；但它认为，无论这两个因素单独起作用还是共同起作用，对经济组织来说都不是决定性的因素。相反，要研究经济组织，就必须超出技术与所有权的范围，进而考察激励问题和治理问题。交易成本经济学把交易作为分析的基本单位，而且特别关注治理的问题。

因此，即使假定技术水平不变，如果把交易挪到市场以外，在同一个所有权的范围内进行，也会发生三重变化，即所有权的改变，激励{机制}的改变以及治理结构的改变。第一个变化——所有权改变——来自命题本身。{第二，}即使企业与市场之间激励原则的形式（比如说{企业}内部结算价）不变，资产所有权的变化也会引起有效激励机制的变化。与此相应，原则的形式也很容易随之改变。在这两种情况下，为保证这种内部交换关系完整，都会出现新的治理结构。进而言之，上述所有这一切，都将随专用资产之性质及程度的变化而改变。一句话，对经济组织进行研究，是远比琢磨出一个生产函数公式复杂得多的工作。

2.1 用途展望

在前几章中我已指出，交易成本经济学已经被用于研究产业组织问题、劳动经济学问题和现代公司问题。这里没有必要重复；更有意思的是在其他领域应用这门学说。

394 交易成本经济学的更明显、也更自然的用途之一，就是用它对经济制度进行比较研究。斯蒂芬·塞克斯最近出版的研究南斯拉夫{工人}自治问题的著作（1983 年）便是一例。正如霍尔瓦特在 1972 年研究战后时期南斯拉夫经济改革时所发现的那样，从微观分析上看，资本主义与社会主义之间具有千丝万缕的重要联系。塞克斯的研究也能证实这一点。但正如他所指出的，{在这个问题上}还需要再做大量的工作。

毫无疑问，我们的确可以在若干层面上发现这种联系。比如，库普曼斯就认为，对"制度建立之前的特点"进行行为分析(activity analysis)，就是一个引人注目之处。他说："技术与人类的需要是普天之下的共性问题。只要从这两个因素出发，就助长、强化了市场{经济}国家和社会主义国家之间的业务联系及相互影响(库普曼斯，1977 年，第 264—265 页)。"不过我认为，如果只讲技术和人类需要这两条，就把研究范围缩窄了。在研究人类本性时，把人们的需要考虑进来是很有益处的。另外，尽管要使资本主义国家与社会主义国家的治理结构互相协调起来比较困难，但如果能注意到它们之间的联系——既注意其共性，又注意其差别——我们要深入理解这些问题就大有希望了。

运用交易成本经济学来研究企业的历史，也同样大有可为。但这不是说，对所有的组织创新都只能用这一种方式来进行评价。各种各样的经济组织——凡是能存在下去，竞争对手会效法并向其他行业蔓延的，都要经过千锤百炼才能完善起来；而绝不是依靠政治上的保护来对付其他组织方式——一般来说都是拥有效率优势的组织。[9]

用交易成本经济学来解释其他领域的问题也取得了进展；但

⑨　如果要更仔细地评价这一问题，就需要把交易成本与演进经济学(evolutionary economics)联系起来。

进一步的研究还要把家庭组织的研究(本—波拉斯,1980 年;波拉克,1983 年)和非赢利性企业的研究(汉斯曼,1982 年;法玛与詹森,1983 年)包括进来。

克莱因及其同事在另一领域的研究也取得了重大突破,[10]而且在经纪人经济学(middleman economics)方面,即零售商、经销商和特许权人问题上,有望取得更大的进展。在这些组织层面上出现大量不规范的合同,其目的和效果都是为了节省交易成本。

再有一个领域,就是交易成本经济学迄今贡献不大、但将来的贡献非常看好的公共财政领域。诚然,现在已经有人利用与交易成本方法相似的概念,考察了国防{订货}合同问题(威廉姆森,1967 年 a);也有人运用半微观分析的概念(semi-microanalytic
395 terms),考察了研究与发展政策中获取信息困难的问题(阿罗,1971 年;纳尔逊,1984 年)。但如果公共财政的问题无非就是一个制度的选择和设计问题,那么,交易成本经济学就还有无穷无尽的用武之地。说到政治舞台上的激励与治理,就是一个巨大的难题了。因为与评价私人部门的效率相比,那里的矛盾更多,评价的尺度就可能要放得更宽。

2.2 研究的需要

a. 对激励的评价

如果必要的前提条件已经给定,准市场(quasi-market)和{企

⑩ 参见肯尼与克莱因(1983 年)及其中所引资料。

业}内部组织就比自由市场交易要好。但如果所有权已经统一，还要进行交易，那就不可避免地会削弱市场的强激励机制作用。在这二者之间，本书更多关注的是治理问题，这样才好与资本主义经济组织模式的激励方式进行比较。[11]

然而，如果要对资本主义经济制度作出准确的估价，最起码要把这两者都考虑进来才行。撇开其他问题不讲，只从提高内部组织激励的效能的方式——也就是看它有没有“职能局部分解能力”(semi-decomposability，这是建立M型组织结构的主要目的)，看它能不能根据可信的承诺去{制定}运营规则和运营程序，由此而提高可依赖程度——来说，也要求这两方面的研究应当齐头并进。为提高激励的效能，说到对各种制度进行比较，那只有在研究了市场、准市场及其管理方式，并得到微观分析的结果以后才有可能。而这既要对概念进行提炼，又得依靠实践经验。为此就需要进行大量的工作。

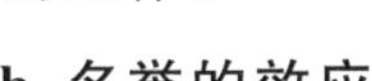

b. 名誉的效应

名誉的效应在于它能防止违背协议文字内容及精神的行为。具体说，一是要看这种违背是否已经广为人知；二是要看这种违背的后果能否完全确定(如果其他情况不变，我们根据这一点，就能区分哪些是造成这种违背的真正原因，哪些不是真正的原因)；三是要看当一方发现或感觉到{对方}在违背协议时，能否对后者或 396
其继任者进行“全面”惩罚。

---

[11] 如果把资本主义描写成一种“具有创造性的摧毁风暴”(熊彼特，1942年)，就得强调相反的一面了。

但以上三条没有一条能轻易办到。先看第一条。要使这种背离广为人知,先要付出巨额的宣传成本。退一步说,即使简单通告一下花不了多少钱,那也要进一步提供有关的细节才行。比如:这真是一种侵权行为吗?它的损害有多严重?原告是否为减轻损害而采取过行动?是否想过其他更好的办法,这些办法又是什么时候想出来的?而要提供这些更具体的信息并作出判断,势必付出极高的代价。

撇开不讲信用不说,仅这第三个条件,就确保了侵权一方能免受全面的惩罚。而在单一所有者兼经营者的企业中,先前的所有者或经营者即使要求得到宽恕,也躲不开这些惩罚。相反,正是由于“父债子承”的缘故——如果对一家企业的资产进行评估,就会把{该企业}以往的行为原原本本地反映出来(克雷普斯,1984 年)。

这里的问题涉及了人类角色的行为属性,对此我将在第 4 节进一步讨论。这里只要注意到一条,即名誉效应绝非解决签约问题的灵丹妙药,也就足够了。至于这些效应能起什么作用,又有哪些局限性,还需要加以研究(卡迈克尔,1984 年)。

c. 消费者

关于资本主义经济制度的任何讨论,如果解决不了最终产品市场的问题,就远远谈不上完整。而要对最终产品市场的实际情况作出有根据的评价,就要求掌握大量的实际细节。尽管我自信本书提出的方法具有相当普遍的适用性,并鼓励他人与我共享这些观点,⑫但真要用它们来说明最终产品市场的问题,那就超出了

---

⑫ 营销专家对这种方法所表现的兴趣令我特别高兴。由营销科学学会(Market-

本书的范围。

尽管中间产品市场与最终产品市场有很强的共性，但{我们对}它们之间的关系还是把握不准。与等级制组织与小组织(家庭)和个人相比，这二者之间之所以会有某些差别，原因就在于一个对理性的要求比较宽，而另一个则比较严。

大型组织可将其采购职能与签约职能分别赋予各种专家；对于该组织所买卖的多种产品或服务，在技术、市场及合同上分别有 397
哪些特点，这些专家各有专精。因此，交易双方信息不对称的程度也就大大降低。消费者个人则相反，他们无法以同样方式委派{专家}，也就只好更加依赖市场对有关产品所提供的信号了。

打品牌，作广告，目的就是为了提供信号。但使用这些信号却可以、偶尔也的确是为了某种战略目的，[13]这就使判断福利水平的问题变得复杂了。至于消费者能否得到更扎实、可靠、简明的信号，其实是个"只可意会，不可言传"的问题。所谓"别人的话靠不住"(truth in lending)就是这个道理。广告词都是信誓旦旦的，但谁能一眼看出它吹得过了头呢？[14]

消费者市场还有另一个需要评价的特点，那就是平均来说，消费者个人显然不具备以始终如一的方式按概率进行选择的能力。有关大多数人对待概率性问题的倾向，已有反复的论证可考(特沃

---

ing Science Institution)与组织创新研究中心(Center for the Study of Organizational Innovation)联合组织、于1983年10月在宾夕法尼亚州举办的一次营销研讨会详细讨论了这些问题。这可参见安德森与施米特雷(1984年)。

[13] 品牌和广告的宣传既然可以用在客户身上，也可以用来对付竞争对手。

[14] 香烟盒上的健康警示就是一例。

尔斯基与卡尼曼，1974 年)。尤其是对概率较低的事件进行评价时，这种倾向就更加明显(昆鲁瑟等编，1978 年)。但大多数人持有这种倾向，具有这种局限性，并不意味着大多数组织也带有这种倾向。如果多多少少能区分出怎样才算是合格的概率，如果加工并显示概率性选择结果的责任都落在更能胜任的那一群人身上，实现专业化就能带来节约。但只要各种组织(各种公司)能够轻而易举地实现这种专业化，则消费者个人就会受到更大的限制。因此，当遇到概率性选择的问题时，通过公共政策的干预以改善消费者的(平均)决策水平的可能性就再次应运而生了。保险{行业}就是可以信手拈来的例子。

3. 关于法律

罗纳德·吉尔森提出过一个新奇的、颇有争议的观点，主张应该把企业的律师看作“交易成本工程师”(1984 年)。他这种观点讲的是价值能否增值，要看如何设计交易而定；而这也正是本书提出并反复强调的论点。[15] 它强调要肯定律师执业的作用并满足其
398 执业的条件。如果这些观点能被人们接受，则交易成本经济学的形象还会进一步高大起来(吉尔森，1984 年，第 127—129 页)。

---

⑮ 吉尔森(1984 年)认为，把企业律师的工作看成是交易成本工程师，可以说明很多问题：(1)可以理解哪些工作是“律师的专职”，哪些交易则要由其他专业{人员}来完成，从而搞清这二者之间的区别；(2)可以提高企业律师{这一职业}在各种职业中的竞争地位；(3)可以重新安排企业法的教育课程；(4)可以理解美国律师为什么要发起当前这一轮的跨文化批判。

罗伯特·克拉克最近从方法论的角度对法律学说作过一个评论，他的评论在交易成本经济学中也能找到知音。因此说，克拉克推崇的从"跨学科角度研究法学演进"的方法，要比通常那种像记流水账一样地记录法律沿革的历史来得更为具体。这种方法与"近年来从经济学角度分析普通法沿革问题的若干令人感兴趣的经济分析理论著作相比，也应该对制度钻研得更深，原则性也更强：因为它对一些特殊的制度和法理给予了特殊的关注，因此在分析法律原则体系以及与法理不符的实际做法时，本来就应该分析得更具体才对"（克拉克，1981 年，第 1238 页，着重号系作者所加）。[16]

我希望前面各章已经讲清了一个道理：接受这种强调交易成本的微观分析观点，对反垄断、政府监管、公司治理以及劳动法等方方面面的问题都有好处。当然，以上每个方面都还有尚待探讨、我确信{人们}也一定会去探讨的问题——对现有的用法去粗取精，并发现新的用法。但我这里只强调一点：在合同问题上——它毕竟是能把所有这些方面都统一起来的组织概念——的确需要研究交易成本经济学。

⑯　埃利·得文对经济学家的作用的评论，以及艾尔德尔·詹金斯在研究法律时所作的评论，都是很中肯的。因此，得文才有如下的建议："有很多复杂的政策性问题，经济学家并不了解其答案……对这些问题，如果经济学家能更虚心一些，让自己只限于解释问题的复杂性，而不去提供那些自相矛盾、南辕北辙的解决方案，我们也许对那些问题能懂得更多一些"（得文，1961 年，第 46 页）。而詹金斯认为，研究法律时，如果"能把那些问题的复杂性讲清楚，把必须在哪些框架里解决问题讲清楚，把有关的问题作些分门别类；引导人们去注意那些尚不会立即出现的反应和结果；并且防止感情用事，防止故弄玄虚，同时又能让人们去注意那些合理的、符合规矩的结果；那就会很有收获"（詹金斯，1980 年，第 62 页）。

3.1 混合治理问题

有一种说法认为：合同在执行中是不会走样的；对于纠纷，习惯的做法是提交法庭来解决。对于这种神乎其神的说法，合同法专家作出了连篇累牍且理直气壮的批判（卢埃林，1931 年；麦克雷，1963 年；麦克尼尔，1974 年；加兰特，1981 年；克隆曼，1985 年）；尽管如此，这种{批判的}传统在研究企业时，还是没有跳出法律研究、在更大成分上甚至是经济研究的圈子。部分原因在于这
399 一事实，即运用“法律至上论”来分析问题极为便当。但究其主要原因，很可能还是因为没有形成用另一种方法来解释合同的成熟理论。

近年来，经济学家建立的合同模型完全抛开了法庭裁决，使{解决}这一问题有了一定的进展。按照纯粹私下解决的原则，交易双方不能动辄诉诸法庭或求助于第三者，而是必须按合同本身的规定，各自恪尽职守，自行解决问题（泰尔瑟，1981 年；克莱因与莱弗勒，1981 年）。第七章中的抵押模型就体现了这种传统。不过，这种“对着干”的传统虽有指导意义，也还是有些神乎其神。而在实践中，很少会有只偏向这两者之中某一极端的合同。

当然，偶尔也会有人反驳道：两极端模型是完全适当的。[17] 但这需要进行有关的检验：一是看人们能否更好地理解这种中间现

---

⑰ 可资证明的是弗里德曼的观点，他认为有“两类‘合理的’企业”：一是“原子型的竞争性企业”；二是垄断型企业（1953 年）；{介于其间的是}组成某个行业的企业。

象;二是直接研究这些问题,能否得出可以验证的含义。即如目前情况所表明的那样,最难啃的是处于两端之间的合同。但如果这类签约行为占了合同的大头,那就有理由说,我们应该把更多的精力放在{研究}混合交易(mixed transactions)上面。[18] 而交易成本经济学对完成这一任务应该是有所裨益的。

前面各章所描述并具体应用的就是我们的基本战略。因此,如果交易的属性不同,如果能根据交易的不同需要而分别配以相应的治理结构;如果私下解决和法庭裁决能互相配合而不再各行其是,则最能满足交易双方目的的工作,就是确定私人结构与公共结构的结合程度,这对合同的研究大为有益(克隆曼,1985 年)。而要做到这一切,就必须对各种制度以及各种合同的客观需要有深入的了解(吉尔森,1084 年)。

⑱ 帕特里克·阿地亚也认为,这才是合同法行为的用武之地。他说:

"[在]各种合同关系的一览表上,已经出现了从单一的、互不相关的交易变为多重关系{的交易}这样一种转变。其趋势是借助某种准管理过程,对未来变化的风险进行调节;而不是死抱着最初合同中的文字表述不放。

从实践看,正是由于这些{转变},再加上其他因素的作用,人们越来越把合同关系分成两种,一是全面履约的交易(executed transaction),一是部分履约的交易(part-executed transaction)。由于法律越来越受签约双方行为的支配,按最初商定内容办事的成分也就逐步减少。毁约行为日渐被视为类似事出偶然,而不是因拒绝接受谈妥的风险得失而有意为之。'卡壳'是指因做错某些事情,而必须采取某些公正的调节措施来解决冲突的情况。这一进程不可避免地会以各种方式把人们拉回到早先强调合同责任的理念上去。全面履约模式江河日下,而部分履约的合同则与日俱增,这一上一下就使收益与信赖(benefit and reliance)这一对孪生因素重新成为重要的问题。随着全面履约合同以及以信守承诺为基础的理念的衰落,收益应该公平分配的信念,合理的信赖应予保护的信念,也就再一次占据了更为显要的地位"[阿地亚,1979 年,第 713—714 页]。

400 3.2 合同法的原则

卢埃林有言:“倘若无法可依,人们反倒言而有信;民众和法庭的理智即已富富有余”(1931 年,第 738 页)。这种看法显然受到公平观的支持:“当后果无法预测,而我们又要找出解决问题的条件时,我们希望达到的目标就不再是{协商}一致,而是公正了。这就允许出现履约不能、履约失败和理解错误”(第 746 页)。麦克尼尔提到的那种例外的合同,应该说就是基于同样的考虑{而签订的}:

> 在法律体系中,“不全面信守承诺”有着数不胜数的表现。最明显的是补充承诺的“让先”性质;因为一般来说,需要对合同作出补充的地方,也正是法律体系规定得最为薄弱的地方。但即使是这样的补充,也还会遇到一大堆法律原则上和技术上的障碍,诸如{何谓}不能、失败、误解、指使、不干扰陪审团、体谅、行为违法、胁迫、不正当压力、无意识能力、身份、罚没原则、实际业绩原则、解脱能力、破产的法律、{反}欺诈法规等等,便属于此类;几乎任何{关乎}签订合同的条款,都能够、也的确造成这种法律体系上不完全履行承诺的现象(麦克尼尔,1974 年,第 73 页)。

虽然我信服卢埃林的观点,即上述每一条原则{的判明}均缘于公正{的信念};但是,它们毕竟反映了对效率的要求。我的基本观点是:从签约规则(a contracting regime)来看,一种规则是只要签约的任一方坚持,{双方}就必须严格履行协议;另一种规则是,一方坚持要严格履行协议,会给另一方造成“过分的”困难;而人们在这两种规则之间却更愿意选择后者——条件是假定人们可以毫不费力地辨明何谓“过分的困难”那种例外的情况。

用这样的方法来研究合同,就要靠法庭对合同法的原则作出解释,这就在规范的严格履约假定之外,给例外的做法留下了余地。它要求先建立交易双方更加信赖的治理结构,再来履行合同。如果在签订合同之后,还允许{交易者}处处算计私人净收益,并根据其大小决定取舍,则人们就会相信,这将损害签约的**过程**(某些合同便不能签订;要达成其他协议,也必须付出高昂的代价);因此,只要具备必要的条件,签约人就会提出要求,禁止那种必须一字不差地履行合同的做法。只有当人们确信那样做会招致残酷的或惩罚性的后果时,他们才会把促成妥协、调和或容让作为自己的目标。尽管这种做法可以(也的确)被解释为民众和法庭的一种努力,希望能从公平和正义的角度来看待承诺;但规定出{如何应付}例外情况的做法,并不违反扩展了的效率原理。把合同纳入一种被掐头去尾的框架之中,就能得出上述{法律}体系所说的那种收 401
益。

鉴于导致令人失望的合同的根源是如此之多,我们又不能从这一切根源中摆脱出来;因此,关键的问题就在于搞清楚,到底哪些是过分的要求?处理这些难题有哪些方法,我将在另文(威廉姆森,即将出版)中作些极为初步的介绍。这里只要注意到一点就够了:尽管利用交易成本的理论,可以把这些问题分门别类进行排队,但在我们能够宣布已经得出了一致的、清晰的原则以前,还需

要再做大量的工作。

3.3 签约的全过程

谁也做不到“既要马儿跑，又要马儿不吃草”，这是最基本的道理。对于签约，坚持从其全过程上来研究，正是为了避免那种——在合同研究中一再出现的——缺陷。且看在白萨基斯诉德莫奇丝一案(Batsakis v. Demotsis)中，查尔斯·弗莱德是怎样断案的。案情如下：“德国人刚占领希腊以后，被告{德莫奇丝}因急于用钱，曾{向白萨基斯}借过一笔希腊货币；并保证从她控制的一笔美国基金中，拿出两千多美元外加正常利息来偿还。可当时希腊国内大乱，那笔钱最多也就值50美元。{但她没有偿还，因而被诉}”(弗莱德，1981年，第109页)。弗莱德宣布，这笔交易“有失体面”；并且裁定，“白萨基斯有责任让其穷困潦倒的本国同胞分享这笔钱”。但对于“放贷者乘人之危(the bad Samaritan)所得之不义之财，如果{判一个}根本……无须归还”，弗莱德也有些拿不准(1981年，第109—111页)。

如果对上例的适用前提条件作一些具体的限定，这种观点也许是经得起推敲的。但这差不多就是让借钱者“既能南辕(雪中送炭)，又能北辙(事后为一己之利而修改{合同}条款)了”。正是由于乘人之危的放贷者明知所放之贷靠不住，他们才不愿放贷。除非我们想作出弗莱德不肯作的假定，即能够强迫白萨基斯与其同胞分享这笔钱(1981年，第111页)；否则，就不会采用这种合同方式，把资源分配给事前急需“雪中送炭”、又是弗莱德希望能在合同生效之后给予豁免的人们。

如果其他情况不变，我们可以假定，签约全过程的好处都是有保证的。但这种履行合同的方法显然也有其局限性。问题是：什么时候这一推理就不灵了呢？

我在本书第十二章结尾讨论公司治理结构的悖论时，提出了这里所说的某些问题，但并没有作出回答。并且，这些问题也和本章第3.2节所讨论的，为理出一个研究合同原则的头绪所引出的问题相重合。但是，考虑到下面第4.5节讨论的签约中的各种不均衡问题，如果能对签约全过程之局限性提出更尖锐的批评，将使我们更多受益。

4. 关于组织 402

社会学家与经济学家不同，他们早就关注下面那个令人困惑的问题了，即“为什么会有那么多类的组织呢”(汉纳与弗里曼，1977年，第936页)。尽管对各种组织形式有着不计其数的解释，而且都很令人感兴趣，但我这里所强调的那种解释——正是为了节省交易成本，才出现那么多的组织形式——很多组织理论专家还是认为它有违情理而拒不接受。

尽管如此，我还是认为，交易成本经济学在很多方面都与组织理论感兴趣的问题息息相关。⑲ 但要想丰富组织理论的内容，看

⑲　其他学者也有持此观点者——比如，可参见威廉·乌奇(1976年)及W.理查德·斯科特(1981年)——不过，持此观点者可能不多。

来还要靠对交易成本分析法加以磨砺、提炼和限定。反之也是如此：组织理论传播得更广泛，也将有利于交易成本经济学的发展。从更一般的意义上说，经济学本来就应该与组织理论互相取长补短。

科斯对经济学及其相近学科所作的评论就很能说明这个问题。他看到："经济学家能够成功地涉足其他很多学科，这本身就标志着他们在解决这些学科的问题上占有某些优势。我相信，其中一个优势就是他们能把经济系统(the economic system)当作相互依赖的整体来研究"(1978 年，第 209 页)。不过，他接着又说："一旦某些专业的学者掌握了必须由经济学家提供的简明而宝贵的真理……那些试图打入其他社会科学领域的经济学家就失去了其主要优势，因为他们面对的，是在这些问题上比他们更有学问的竞争者"(科斯，1978 年，第 210 页)。

下列一些研究机会就是组织理论专家应当占有优势的领域。

4.1 观察上的长处

与应用价格理论相比，交易成本经济学需要对问题进行更具体的分析。而进行具体观察分析不仅是一件苦差事，还要有专门的知识才行。但库普曼斯却坚持认为：

"……我们对所能获得的一切直接与间接的证据，都必须进行充分的研究。与其他某些学科相比，如果说，经济学遇到
403 的尽是些严重的、可能难以逾越的障碍，因此很难进行有意义的实验；那么，决策者本人就更要有深入思考、直接观察的机

会，这样才能获得必要的证据，才可能在某种程度上克服这些障碍[库普曼斯，1957 年，第 140 页]。”

受过具体分析训练的组织理论专家显然在这方面就占优势了。

然而，要按照符合交易成本经济学所要求的方式来履约，也并非一件易事。首先，组织理论往往只强调组织病理学，而忽略组织解剖学和生理学。但它们无疑都很重要。即使从病理学本身讲，交易成本经济学也必须变得更加敏感才行。但如果按我说的那样，承认其中的核心作用是效率，那就要更多地关注组织解剖学和组织生理学了。再者，交易成本经济学尤其感兴趣的是组织的特征，如果要对此进行具体分析，就得研究资产专用性、信息不对称、不确定性（这一点尤其出乎意外）、正式的和非正式的治理手段以及各种激励措施等问题。但从研究组织问题的各家学说来看，能带着交易成本经济学这根“弦”来回答问题的，为数并不算多。这种缺陷能补救吗？需要为此去努力吗？

4.2 激励的界限

第六章曾提出过一个问题：把一批小企业结合起来能做到的事，大企业为什么做不到？而且还没有它们做得多？我的答复是：{企业}内部组织不可能把市场的强激励机制再造出来，而且官僚们也没这种本事。不过，我们对这些条件后面隐藏的原因还只知其皮毛。与市场相比，企业用什么方式才能改善其激励机制，完善其官僚的{管理能力}？对此，我们还应予以更自觉的关注。

“谁来管经营者”的问题（道尔顿，Dalton，1959 年）就正好紧扣上述问题，但诸如会计{记账}传统及会计程序又是如何决定的等等，也是需要深入研究的重要问题。采取激励措施的次序对不对？这些措施会把人们引向何处？{获取}信息、加工信息要遵守哪些假定？这些假定合理吗？最后又如何决定权衡取舍？其结果又能否得到认可吗？在企业内部实行有差别的激励，其有效范围又各在哪里？为什么会如此？组织形式又将如何变化？

对这些直截了当的问题，经济学家（包括比较制度专家）更有兴趣去研究，但组织理论专家似乎也能从中获益。

404 **4.3 组织的创新**

尽管关于组织创新的理解在不断变化，但与技术创新相比，组织创新的研究却从未超过“二等公民”的地位。应该肯定的是，约瑟夫·熊彼特把组织创新算作资本主义的一种动力：“使资本主义这架机器得以发动起来并保持运转之基本动力，来自资本主义企业创造的新消费品，新生产方法或运输方法，新的市场，以及新的工业组织形式”（熊彼特，1942 年，第 83 页）。阿罗也注意到：“在人类的各种创新之中，利用组织创新来实现其目标，确实是最主要、也最首先采取的方式”（1971 年，第 224 页）。还有，阿瑟·科尔则更进一步，他认为：“如果企业的工序及操作规则具有独创性，则企业变革对该国经济增长的贡献就将被广泛承认为机制创新的结果或海外资本流入量的结果”（科尔，1968 年，第 61—62 页）。钱德勒显然是同意这些看法的。按照他的判断，“通过生产过程和分配过程中各种流量紧密合作而增加的节约，要远远超过以资本设施或工人数量为单位来扩大生产规模或分配规模所能实现的节约”(钱德勒,1977 年,第 490 页)。但根据 1948 年建立而于十年后关闭的哈佛企业史研究中心(the Research Center in Entrepreneurial History)的看法,除此以外,{学术界}从未付出过恒久的努力,去强调组织创新的重要作用。

由此,有关组织创新所起作用的记录就散失了。这类记录大部分都与技术有关,集中在技术方面。如果能对各种组织上的创新——无论是成功的还是失败的——作一番系统地认定,那将成为某种大规模研究的源泉。

请注意,我既说到了成功,也谈到了失败。忽略后者是完全可以理解的。因为人不可能永远失败,也不会群起而效法失败;创新家们可能宁愿把他们的错误埋入心底,也不愿将其记录在案。而盯住错误不放,有助于人们避免得出错误的结论,即认为现代工商企业只是一种能不受干扰地成功修正{错误}的产物。当初出了什么差错?难道说失败可以预测,就能事先发现组织的缺陷?抑或由于存在不可预见的事件,就可以不去创新?竞争的作用就在于,它是根据各种创新能带来多大经济利益而选择创新的;这就保证了能够更全面地对待创新。{考察一下组织创新}与演进经济学(evolutionary economics,纳尔森与温特,1983 年)的关系,会得到独特的启迪。

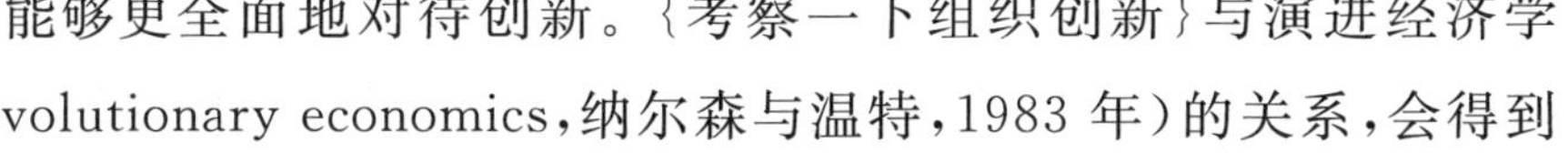

4.4 尊严的价值与信任 405

对于尊严的价值,律师与组织理论专家比大多数经济学家都更为敏感;当他们身处治理过程之中时就更是如此。尽管要体现人的尊严是一件非同寻常的难事,但要使我们对经济组织{如何}体现人的尊严这种知识得到深化,其意义却极其重大。[20]

要警惕两种过分的工具主义观点。第一种观点认为,资本主义的人都属于非人本主义者(nonhumanist)。但对于人类之本性,这样描述并不是一种恭维,或者说并不完全准确。第二种观点认为,对交易成本经济学必须正确定位,以免把人说成丧失人性的动物。如果单从工具主义的方式来看待经济组织,其流毒就将是把人只看成一种工具。对这种过分的工具主义必须予以检验。

首先,正如莱昂·梅修在解释{美国社会学家}泰尔考特·帕森斯(Talcott Parsons)的理论时所说的那样:"市场讲的是功利主义;它后面才是真实的社会,一个先于市场而存在的、并对个人之间功利性的合同进行调节的社会……这种隐身于功利主义协议背后的社会安排,就是以社会大多数人的名义和利益,对私人合同行使批判和限制——也就是约束——的功能(梅修,1984 年,第 23 页)。"因此,节约资源毕竟只是一种手段,而不是目的。

其次,精打细算不利于{相互}信任。这与阿罗反复强调的是一个道理:信任对经济组织来说太重要了(1969 年,第 62 页;1971 年,第 207 页;1973 年,第 24 页;1974 年,第 23 页)。他因此写道:

"……每一份合同都会在某种程度上含有一些道德因素;

---

⑳ 我本人在这方面所做的工作至多只能算是一种建议(威廉姆森,1975 年,第 37—39 页;1984 年 a,第 210—212 页)。经济学家在其他问题上虽长于计算,但在这些问题上他们可能却无能为力。而组织理论专家则不同,他们不用言必称"理性精神",故而在{与经济学家的}竞争中就没有背上那么大的包袱。

> 没有它们，什么市场都不起作用。每次交易中都含有某种信任的因素；最典型的情况是先要让渡自己的价值物，才能换回他人的价值物；其中体现的就是一种信任，即事实上是要{先}放弃那个价值。但如果主张这是由于某种机制，比如警察与法庭的强制作用，就不合适了；这是所买与所卖双方在进行自我服务。因此我们必须问这样一个问题：他们为什么真去做**他们**在合同中约定的事情呢？”（阿罗，1973 年，第 24 页）

阿罗进一步指出：“信任及与其类似的价值{观}，忠诚或讲真话等等……并不是那种可以在市场上公开买卖的、技术上可行或甚至很有意义的商品”（1974 年，第 23 页）。

这些都是非常重要的观点。但{事实}证明，实践中要做到这 406
种信任，其难度却非同寻常。而根本不去算账的做法却有可能解决这些问题。[21] 看来，这些问题只有靠组织理论专家来回答了。

4.5 签订劳动合同

研究雇佣关系时，如果考虑到家庭这个因素，问题就复杂了；

---

[21] 在这种联系中请注意把握这一点，即信任对签约基本内容是有实际约束作用的。在分支节点 A，不需要信任。在分支节点 B 谈信任就更是无稽之谈（这里都是事先付钱，无需乎盘算来盘算去。分支节点 B{的思路}就相当于那种盘根问底：“我得给你多少钱，你才会深深地爱我？”但这显然荒谬之至）。而分支节点 C 体现的，则是相互提供可靠承诺的那种精神，这才算彼此信任。但其中还是带有某种“准算计”的味道，也就是要比通常所说的“信任”多一点算计。值得关注的是，这里的各种行为特点和治理特点，甚至有可能会超出分支节点 C 所需要的讨价还价的程度。讨论这类事体按说应该是组织理论专家的长项。

因为这个因素并不直接包括在交易成本经济学的计算中。如果{要求}技术通才工人{随厂}搬迁，而他又因为这给其家庭成员带来“居住不便”的成本而确实难以搬迁，这些工人就可能提出种种条件，如工作安全、按规矩办事等；这些条件在当初计算工作成本时是不予考虑的。当然，企业有必要考虑有关安全的各种要求——不管是工作上的，还是家庭方面的。但是在研究劳动组织时，一旦把{工人}家庭的问题也扯进来，再想作出区别对待，问题就复杂多了。

第二个困难是名誉效应的效力问题。其中可能会包括几类问题。最明显的一个是：{签约}者的同辈见证人及其后代是否充分了解签约中有哪些具体困难，足以使其作出有根据的评价。如果只有最接近买卖双方的人才了解他们的特点，{别人要作这种评价}就会遇到严重的障碍。第二个困难就是“自以为是”（competence bias），假如见证人都是“事后诸葛亮”，能“看透”他想了解的这项交易的具体困难；并且觉得自己已经聪明得不可能去犯别人所犯的错误；那他们也许就不会去重视别人的教训了。[22]

此外，更严重的是，如果不是由当代人、而是由后代人对履约
407 不当进行惩罚，就会产生更麻烦的问题。其弊端至少可以分为三类。一是吃一堑不长一智。如果在制度方面的有关教训只留在当

---

[22] 忽视他人经验的倾向有两个原因：(1)对自己的能力估计过高（要让代理人承认自己技不如常人，其难度可以想见）；(2)“半斤八两”（20－20 hindsight）式的错误，也就是把问题看得过于简单的那种毛病。因此，尽管对于一再发生的困难，见证人也许能看出个究竟来；但如果他们不能由此及彼地看出更普遍的问题，那他们对于同属这种普遍性的各种具体问题，就无法处理得同样妥善。

事人心中，而这位当事人不是已然退休，就是另有它就，则至少{这家企业的}名誉会受到损害。二是卖方的后代偶尔也会举出种种理由，认为父债不该子承。但如果我们分不清谁该得到宽恕，谁又是在“混水摸鱼”；而且如果人们又总是慈悲为怀；则宽恕之道的结果就是纵容签约的错误一再发生。[23] 最后一点，{卖方的}后辈也许会让自己的领袖来作代表。但如果这些领袖只是公推出来的，或者已经被贿赂了，那么，又该从何处入手{对}败坏名誉的行为进行惩罚呢？

综上所述：如果像我们所了解的那样，人类本性具有上述种种特点；那么，在合同履行期间，卖方的投机行为就可能、而且有时也确实能逃脱惩罚。由此看来，只抓住名誉效应这一点不放，显然不能保证最终由私下解决来作最终决断。因此，就需要对这些问题作出限定。

5. 附记

熊彼特有言：“资本主义能躲过这一‘劫’吗？”然后他贸然叫了一句：“不能。我认为它在劫难逃”（1942 年，第 61 页）。之所以会得出这种否定性的评价，原因之一就在于我们不能从知识——按照流行的“知识无用论”（intellectual skepticism）的看法——上，来论证资本主义组织方式的种种优越性（熊彼特，1942 年，第十三

㉓　两代人之间做买卖时，“宽恕”是一个很复杂的问题；而在同一代人之间做买卖，问题也同样复杂。从更普遍的意义上说，如果卖方一再欺诈买方，那就必须对限制欺骗的条款进行重新评价了。合同中对未成年人的保护便是一例。

章)。

对经济组织的演进来说,40 年算不上很长的时期,也许还不足以证实熊彼特的否定论是否正确。但坦率地讲,资本主义并不会立刻寿终正寝。值得指出的还有一点,那就是在这{40 年}间,人们对知识的看法已经有了改进。原因之一就是对复杂经济制度所要达到的目的有了更深入的理解;但可能还有一个更重要的原因,那就是对经济成就所施加的干预,这都是有案可查的。但不管怎样解释,最初从“知识无用论”出发来看待资本主义优越性的观点,已经让位于{资本主义}“合格论”了。

无论是资本主义经济组织还是其他经济组织,只要是复杂的组织形式,就没有哪个是没有问题的。因此,无论是哪种形式,只要它能办事,就可以采用。但这不同于那种奉某些经济制度为神
408 明、甚至顶礼膜拜,而同时又对其心怀忧虑的态度。持其他任何态度都称不上明智。

如此“苛刻”还有另一个原因:因为它强调的是这种看法,即各种经济制度永远只不过是手段,而不是目的。没有哪种组织方式能在一切有关业绩上都比其他组织更优越。要从各种相互替代的——至少是“最后筛选出来的”——组织方式中作选择,就总会有得有失:对某种组织{形式}来说,要提高其一项到几项业绩,总是要以牺牲其他业绩作代价的。即使对各种有效属性进行比较,这一条也是真理。[24] 即便把社会特点和政治特点考虑进来,这一道理也同样适用。

---

[24] 这一点在第九章对各种方式进行比较时,可以看得特别明显。

因此，人们之所以会偏爱不同的替代方式，并不是因为从任何特定的业绩尺度来判断，其业绩就各不相同；而是因为人们在算总账时使用的权重不同。为实现某些其他有价值的目标而自愿地牺牲一些效率，这“仅仅是一种成本”。至于不自愿、也不了解后果的牺牲，则另当别论。

交易成本经济学认为，在解释不同时期、不同行业、一国内部和国家之间，以及{不同的}社会制度与政治制度之间，为什么会产生不同的经济业绩时，微观经济制度的作用是至关重要的，但又是模糊的，因而比较容易被人忽略。至于哈耶克在1945年以无可奈何的态度谈到的，对技术因素与组织因素的评价存在天壤之别的说法，是需要纠正的。

交易成本经济学在以下方面能帮助人们弄清楚该如何去研究经济组织：一是它要求研究者，只要一个组织的行为与制度比较有关，就应该考察这些组织的具体属性；二是它揭示出交易成本的特点，而这些特点迄今被人们所忽略；三是它坚信，要从制度比较的角度进行评价，而不能抽象地进行评价。至于那些“有毛病的”、毫无优越性可言的经济组织，除非出现更好的转机，否则绝不可能成为{竞争的}赢家。

参考书目

ADELMAN, M. A. 1961. "The antimerger act, 1950 - 1960," *American Economic Review*, *51* (May): 236 - 244.

AKERLOF, GEORGE A. 1970. "The market for 'lemons': Qualitative uncertainty and the market mechanism," *Quarterly Journal of Economics*, *84* (August): 488 - 500.

AKERLOF, GEORGE A., and HAJIME MIYAZAKI. 1980. "The implicit contract theory of unemployment meets the wage bill argument," *Review of Economic Studies*, *47* (January): 321 - 338.

ALCHIAN, ARMEN. 1950. "Uncertainty, evolution and economic theory," *Journal of Political Economy*, *58* (June): 211 - 221.

——. 1959. "Costs and outputs." In M. Abramovitz et al., *The Allocation of Economic Resources: Essays in Honor of Bernard Francis Haley*. Stanford, Calif.: Stanford University Press, pp. 23 - 40.

——. 1961. *Some Economics of Property*. RAND D - 2316. Santa Monica, Calif.: RAND Corporation.

——. 1965. "The basis of some recent advances in the theory of management of the firm," *Journal of Industrial Economics*, *14* (December): 30 - 41.

——. 1969. "Corporate management and property rights." In H. G. Manne, ed., *Economic Policy and Regulation of Corporate Securities*. Washington, D. C.: American Enterprise Institute for Public Policy Research, pp. 337 - 360.

——. 1982. "First National Maintenance *vs*. National Labor Relations Board." Unpublished manuscript.

——. 1983. "Specificity, specialization, and coalitions." Draft manuscript, February.

——. 1984. "Specificity, specialization, and coalitions," *Journal of Economic Theory and Institutions*, *140* (March): 34 – 49.

ALCHIAN, ARMEN, and H. DEMSETZ. 1972. "Production, information costs, and economic organization," *American Economic Review*, *62* (December): 777 – 795.

——. 1973. "The property rights paradigm," *Journal of Economic History*, *33* (March): 16 – 27.

ALDRICH, HOWARD. E. 1979. *Organizations and Environments*. Englewood Cliffs, N. J. : Prentice-Hall.

ANDERSON, ERIN, and DAVID SCHMITTLEIN. 1984. "Integration of the sales force: An empirical examination," *The Rand Journal of Economics*, *15* (Autumn): 385 – 395.

ANDREWS, KENNETH. 1982. "Rigid rules will not make good boards," *Harvard Business Review*, *60* (November-December): 34 – 40.

AOKI, MASAHIKO. 1983. "Managerialism revisited in the light of bargaining-game theory," *International Journal of Industrial Organization*, *1*: 1 – 21.

——. 1984. *The Cooperative Game Theory of the Firm*. London: Oxford University Press.

AREEDA, PHILIP. 1967. *Antitrust Analysis*. Boston: Little, Brown.

AREEDA, PHILIP, and D. F. TURNER. 1975. "Predatory pricing and related practices under Section 2 of the Sherman Act," *Harvard Law Review*, *88* (February); 697 – 733.

ARMOUR, H. O., and D. TEECE. 1978. "Organizational structure and economic performance," *Bell Journal of Economics*, *9*: 106 – 122.

ARROW, KENNETH J. 1959. "Toward a theory of price adjustment." In Moses Abramovitz et al., eds., *The Allocation of Resources*. Stanford, Calif.: Stanford University Press, pp. 41 – 51.

——. 1962. "Economic welfare and the allocation of resources of invention." In National Bureau of Economic Research, ed. , *The Rate and Direction of Inventive Activity*: *Economic and Social Factors*. Princeton, N. J. : Princeton University Press, pp. 609 – 625.

——. 1963. "Uncertainty and the welfare economics of medical care," *American Economic Review*, *53* (December): 941 – 973.

——. 1964. "Control in large organizations," *Management Science*, *10* (April):397 – 408.

——. 1969. "The organization of economic activity: Issues pertinent to the choice of market versus nonmarket allocation." In *The Analysis and Evaluation of Public Expenditure*: *The PPB System*. Vol. 1. U. S. Joint Economic Committee, 91st Congress, 1st Session. Washington, D. C. :U. S. Government Printing Office,pp. 59 – 73.

——. 1971. *Essays in the Theory of Risk-Bearing*. Chicago:Markham.

——. 1973. *Information and Economic Behavior*. Stockholm: Federation of Swedish Industries.

——. 1974. *The Limits of Organization*. First ed. New York: W. W. Norton.

ASHBY, W. ROSS. 1956. *An Introduction to Cybernetics*. New York: John Wiley & Sons.

——. 1960. *Design for a Brain*. New York: John Wiley & Sons.

ASHTON, T. S. 1925. "The records of a pin manufactory — 1814 – 1821," *Economica* (November): 281 – 292.

ATIYAH,P. S. 1979. *The Rise and Fall of Freedom of Contract*. Oxford, Eog. : Clarendon Press.

AUERBACH, JERROLD. 1983. *Justice Without Law*? New York:Oxford University Press.

AXELROD, ROBERT. 1983. *The Evolution of Cooperation*. New York: Basic Books.

AZARDIADIS,C. 1975. "Implicit contracts and underemployment equilibria,"

Journal of Political Economy, *83* (December): 1183 – 1202.

BABBAGE, CHARLES. 1835. *On the Economy of Machinery and Manufactures*. 4th ed. enl. Repr. of 1835 ed., the addition of *Thoughts on the Principles of Taxation* [3d. ed.] (1982), New York: A. M. Kelley, 1971. From a series, *Reprints of Economic Classics*.

BAILY, M. N. 1974. "Wages and unemployment under uncertain demand," *Review of Economic Studies*. *41* (January): 37 – 50.

BAIMAN, STANLEY. 1982. "Agency research in managerial accounting: A survey," *Journal of Accounting Literature*, *1*: 154 – 213.

BAIN, JOE. 1956. *Barriers to New Competition*. Cambridge, Mass.: Harvard University Press.

——. 1958. *Industrial Organization*. New York: John Wiley & Sons.

——. 1968. *Industrial Organization*. 2d ed. New York: John Wiley & Sons.

BAINES, E. 1835. *History of the Cotton Manufacture in Great Britain*. 21 ed., illus.: 1966. London: Biblio Distributors.

BANFIELD, E. C. 1958. *The Moral Basis of a Backward Society*. New York: Free Press.

BARNARD, CHESTER. 1938. *The Functions of the Executive*. Cambridge: Harvard University Press (fifteenth printing, 1962).

BARTLETT, F. C. 1932. *Remembering*. Cambridge, Eng.: The University Press.

BARZEL, YORAM. 1982. "Measurement cost and the organization of markets," *Journal of Law and Economics*, *25* (April): 27 – 48.

BAUER, P. T., and A. A. WALTERS. 1975. "The state of economics," *Journal of Law and Economics*, *18* (April): 1 – 24.

BAUMOL, W. J. 1959. *Business Behavior, Value and Growth*. New York: Macmillan.

——. 1968. "Entrepreneurship in economic theory," *American Economic*

Review, *58* (May) :64 - 71.

——. 1979. "Quasi-permanence of price reductions:A policy for prevention of predatory pricing," *Yale Law Journal*, *89* (November):1 - 26.

BAUMOL, W. J. , and R. D. WILLIG. 1981. "Fixed costs, sunk costs, entry barriers, and sustainability of monopoly," *Quarterly Journal of Economics* (August):405 - 431.

BAUMOL, W. J. ; JOHN PANZER; and ROBERT WILLIG. 1982. *Contestable Markets*. New York: Harcourt Brace Jovanovich.

BAXTER, WILLIAM. 1983. "Reflections upon Professor Williamson's comments," *St. Louis University Law Review*, *27*: 315 - 320.

BEALES, HOWARD; RICHARD CRASWELL; and STEVEN SALOP. 1981. "The efficient regulation of consumer information," *Journal of Law and Economics*, *24* (December):491 - 540.

BECKER, G. S. 1962. "Investment in human capital: Effects on earnings," *Journal of Political Economy*, *70* (October) :9 - 49.

——. 1965. "Theory of the allocation of time," *Economic Journal*, *75* (September) :493 - 517.

BEHAVIORAL SCIENCES SUBPANEL, PRESIDENT'S SCIENCE ADVISORY COMMITTEE. 1962. *Strengthening the Behavioral Sciences*. Washington, D. C. : U. S. Government Printing Office.

BEN-PORATH, YORAM. 1980. "The F-connection: Families, friends, and firms and the organization of exchange," *Population and Development Review*, *6* (March):1 - 30.

BENSTON, GEORGE J. 1980. *Conglomerate Mergers: Causes, Consequences and Remedies*. Washington, D. C. : American Enterprise Institute for Public Policy Research.

BERLE, ADOLPH A. 1959. *Power Without Property: A New Development in American Political Economy*. New York: Harcourt, Brace.

BERLE, ADOLPH A. , and G. C. MEANS. 1932. *The Modern Corporation and Private Property*. New York: Macmillan.

BLAIR, ROGER, and DAVID KASERMAN. 1983. *Law and Economics of Vertical Integration and Control*. New York: Academic Press.

BLAKE, HARLAN M. 1973. "Conglomerate mergers and the antitrust laws," *Columbia Law Review*, *73* (March): 555 - 592.

BLAU, P. M., and R. W. SCOTT. 1962. *Formal Organizations*. San Francisco: Chandler.

BLUMBERG, PAUL. 1969. *Industrial Democracy*. New York: Schocken Books.

BOK, D. 1960. "Section 7 of the Clayton Act and the merging law and economics," *Harvard Law Review*, *74* (December): 226 - 355.

——. 1983. *Annual Report to the Board of Overseers, Harvard University*. Cambridge, Mass.

BORK, R. H. 1954. "Vertical integration and the Sherman Act: The legal history of an economic misconception," *University of Chicago Law Review*, *22* (Autumn): 157 - 201.

——. 1978. *The Antitrust Paradox*, New York: Basic Books.

BOWLES, SAMUEL, and HERBERT GINTIS. 1976. *Schooling in Capitalist America: Educational Reform and the Contradictions of Economic Life*. New York: Basic Books.

BRADLEY, KEITH, and ALAN GELB. 1980. "Motivation and control in the Mondragon experiment," *British Journal of Industrial Relations*, *19* (June): 211 - 231.

——. 1982. "The replicability and sustainability of the Mondragon experiment," *British Journal of Industrial Relations*, *20* (March): 20 - 33.

BRAVERMAN, HARRY. 1974. *Labor and Monopoly Capital: The Degradation of Work in the Twentieth Century*. New York: Monthly Review Press.

BRENNAN, GEOFFREY, and JAMES BUCHANAN. 1983. "Predictive power and choice among regimes," *Economic Journal*, *93* (March): 89 - 105.

BRENNON, TIMOTHY, and SHELDON KIMMEL. 1983. "Joint production and

monopoly extension through tying," EPO Discussion Paper 84 - 1, U. S. Department of Justice, Washington, D. C. , November.

BREYER, STEPHEN. 1982. *Regulation and Its Reform*. Cambridge. Mass. : Harvard University Press.

BRIDGEMAN, PERCY. 1955. *Reflections of a Physicist*. 2d ed. New York: Philosophical Library.

BROCKMAN, ROSSER H. 1980. "Commercial contract law in late nineteenth century Taiwan." In Jerome Alan Cohen, R. Randle Edwards. and Fu-mei Chang Chen, eds. , *Essays on China's Legal Tradition*. Princeton, N. J. : Princeton University Press, pp. 76 - 136.

BROWN, D. 1924. "Pricing policy in relation to financial control," *Management and Administration*, *1* (February): 195 - 258.

BRUCHEY, STUART W. 1956. *Robert Oliver, Merchant of Baltimore, 1783 - 1819*. Baltimore: Johns Hopkins Press.

BUCHANAN, JAMES. 1975. "A contractarian paradigm for applying economic theory," *American Economic Review*, *65* (May): 225 - 230.

BUCKLEY, P. J. , and M. CASSON. 1976. *The Future of Multi-National Enterprise*. New York: Holmes & Meier.

BULL, CLIVE. 1983. "Implicit contracts in the absence of enforcement and risk aversion," *American Economic Review*, *73* (September): 658 - 671.

BURTON, R. H. , and A. J. KUHN. 1979. "Strategy follows structure: The missing link of their intertwined relation," Working Paper No. 260, Fuqua School of Business, Duke University, May.

BUTTRICK. J. 1952. "The inside contracting system," *Journal of Economic History*, *12* (Summer): 205 - 221.

CALABRESI, GUIDO. 1970. *The Cost of Accidents*. New Haven, Conn. : Yale University Press.

CAMPBELL, DONALD T. 1958. "Systematic error on the part of human links in communication systems," *Information and Control*, *1* : 334 - 369.

——. 1969. "Reforms as experiments," *American Psychologist*. *24* (April): 409–429.

CARLTON, D. W. 1979. "Vertical integration in competitive markets under uncertainty," *Journal of Industrial Economics*, *27* (March): 189–209.

CARMICHAEL, H. L. 1984. "Reputations in the labor market," *American Economic Review*, *74* (September): 713–725.

CARY. W. 1969. "Corporate devices used to insulate management from attack," *Antitrust Law Journal*, *39* no. 1(1969–1970): 318–333.

CAVES, RICHARD E. 1980. "Corporate strategy and structure," *Journal of Economic Literature*, *18* (March): 64–92.

——. 1982. *Multinational Enterprises and Economic Analysis*. New York: Cambridge University Press.

CAVES, RICHARD E., and MICHAEL PORTER. 1977. "From entry barriers to mobility barriers," *Quarterly Journal of Economics*, *91* (May): 230–249.

CHANDLER, A. D., JR. 1962. *Strategy and Structure*. Cambridge, Mass.: MIT Press. Subsequently published in New York: Doubleday & Co., 1966.

——. 1977. *The Visible Hand: The Managerial Revolution in American Business*. Cambridge, Mass.: Harvard University Press.

CHANDLER, A. D., JR., and H. DAEMS. 1979. "Administrative coordination, allocation and monitoring: Concepts and comparisons." In N. Horn and J. Kocka, eds., *Law and the Formation of the Big Enterprises in the 19th and Early 20th Centuries*. Gottingen: Vandenhoeck & Ruprecht, pp. 28–54.

CHEUNG, STEVEN. 1969. "Transaction costs, risk aversion, and the choice of contractual arrangements," *Journal of Law and Economics*, *12* (April): 23–45.

——. 1983. "The contractual nature of the firm," *Journal of Law and Economics*, *26* (April): 1–22.

CLARK, ROBERT. 1981. "The four stages of capitalism: Reflections on investment management treatises," *Harvard Law Review*, *94* (January): 561 - 583.

CLARK, RODNEY. 1979. *The Japanese Company*. New Haven, Conn. : Yale University Press.

CLARKSON, KENNETH W. ; ROGER L. MILLER; and TIMOTHY J. MURIS. 1978. "Liquidated damages v. penalties," *Wisconsin Law Review*, pp. 351 - 390.

COASE, RONALD H. 1952. "The nature of the firm," *Economica N. S.* , *4* (1937): 386 - 405. Repr. in G. J. Stigler and K. E. Boulding, eds. , *Readings in Price Theory*. Homewood, Ill. : Richard D. Irwin.

——. 1959. "The Federal Communications Commission," *The Journal of Law and Economics*, *2* (October): 1 - 40.

——. 1960. "The problem of social cost," *Journal of Law and Economics*, *3* (October): 1 - 44.

——. 1964. "The regulated industries: Discussion," *American Economic Review*, *54* (May): 194 - 197.

——. 1972. "Industrial organization: A proposal for research." In V. R. Fuchs, ed. , *Policy Issues and Research Opportunities in Industrial Organization*. New York: National Bureau of Economic Research, pp. 59 - 73.

——. 1978. "Economics and contiguous disciplines," *Journal of Legal Studies*, *7*: 201 - 11.

——. 1984. "The new institutional economics," *Journal of Institutional and Theoretical Economics*, *140* (March): 229 - 231.

COCHRAN, T. C. 1948. *The Pabst Brewing Company*. New York: New York University Press.

——. 1972. *Business in American Life: A History*. New York: McGraw-Hill.

COHEN, LESLIE P. 1983. "Cable-television firms and cities haggle over franchises that trail expectations," *Wall Street Journal*, December 28, p. 34.

COLE, A. H. 1968. "The entrepreneur: Introductory remarks," *American Economic Review*, *63* (May): 60 – 63.

COLEMAN, JAMES. 1982. *The Asymmetric Society*. Syracuse, N. Y.: Syracuse University Press.

COMMONS, JOHN R. 1934. *Institutional Economics*. Madison: University of Wisconsin Press.

——. 1970. *The Economics of Collective Action*. Madison: University of Wisconsin Press.

CONFERENCE BOARD. 1980. *Strategic Planning and the Future of Antitrust*. Antitrust Forum, no. 90.

COX, A. 1958. "The legal nature of collective bargaining agreements," *Michigan Law Review*, *57* (November): 1 – 36.

CTIC. 1972a. *How to Plan an Ordinance*. Washington, D. C.

——. 1972b. *A Suggested Procedure*. Washington, D. C.

——. 1972c. *Cable: An Overview*. Washington, D. C.

——. 1973. *Technical Standards and Specifications*. Washington, D. C.

CYERT, R. M., and J. G. MARCH. 1963. *A Behavioral Theory of the Firm*. Englewood Cliffs, N. J.: Prentice-Hall.

DAHL, R. A. 1968. "Power." In *International Encyclopedia of the Social Sciences*. New York: Free Press, *12*: 405 – 415.

——. 1970. "Power to the workers?" *New York Review of Books*, November 19, pp. 20 – 24.

DALTON, MELVILLE. 1957. *Men Who Manage*. New York: Wiley.

DAVIS, LANCE E., and DOUGLASS C. NORTH. 1971. *Institutional Change and American Economic Growth*. Cambridge, Eng.: Cambridge University Press.

DE ALESSI, LOUIS. 1983. "Property rights, transaction costs, and X-efficiency," *American Economic Review*, *73* (March): 64 – 81.

DEBREU, GERHARD. 1959. *Theory of Value*. New York: Wiley.

DEMSETZ, H. 1967. "Toward a theory of property rights," *American Economic Review*, *57* (May): 347 - 359.

——. 1968a. "The cost of transacting," *Quarterly Journal of Economics*, *82* (February): 33 - 53.

——. 1968b. "Why regulate utilities?" *Journal of Law and Economics*, *11* (April): 55 - 66.

——. 1969. "Information and efficiency: Another viewpoint," *Journal of Law and Economics*, *12* (April): 1 - 22.

——. 1971. "On the regulation of industry: A reply," *Journal of Political Economy*, *79* (March/April): 356 - 363.

DEVON, ELI. 1961. *Essays in Economics*. London: Allen & Unwin.

DEWEY, D. J. 1974. "An introduction to the issues." In H. J. Goldschmid, H. M. Mann, and J. F. Weston, eds., *Industrial Concentration: The New Learning*. Boston: Little-Brown, pp. 1 - 14.

DIAMOND, DOUGLAS. 1983. "Optimal release of information by firms," University of Chicago Center for Research in Security Prices, Working Paper No. 102.

DIAMOND, P. 1971. "Political and economic evaluation of social effects and externalities: Comment." In M. Intrilligator, ed., *Frontiers of Quantitative Economics*. Amsterdam: North-Holland Publishing Company, pp. 30 - 32.

DIAMOND, P., and ERIC MASKIN. 1979. "An equilibrium analysis of search and breach of contract," *Bell Journal of Economics*, *10* (Spring): 282 - 316.

DIRECTOR, AARON, and EDWARD LEVI. 1956. "Law and the future: Trade regulation," *Northwestern University Law Review*, *10*: 281 - 317.

DIXIT, A. 1979. "A model of duopoly suggesting a theory of entry barriers," *Bell Journal of Economics*, *10* (Spring): 20 - 32.

——. 1980. "The role of investment in entry deterrence," *Economic Journal*,

90 (March): 95 - 106.

——. 1982. "Recent developments in oligopoly theory," *American Economic Review*, *72* (May): 12 - 17.

DODD, E. MERRICK. 1932. "For whom are corporate managers trustees?" *Harvard Law Review*, *45* (June): 1145 - 1163.

DOERINGER, P., and M. PIORE. 1971. *Internal Labor Markets and Manpower Analysis*. Lexington, Mass.: D. C. Heath.

DORE, RONALD. 1973. *British Factory — Japanese Factory*. Berkeley: University of California Press.

——. 1983. "Goodwill and the spirit of market capitalism," *British Journal of Sociology*, *34* (December): 459 - 482.

DOWNS, ANTHONY. 1967. *Inside Bureaucracy*. Boston: Little, Brown.

EASTERBROOK, FRANK. 1984. "The limits of antitrust," *Texas Law Review*, *63* (August): 1 - 40.

EASTERBROOK, FRANK, and DANIEL FISCHEL. 1981. "The proper role of a target's management in responding to a tender offer," *Harvard Law Review*, *94* (April): 1161 - 1204.

EATON, C., and R. G. LIPSEY. 1980. "Exit barriers are entry barriers: The durability of capital," *Bell Journal of Economics 11* (Autumn): 721 - 729.

——. 1981. "Capital, commitment, and entry equilibrium," *Bell Journal of Economics*, *12* (Autumn): 593 - 604.

ECCLES, ROBERT. 1981. "The quasifirm in the construction industry," *Journal of Economic Behavior and Organization*, *2* (December): 335 - 358.

ECKSTEIN, A. 1956. "Planning: The National Health Service." In R. Rose, ed., *Policy-Making in Britain*. London: Macmillan, pp. 221 - 237.

ELLERMAN, DAVID P. 1982. "Theory of legal structure: Worker cooperatives." Unpublished manuscript. Industrial Cooperative Association, Som-

erville, Mass.

ELSTER, JON. 1979. *Ulysses and the Sirens*. Cambridge, Eng.: Cambridge University Press.

ETZIONI, A. 1975. *A Comparative Analysis of Complex Organizations*. New York: Free Press.

EVANS, DAVID, and SANFORD GROSSMAN. 1983. "Integration." In D. Evans, ed., *Breaking Up Bell*. New York: North-Holland Publishing Co., pp. 95 - 126.

FAMA, EUGENE F. 1980. "Agency problems and the theory of the firm," *Journal of Political Economy*, *88* (April): 288 - 307.

FAMA, EUGENE F., and Michael C. JENSEN. 1983. "Separation of ownership and control," *Journal of Law and Economics*, *26* (June): 301 - 326.

FEIWEL, GEORGE. 1983. "Some perceptions and tensions in microeconomics." Unpublished manuscript.

FELDMAN, J., and H. KANTER. 1965. "Organizational decision making." In J. March, ed., *Handbook of Organizations*. Chicago: Rand McNally, pp. 614 - 649.

FELDMAN, MARTHA S., and JAMES G. MARCH. 1981. "Information in organizations as signal and symbol," *Administrative Science Quarterly*, *26* (April): 171 - 186.

FELLER, DAVID E. 1973. "A general theory of the collective bargaining agreement," *California Law Review*, *61* (May): 663 - 856.

FELLER, W. 1957. *An Introduction to Probability Theory and Its Application*. New York: John Wiley & Sons.

FELLNER, W. 1949. *Competition Among the Few*. New York: Alfred A. Knopf.

FISHER, ALAN, and ROBERT LANDE. 1983. "Efficiency considerations in merger enforcement," *California Law Review*, *71* (December): 1580 - 1696.

FISHER, STANLEY. 1977. "Long-term contracting, sticky prices, and monetary policy: Comment," *Journal of Monetary Economics*, *3*: 317 – 324.

FISHER, W. L. 1907. "The American municipality." In Commission on Public Ownership and Operation, ed., *Municipal and Private Operation of Public Utilities*, Part I, New York, I: 36 – 48.

FISHLOW, ALBERT. 1965. *American Railroads and the Transformation of the Antebellum Economy*. Cambridge, Mass.: Harvard University Press.

FITZROY, FELIX, and DENNIS MUELLER. 1985. "Cooperation and conflict in contractual organizations," *Quarterly Review of Economics and Business*, *24* (Winter): 24 – 49.

FLAHERTY, T. 1981. "Prices versus quantities and vertical financial integration," *Bell Journal of Economics*, *12* (Autumn): 507 – 525.

FOGEL, R. 1964. *Railroads and American Economic Growth: Essays in Econometric History*. Baltimore: Johns Hopkins Press.

FOULKES, FRED. 1981. "How top nonunion companies manage employees," *Harvard Business Review* (September-October): 90 – 96.

FOX, A. 1974. *Beyond Contract: Work, Power, and Trust Relations*. London Faber & Faber.

FRANKO, LAWRENCE G. 1972. "The growth and organizational efficiency of European multinational firms: Some emerging hypotheses," *Colloques international aux C. N. R. S.*, pp. 335 – 366.

FREEMAN, R. B. 1976. "Individual mobility and union voice in the labor market," *American Economic Review*, *66* (May): 361 – 368.

FREEMAN, R. B., and J. MEDOFF. 1979. "The two faces of unionism," *Public Interest* (Fall): 69 – 93.

FREUDENBERGER, H., and F. REDLICH. 1964. "The industrial development of Europe: Reality, symbols, images," *Kyklos 17*: 372 – 403.

FRIED, CHARLES. 1981. *Contract as Promise*. Cambridge, Mass.: Harvard University Press.

FRIEDMAN, L. M. 1965. *Contract Law in America*. Madison: University of

Wisconsin Press.

FRIEDMAN, MILTON. 1953. *Essays in Positive Economics*. Chicago: University of Chicago Press.

——. 1962. *Capitalism and Freedom*. Chicago: University of Chicago Press.

FULLER, LON L. 1963. "Collective bargaining and the arbitrator," *Wisconsin Law Review* (January): 3-46.

——. 1964. *The Morality of Law*. New Haven: Yale University Press.

FULLER, LON L., and WILLIAM PERDUE. 1936. "The reliance interest in contract damages," *Yale Law Journal*, *46*: 52-124.

FULLER, LON L., and R. BRAUCHER. 1964. *Basic Contract Law*. St. Paul: West Publishing Co.

FURUBOTN, E. 1976. "Worker alienation and the structure of firm." In S. Pejovich, ed., *Governmental Controls and the Free Market*. College Station: Texas A. and M. University Press, pp. 195-225.

FURUBOTN, E., and S. PEJOVICH. 1972. "Property rights and economic theory: A survey of recent literature," *Journal of Economic Literature*, *10* (December): 1137-1162.

——. 1974. *The Economics of Property Rights*. Cambridge, Mass.: Ballinger.

GALANTER, MARC. 1981. "Justice in many rooms: Courts, private ordering, and indigenous law," *Journal of Legal Pluralism*, no. 19, pp. 1-47.

GALBRAITH, J. K. 1967. *The New Industrial State*. Boston: Houghton-Mifflin.

GALLAGHER, W. E., JR., and H. J. EINHORN. 1976. "Motivation theory and job design," *Journal of Business*, *49* (July): 358-373.

GAUSS, CHRISTIAN. 1952. "Introduction" to Machiavelli (1952), pp. 7-32.

GEANAKOPLOS, JOHN, and PAUL MILGROM. 1984. "Information, planning, and control in hierarchies." Unpublished paper, March.

GEORGESCU-ROEGEN, NICHOLAS. 1971. *The Entropy Law and Economic Process*. Cambridge, Mass. : Harvard University Press.

GETSCHOW, GEORGE. 1982. "Loss of expert talent impedes oil finding by new Tenneco unit," *Wall Street Journal*, February 9.

GIBNEY, FRANK. 1982. *Miracle by Design*. New York: Times Books.

GILSON, RONALD. 1984. "Value creation by business lawyers: Legal skills and asset pricing," Law and Economics Program Working Paper No. 18, Stanford University, Stanford, Calif.

GOETZ, CHARLES, and ROBERT SCOTT. 1981. "Principles of relational contracts," *Virginia Law Review*, *67*: 1089 – 1151.

——. 1983. "The mitigation principle: Toward a general theory of contractual obligation," *Virginia Law Review*, *69* (September): 967 – 1024.

GOFFMANN, E. 1969. *Strategic Interaction*. Philadelphia: University of Pennsylvania Press.

GOLDBERG, JEFFREY. 1982. "A theoretical and econometric analysis of franchising." Unpublished Ph. D. dissertation, University of Pennsylvania.

GOLDBERG, VICTOR. 1976a. "Toward an expanded economic theory of contract," *Journal of Economic Issues*, *10* (March): 45 – 61.

——. 1976b. "Regulation and administered contracts," *Bell Journal of Economics*, *7* (Autumn): 426 – 452.

——. 1980. "Bridges over contested terrain," *Journal of Economic Behavior and Organization*, *1* (September): 249 – 274.

GOLDBERG, VICTOR, and JOHN E. ERICKSON. 1982. "Long-term contracts for petroleum coke," Department of Economics Working Paper Series No. 206, University of California, Davis, September.

GORDON, DONALD. 1974. "A neoclassical theory of Keynesian unemployment," *Economic Inquiry*, *12* (December): 431 – 459.

GORT, MICHAEL. 1962. *Diversification and Integration in American Industry*. Princeton, N. J. : Princeton University Press.

GOSPEL, HOWARD. Undated. "The development of labour management and

work organization in Britain: A historical perspective." Unpublished manuscript. University of Kent, England, Business History Unit.

GOULDNER, A. W. 1954. *Industrial Bureaucracy*. Glencoe, Ill.: Free Press.

——. 1961. "The norm of reciprocity," *American Sociological Review*, *25* (May): 161 - 179.

GOWER, E. C. B. 1969. *Principles of Modern Company Law*. London: Stevens & Sons.

GRANOVETTER, MARK. 1985. "Economic action and social structure: A theory of embeddedness," *American Journal of Sociology*.

GREEN, JERRY. 1984. "Information in economics." In Kenneth Arrow and Seppo Honkapohja, eds., *Frontiers of Economics*. London: Basil Blackwell.

GRETHER, DAVID, and CHARLES PLOTT. 1979. "Economic theory of choice and the preference reversal phenomenon," *American Economic Review*, *69* (September): 623 - 638.

GROSSMAN, SANFORD J., and OLIVER D. HART. 1982. "Corporate financial structure and managerial incentives." In John J. McCall, ed., *The Economics of Information*. Chicago: The University of Chicago Press, pp. 107 - 140.

——. 1984. "The costs and benefits of ownership: A theory of vertical integration." Unpublished manuscript, March.

GUNZBERG, D. 1978. "On-the-job democracy," *Sweden Now*, *12*: 42 - 45.

HADDOCK, DAVID. 1982. "Basing point pricing: Competitive vs. collusive theories," *American Economic Review*, *72* (June): 289 - 306.

HALL, ROBERT, and DAVID LILIEN. 1979. "Efficient wage bargains under uncertain supply and demand," *American Economic Review*, *69* (September): 868 - 879.

HAMBURG, D. 1963. "Invention in the industrial laboratory," *Journal of*

Political Economy, *71* (April): 95 – 116.

——. 1966. R & D: *Essays on the Economics of Research and Development*. New York: Random House.

HANNAN, MICHAEL T., and JOHN FREEMAN. 1977. "The population ecology of organizations," *American Journal of Sociology*, *82* (March): 929 – 964.

HARRIS, MILTON, and ARTHUR RAVIV. 1976. "Optimal incentive contracts with imperfect information," Working Paper #70-75-76, Graduate School of Industrial Administration, Carnegie-Mellon University, April (revised December 1977).

HARRIS, MILTON, and ROBERT TOWNSEND. 1981. "Resource allocation under asymmetric information," *Econometrica*, *49* (January): 33 – 64.

HART, OLIVER. 1983. "Optimal labour contracts under asymmetric information: An introduction," *Review of Economic Studies*, *50* (February): 3 – 36.

HART, OLIVER, and JOHN MOORE. 1985. "Incomplete contracts and renegotiation," January. Unpublished manuscript.

HAYEK, F. 1945. "The use of knowledge in society," *American Economic Review*, *35* (September): pp. 519 – 530.

——. 1967. *Studies in Philosophy, Politics, and Economics*. London: Routledge & Kegan Paul.

HAYES, S. L., Ⅲ, and R. A. TAUSSIG. 1967. "Tactics of cash takeover bids," *Harvard Business Review*, *46* (March-April): 136 – 147.

HEFLEBOWER, R. B. 1960. "Observations on decentralization in large enterprises," *Journal of Industrial Economics*, *9* (November): 7 – 22.

HEIMER, RONALD. 1983. "The origin of predictable behavior," *American Economic Review*, *73* (September): 560 – 595.

HENNART, JEAN-FRANÇOIS, and MIRA WILKINS. 1983. "Multinational enterprise, transaction costs and the markets and hierarchies hypothesis." Unpublished manuscript, Florida International University.

HICKS, JOHN R. 1976. "'Revolution' in Economics." In S. J. Latsis, ed., *Method and Appraisal in Economics*. Cambridge, Eng.: Cambridge University Press, pp. 207-218.

HIRSCHMAN, ALBERT O. 1970. *Exit, Voice and Loyalty*. Cambridge, Mass.: Harvard University Press.

——. 1982. "Rival interpretations of market society: Civilizing, destructive, or feeble?" *Journal of Econommic Literature, 20* (December): 1463-1484.

HIRSCHMEIER, J., and T. YUI. 1975. *The Development of Japanese Business, 1600-1973*. London: George Allen & Unwin.

HOBBES, THOMAS. 1928. *Leviathan, or the Matter, Form, and Power of a Commonwealth Ecclesiastical and Civil*. Oxford, Eng.: Basil Blackwell.

HOLMSTROM, B. 1979. "Moral hazard and observability," *Bell Journal of Economics, 10* (Spring): 74-91.

——. 1984. "Differential information, the market, and incentive compatibility." In Kenneth Arrow and Seppo Hankapohja, eds., *Frontiers in Economics*. London: Basil Blackwell.

HOLMSTROM, BENGT, and JOAN E. RICART I COSTA. 1984. "Managerial incentives and capital management." Yale School of Organization and Management Working Paper, Series D, No. 4.

HORVAT, BRANKO. 1982. *The Political Economy of Socialism*. New York: M. E. Sharpe.

HUDSON, PAT. 1981. "Proto-industrialization: The case of the West Riding World Textile Industry in the 18th and early 19th centuries," *History Workshop, 12* (Autumn): 34-61.

HURWICZ, LEONID. 1972. "On informationally decentralized systems." In C. B. McGuire and R. Radner, eds., *Decision and Organization*. Amsterdam: North-Holland Publishing Company, pp. 297-336.

——. 1973. "The design of mechanisms for resource allocation," *American Economic Review, 63* (May): 1-30.

HYMER, S. 1970. "The efficiency (contradictions) of multinational corporations," *American Economic Review*, *60* (May): 441 - 448.

INKELES, ALEX. 1969. "Making men modern: On the causes and consequences of individual change in six developing countries," *American Journal of Sociology*, *75* (September): 208 - 225.

JACKSON, BROOKS, and ANDY PASZTOR. 1984. "Court records show big oil companies exchanged price data," *Wall Street Journal*, December 17, pp. 1,30.

JARRELL, GREGG, and MICHAEL BRADLEY. 1980. "The economic effect of federal and state regulation of cash tender offers," *Journal of Law and Economics*, *23* (October): 371 - 394.

JENKINS, IREDELL. 1980. *Social Order and the Limits of the Law*. Princeton, N. J.: Princeton University Press.

JENSEN, MICHAEL. 1983. "Organization theory and methodology," *Accounting Review*, *50* (April): 319 - 339.

JENSEN, MICHAEL, and WILLIAM MECKLING. 1976. "Theory of the firm: Managerial behavior, agency costs, and capital structure," *Journal of Financial Economics*, *3* (October): 305 - 360.

——. 1979. "Rights and production functions: An application to labor-managed firms", *Journal of Business*, *52* (October): 469 - 506.

JEWKES, J.; D. SAWERS; and R. STILLERMAN. 1959. *The Sources of Invention*. New York: St. Martin's Press.

JOHANSEN, LEIF. 1979. "The bargaining society and the inefficiency of bargaining," *Kyklos*, *32*: 497 - 521.

JONES, S. R. H. 1982. "The organization of work: A historical dimension," *Journal of Economic Behavior and Organization*, *3* (June): 117 - 138.

JÖRESKOG, KARL G., and DAG SÖRBOM. 1982. *LISREL V: Analysis of Linear Structural Relationships by Maximum Likelihood and Least*

Squares Methods. Chicago: National Educational Resources.

JOSKOW, P. L. 1980. "The political content of antitrust: Comment." In O. E. Williamson, ed., *Antitrust Law and Economics*. Houston, Tex.: Dame Publishers, pp. 196 - 204.

——. 1985. "Vertical integration and long-term contracts," *Journal of Law, Economics and Organization*, *1* (Spring).

JOSKOW, P. L., and A. K. KLEVORICK. 1979. "A framework for analyzing predatory pricing policy," *Yale Law Journal*, *89* (December): 231 - 270.

JOSKOW, P. L., and RICHARD SCHMALENSEE. 1983. *Markets for Power*. Cambridge, Mass.: MIT Press.

KAHN, ALFRED E. 1971. *The Economics of Regulation: Vol. 2. Institutional Issues*. New York: John Wiley & Sons.

KANTER, ROSABETH MOSS. 1972. *Community and Commitment*. Cambridge, Mass.: Harvard University Press.

KATZ, DANIEL, and ROBERT KAHN. 1966. *The Social Psychology of Organizations*. New York: John Wiley & Sons.

KAUPER, THOMAS E. 1983. "The 1982 horizontal merger guidelines: Of collusion, efficiency, and failure," *California Law Review*, *71* (March): 497 - 534.

KENNEY, ROY, and BENJAMIN KLEIN. 1983. "The economics of block booking," *Journal of Law and Economics*, *26* (October): 497 - 540.

KESSEL, RUBIN A. 1958. "Price discrimination in medicine," *Journal of Law and Economics*, *1*: 20 - 53.

KING, MERVYN. 1977. *Public Policy and the Corporation*. London: Chapman & Hull.

KIRZNER, ISRAEL M. 1973. *Competition and Entrepreneurship*. Chicago: University of Chicago Press.

KITAGAWA, ZENTARO. 1980. "Contract law in general." In *Doing Business in Japan*. Vol. 2. Tokyo.

KLEIN, BENJAMIN. 1980. "Transaction cost determinants of 'unfair' contractual arrangements," *American Economic Review*, *70* (May): 356-362.

KLEIN, BENJAMIN; R. A. CRAWFORD; and A. A. ALCHIAN. 1978. "Vertical integration, appropriable rents, and the competitive contracting process," *Journal of Law and Economics*, *21* (October): 297-326.

KLEIN, BENJAMIN, and K. B. LEFFLER. 1981. "The role of market forces in assuring contractual performance," *Journal of Political Economy*, *89* (August): 615-641.

KLEIN, BENJAMIN; ANDREW MCLAUGHLIN; and KEVIN MURPHY. 1983. "The economics of resale price maintenance: The Coors case." Unpublished working paper, UCLA Economics Department.

KLEIN, FREDERICK C. 1982. "A golden parachute protects executives, but does it hinder or foster takeovers?" *Wall Street Joural*, December 8, p. 56.

KLEINDORFER, PAUL, and GUNTER KNIEPS. 1982. "Vertical integration and transaction-specific sunk costs," *European Economic Review*, *19*: 71-87.

KNIGHT, FRANK H. 1941. "Review of Melville J. Herskovits' 'Economic anthropology,'" *Journal of Political Economy*, *49* (April): 247-258.

——. 1965. *Risk, Uncertainty and Profit*. New York: Harper & Row.

KOHN, MELVIN. 1971. "Bureaucratic man: A portrait and an interpretation," *American Sociological Review*, *36* (June): 461-474.

KOONTZ, H., and C. O'DONNELL. 1955. *Principles of Management: An Analysis of Managerial Functions*. New York: McGraw-Hill.

KOOPMANS, TJALLING. 1957. *Three Essays on the State of Economic Science*. New York: McGraw-Hill.

——. 1974. "Is the theory of competitive equilibrium with it?" *American Economic Review*, *64* (May): 325-329.

——. 1977. "Concepts of optimality and their uses," *American Economic*

Review, *67* (June): 261 - 274.

KORNAI, J. 1971. *Anti-equilibrium*. Amsterdam: North-Holland Publishing Company.

KRAAKMAN, REINIER. 1984. "Corporate liability strategies and the costs of legal controls," *Yale Law Journal*, *93* (April): 857 - 898.

KREPS, DAVID M. 1984. "Corporate culture and economic theory." Unpublished manuscript, Graduate School of Business, Stanford University, Stanford, Calif.

KREPS, DAVID M., and ROBERT WILSON. 1980. "On the chain-store paradox and predation: Reputation for toughness." GSB Research Paper No. 551, June, Stanford, Calif.

——. 1982. "Reputation and imperfect information," *Journal of Economic Theory*, *27* (August): 253 - 279.

KRONMAN, ANTHONY. 1985. "Contract law and the state of nature," *Journal of Law, Economics and Organization*, *1* (Spring).

KRONMAN, ANTHONY, and R. A. POSNER. 1979. *The Economics of Contract Law*. Boston: Little, Brown.

KUHN, THOMAS S. 1962. *The Structure of Scientific Revolutions*. Chicago: University of Chicago Press.

KUNREUTHER, HOWARD, ETAL. 1978. *Protecting Against High-Risk Hazards: Public Policy Lessons*. New York: John Wiley & Sons.

LANDES, D. S., ED. 1966. *The Rise of Capitalism*. New York: n. p.

LANDES, WILLIAM, and RICHARD POSNER. 1985. "A positive economic analysis of products liability," *Journal of Legal Studies*.

LANGLOIS, RICHARD H. 1982. "Economics as a process," *R. R. 82 - 21*, New York University.

——. 1984. "Internal organization in a dynamic context: Some theoretical considerations." In M. Jussawalla and H. Ebenfield, eds., *Communication and Information Economics*. Amsterdam: Elsevier Sci-

ence Publishers, pp. 23 – 49.

LARSON, H. M. 1948. *Guide to Business History*. Cambridge, Mass.: Harvard University Press.

LEFF, A. A. 1975. "Teams, firms, and the aesthetics of antitrust," draft manuscript, February.

LEIBENSTEIN, H. 1968. "Entrepreneurship and development," *American Economic Review*, *58* (May): 72 – 83.

LEONTIEF, WASSILY. 1946. "The pure theory of the guaranteed annual wage contract," *Journal of Political Economy*, *54* (August): 392 – 415.

LEVIN, RICHARD. 1982. "The semiconductor industry." In Richard R. Nelson, ed., *Government and Technical Progress*. New York, Pergamon Press, pp. 9 – 100.

LEWIS, TRACY. 1983. "Preemption, divestiture, and forward contracting in a market dominated by a single firm," *American Economic Review*, *73* (December): 1092 – 1101.

LIBMAN, J. 1974. "In Oakland, a cable-TV system fails to live up to promises," *Wall Street Journal*, September 25, p. 34.

LIEBELER, W. C. 1978. "Market power and competitive superiority in concentrated industries," *UCLA Law Review*, *25* (August): 1231 – 1300.

LIFSON, THOMAS B. 1979. "An emergent administrative system: Interpersonal networks in a Japanese general trading firm," Working Paper 79 – 155, Harvard University, Graduate School of Business.

LINDBLOM, CHARLES E. 1977. *Politics and Markets: The World's Political Economic Systems*. New York: Basic Books.

LIPSET, SEYMOUR M. 1962. "Introduction" to Michels (1962).

LITTLECHILD, STEPHEN 1985. "Three types of market process." In R. Langlois, ed., *Economics as a Process*. Cambridge, Eng.: Cambridge University Press.

LIVESAY, H. C. 1979. *American Made: Men Who Shaped the American Economy*. Boston: Little, Brown.

LLEWELLYN, KARL N. 1931. "What price contract? An essay in perspective," *Yale Law Journal*, *40* (May): 704 - 751.

LOESCHER, SAMUEL. 1984. "Bureaucratic measurement, shuttling stock shares and shortened time horizons," *Quarterly Review of Economics and Business*, *24* (Winter): 8 - 23.

LOWE, ADOLPH. 1965. *On Economic Knowledge: Toward a Science of Political Economics*. New York: M. E. Sharpe. Repr. 1983.

LOWRY, S. TODD. 1976. "Bargain and contract theory in law and economics," *Journal of Economic Issues*, *10* (March): 1 - 19.

MACAULAY, S. 1963. "Non-contractual relations in business," *American Sociological Review*, *28*: 55 - 70.

MACAVOY, PAUL; SCOTT CANTOR; JIM DANA; and SARAH PECK. 1983. "ALI proposals for increased control of the corporation by the board of directors: An economic analysis." In *Statement of the Business Roundtable on the American Law Institute's Proposed Principles of Corporate Governance and Structure: Restatement and Recommendations*. February.

MACHIAVELLI, NICCOLÒ. 1952. *The Prince*. New York: New American Library.

MACNEIL. I. R. 1974. "The many futures of contracts," *Southern California Law Review*, *47* (May): 691 - 816.

——. 1978. "Contracts: Adjustments of long-term economic relations under classical, neoclassical, and relational contract law," *Northwestern University Law Review*, *72*: 854 - 906.

MALMGREN, H. 1961. "Information, expectations and the theory of the firm," *Quarterly Journal of Economics*, *75* (August): 399 - 421.

MANDEL, EARNEST. 1968. *Marxist Economic Theory*. Trans. B. Pearce. Rev. Ed. Vol. 2. New York: Monthly Review Press.

MANN, DOUGLAS, and JENNIFER WISSINK. 1984. "Inside vs. outside production," CSOI Discussion Paper No. 170, University of Pennsylvania,

June.

MANNE, HENRY G. 1965. "Mergers and the market for corporate control," *Journal of Political Economy*, *73* (April): 110 – 120.

MANSFIELD, EDWIN. 1962. "Comments on inventive activity and industrial R and D expenditure." In *The Rate and Direction of Inventive Activity*. Princeton, N. J. : Princeton University Press.

MANSFIELD, EDWIN; A. ROMEO; and S. WAGNER. 1979. "Foreign trade and U. S. research and development," *Review of Economics and Statistics*, *61* (February): 49 – 57.

MANUEL, FRANK E. , and FRITIZIE P. MANUEL. 1979. *Utopian Thought in the Western World*. Cambridge, Mass. : Harvard University Press.

MARCH, JAMES G. 1973. "Model bias in social action," *Review of Educational Research*, *42*: 413 – 429.

——. 1978. "Bounded rationality, ambiguity, and the engineering of choice," *Bell Journal of Economics*, *9* (Autumn): 587 – 608.

MARCH, JAMES G. , and HERBERT A. SIMON. 1958. *Organizations*. New York: Wiley.

MARGLIN, STEPHEN A. 1974. "What do bosses do? The origins and functions of hierarchy in capitalist production," *Review of Radical Political Economic*, *6*: 33 – 60.

——. 1984. "Knowledge and power." In Frank A. Stephen, ed. , *Firms, Organization and Labour*. London: Macmillan.

MARRIS, R. 1964. *The Economic Theory of Managerial Capitalism*. New York: Free Press.

MARRIS, R. , and D. C. MUELLER. 1980. "The corporation and competition," *Journal of Economic Literature*, *18* (March): 32 – 63.

MARSCHAK, J. 1968. "Economics of inquiring, communicating, deciding," *American Economic Review*, *58* (May): 1 – 18.

MARSCHAK, J. , and R. RADNER. 1972. *The Theory of Teams*. New Haven, Conn. : Yale University Press.

MARSHALL, ALFRED. 1948. *Principles of Economics*. Eighth ed. New York: Macmillan.

MARX, K. 1967. *Capital*. Vol. 1. New York: International Publishers.

MASHAW, J. 1985. *Due Process in the Administrative State*. New Haven, Conn.: Yale University Press.

MASON, EDWARD. 1958. "The apologetics of managerialism," *Journal of Business*, *31*: 1-11.

——. 1959. *The Corporation in Modern Society*. Cambridge, Mass.: Harvard University Press.

MASTEN, SCOTT. 1982. *Transaction Costs, Institutional Choice, and the Theory of the Firm*. Unpublished Ph. D. dissertation, University of Pennsylvania.

——. 1984. "The organization of production: Evidence from the aerospace industry," *Journal of Law and Economics*, *27* (October): 403-418.

MAYER, THOMAS. 1980. "Economics as a hard science," *Economic Inquiry*, *18* (April): 165-178.

MAYHEW, LEON. 1984. "In defense of modernity: Talcott Parsons and the utilitarian tradition," *American Journal of Sociology*, *89* (May): 1273-1305.

MCCLOSKEY, DONALD. 1983. "The rhetoric of economics," *Journal of Economic Literature*, *21* (June): 481-517.

MCGEE, J. S. 1980. "Predatory pricing revisited," *Journal of Law and Economics*, *23* (October): 289-330.

MEADE, J. E. 1971. *The Controlled Economy*. London: George Allen & Unwin.

——. 1972. "The theory of labour managed firms and of profit sharing," *Economic Journal*, *82* (Spring): 402-428.

MENGER, KARL. 1963. *Problems in Economics and Sociology*. Trans. F. J. Noch. Urbana: University of Illinois Press.

MERTON, ROBERT. 1936. "The unanticipated consequences of purposive social action," *American Sociological Review*, *1*: 894 - 904.

MICHELS, R. 1962. *Political Parties*. Glencoe, Ill.: Free Press.

MILGROM, PAUL, and JOHN ROBERTS. 1982. "Predation, reputation, and entry deterrence," *Journal of Economic Theory*, *27* (August): 280 - 312.

MIRRLEES, J. A. 1976. "The optimal structure of incentives and authority within an organization," *Bell Journal of Economics*, *7* (Spring): 105 - 131.

MISES, LUDWIG VON. 1949. *Human Action: A Treatise on Economics*. New Haven, Conn.: Yale University Press.

MNOOKIN, ROBERT H., and LEWIS KORNHAUSER. 1979. "Bargaining in the shadow of the law: The case of divorce," *Yale Law Journal*, *88* (March): 950 - 997.

MODIGLIANI, F. 1958. "New developments on the oligopoly front," *Journal of Political Economy*, *66* (June): 215 - 232.

MODIGLIANI, FRANCO, and MERTON MILLER. 1958. "The cost of capital, corporation finance, and the theory of investment," *American Economic Review*, *48* (June): 261 - 297.

MONTEVERDE, KIRK, and DAVID TEECE. 1982. "Supplier switching costs and vertical integration in the automobile industry," *Bell Journal of Economics*, *13* (Spring): 206 - 213.

MORGENSTERN, OSKAR. 1976. "Perfect foresight and economic equilibrium." In Andrew Schotter, ed., *Selected Economic Writings of Oskar Morgenstern*. New York: NYU Press, pp. 169 - 183.

MORRIS, CHARLES. 1980. *The Cost of Good Intentions*. New York: W. W. Norton.

MORTENSON, DALE T. 1978. "Specific capital and labor turnover," *Bell Journal of Economics*, *9* (Autumn): 572 - 586.

MURIS, T. J. 1979. "The efficiency defense under Section 7 of the Clayton Act," *Case Western Reserve Law Review*, *30* (Fall): 381 - 432.

MYERSON, ROGER. 1979. "Incentive compatibility and the bargaining problem," *Econometrica*, *47* (January): 61 - 73.

NADER, R.; M. GREEN, and J. SELIJMAN. 1976. *Taming the Giant Corporation*. New York: Norton.

NELSON, RICHARD R. 1972. "Issues and suggestions for the study of industrial organization in a regime of rapid technical change." In V. R. Fuchs, ed., *Policy Issues and Research Opportunities in Industrial Organization*. New York: Columbia University Press, pp. 34 - 58.

——. 1981. "Assessing private enterprise: An exegesis of tangled doctrine," *Bell Journal of Economics* (Spring).

——. 1984. "Incentives for entrepreneurship and macroeconomic decline," *Review of World Economics*, *120*: 646 - 61.

NELSON, RICHARD R., and S. G. WINTER. 1982. *An Evolutionary Theory of Economic Change*. Cambridge, Mass.: Harvard University Press.

NORTH, DOUGLASS. 1978. "Structure and performance: The task of economic history," *Journal of Economic Literature*, *16* (September): 963 - 978.

——. 1981. *Structure and Change in Economic History*. New York: W. W. Norton.

NOZICK, ROBERT. 1974. *Anarchy, State, and Utopia*. New York: Basic Books.

OKUN, A. 1975. "Inflation: Its mechanics and welfare costs," *Brookings Papers on Economic Activity*, *2*: 351 - 390.

——. 1981. *Prices and Quantities: A Macroeconomic Analysis*. Washington, D. C.: The Brookings Institution.

OLSON, MANCUR. 1982. *The Rise and Decline of Nations*. New Haven, Conn.: Yale University Press.

ORDOVER, J. A., and R. D. WILLIG. 1981. "An economic definition of

predatory product innovation." In S. Salop, ed., *Strategic Views of Predation*. Washington, D. C.: Federal Trade Commission, pp. 301-396.

OUCHI, WILLIAM G. 1977a. "Review of *Markets and Hierarchies*," *Administrative Science Quarterly*, *22* (September): 541-544.

——. 1977b. "The relationship between organizational structure and organizational control," *Administrative Science Quarterly*, *22*: 95-113.

——. 1978. "The transmission of control through organizational hierarchy," *Academy of Management Journal*, *21*: 248-263.

——. 1980a. "Efficient boundaries." Mimeographed. Los Angeles: University of California, Los Angeles.

——. 1980b. "Markets, bureaucracies, and clans," *Administrative Science Quarterly*, *25* (March): 120-142.

——. 1981. *Theory Z*. Reading, Mass.: Addison-Wesley Press.

PALAY, THOMAS. 1981. "The governance of rail-freight contracts: A comparative institutional approach." Unpublished Ph. D. dissertation, University of Pennsylvania.

——. 1984. "Comparative institutional economics: The governance of rail freight contracting," *Journal of Legal Studies*, *13* (June): 265-288.

——. 1985. "The avoidance of regulatory constraints: The use of informal contracts," *Journal of Law, Economics and Organization*, *1* (Spring).

PANZAR, JOHN C., and ROBERT D. WILLIG. 1981. "Economies of scope," *American Economic Review*, *71*, no. *2* (May): 268-272.

PARSONS, DONALD O., and EDWARD RAY. 1975. "The United States Steel consolidation: The creation of market control," *Journal of Law and Economics*, *18* (April): 181-219.

PASHIGIAN, B. P. 1961. *The Distribution of Automobiles: An Economic Analysis of the Franchise System*. Englewood Cliffs, N. J.: Prentice-Hall.

PEACOCK, A. T., and C. K. ROWLEY. 1972. "Welfare economics and the public regulation of natural monopolies," *Journal of Public Economics*, *1*: 227 - 244.

PENCAVEL, JOHN. 1977. "Work effort , on-the-job screening, and alternative methods of remuneration." In R. G. Ehrenberg, ed., *Research in Labor Economics*, Vol. 1. Greenwich, Conn.: JAI Press, pp. 225 - 258.

PENROSE, EDITH. 1959. *The Theory of Growth of the Firm*. New York: John Wiley & sons.

PERROW, CHARLES. 1983. *Normal Accidents: Living with High-Risk Technologies*. New York: Basic Books.

PFEFFER, JEFFREY. 1978. *Organizational Design*. Northbrook, Ill.: AHM Publishing Corp.

——. 1981. *Power in Organizations*. Marshfield, Mass.: Pitman Publishing.

PHILLIPS, ALMARIN. 1970. *Technological Change and Market Structure*. Lexington, Mass.: D. C. Heath.

PINCOFFS, EDMUND. 1977. "Due process, fraternity, and a Kantian injemation," *Due Process*, *Nomos*, *28*: 160 - 195.

POLANYI, MICHAEL. 1962. *Personal Knowledge: Towards a Post-Critical Philosophy*. New York: Harper & Row.

POLLACK, ANDREW. 1983. "Texas Instruments' pullout," *New York Times*, October 31, p. D1.

POLLAK, ROBERT. 1983. "A transaction cost approach to households." Unpublished manuscript, September.

PORTER, G. 1973. *The Rise of Big Business*, *1860 - 1910*. Arlington Heights, Ill.: AHM Publishing Corp.

PORTER, G., and H. C. LIVESAY. 1971. *Merchants and Manufacturers: Studies in the Changing Structure of Nineteenth Century Marketing*. Baltimore: Johns Hopkins Press.

POSNER, R. A. 1969. "Natural monopoly and its regulation," *Stanford*

Law Review, *21* (February): 548 - 643.

——. 1970. "Cable television: The problem of local monopoly," RAND Memorandum RM-6309-FF, May.

——. 1972. "The appropriate scope of regulation in the cable television industry," *The Bell Journal of Economics and Management Science*, *3*, no. 1 (Spring): 98 - 129.

——. 1974. "Theories of economic regulation." *The Bell Journal of Economics and Management Science*, *5*, no. *2* (Autumn): 335 - 358.

——. 1975. "The economic approach to law," *Texas Law Review*, *53*, No. 4 (May): 757 - 782.

——. 1976. *Antitrust Law*. Chicago: University of Chicago Press.

——. 1977. *Economic Analysis of Law*. Boston: Little, Brown.

——. 1979. "The Chicago School of antitrust analysis," *University of Pennsylvania Law Review*, *127* (April): 925 - 948.

PRESCOTT, EDWARD, an MICHAEL VISSCHER. 1980. "Organizational capital," *Journal of Political Economy*, *88* (June): 446 - 461.

PRESTON, LEE. 1965. "Restrictive distribution arrangements: Economic analysis and public policy standards," *Law and Contemporary Problems*, *30*: 506 - 534.

PRICE, MONROE E. 1983. "Cable interests aren't so wired into competition now," *Wall Street Journal*, October 18, p. 32.

PUTTERMAN, LOUIS. 1982. "Some behavioral perspectives on the dominance of hierarchical over democratic forms of enterprise," *Journal of Economic Behavior and Organization*, *3* (June): 139 - 160.

——. 1984. "On some recent explanations of why capital hires labor," *Economic Inquiry*, *22*: 171 - 187.

RADNER, ROY. 1968. "Competitive equilibrium under uncertainty," *Econometrica*, *36* (January): 31 - 58.

RAWLS, JOHN. 1983. "Political philosophy: Political not metaphysical." Un-

published manuscript.

REDER, M. W. 1982. "Chicago economics: Permanence and change," *Journal of Economic Literature*, *20* (March): 1–38.

REID, J. D., and R. C. FAITH. 1980. "The union as its members' agent." CE 80-9-6, Center for Study of Public Choice, Blacksburg, Virginia.

RICHARDSON, G. B. 1972. "The organization of industry," *Economic Journal*, *82* (September): pp. 883–896.

RIKER, W. J. 1964. "Some ambiguities in the notion of power," *American Political Science Review*, *58* (June): 341–349.

RILEY, JOHN G. 1979a. "Informational equilibrium," *Econometrica*, *47* (March): 331–353.

——. 1979b. "Noncooperative equilibrium and market signaling," *American Economic Review*, *69* (May): 303–307.

RIORDAN, MICHAEL, and OLIVER WILLIAMSON. 1986. "Asset specificity and economic organization," *International Journal of Industrial Organization*.

ROBBINS, LIONEL, ED. 1933. *The Common Sense of Political Economy, and Selected Papers on Economic Theory, by Philip Wicksteed*. London: G. Routledge and Sons, Ltd.

ROBINSON, E. A. G. 1934. "The problem of management and the size of firms," *Economic Journal*, *44* (June): 240–254.

ROMANO, ROBERTA. 1984. "Metapolitics and corporate law reform," *Stanford Law Review*, *36* (April): 923–1016.

ROSS, ARTHUR. 1958. "Do we have a new industrial feudalism?" *American Economic Review*, *48* (December): 668–683.

ROSS, S. 1973. "The economic theory of agency: The principal's problem," *American Economic Review*, *63*: 134–439.

——. 1977. "The determination of financial structure: The incentive signaling approach," *Bell Journal of Economics*, *8* (Spring): 23–40.

ROTHSCHILD, MICHAEL, and JOSEPH STIGLITZ. 1976. "Equilibrium in competitive insurance markets," *Quarterly Journal of Economics*, *80* (November): 629 - 650.

SACKS, STEPHEN. 1983. *Self-Management and Efficiency*. London: George Allen & Unwin.

SALOP, S. 1979. "Strategic entry deterrence," *American Economic Review*, *69* (May): 335 - 338.

SALOP, S., and D. SCHEFFMAN. 1983. "Raising rival's costs," *American Economic Review*, *73* (May): 267 - 271.

SAMUELSON, PAUL. 1947. *Foundations of Economic Analysis*. Cambridge, Mass.: Harvard University Press.

——. 1957. "Wage and interest: A modern dissection of Marxian economic models," *American Economic Review*, *47* (December): 884 - 912.

SCHAUER, H. 1973. "Critique of co-determination." In G. Hunnius, G. Garson, and J. Case, eds., *Worker's Control*. New York: Random House, pp. 210 - 224.

SCHELLING, THOMAS C. 1956. "An essay on bargaining," *American Economic Review*, *46* (June): 281 - 306.

SCHERER, F. M. 1964. *The Weapons Acquisition Process: Economic Incentives*. Boston: Division of Research, Graduate School of Business Administration, Harvard.

——. 1980. *Industrial Market Structure and Economic Performance*. Chicago: Rand McNally.

SCHMALENSEE, R. 1973. "A note on the theory of vertical integration," *Journal of Political Economy*, *81* (March/April): 442 - 449.

——. 1978. "Entry deterrence in the ready-to-eat breakfast cereal industry," *Bell Journal of Economics*, *9* (Autumn): 305 - 327.

——. 1979. *The Control of Natural Monopolies*. Lexington, Mass.: Lexington Books.

——. 1980. "Economies of scale and barriers to entry." Sloan Working Paper

No. 1130 - 80, June, Cambridge, Mass.

——. 1981. "Economies of scale and barriers to entry," *Journal of Political Economy*, *89* (December): 1228 - 1238.

SCHNEIDER, L. 1963. "Preface" to Karl Menger (1963).

SCHUMPETER, J. A. 1942. *Capitalism, Socialism, and Democracy*. New York: Harper & Row.

——. 1947. "The creative response in economic history," *Journal of Economic History*, *7* (November): 149 - 159.

——. 1961. *The Theory of Economic Development*. New York: Oxford University Press.

SCHWARTZ, LOUIS B. 1983. "The new merger guidelines: Guide to government discretion and private counseling or propaganda for revision of the antitrust law," *California Law Review*, *71* (March): 575 - 603.

SCOTT, K. 1983. "Corporation law and the American Law Institute's Corporate Governance Project," *Stanford Law Review*, *35* (June): 927 - 953.

SCOTT, RICHARD. 1981. *Organizations*. Englewood Cliffs, N. J.: Prentice-Hall.

SELZNICK, PHILIP. 1948. "Foundations of the theory of organization," *American Sociological Review*, *13* (February): 25 - 35.

SEN, AMARTYA. 1975. *Employment, Technology and Development*. Oxford, Eng.: Oxford University Press.

SHACKLE, G. L. S. 1961. *Decision, Order, and Time*. Cambridge, Eng.: Cambridge University Press.

SHAVELL, STEVEN. 1980. "Damage measures for breach of contract," *Bell Journal of Economics*, *11* (Autumn): 446 - 490.

SHEPHERD, W. G. 1984. "Contestability vs. competition," *American Economic Review*, *74* (September): 572 - 587.

SHULMAN, HARRY. 1955. "Reason, contract, and law in labor relations," *Harvard Law Review*, *68* (June): 999 - 1036.

SIMON, HERBERT A. 1957. *Models of Man*. New York: John wiley &

Sons.

——. 1959. "Theories of decision making in economics and behavioral science," *American Economic Review*, *49* (June): 253 – 258.

——. 1961. *Administrative Behavior*. 2d ed. New York: Macmillan. Original publication: 1947.

——. 1962. "The architecture of complexity," *Proceedings of the American Philosophical society*, *106* (December): 467 – 482.

——. 1969. *The Sciences of the Artificial*. Cambridge, Mass.: MIT Press.

——. 1972. "Theories of bounded rationality." In C. B. McGuire and Roy Radner, eds., *Decision and Organization*. New York: American Elsevier, pp. 161 – 176.

——. 1973. "Applying information technology to organization design," *Public Administrative Review*, *33* (May-June): 268 – 278.

——. 1978. "Rationality as process and as product of thought," *American Economic Review*, *68* (May): 1 – 16.

——. 1983. *Reason in Human Affairs*. Stanford: Stanford University Press.

SLOAN, A. P., JR. 1964. *My Years with General Motors*. New York: MacFadden.

SMITH, A. 1922. *The Wealth of Nations*. London: J. M. Dent & Sons.

SMITH, V. CLIFFORD, and JEROLD WARNER. 1979. "On financial contracting: An analysis of bond covenants," *Journal of Financial Economics*, *7*: 117 – 161.

SMITH, V. 1974. "Economic theory and its discontents," *American Economic Review*, *64* (May): 320 – 322.

SOBEL, R. 1974. *The Entrepreneurs*. New York: Weybright & Talley.

SOLO, ROBERT. 1972. "New maths and old sterilities," *Saturday Review*, January 22, pp. 47 – 48.

SOLTOW, J. H. 1968. "The entrepreneur in economic history," *American Economic Review*, *58* (May): 84 – 92.

SPEIDEL, RICHARD E. 1981. "Court-imposed price adjustments under long-term supply contracts," *Northwestern University Law Review*, *76* (October): 369 - 422.

SPENCE, A. M. 1977. "Entry, investment and oligopolistic pricing," *Bell Journal of Economics*, *8* (Autumn): 534 - 544.

——. 1981. "The learning curve and competition," *Bell Journal of Economics*, *12* (Spring).

——. 1983. "Contestable markets and the theory of industry structure: A review article," *Journal of Economic Literature*, *21* (September): 981 - 990.

SPENCE, A. M. , and RICHARD ZECKHAUSER. 1971. "Insurance, information, and individual action," *American Economic Review*, *61* (May): 380 - 387.

SPILLER, PABLO. 1985. "On vertical mergers," *Journal of Law, Economics, and Organization*, *1* (Fall).

STIGLER, GEORGE J. 1949. *Five Lectures on Economic Problems*. London: London School of Economics.

——. 1951. "The division of labor is limited by the extent of the market," *Journal of Political Economy*, *59* (June): 185 - 193.

——. 1963. "United States v. Loew's, Inc. : A note on block booking," *Supreme Court Review*, pp. 152 - 164.

——. 1964. "Public regulation and the security markets," *Journal of Business*, *37* (March): 117 - 132.

——. 1968. *The Organization of Industry*. Homewood, Ill. : Richard D. Irwin.

——. 1974. "Free riders and collective action," *Bell Journal of Economics*, *5* (Autumn): 359 - 365.

——. 1982. "The economists and the monopoly problem," *American Economic Review*, *72* (May): 1 - 11.

——. 1983. Comments in Edmund W. Kitch, ed. , "The Fire of Truth: A

Remembrance of Law and Economics at Chicago, 1932 – 1970," *Journal of Law and Economics*, *26* (April): 163 – 234.

STIGLITZ, JOSEPH. 1974. "Incentives and risk sharing in sharecropping," *Review of Economic Studies*, *41* (June): 219 – 257.

——. 1975. "Incentives, risk, and information: Notes towards a theory of hierarchy," *Bell Journal of Economics*, *6* (Autumn): 552 – 579.

STINCHCOMBE, ARTHUR L. 1983. "Contracts as hierarchical documents." Unpublished manuscript, Stanford Graduate School of Business.

STOCKING, GEORGE W., and WILLARD F. MUELLER. 1957. "Business reciprocity and the size of firms," *Journal of Business*, *30* (April): 73 – 95.

STONE, K. 1974. "The origins of job structures in the steel industry," *Review of Radical Political Economics*, *6* (Summer): 61 – 97.

——. 1981. "The post-war paradigm in American labor law," *Yale Law Journal*, *90* (June): 1509 – 1580.

STOPFORD, JOHN M., and Louis T. WELLS, JR. 1972. *Managing the Multinational Enterprise: Organization of the Firm and Ownership of the Subsidiaries*. New York: Basic Books.

STUCKEY, JOHN. 1983. *Vertical Integration and Joint Ventures in the Aluminum Industry*. Cambridge, Mass.: Harvard University Press.

SUMMERS, CLYDE. 1969. "Collective agreements and the law of contracts," *Yale Law Journal*, *78* (March): 537 – 575.

——. 1976. "Individual protection against unjust dismissal: Time for a statute," *Virginia Law Review*, *62* (April): 481 – 532.

——. 1980. "Worker participation in the U. S. and West Germany: A comparative study from an American perspective," *American Journal of comparative Law*, *28* (June): 367 – 393.

——. 1982. "Codetermination in the United States: A projection of problems and potentials," *Journal of Comparative Corporate Law and Security Regulation*, pp. 155 – 183.

TAYLOR, GEORGE, and IRENE NEU. 1956. *The American Railroad Network*. Cambridge, Mass. : Harvard University Press.

TEECE, D. J. 1976. *Vertical Integration and Divestiture in the U. S. Oil Industry*. Stanford, Calif. : The Stanford University Institute for Energy Studies.

——. 1977. "Technology transfer by multinational firms," *Economic Journal*, *87* (June): 242 - 61.

——. 1980. "Economics of scope and the scope of the enterprise," *Journal of Economic Behavior and Organization*, *1*, no. *3* (September): 223 - 45.

——. 1981. "Internal organization and economic performance: An empirical analysis of the profitability of principal firms," *Journal of Industrial Economics*, *30* (December): 173 - 200.

——. 1982. "Towards an economic theory of the multiproduct firm," *Journal of Economic Behavior and Organization*, *3* (March): 39 - 64.

TELSER, LESTER. 1960. "Why should manufacturers want fair trade?" *Journal of Law and Economics*, *3*: 86 - 104.

——. 1965. "Abusive trade practices: An economic analysis," *Law and Contemporary Problems*, *30* (Summer): 488 - 510.

——. 1969. "One the regulation of industry: A note," *Journal of Political Economy*, *77* (November/ December): 937 - 952.

——. 1971. "On the regulation of industry: Rejoinder," *Journal of Political Economy*, *79* (March/April): 364 - 365.

——. 1981. "A theory of self-enforcing agreements," *Journal of Business*, *53* (February): 27 - 44.

TELSER, LESTER, and H. N. HIGINBOTHAM. 1977. "Organized futures markets: Costs and benefit," *Journal of Political Economy*, *85*, no. 6: 969 - 1000.

TEMIN, P. 1981. "The future of the new economic history," *Journal of Interdisciplinary History*, *12*, no. 2 (Autumn): 179 - 197.

THOMPSON, JAMES D. 1967. *Organizations in Action*. New York: McGrawHill.

TOWNSEND, ROBERT. 1982. "Optimal multiperiod contracts and gain from enduring relationships under private information," *Journal of Political Economy*, *90*: 1166 - 1186.

TSURUMI, Y. 1977. *Multinational Management*. Cambridge, Mass.: Ballinger.

TULLOCK, GORDON. 1965. *The Politics of Bureaucracy*. Washington: Public Affairs Press.

TURNER, D. F. 1965. "Conglomerate mergers and Section 7 of the Clayton Act," *Harvard Law Review*, *78* (May): 1313 - 1395.

TVERSKY, AMOS, and DANIEL KAHNEMAN. 1974. "Judgment under uncertainty: Heuristics and biases," *Science*, *185*: 1124 - 1131.

UDY, S. H., JR. 1970. *Work in Traditional and Modern Society*. Englewood Cliffs, N. J.: Prentice-Hall.

UNWIN, G. 1904. *Industrial Organization in the Sixteenth and Seventeenth Centuries*. Oxford, Eng.: Oxford University Press.

U. S. DEPARTMENT OF JUSTICE. 1982a. *Merger Guidelines* — 1968. Commerce Clearing House, Trade Regulation Reports. July 9, para. 4510.

——1982b. *Merger Guidelines* — 1982. Commerce Clearing House, Trade Regulation Reports, July 9, para. 4500.

U. S. FEDERAL TRADE COMMISSION. 1948. *Report of the Federal Trade Commission on the Merger Movement: A Summary Report*. Washington, D. C.: U. S. Government Printing Office.

VANEK, JAROSLAV. 1970. *The General Theory of Labor-Managed Market Economies*. Ithaca, N. Y.: Cornell University Press.

VERNON, J. M., and D. A. GRAHAM. 1971. "Profitability of monopolization by vertical integration," *Journal of Political Economy*, *79* (July/August): 924 - 925.

VERNON, R. 1971. *Sovereignty at Bay*. New York: Basic Books.

VOGEL, EZRA F. 1981. *Japan as Number One: Lessons for America*. New York: Harper & Row.

VROOM, VICTOR. 1964. *Work and Motivation*. New York: John Wiley & Sons.

WACHTER, MICHAEL, and O. E. WILLIAMSON. 1978. "Obligational markets and the mechanics of inflation," *Bell Journal of Economics*, *9* (Autumn): 549 - 571.

WALKER, GORDON, and DAVID WEBER. 1984. "A transaction cost approach to make-or-buy decisions," *Administrative Science Quarterly*, *29* (September): 373 - 391.

WALL, JOSEPH F. 1970. *Andrew Carnegie*. Oxford, Eng.: Oxford University Press.

WALTON, R. E. 1980. "Establishing and maintaining high commitment work systems." In J. R. Kimberly and R. H. Miles, eds., *The Organizational Life Cycle*. San Francisco: Jossey-Bass, pp. 208 - 290.

WARREN-BOULTON, F. R. 1967. "Vertical control with variable proportions," *Journal of Political Economy*, *75* (April): 123 - 138.

WAYNE, L. 1982. "The airlines: Stacked up in red ink," *New York Times*, February 14, Sec. *3*, pp. 1,6.

WEICK, K. E. 1969. *The Social Psychology of Organizing*. Reading, Mass.: Addison-Wesley.

WEIZSACKER, C. C. VON. 1980a. "A welfare analysis of barriers to entry," *Bell Journal of Economics*, *11* (Autumn): 399 - 421.

——. 1980b. *Barriers to Entry*. New York: Springer-Verlag.

WHITE, HARRISON. 1981. "Where do markets come from?" *American Journal of Sociology*, *87* (November): 517 - 547.

WILKINS, MIRA. 1974. *The Maturing of Multinational Enterprise*:

American Business Abroad from 1914 to 1970. Cambridge, Mass.: Harvard University Press.

WILLIAMSON, O. E. 1964. *The Economics of Discretionary Behavior: Managerial Objectives in a Theory of the Firm*. Englewood Cliffs, N. J.: Prentice-Hall.

——. 1967a. "The economics of defense contracting: incentives and performance." In *Issues in Defense Economics*. New York: National Bureau of Economic Research, pp. 217 – 256.

——. 1967b. "Hierarchical control and optimum firm size," *Journal of Political Economy*, *75* (April): 123 – 138.

——. 1968a. "Wage rates as a barrier to entry: The Pennington case in perspective," *Quarterly Journal of Economics*, *82* (February): 85 – 116.

——. 1968b. "Economies as an antitrust defense: The welfare tradeoffs," *American Economic Review*, *58* (March): 18 – 35.

——. 1970. *Corporate Control and Business Behavior*. Englewood Cliffs, N. J.: Prentice-Hall.

——. 1971. "The vertical integration of production: Market failure considerations," *American Economic Review*, *61* (May): 112 – 123.

——. 1973. "Markets and hierarchies: Some elementary considerations," *American Economic Review*, *63* (May): 316 – 325.

——. 1974a. "Patent and antitrust law: Book review," *Yale Law Journal*, *83* (January): 647 – 661.

——. 1974b. "The economics of antitrust: Transaction cost considerations," *University of Pennsylvania Law Review*, *122* (June): 1439 – 1496.

——. 1975. *Markets and Hierarchies: Analysis and Antitrust Implications*. New York: Free Press.

——. 1976. "Franchise bidding for natural monopolies——in general and with respect to CATV," *Bell Journal of Economics*, *7* (Spring): 73 – 104.

——. 1977. "Predatory pricing: A strategic and welfare analysis," *Yale Law*

Journal, *87* (December): 284 - 340.

——. 1979a. "Transaction-cost economics: The governance of contractual relations," *Journal of Law and Economics*, *22* (October): 3 - 61.

——. 1979b. "Review of Bork, 'The Antitrust Paradox: A Policy at War with Itself,'" *University of Chicago Law Review*. *46* (Winter): 526 - 531.

——. 1979c. "Assessing vertical market restrictions," *University of Pennsylvania Law Review*, *127* (April): 953 - 993.

——. 1979d. "One the governance of the modern corporation," *Hofstra Law Review*, *8* (Fall): 63 - 78.

——. 1980. "The organization of work," *Journal of Economic Behavior and Organization*, *1* (March): 5 - 38.

——. 1981a. "Cost escalation and contracting," Center for the Study of Organizational Innovation, University of Pennsylvania, Discussion Paper # 95, January.

——. 1981b. "The economics of organization: The transaction cost approach," *American Journal of Sociology*, *87* (November): 548 - 577.

——. 1981c. "The modern corporation: Origins, evolution, attributes," *Journal of Economic Literature*, *19* (December): 1537 - 1568.

——. 1982. "Antitrust enforcement: Where it has been; where it is going." In John Craven, ed., *Industrial Organization*, *Antitrust*, *and Public Policy*. Boston: Kluwer-Nijhoff Publishing, pp. 41 - 68.

——. 1983a. "Organizational innovation: The transaction cost approach." In J. Ronen, ed., *Entrepreneurship*. Lexington, Mass.: Heath Lexington, 101 - 134.

——. 1983b. "Organization form, residual claimants, and corporate control," *Journal of Law and Economics*, *26* (June): 351 - 366.

——. 1983c. "Credible commitments: Using hostages to support exchange," *American Economic Review*, *73* (September): 519 - 540.

——. 1984. "The economics of governance: Framework and implications,"

Journal of Theoretical Economics, *140* (March): 195 - 223.

——. 1984. "Corporate governance," *Yale Law Journal*, *93* (June).

——. 1984. "Perspectives on the modern corporation," *Quarterly Review of Economics and Business*, *24* (Winter): 64 - 71.

WILLIAMSON, O. E., and WILLIAM G. OUCHI. 1981. "The markets and hierarchies program of research: Origins, implications, prospects." In William Joyce and Andrew Van de Ven, eds., *Organizational Design*. New York: Wiley.

WILLIAMSON, O. E.: MICHAEL L. WACHTER; and JEFFREY E. HARRIS. 1975. "Understanding the employment relation: The analysis of idiosyncratic exchange," *Bell Journal of Economies*, *6* (Spring): 250 - 280.

WILLIAMSON, SCOTT R. 1980. "A selective history of the U. S. labor movement." B. A. thesis, Yale University.

WILSON, R. 1968. "The theory of syndicates," *Econometrica*, *36*: 119 - 132.

WINTER, R. 1978. *Government and the Corporation*. Washington, D. C.: American Enterprise Institute for Public Policy Research.

WINTER, S. G. 1971. "Satisfying, selection, and the innovating remnant," *Quarterly Journal of Economies*, *85* (May): 237 - 261.

WORK IN AMERICA. 1973. Report of a Special Task Force to the Secretary of Health, Education, and Welfare. Cambridge, Mass.: MIT Press.

人名索引

（页码为原书页码，请参照本书边码使用）

A

B

C

D

E

H

J

K

L

M

N

O

P

R

S

T

U

V

W

Z

主题词索引

（页码为原书页码，请参照本书边码使用）

660

A

B

C

D

E

F

G

H

I

J

K

L

M

N

O

P

Q

R

S

T

U

V

W

X

Y

Z

图书在版编目(CIP)数据

资本主义经济制度:论企业签约与市场签约/(美)奥利弗·E.威廉姆森著;段毅才,王伟译.—北京:商务印书馆,2017

(汉译世界学术名著丛书:120年纪念版:珍藏本)

ISBN 978-7-100-14192-5

Ⅰ.①资… Ⅱ.①奥… ②段… ③王… Ⅲ.①新制度经济学—研究 Ⅳ.①F091.349

中国版本图书馆CIP数据核字(2017)第137625号

汉译世界学术名著丛书
(120年纪念版·珍藏本)
资本主义经济制度
论企业签约与市场签约
〔美〕奥利弗·E.威廉姆森 著
段毅才 王 伟 译

商 务 印 书 馆 出 版
(北京王府井大街36号 邮政编码100710)
商 务 印 书 馆 发 行
南京爱德印刷有限公司印刷
ISBN 978-7-100-14192-5

2017年12月第1版 开本 710×1000 1/16
2017年12月第1次印刷 印张 43¼
定价:210.00元